U0666192

中 国 近 代
思 想 家 文 库

◎

李中华 编

冯友兰卷

中国人民大学出版社
·北京·

总　序

对于近代的理解，虽不见得所有人都是一致的，但总的说来，对于近代这个词所涵的基本意义，人们还是有共识的。一个国家、一个民族走入近代，就意味着以工业化为主导的经济取代了以地主经济、领主经济或自然经济为主导的中世纪的经济形态，也还意味着，它不再是孤立的或是封闭与半封闭的，而是以某种形式加入到世界总的发展进程。尤其重要的是，它以某种形式的民主制度取代君主专制或其他不同形式的专制制度。中国是个幅员广大、人口众多、历史悠久的多民族国家，由于长期历史发展是自成一体的，与外界的交往比较有限，其生产方式的代谢迟缓了一些。如果说，世界的近代是从 17 世纪开始的，那么中国的近代则是从 19 世纪中期才开始的。现在国内学界比较一致的认识，是把 1840 年到 1949 年视为中国的近代。

中国的近代起始的标志是 1840 年的鸦片战争。原来相对封闭的国门被拥有近代种种优势的英帝国以军舰、大炮再加上种种卑鄙的欺诈打开了。从此，中国不情愿地加入到世界秩序中，沦为半殖民地。原来独立的大一统的中央集权的君主专制国家，如今独立已经极大地被限制，大一统也逐渐残缺不全，中央集权因列强的侵夺也不完全名实相符了。后来因太平天国运动，地方军政势力崛起，形成内轻外重的形势，也使中央集权被弱化。经历第二次鸦片战争、中法战争、甲午战争、八国联军入侵的战争以及辛亥革命后的多次内外战争，直至日本全面侵略中国的战争，致使中国的经济、政治、教育、文化，都无法顺利走上近代发展的轨道。古今之间，新旧之间，中外之间，混杂、矛盾、冲突。总之，鸦片战争后的中国，既未能成为近代国家，更不能维持原有的统治秩序。而外患内忧咄咄逼人，人们都有某种程度"国将不国"的忧虑。

"天下兴亡，匹夫有责"，读书明理的士大夫，或今所谓知识分子，尤为敏感，在空前的危机与挑战面前，皆思有所献替。于是发生种种救亡图存的思想与主张。有的从所能见及的西方国家发展的经验中借鉴某些东西，形成自己的改革方案；有的从历史回忆中拾取某些智慧，形成某种民族复兴的设想；有的则力图把西方的和中国所固有的一些东西加以调和或结合，形成某种救亡图强的主张。这些方案、设想、主张，从世界上"最先进的"，到"最落后的"，几乎样样都有。就提出这些方案、设想、主张者的初衷而言，绝大多数都含着几分救国的意愿。其先进与落后，是否可行，能否成功，尽可充分讨论，但可不必过为诛心之论。显而易见，既然救国的问题最为紧迫，人们所心营目注者自然是种种与救国的方案直接相关的思想学说，而作为产生这些学说的更基础性的理论，及其他各种知识、思想，则关注者少。

围绕着救国、强国的大议题，知识精英们参考世界上种种思想学说，加以研究、选择，认为其中比较适用的思想学说，拿来向国人宣传，并赢得一部分人的认可。于是互相推引，互相激励，更加发挥，演而成潮。在近代中国，曾经得到比较广泛的传播的思想学说，或者够得上潮的，主要有以下几种：

（一）进化论 近代西方思想较早被引介到中国，而又发生绝大影响的，要属进化论。中国人逐渐相信，进化是宇宙之铁则，不进化就必遭淘汰。以此思想警醒国人，颇曾有助于振作民族精神。但随后不久，社会达尔文主义伴随而来，不免发生一些负面的影响。人们对进化的了解，也存在某些片面性，有时把进化理解为一条简单的直线。辩证法思想帮助人们形成内容更丰富和更加符合实际的发展观念，减少或避免片面性的进化观念的某些负面影响。

（二）民族主义 中国古代的民族主义思想，其核心是"非我族类，其心必异"，所以最重"华夷之辨"。鸦片战争前后一段时期，中国人的民族思想，大体仍是如此。后来渐渐认识到"今之夷狄，非古之夷狄"，"西人治国有法度，不得以古旧之夷狄视之"。但当时中国正遭受西方列强的侵略和掠夺，追求民族独立是民族主义之第一义。20世纪初，中国知识精英开始有了"中华民族"的概念。于是，渐渐形成以建立近代民族国家为核心的近代民族主义。结束清朝君主专制，创立中华民国，是这一思想的初步实现。第一次世界大战爆发，中国加入"协约国"，第一次以主动的姿态参与世界事务，接着俄国十月革命爆发，这两件事对近代中国的发展历程造成绝大影响。同时也将中国人的民族主义提升到一个新的层次，即与国际主义（或世界主义）发生紧密联系。也可以说，中国人更加自觉地用世界的眼光来观察中国的问题。新生的中国共产党和改组后的国民党都是如此。民族主义成为中国的知识精英用来应对近代中国所面临的种种危机和种种挑战的一个重要的思想武器。

（三）社会主义　社会主义作为一种模糊的理想是早在古代就有的，而且不论东方和西方都曾有过。但作为近代思潮，它是于 19 世纪在批判近代资本主义的基础上产生的。起初仍带有空想的性质，直到马克思和恩格斯才创立起科学社会主义。20 世纪初期，社会主义开始传入中国。当时的传播者不太了解科学社会主义与以往的社会主义学说的本质区别。有一部分人，明显地受到无政府主义的强烈影响，更远离科学社会主义。直到五四新文化运动兴起之后，中国人始较严格地引介、宣传科学社会主义。但有一段时间，无政府主义仍是一股很大的思想潮流。中国共产党的成立，从思想上说，是战胜无政府主义的结果。中国共产党把在中国实现社会主义乃至共产主义作为自己的奋斗目标。此后，社会主义者，多次同各种非科学社会主义思想的信仰者进行论争并不断克服种种非科学社会主义思想的影响。

（四）自由主义　自由主义也是从清末就被介绍到中国来，只是信从者一直寥寥。直到五四新文化运动兴起，具有欧美教育背景的知识精英的数量渐渐多起来，自由主义始渐渐形成一股思想潮流。自由主义强调个性解放、意志自由和自己承担责任，在政治上反对一切专制主义。在中国的社会条件下，自由主义缺乏社会基础。在政治激烈动荡的时候，自由主义者很难凝聚成一股有组织的力量；在稍稍平和的时候，他们往往更多沉浸在自己的专业中。所以，在中国近代史上，自由主义不曾有，也不可能有大的作为。

（五）激进主义与保守主义　处于转型期的社会，旧的东西尚未完全退出舞台，新的东西也还未能巩固地树立起来，新旧冲突往往要持续很长的时间，有时甚至达到很激烈的程度。凡助推新东西成长的，人们便视为进步的；凡帮助旧东西排斥新东西的，人们便视为保守的。其实，与保守主义对应的，应是进步主义；与顽固主义相对的则应是激进主义。不过在通常话语环境中人们不太严格加以区分。中国历史悠久，特别是君主专制制度持续两千余年，旧东西积累异常丰富，社会转型极其不易。而世界的发展却进步甚速。中国的一部分精英分子往往特别急切地想改造中国社会，总想找出最厉害的手段，选一条最捷近的路，以最快的速度实现全盘改造。这类思想、主张及其采取的行动，皆属激进主义。在中共党史上，它表现为"左"倾或极左的机会主义。从极端的激进主义到极端的顽固主义，中间有着各种程度的进步与保守的流派。社会的稳定，或社会和平改革的成功，都依赖有一个实力雄厚的中间力量。但因种种原因，中国社会的中间力量一直未能成长到足够的程度。进步主义与保守主义，以及激进主义与顽固主义，不断进行斗争，而实际所获进步不大。

（六）革命与和平改革　中国近代史上，革命运动与和平改革运动交替进行，有时又是平行发展。两者的宗旨都是为改变原有的君主专制制度而代之以某种形式的近代民主制度。有很长一个时期，有两种错误的观念，一是把革命理解为仅仅是指以暴力取得政权的行动，二是与此相关联，把暴力革命与和平改革对立起来，认为革命是推动历史进步的，而改革是维护旧有统治秩序的。这两种论调既无理论根据，也不合历史实际。凡是有助于改变君主专制制度的探索，无论暴力的或和平的改革都是应予肯定的。

中国近代揭幕之时，西方列强正在疯狂地侵略与掠夺殖民地和半殖民地，中国是它们互相争夺的最后一块、也是最大的资源地。而这时的中国，沿袭了两千年的君主专制制度已到了奄奄一息的末日，统治当局腐朽无能，对外不足以御侮，对内不足以言治，其统治的合法性和统治的能力均招致怀疑。革命运动与改革的呼声，以及自发的民变接连不断。国家、民族的命运真的到了千钧一发之际，危机极端紧迫。先觉分子救国之心切，每遇稍具新意义的思想学说便急不可待地学习引介。于是西方思想学说纷纷涌进中国，各阶层、各领域，凡能读书读报者，受其影响，各依其家庭、职业、教育之不同背景而选择自以为不错的一种，接受之，信仰之，传播之。于是西方几百年里相继风行的思想学说，在短时期内纷纷涌进中国。在清末最后的十几年里是这样，五四时期在较高的水准上重复出现这种情况。

这种情况直接造成两个重要的历史现象：一个是中国社会的实际代谢过程（亦即社会转型过程）相对迟缓，而思想的代谢过程却来得格外神速。另一个是在西方原是差不多三百年的历史中渐次出现的各种思想学说，集中在几年或十几年的时间里狂泻而来，人们不及深入研究、审慎抉择，便匆忙引介、传播，引介者、传播者、听闻者，都难免有些消化不良。其实，这种情况在清末，在五四时期，都已有人觉察。我们现在指出这些问题并非苛求前人，而是要引为教训。

同时我们也看到，中国近代思想无比的多样性与复杂性呈现出绚丽多彩的姿态，各种思想持续不断地展开论争，这又构成中国近代思想史的一个突出特点。有些论争为我们留下了非常丰富的思想资料。如兴洋务与反洋务之争，变法与反变法之争，革命与改良之争，共和与立宪之争，东西文化之争，文言与白话之争，新旧伦理之争，科学与人生观之争，中国社会性质的论争，社会史的论争，人权与约法之争，全盘西化与本位文化之争，民主与独裁之争，等等。这些争论都不同程度地关联着一直影响甚至困扰着中国人的几个核心问题，即所谓中西问题、古今问题与心物关系问题。

中国近代思想的光谱虽比较齐全，但各种思想的存在状态及其影响力是很不平衡的。有些思想信从者多，言论著作亦多，且略成系统；有些可能只有很少的人做过介绍或略加研究；有的还可能因种种原因，只存在私人载记中，当时未及面世。然这些思想，其中有很多并不因时间久远而失去其价值。因为就总的情况说，我们还没有完成社会的近代转型，所以先贤们对某些问题的思考，在今天对我们仍有参考借鉴的价值。我们编辑这套《中国近代思想家文库》，希望尽可能全面地、系统地整理出近代中国思想家的思想成果，一则借以保存这份珍贵遗产，再则为研究思想史提供方便，三则为有心于中国思想文化建设者提供参考借鉴的便利。

考虑到中国近代思想的上述诸特点，我们编辑本《文库》时，对于思想家不取太严格的界定，凡在某一学科、某一领域，有其独立思考、提出特别见解和主张者，都尽量收入。虽然其中有些主张与表述有时代和个人的局限，但为反映近代思想发展的轨迹，以供今人参考，我们亦保留其原貌。所以本《文库》实为"中国近代思想集成"。

本《文库》入选的思想家，主要是活跃在 1840 年至 1949 年之间的思想人物。但中共领袖人物，因有较为丰富的研究著述，本《文库》则未收入。

编辑如此规模的《文库》，对象范围的确定，材料的搜集，版本的比勘，体例的斟酌，在在皆非易事。限于我们的水平，容有瑕隙，敬请方家指正。

《中国近代思想家文库》编纂委员会

目　录

导　言

　　冯友兰先生（1895—1990），字芝生，河南省唐河县人。他是中国现代史上杰出的思想家、哲学家和哲学史家，是对中国哲学由古代向近现代转型作出重要贡献的著名学者，也是建构现代中国哲学体系的开拓者和中国哲学史学科的奠基者。他一生的学术活动和学术创造，几乎与20世纪中国近百年的思想文化发展同步而行。他是一位对中国哲学和中国文化在世界的传播做出重大贡献并具有时代性、民族性和世界性影响的思想大家。

一

　　1895年12月4日，冯友兰出生在一个"世代书香"的地主家庭里。他的祖父、父亲、伯父都有较高的传统文化素养，尤其有作诗的家风。祖父名玉文，有《梅村诗稿》传世；伯父名云异，编有《知非斋诗集》；父亲名台异，有《复斋诗集》；他的姑母虽然早逝，却也编有《梅花窗诗草》传世。他的父亲字树侯，号复斋，清光绪戊戌科进士，曾任湖北崇阳知县。母吴氏名清芝，亦通文墨，富识见，曾任唐河端本女学学监。冯友兰的伯父、叔父皆秀才。冯友兰幼年、童年时期身处耕读世家，受中国传统文化熏陶之深，由此可见一斑。

　　冯友兰6岁入私塾，随塾师读《三字经》、《论语》、《孟子》、《大学》、《中庸》、《诗经》，熟读兼背，了然于胸。同时亦受新学影响，旁读自然地理、历史、游记等。直到冯友兰晚年，尚能脱口背出"中国圆，日本长，同在东亚地球上"等《地球韵言》中的顺口溜。9岁，随母至武昌父亲住所，由母亲课读《书经》、《易经》、《左传》、《礼记》等中国古代经典及其父专门为他编写的地理、历史讲义。12 岁，随母移家崇阳，随教读师爷学古文、算数、写字、作文，并接触《外交报》等报刊。13 岁，父病故，随母返居故里，仍读私塾。15 岁，考入唐河县高等小学预科；第二年，考入开封中州公学中学班；不久又转入武昌中华学校。1912 年，考入以黄兴为校长的上海中国公学预科。

1915 年夏，冯友兰由上海中国公学毕业，考入北京大学法科，旋即转入文科哲学门。在北大读书三年，于 1918 年夏毕业后回到开封，在一个中等专科学校教国文和修身。同年，与同盟会会员、辛亥革命老前辈任芝铭先生的第三个女儿任载坤（同年毕业于北京女子师范学校）结婚。1920 年初，入美国哥伦比亚大学研究院哲学系攻读博士学位。同年 11 月，在纽约会见印度著名诗人泰戈尔，晤谈中西文明比较问题。1923 年夏，顺利通过博士论文答辩后返国。

至此，冯友兰完成了从小学、中学到大学，再到研究生的一系列完整的学术训练和学术积累，开始了他一生为之追求的中国哲学及中国文化的研究和教学的学术历程。1923 年暑期后，应邀任河南中州大学教授兼哲学系主任、文科主任。一人同时教授多门主课，"讲课深刻，广征博引，贯通古今中外，受到同学们的欢迎"（《河南师大校史稿》）。此时冯友兰仅 28 岁。1924 年，他用英文撰写的博士论文《人生理想之比较研究》正式出版，获哥伦比亚大学博士学位。次年秋至广州，任中山大学教授兼哲学系主任。1926 年初，改任燕京大学哲学系教授兼燕京大学研究所导师，开始讲授中国哲学史，并发表多篇关于中、西哲学史的学术论文。

1928 年秋，应罗家伦之邀至清华大学任哲学系教授兼校秘书长。1929 年秋，任清华大学哲学系主任，1931 年起任清华大学文学院院长（一直到 1949 年）。同年，《中国哲学史》上卷正式出版。1933 年至1934 年，赴英国讲学并赴欧洲大陆考察，分别考察游历了意大利、英国、法国、瑞士、德国、波兰、苏联、奥地利，再到捷克的布拉格出席第八届国际哲学会议，宣读论文《哲学在当代中国》。会后再转至威尼斯，乘坐意大利海轮回国。冯友兰用整整一年的时间，一边讲学，一边考察，同时参观了所到国家的重要大学，会见所到国家的学者、教授，进行了广泛的学术思想交流，增进了对世界知识界及各国哲学的了解，如应邀往剑桥访维特根斯坦，与英国大哲罗素以信件交流，与德国对外文化委员会协商互派留学生，与苏联学者交流大学教育等等。他在布拉格国际哲学会议上用英文宣读论文，向世界传递中国学者对世界不同文明间交流对话的看法："我们也许可以用黑格尔的话说，凡是实际的也是有理的。因此我们现在没有兴趣用另一种文明的眼光去批评某种文明……但是有兴趣用另一种文明去阐明某种文明，使两种文明都能被人更好地理解。我们现在有兴趣于东方西方的互相解释，而不是互相批评。我们把它们看做人类进步同一趋势的不同实例，人类本性同一原理的不同表现。这样，东方西方就不只是联结起来了，它们合一了。这种精神也可以在专门哲学著作中看到。对于中国的与欧洲的哲学观念在作比较和研究，没有任何意图去断定哪个一定正确，哪个一定错误，只不过是怀有兴趣要弄清一种观念用另一种观念讲是什么。希望不久以后我们可以看到，欧洲哲学观念得到中国直觉和体验的补充，中国哲学观念得到欧洲逻辑和清晰思想的澄清。"（《哲学在当代中国》，见《三松堂全集》第十一卷，269～270 页，郑州，河南人民出版社，2000）冯友兰的这一讲演，深刻地表达了他对中西哲学及文化互补性的看法，向世界传递了中国学者的声音，对中西文化的交流、对话开拓了新局面，也为中国哲学和中国文化走向世界作出了新的探索。

这一年（1934），冯先生出版了《中国哲学史》下卷，加上先前出版的上卷，一套系统、完整的《中国哲学史》，奠定了冯友兰中国哲学史家的地位并产生了重大的学术影响。

在八年抗战期间，清华、北大、南开三所大学迁至昆明，合并为西南联合大学，冯友兰任西南联大文学院院长。艰苦的岁月，颠沛流离的生活以及民族的兴亡与历史的变迁，更加激励了冯友兰深厚的爱国热情和学术创作的爆发，他一边教书，一边写作，在八年的民族苦难和困厄中，他写了六部传世之作，《新理学》、《新事论》、《新世训》、《新原道》、《新原人》、《新知言》。这六部书，是冯友兰一生哲学创作的高峰，也是他在抗日战争最艰难的岁月里，用自己的心血和智慧为民族文化和民族哲学所作出的卓越贡献。

冯友兰一直认为，日本侵略中国，是不同民族、不同文化的入侵，故引起整个中华民族的觉醒；全民族奋起抗战，从本质上说，乃是为保存民族血脉、维护中华文化延续的生死斗争。这一思想，在冯友兰1938 年为西南联大撰写的校歌歌辞和为西南联大撰写的纪念碑碑文中体现得最为充分。歌辞曰：

万里长征，辞却了，五朝宫阙。暂驻足，衡山湘水，又成离别。绝徼移栽桢干质，九州遍洒黎元血。尽笳吹，弦诵在山城，情弥切。

千秋耻，终当雪。中兴业，需人杰。便一成三户，壮怀难折。多难殷忧新国运，动心忍性希前哲。待驱除仇寇，复神京，还燕碣。（《三松堂自序》，384 页，北京，三联书店，1984）

这苍凉悲壮的歌辞，充满了对民族的热爱，催人泪下，使人奋进，饱含忧患，满怀信心。祖国的一山一水，一草一木，在这位哲学家的心目中，都是神圣不可侵犯的，收复河山、复兴中华的期盼溢于言表。

八年抗战，最终证实了这位哲学家在抗战初期"贞下起元"预言：1945 年 8 月，日本宣布无条件投降。次年 5 月，西南联大亦宣告结束，冯友兰又为西南联大撰写了《国立西南联合大学纪念碑碑文》。这一千余字的碑文，字里行间都充满并洋溢着这位哲学家对中华文化的自信和对民族复兴的期许。他说：

我国家以世界之古国，居东亚之天府，本应绍汉唐之遗烈，作并世之先进。将来建国之完成，必于世界历史，居独特之地位。盖并世列强，虽新而不古；希腊、罗马，有古而无今。惟我国家，亘古亘今，亦新亦旧，斯所谓"周虽旧邦，其命惟新"者也。（《三松堂自序》）

无论从何角度看，西南联大的校歌歌辞和纪念碑碑文，都会随中华民族的历史而长存。

正当清华大学复校之际，1946 年 9 月，冯友兰再次应邀赴美，先后任宾夕法尼亚大学和夏威夷大学客座教授，用英文讲授中国哲学史。1947 年，其讲稿由美国麦克米伦公司以英文出版（即后来的中文版《中国哲学简史》）。冯友兰客居异国，正值国内内战正酣之际，他时刻牵挂自己国家民族的命运。他用王粲《登楼赋》里的两句诗表达他在美国时的心情："虽信美而非吾土兮，夫胡可以久留？"他担心"全国解放了，中美关系断绝"，于是毅然放弃在美长期居留权，于 1948 年 2 月回到祖国。同年 9 月，当选为中央研究院院士，后任中央研究院评议会委员。同年 12 月，北京面临解放，清华大学校长梅贻琦离校南下，冯友兰被推举为清华大学校务会议临时主席，主持清华大学日常工作。这是他继一年前从美国返回祖国抉择后的又一次抉择，他选择了留在大陆而未去台湾。

1949 年，新中国成立，冯友兰迫于各种压力，先后辞去了文学院院长、哲学系主任及在清华大学的一切兼职，只保留了哲学系教授的职衔。此后，他便处在思想改造的漩涡中，一直到 1952 年的院系大调整，他被调到北大哲学系。从 1952 年 9 月重返北大，到 1990 年 11 月去世，冯友兰在北京大学度过了 38 个春秋。38 年是历史的一瞬，然而对于冯友兰来说，却是一个漫长的人生历程。从 1952 年起，冯友兰经历了建国初期的思想改造运动（俞平伯《红楼梦》研究批判、胡适唯心主义思想批判、"胡风反革命集团"批判）、反右运动、"大跃进"运动、三年灾害时期、社会主义教育运动，一直到 1966 年史无前例的"无产阶级文化大革命"。冯友兰度过了新中国成立后的 16 年光阴。在这一段前"文革"时期，尽管冯友兰在每一次政治运动的周期中，都不同程度地受到触及和批判；同时，也陆续得到一系列职务和头衔，如：北大校务委员会委员、全国政协委员、中国科学院哲学社会科学部委员、社会科学院哲学所中国哲学史组长等等。但到了 1966 年的"文革"，冯友兰几乎陷入"灭顶之灾"：不仅失去了上述职务和头衔，且无论在精神上还是在肉体上，都受到了从未有过的痛苦折磨。粉碎"四人帮"后，从 1977 年 6 月起，冯友兰又遭到严厉指责。"背靠背"的揭发，"面对面"的批判，使这位当时已届 82 岁的老人又陷入"大是大非"的泥潭中，直到 1980 年才又一次得到"解放"。

此时，冯友兰已 85 岁。在他起伏跌宕的后半生中，在走完前"文革"时期和"文革浩劫"时期两个阶段的人生旅途之后，还有一个后"文革"时期的奋斗理想在等待着他："还有一件大事牵挂着我，那就是祖国的旧邦新命的命运，中华民族的前途。"（《三松堂自序》）这件大事化为具体行动，就是他《中国哲学史新编》的撰写。冯友兰以惊人的毅力和坚定的信念，终于又用了十年的功夫，完成了七卷本的《中国哲学史新编》。很难设想，一位从 85 岁到 95 岁的老人，用他生命的最后十年，写出了近 200 万字的中国哲学史，这堪称中外学术史上的一个奇迹。他把自己比作"蚕"，"一个蚕，它既生而为蚕，就没有别的办法，只有吐丝，它也是欲罢不能"（《〈中国哲学史新编〉回顾及其他》，见《三松堂全集》，第十三卷）。不难设想，一个人只有把自己的全部生命融于自己所向往的事业中的时候，才能做到"欲罢不能"。他还把自己比作薪，火的燃烧要靠薪，文化的承传要靠生命。他说："人类几千年积累下来的智慧真是如山如海，像一团真火。这团真火要靠无穷无尽的燃料继续添上去，才能够继续传下来。我感觉到，历来的哲学家、诗人、文学家、艺术家和学问家，都是用他们的生命作为燃料以传这团真火。……李商隐有两句诗：'春蚕到死丝方尽，蜡炬成灰泪始干'。蚕是用它的生命来吐丝的，蜡是用它的生命来发光的。"（《三松堂自序》）冯友兰即是这样一位用自己的生命作燃料来传递中国文化这团真火的人。

1990 年 11 月 26 日，冯友兰离世，享年 95 岁。

二

冯友兰是一位学贯中西的学者，他不仅年寿高、阅历丰富，而且是一位思维敏捷、洞见深刻、志道精思和著述丰赡的学术大家。若从而立之年算起至 1949 年，冯友兰在 24 年的时间里，既已发表专著 12 种，其中除中国哲学史和中国哲学之外，他在文化、宗教、历史、文学、艺术、美学等领域也有很深的造诣和建树。冯友兰晚年曾自述其学曰："余平生所著，三史六书耳"，"三史释今古，六书纪贞元"。"三史"者，《中国哲学史》、《中国哲学简史》和《中国哲学史新编》；"六书"者，即抗日战争时期冯友兰所著的"贞元六书"。故"三史六书"，是冯友兰一生学术思想的核心和代表作，其中《中国哲学史新编》这一"史"是在 1949 年以后完成的，其他"二史六书"均完成于 1949 年以前。

冯友兰的两卷本《中国哲学史》完成于上世纪 30 年代，这是冯友兰学术发展历程中的第一座里程碑。在中国学术史上，特别是在新文化运动以前，中国哲学史的研究，基本上采取旧的"经学"形式和"学案"式的平行记述方法。虽然在旧民主主义革命时期，中国已经建立起近代资产阶级的哲学雏形或哲学体系，但对于中国哲学史的研究，基本上都没有超出古代史学家的藩篱。也就是说，能否使中国哲学史摆脱古典形式，代之以现代形态并使之成为一门有别于包罗万象的古典学案的独立学科，是中国哲学史研究所遇到的普遍性问题，这实际上是两种不同社会形态转型时期所遇到的问题在文化学术上的集中体现。如何解决这一问题，是时代的课题。

如果追溯中国哲学史学术发展的近代化历程，冯友兰与胡适的名字是分不开的。就历史的程序说，胡适的《中国哲学史大纲》（以下简称《大纲》）对冯友兰及其所处的那个时代曾产生过重大影响。该《大纲》

出版于 1919 年，正值新文化运动的高潮期。虽然该书只完成了上卷，只写到战国末期就结束了，由于写得过于简要，且以西方近代思想剪裁古人，故受到当时保守派的批评、责难，甚至嘲讽和讥笑。但它毕竟是中国近代学术史上，第一部跨越和突破封建藩篱的学术著作，在当时堪称"一部具有划时代意义的书"。

冯友兰两卷本《中国哲学史》比胡适的《大纲》晚了十余年。但就当时学术界的情况看，胡适的《大纲》对于整个中国哲学史发展过程说，仅仅是一个开头。战国以后，经历了秦汉的统一，又经历了由两汉至清末长达近两千年的分合演变，中国哲学呈现出错综复杂的局面。在这种情况下，单纯地依傍"西洋人的哲学史"或"非研究过西洋哲学史的人不能构成适当的形式"的说法，只能成为必要条件，而非充分条件。同时，随着近代中国的急速变迁，到冯友兰写《中国哲学史》的时候，在"材料问题"和"形式问题"两层难处之外，又增加了一层难处：即"随着马克思主义在中国的传播，在历史工作中，唯物史观也流传开了。对于中国社会史、中国经济史的研究，正在展开，各方面不同的意见，开始论战"（《三松堂自序》）。冯友兰虽然没有参加这些论战，也没有跟着研究，但唯物史观的一般原则，对冯友兰也产生了重要影响。冯友兰的两卷本《中国哲学史》即是在这些背景下展开并完成的。如果说，胡适的《大纲》具有"划时代意义"，是"时代精神的产物"，那么，冯友兰的两卷本《中国哲学史》则是对胡适《大纲》的超越。在中国学术史上，他是最先用现代学术方法写出系统、完整的中国哲学史的第一人，是真正肩负起中国现代学术转型和建构中国哲学史学科及中国哲学史研究范式的开拓者、奠基者。与胡适的《大纲》相比，冯友兰的《中国哲学史》有四大特点（也可称作贡献）：

（一）时代的划分。一部完整的中国哲学史，时间跨度上下几千年，如何划分其发展历史的阶段性，是体现或关系到中国哲学历史与逻辑统一的问题，同时也是哲学史的通史与断代史、思想史与哲学史、哲学与历史等若干层次上的逻辑关系问题。这个问题解决不好，就会影响对中国哲学发展连续性的认识。有鉴于胡适《大纲》把先秦老子到荀子这一历史时期内的哲学史，统称为"古代哲学史"，而且认为至荀子以后，所谓的古代哲学便"忽然中道消灭"，究其原因，胡适列出四条："怀疑主义的打击"、"狭义功利主义的摧残"、"一尊主义的压制"、"时髦的方士宗教的同化"。这四个方面的原因，遂使"古代哲学从此真的死了"。

因为胡适的《大纲》只写到战国末期的荀子和韩非，所以"古代哲学消亡和中绝"之后是什么样的阶段，《大纲》并没有给出答案。

为了避免胡适《大纲》的上述不足，冯友兰提出"子学时代"与"经学时代"的划分。他认为，春秋战国时代和清末中外交通时代，是中国历史上两个大变动大转变的时代。这两个时代造成了中国历史的三个阶段：即秦汉之前的上古时代，秦汉至清中叶的中古时代和清中叶之后的近代。与中国历史的三阶段相适，中国哲学史亦分为三个阶段：即"子学时代"、"经学时代"和正在创造之中的"近代"。冯友兰认为，"子学时代"恰恰不是"一尊"时代，而是百家争鸣，互相平等，学术高涨的时代。"经学时代"却是定儒家为"一尊"的时代，只能在"经学"之内发挥自己的思想。不仅如此，无论"子学时代"还是"经学时代"，它们的产生及终结，其背后的决定性因素，显然是"政治制度、社会组织及经济制度"。

可见，冯友兰对中国哲学史的分期，与胡适的最大区别，乃在于他的着眼点是放在社会形态变迁对哲学发展的影响，企图以政治制度和经济制度的物质因素去解释思想和精神的发展，同时也坚持了"历史是进步的"发展观，此即冯友兰所自称的"是受了唯物史观的影响"。总之，冯友兰的《中国哲学史》比胡适的《大纲》有更大的突破。

（二）逻辑的分析。两卷本《中国哲学史》注重用逻辑分析的方法，把中国哲学史中那些模糊不清、具有整体性和直观性的概念、范畴、命题以及复杂的哲学体系给以厘清。反观胡适的《大纲》，虽然也注重方法，但由于他更偏重中国传统的名物训诂和西方实用主义哲学的方法论，故忽视了对哲学概念的解析。如对老子哲学的分析，胡适在《大纲》中，始终未能从哲学本体论的角度揭示老子"天"或"道"的形上学性质。胡适说："老子的'天地不仁'说，似乎也含有天地不与人同性的意思。人性之中，以慈爱为最普遍，故说天地不与人同类，即是说天地无有恩意。老子这一观念，打破了古代天人同类的谬说，立下后来自然哲学的基础。……老子的最大功劳，在于超出天地万物之外，别假设一个'道'。这个道的性质，是无声无形，有单独不变的存在，又周行天地万物之中；生于天地万物之先，又却是天地万物的本源。"（《中国哲学史大纲》）胡适很重视老子在中国哲学史上的地位，在《大纲》中，他以"老子"为一篇，并专立"天道观"一节。但他对老子哲学思想的分析，却仅此而已。其余大部分则是考辨老子其人其书及老子的社会政治思想，对老子的哲学理论没有从哲学本身的发展中去发掘其价值。

冯友兰在其《中国哲学史》"老子"一章中，以"道德"立为一节，他述老子说："古代所谓天，乃主宰之天。孔子因之，墨子提倡之。至孟子所谓天，有时已为义理之天。所谓义理之天，常含有道德的惟心的意义，特非主持道德律之有人格的上帝耳。《老子》则直谓'天地不仁'，不但取消天之道德的意义，且取消其惟心的意义。古时所谓道，至《老子》，乃予道以形上学的意义，以为天地万物之生，必有其所以生之总原理，此总原理名之曰道。……故道兼有无而言：无言其体，有言其用。"（《中国哲学史》上卷）

冯友兰对老子哲学的分析，揭示了"天"的内涵之历史演变，揭示了老子"道"的形上学性质，并把这一形上学体系纳入了哲学"本体论"范畴，从而使老子哲学的研究摆脱了传统形式，为整个中国哲学史研究的近代化树立了典范。此外，诸如先秦名家的"合离之辨"；魏晋玄学的"贵无崇有无无"之分；宋代道学的"二程之别"等，皆属此类。这些对中国哲学史的新见解，直到今天仍具有典范意义。可见逻辑分析方法，确实是对中国哲学的"永久性贡献"。

（三）释古的史观。五四时期，乃至五四以后，在中国史学研究中出现"信古"与"疑古"之争。这一争论，实际上是新旧文化论战在方法论上的反映。疑古思潮本与五四反封建思潮相联系，它作为方法上的突破口，在当时的文化论战中产生了重大影响，甚至重新改写了几千年的中国古史。20世纪20年代以后，"疑古"发展为"辨伪"，成为当时激进史学家的一个重型武器和重要方法。胡适的《大纲》即是以辨伪为特长，着力于古书真伪的考订，为其推翻传统旧说开辟道路。如诸子起源问题、井田制问题、老子年代问题等等，都成为当时辩论的重要课题。

冯友兰认为"信古"一派以为凡古书上所说皆真，故最缺乏批判精神。这一派由于盲目相信古书所说，对古之一切皆不加分析，因此从"信古"倒向"复古"。而"疑古"一派，则反"信古"之道而行，以为古书所载，多非可信，甚至全然推翻古说，另造新论。在冯友兰看来，"信古"与"疑古"两派皆有偏于极端之弊，全面的态度应该是"释古"。

冯友兰以"释古"的辩证史观研究中国哲学史，使他能全面把握史料，认为所谓古书的真伪，无非是时代先后的问题，不能因其作伪并假冒时代，而一概否定其价值。因为"伪书"对它产生的那个时代来说，不失为一种真史料。对"释古"史观的阐发及对"释古"、"疑古"关系的说明，反映了冯友兰哲学史观的辩证性。而胡适《大纲》的疑古态度有时却导致了一种机械论和形而上学。因为"信古"与"疑古"是对待古史的两个极端，在一定条件下，疑古也会变成信古。如胡适把《大学》与《中庸》作为孟、荀之前的材料，把《列子·杨朱篇》作为先秦杨朱的思想，皆有失胡适本人的疑古精神。

"疑古"与"释古"两种不同的史观，又与"汉学"与"宋学"两种不同的方法紧密相关。因为从"疑古"到"辨伪"，重视史料真伪的考辨和文字的训诂，而对文字所表达的义理却往往忽视甚至轻视。而冯友兰所自称的"释古"，恰恰与"疑古"派相反，它不注重文字考证、训诂，而注重于文字所表达之义理的了解和体会。这种不同，即所谓"汉学"与"宋学"的不同。冯友兰以"释古"的辩证史观，运用"宋学"的方法，使他的中国哲学史研究真正进入到陈寅恪所评价的"无隔阂肤廓之论"的境界。

（四）同情的了解。上述"释古"与"疑古"之分，必衍生出"汉学"与"宋学"之别。在冯友兰看来，如果只注重古代哲学家著作的语言文字，而不能体会了解其义理，就不能写出符合古代哲学家本来面目的哲学史。他批评胡适的《大纲》，与其说是一部中国哲学史，不如说是一部批评中国哲学的书。因为中国哲学史中两个影响最大的学派——儒家和道家，都受到了胡适功利主义和实用主义观点的批评和怀疑。因此，"读他这部书，感觉不到别的，只感觉到，整个中国文明是完全走错了路"（《哲学在当代中国》）。

陈寅恪在为冯书写的《审查报告》中说："今欲求一中国古代哲学史，能矫傅会之恶习，而具了解之同情者，则冯君此作庶几近之；所以宜加以表扬，为之流布者，其理由实在于是。"金岳霖在其《审查报告》中说："冯先生的思想倾向于实在主义；但他没有以实在主义的观点去批评中国固有的哲学。因其如此，他对于古人的思想未必赞成，而竟能如陈先生所云：'神游冥想，与立说之古人，处于同一境界。'"

从陈、金二氏对冯著《中国哲学史》的评价来看，所谓"同情的了解"所蕴涵的意义有两点最值得注意：一是对中国传统哲学，乃至传统文化须以一种敬畏的态度去了解研究，不能以自己的主观好恶或某种固有的成见、固有的哲学或固有的主义去裁剪古人；二是不能把自身所际遇的时代、所处的环境及所熏染的学说有意无意地强加到古人头上，并以此"推测古人的意志"，从而"流于穿凿傅会的恶习"。因此，"同情的了解"实乃研究古代哲学与文化的一种正确的态度。

总之，冯友兰的两卷本《中国哲学史》比胡适的《大纲》有更大的突破，它不仅超越了封建时代经、史学家的眼界，也没有生吞活剥西方近代史学家的观点和方法，并且在许多方面和许多问题上，都有新的收获。这些具有开创性的新体例和新见解，对中国哲学史这门学科的建立和研究起到了奠基作用。因此他代表了那个时期中国哲学史研究的最高水平。尽管冯友兰的《中国哲学史》与胡适的《中国哲学史大纲》一样，有这样或那样的缺点和不足，但不影响它们在中国近现代学术史、中国哲学史及中国哲学史史学史上的永恒价值和崇高地位，它们都是中国学术由古代跨向近现代这一历史转型时期各领风骚的不朽之作和时代的里程碑。

三

抗日战争时期，冯友兰相继发表了他所统称的"贞元六书"或"贞元之际所著书"。所谓"贞元"，即"贞下起元"，乃借用《易·乾》卦辞"元亨利贞"四字所蕴涵的一年四季消长循环发展之义。元为春，亨为夏，利为秋，贞为冬。"贞下起元"，即严冬过后即是春天，以喻抗战必将胜利，中华民族新的历史即将开始。在打败日寇，争取民族复兴的历史关头，这位哲学家"所能贡献给自己民族的就是为'抗战建国'建立一个新的哲学体系，以帮助中华民族渡过大难，恢复旧物，出现中兴"（《三松堂自序》）。由此，冯友兰的学术研究重点，便由对中国哲学史的研究转向对中国哲学的研究，而"贞元六书"即是他建立新的哲学体系的主要成果和重要标志。

这就是说，冯友兰的哲学体系应包括整个"贞元六书"在内。其中，《新理学》重点讲冯友兰哲学体系的形上学；《新事论》重点讲社会历史和文化哲学；《新世训》重点讲生活方法与处世哲学；《新原人》主要讲人生修养及人生境界；《新原道》重点讲中国哲学精神；《新知言》重点讲哲学方法论。以"贞元六书"建构起来的新哲学体系，冯友兰称其为"新理学"。所以新理学这个名称有两个意义：其一是指冯友兰自称的哲学体系，其二是指"贞元六书"中的《新理学》这本书。对于这二者，冯友兰强调要各以符号别之：前者加双引号，后者加书名号。"贞元六书"系统地构成了冯友兰"新理学"的哲学体系，从而使他成为中国近代史乃至现代史上一位重要的哲学家。

《新理学》发表于 1939 年。它是冯友兰新理学体系的理论基础，也是该体系的形上学。用冯先生自己的话说："《新理学》这部书是我在当时的哲学体系的一个总纲。如果把六部书作为一部书看，《新理学》这部书应该题为'第一章：总纲'。"（《三松堂自序》）

《新理学》是冯友兰哲学体系的核心和总纲，主要讨论的是宇宙论和形上学的纯哲学问题。其中的形上学系统有四个主要概念或观念及四组主要命题，它们分别是：

> 第一组主要命题是：凡事物必都是什么事物，是什么事物，必都是某种事物。有某种事物，必有某种事物之所以为某种事物者。借用旧日中国哲学家底话说："有物必有则。"（《新原道》，见《三松堂全集》，第五卷，127 页）

> 第二组主要命题是：事物必都存在。存在底事物必都能存在。能存在底事物必都有其所有以能存在者。借用中国旧日哲学家的话说，有理必有气。（同上书，129 页）

> 第三组主要命题是：存在是一流行。凡存在都是事物的存在。事物的存在，是其气实现某理或某某理的流行。实际的存在是无极实现太极的流行。总所有底流行，谓之道体。一切流行涵蕴动。一切流行所涵蕴底动，谓之乾元。借用中国旧日哲学家的话说："无极而太极。"又曰："乾道变化，各正性命。"（同上书，130 页）

> 第四组主要命题是：总一切底有，谓之大全。大全就是一切底有。借用中国旧日哲学家的话说："一即一切，一切即一。"（同上书，131～132 页）

以上四段材料虽然引自《新原道》，但却是《新理学》一书的本有之义，是对《新理学》形上学的高度浓缩的表述。它也是构成"新理学"形上体系的四块理论基石。如果没有一定的哲学和逻辑的训练，对上述四段材料是很难理解清楚的。这里仅举一例分析之：如第四组主要命题所推出的"大全"的概念，在中国旧有的哲学中，相当于"宇宙"、"大一"、"天地者万物之总名"等观念。但它们之间又有根本的不同，即它们都不是纯粹观念的。在冯友兰看来，他所谓的大全，"是一切有底别名"，"大全是一切底有"。一切事物均属于大全，但不能反过来说，属于大全者是一切事物。因为在新理学的形上学系统中，形上学的工作，"是对于一切事实作形式的解释。大全亦称宇宙。但又不是物理学或天文学所说的宇宙。物理学、天文学所说的宇宙，是物质的宇宙，是属于实际的有，而非真际中的有"。冯友兰特别强调，虽然先秦哲学家、佛家都讲一，但新理学所谓一或大全，并不对实际内容作肯定。因此严格地说，大全、宇宙、大一，是不可言说的。"我们不知一切物都是什么，又不知其共有若干，亦不知其所有之一切性都是什么及共有若干，但我们不妨将其作一整个而思之。此所以大全，大一，或宇宙，不是经验底观念，而只是逻辑底观念。"（《新理学》）

以上仅是以例证的方式，对新理学的第四组主要命题及其所推出的大全的观念所作的解析。其他三组命题及其所推出的理、气、道体，其所用方法皆似此类。冯友兰认为，以上四组命题，都是"分析命题"，或可说是"形式命题"。四组形式命题，予以四个形式的观念，即理之观念，气之观念，道体之观念，大全之观念。冯友兰认为，真正的形上学的任务，就在于提出这些观念并说明这些观念。可以说，新理学的形上学体系的建立，为他的整个哲学体系寻得了一个一以贯之之道，为其哲学体系奠定了理论基础，并在这个基础之上展开了他对中国哲学现代化的尝试和努力。

把《新理学》原理应用到社会及文化，便构成《新事论》的基本内容。该书发表于 1940 年。在这部著作中，冯友兰对清末的"洋务运动"及五四以来的"东西文化论战"、30 年代"本位文化与全盘西化的论战"作了一个总结。他对中国本位文化论和全盘西化论都持否定态度，并在"文化古今"说或"时代差异"论的基础上，进一步提出"文化类型"说。他认为，必须把西洋文化和中国文化作为某种"文化类型"，才能确定何者当取，何者当去。

在冯友兰看来，当时中国落后的原因，主要在于经济上没有经过产业革命。因为西洋文化是代表工业文化类型的，而中国文化则是代表农业文化类型的。工业文化与农业文化，形象地说，即是城里与乡下的区别。"在现在的世界中，英美及西欧等处是城里，这些地方的人是城里人，其余别的地方大部分是乡下，别的地方的人大部分是乡下人"（《新事论》）；"中国之所以贫弱愚昧，也并不是因为中国人是中国人，而是因为中国人是乡下人"（《新事论》）。为此，冯友兰还引用马克思在《共产党宣言》中说过的一段话："工业革命的结果使乡下靠城里，东方靠西方。"(《新事论》）这就是说，城里与乡下的区别是历史的产物，更是经济发展的产物。冯友兰此时公开引征马克思，并把东西文化的差别归结为生产方式的不同，可以看出马克思经济史观对他的影响。

用"经济史观"或"文化类型"说解释文化差异是冯友兰《新事论》的最大的特点，这种文化理论的深度已远远超出"中国本位文化"和"全盘西化"的肤浅之论，达到了当时文化讨论的最高水平，直到今天仍未过时。因为在冯友兰看来，要实现中华民族的强盛和中国文化的复兴，"唯一的办法，即是亦有这种的产业革命"。"《新事论》的副标题是'中国到自由之路'。这条路就是工业化"。

《新世训》发表于 1940 年。这部书原本是应出版社之邀在一家杂志上连载的，后来把它编成一部书，题名为《新世训》。所谓"世训"，是相对于"家训"说的，若把"家训"扩大，让社会上的人都读到，于是"家训"也就成为"世训"。"家训"可以理解为"家教"，故"世训"便可理解为社会教育。在"世训"前加一"新"字，则可表现该教育是与古代有别但却有继承关系的现代社会教育。《新理学》表示新哲学体系；《新世训》则表示新的人生教育，故该书的副标题为"生活方法新论"。为凡一个完整系统的哲学体系，仅有其形上学的建构是不够的。作为一种完整的哲学体系，则必对现实生活有所联系，有所指导，方可称得上是一种完整的哲学。

《新世训》共分十篇，分别是：尊理性、行忠恕、为无为、道中庸、守冲谦、调情理、致中和、励勤俭、存诚敬、应帝王。从这些篇名所能体现出来的概念内涵，盖可知其内容多属古人所称的"为学之方"。但《新世训》所关注的是"此种生活是生活，不是'学'。此种生活的方法是生活的方法，不是'为学之方'"。《新世训》意为不要把这些日常生活的方法原则，当作僵死的教条，而是要积极地施为和践行。这一点，从其十篇的篇名即可看出，即每篇由三个字构成，第一个字都是动词，后两个字是一个概念或生活的原则方法。这些原则和方法是去要施行的。

《新原人》发表于 1943 年。此书综合古代儒、道各家的伦理精神，提出"觉解"及"境界"说。冯友兰认为，人之所以异于禽兽者在觉解。在冯友兰看来，人对事物有所了解，不但有所了解，还能自觉他有所了解，此即人与动物的区别。因为对于动物来说，它们只是遇见可吃的东西就吃，遇见可喝的东西就喝。它们在吃在喝，却不知道为什么在吃在喝，甚至不知它们在吃在喝。而"人知道吃喝对于他们的意义，而又自觉他们在吃在喝"（《三松堂自序》）。这种对事物的了解和自觉，《新原人》简称为"觉解"。

"解"是了解，"觉"是自觉。两者合起来，即是"自觉地了解"或"了解其所了解"。而觉解则是对宇宙、自然、社会、人生意义的自觉的了解，并根据觉解程度的深浅，构成人的不同的精神境界。冯友兰认为，一个完整的哲学体系，必须能够说明个人与其周围各方面的关系，而他所提出的所谓自然境界、功利境界、道德境界和天地境界，即是人与周围各方面可能出现的四种关系或四种境界。

在上述四种境界中，所谓"自然境界"是低层次的精神境界，是人对周围各方面的一种混沌关系。这种关系有如儿童的天真烂漫，是一种觉解不高的朴素境界。所谓"功利境界"，"其行为都有他们所确切了解的目的。他们于此有此种行为时，亦自觉其有此种行为，他们的目的都是为利"（《新原人》）。在功利境界中的人所求的利是他自己的利，因此是为"我"和为"私"的。在"道德境界"中的人，其尽伦尽职并不计其行为所及的对象是不是值得他如此，否则就从道德境界转化为功利境界。天地境界，他以文天祥的《正气歌》和张载的《西铭》为例，说明天地境界乃是一种最高、最完善的境界。在这种境界中的人，不但觉解其是"大全"的一部分，并且自同于大全，一个人自同于"大全"，则天与人、人与物、物与我、我与非我的界限完全泯灭，而达到"体与物冥"、"万物皆备于我"、"得其所一而同"的境界。

冯友兰的天地境界说，是他伦理思想的集中表现，也是他整个新理学体系的核心和最终归宿。因为，在冯友兰看来，哲学的用处不在于增加实际的知识和才能，而是使人改变自己的生活态度，使人由对宇宙人生的觉解进而体现出一种人格、胸襟和气象，此即他所经常强调的"极高明而道中庸"。

总之，《新原人》一书在冯友兰的新理学体系中占有重要位置。如果说，《新理学》为新理学体系提供了形上学基础，那么，《新原人》则是为新理学体系提供了一种新的人学形上学。这种人学形上学是新理学体系的灵魂。

《新原道》发表于1945年，重点讲中国哲学精神。这部著作无论从时序上还是从逻辑上说，都是接着《新原人》提出的"天地境界"而展开的。他认为，中国哲学的主要传统或思想主流，就是求一种最高境界。"这种境界是最高底,但又是不离乎人伦日用底。这种境界,就是即世间而出世间底。这种境界以及这种哲学,我们说它是'极高明而道中庸'。"(《新原道》绪论)

但在以往的传统哲学中,"高明"与"中庸"很难达到统一。因此,如何使它们统一起来,这是中国哲学所求解决的一个问题。"求解决这个问题,是中国哲学的精神"。《新原道》即是以"极高明而道中庸"为标准,对中国哲学史上的孔孟、杨墨、名家、老庄、易庸、汉儒、玄学、禅宗、道学等九大流派进行了分析和评判。如在"孔孟"一章中,认为儒家(指先秦儒家)重"义利之辨","可见功利境界与道德境界的分别,他们认识甚清","他们注重智,可见自然境界与其余境界的分别,他们亦认识甚清"。但若从"极高明而道中庸"的标准说,他们于"高明"方面,尚未达到最高标准,其主要原因是,他们对道德境界与天地境界的分别,其认识尚不甚清楚。在"杨墨"章中,认为杨朱"只讲到功利境界";墨子的行为虽合乎道德,"但其境界仍是功利境界",故两者皆不合乎"高明"的标准。第九章道学中,冯友兰对道学在"极高明而道中庸"的统一方面评价甚高,认为道学对中国哲学精神的阐扬已达到中国古代哲学的最高水平。但也有不足:"宋明道学,没有直接受过名家的洗礼,所以他们所讲底,不免著于形象",且"尚有禅宗所谓'拖泥带水'的毛病"(《新原道》第十章)。因此,"由他们的哲学所得到底人生,尚不能完全地'经虚涉旷'。他们已统一了高明与中庸的对立。但他们所统一底高明,尚不是极高明"(《新原道》第十章)。

《新原道》第十章,也是最后一章,命名为"新统"。这是冯友兰讲自己的哲学体系对中国哲学精神的理解和发扬。他认为,"新理学是最玄虚底哲学,但它所讲底,还是'内圣外王之道',而且是'内圣外王之道'最精纯底要素",从而达到了"极高明"和"道中庸"的完美统一。

《新原道》在新理学体系中占有重要地位,其主要价值意义在于把哲学的主要任务归结为解决人生价值和提高人的精神境界,而把其属于"解释事实"的任务交给科学。在这一方面,中国哲学有丰富的价值资源,只是需要对这些宝贵的资源继承、发展并给以创造性的解释和论证,使其成为现代中国哲学的内容,《新原道》对此作出了杰出的贡献。

《新知言》一书,发表于 1946 年。该书的主要目的,"是讲形上学的方法"。因为一门学问的性质,与其方法有密切的关系。在中国传统哲学中，往往对方法问题关注不够，从而导致认识论或知识论的不足。冯友兰既要建构中国的近现代哲学体系，故不能不补传统哲学的不足，只有这样，才能使新理学体系圆满自足。

《新知言》一书共分十章，从古希腊柏拉图的方法，一直讲到维也纳学派的方法，企图从中总结西方哲学在建构形上学过程中方法问题之短长，以取其所长，避其所短，建立起"新理学体系在现代世界哲学中的地位"。

《新知言》的最大贡献是结合西方哲学和中国哲学形上学的方法，明确提出"最哲学的哲学或真正形上学的方法有两种：一种是正底方法；一种是负底方法"（《新知言》第一章）。所谓正的方法，是以逻辑分析法讲形上学，也就是对于经验作逻辑的释义。这种方法是西方哲学最擅长的；所谓负的方法，"是讲形上学不能讲，讲形上学不能讲，亦是一种讲形上学的方法"，这是中国哲学所擅长的。他认为，正的方法，"就是理智的分析、总括及解释，而又以名言说出"。他的《新理学》的基本架构，如理、气、道体、大全等观念，即是以正的逻辑分析的方法得出来的。负的方法是讲形上学之不能讲，亦即更多地采用直觉体认的方式彰显形上学，其《新原人》的四种境界说即是通过直观觉解而得到的。当然，更多的情况是"正"、"负"并用，真正体现西方与东方的融合，从而形成了汇通中西的新理学体系。

《新知言》所建立的新理学或形上学方法论，不仅弥补了中国传统哲学方法论的不足，同时也补救了西方哲学方法论的某些偏失；不仅推动了中国哲学的近代化及现代转型，同时也确立了新理学在世界哲学中的地位。

总之，"贞元六书"是冯友兰一生整个思想文化学术创作的高峰。它的出现，既是冯友兰由哲学史家进而成为哲学家的标志，更是中国哲学近代化的标志。它不仅体现了冯友兰的哲学睿智和深邃的思考，更体现出强烈的民族忧患意识和创立现代中国哲学体系的使命感和紧迫感。他对于中华民族的哲学智慧和精神思想、对于造就一个自立于世界民族之林的新中国、新哲学，总是充满了无限的期许和关切。此正如他在《新事论》的结语中所说：

> 真正底"中国人"已造成过去底伟大底中国。这些"中国人"将要造成一个新中国，在任何方面，比世界上任何一国，都有过无不及。这是我们所深信，而没有丝毫怀疑底。

四

冯友兰一生，志道精思，年寿高古，殚精竭虑，勤于笔耕，故著述宏富，著作等身。其集中西文著作 40 余种，文章 500 余篇。遗书集为《三松堂全集》14 卷，600 余万言。另有《冯友兰英文著作集》及《庄子·内篇》英译。此外尚有各类选编的专题文集近 20 种，实可谓卷帙浩繁，洋洋大观。在其所有著作中，流传最广，影响最大者，莫过于冯友兰生前所概括者："余平生所著，三史六书耳。三史以释今古，六书以纪贞元"。冯友兰逝世后，矗立在万安公墓的花岗岩石碑碑阴处，亦刻有"三史以释今古，六书以纪贞元"这 12 个挺拔的大字。足见这 12 个字最能概括并反映冯友兰一生的学术追求以及他对中国哲学和中国文化的杰出贡献。

本书入选《中国近代思想家文库》，可谓实至名归，冯友兰将同入选的近代思想家们，一起接受历史与时代的检验，广大读者亦可通过这套《文库》去窥测每一位学术大师的思想风采和文化心灵，因为这些大师们对全方位、多层次、多领域的中国文化的认识、理解、反思和探索，无疑都是从不同的学术背景、社会视角和不同的文化哲学方法，对 1949 年以前近百年历史和人类文明走向的最刻骨的记忆、最深沉的关怀和最冷峻的预测。因此作为《冯友兰卷》的编者，感谢《文库》的设计者和执行者们为今天的广大读者提供这套充满思想智慧的图书。

本书的选编是根据《文库》设计者的要求，选取最能代表冯友兰思想的著作，亦即上面提到的"三史六书"中的"二史六书"（因"三史"中的《中国哲学史新编》为 1949 年以后的著作）及一部分关于中国哲学史的论文。又因"二史六书"卷帙文字繁多，但又不能割弃，以免造成对其系统的有机联系的破坏，故采取对每部书皆节选的办法，以尽量保持该卷内容的完整性和逻辑性。尽管如此，要想以几十万字的选编材料反映著作等身的大师全貌，还是多少有"勉为其难"之感，好在有冯友兰的"全集"在，如觉此编不足，可索由河南人民出版社出版的《三松堂全集》详览之。

李中华

乙未年春四月于北京大学

文章

与印度泰谷尔谈话（东西文明之比较观）（1921 年）

　　我自从到美国以来，看见一个外国事物，总好拿它同中国的比较一下。起头不过是拿具体的、个体的事物比较，后来渐及于抽象的、普通的事物；最后这些比较结晶为一大问题，就是东西洋文明的比较。这个大问题，现在世上也不知有能解答他的人没有。前两天到的《北京大学日刊》上面，登有梁漱溟先生的"东西洋文明及其哲学"的讲演，可惜只登出绪论，尚未见正文。幸喜印度泰谷尔（Rabindranath Tagore）先生到纽约来了，他在现在总算是东方的一个第一流人物，对于这个问题，总有可以代表一大部分东方人的意见。所以我于十一月三十日到栈房去见他，问他这个问题。现在将当日问答情形，写在下面。顶格写的是他的话，低一点写的是我的话。

　　中国是几千年的文明国家，为我素所敬爱。我从前到日本没到中国，至今以为遗憾。后有一日本朋友，请我再到日本，我想我要再到日本，可要往中国去，而不幸那位朋友，现在死了，然而我终究必要到中国去一次的。我自到纽约，还没有看见一个中国人，你前天来信，说要来见我，我很觉得喜欢。

　　　　现在中国人民的知识欲望，非常发达，你要能到中国一行，自然要大受欢迎。中国古代文明，固然很有可观，但现在很不适时。自近年以来，我们有一种新运动，想把中国的旧东西，哲学，文学，美术，以及一切社会组织，都从新改造，以适应现在的世界……

　　适应么？那自然是不可缓的。我现在先说我这次来美国的用意。我们亚洲文明，可分两派，东亚洲中国、印度、日本为一派，西亚洲波斯、亚拉伯等为一派，今但说东亚洲。中国、印度的哲学，虽不无小异，而大同之处很多。西洋文明，所以盛者，因为他的势力，是集中的。试到伦敦、巴黎一看，西洋文明全体，可以一目了然，即美国哈佛大学，也有此气象。我们东方诸国，却如一盘散沙，不互相研究，不互相团结，所以东方文明，一天衰败一天了。我此次来美就是想募款，建一大学，把东方文明，聚在一处来研究。什么该存，什么该废，我们要用我们自己的眼光来研究，来决定，不可听西人模糊影响的话。我们的文明，也许错了，但是不研究怎么知道呢？

我近来心中常有一个问题，就是东西洋文明的差异，是等级的差异（Difference of degree），是种类的差异（Difference of Kind）？

此问题我能答之，他是种类的差异。西方的人生目的是"活动"（Activity），东方的人生目的是"实现"（Realization）。西方讲活动进步，而其前无一定目标，所以活动渐渐失其均衡。现只讲增加富力，各事但求"量"之增进，所以各国自私自利，互相冲突。依东方之说，人人都已自己有真理了，不过现有所蔽；去其蔽而真自实现。

中国老子有句话是："为学日益，为道日损。"西方文明是"日益"；东方文明是"日损"，是不是？

是。

但是东方人生，失于太静（Passive），是吃"日损"的亏不是？太静固然，但是也是真理（Truth）。真理有动（Active）、静（Passive）两方面；譬如声音是静，歌唱是动；足力是静，走路是动。动常变而静不变；譬如我自小孩以至现在，变的很多，而我泰谷尔仍是泰谷尔，这是不变的。东方文明譬如声音，西方文明，譬如歌唱；两样都不能偏废；有静无动，则成为"惰性"（Inertia）；有动无静，则如建楼阁于沙上。现在东方所能济西方的是"知慧"（Wisdom），西方所能济东方的是"活动"（Activity）。

那么静就是所谓体（Capacity），动就是所谓用（Action）了。

是。

如你所说，吾人仍应于现在之世界上讨生活。何以佛说：现在世界，是无明所现，所以不要现在世界？

这是你误信西洋人所讲的佛教了。西人不懂佛教，即英之达维思夫人（Mrs. Rys Davids），尚须到印度学几年才行。佛说不要现在世界者，是说：人为物质的身体所束缚，所以一切不真；若要一切皆真，则须先消极的将内欲去尽，然后真心现其大用，而真正完全之爱出，爱就是真。佛教有二派：一小乘（Hina－yana），专从消极一方面说；一大乘（Maha－yana），专从积极一方面说。佛教以爱为主，试问若不积极，怎样能施其爱？古来许多僧徒，牺牲一切以传教，试问他们不积极能如此么？没有爱能如此么？

依你所说：东方以为，真正完全之爱，非俟人欲净尽不能出；所以先"日损"而后"日益"。西方却想于人欲中求爱，起首就"日益"了。是不是？

是。

然则现在之世界，是好是坏？

也好也坏。我说他好者，因为他能助心创造（Creation）；我说他坏者，因为他能为心之阻碍（Obstruction）。如一块顽石，是为人之阻碍；若裂成器具，则是为人用。又如学一语言，未学会时，见许多生字，是为阻碍；而一学会时，就可利用之以做文章了。

依你所说：则物为心创造之材料，是不是？

是，心物二者，缺一不能创造。

我尚有一疑问，佛教既不弃现世，则废除男女关系，是何用意？

此点我未研究，不能答。或者是一种学者习气，亦未可知。

依你所说，则东西文明，将来固可调和；但现在两相冲突之际，我们东方，应该怎样改变，以求适应？从前中国初变法之时，托尔斯泰曾给我们一信，劝我们不可变法。现在你怎样指教我们？

现在西方对我们是取攻势（Aggressive），我们也该取攻势。我只有一句话劝中国，就是："快学科学！"东方所缺而急需的，就是科学。现在中国派许多留学生到西洋，应该好好的学科学。这事并不甚难。中国历来出过许多发明家，这种伟大民族，我十分相信，他能学科学，并且发明科学的。东方民族，决不会灭亡，不必害怕。只看日本，他只学了几十年的科学，也就强了。不过他太自私，行侵略主义，把东方的好处失了。这是他的错处。

你所筹办的大学，现在我们能怎样帮忙？

这层我不能说，这要人人各尽其力的。中国随便什么事，——捐款，捐书，送教员，送学生，——都可帮助这个大学的。现在我们最要紧的，是大家联络起来，互相友爱；要知道我们大家都是兄弟！

谈到这里，已经是一个钟点过去；我就起身告辞了。泰谷尔先生的意见对不对，是另一个问题；不过现在东方第一流人物对东西文明有如此的见解，这是我们应该知道的。我还要预先警告大家一句，就是泰谷尔的话，初看似乎同从前中国中学为体，西学为用之说，有点相像；而其实不同。中国旧说，是把中学当个桌子，西学当个椅子；要想以桌子为体，椅子为用。这自然是不但行不通，而且说不通了。泰谷尔先生的意思，是说真理只有一个，不过他有两方面，东方讲静的方面多一点，西方讲动的方面多一点，就是了。换句话说：泰谷尔讲的是一元论，中国旧说是二元论。

我现在觉得东方文明，无论怎样，总该研究。为什么？因为他是事实。无论什么科学，只能根据事实，不能变更事实。我们把事实研究之后，用系统的方法记述他，用道理去解说他，这记述和解说，就是科学。记述和解说自然事实的，就是自然科学；记述和解说社会事实的，就是社会科学。我们的记述解说会错，事实不会错。譬如孔学，要把他当成一种道理看，他会错会不错；要把他当成事实看，——中国从前有这个道理，并且得大多数人的信仰，这是个事实。——他也不会错，也不会不错。他只是"是"如此，谁也没法子想。去年同刘叔和谈，他问我：中国对于世界的贡献是什么？我说：别的我不敢说；但是我们四千年的历史，——哲学，文学，美术，制度……都在内——无论怎样，总可作社会科学，社会哲学的研究资料。所以东方文明，不但东方人要研究，西方人也要研究；因为他是宇宙间的事实的一部分。说个比喻，假使中国要有一块石头，不受地的吸力，牛顿的吸力律，就会打破，牛顿会错，中国的石头不会错！本志二卷四号所载熊子真先生的信上面的话，我都很佩服；但是不许所谓新人物研究旧学问，我却不敢赞成。因为空谈理论，不管事实，正是东方的病根，为科学精神所不许的。中国现在空讲些西方道理，德摩克拉西，布尔什维克，说的天花乱坠；至于怎样叫中国变成那两样东西，却谈的人很少。这和八股策论，有何区别？我们要研究事实，而发明道理去控制他，这正是西洋的近代精神！

民国九年十二月六日作于纽约。

这篇文章做成之后，就寄给志希看，志希来信，说："研究旧东西一段，可否说明以新方法来研究旧东西？……泰氏说的（Realization）一段，我不懂……既然是一件事的两面，就无所谓体，无所谓用，与他自己所说的也有出入。"

我答应说：要是把中国的旧东西当事实来研究，所用的方法，自然是科学方法了。中国的旧方法，据我所知，很少把东西放在一个纯粹客观的地位来研究的，没有把道理当作事实研究。现在要把历史上的东西，一律看着事实，把他们放在纯粹客观的地位，来供我们研究；只此就是一条新方法。不过要免误会起见，多说一两句，自然更清楚。

泰谷尔所谓"实现"一段，据我的意见，是说：西洋人生，没有一定目的，只是往前走；东方却以为人人本已有其真理，只是把它"实现"出来就是。如宋儒之所谓去人欲，复天理，就是这个意思。

志希说："既是一件事的两面，就无所谓体，无所谓用……"我说：惟其有所谓体，有所谓用，所以才是一件事的两面。体用两字，在中国很滥了，但实在他们是有确切意思的。宋儒的书，自然还没有人翻；印度的书，他们翻的时候，"体""用"翻成英文的哪两个字，我还不知道。那天晚上，只是随便抓了一两个英文字就是了。此外如心理学上所谓 Organ，Function，伦理学上所谓 Character，Action，都可举为体用之例。体与用是相对的字眼，如以 Organ 为体，则 Function 便是用，如以 Character 为体，则 Action 便是用。没有 Organ，就没有 Function，没有 Function，Organ 也就死了。所以两个是只一个东西的两面。宋儒讲体用一源，就是如此。

九年十二月十日再记

（原载《新潮》第三卷第一期，1921 年 10 月）

对于哲学及哲学史之一见
（1925 年）

一、何为哲学

何为哲学？对于此问题，诸家意见，至为分歧；今姑略述鄙见，与世之君子—商榷之。

人生而有欲，凡能满足欲者，皆谓之好（此所谓好，即英文 good 之意，谓为善亦可；不过善字之道德的意义太重，而道德的好，实只好之一种，未足以尽好义。若欲以善为好，则可取孟子"可欲之谓善"之义）。若使世界之上，人人之好，皆能得到而又皆能不互相冲突，则理想人生，当下即是，诸种问题，皆无从发生。不过，在现在世界，人所认为之好，多不能得到而又互相冲突。如人欲少年，而有老冉冉之将至；人欲长生，而民皆有死。又如土匪期在掠夺钱，受害者必不以为好；资本家期在收取盈余，劳动者必不以为好。于是此世界中，乃有所谓不好（evil）；于是此实际的人生，乃为甚不满人意。于是人乃于诸好之中，求唯一的好；于实际的人生之外，求理想人生。质言之，哲学之功用及目的，即在求好。

如有以哲学之目的在求好之说为不然者，请看世界之哲学史。中国、印度之哲学，皆以求理想人生为目的；此已为公认之事实，无须繁说，以为证明。普通史家多谓希腊之先苏格拉底哲学（Pre-Socratic Philosophy）注重研究天然，"智者"（sophists）及苏格拉底乃注重研究人事。虽如此说，究竟无人能断言先苏格拉底哲学家如何不注重人事。此时哲学家或未有书，或其书已失；吾人现在所知，皆根据于其时候言及柏拉图、亚力士多德等所报告者；此等材料，是否可靠，终为疑案。第二，即于此等材料之中，吾人亦可见此时哲学家亦常说人，神，正谊，理性，与灵魂。比答哥拉斯之徒且专注力于社会及宗教之改革；其注重人事，似亦不下于苏格拉底之徒。由斯而谈，则于先苏格拉底哲学家与苏格拉底之间，真不可截然画一鸿沟也。至于苏格拉底及柏拉图之注重求好，又为公认之事实，亦无待于证明。亚力士多德，普通所视为欧洲科学之始祖者，亦认好为重于真。依彼之见，"最有权的，最高的科学或机能是政治科学或机能；盖何种科学，国家要求，应该学习，且应该学习多少，皆政治科学或机能所决定。政治学或机能之目的，即是寻求人类之真好（the true good of mankind）"（见亚力士多德《伦理学》第一章第一节）。亚力士多德固亦有言，"人为好奇，乃治哲学"（见亚力士多德《形上学》九八二节）；然人究竟应该好奇与否，则仍待研究人类之真好者之决定。自亚力士多德以后，迄罗马之世，其间哲学纯以求好为目的，又为甚明，无待详说。至于中世纪，哲学变为宗教之婢女。然此言之意，亦谓此时哲学必须阐明耶教所定之好。此时哲学虽失其求好之自由，然仍是讲好也。至于近代，帝天（所谓上帝）之存在与否，成为哲学上之大问题。帝天者，即有客观的存在之绝对的好也（参看下文）。知识论为西洋近代哲学所特别注重之一枝，然休谟（Hume）研究知识论之动机，乃所以解决关于人生之问题；盘克累（Berkeley）及康德（Kant）之知识论乃所以证明帝天之存在。（康德并注重证明精神不死，道德自由。）科学与宗教之调和，亦成为一大问题。致此调和盖有二法。一为康德及现代之詹姆士及柏格森等所用者。此派谓科学所能研究，只在现象世界，至于本体世界，则非知识之所能及。一为斯宾诺沙（Spinoza）及现代之新唯实论家所用者。此派完全承认科学之机械主义，但同时主张客观的真，客观的美，客观的善，之存在。

科学乃所以求真。世界文明古国，皆有科学之萌芽；但唯近代西洋人始认真研究科学，以增进知识与权力（Knowledge and power）；其所以为此者，盖因其持一种哲学，以知识权力为好耳。（参见拙著《人生理想之比较研究》第八章及《一种人生观》附录）

二、科学与哲学

哲学与科学之区别，即在科学之目的在求真；而哲学之目的在求好。近人对于科学与哲学所以不同之处，有种种说法。有谓哲学与科学之区别，在其所研究之对象不同，例如哲学之所研究，乃系宇宙之全体，而科学所研究，乃系宇宙之一部。然宇宙之全体，即其各部所集而成。科学既将宇宙各部，皆已研究，故哲学即所以综合各科学所得不相联之结论，而成为有系统的报告。然如此则所谓哲学者，不过一有系统之"科学概论"，"科学大纲"而已。又有谓哲学之区别于科学，在其方法不同。科学的方法是逻辑的，是理智的；哲学的方法，是直觉的，反理智的。不过关于所谓直觉，现在方多争论。我个人以为凡所谓直觉，领悟，神秘经验等，虽有甚高的价值，但不必以之混入求知识之方法之内。无论科学、哲学，皆系写出或说出之道理，皆必以"严刻的理智态度"表出之。其实凡著书立说之人，无不如此。故佛家之最高境界，虽"不可说，不可说"，而有待于证悟，然其因明论理与唯识心理，仍是"严刻的理智态度，走科学的路"。故谓以直觉为方法，吾人可得到一种神秘的经验（此经验果与"实在"〈reality〉符合否，是另一问题）则可；谓以直觉为方法，吾人可得到一种哲学则不可。换言之，直觉能使吾人得到经验，而不能使吾人成立一个道理。一个经验之本身，无所谓真妄；一个道理，是一个判断；判断必合逻辑。各种学说之目的，皆不在叙述经验，而在成立道理，故其方法，必为逻辑的，科学的。近人不明此故，于科学方法，大有争论；其实所谓科学方法，实即吾人普通思想之方法之较认真，较精确者，非有何奇妙也。唯其如此，故反对逻辑及科学之方法者，其言论"仍旧不曾跳出赛先生及逻辑先生之手心里"（胡适之说张君劢语）。以此之故，我虽承认直觉等之价值，而不承认其为哲学之方法。哲学方法，即是科学方法，即是吾人普通思想之方法。我个人认为哲学之功用及目的，既如上述，则其与科学之不同，已显然易见矣。

三、哲学之分部

然如此说法，并不缩小哲学之范围。哲学之目的，既在确定一理想人生，以为吾人在宇宙间应取之模型及标准，则对于宇宙间一切事物以及人生一切问题，当然皆须有甚深研究。严格的说，吾人若不知宇宙情形及人在其中之地位究竟是如何，吾人实不能断定究竟应该如何。所以凡哲学至少必有宇宙观及人生观。哲学固须综合科学；然其所以综合科学者，固自有目的，非徒为"科学大纲"而已。

希腊哲学家多分哲学为三大部：

物理学（physics），

伦理学（ethics），

论理学（logic）。

此所谓 physics 即今所谓 metaphysics，近人所谓为"形上学"或"玄学"者（所谓 metaphysics 最初之义，只为"后物理学"。亚力士多德讲"第一哲学"〈First philosophy〉之书，适出其"物理学"之后，遂得此名。后人遂以此名亚力士多德所谓之"第一哲学"）。此所谓伦理学与论理学，其范围亦较现在此二名所指为广。以现在之术语说之，哲学包涵三大部：

宇宙论，目的在求一"对于世界之道理"（a theory of the world）；

人生论，目的在求一"对于人生之道理"（a theory of the human life）；

知识论，目的在求一"对于知识之道理"（a theory of knowledge）。

此三分法，自亚力士多德以后，至中世纪之末，普遍流行；即至近世，亦多用之。哲学家中，亦有以美学为哲学之一部者，然此部分，究为附庸，尚未能蔚为大国。

就上三分中，若复再分，则宇宙论可有两部：

一研究"存在"之本体，及"真实"之要素者，此是所谓"本体论"（ontology）；

一研究世界之发生及其历史，其归宿者，此是所谓"宇宙论"（狭义的）（cosmology）。

人生论亦有两部：

一研究人究竟是什么者，此即生物学、心理学等所考究；

一研究人究竟应该怎者，此即伦理学（狭义的）、政治学等所考究。

知识论亦有两部：

一研究知识之性质者，此即所谓知识论（狭义的）（epistemology）；

一研究知识之规模者，此即所谓论理学（狭义的）。

就上三部中，宇宙论与人生论，相即不离，有密切之关系。一哲学之人生论，皆根据于其宇宙论。如杨朱以宇宙为物质的，盲目的，机械的，故人生无他希望，只可追求目前快乐。西洋之挨比求伦学派（Epicureanism）以同一前提，得同一断案。又如中国道家以宇宙为"自然"之表现，凡物顺其自然，即为至好，故人亦应顺性而行，除去一切拘束。西洋近代之"浪漫派"（Romanticism）亦以同一前提，得同一断案。由此可见，诸哲学之人生论不同，正因其宇宙论不同。哲学求理想人生，必研究宇宙，必综合科学，其所以正亦在此。哲学家中，有以知识论证成其宇宙论者（如盘克累〈Berkeley〉、康德〈Kant〉以及后来之知识论的唯心派〈epistemological idealism〉，及佛教之相宗等），有因研究人之是什么而联带及知识问题者（如洛克〈Locke〉、休谟〈Hume〉等）。究竟知识论与人生论，无极大之关系，所以中国哲学，竟未以知识问题为哲学中之重要问题。然此点实无害于中国哲学之为哲学。

四、哲学之统一

由此亦可见上说分类，只为便于讲说，其实一哲学家之思想皆为整个的。凡真正哲学系统，皆如枝叶扶疏之树，其中各部（其实亦无所谓各部），皆首尾贯彻，打成一片。威廉·詹姆士谓哲学家各有其"见"（vision）。彼皆以其"见"为根本意思，以此意思适用于各方面；适用愈广，系统愈大。孔子说"吾道一以贯之"，其实各大哲学系统，皆有其一以贯之。苦娄去（Croce）谓人之思想愈有系统，则其意思愈少，亦是此意。

世有哲学家，有哲学教授。哲学家有"见"，并直述其"见"以立道理，多不计其所立中，何为宇宙论，何为人生论，更不计其所立为惟心论，为惟物论。哲学教授以讲授他人之哲学为事，故取诸哲学，区划分割，立种种名称，亦只为便于讲说而已。

中国哲学家中，荀子善于批评哲学。他以为哲学家皆有所见；他说："慎子有见于后，无见于先。老子有见于诎，无见于信（同伸）。墨子有见于齐，无见于畸。宋子有见于少，无见于多。"（《天论篇》）他又以为哲学家各有所蔽；他说："墨子蔽于用而不知文；宋子蔽于欲而不知得（同德）；慎子蔽于法而不知贤；申子蔽于势而不知智；惠子蔽于辞而不知实；庄子蔽于天而不知人。"（《解蔽篇》）威廉·詹姆士谓：若宇宙之一方面，引起一哲学家之特别注意，彼即以此一端，以赅其全。（见所著《多元的宇宙》〈The Pluralistic Universe〉）故哲学家之有所蔽，正因其有所见。唯其如此，所以大哲学家之思想，不但皆为整个的，而且各有其特别精神，特别面目。

五、历史与哲学史

历史有二义：一是指事情之自身；如说：中国有四千年之历史，说者此时心中，非指任何史书，如《通鉴》等，不过谓中国在过去时代，已积有四千年之事情而已；此所谓历史，当然是指事情之自身。历史之又有一义，乃是指事情之纪述；如说《通鉴》，《史记》，是历史，即依此义。总之所谓历史者，或即是其主人翁之活动之全体，或即是历史家对于此活动之记述。若欲以二名表此二义，则事情之自身可名为历史，事情之记述可名为"写的历史"（Written history）。

人皆求生活而又皆求好的生活，以及最好的生活，即所谓理想生活。人生之活动，皆所以实现其理想生活，所以得到其所认为之唯一的好。特因各人所认为之唯一的好不同，故行为亦异。亦非惟个人如是而已。欧洲中世纪之人，多以理想人生为在"天城"（City of God，中世纪大"神甫"圣奥古斯丁〈St. Augustine〉所著书名）之内，故其时之人，多致力修行，希望得返"乐园"。欧洲近世纪之人，多以理想人生为在"人国"（Kingdom of Man。培根著《新工具》，其中大部分为所谓"关于解释天然及人国之格言"〈Aphorisms Concerning the Interpretation of Nature and the Kingdom of Man〉）之内，故近世之人，多注重奋斗进步，希望造"乐园"于地上。此二时代有不同的历史，不同的文化，正因此二时代流行有势力之哲学不同（中世纪为宗教所弥漫之时代；宗教亦是与人以理想人生以为人在宇宙间应取之模型及标准，亦是哲学。不过宗教揉有权威形式等而哲学则不然。参见拙著《人生理想之比较研究》第十五章）。总而言之，历史即是哲学之实现。

培根曾说许多人对于天然界及政治宗教，皆有记述；独历代学术之普通状况，尚无有一叙述记录；此部分无记录，则世界历史，似为无眼之造像，最能表示其人之精神与生活之部分，反阙略矣（见培根之《学术之进步》〈The Advancement of Learning〉）。历史为哲学之实现；哲学为历史之精神。若叙述一时代一民族之历史而不及其哲学，则如"画龙不点睛"，如培根所说；若研究一时代一民族之历史而不研究其哲学，则对于其时代其民族，必难有彻底的了解。"人之相知，贵相知心"；吾人研究一时代一民族之历史，亦当知其心；故哲学史之专史，在通史中之地位，甚为重要。

以上已说各哲学之系统，皆有其特别精神，特殊面目；又说一时代一民族亦各有其哲学；于此可知，世界之上，并无"哲学"。一家的或一时代的哲学，自是"一家的"或"一时代的"哲学，而非"哲学"，犹之"白马非马"。将来虽未可知，但自有史以来，以至现在，世界之上，并无"哲学"，只有"许多哲学"（There is no philosophy as such; there are only philosophies）。现在哲学家所立之道理，大家未公共承认其为是；已往哲学家所立之道理，大家亦未公认其为非。所以研究哲学，须一方面研究哲学史，以观各大哲学系统对于世界及人生所立之道理，一方面直接观察实际的世界及人生，以期自立道理。研究哲学之方法，大略如是。

六、历史与写的历史

依上所说，已可知"历史"与"写的历史"，乃系截然两事。于写的历史之外，超乎写的历史之上，另有历史之自身，巍然永久存在，丝毫无待于吾人之知识。写的历史随乎历史之后而纪述之，其好坏全在于其纪述之是否真实——是否与所纪之实际相合。

近人多说写的历史，宜注重寻求历史中事情之因果。其实所谓一事之原因，不过一事之不能少的前立（antecedent）；所谓一事之结果，不过一事之不能少的后立（consequent）。凡在一事之前所发现之事，皆此事之前立；凡在一事以后所发现之事，皆此事之后立。一事不能孤起，其前必有事焉，其后必有事焉。写的历史叙述一事，必须牵连叙其前后之事，然其前后之事又太多不能尽叙，故必择其不能少之前立与后立，而叙述之。自来写的历史，皆是如此，固不必所谓"新历史"，乃始注重因果也。不过以前写的历史，所叙一事之不能少的前立或后立，有非不能少者。如叙战事之前先说彗星见，叙帝王无道之后即说月蚀之类。然此则由于各时代史家之对于一般事物之见解不同，非其写的历史之目的或方法不同也。我谓写的历史之目的，求与所写之实际相合，其价值亦视其能否做到此"信"字。

历史之活动的事情，既一往而永不再现，写的历史所凭之史料，不过亲见或身与其事者之述说，及与事情有关之文卷及遗迹，即所谓"文献"是也。此等材料固与所叙之历史，直接有关，名曰"原始史料"（original source）。其有对于一事物之正式的或非正式的记录，本为写的历史，但因其对于其事物之发生或存在之时甚近，后来史家，即亦引为根据，用作史料；此等史料，名曰"辅助的史料"（secondary source）。严格的说，唯原始的史料，方可名为史料；于研究历史者，亦唯原始的史料，可与极明确的印象。

历史家凭此史料，果能写出完全的"信"史与否，颇为疑问。世有史家，或为威劫，或为利诱，或因有特别的目的，本无意于作信史；如此之流，当然可以不论。即诚意作史之人，其所写历史，亦难与历史之实际，完全符合。马克思诺都有言：客观的真实之于历史者，正如康德所说"物之自身"之于人的知识。写的历史永不能与实际的历史相合（见所著《史释》〈Max Nordau：The Interpretation of History〉）。此言虽未免过当，然上说史料，多系片段不相连属，史家取此片段的材料，运其想象之力，使连为一串，再有其主观的见解，加一搀杂，其所叙述，难尽与实际的事实相符合。所以写的历史于许多事情，传说分歧，议论庞杂。"孔子、墨子俱道尧、舜，而取舍不同，皆自谓真尧、舜；尧、舜不复生，将谁使定儒、墨之诚乎？"（韩非子《显学篇》）所以孟子说："尽信书不如无书，吾于《武成》取二三策而已矣。"

历史有"历史"与"写的历史"之分；哲学史亦有"哲学史"与"写的哲学史"之分。以上所说哲学史，当然皆系指"哲学史"，非指"写的哲学史"。写的历史与历史既难符合，则写的哲学史，亦难与哲学史相符合。所以西洋哲学史只有一个，而写的西洋哲学史，则何止百部，其中无有两个完全相同。中国哲学史亦只有一个，而写的中国哲学史，则有日渐加多之势。然此人所写，彼以为非，彼之所写，复有人以为非，究竟谁能定之？若究竟无人能定，则所谓写的历史及写的哲学史，亦唯须永远重写而已。

七、一种补救之法

故欲研究历史，只可撇开写的历史，而直接读其原始的材料。写的哲学史之原始的材料，即是哲学史中各哲学家之著作；研究哲学史者，当然须直接读之，以免为哲学史家之所蔽。然自有史以来，关于哲学之著作甚多；即西洋哲学史中，最重要之哲学书，已非数年之力，不能读尽，遑论其它。故为初学计，唯有选读一法。然若忽略历史中之时间性，不按秩序，随意选读，则仍非研究哲学"史"之道。黄梨洲著《宋元学案》、《明儒学案》，直选录宋元明哲学家原来之著作、书札及语录，使读者起首即与原始的史料相接触，又于每卷之前置一绪论及传授表，以明各哲学家之关系，及在哲学史中之位置。常谓此法不独甚为可取，且亦编纂哲学史之正当方法。至于普通之"写的哲学史"，多注重对于各哲学之批评及解释，即有甚好者，亦视为一家之言可也。

在《宋元学案》、《明儒学案》中，黄梨洲选录各家之言，亦有偏僻之处。凡事物一经选择，选择者之主观的见解，自然要搀入。此言我极承认。但初学及非欲专门研究哲学者，既不能遍览哲学史中之重要著作，不得已而求其次，此法尚为比较的忠实。至于专门治哲学史者，当然须另有工夫，选读简略，只不过筌蹄而已。

（载《太平洋》杂志第四卷第十期，1925 年 6 月）

中国哲学之贡献
（1926 年）

西洋近代科学发达以来，东方几乎事事落在人后。东方文化的基础——中国哲学，因为还未经受科学的洗礼，涉及的问题比较单纯，形式相当混杂。中国没有科学而西方却有科学的原因，我已经在别处详细论述了（参看 "The International Journal of Ethics" Vol. XXXII, No. 3 所载拙稿 "Why China Has no Science，Etc." 和拙著《人生理想之比较研究》"A Comparative study of Life Ideals" 第 6 章，上海商务印书馆），在此只想探讨下列问题：虽然中国哲学涉及的问题比较单纯、形式比较混杂，但内部有没有西洋哲学尚未论及的问题？或者某些问题西洋哲学已经探讨过，但中国哲学较之更详细、更明白、更圆满地解决了？一言以蔽之，就是中国哲学对世界有特殊贡献吗？对第一个问题我虽不能给以肯定的答案，但对第二个问题我认为可以肯定回答的可能性相当高，这两个问题中的一个得出了肯定的答案，我认为最后的问题也可以得出肯定的答案。

中国哲学对人生方面特别给以注意，因此其中包含有人生论和人生方法，是西洋哲学还未详细讨论之处，本文想叙述的是其中之一。

中国哲学家对于所谓"动静合一"探讨甚详，先秦的儒家、道家都认为"动静合一"是人生的最高境界。《易·系辞》说"寂然不动，感而遂通天下之故"，孟子说"不动心"，庄子也说"至人之用心若镜，不将不迎，应而不藏，故能胜物而不伤"（《应帝王》）。汉代以后，道家哲学繁荣于魏晋，儒家哲学复兴于宋明，都大大发展了"动静合一"的理想，并考究其实践的方法。

郭象是魏晋时代一流哲学家之一，他在《庄子注》中说："夫至人，其动也天，其静也地，其行也水流，其止也渊默，渊默之与水流，天行之与地止，其于不为而自尔，一也。……诚应不以心，而理自玄符，与变化升降，而以世为量，然后足为物主，而顺时无极"（《应帝王》注），"夫与物冥者，故群物之所不能离也。是以无心玄应，惟感之从，泛乎若不系之舟，东西之非己也，故无行而不与百姓共者，亦无往而不为天下之君矣"（《逍遥游》注）。这就是所谓"至人之用心若镜"。如果心如镜的话，则"物来乃鉴，鉴不以心，故虽天下之广，而无劳神之累"（《应帝王》注）。又解释为"夫圣人虽在庙堂之上，然其心无异于山林之中，世岂识之哉，徒见其戴黄屋佩玉玺，便谓足以缨绋其心矣，见其历山川同民事，便谓足以憔悴其神矣。岂知至至者之不亏哉"（《逍遥游》注）。如果真能经常这样的话，不仅人间事不足动心，自然界的变化也不足"滑和"（《庄子·德充符》）。所以庄子说："至人神矣，大泽焚而不能热，河汉冱而不能寒，疾雷破山，飘风振海，而不能惊（郭注曰：'夫神全形具，而体与物冥者，虽涉至变而未始非我，故荡然无蛋介于胸中也'），若然者，乘云气（郭曰：'寄物而行，非我动也'），骑日月（郭曰：'有昼夜而无死生也'），而游乎四海之外（郭曰：'夫唯无其知而任天下之自为，故驰万物而不穷也'），死生无变于己（郭曰：'与变为体，故死生若一'），而况利害之端乎（郭曰：'况利害于死生，愈不足以介意'）。"（《齐物论》）

宋元哲学家中说"动静合一"者更多，程明道在定性书中说："所谓定者，动亦定，静亦定，无将迎，无内外……夫天地之常，以其心普万物而无心，圣人之常，以其情顺万事而无情，故君子之学，莫若廓然而大公，物来而顺应。……人之情，各有所蔽，故不能适道，大率患在于自私而用智。自私则不能以有为为应迹，用智则不能以明觉为自然。……与其非外而是内，不若内外之两忘也。两忘则澄然无事矣。无事则定，定则明，明则尚何应物之为累哉？圣人之喜，以物之当喜，圣人之怒，以物之当怒，是圣人之喜怒，不系于心，而系于物也，是则圣人岂不应于物哉？乌得以从外者为非，更求在内者为是也？今以自私用智之喜怒，而视圣人喜怒之正，为如何哉！夫人之情，易发而难制者，惟怒为甚，第能于怒时，遽忘其怒，而观理之是非，亦可见外诱之不足恶，而于道亦思过半矣。"（《答横渠张子厚先生书》，《河南程氏文集》卷二）王阳明说："圣人致知之功，至诚无息，其良知之体，皦如明镜，略无纤翳，妍媸之来，随物见形，而明镜曾无留染，所谓情顺万事而无情也。无所住而生其心，佛氏曾有是言，未为非也。明镜之应物，妍者

妍，媸者媸，一照而皆真，即是生其心处；妍者妍，媸者媸，一过而不留，即是无所住处。"（《传习录》中）

宋明哲学家关于"动静合一"境界的叙述甚多，但我想暂且引此说其大概。

至于达到这种境界的方法，除了用知识驾驭感情、驾驭"我"之外，更无他法。根据现代心理学（A. G. Tansley，The New Psychology，1st ed. p. 36），情感是依附于心理活动的基调，所谓哀乐都是情感。以知识驾驭情感，不是用外力强抑，我们如果对引起情感的事物有充分的知识，有相当的理解，则情感自然减少。庄子丧妻，鼓盆而歌，惠子问其因，庄子曰："是其始死也，我独何能无概然，察其始而本无生。非徒无生也，而本无形。非徒无形也，而本无气。杂乎芒芴之间，变而有气，气变而有形，形变而有生。今又变而之死，是相与为春秋冬夏四时行也，人且偃然寝于巨室，而我嗷嗷然随而哭之，自以为不通乎命，故止也。"（《至乐》）（此不一定需要一般所谓唯心的宇宙。我把这个学说在拙著《人生哲学》〈正在印刷〉内详细说明）郭象曰："未明而概，已达而止，斯所以诲有情者，将令推至理以遣累也。"（同上注）所谓以理驾驭累即以知识驾驭情感，即王弼所说："以情从理。"（《戏答荀融书》）如果不能以知识驾驭情感，就是庄子所谓"遁天倍情，忘其所受"。如果遁天、背情的话，一定是"遁天之刑"，即遭受苦恼。如果有能驾驭情感的知识，知道生是"时"、死是"顺"，就"安时而处顺，哀乐不能入也"。能超越哀乐就能得至乐，能超越哀乐，就像解脱了倒悬之苦的一样，"是帝之悬解"（《庄子·养生主》）。

能以知识驾驭情感的人不一定是无感情，庄子对于其妻之死也说："其始死也，我独何能无概然。"秦失吊老子时也"三号而出"（《养生主》）。王弼也说："圣人茂于人者神明也，同于人者五情也。神明茂，故能体冲和以通无。五情同，故不能无哀乐以应物。然则圣人之情，应物而无累于物者也。"（《难何晏圣人无喜怒哀乐论》）不能说人类像枯木死灰一样毫无情感，所以王弼又说："夫明足以寻极幽微，而不能去自然之性。颜子之量，孔父之所豫在，然遇之不能无乐，丧之不能无哀，又常狭斯人以为未能以情从理者也，而今乃知自然之不可革。"（《戏答荀融书》）

如果已知是"自然之不可革"，则见了引发情感的事物也不能没有情感，但情感一发动立刻用知识去驾驭它，使之去。庄子"概然"之后立刻鼓盆，秦失"三号"之后立刻离去。如此情感不沾滞于胸中，吾人也不会执着。程明道所谓，"怒时，遽忘其怒，而观理之是非"，即是此道。宋明哲学家尤其着重指明，不能使人无情感。王阳明说："佛氏着在无善无恶上，便一切都不管，不可以治天下。圣人无善无恶，只是无有作好，无有作恶，不动于气。……不作好恶，非是全无好恶，却是无知觉的人。谓之不作者，只是好恶一循于理，不去又着一分意思，如此，即是不曾好恶一般。……草有妨碍，理亦宜去，去之而已，偶未即去，亦不累心，若着了一分意思，即心体便有贻累，便有许多动气处。"（《传习录》上）如果可以"偶未即去，亦不累心"，就可以"喜怒不系于物"，"其情顺万事而无情"。如此则情感于心如浮云于太空，有而无害。

还有，人有"我"则对将来常怀忧虑，对过去常怀追悔，对事物"未得之也，欲得之而患，既得之，又患失之，苟患其失，无所不至"。明道所谓"用智自私"即是指此。如此则常执着外物，有意为之，则"不能以有为为应迹"，"不能以明觉为自然"。如果根据知识知"我"本无，自己以身合于宇宙，就像庄子所谓"藏天下于天下"，则"内外之两忘"，"廓然而大公"。如此则一切忧、悔、私意、计虑、打算等不复存在。所以程明道说："两忘则澄然无事矣。"如果"澄然无事"则心如明镜，对将来亦无忧虑，所谓"不迎"；对过去亦无追悔，所谓"不将"；对现在亦不执着，所谓"应而不藏"。如果达此境界，即能做到如郭象所说的"体与物冥"，则无论经过如何变化，也都"荡然无芥介于胸中也"（佛教哲学所说破"法执"、"我执"，也即似乎如此）。处于变化之中也不滞留胸中的话，这不就是"动静合一"吗？宋明哲学家最无私地注意到了这一点，庄子也在《逍遥游》篇起首中说："至人无己，神人无功，圣人无名。"

上述两个方法也可说是一个方法的两个方面，一个致力于实践，以知识理解事物的性质，另一个致力于主观方面，以知识理解"我"的性质。具有这种知识，并常运用于事物。程明道说："识得此理，以诚敬存之而已，不须防检，不须穷索。若心懈则有防心，苟不懈，何防之有？理有未得，故须穷索。存久自明，安待穷索。"（《识仁篇》）

所谓"以诚敬存之"即是常不忘此理，常以此理应用于事物，并保存它，久之我们的心就成为不将迎、无内外、应物不藏的镜子，宋明哲学家所谓的修养大抵如此。

西洋哲学中斯宾诺莎的哲学最像中国哲学的这方面。斯氏的伦理学分五部，第一部是说神（宇宙全体），第二部是说心的来源及其性质，第三部是说情感的来源及其性质，第四部是说人所受的束缚，第五部是说人的自由。人若知诸物都根据必然，又知爱神则可得解脱感情的束缚，得到自由。此文限于篇幅，仅就中国哲学此方面略述大概，其余在他处详论。

民国十五年五月于北京

（此文署名"燕京大学教授冯友兰"，日译者未详，载日本《改造》杂志，1926 年 7 月号。中译者王青，后藤延子校，译校于 1990 年）

中国之社会伦理
（1927 年）

中国之社会伦理乃是一个大题目，断非几千字所能讲清楚。本文为字数所限，只可讲中国社会伦理中之一点，即中国之传统的伦常问题。

中国向来依人之职业之不同，而将其分为四类，即所谓士，农，工，商。这一层不论。此外另有一种分类法，即是依人对于人之关系不同，而将其分类。依此标准，普通将人分为九类，即是君，臣，父，子，夫，妇，兄，弟，朋友。在这九类中，君与臣，父与子，夫与妇，兄与弟，是相对待底。普通将这些相对待的，连合言之，于是即有五伦。《中庸》说："君臣也，父子也，夫妇也，兄弟也，朋友之交也；五者天下之达道也。"

这就是普通所谓五伦。

如是将人分为这些类，每类与它一个类名，代表一个"所应该"。属于某类之个体，皆需依照其类名所代表之所应该而行。《论语》说："齐景公问政于孔子，孔子对曰：'君君，臣臣，父父，子子。'公曰：'善哉！信如君不君，臣不臣，父不父，子不子，虽有粟，吾得而食诸？'"（《颜渊》）个体者皆能依照其类各所代表之所应该而行，则国家社会，即可治平；否则扰乱。中国的传统政治社会哲学多主张这个原理，而维持这个原理最有势力的工具，就是古今两部史书：《春秋》及朱子之《资治通鉴纲目》。

现在我们先说这些类名所代表的应该是什么。《左传》文公八年太史克说："……舜臣尧……举八元使布五教于四方：父义，母慈，兄友，弟恭，子孝。……"《大学》说："为人君止于仁，为人臣止于敬，为人子止于孝，为人父止于慈，与国人交止于信。"《礼运》说："父慈，子孝，兄良，弟悌，夫义，妇听，长惠，幼顺，君仁，臣忠；十者谓之人义。"孟子说:"父子有亲,君臣有义,夫妇有别,长幼有序,朋友有信。"每一伦都有他的德(Virtue)。这德就是这个类名所代表之所应该。

后来又有于这五伦之中,特别注重三伦,即是三纲之说。《白虎通·三纲六纪》云:"三纲者,何谓也?谓君臣,父子,夫妇也。六纪者,谓诸父,兄弟,族人,诸舅,师长,朋友也。故《含文嘉》曰:'君为臣纲,父为子纲,夫为妻纲。'又曰:'敬诸父兄,六纪道行,诸舅有义,族人有序,昆弟有亲,师长有尊,朋友有旧。'何谓纲纪?纲者,张也;纪者,理也。大者为纲,小者为纪;所以张理上下,整齐人道也。人皆怀五常之性,有亲爱之心,是以纲纪为化,若罗网之有纪纲而万目张也。……君臣、父子、夫妇、六人也。所以称三纲何?一阴一阳谓之道,阳得阴而成;阴得阳而序;刚柔相配,故六人为三纲。……六纪者,为三纲之纪者也。师长,君臣之纪也,以其皆成己也。诸父兄弟,父子之纪也,以其有亲恩连也。诸舅朋友,夫妇之纪也,以其皆有同志为己助也。"这是于诸伦之中,特别提出三伦为纲,而使其余分属之。而"君为臣纲,父为子纲,夫为妇纲"之说,在中国社会伦理上尤有势力。依向来之传统底见解,评论人物,多注意于其"忠孝大节",若大节有亏,则其余皆不足观。至于评论妇人,则只当注意于贞节问题,即其对于夫妇一伦之行为。"饿死事小,失节事大",苟一失节,则一切皆不足论矣。

"君为臣纲,父为子纲,夫为妻纲。"于是臣、子、妻即成为君、父、夫之附属品。关于这一点,中国传统底伦理学家,又在中国哲学中之形上学里找到根据。《白虎通》以"一阴一阳谓之道"说三纲,已如上述。《易·坤·文言》云:"阴虽有美,含之以从王事,弗敢成也;地道也,妻道也,臣道也。地道无成,而代有终也。"董仲舒说:"阳始出,物亦始出;阳方盛,物亦方盛;阳初衰,物亦始衰。物随阳而出入,数随阳而终始。三王之正,随阳而更起。以此见之,贵阳而贱阴也。故数日者据昼而不据夜;数岁者据阳而不据阴,阴不得达之义。是故《春秋》之于昏礼也,达宋公而不达纪侯之母。纪侯之母,宜称而不达,宋公不宜称而达。达阳而不达阴,以天道制之也。丈夫虽贱皆为阳,妇人虽贵皆为阴。……是故《春秋》君不名恶,臣不名善,善皆归于君,恶皆归于臣;臣之义比于地。故为人臣者视地之事天也,为人子者视土之事火也……傅于火而调和养长,然而弗名者,皆并功于火。……孝之至也。是故孝子之行，忠臣之义，皆生于地也。"（《春秋繁露·阳尊阴卑》）《白虎通》又云："子顺父，妻顺夫，臣顺君，何法？法地顺天也。"（《论人事取法五行》）以上所说，当然于为君者最有利，因为照定义，他就是不能受人反对底。《礼运》说："故天生时而地生财，人其父生而师教之；四者，君以正用之，故君者，立于无过之地也。"为子者虽吃亏，而尚有为父之时。惟妇永不能为夫，故她亦永无翻身之日。这就是中国几千年尊君抑臣，重男轻女之局。

这个局面也并非是秦汉以后才有。《左传》宣公二年，赵穿把晋灵公害了。"太史书曰：'赵盾弑其君。'以示于朝。宣子曰：'不然。'曰：'子为正卿，亡不越竟，反不讨贼，非子而谁？'"又襄公二十五年，崔杼把齐庄公害了。"太史书曰：'崔杼弑其君。'崔子杀之，其弟嗣书而死者二人。其弟又书，乃舍之。"可见当时，"弑君"二字，照定义就是弥天大罪，人人所共得而诛。《春秋》隐公四年："九月，卫人杀州吁于濮。"《公羊传》："其称人何？讨贼之辞也。"何休注："讨者，除也。明国中人人得讨之，所以广忠孝之路。"故陈恒弑其君，孔子沐浴而朝，请讨之。（《论语·宪问》）至于卫灵公、齐庄公等之果为何见害，则是事实问题，乃另外一回事。董狐、孔子等，只认臣不能弑君这个形式问题。

他们所注意者，不是某个体杀某个体，而乃是"臣弑君"。《春秋》及朱子《纲目》式的史书遇见这些事，只大书特书一个某某"弑其君"，便轻轻地把那个人的罪确定了。孟子有时主张把名及代表名之个体分开（详下），但他又说："孔子作《春秋》而乱臣贼子惧。"特意提出乱臣贼子，可见他仍为传统的见解所束缚。

至于中国传统底伦理学家所以特别注重君臣，父子，夫妇，三伦者，因为依他们的意见，这三伦对于人生特别有关系。《易·序卦》云："有天地然后有万物；有万物然后有男女；有男女然后有夫妇；有夫妇然后有父子；有父子然后有君臣；有君臣然后有上下；有上下然后礼义有所错。"荀子说："礼有三本：天地者，生之本也；先祖者，类之本也；君师者，治之本也。无天地恶生？无先祖恶出？无君师恶治？三者偏亡焉，无安人。"（《礼论篇》）欧阳修说："无父乌生？无君乌以为生？"（《新五代史·唐明宗家人传》从璟论）人若无君，则人即在墨子所谓"古者民始生，未有刑政之时"，"天下之百姓皆以水火毒药相亏害，至有余力不能以相劳，腐朽余财不以相分，隐匿良道，不以相教；

天下之乱，如禽兽然"（《墨子·尚同上》）。换言之，臣若无君则即在霍布士（Hobbes）所谓天然状态之内。中国传统底伦理学家之重视君，正与霍布士之重视国家同一理由。无君则我们不能维持我们的生活；无父则我们不能得我们的生命。中国传统底伦理学家素注重报恩之义。孔子说："慎终追远，民德归厚矣。"（《论语》）中国传统底伦理学家重视君父其理由如此。

至于夫妇一伦，所以亦为重视者，因一方面无夫妇则无父子，如《序卦》所说，一方面则夫妇之关系，为我们继续我们的将来生命所须要。《礼记·郊特牲》云："天地合而后万物兴焉。夫昏礼，万世之始也。"孔子云："天地不合，万物不生；大昏，万世之嗣也；君何谓已重焉？"（《礼记·哀公问》）《白虎通·嫁娶》云："人道所以有嫁娶何？以为情性之大，莫若男女。男女之交，人伦之始，莫若夫妇。《易》曰：'天地氤氲，万物化醇；男女构精，万物化生。'人承天地，施阴阳，故设嫁娶之礼者，重人伦广继嗣也。"中国传统底伦理学家之重夫妇一伦，其理由是生物学的。此外还有一层，即是中国传统底伦理学家向来以为正式的治国平天下必自齐家作起。《易·家人·彖》云："家人，女正位乎内，男正位乎外，男女正，天地之大义也。家人有严君焉，父母之谓也。父父，子子，兄兄，弟弟，夫夫，妇妇，而家道正，正家而天下定矣。"《诗》云："刑于寡妻，至于兄弟，以御于家邦。"《诗序》云："关雎：后妃之德也，风之始也，所以风天下而正夫妇也；故用之乡人也，用之邦国焉。""正家而天下定。"所以特别注重夫妇一伦。

至于中国传统底伦理学家所以特别注重君、父、夫之权，而以为臣、子、妻之"纲"者，其尊君之理由，亦与霍布士所以主张国家权力须为绝对之理由同。荀子云："人之生不能无群，群而无分则争；争则乱，乱则穷矣。故无分者，人之大害也；有分者，天下之本利也；而人君者，所以管分之枢要也。故美之者，是美天下之本也；安之者，是安天下之本也；贵之者，是贵天下之本也。"（《富国篇》）司马光曰："天子之职莫大于礼，礼莫大于分，分莫大于名。何谓礼？纪纲是也。何谓分？君臣是也。何谓名？公侯卿大夫是也。……故天子统三公，三公率诸侯，诸侯制卿大夫，卿大夫制士庶人。贵以临贱，贱以承贵……然后能上下相保而国家治安。……文王序易，以乾、坤为首。孔子系之曰：'天尊地卑，乾坤定矣。卑高以陈，贵贱位矣。'言君臣之位犹天地之不可易也。……呜乎！君臣之礼既坏，则天下以智力相雄长。遂使圣贤之后为诸侯者，社稷无不泯绝，生民之类，糜灭既尽，岂不哀哉？"（《资治通鉴》周威烈王二十三年初命晋大夫魏斯，赵籍，韩虔，为诸侯论。）这种维护名教的态度，正是《春秋》的态度，至朱子就《资治通鉴》作《纲目》，而这种态度更为明白。我们所须注意者，即他们所以维护名教之理由，完全是实用底。"君臣之分"，必须"犹天地之不可易"者，以必如此"然后上下相保而国家治"也。若"君不君，臣不臣"，则"虽有粟吾得而食诸"？

荀子曰："君者，国之隆也；父者，家之隆也；隆一而治，二而乱。自古及今，未有二隆争重而能长久者。"（《致仕篇》）"欲国治，则必为国定一尊，欲家齐，则必为家定一尊。""家人有严君焉，父母之谓也。"

父之于家，犹君之于国。所以以父为子纲，固以父为生子者，然亦为避免"二隆争重"之弊也。

《礼记·郊特牲》云："妇人，从人者也。幼从父兄，嫁从夫，夫死从子。夫也者夫也。夫也者，以智帅人者也。"又云："壹与之齐，终身不改，故夫死不嫁。男子亲迎，男先于女，刚柔之义也。天先乎地，君先乎臣，其义一也。"以及前文所引，乃以夫为妻纲形式的理由，至于其实用的理由为何，中国传统底伦理学家，未闻道及。然家必"隆一而治"，亦至少必为其理由之一。盖父虽为子之纲，然夫若不同时亦为妻之纲，则仍有"二隆争重"之弊。所以有"牝鸡司晨，惟家之索"之言也。

"壹与之齐，终身不改。"此言为主张妇女守节者之所本。此亦不无实用底理由，特行之太趋极端耳。中国传统底伦理学家极注重"有夫妇然后有父子"之言。盖在绝对无限制底时代，人自然只知有母而不知有父；故妇女必至少于几个月之中，守"从一"之义，然后父子之伦，乃始可立。

《郊特牲》云："男女有别，然后父子亲；父子亲，然后义生；义生，然后礼作；礼作，然后万物安。""男女有别"何以能使"父子亲"，其故可想。特必须妇女"从一而终"，则太过矣。

中国哲学中之社会伦理，以儒家所论为最详而亦最有势力。故本文所讲，皆系儒家之社会伦理，即所谓传统底社会伦理。前所引证，亦多属于秦汉以前之书；因中国后来哲学，如宋明理学家，虽对于个人修养之方法，有大贡献，而对于儒家之传统底社会伦理，则并未有所改变。清儒中颇有反对传统底社会伦理者，如黄梨洲之《原君》、《原臣》（《明夷待访录》），欲改变传统君臣之关系。俞正燮之《节妇说》（《癸巳类稿》卷十三）反对专命妇女守节，谓："男子理义无涯深，而深文以罔妇人，是无耻之论也。"然此等学说，于实际的社会上尚无大影响，故此文不论。

以上大都是叙述中国之社会伦理。至其价值如何，本文篇幅有限，不能多论。惟有一点须注意者。即近来一般人之意，多谓中国道德家只教人忠事个人，此言实谬。请略论之。

中国之忠臣孝子及节妇所忠事者，实是一名，一概念。向来每朝亡国，皆有殉君之臣，不管事实上的亡国之君，是否有使人殉之价值。其所以即是那些忠臣所殉者是"君"之概念，君之名，并不是事实上底崇祯或其它亡国之君。韩愈说："臣罪当诛兮，天之圣明。"宋儒说："天下无不是的父母。"按照父的要素，父的名，父当然是慈的。按照君的要素，君的名，君当然是明的。但普通底、抽象底君父，非附在特殊底、具体底个体上，不能存在于这个具体底、实际的、实践的世界上。而这些实际底、具体底、个人之为君父者，往往不能皆如君父之名、之要素、之所应该。然无论事实上具体底为君父者果是如何，臣子总要尽忠孝，因为他们是代表君父之名、之概念者。妻之必须为夫守节或殉节，不管事实上具体底为夫者果是如何；其理由也是如此。依传统底伦理学家，夫即待妻无恩，或曾虐待妻，妻也要尽"妇道"为守节。她是为她的"夫"守节，并不是为事实上具体底某人守节。她是屈服于名、概念，并不是屈服于事实上具体底某人。

中国也曾有人以为名及代表名之个体须分开者。孟子说："闻诛一夫纣矣，未闻弑君也。"他把纣与"君"分开。晏平仲说："君民者，岂以凌民？社稷是主；君臣者，岂为其口实？社稷是养。故君为社稷死，则死之；为社稷亡，则亡之。若为己死而为己亡，非其私昵，谁敢任之？"（《左传》襄公二十五年）君为社稷死，则是以君之资格死，臣可从死。若为己死，则是以个人资格死。臣不可从死。此分别本极有理，但未为传统底伦理学家所采用耳。

要之，中国历来多数之忠臣，孝子，节妇，之忠于名、概念之精神，极高贵纯洁，其所处盖已不在具体底世界而在柏拉图所谓概念之世界。此则吾人所宜注意者也。

〔附注〕本文所说《春秋》，乃指传统底伦理学家心目中之《春秋》。至于《春秋》原来之性质如何，乃另一问题。

十六年三月十三日于北京

（原载《社会学界》第一卷，1927 年 6 月）

泛论中国哲学
（1927 年）

（一）中国哲学非无系统

中国哲学家多无精心结撰，首尾贯串之哲学书，故论者多谓中国哲学家多无系统。然所谓系统有二：即形式上的系统，与实质上的系统。中国哲学家的哲学虽无形式上的系统，但如谓其无实质上的系统，则即等于谓中国哲学不成东西，中国无哲学。形式上的系统，希腊较古一点的哲学亦无有。苏格拉底本来即未著书。柏拉图之著作，用对话体。亚力士多德方将其所研究分为政治、伦理等部分，每部分皆有条理清楚之论文讨论。按形式上的系统说，亚力士多德的哲学较有系统。但在实质上，柏拉图的哲学，亦同样有系统。依威廉·詹姆士说：一大哲学家必有其自己之"见"，以此"见"为中心，而推而应用于宇宙之各方面。应用愈广，则其哲学系统亦愈大。故大哲学家之哲学，皆如枝叶扶疏之树，其中首尾贯彻，一切皆是一片。故一哲学家之哲学，如可称为哲学，则必须有实质的系统。所谓大哲学家之哲学系统，即指其实质的系统也。中国哲学之形式上的系统，虽不及西洋哲学家，而实质上的系统则固有也。

（二）中国哲学非无进步

论者又多谓中国哲学无进步。孔子讲尧舜；董仲舒、何休讲孔子；朱晦庵、王阳明讲孔子；戴东原、焦循仍讲孔子。在表面上观之，似古人有一切，今人一切无有。但考其实际，则孔子自是孔子，董仲舒自是董仲舒，何休自是何休。若知孔子所说之唐虞三代，自是其自己之理想境界，若知郭象的庄子注，自是郭象的哲学，则中国哲学进步之迹，即显然矣。中国哲学与西洋哲学皆日在进步中。盖宇宙事物之由简趋繁，学术之由不明晰至于明晰，乃是实然的，并非当然的。凡当然者可以有然有不然，实然者则不能有然有不然也。

或者以为郭象所说，在庄子已有其端，郭象不过发挥引申，何能以之为其自己的哲学？推而朱晦庵、王阳明等，亦不过发挥引申《大学》、《中庸》上所说，所以亦无新贡献之可言。不过我们即承认这些哲学家真不过发挥引申，我们亦不能轻视发挥引申。发挥引申即是进步。小儿长成大人，大人亦不过发挥引申小儿所已潜具之官能而已。鸡卵变成鸡，鸡亦不过发挥引申鸡卵中所已有之官能而已。我们岂可谓小儿即是大人，鸡卵即是鸡？用亚力士多德的名词说，潜能（Potentiality）与现实（Actuality）大有区别，由潜能到现实便是进步。欲看中国哲学进步之迹，我们第一须将各时代的材料归之于各时代，以某人之说话，归之于某人。如此则各哲学家的哲学之真面目见，而中国哲学进步之迹亦显然矣。

从前研究中国学问者，或不知分别真书伪书，或知分别而以伪书为无价值；此亦中国哲学之所以在表面上似无进步之一原因。我们如以《关尹子》为真书，我们当然觉得有些佛学中之道理，春秋时人已说。我们如以《管子》中之《心术》等篇为真是管仲所作，我们当然觉得原来道家大半是"述而不作"，无多大进步。但我们如将《关尹子》放在唐、五代之时，如把《心术》、《白心》等篇放在战国时，则进步之迹又即显然可见。我们研究哲学史，对于史料必须分别真伪者，正以非如此不能见各时代思想之真面目也。如只为研究哲学起见，则我们只须注重书中所说之话之本身之是否不错。至于此话果系何人所说，果系何时代所有，则丝毫不关重要。某书虽伪，并不因其伪而失其价值，如其本有价值。某书虽真，并不因其真而有价值，如其本无价值。为研究哲学史起见，伪书虽不能代表其所假冒之时代之思想，而乃是其产生之时代之思想，正其产生之时代之哲学史料也。如《列子·杨朱》篇虽非杨朱学说，而正是魏晋间一种流行思想之有系统的表现，正魏晋时代哲学史料也。故以《杨朱》篇为伪者，非废《杨朱》篇，不过将时代移后而已。

（三）中国所以无科学之原因

科学之目的在求真。世界文明古国，皆有科学之萌芽；惟近世西洋人始认真研究科学，以增进知识与权力。其所以如此者，因其持一种哲学，以知识权力为好，故努力以求之。（参看拙著《人生理想之比较研究》第八章、《人生哲学》第七章）中国哲学家则多未以知识权力之自身为有其好，故不为知识而求知识，为权力而求权力。不但不为知识而求知识也，即直接能为人增幸福之知识，中国哲学家亦只愿实行之以增人之幸福，而不愿空言讨论之。所谓"吾欲托之空言，不如见之行事之深切著明也"。故中国人向不十分重著书立说。"太上有立德，其次有立功，其次有立言。"中国哲学家多讲"内圣外王"之道。内圣即立德；外王即立功。其最高理想，即实有圣人之德，实举帝王之业，如柏拉图所说哲学王者。至于不能实举帝王之业，以推行其圣人之德，不得已然后退而立说焉。故著书立说，中国哲学家视之，乃最倒霉之事，不得已而后为之。在此情形下当然无人为知识而求知识矣。至于无限的控制天然之权力，中国哲学家亦不以为好。观道家及儒家之哲学可见。总之中国哲学家多注重于人之是什么，而不注重于人之有什么。圣人即毫无知识权力，亦是圣人。恶人即有无限之知识权力，亦是恶人。王阳明以精金喻圣人，以为只须成色精纯，即是圣人；至于知识才器，则虽有大小不同，如八千镒之金与九千镒之金，分量不同，然实毫无关系。金之成色，属于"是什么"之方面，至其分量，则属于"有什么"之方面。中国人重是什么而不重有什么，故不重视知识权力。不重知识权力，故不重科学。不重科学，故仅有科学的萌芽，而无正式的科学。（参见拙著 Why China Has No Science，Etc.，International Journal of Ethics，Vol. 32，No. 3）

所可注意者，则西洋人既以持一种哲学而有正式的科学，而科学之研究既广，其形式及内容，又足以与哲学以大影响及辅助。故自近世以来，西洋哲学益有进步。中国哲学，既未真受正式的科学之影响与辅助，其观点虽有足以自立，而与西洋哲学比，则问题较简单，论证较缺乏。此亦吾人所无庸讳者也。

（四）知识论及逻辑所以在中国哲学中不发达之原因

中国哲学之所以未以知识问题为哲学中之重要问题者，固由于中国哲学家之不喜为知识而求知识，然亦以中国哲学迄未显著的将个人与宇宙分而为二也。西洋近代史中一重要的事，即是"我"之自觉。"我"已自觉之后，"我"之世界即分而为二："我"及"非我"。"我"是主观的，"我"以外之世界皆"非我"也。"我"及"非我"既分，于是主观客观之间，乃有不可逾之鸿沟，于是"我"如何能知"非我"之问题，乃随之而生，于是知识论乃成为西洋哲学中之一重要部分。在中国人之思想中，迄未显著的有"我"之自觉，故亦未显著的将"我"与"非我"分开，故知识问题未成为中国哲学上之大问题。

中国哲学家未竭全力以立言，已如上述。因此之故，所以除一起即灭之古名家外，亦少有人有意识的将思想辩论之程度及方法之自身提出研究。故逻辑亦不发达。

十六年十一月三日

（原载《燕大月刊》第一卷第二期，1927 年 11 月）

孔子在中国历史中之地位
（1927 年）

廖平说：

> 六经，孔子一人之书；学校，素王特立之政；所谓道冠百王，师表万世者也。刘歆以前，皆主此说，故移书以六经皆出于孔子，后来欲攻博士，故牵涉周公，以敌孔子，遂以《礼》、《乐》归之周公，《诗》、《书》归之帝王，《春秋》因于史文，《易传》仅注前圣。以一人之作，分隶帝王周公，如此是六艺不过如选文选诗。或并删正之说，亦欲驳之，则孔子碌碌无所建树矣。盖师说浸亡，学者以己律人，亦欲将孔子说成一教授老儒，不过选本多，门徒众。……（《知圣篇》）

康有为说：

> 孔子为教主，为神明圣王，配天地，育万物，无人无事无义，不范围于孔子大道中，乃所以为生民未有之大成至圣也。……汉以来皆祀孔子为先圣也。唐贞观乃以周公为先圣，黜孔子为先师。孔子以圣被黜，可谓极背谬矣。然如旧说，《诗》，《书》，《礼》，《乐》，《易》，皆周公作；孔子仅在删赞之列。孔子之仅为先师而不为先圣，比于伏生、申公，岂不宜哉？然……六经皆孔子所作也。汉以前之说，莫不然也。学者知六经为孔子所作，然后孔子之为大圣，为教主，范围万世而独称尊者，乃可明也。知孔子为教主，六经为孔子所作，然后知孔子拨乱世致太平之功，凡有血气者，皆日被其殊功大德，而不可忘也。（《孔子改制考》卷十）

这是清末"今文家"的学说。孔子本来已竟是一般人所承认的先圣先师，本来已竟是一部分汉儒所承认的素王。清末"今文家"犹以为未足，乃于先圣、先师、素王之外，又为上一"教主"的尊号。孔子的地位，于是为最高；其风头亦于是出得最足。

然而"日中则昃，月盈则亏"，孔子的厄运，也就于是渐渐开始；他的地位，也就于是一天低落一天。在以前，孔子是教主素王，制作六经之说，虽未必为尽人所承认，但他是先圣先师，曾删《诗》、《书》，正《礼》、《乐》，赞《易》，作《春秋》，则否认者极少。但现在多数人的意见，则不但以为孔子未曾制作六经，且"并删正之说，亦欲驳之"。于是孔子乃似"碌碌无所建树矣"。廖季平所反对之意见，正现在多数人所持者。由素王教主之地位，一降而为"教授老儒"，"比于伏生，申公"，真孔子之厄运也。

本篇的主要意思，在于证明孔子果然未曾制作或删正六经；即令有所删正，也不过如"教授老儒"之"选文选诗"；他一生果然不过是一个"选本多，门徒众"的"教授老儒"；但他却并不因此而即是"碌碌无所建树"；后人之以先圣先师等尊号与他加上，亦并非无理由。

关于孔子未曾制作或删正六经的证据，前人及时人已经举过许多；现在只须附加几个。《易》及《春秋》，依传说乃孔子毕生精力之所聚。一个是他特别"作"的；一个是他特别"赞"的。他作《春秋》以上继文、武、周公；他赞《易》；作《彖》、《象》、《文言》、《系辞》等，"以通神明之德，以类万物之情"。现在只说这两部书是否果为孔子所"作"所"赞"。

据孟子说，孔子作《春秋》之目的及功用，在使"乱臣贼子惧"。然《左传》宣公二年（西历纪元前 607 年），赵穿弑晋灵公，

> 太史书曰："赵盾弑其君。"以示于朝。宣子曰："不然。"曰："子为正卿，亡不越竟，反不讨贼，非子而谁？"……孔子曰："董狐，古之良史也；书法不隐。"

又《左传》襄公二十五年（西历纪元前 548 年），崔杼弑齐庄公，

> 太史书曰："崔杼弑其君。"崔子杀之。其弟嗣书而死者二人。其弟又书，乃舍之。南史氏闻太史尽死，执简以往，闻既书矣，乃还。

据此则至少春秋时晋齐二国太史之史笔，皆能使"乱臣贼子惧"。不独"春秋"为然。赵穿弑晋灵公，而董狐却书"赵盾弑其君"，则所谓"诛心"及"君亲无将，将则必诛"等"大义"，董狐的《晋乘》中，本来亦有，《春秋》不能据为专利品。孟子说：

> 晋之《乘》，楚之《梼杌》，鲁之《春秋》，一也。其事则齐桓晋文，其文则史，其义则丘窃取之矣。（《孟子·离娄》）

"其义"不止是《春秋》之义，实亦是《乘》及《梼杌》之义，观于董狐史笔，亦可概见。孔子只"取"其义，而非"作"其义。孟子此说，与他的孔子"作《春秋》"之说不合，而却似近于事实。

但亦或因鲁是周公之后，"礼义之邦"，所以鲁之《春秋》，对于此等书法，格外认真，所以韩宣子聘鲁"观书于太史氏，见《易》象与鲁《春秋》，曰：'周礼尽在鲁矣。'"（《左传》昭公二年，西历纪元前 504 年）他特注意于"鲁《春秋》"，或者"鲁《春秋》"果有比"晋之《乘》"、"楚之《梼杌》"较特别的地方。所以在孔子以前，就有人以《春秋》为教人的教科书。楚庄王（西历纪元前 613 年至 591 年）使士亹傅太子箴；士亹问于申叔时，叔时曰：

> 教之《春秋》而为之耸善而抑恶焉，以戒劝其心。教之"世"而为之昭明德而废幽昏焉，以休惧其动。教之《诗》而为之导广显德，以耀明其志；教之《礼》使知上下之则；教之《乐》以疏其秽而镇其浮。教之"令"使访物官。教之"语"使明其德而知先王之务用明德于民也。教之"故志"使知废兴者而戒惧焉。教之"训典"使知族类，行比义焉。（《国语·楚语上》）

可见《春秋》早已成教人的一种课本。不过这些都在孔子成年以前，所以也都与孔子无干。

《春秋》之"耸善抑恶"，诛乱臣贼子，孔子完全赞成；这却是实在情形。《论语》上说：

> 陈成子弑简公，孔子沐浴而朝，告于哀公曰："陈恒弑其君，请讨之。"公曰："告夫三子。"孔子曰："以吾从大夫之后。不敢不告也。"（《宪问》）

观此可知孔子以乱臣贼子之当讨，为天经地义。他当然赞成晋董狐齐太史之史笔，当然赞成《春秋》的观点。孔子主张"正名"，是《论语》上说过的。不过按之事实，似乎不是孔子因主张"正名"而作《春秋》，如传说所说，似乎是孔子取《春秋》等书之义而主张"正名"，孟子所说"其义则丘窃取"者是也。不过孔子能从"晋《乘》"、"鲁《春秋》"等里面，归纳出一个"正名"之抽象的原理，这也就是他的大贡献了。

《易》之《彖》、《象》、《文言》、《系辞》等，是否果系孔子所作，此问题，我们但将《彖》、《象》等里面的哲学思想，与《论语》里面的比较，便可解决。

我们且看《论语》中所说孔子对于天之观念：

> 子曰："获罪于天，无所祷也。"（《八佾》）
>
> 夫子曰："予所否者，天厌之！天厌之！"（《雍也》）
>
> 子曰："天生德于予，桓魋其如予何！"（《述而》）
>
> 子曰："文王既殁，文不在兹乎？天之将丧斯文也，后死者不得与于斯文也。天之未丧斯文也，匡人其如予何！"（《子罕》）
>
> 子曰："吾谁欺，欺天乎？"（《子罕》）
>
> 子曰："噫！天丧予！天丧予！"（《先进》）
>
> 孔子曰："君子有三畏：畏天命，畏大人，畏圣人之言。"（《季氏》）

据此可知《论语》中孔子所说之天，完全系一有意志的上帝，一个"主宰之天"。

但"主宰之天"在《易》之《彖》、《象》等中，没有地位。我们再看《易》中所说之天：

> 大哉乾元，万物资始，乃统天。云行雨施，品物流行。大明终始，六位时成，时乘六龙以御天。乾道变化，各正性命。（《乾·彖》）
>
> 天地以顺动，故日月不过而四时不忒。（《豫·彖》）
>
> 反复其道，七日来复，天行也；复其见天地之心乎。（《复·彖》）
>
> 天地感而万物化生。（《咸·彖》）
>
> 天地之道，恒久而不已也。（《恒·彖》）
>
> 天行健，君子以自强不息。（《乾·象》）
>
> 大哉乾乎，刚健中正，纯粹精也；六爻发挥，旁通情也；时乘六龙；以御天也，云行雨施，天下平也。（《乾·文言》）
>
> 天尊地卑，乾坤定矣。卑高以陈，贵贱位矣。动静有常，刚柔断矣。方以类聚，物以群分，吉凶生矣。在天成象，在地成形，变化见矣。是故刚柔相摩，八卦相荡。鼓之以雷霆，润之以风雨。日月运行，一寒一暑。乾道成男，坤道成女。乾知大始，坤作成物。

乾以易知，坤以简能。……（《系辞》）

这些话究竟是什么意思，我们暂不必管。不过我们读了以后，我们即觉在这些话中，有一种自然主义的哲学；在这些话中，决没有一个能受"祷"，能受"欺"，能"厌"人，能"丧斯文"之"主宰之天"。这些话里面的天或乾，不过是一种宇宙力量，至多也不过是一个"义理之天"。

一个人的思想，本来可以变动，但一个人决不能同时对于宇宙及人生真持两种极端相反的见解。如果我们承认《论语》上的话是孔子所说，又承认《易》之《彖》、《象》等是孔子所作，则我们即将孔子陷于一个矛盾的地位。因为上所引《论语》中的话，不一定都是孔子早年说的；我们也不能拿一个人早年晚年之思想不同以作解释。

或者可以说《论语》中所说，乃孔子对门弟子之言，是其学说之粗浅方面，乃"下学"之事，《易》之《彖》、《象》等中所说，乃孔子学说之精深方面，乃"上达"之事，群弟子所不得知者。所以子贡说："夫子之文章，可得而闻也；其言性与天道，不可得而闻也。"（《论语·公冶长》）但《论语》中所载，孔子所说"天之将丧斯文"，"天生德于予"之言，并非对弟子讲学，而乃直述其内心之信仰。若孔子本无此信仰，而故为此说以饰智惊愚，则是王莽欺世的手段，恐非讲忠恕之孔子所出。且顾亭林已云：

> 延平先生答问曰："夫子之道，不离乎日用之间。自其尽己而言，则谓之忠；自其及物而言，则谓之恕。……曾子答门人之问，正是发其心尔，岂有二耶？若以为夫子一以贯之之旨甚精微，非门人所可告，姑以忠恕答之，恐圣贤之心，不若是之支也。"（《日知录》卷七《忠恕》）

又云：

> 子曰："二三子以我为隐乎？吾无隐乎尔。吾无行而不与二三子者，是丘也。"谓"夫子之言性与天道不可得而闻"，是疑其有隐者也。不知夫子之文章，无非夫子之言性与天道；所谓吾无行而不与二三子者，是丘也。（同上，《夫子之言性与天道》）

孔子所讲，本只及日用伦常之事。观《易》之《文言》等中，凡冠有"子曰"之言，百分之九十九皆是讲道德的，更可知矣。至其对于宇宙，他大概完全接受传统的见解。盖孔子只以人事为重，此外皆不注意研究也。所以他说：

未能事人，焉能事鬼？……未知生，焉知死？（《论语·先进》）

根据以上所说，及别人所已经说过的证据，我以为孔子果然未曾制作或删正六经或六艺。

不过后人为什么以六艺为特别与孔子有密切的关系？这是由于孔子以六艺教学生之故。以六艺教人，并不必始于孔子，据上所引《国语》，士亹教楚太子之功课表中，也即有《诗》，《礼》，《乐》，《春秋》，《故志》等。《左传》、《国语》中所载当时人物应答之辞，都常引《诗》、《书》；他们交接用《礼》，卜筮用《易》，可见当时至少一部分的贵族人物，都读过这些书，受过这等教育。不过孔子却是以六艺教一般人之第一人。这一点下文再提。现在我们只说，孔子之讲学，与其后别家不同。别家如道、墨等，皆注重其自家之一家言，如《庄子·天下》篇说，墨家弟子诵《墨经》。但孔子则是一个教育家。他讲学的目的，在于养成"人"，养成为国家服务的人，并不在于养成某一家的学者。所以他教学生读各种的书，学各种功课。所以颜渊说："博我以文，约我以礼。"（《论语·子罕》）《庄子·天下》篇讲及儒家，即说："《诗》以道志，《书》以道事，《礼》以道行，《乐》以道和，《易》以道阴阳，《春秋》以道名分。"这六种正是儒家教人的六种功课。

惟其如此，所以孔子的学生之成就，亦不一律。《论语》上说："德行：颜渊闵子骞；政事：冉有季路；言语：宰我子贡；文学：子游子夏。"（《先进》）又如子路之"可使治赋"；冉有之"可使为宰"；公西华之"可使与宾客言"；皆能为"千乘之国"办事。（《论语·公冶长》）可见孔子教学生，完全要教他成"人"，不是要教他做一家的学者。

孔子以以前已有的成书教人，教之之时，如廖季平所谓"选诗选文"，或亦有之。教之之时，随时讲解，或亦有之。如《论语》："'不恒其德，或承之羞。'子曰：'不占而已矣。'"（《子路》）《易·系辞》中对于诸卦爻辞之引申解释之冠以"子曰"者，虽非必果系孔子所说，但孔子讲学时可以对《易》有类此之解释。如以此等"选诗选文"，此等随时讲解，为"删正六经"，为"赞易"，则孔子实可有"删正"及"赞"之事，不过这等"删正"及"赞"实没有什么了不得的意义而已。后来儒家因仍旧贯，仍继续用六艺教人，恰又因别家只讲自家新学说，不讲旧书，因之六艺遂似专为儒家所有，为孔子所制作，而删正（如果有删正）亦即似有重大意义矣。

《汉书·艺文志》以为诸子皆六艺之"支与流裔"。《庄子·天下》篇似亦同此见解。这话亦并非毫无理由，因为所谓六艺本来是当时人的共同知识。自各家专讲其自己之新学说后，而六艺乃似为儒家之专有品，其实原本是大家共有之物也。但以为各家之学说，皆六艺中所已有，则不对耳。

总之孔子是一个教育家。"述而不作，信而好古"（《论语·述而》），"学而不厌，诲人不倦"（同上），正是他为他自己下的考语。

这样说起来，孔子只是一个"教授老儒"；但他却并不是"碌碌无所建树"，并不即"比于伏生，申公"。下文的主要意思就是要证明三点：

（一）孔子是中国第一个使学术民众化的，以教育为职业的"教授老儒"；他开战国讲学游说之风；他创立，至少亦发扬光大，中国之非农非工非商非官僚之士之阶级。

（二）孔子的行为，与希腊之"智者"相仿佛。

（三）孔子的行为及其在中国历史上的影响，与苏格拉底的行为及其在西洋历史上的影响相仿佛。

上文已经说过，士亹教楚太子的功课表中，已有《诗》，《礼》，《乐》，《春秋》，《故志》等。但此等教育，并不是一般人所能受。不但当时的平民未必有机会受这等完全教育，即当时的贵族也不见得尽人皆有受此等完全教育之机会。韩宣子系晋世卿，然于到鲁办外交的时候，"观太史氏书"始得"见《易》象与鲁《春秋》"（《左传》昭公二年）。季札也到鲁方能听各国之诗与乐（《左传》襄公二十九年）。可见《易》、《春秋》、《乐》、《诗》等，都是很名贵的典籍学问了。

孔子却抱定一个"有教无类"（《论语·卫灵公》）的宗旨，"自行束脩以上，吾未尝无诲焉"（《论语·述而》）。如此大招学生，不问身家，凡缴学费者即收，一律教以各种功课，教读各种名贵的典籍。这是何等的一个大解放！故以六艺教人或不始于孔子；但以六艺教一般人使六艺民众化则实始于孔子。

我说孔子是第一个以六艺教一般人者，因在孔子以前，在较可靠的书内，我们没有听说有什么人曾经大规模的召许多学生而教育之。更没有听说有什么人"有教无类"的号招学生。在孔子同时，据说有个少正卯，"其居处足以撮徒成党，其谈说足以饰褒荣众，其强御足以反是独立"（《孔子家语》）。据说少正卯也曾大招学生，"孔子门人三盈三虚，惟颜渊不去"(《新论》)。庄子说:"鲁有兀者王骀,从之游者与仲尼相若。"(《德充符》)不过孔子诛少正卯事,昔人已谓是假的,少正卯之果有无其人,亦不可知。庄子寓言十九,王骀之"与孔子中分鲁",更不足信。故大规模招学生而教育之者,孔子是第一人。以后则各家蜂起,竞聚生徒,然此风气实孔子开之。

孔子又继续不断的游说干君,带领学生,各处招摇。此等举动,前亦未闻,而以后则成为风气;此风气亦孔子开之。

再说孔子以前未闻有不农不工不商不仕,而只以讲学为职业,因以谋生活之人。古时除了贵族世代以做官为生者外,我们亦尝听说有起于微贱之人物。此等人物,在未仕时,皆或为农或为工或为商,以维持其生活。孟子说:

> 舜发于畎亩之中;傅说举于版筑之间;胶鬲举于鱼盐之中;管夷吾举于士;孙叔敖举于海;百里奚举于市。(《告子》)

孟子的话,虽未必尽可信,但孔子以前,不仕而又别不事生产者,实未闻有人。《左传》中说冀缺未仕时,亦是以农为业(僖公三十三年,西历纪元前627年)。孔子早年,据孟子说,亦尝为贫而仕,"尝为委吏矣","尝为乘田矣"(《万章下》)。但自"从大夫之后",大收学生以来,即纯以讲学为职业,为谋生之道。不但他自己不治生产,他还不愿教弟子治生产。樊迟"请学稼","请学圃",孔子说:"小人哉,樊须也。"(《论语·子路》)子贡经商,孔子说:"赐不受命,而货殖焉;亿则屡中。"(《论语·先进》)他这种不治生产的办法,颇为其时人所诟病。据《论语》所说,荷蓧丈人骂孔子:"四体不勤,五谷不分。"(《微子》)此外晏婴亦说:

> 夫儒者滑稽而不可轨法;倨傲自顺,不可以为下;崇丧遂哀,破产厚葬,不可以为俗;游说乞贷,不可以为国。(《史记·孔子世家》)

《庄子》亦载盗跖骂孔子云:

> 尔作言造语,妄称文武……多辞缪说,不耕而食,不织而衣,摇唇鼓舌,擅生是非,以迷天下之主,使天下学士,不反其本,妄作孝弟而徼幸于封侯富贵者也。(《盗跖》)

这些批评未必果是晏婴盗跖所说,《庄子》里面的话,尤不可靠,但这些批评却是当时可能有的。

战国时之有学问而不仕者，亦尚有自食其力之人。如许行“与其徒数十人，皆衣褐，捆屦，织席，以为食”（《孟子·滕文公》）。陈仲子“身织屦，妻辟纑”（同上）以自养。但孟子则不以为然。孟子自己是“后车数十乘，从者数百人，以传食于诸侯”；此其弟子彭更即以为“泰”（同上），他人当更有批评矣。孟子又述子思受养的情形，说：

> 缪公之于子思也，亟问亟馈鼎肉。子思不悦。于卒也，摽使者出诸大门之外，北面稽首再拜而不受。曰：“今而后知君之犬马畜伋。”……曰：“敢问国君欲养君子，如何斯可谓养矣？”曰：“以君命将之，再拜稽首而受。其后廪人继粟，庖人继肉，不以君命将之。子思以为鼎肉使己仆仆尔亟拜也，非养君子之道也。”（《万章下》）

观此可知儒家的一种风气。惟其风气如此，于是后来即有一种非农，非工，非商，非官僚之“士”，不治生产而专待人之养己。这种士之阶级，孔子以前，似乎也没有。以前所谓士，多系大夫士之士，或系男子军士之称，非后世所谓士农工商之士也。

《管子》书中《乘马第五》有《士农工商》一节；《国语·齐语》亦述管仲语云：

> 四民者勿使杂处，杂处则其言哤，其事易。……昔圣王之处士也，使就闲燕，处工就官府，处商就市井，处农就田野。……是故士之子恒为士。……工之子恒为工。……商之子恒为商。……农之子恒为农，野处而不昵。其秀民之能为士者，必足赖也。有司见而不以告，其罪五。……工商之乡六，士乡十五。……君有此士也三万人，以方行于天下。

这也是管仲的话。一卷《齐语》，只有管仲相桓公，霸诸侯一段事。似乎这段与《管子》书中所说，是同一来源。即令《管子》不是假的，这两个证据，也只算一个。就上引管仲一段话而言，其中也有前后不一致的地方。既曰士农工商各以世及，而又说农“野处而不昵。其秀民之能为士者，必足赖也”；“有司”又须“以告”。“有此士也三万人”之士，似乎又以士为军士。韦昭于“士乡十五”下注云：“此士，军士也。十五乡合三万人，是谓三军。”若军士非即士农工商之士，则岂非有“五民”吗？此外又有一个反证，《左传》宣公十二年（西历纪元前597）

随武子论楚国云：

> 昔岁入陈，今兹入郑，民不罢劳，君无怨讟，政有经矣。荆尸
> 而举，商农工贾，不败其业，而卒乘辑睦。

若士农工商，已是当时普通所谓"四民"，为什么随武子不说士农工商
"不败其业"，而说"商农工贾"呢？孔颖达正义云：

> "齐语"云："……处士就闲燕……"彼四民谓士农工商。此数
> 亦四，无士而有贾者，此武子意言举兵动众，四者不败其业。发兵
> 则士从征，不容复就闲燕。

"发兵则士从征"，可见孔颖达亦以"齐语"所说士为非以后所谓士农工
商之士。

《管子》系伪书，其中所说，当系孔子以后情形。我所以以为，在
孔子以前，似乎没有以后所谓士农工商之士阶级。这种阶级，只能做两
种事情，即做官与讲学。直到现在，各学校的毕业生，无论是农业学校
或工业学校，还只有当教员做官两条谋生之路，这所谓：

> 仕而优则学；学而优则仕。（《论语·子张》）

孔子即是此阶级之创立者，至少亦是其发扬光大者。

这种阶级为后来法家所痛恶。韩非子说：

> 博习辩智如孔墨，孔墨不耕耨，则国何得焉？修孝寡欲如曾
> 史，曾史不战攻，则国家何利焉？（《韩非子·八说》）
>
> 儒以文乱法，侠以武犯禁。……今修文学习言谈，则无耕之劳而
> 有富之实，无战之危而有贵之尊，则人孰不为也？（《韩非子·五蠹》）

孔子与希腊"智者"，其行动颇相仿佛。他们都是打破以前习惯，
开始正式招学生而教育之者。"智者"向学生收学费以维持其生活：此
层亦大为当时所诟病。孔子说："自行束脩以上，吾未尝无诲焉。"他虽
未必收定额学费，但如"贽"之类，是一定收的。孔子虽可靠国君之
养，未必专靠弟子的学费维持生活，但其弟子之多，未尝不是其有受养
资格之一。所以我上文说，孔子以讲学为职业，因以维持生活。这并不
损害孔子的价值；因为生活总是要维持的。

孔子还有一点与"智者"最相似，"智者"都是博学多能的人，能
教学生以各种功课，而主要目的，在使学生有作政治活动之能力。孔子
亦博学多能，所以

达巷党人曰："大哉孔子，博学而无所成名。"（《论语·子罕》）

太宰问于子贡曰："夫子圣者与，何其多能也?"子贡曰："固天纵之将圣，又多能也。"（同上）

孔子教人亦有各种功课，即所谓六艺是也。至于政治活动，亦为孔子所注意，其弟子可在"千乘之国""治赋"，"为宰"。季康子问仲由，赐，求，"可使从政也与?"孔子说"由也果"，"赐也达"，"求也艺"，"于从政乎何有?"（《论语·雍也》）这即如现在政府各机关之向各学校校长要人，而校长即加考语荐其毕业生一样。

孔子颇似苏格拉底。苏格拉底本亦是一"智者"。其不同在他不向学生收学费，不卖知识。他对于宇宙问题，无有兴趣，对于神之问题，接受传统的见解。孔子亦如此，如上文所说。苏格拉底自以为负有神圣的使命，以觉醒其国人为己任。孔子亦然，所以有"天生德于予"，"天之未丧斯文，匡人其如予何"之言。苏格拉底以归纳法求定义（亚力士多德说），以定义为吾人行为之标准。孔子亦讲，"正名"，以"名"为吾人行为之标准。苏格拉底注重人之道德的性质。孔子亦视人之完全人格，较其"从政"之能力，尤为重。故对于子路、冉有、公西华，虽许其能在"千乘之国""治赋"，"为宰"，"与宾客言"，而独不许其为"仁"（《论语·公冶长》）。苏格拉底自己不著书，而后来著书者多假其名（如柏拉图之《对话》）。孔子亦不著书，而后来各书中"子曰"极多。苏格拉底死后，其宗派经柏拉图、亚力士多德之发挥光大，遂为西洋哲学之正统。孔子之宗派，亦经孟子、荀子之发挥光大，遂为中国哲学之正统。

即孔子为中国苏格拉底之一端，即已占甚高之地位。况孔子又为使学术普遍化之第一人，为士之阶级之创立者，至少亦系其发扬光大者；其建树之大，又超过苏格拉底。谓孔子不制作或删正六艺即为"碌碌无所建树"者，是谓古之发明帆船者不算发明，必发明潜艇飞机，始为有所建树也。

孔子为士之阶级之创造者，至少亦系其发扬光大者，而中国历代政权，向在士之手中，故尊孔子为先师先圣。此犹木匠之拜鲁班，酒家之奉葛仙也。

十六年十一月九日　　北京

（原载《燕京学报》第二期，1927 年 12 月）

中国古代哲学之政治社会的背景
（1930 年）

（一）

在中国哲学史各时期中，哲学家派别之众，其所讨论问题之多，范围之广，及其研究兴趣之浓厚，气象之蓬勃，皆以上古时期为第一。其所以能有此特殊之情形，必有其特殊之原因。[①] 兹分述之。

自春秋迄汉初，在中国历史中，为一大解放之时代。于其时政治制度，社会组织，及经济制度，皆有根本的改变。盖上古为贵族政治，诸国有为周室所封者，有为本来固有者。国中之卿大夫亦皆公族，皆世其官，所谓庶人皆不能参与政权。《左传》昭公七年谓："天有十日，人有十等，下所以事上，上所以共神也。故王臣公，公臣大夫，大夫臣士，士臣皂，皂臣舆，舆臣隶，隶臣僚，僚臣仆，仆臣台。马有圉，牛有牧，以待百事。"古代政治上为贵族世官世族之制，故社会组织上亦应有此种种阶级也。贵族政治之破坏，使上古之政治及社会制度起根本的变化。赵翼曰：

> 盖秦汉间为天地一大变局。自古皆封建，诸侯各君其国，卿大夫亦世其官，成例相沿，视为固然。其后积弊日甚，暴君荒主，既虐用其民，无有底止。强臣大族，又篡弑相仍，祸乱不已，并而为

[①] 胡适之先生论老孔以前之时势，归结于"政治那样黑暗，社会那样纷乱，贫富那样不均，民生那样困苦。有了这种形势，自然会生出种种思想的反动"（《中国哲学史大纲》页四二）。此种形势在中国史中几于无代无之，对于古代哲学之发生，虽不必无关系，要不能引以说明古代哲学之特殊情形。梁任公先生所论是矣。然梁先生所举"当注意"各事，亦多为后边所通有者，兹均不及之（参看《梁任公学术讲演集》第一辑页十一，十六）。

七国，益务战争，肝脑涂地，其势不得不变，而数千年世侯世卿之局，一时亦难遽变。于是先从在下者起，游说则范雎，蔡泽，苏秦，张仪等，徒步而为相。征战则孙膑，白起，乐毅，廉颇，王翦等，自身而为将。此已开后世布衣将相之例，而兼并之力，尚在有国者。天方藉其力以成混一，固不能一旦扫除之，使匹夫而有天下也。于是纵秦皇尽灭六国，以开一统之局。使秦皇当日发政施仁，与民休息，则祸乱不兴，下虽无世禄之臣，而上犹是继体之主也。惟其威虐毒痛，人人思乱。四海鼎沸，草泽竞奋，于是汉祖以匹夫起事，角群雄而定一尊。其君既起自布衣，其臣亦自多亡命无赖之徒，立功以取将相，此气运为之也。天之变局，至是始定。然楚汉之际，六国各立后，尚有楚怀王心，赵王歇，魏王咎，魏王豹，韩王成，韩王信，齐王田儋、田荣、田广、田安、田市等。即汉所封功臣，亦先裂地以王彭韩等，继分国以侯绛灌等。盖人情习见前世封建故事，不得而遽易之也。乃不数年而六国诸王皆败灭。汉所封异姓王八人，其七人亦皆败灭。则知人情犹狃于故见，而天意已另换新局，故除之易易耳。而是时尚有分封子弟诸国，迨至七国反后，又严诸侯王禁制，除吏皆自天朝，诸侯王惟得食租衣税，又多以事失侯。于是三代世侯世卿之遗法，始荡然净尽。而成后世征辟选举科目杂流之天下矣，岂非天哉！（《廿二史札记》卷二）

吾人对于赵翼所谓天意，虽不同意，然贵族政治之崩坏实当时大势之所趋。此在春秋之时已见其端，故宁戚以饭牛而得仕于齐，百里奚以奴隶而仕于秦，此庶人之升而为官者也。《诗》有黎侯之赋式微，《左传》谓"栾、郤、胥、原、狐、续、庆、伯，降在皂隶"（昭三年）。孔子本宋之贵族，而"为贫而仕"，"尝为委吏矣"，"曾为乘田矣"，此贵族之降而为民者也。如是阶级制度，逐渐消灭，至汉高遂以匹夫而为天子，此政治制度及社会组织之根本的变动也。

与贵族政治相连带之经济制度，即所谓井田制度。《诗》云："普天之下莫非王土，率土之滨莫非王臣。"《左传》昭七年芈尹无宇曰："天子经略，诸侯正封，古之制也。封略之内，何非君土？食土之毛，谁非君臣？"所谓王土王臣，在后世视之，只有政治的意义，然在上古封建制度下，实兼有经济的意义。上所述社会上之诸阶级，亦不只是政治的、社会的，而亦且是经济的也。盖在上古封建制度下，天子、诸侯及卿大夫，在政治上及经济上皆为人民之主，例如周以土地封其子弟为诸侯，即使其子弟为其地之君主兼地主也。诸侯再以其地分与其子弟，其子弟再分与庶人耕种之。庶人不能自有土地，故只能为其政治的经济的附庸而已。《左传》、《国语》中所载当时之政治，皆不过有数几家贵族之活动；所谓人民者，但平时为贵族工作，战时为贵族拼命而已。王船山曰：

> 三代之国，幅员之狭，直今一县耳。仕者不出于百里之中，而卿大夫之子恒为士，故有世禄者有世田，即其所世营之业也。名为卿大夫，实则今乡里之豪族而已。世居其土，世勤其畴，世修其陂池，世治其助耕之氓。……（《读通鉴论》）

"其助耕之氓"，即系农奴，夏曾佑曰：

> 井田之制，为古今所聚讼。据汉唐儒者所言，则似古人真有此事，且为古人政治之根本。以近人天演学之理解之，则似不能有此。社会之变化，千因万缘，互为牵制，安有天下财产可以一时匀分者？井田不过儒家之理想。此二说者，迄今未定。兹据秦汉间非儒家之载籍证之，似古人实有井田之制，而为教化之大梗。其实情盖以土地为贵人所专有，而农夫皆附田之奴，此即民与百姓之分也。至秦商君乃克去之。此亦为社会进化之一端。昔秦孝公用商鞅，制辕田，开阡陌，鞅以为三晋地狭人贫，秦地广人寡，故草不尽垦，地利不尽出。于是诱三晋之人，利其田地，复三代，无知兵事，务本于内，而使秦人应敌于外。故废井田，开阡陌，任其所耕，不限多少，数年之间，天下无敌。（《通典·食货》）案秦人此制，实仍即分人等级之法。然而民得蓄私产之法，即起于此。（《中国历史》第一册页二五八）

史谓商鞅"坏井田，开阡陌……王制遂灭，僭差无度，庶人之富者累巨万"（《汉书·食货志》）。此农奴解放后"民"之能崛起占势力为大地主者也。所谓井田制之崩坏，亦当时之普通趋势，不过商鞅特以国家之力，对之作有意识的、大规模的破坏而已。

其次则商人阶级亦乘时而占势力。《汉书》曰：

> 及周室衰，礼法堕……其流至乎士庶，人莫不离制而弃本，稼穑之民少，商贾之民多，谷不足而货有余……于是商通难得之货，工作无用之器，士设反道之行，以追时好而取世资。……富者木土

被文锦，犬马余肉粟……其为编户齐民，同列而以财力相君……① （《货殖传》）

此"民"之崛起而为资本家者也。弦高以商人而却秦存郑，吕不韦以大贾而为秦相，此资本家之与当时政治外交发生直接关系者也。世禄井田之制破，庶民得解放。营私产，为富豪，此上古经济制度之一大变动也。

此种种大改变，发动于春秋，而完成于汉之中叶。此数百年为中国社会进化之一大过渡时期。此时期中人所遇环境之新，解放之大，除吾人现在所遇所受者外，在中国已往历史中，殆无可以比之者。即在世界已往历史中，除近代人所遇所受者外，亦无可以比之者。故中国之上古时期，诚历史中之一重要时期也。

在一社会之旧制度日即崩坏之过程中，自然有倾向于守旧之人，目睹"世风不古，人心日下"，遂起而为旧制度之拥护者，孔子即此等人也。不过在旧制未摇动之时，只其为旧之一点，便是以起人尊敬之心，若其既已动摇，则拥护之者，欲得时君世主及一般人之信从，则必说出其所以拥护之理由，与旧制度以理论上的根据。此种工作，孔子已发其端，后来儒家继之。儒家之贡献，即在于此。

然因大势之所趋，当时旧制度之日即崩坏，不因儒家之拥护而终止。继孔子而起之士，有批评或反对旧制度者，有欲修正旧制度者，有欲另立新制度以替代旧制度者，有反对一切制度者。此皆过渡时代，旧制度失其权威，新制度尚未确定，人皆徘徊歧路之时，应有之事也。儒家既以理论拥护旧制度，故其余方面，与儒家意见不合者，欲使时君世主及一般人信从其主张。亦须说出其所以主张之理由，与之以理论上的根据。荀子所谓十二子之言，皆"持之有故，言之成理"者也。人既有注重理论之习惯，于是所谓名家"坚白同异"等辩论之只有纯理论的兴趣者，亦继之而起。盖理论化之发端，亦即哲学化之开始也。

孟子曰："圣王不作，诸侯放恣，处士横议。"

---

① 《左传》昭公十六年，宣子（韩起）有环，其一在郑商。宣子谒诸郑伯。子产弗与。……曰："昔我先君桓公，与商人皆出自周。庸次比耦，以艾杀此地。斩之蓬蒿藜藋，而共处之。世有盟誓以相信也。曰：'尔无我叛，我无强贾，毋或匄夺，尔有利市宝贿，我无与知。'恃此质誓，故能相保，以至于今。今吾子以好来辱，而谓敝邑强夺商人，是教敝邑背盟誓也。毋乃不可乎？"按誓词所约，在以后皆为不成问题之事。而乃信誓旦旦，可知贵族之欺压商人，在当时为常事。而商人原来地位之低，亦可见矣。

《庄子·天下》篇曰："天下大乱，贤圣不明，道德不一，天下多得一察焉以自好……天下之人，各为其所欲焉以自为方。"

《汉书·艺文志》曰："诸子十家，其可观者，九家而已。皆起于王道既微，诸侯力政，时君世主，好恶殊方。是以九家之术，蜂出并作，各引一端，崇其所善。以此驰说，取合诸侯。"①

所谓"圣王不作"，"贤圣不明"，"王道既微"，即指原有之制度组织之崩坏也。因此崩坏，故"道德不一"，故"时君世主，好恶殊方"，而"天下之人各为其所欲焉以自为方"。上古时代哲学之发达，因于当时思想言论之自由，而其思想言论之所以能自由，则因为当时为一大解放时代，一大过渡时代也。

（二）

世多以战国之末，为古代哲学终结之时期。盖一般人以为秦始皇焚书，禁天下藏"诗书百家语"，故觉秦时如一野蛮时代，以前学说，至此悉灭。其实秦始皇"第烧民间之书，不烧官府之书，第禁私相授受，可诣博士受业"（崔适《史记探源》卷三。参看郑樵《通志校雠略》，康有为《新学伪经考》）。秦始皇、李斯之意，盖欲统一思想，非欲灭尽当时之学说也。虽在整齐画一制度之下，思想言论，失其自由，学术发展诚受相当阻碍，然秦亡极速，故无大影响。故在汉初，诸家之学仍盛，文帝好黄老家教，曹参以清静治国家，汲黯修黄老术，治民主清静。淮南王延客著书，杂取各家之说。司马谈叙六家，以道家为最高。贾谊明申商，晁错尝学申商刑名，韩安国受韩子杂说，主父偃学长短纵横术。《史记》、《汉书》均明言之。此外《礼记》及所谓《易·十翼》，为儒家重要典籍，其中亦为汉初儒家者流所著作者。春秋公羊家言，亦至汉始为显学。故儒家哲学，亦在汉初始完备也。观董仲舒对策之词，亦可见当时之情形矣。

董仲舒对策曰：

---

① 《艺文志》所谓"时君世主，好恶殊方"一点，本亦为战国时代思想发达之一因，吾人试看后来皇帝显宦及富商巨贾对于学术之关系，便可知矣。但春秋战国时代时君世主，及当时社会，所提倡之学术，与后来皇帝等所提倡者，何以不同，则不能不以春秋战国时之政治社会经济的背景说明之。时君世主及社会之提倡学术，非春秋战国时代所特有之情形，故未多论及之。

> 春秋大一统者，天地之常经，古今之通谊也。今师异道，人异论，百家殊方，指意不同。是以上无以持一统，法制数变，下不知所守。臣愚以为诸不在六艺之科，孔子之术者，皆绝其道，勿使并进，邪辟之说灭息，然后统纪可一，而法度可明，民知所从矣。（《汉书·董仲舒传》）

又曰：

> 养士之大者，莫大乎太学。太学者，贤士之所关也。教化之本原也。……臣愿陛下兴太学，置明师，以养天下之士。……（同上）

"自武帝初，立魏其武安侯为相，而隆儒矣。及仲舒对册，推明孔氏，抑黜百家，立学校之官，州郡茂材孝廉，皆自仲舒发之。"（同上）自此以后，以利禄之道，提倡儒学。而儒学又须为上所定之儒学。于是"天下英雄，尽入彀中"，春秋以后，言论思想极端自由之空气于是亡矣。

董仲舒之主张行，而古代哲学终；董仲舒之学说立，而中古哲学始。盖阴阳五行家言之与儒家合，至董仲舒而得一有系统的表现。自此以后，孔子变而为神，儒家变而为儒教，至所谓古文学出，孔子始渐回复为人，儒教始渐回复为儒家。

（三）

汉武董仲舒统一思想之政策，即秦皇、李斯之政策也。秦皇何以行之而失败，汉武何以行之而成功？此中原因，固甚复杂，然有可得言者，则自春秋时代所开始之政治社会经济的大变动，至汉武之中叶渐停止；特此等特殊情形既去，故其时代学术上之特点，即"处士横议""各为其所欲焉以自为方"之特点，自亦失其存在之根据。上文谓春秋战国时代所起各方面之诸大变动，皆由于贵族之失势。贵族愈失势，则平民愈被解放，旧文化旧制度愈崩坏，思想言论愈自由。秦灭六国，成一统，除皇室而外，其余原有之贵族，皆夷为平民。在表面上可谓将春秋以来之变局，作一结束。然实则贵族之余孽，尚有一部分之势力，故秦皇一死，贵族复起，"楚汉之际，六国各立后"。不过此次贵族之复兴，为一种"回光返照"，等于强弩之末，故平民出身之汉高，终灭群雄而定一尊。汉高虽犹封建子弟功臣，然此时及以后之封建，只有政治上的意义，而无经济上的意义。及汉之中叶，政治上社会上之新秩序，已渐定，在经济方面，人亦渐安于由经济自然趋势而发生之制度。《汉书》曰："其为编户齐民，同列而以财力相君，虽为仆虏，犹无愠色。"（《货殖传》）由贵族政治之眼光观之，编户齐民，何能同列以财力相君！然以经济自然之趋势，竟至如此，"虽为仆虏，犹无愠色"，可见人已安于此等新经济秩序矣。汉虽行重农抑商政策，然对于此等社会的经济的秩序，亦并未有根本的变动也。自春秋时代所开始之大过渡时期至是而终结，一时蓬勃之思想，亦至是而衰。自此而后，至现代以前，中国之政治经济制度及社会组织，除王莽以政治的力量，强改一时外，皆未有根本的变动，故上古时代思想之特殊状况，亦未再现也。

（原载《天津益世报·副刊》，1930 年 2 月 7 日、10 日）

中国中古近古哲学与经学之关系
（1931 年）

　　普通西洋哲学史家，多将西洋哲学史分为上古、中古、近古三时期。此非只为方便起见，随意区分。西洋哲学史中，此三时期之哲学，实各有特别精神，特殊面目也。中国哲学历史，若只注意于其时间方面，本亦可分为上古、中古、近古三时期；此各时期间所有之哲学，本亦可以上古、中古、近古名之。但自别一方面观之，则中国实只有上古与中古哲学，而尚无近古哲学也。

　　谓中国无近古哲学，非谓中国近古时代无哲学也。盖西洋哲学史中，所谓中古哲学与近古哲学，除其所产生与时代不同外，其精神面目亦有卓绝显著的差异。在西洋哲学史中，自柏拉图、亚利斯多德等，建立哲学系统，为其上古哲学之中坚。至中古哲学，则皆在此诸系统中打转身者也。其中古哲学，有耶教中之宇宙观及人生观之新成分；其时哲学家，亦非不常有新见。然即此等新成分与新见，亦皆依傍古哲学诸系统，以古代哲学所用之术语表出之。语谓旧瓶不能装新酒。西洋中古哲学中，非全无新酒，不过因其新酒不甚多或不甚新之故，故仍以之装于古代哲学之旧瓶内，而此旧瓶亦能容受之。及乎近世，人之思想全变，新哲学家皆直接观察真实，其哲学亦一空依傍，其所用之术语亦多新造。盖至近古，新酒甚多又甚新，故旧瓶不能容受。在西洋哲学史中，中古哲学与近古哲学，实有卓绝显著的差异也。

　　在中国哲学史中，自孔子至淮南王为子学时代，自董仲舒至康有为为经学时代。在经学时代中之诸哲学家，无论有无新见，皆须依傍古代哲学家之名，大部分依傍经学之名，以发布其所见；其所见亦须以古代即子学时代之哲学中之术语表出之。此时诸哲学家所酿之酒，无论新旧，皆装于古代哲学，大部分为经学之旧瓶内；而此旧瓶，直至最近始破焉。由此方面言之，则在中国哲学史中，自董仲舒至康有为皆中古哲学，而近古哲学则尚未见萌芽也。

盖人之思想，皆受其物质的及精神的环境之限制。春秋战国之时，因贵族政治之崩坏，政治经济社会各方面皆有根本的变化。及秦汉大一统，政治上定有规模；经济社会各方面之新秩序，亦渐安定。自此而后，朝代虽常有改易；然在政治经济社会各方面，皆未有根本的变化。各方面皆得保持守成之局，人亦少有新环境，新经验。以前之思想，其博大精深，又已至相当程度，故此后之思想，不能不依傍之也。

然此亦非谓此后中国思想全无新成分，亦非谓此后中国哲学家全无新见。历史中之时间，绝不容人常留于完全同一情形之内。佛教东来加入中国思想以新成分，此新成分及少数哲学家之新见，即此后之新酒也。特因其不甚多或不甚新之故，人仍以之装于上古哲学，大部分为经学之旧瓶内。因此旧瓶又富于弹力性，遇此旧瓶不能容时，则酌量括充其范围。所以所谓经者，由六而增至十三；《论语》、《孟子》、《大学》、《中庸》，受宋儒之推崇，特立为"四书"，其权威且压倒原来汉人所谓之六艺。及后中国与西洋交通，西洋人之新学说东来，中国人如康有为、廖平之徒，初亦以之附会于经学，仍欲装此绝新之酒于经学之旧瓶内。然旧瓶范围之扩张，已达极点，新酒亦至多至新，故终撑破之。经学之旧瓶破，而经学时期亦终矣。

中古、近古时代之哲学，大部分须于其时之经学中求之。在中古、近古时代，因各时期经学之不同，遂有不同之哲学；亦可谓因各时期哲学之不同，遂有不同之经学。大概言之，其中有哲学成分之经学，为今文家之经学，古文家之经学，清谈家之经学，理学家之经学，考据家之经学，经世家之经学。此六派之经学，各有其独盛之时代。盖上古子学时代之思想，以横的发展为比较显著；中古、近古经学时代之思想，以纵的发展为比较显著，此亦子学时代与经学时代间之一差异也。就中国历史上政治情形言之，思想上亦应有此现象。盖古代政治未统一，而自秦汉以后，中国政治则以统一为常也。

（原载《清华周刊》第三十五卷第一期，1931 年 2 月 28 日）

宋明道学中理学心学二派之不同
（1932 年）

（一）朱子与象山慈湖之不同

一般人之论朱陆异同者，多谓朱子偏重道问学；象山偏重尊德性。此等说法，在当时即已有之。然朱子之学之最终目的，亦在于明吾心之全体大用。此为一般道学家共同之目的。故谓象山不十分注重道问学可；谓朱子不注重尊德性不可。且此点亦只就二人之为学或修养之方法上言之。究竟朱陆之不同，是否即仅在其所讲为学或修养方法之不同；此一极可注意之问题也。

前文谓朱子之学，尚非普通所谓之唯心论，而实近于现在所谓之实在主义。吾人若注意此点，即可见朱陆之不同，实非只其为学或修养方法之不同；二人之哲学，根本上实有差异之处。此差异于二程之哲学中即已显著。伊川一派之学说，至朱子而得到完全的发展。明道一派之学说，则至象山慈湖而得到相当的、至阳明而得到完全的发展。若以一二语以表示此种差异之所在，则可谓朱子一派之学为理学，而象山一派之学，则心学也。王阳明序《象山全集》曰："圣人之学，心学也。"此心学之一名，实可表示出象山一派之所以与朱子不同也。

朱子言性即理。象山言心即理（《与李宰第二书》，《全集》卷十二）。此二言虽只一字之不同，而实代表二人哲学之重要的差异。盖朱子以心乃理与气合而生之具体的物，与抽象之理，完全不在同一世界之内。心中之理，即所谓性；心中虽有理而心非理。故依朱子之系统，实只能言性即理，不能言心即理也。象山言心即理，并反对朱子所说心性之区别。如语录云：

> 伯敏云："……性才心情，如何分别？"先生云："如吾友此言，又是枝叶。虽然此非吾友之过，盖举世之蔽。今之学者，读书只是解字，更不求血脉。且如情性心才，都只是一般物事，言偶不同耳。……若必欲说时，则在天者为性，在人者为心。此盖随吾友而言，其实不必如此。"（《全集》卷三十五）

依吾人所观察，则朱子所说性与心之区别，实非"只是解字"。盖依朱子之观点，实在上本有与此相当之区别也。象山虽亦以为可说"在天者为性，在人者为心"；而又以为系"随吾友而言，其实不必如此"；"都只是一般物事，言偶不同耳"。盖依象山之观点，实在上本无与朱子所说心性区别相当之区别，故说心性只是"一般物事"也。朱陆所见之实在不同。盖朱子所见之实在，有二世界，一不在时空，一在时空。而象山所见之实在，则只有一世界，即在时空者。只有一世界，而此世界即与心为一体，所谓"宇宙便是吾心，吾心便是宇宙"（《年谱》，《全集》卷三十六）。故心学之名，可以专指象山一派之道学。

然此尚有一问题，即象山所谓之心，是否即朱子所谓之心。若此问题不能解决，则象山之谓心即理，不必即异于朱子之谓性即理。细考之，则象山所谓之心，正朱子所谓之心。象山云：

> 人非木石，安得无心？心于五官最尊大。《洪范》曰："思曰睿，睿作圣。"孟子曰："心之官则思，思则得之，不思则不得也。"……四端者，即此心也，天之所以与我者，即此心也。人皆有是心，心皆具是理，心即理也。（《与李宰第二书》，《全集》卷十一）

朱子以为"天下无无性之物"（《语类》卷四）盖一物之成，皆禀其理；其所禀之理，即其性也。故木石亦有性，不过木石无知觉耳。故虽不可谓木石无性，而可谓木石无心。象山此以为木石所无之心，正朱子所谓之心也。又依象山所说，心乃能思虑者；朱子亦谓："人之灵处是心不是性。"朱子谓："仁是性，恻隐是情，须从心上发出来，心统性情者也。"（《语类》卷五）盖以恻隐之情乃"爱之理"（朱子以仁为爱之理）之具体的表现，乃形而下者，"须从心上发出来"。象山云："四端者，即此心也。"故其所谓心，正朱子所谓心也。慈湖谓"人心自明，人心自灵"（《绝四记》）。其所谓心，正朱子所谓心，更为明显。由此而言，象山一派所谓之心，正朱子所谓之心，而其心即理之言，实与朱子不同也。

此点乃朱陆哲学根本不同之处，更可从别方面证明之。象山虽亦以为可说："在天者为性，在人者为心"，而又以心性"都只是一般物事"。盖象山所说在天之性与在人之心乃在一世界中。故所谓天理人欲之分，象山即不欲立之。象山云：

> 天理人欲之言，亦自不是至论。若天是理，人是欲，则是天人不同矣。……《书》云："人心惟危；道心惟微。"解者多指人心为人欲，道心为天理。此说非是，心一也。人安有二心？（《全集》卷三十四）

此以天人不同之说为非是。然依朱子之系统，实可以天人为不同也。

周濂溪《太极图说》有"无极而太极"之言，朱子以为此言乃形容太极之为无形而有理。象山及其兄梭山以为《易·系辞》只言太极，不应于太极之上，复加无极。以为"《太极图说》与通书不类。疑非周子所为。不然则或是其学未成时所作。不然则或是传他人之文，后人不辨也"（《全集》卷二）。与朱子往复辩论，成为当时一大争辩。若依上所说观之，则象山哲学中，只有一在时空之世界，则对于所谓"无形而有理"者，自根本不能承认，亦非特有意与朱子作无谓的争辩也。

又有一点应须解释者，如象山云：

> 自形而上者言之谓之道。自形而下者言之谓之器。天地亦是气，其生覆形载必有理。（《全集》卷三十五）

若只就此条观之，则象山之哲学，又与朱子无根本的差异，然象山与朱子辩《太极图说》书中云：

> 《易》之大传曰："形而上者谓之道。"又曰："一阴一阳之谓道。"阴阳已是形而上者，况太极乎？（《全集》卷二）

以阴阳为形而上者，则其所谓形而上者，与朱子所谓形而上者，意义不同。程明道伊川兄弟，亦尝引《易·系辞》此文而解释之。明道云："阴阳亦形而下者也，而曰道者……元来只此是道，要在人默而识之也。"（《二程遗书》卷十一）伊川云："一阴一阳之谓道。道非阴阳也，所以一阴一阳者，道也。"（《二程遗书》卷三）此二说之异，正即朱陆之不同也。盖若以阴阳为形而上者，则所谓形而上者，亦在时空有具体的活动，与所谓形而下者，固同在一世界中也。

象山哲学中，虽只有一世界，而仍言所谓形上形下。至慈湖则直废此分别。慈湖云：

> 又曰："形而上者谓之道；形而下者谓之器。"裂道与器，谓器在道之外耶？自作《系辞》者，其蔽犹若是，尚何望后世之学者乎？（《慈湖遗书》卷九）

盖所谓形上形下，必依朱子所解释，方可有显著的意义。依朱子之系统，器实与道不在一世界中。此陆派所不能承认。如此则诚宜直指《系辞》所说形上形下为"非孔子之言"也（《慈湖遗书》卷七）。

朱陆哲学此根本的不同，朱子亦略言之。朱子以为佛氏之言性，"正告子生之谓性之说"。盖依朱子之系统，心是形而下者，有具体的个体时，方始有之。故朱子以为以心为性，"正告子生之谓性之说"。象山死，朱子"率门人往寺中哭之。既罢，良久曰：'可惜死了告子。'"（《语类》卷一百二十四）朱子以佛为告子，亦以象山为告子，盖朱子以为二者皆以心为性也。

朱派后学，亦以象山为告子。如陈北溪云：

> 佛氏把作用认是性……不过只认得气，而不说著那理耳。……今世有一种杜撰等人，爱高谈性命。大抵全用浮屠作用是性之意，而文以圣人之言。……其实不过告子生之谓性之说。（《北溪字义》卷上）

若就此点指出陆之近禅，陆诚为较朱近禅也。

依上述观之，则朱陆之哲学，实有根本的不同。其能成为道学中之二对峙的派别，实非无故。不过所谓"心学"象山慈湖实只开其端。其大成则有待于王阳明。故与朱子对抗之人物，非陆象山杨慈湖而为二百五十年后之王阳明。

（二）朱子与阳明之不同

王阳明《朱子晚年定论》序云：

> 守仁早岁业举，溺志词章之习。既乃稍知从事正学，而苦于诸说之纷挠疲痛，茫无可入。因求诸老释，欣然有会于心，以为圣人之学在此矣。然于孔子之教间相出入；而措之日用，往往缺漏无归。依违往返，且信且疑。其后谪官龙场，居夷处困。动心忍性之

> 余，恍若有悟。体念探求，再更寒暑。证诸《五经》、四子，沛然
> 若决江河而放诸海也。……独于朱子之说，有相抵牾，恒疚于心。
> （《全书》卷三）

此阳明自述其学所经之阶级。其最后所持之说，自以为"于朱子之说，
有相抵牾"。盖阳明之学，彻上彻下，"致良知"三字，实即可包括之。
所以阳明自四十三岁以后，即专以致良知训学者。以言简易直截，诚简
易直捷矣。其所说格物致知之义，实与朱子不同。二家学说，各就其整
个观之，则二家之不同，仍是上所述理学与心学之不同也。

阳明亦间言理气。如云：

> 精一之精以理言，精神之精以气言。理者气之条理；气者理之
> 运用。无条理则不能运用，无运用则亦无以见其为条理者矣。（《与
> 陆元静书》，《传习录》中，《全书》卷二）

若专就此言观之，则阳明之见解，与朱子并无大异。但阳明自言其自己
之学与朱子之学不同之处云：

> 朱子所谓格物云者，在即物而穷其理。即物穷理，是就事事
> 物物上求其所谓定理是也。是以吾心而求理于事事物物之中，析心与
> 理而为二矣。……若鄙人所谓致知格物者，致吾心之良知于事事物
> 物也。吾心之良知，即所谓天理也。致吾心良知之天理于事事物
> 物，则事事物物皆得其理矣。致吾心之良知者，致知也。事事物物
> 皆得其理者，格物也。是合心与理而为一者也。（《答顾东桥书》，
> 《传习录》中，《全书》卷二）

朱子以为人人具一太极，物物具一太极。太极即众理之全体；故吾人之
心，亦"具众理而应万事"。故即物穷理，亦即穷吾心中之理，穷吾性
中之理耳。故谓朱子析心与理为二，实未尽确当。惟依朱子之系统，则
理若不与气合，则即无心，心虽无而理自常存。虽事实上无无气之理，
然逻辑上实可有无心之理也。若就此点谓朱子析心与理为二，固亦未尝
不可。依阳明之系统，则必"致吾心良知之天理于事事物物，则事事物
物皆得其理"。依此则无心即无理矣。故阳明云：

> 心即理也。天下又有心外之事，心外之理乎？（《传习录》上，
> 《全书》卷一）

《传习录》又云：

又问，心即理之说，程子云："在物为理"，如何谓心即理？先生曰："在物为理。在字上，当添一心字。此心在物则为理。"（《传习录》下，《全书》卷三）

阳明又云：

> 心之体，性也。性即理也。故有孝亲之心，即有孝之理。无孝亲之心，即无孝之理矣。有忠君之心，即有忠之理，无忠君之心，即无忠之理矣。理岂外于吾心耶？晦庵谓人之所以为学者，心与理而已。心虽主乎一身，而实管乎天下之理。理虽散在万事，而实不外乎人之一心。是其一分一合之间，而未免已启学者心理为二之弊。（《答顾东桥书》，《传习录》中，《全书》卷二）

依朱子之系统，只能言性即理，不能言心即理。依朱子之系统，只能言有孝之理，故有孝亲之心，有忠之理，故有忠君之心。不能言有孝亲之心，故有孝之理，无孝亲之心，即无孝之理。依朱子之系统，理之离心而独存，虽无此事实，而却有此可能。依阳明之系统，则在事实上与逻辑上，无心即无理。此点实理学与心学之根本不同也。阳明哲学中，无形上世界与形下世界之分，故其语录及著作中，未见此等名词。

阳明又云：

> 人的良知，就是草木瓦石的良知，若草木瓦石无人的良知，不可以为草木瓦石矣。岂惟草木瓦石为然，天地无人的良知，亦不可为天地矣。盖天地万物与人原是一体，其发窍之最精处，是人心一点灵明。（《传习录》下，《全书》卷三）

《传习录》又云：

> 先生游南镇，一友指岩中花树问曰："天下无心外之物；如此花树，在深山中，自开自落，于我心亦何相关？"先生云："你未看此花时，此花与汝心同归于寂。你来看此花时，则此花颜色，一时明白起来。便知此花，不在你的心外。"（《传习录》下，《全书》卷三）

又云：

> 先生曰："你看这个天地中间，甚么是天地的心？"对曰："尝闻人是天地的心。"曰："人又甚么叫做心？"对曰："只是一个灵明。"可知充天塞地，中间只有这个灵明；人只为形体自间隔了。

我的灵明，便是天地鬼神的主宰。……天地鬼神万物，离却我的灵
明，便没有天地鬼神万物了。我的灵明，离却天地鬼神万物，亦没
有我的灵明。如此便是一气流通的，如何与他间隔得？又问："天
地鬼神万物，千古见在，何没了我的灵明，便俱无了？"曰："今看
死的人，他这些精灵游散了，他的天地万物，尚在何处？"（《传习
录》下，《全书》卷三）

上文谓朱子言性即理；阳明言心即理。此为理学与心学不同之处。然尚
有一点可疑之处，即安知阳明所谓之心，非即朱子所谓之性，如果如
此，则以上辩论，又不能成立矣。但观此处所引三条，则知阳明所谓
心，"只是一个灵明"。正即朱子所谓心也。朱子谓知觉灵明，是心不是
性。故阳明所谓心，不能是朱子所谓性也。朱子以为吾人之心，具有太
极之全体，故心亦具众理。然心但具众理而已。至于具体的事物，则不
具于吾人心中也。阳明则以为天地万物皆在吾人心中。此种惟心论，朱
子实不持之。

（三）朱派后学之意见

阳明起而心学大盛。阳明又作《朱子晚年定论》，以为朱陆实早异
晚同。朱子晚年，自悔其"旧说之非"而自同于象山。此说出，引起朱
派后学之辩论，以为朱陆之学，实不相同。罗整庵作《困知记》云：

程子言性即理也，象山言心即理也。至当归一，精义无二。此
是则彼非；彼是则此非；安可不明辨之。（《困知记》卷二）

所谓心与性之区别，整庵云：

夫心者，人之神明；性者，人之生理。理之所在谓之心，心之
所有谓之性，不可混而为一也。（同上，卷一）

心与性不同，故"心即理"之言，与"性即理"之言，亦不同也。整庵
批评阳明云：

《传习录》有云："吾心之良知即所谓天理也。"……又有问：
"仁者以天地万物为一体。"答曰："人能存得这一点生意，便是与
天地万物为一体。"又问："所谓生者，即活动之意否，即所谓虚灵
知觉否？"曰："然。"又曰："性即人之生意。此皆以知觉为性之明

验也。"（同上，卷三）

"以知觉为性"，即以心为理也。整庵云："佛氏之所谓性，觉而已矣。"
（同上，卷三）以知觉为性，整庵以为即佛氏之说。

又有陈清澜著《学蔀通辩》，以为朱陆早同晚异，以驳程篁墩《道
一编》及阳明《朱子晚年定论》所持朱陆早异晚同之说。清澜亦以为陆
派以知觉为性为近于禅，云：

> 精神灵觉，自老庄禅陆皆以为至妙之理，而朱子《语类》乃谓
> 神只是形而下者。《文集·释氏论》云："其所谓识心见性者，实在
> 精神魂魄之聚，而吾儒所谓形而下者耳。"何也？曰："以其属于气
> 也。精神灵觉，皆气之妙用也。气则犹有形迹也。故陆学曰镜中观
> 花，曰鉴中万象。形迹显矣，影象著矣，其为形而下也宜矣。"
> （《学蔀通辩》卷十）

若就此点，指出陆王之近禅，陆王诚较朱派为近禅也。陆稼书亦就此点
指出朱王之不同。（《学术辨》，《三鱼堂集》卷二）盖朱派后学对于理学
家之谓性即理之异于心学家之谓心即理，已极明了。惟对于理学家之哲
学之需要二世界，而心学家之哲学则只需要一世界之一点，则未明言。

（原载《清华学报》第八卷第一期，1932 年 12 月）

哲学在当代中国
（1934 年）

（在第八届国际哲学大会上宣读，1934 年于布拉格）

筹备委员会通知我们，本届大会的重点，在于"批评有关人生需要的流行哲学观念"和"分析对于公共事务的哲学影响"，所以在这篇简短的报告里，我不打算涉及技术性的哲学问题，诸如宇宙构成，或知识有效性，这些问题是在学院的圈子里讨论的。我只限于讲我认为是时代精神在中国的理性表现，这些表现若不是指导着、也是标志着中国向何处去。

中国当前面临的"现在"，并非她的"过去"的自然发展，而是违反她的意志强加于她的。她不得不面对全新的局势，一直极其困惑。为了使局势更好理解，为了更明智地适应局势，她只好有时用过去解释现在，又有时用现在解释过去。换言之，她必须把她必须面对的新文明与她已有的旧文明联结起来，使二者彼此不生疏，而互相可以理解。除了解释，还有批评。在她用旧文明解释新文明，或者用新文明解释旧文明的时候，别无他法，只好有时用旧的眼光批评新的，又有时用新的眼光批评旧的。因此，对两种文明的解释和批评，就是东方西方在中国会合的自然产物，它打动了中国人心，并在近五十年间形成中国思想的主流。

可以看出：对新旧文明的解释和批评，近五十年中，根据对外来新文明有知或无知的程度，在不同的时间阶段而各不相同。大致说来有三个阶段。第一阶段的标志是，在光绪皇帝驾下康有为领导的命舛的戊戌变法。康有为是儒家公羊学派的学者。照公羊家说，孔子是一位具有神性的大师。孔子设计了模式，可以包括人类进步各阶段。主要有三阶段。第一阶段是据乱世，第二是升平世，第三是太平世。在据乱世，人各为其国。在升平世，所有文明国家联合为一国。在太平世，人皆文明而人类联合为一个和谐的整体。孔子预先知道这些未来的一切。孔子相应地设计了三套社会组织。照康有为说，东西方之间的交往，欧美的政治社会改革，表示人们正在从据乱世向较高阶段即升平世进步。绝大部分的，也许是全部的，西方的政治社会制度，早已含蕴于孔子教义之中。康有为是当时维新运动领袖。但是按他的意见，他所作所为并非采用西方新文明，倒不如说是实行孔子的旧教义。他写了许多儒家经典注解，将他的新思想注入其中。此外他还写了一部《大同书》，在书中具体描绘出将在太平世变成现实的乌托邦。此书性质如此猛烈而革命，甚至绝大多数乌托邦著作家为之瞠目结舌，虽然如此，康有为本人却不是空想家。他坚持说，他在此书中提出的纲领，不到人类文明最高阶段即人类进步最后阶段，决不可以付之实施。他要实施的政治纲领是坚持君主立宪。

当时维新运动中，康有为的一位同事谭嗣同，是一位更能哲学思维的思想家。他写了一部《仁学》，书中也讲孔子关于人类进步的三世之说。照他说，孔子虽然提出了三世总模式，但是孔子所讲的大都是据乱世。因此缘故，孔子常被误解为卫护传统制度和常规道德的人。基督教义主张博爱和上帝面前人人平等，十分接近孔子关于升平世的教义。接近孔子关于太平世的教义的教义是佛教，它超越了一切人世分别和常规道德。

这个时代的主要精神是：领袖们都不与来自西方的新文明对抗，他们对它的价值更不乏欣赏。但是他们欣赏其价值仅限于适合想象的孔子模式的范围。他们用旧的解释新的，用旧的眼光批评新的。后来可见，建立民国的辛亥革命，其哲学根据主要是取自中国哲学。孟子说的"民为贵，社稷次之，君为轻"，曾被大事引用和发挥。像卢梭这样的欧洲革命著作家们的学说也发挥了作用，但是中国人的想法是，他们之所以正确是与孟子相合。

第二阶段的标志是新文化运动，在1919年达到高潮。这个阶段的时代精神是用新的眼光批评旧的。陈独秀和胡适是这场批评的领袖。胡适写了《中国哲学史大纲》，还只出版了上卷。其实这部书与其说是中国哲学史，不如说是中国哲学批判。中国哲学的两个影响最大的学派，儒家和道家，都受到严厉的批评和质问，所用的是功利的和实用的眼光。胡适是争取个人自由与发展，因此他觉得儒家错了，因为儒家教导个人从属于其君其父，其国其家。胡适是提倡奋斗精神与征服自然，因此他觉得道家错了，因为道家教人乐其自然。读他这部书，感觉不到别的，只感觉到，整个中国文明是完全走错了路。

这部书的反作用便是出现一位旧文明的捍卫者。胡适的《哲学史》出版不久，另一位哲学家梁漱溟出版了另一部书，名为《东西文化及其哲学》。在这部书中，梁漱溟主张每个文明各代表一种生活路向。有三种主要的生活路向：一种是目的在于满足欲望，一种是限制欲望，一种是否定欲望。我们若选上第一种生活路向，就有欧洲文明；若选上第二种，就有中国文明；若选上第三种，就有印度文明。这三种文明应当代表人类进步的三个阶段。人们应当首先尽力认识自然，征服自然。人们在自然界的地位打好了充足的底子以后，就应当限制欲望，懂得如何知足。但是生活有些内在矛盾无法在生活内部解决。因此人类最后一招，是否定欲望，否定生活，走这种路向。中国人，印度人，不是错在产生了看似无用的文明。他们的文明，都是第一流的，其中都有人类非采用不可的东西。中国人，印度人，都错在没有经过第一路向，就采用第二、第三路向。他们的路子对了，但是时间错了。所以这位东方文明捍卫者也认为，在东方文明中也一定有些东西错了。他的书因此也是时代精神的一种表现。

第三阶段的标志是 1926 年的民族运动，结果建立了现在的国民政府。这个运动本是以国共合作的力量进行的。孙中山，是辛亥革命领袖，也是这个运动的领袖，以共产社会为最高社会理想。但是他不是共产主义者，因为他反对阶级斗争和无产阶级专政的学说。他以为，理想社会应当是爱的产物，不是恨的产物。不久国共分裂，后者正在受到镇压。由于这个运动，中国人对于西方新文明的态度发生新的转折。体现在政治经济组织中的西方新文明，一度被人认为是人类制度之至善，现在则被认为不过是人类进步的一个阶段。历史没有结束，它正在创造中。历史趋向的最终目的，现在认为是世界和平，人类合一，看来与古老的东方，比与现代的西方，更为相投。其实，如果我们只取马克思关于人类进步的学说，撇开其唯物的解释，就看出它与康有为代表的公羊学派学说之间，不无相似之处。谭嗣同果然在他的《仁学》中，尽管既不知道黑格尔，也不知道马克思，照样指出了马克思主义者可称为人类进步的辩证性质的东西。他指出，在未来理想社会与当初原始社会之间有某些相似。但是在我们达到理想社会时，并不是回到原始社会，我们前进了。

第三阶段的精神，与第一阶段的精神，是一样的吗？不，第一阶段的精神领袖们基本上只有兴趣以旧释新，而我们现在则也有兴趣以新释旧。第二阶段的精神领袖们只有兴趣指出东方西方的不同，而我们现在则有兴趣看出东方西方之所同。我们认为，东方西方若有什么不同，那就是不同环境的产物。在不同的环境，人们有不同的反应。我们若从产生反应的环境来看反应，我们也许可以用黑格尔的话说，凡是实际的也是有理的。因此我们现在没有兴趣用另一种文明的眼光去批评某种文明，像第一、第二阶段的精神领袖们所做的那样，但是有兴趣用另一种文明去阐明某种文明，使两种文明都能被人更好地理解。我们现在有兴趣于东方西方的互相解释，而不是互相批评。我们把它们看做人类进步同一趋势的不同实例，人类本性同一原理的不同表现。这样，东方西方就不只是联结起来了，它们合一了。

这种精神也可以在专门哲学著作中看到。对于中国的与欧洲的哲学观念在作比较和研究，没有任何意图去断定哪个一定正确，哪个一定错误，只不过是怀有兴趣要弄清一种观念用另一种观念讲是什么。希望不久以后我们可以看到，欧洲哲学观念得到中国直觉和体验的补充，中国哲学观念得到欧洲逻辑和清晰思想的澄清。

我认为这就是近五十年中国历史三个阶段中时代精神的特征。若要应用黑格尔辩证法，我们可以说，第一阶段是"正"，第二阶段是"反"，第三阶段是"合"。

（原文是英文，涂又光译）

说思辨
（1935 年）

　　如果有人叫我用一两个字说明哲学之性质及其精神，我所用之两个字，即是"思"、"辨"。

　　想到"思"字，普通人总觉得"思"似乎是玄虚不可靠的，而尤易联想到"胡思乱想"之思。"胡思乱想"既是"胡"且"乱"，当然是玄虚不可靠。但此所谓"思"，乃指我们的理智之活动，既不玄虚，亦不不可靠。理智与感觉之分别，在西洋哲学里，本早已讲清楚了。但在中国真知此分别之重要者，似乎还不很多。试举例以说明此分别。譬如我们说"这是桌子"，"这"是感官所能及，乃感觉之对象，而"桌子"乃是感官所不能及的。我们感官只能及"这"或"这个桌子"，但不能及"桌子"。"桌子"乃是理智之对象，我们只能"思"之。我们"思"之所及之范围越广，我们对于事物之理解即愈大。例如我们进此屋内，一览即知"这是桌子"，"那是椅子"。但如一狗进来，则它只觉其一大堆东西而已；其实狗亦未必知何为东西，它只觉"漆黑一团"而已。我们与狗，何以不同？狗盖只靠感觉，我们兼靠理智。狗不能"思"，我们能"思"。哲学中之"思"即此种"思"。

　　哲学与自然科学之一不同，即在哲学专靠"思"，而自然科学则不专靠之。例如此有一桌子，物理学及化学皆可将其分析之，但其分析皆为物质的分析，其分析所得皆是具体的。但如指出此桌子有方之性质，有黄之性质等，则即对于桌子作形上学的或逻辑的分析，其分析所得是抽象的。此等分析，不能在试验室中进行之，只能于"思"中行之。哲学对于事物之分析，皆只于"思"中行之。

　　就上举两例，已可见"思"在哲学中之重要。但此仅只哲学之一半。因为哲学必需是写出或说出之道理；"思"之所得，必以"辨"出之。中国原来哲学，多只举其结论，对于所以支持此结论之论证，则多忽略，近来国内研究哲学者，犹多如此。其结论不过哲学之一部分，其他部分，乃是所以支持此结论之论证，即"辨"。

故我以为"思"、"辨"二字最能说明哲学之性质及其精神。

（原载《北平晨报》，1935 年 4 月 26 日）

原儒墨
（1935 年）

（一）本篇所讨论之问题

民国十六年，我在《燕京学报》发表《孔子在中国历史中之地位》一文（《燕京学报》第二期）。在那篇论文里，我说："本篇的主要意思，在于证明孔子果然未曾制作或删正六经。即令有所删正，也不过如教授老儒之选文选诗。他一生不过是一个门徒众多的教授老儒；但后人以至圣先师等尊号与他加上，亦并非无理由。"（页二三四）我又说："孔子抱定一个'有教无类'的宗旨，'自行束脩以上，吾未尝无诲焉'。如此大招学生，不问身家，凡缴学费者即收，一律教以各种功课，教读各种名贵典籍。这是何等的一个大解放。故以六艺教人或不始于孔子；但以六艺教一般人，使六艺民众化，则实始于孔子。"（页二四一）

过了两年，傅孟真先生由广州北来，示以他在中山大学所印之讲义，内有《战国子家叙论》。在此《叙论》里，他有一节"论战国诸子，除墨子外，皆出于职业"（油印讲义本页四）。他说："百家之说，皆由于才智之士，在一个特殊的地域，当一个特殊的时代，凭借一种特殊职业而生。"（同上）他以为"儒家者流，出于教书匠"（同上，页九）。

又过了两年，得见钱宾四先生的《诸子系年》稿本。其中有论及儒家之起原之部分。《诸子系年》现在尚未出版，但关于儒家之起原，钱先生已在别处论及。钱先生说："《说文》，儒、柔也；术士之称，柔乃儒之通训，术士乃儒之别解。""儒为术士，即通习六艺之士。古人以礼、乐、射、御、书、数为六艺，通习六艺，即得进身贵族，为之家宰小相，称陪臣焉。孔子然，其弟子亦无不然。儒者乃当时社会一流品，正犹墨为刑徒苦役，亦当时社会一流品也。""孔子不仅藉艺术以进身，孔子既明习艺术，乃判其孰中礼孰不中礼，而推本于周公文王。曰：文武之道，布在方策，我好古敏以求之，思欲以易夫当世。故其告子夏曰：女为君子儒，毋为小人儒。儒仅当时生活一流品，非学者自锡之嘉名，故得有君子小人，而孔子戒其弟子勿为小人儒也。"（《古史辩》第四册序，页一至二）

最近胡适之先生在《中央研究院历史语言研究所集刊》里发表《说儒》一文（《集刊》第四本第三部分）。在这篇论文里，胡先生亦以为儒乃一种职业，乃社会生活一流品；此流品乃孔子之儒家所自出，孔子虽亦此流品中之一人，而因有特殊关系，故有其特殊的地位。

以上所述关于儒家之起原之说，我以为是对的。大概一个问题，到真正解决之时，大家对于它的解决，总会有不约而同的见解。胡先生以相礼为儒之职业之一。这一点也是对的。

不过胡先生以为"最初的儒都是殷人，都是殷的遗民"（《集刊》页二三七），"他们负背著保存故国文化的遗风，故在那几百年社会骤变，民族混合同化的形势之中，他们独能继续殷商的古衣冠，也许还继续保存殷商古文字语言。在他们自己民族的眼里，他们是'殷礼'（殷的宗教文化）的保存者与宣教师"（同上，页二四二）。这一点傅孟真先生亦主张之（看傅先生的《周东封与殷遗民》，《集刊》同期）。不过他们关于此点之证明，我以为尚有可商之处。又关于孔子之地位一点，胡先生承认孔子在中国历史中之特殊地位，这是我所极其赞同的；不过他以为孔子乃当时所认为应殷民族之"悬记"而生之"救世主"，"他（孔子）从一个亡国民族的教士阶级，变到调和三代文化的师儒"（《集刊》页二六九）。对于这一点，我也很持疑问。我这一篇论文，对于儒家之起原，不再有所论列，因为我认为对的说法，已竟如上述说过了。不过对于儒之起原，我打算借与胡先生讨论之便，发表一点意见。照我们现在的说法，儒家与儒两名，并不是同一的意思。儒指以教书相礼等为职业之一种人。儒家指先秦诸子中之一学派。儒为儒家所自出，儒家之人或亦仍操儒之职业，但二者并不是一回事。

关于墨家所自出，傅先生以为"墨家者流，出于向儒者之反动，是宗教的组织"（《战国子家叙论》油印本页十）。"向儒者之反动"并不是一种职业，所以傅先生先秦诸子出于职业之说，就不得不把墨子除外了。但儒墨两家是先秦两大宗派，而且皆具有深厚的社会势力。先秦诸子出于职业之说，是很好的；但若不能把墨家之起原也包括在内，则此说能否成立，就很成问题了。钱先生认为墨出于"刑徒苦役"，是比较好一点的说法。但"刑徒苦役"，仍嫌太泛，且除"墨"字可解为刑徒外，别的证据也很少。所以在这篇论文里，我打算对墨家之起原，亦发表一点新的意见。我赞成傅先生先秦诸子出于职业之说。但我以为墨家之所自出，不但不是此说之例外，而且是此说之一有力的例证。

所以本篇所讨论之主要问题是：（一）儒之起原；（二）墨家之起原。

（二）论儒不必与殷民族有关

在民国十六年，我发表了《孔子在中国历史中之地位》一文后，我本来即打算再作一文论儒之起原。后来因为材料太少，所以未作。在孔子以前的书上，我们没有见过"儒"这个字。《周礼》有"儒以道得民"（《周礼·天官》）之文，但周礼是晚出之书。我们虽不必用今文经学家之说，以为《周礼》全书乃刘歆所伪造。但周礼为"周公致太平之书"之说，恐怕现在没有人能持之。此外《左传》上有"唯其儒书"之言，但此言见于哀公二十一年，亦是孔子以后之事。在此情形之下，我们若欲证明在孔子五六百年以前即已有儒，是不可能的，至少也是极不容易的。

照胡先生的说法，在殷商灭亡以后，就有儒了。但他所引以证明此说之证据，都是孔子以后之人说其人当时之儒之话（《易》需卦一条，不能作证据，说详下）。孔子以后之人，例如墨子，其时代上距殷商灭亡，约六七百年。约如现在到南宋中间之时代。假如我们因为现在人有关于飞机之说话，遂断定南宋也有飞机，那不是很奇怪吗？胡先生所引《墨子》、《檀弓》、《荀子》中对于儒批评叙述之话，皆是说当时之儒是如此。这中间有几个命题：（一）当时有儒；（二）当时之儒是如此；（三）古代有儒；（四）古代之儒是如此。用（一）、（二）证（四），即已有很大的危险；若以（一）、（二）证（三），那恐怕是不可能的。

说儒字之本义，涵有柔弱之义，也缺乏较早的证据。不过此说是可通的。我也以为儒字有柔弱之义。不过我所以持此说的理由，与胡先生不同。下文自明。现在我们所要说明者，即儒字虽有柔义，儒之一种人，虽可称为弱者，但不必与亡国民族有关系。例如女子是弱者，其弱乃对于男子而言。小孩是弱者，其弱乃对于成人而言。亡国民族也不必皆是持柔道之弱者。例如宋是殷民族之遗，但宋人并不弱。胡先生因为宋国有个正考父谦卑自牧，遂以为"宋国所以能久存，也许是靠这种祖传的柔道"（《集刊》页二五六）。其实在《左传》上看来，宋并不靠柔道立国。例如宣公十四年"楚子使申舟聘于齐曰：'无假道与宋'"。"及宋，宋人止之。华元曰：'过我而不假道，鄙我也。鄙我，亡也。杀其使者，必伐我。伐我，亦亡也。亡一也。'乃杀之。"楚人果伐宋，把宋国围到"易子而食，析骸以爨"之程度；然而华元还说："虽然，城下之盟，有以国毙，不能从也。"（宣公十五年）这是何等的刚强。先秦的书上，常说到宋人之愚。照华元这种办法，可以说是"其智可及也，其愚不可及也"。由此看来，我们若无别的证据，不能因为儒之可称为弱者，遂断定其与亡国之殷人有关。

（三）殷周文化异同问题

关于这一点，胡先生所举别的证据几条，我们于下文将分别讨论之。在未讨论之先，我们要先讨论一个较为普通的问题，以为以下讨论之根据。

我们看胡傅二先生的论文，我们觉得他们似乎完全注意于殷周民族问题。傅先生是当然的，因为他讲的是"周东封与殷遗民"。关于这一点，我的意见是殷周虽为二不同民族，原有的文化亦不必一样，但在殷末周初之际，殷周民族之界限似已不如胡傅二先生所想象之显著。武王伐纣，旧说全认为政治问题，固不必是；而如胡傅二先生之全认为种族问题，似乎亦不必是。傅先生也承认"周初东征的部队中，当不少有范文虎、留梦炎、洪承畴、吴三桂一流的汉奸"（《周东封与殷遗民》，《集刊》页二八五）。"汉奸"固可有，但后来周公使管蔡监殷，管蔡竟以殷畔，周公东征，又诛管蔡。似乎这个全部战争中，实是政治种族问题，兼而有之。即退一步，我们承认殷周之争，完全是种族问题；但在这时候殷周文化有什么主要不同，也是很难说的。即再退一步，我们承认在殷周之际，殷周之文化实有主要不同；但自武王克殷而"王天下"之后，周已承袭了殷文化，其情势略如殷之于夏。旧说以"三代"文化一贯，大致是不错的。孔子说："殷因于夏礼，所损益可知也。周因于殷礼，所损益可知也。其或继周者，虽百世可知也。"（《论语·为政》）

为讨论方便起见，我们姑只说殷周。依孔子此说，我们可注意三点：
（一）周礼"因"殷礼，即有殷周并有之礼。（二）周礼"损"殷礼，即
有周礼无而殷礼有之礼。（三）周礼"益"殷礼，即有周礼有而殷礼无
之礼（此所谓礼，皆制度文物之总名）。（二）、（三）两种，大概比较很
少，所以孔子说"可知也"。所以儒家书中讲到三代之礼之别时，其别
只在小节上。例如《论语·八佾》："哀公问社于宰我，宰我对曰：'夏
后氏以松，殷人以柏，周人以栗。'""以松"、"以柏"、"以栗"虽不
同，而都有社。其余《礼记》中类此者尚多。总可见三代之相承，其礼
之属于（二）、（三）种者较少。至于"周监于二代"（《论语·八佾》），
其制度更完备，所以孔子以为可损益者更少，故曰："其或继周者，虽
百世可知也。"明于此则我们所谓某人行殷礼者，必须证明其所行为属
上述（二）种之礼。不然，其所行或为殷礼而亦周礼也。例如今日之穿
马褂，马褂为清代之便礼服而亦民国之便礼服；所以我们不能因为某人
穿马褂，即断定其为穿清代服装之遗老。

（四）论儒之"古言服"

　　胡先生引《墨子》："公孟子曰：君子必古言服然后仁。"以为《墨
子》书中说当时的儒，自称他们的衣服为"古服"。周时所谓"古"当
然是指那被征服的殷朝了（《集刊》页二三七）。但我们试看《墨子》书
中此段下文，即知并不必然。下文是："墨子曰：子（公孟子）法周而
不法夏，非古也。"据此，公孟子之古言服，乃是周言周服，墨子时所
谓"古"不必即"指被征服的殷朝"。公孟子之古言服，既即是周言周
服，而何以又是"古"言"古"服呢？关于这一点，我们要知道春秋战
国，在经济、社会、政治、思想各方面，都是一个大转变时期。旧说以
此时期为"世衰道微"、"礼坏乐崩"之时期，即是为此。在各方面制度
皆有剧烈转变之时，因为思想之繁杂，新名词之增加，新文法之应用，
言语也有剧烈转变。而衣服方面也必常有新花样出来。用新名词新文法
之言语，在初行时为"新文学"；及行之既久，大家习为故然，不用新
名词，新文法者，即成为"古言"了。新花样之衣服，在初行时为"奇
装异服"；及行之既久，大家习为故然，原来非"奇装异服"之衣服，
即成为"古服"了。故公孟子之"古言"之古，乃对当时充满新名词新
文法之"新文学"而言；其"古服"之古，乃对当时新花样之"奇装异

服"而言。儒家是拥护传统反对变革的，故其言服亦不随潮流变革。及随潮流者之新，已成为故然，儒家之人之言服，遂成为古言服，然而实仍是周制。所以墨子以为公孟子"法周而不法夏"，仍"非古也"。

《墨子》书中又说："公孟子戴章甫。"（《公孟》）而《士冠礼记》云："章甫，殷道也。"胡先生以此为儒服即殷服之证（《集刊》页二三七），又将何解？关于这一点，我们需要注意上节所述之殷周文化异同问题。如果章甫是殷冠一点有什么重要的意义，章甫须只是殷冠而不是周冠方可。如章甫是殷周并用之冠，则我们不能因为某人或某种人戴章甫，即断定其与殷有关。犹之我们现在不能因为某人或某种人穿马褂，即断定其与满人有关。《论语》公西华说："宗庙之事，如会同。端章甫，愿为小相焉。"（《先进》）宗庙会同，乃重大典礼。参加其事者，穿戴似必须合时王之制。如有人以亡国民族之衣冠参加，似不相宜。据此，则章甫虽起原于殷，而亦为周制所用。不过后来"奇装异服"成为流行衣服之时，章甫不常为人所用；而儒者依然戴之，故为当时所奇怪了。欧洲自上次大战后，生活日趋简易。战前中上阶级，及大旅馆中食客，吃饭必穿礼服。近则穿者极少，而大旅馆中之招待、侍者，则依然堂哉皇也的穿礼服。久而久之，此礼服即成为古服，或成为侍者服，亦未可知。儒以相礼教书为职业，故终日穿著礼服，大摇大摆。迨后生活简易，别人不穿礼服，而儒者仍终日穿之，所以有些礼服遂为古服、儒服了。

（五）论儒与"商祝"

胡先生说："《士丧礼》与《既夕礼》（即《士丧礼》的下篇），使我们知道当时的丧礼须用祝，其职务最为繁重。《士丧礼》二篇中明说用'商祝'凡十次。用'夏祝'凡五次。泛称'祝'凡廿二次。旧注以为泛称'祝'者都是'周祝'。其说甚无根据。细考此两篇，绝无用'周祝'之处；其泛称祝之处，有两处确指'商祝'，有一处确指'夏祝'。其他不明说夏与商之处，大概都是'商祝'。"（《集刊》页二五一）照我们的看法，旧注以为泛称"祝"者都是"周祝"，其说是可通的。因为《士丧礼》二篇中，明分祝为三种，即"夏祝"、"商祝"、"祝"。《士丧礼》为周人之书，对于"周祝"只称"祝"，本是很在情理的。若泛称"祝"者亦指"商祝"，则《士丧礼》中又何必作"商祝"与"祝"之区

别呢？胡先生以为"细考此二篇，绝无用'周祝'之处"。此是不以
"祝"为周祝之故。若以"祝"为周祝，则《士丧礼》中用周祝之处，
比用殷祝还多一倍。胡先生以为"不明说夏与殷之处，大概都是'商
祝'"，其所根据是"因为此种士丧礼虽然偶有杂用夏周礼俗之处，其
根本的礼节仍是殷礼，故相礼的祝当然以殷人为主"（《集刊》同上）。
这个假定，正是胡先生文中所要证明的。所以若无别的证据，我们还觉
得旧注所说，似与《士丧礼》的文义较合。

我并不否认《士丧礼》所说之礼"根本仍是殷礼"。因为我是承认
"周因于殷礼"之说的。但是若说《士丧礼》所说之礼只是殷礼，在周
只民间之殷人行而统治阶级之周人不行，则大有问题。因为行士丧礼之
"士"，本身就不是庶民。照其所说的那些派头，也不是庶民所能办的。
胡先生在此点似乎也未主张此说。但在此点若未主张此说，则于三年之
丧服制，似乎也不能以为只是殷人行之，而周人不行。三年之丧亦明载
于《仪礼》。就《士丧礼》这两篇说，丧葬之礼如此的繁重。孝子要
"居倚庐，寝苫枕块，不税经带，哭昼夜无时，非丧事不言。歠粥朝一
溢米，夕一溢米，不食菜果"。初丧之礼既如此，以后的丧服不像是几
个月可以了的。初丧的礼既如此，则以后二十五个月的三年之丧真是
"如白驹之过隙也"。关于这一点，我们于下文另有讨论。

我们既不否认《士丧礼》所说之礼"根本仍是殷礼"，为什么不从
胡先生所主张，以为"祝"都是"殷祝"呢？其原因是：一则胡先生所
主张，与经文文义不合。二则我们以为这些礼既是殷周并行之礼，似不
必以为必为殷人所包办。经中明言夏祝，殷人包办之局，本来已经是不
成的了。

我们再看原来的儒者是不是"商祝"呢？我们即承认原来的儒者是
殷人，《士丧礼》中所说"祝"都是商祝，商祝及祝，亦都是殷人；但
若无别的证据，我们仍不能说原来的儒者就是商祝。相礼是儒者职业之
一，这是对的；但相礼与作祝是两回事。关于儒者作祝之证据，胡先生
只举二则。即《檀弓》所记："孔子之丧，公西赤为志焉。饰棺墙，置
翣，设披，周也。设崇，殷也。绸练设旐，夏也。""子张之丧，公明仪
为志焉。褚幕丹质，蚁结于四隅，殷士也。"胡先生以为"按《士丧礼》
的既夕礼，饰柩，设披，都用'商祝'为之。可见公西赤公明仪为
'志'，乃是执行《士丧礼》所说的'商祝'的职务"（《集刊》页二五
一）。"志"字作何解释，胡先生未说明。我以为此"志"字，有计划之

意。公西赤是孔门一个自命为善于相礼者。他的志愿是："宗庙之事，如会同，端章甫，愿为小相焉。"（《论语·先进》）"小"是谦辞，所以孔子说："赤也为之小，孰能为之大？"孔子死时，这个大丧，由他主持计划，饰棺墙，置翣，设披，是照着周礼；设崇，是照着殷礼；绸练设旐，是照着夏礼。大概孔门弟子以为孔子是大人物，所以他的丧事，兼用三代之礼。子张之丧，公明仪替他计划。大约对于当时之礼，也少有出入，所以《檀弓》特记之。这与作祝皆似无关系。

（六）论《周易》

胡先生以为《周易》"需卦所说似是指一个受压迫的智识阶级，处此忧患险难的环境，待时而动，谋一个饮食之道，这就是儒"（《集刊》页二四八）。胡先生又以为《易》之作者，乃殷亡后之殷人。"所谓《周易》，原来是殷民族卜筮的书的一种"（《集刊》页同上）。《周易》需卦之需，照其文义讲应该是动词。爻辞中，"需于效"、"需于沙"等，皆证明此点。要把需字读为儒，则"儒于郊"、"儒于沙"即为不词；非于儒字下加一"在"字讲不通。"增字解经"，已为不可；况且"需"读为"儒"，恐怕亦无别例。至于胡先生所以以《周易》为殷亡后殷人之作，其理由是：（一）"全书表现出一种忧危的人生观"；（二）"书中称'帝乙归妹'，'高宗伐鬼方，三年克之'，更可见作者是殷人"（《集刊》页同上）。大概后世读《易》之人，总不易完全脱离"《易传》"之影响。若离了"《易传》"，原来只作筮占用之《易》中，是否有"人生观"，已是问题。至于其人生观是否"忧危"，更属待考了。即令《易》中有此种人生观，而亦不必与亡国民族有关，因持此种人生观者，不必皆亡国民族也。"帝乙归妹"等，本当时几个有名故事，不必殷人方知之。这些亦不必多论。因为照《左传》上看来，《周易》确是"周"易，而且是官府之书，并非民间所有。例如赵宣子聘于鲁，"观书于太史氏，见《易》象与《鲁春秋》，曰：'周礼尽在鲁矣。吾乃今知周公之德，与周之所以为王也'"（《左传》昭公二年）。此可见虽以晋之大国，赵宣子之贵族，必至鲁，又观书于太史氏，始能见《易》；见后又叹周公之德，则《易》为周之统治阶级之书，可以想见。《左传》又说："周史有以《周易》见陈侯者；陈侯使筮之，遇观之否。"（庄公十二年）据此则《周易》为周史所掌，初必王室有之。鲁为周公之后，曾分得周之"祝宗卜史"（《左传》定公四年祝佗说），故能有之。陈则必有奔去之周史，始能有也。此《周易》之所以为"周"易也。据此则《周易》非亡国殷人所作之民间之书，甚明。

（七）论三年之丧

胡先生所举以证明儒与殷民族有关之证据，要以三年之丧为殷礼，而且只为殷礼一条，为最有力了。此说倡自傅先生，于胡先生很有用。因为他们的说若能成立，则三年之丧不但是殷礼，而且非周礼，最合乎证明儒讲殷礼之用。不过我们仔细研究起来，我们觉得胡傅二先生之说之能立与否，还是很可疑的。关于这一点，我们以上第五节中，已附带论及。兹再就胡傅二先生所提证据讨论之。

孟子劝滕世子行三年之丧，滕国父兄百官说："吾宗国鲁先君莫之行，吾先君亦莫之行也。"而孔子说："三年之丧，天下之通丧也。"胡先生说："如果孔子不说诳，那就是滕国父兄百官扯谎了"；如果滕国父兄百官不扯谎，那就是孔子说诳了。胡先生认此为一大困难。直至傅先生说出，此困难才解除。傅先生之说，即以三年之丧乃"殷之遗礼，而非周之制度"，行于民间之殷人，而不行于统治者之周人。孔子之言，乃就前者而言；滕父兄之说，乃就后者而言。孔子与滕父兄皆不扯谎。（《集刊》，页二四四）

其实我们如果注意于春秋战国为"礼坏乐崩"之时代，则胡先生所认为之困难，并不是困难。滕父兄所谓鲁先君，照文义可指近来已死之君，原不必上指周公伯禽。例如诸葛亮说："先帝创业未半，而中道崩殂。"此先帝乃指先主，非指高祖，光武。春秋以降，本为"礼坏乐崩"之时代。到孟子之时，人多已不行三年之丧，及孟子劝滕世子行之，父兄狃于近习，而不欲行。此与孔子"天下之通丧也"之言，本没有冲突。盖孔子所说，乃礼之常；而滕父兄所说，乃近世之变也。

傅先生说："如谓此制（三年之丧）乃周之通制，则《左传》、《国语》所记周人之制，毫无此痕迹。"（《集刊》页二八八）此亦殊不尽然。胡先生即替我们找着了痕迹。《左传》说："叔向曰：'王一岁而有三年之丧二焉。'""'三年之丧，虽贵遂服，礼也。王虽弗遂，宴乐以早，亦非礼也。'"（昭公十五年）胡先生引此证周王事实上不行三年之丧。我在我的《哲学史》中却引此以证三年之丧为周制，为周王所应该行而在事实上未行者（《中国哲学史》商务本页九〇）。因为三年之丧若非周制，若非王所应该行，则叔向不能以王之不行之为非礼也。至于胡先生所引《春秋》文公襄公纳币逆女两条，文公纳币，《左传》以为礼也；《公羊传》以为非礼（《集刊》页二四五）。因为行三年之丧者不一定皆主行三十六月之丧，普通是"二十五月而毕"。《左传》按二十五月算，故以为礼也。《公羊传》按三十六月算，故以为非礼。这一条我们虽不能引为文公三年之丧之证，因为他可因他事而晚娶。但此条确不能引为文公不行三年之丧之证。襄公未行三年之丧，他大概即在滕父兄所指鲁先君之内了。

丧服服制，与宗法制度有密切关系。《仪礼·丧服》中所说之服制：子为父，诸侯为天子，臣为君，父为长子，皆服三年之丧。父为什么为长子服三年之丧呢？《传》曰："正体于上，又乃将所传重也。"（《丧服传》）郑注说："重其当先祖之正体，又以其将代己为宗庙主也。"殷人有兄终弟及之制，似乎不十分重视长子。今《仪礼·丧服》中如此重视长子，则其所讲一套之服制，明是周制。我说他是周制，并不否认他亦是殷制。其根本大概仍是殷制，不过为长子三年这一点，或是周人所"益"。

（八）论殷民族有无"悬记"

孔子自命不凡，其当时人有以之为"天纵"之圣人者；至少在孟子时有"五百年必有王者兴"之预言。这些都是事实。汉人之孔子受天命为素王之说，及宋儒之道统说，皆就此推演。不过此与殷民族无关。殷民族是否"曾有个民族英雄复兴殷商的悬记"（《集刊》页二五七），因之也很是一个问题。至少胡先生所举之证据，不足以证明其曾有。

宋襄公有复兴殷商之雄心，在公子目夷之言中可以看出。但此不必与有悬记有关。关于这一点，有一关于字句间之考证问题，可以顺便提出。依《左传》，当泓之战前，"大司马固谏曰：'天之弃商久矣。君将兴之，弗可赦也已。'""弗可赦也已"，杜预误读为"弗可，赦也已"。胡先生以为应读"弗可赦也已"，以为"子鱼先反对襄公争盟。到了将战，他却主张给楚兵一个痛快的打击。故下文力主趁楚师未济时击之"。"'弗可赦也已'，即谓既要做中兴殷商的大事，这回不可放过敌人了。"（《集刊》页二五六至二五七）我以为胡先生对于"弗可赦也已"之读法是不错的。我向来就是用这个读法。不过胡先生对于此句之解释，我以为恐怕不对。我们知道子鱼对于襄公图霸，向来反对，而且向来认为照襄公的做法，宋国必有大祸。观于僖公二十一年襄公两次与楚人交涉时子鱼之言可见。及二十二年，"楚人伐宋以救郑，宋公将战，大司马固谏曰"云云；谏是谏止其将战，杜预的解释本不误。子鱼以为"天之弃商久矣"，而襄公将兴之，襄公之罪是不可赦的了。即"天之所废，谁能兴之"（《左传》襄公二十三年胥午语）；"违天必有大咎"（《左传》僖公二十三年楚王语）之意。此是襄公将与楚战时之言。及后果战于泓，两军已对垒了，子鱼为战术上的关系，请于楚师未既济而击之，襄公不听。这是以后事，与"弗可赦也已"无关。若照胡先生的解释，则"弗可赦也已"，应作"弗可舍也已"。不然，宋怎么能"赦"楚呢？《左传》隐公十一年郑伯说："天而既厌周德矣，吾其能与许多争乎？"子鱼之言，正此一类的话，不必与什么悬记有关。若专就子鱼此言，似乎更可证明当时殷民族没有什么悬记。若有什么悬记，襄公又自以为是应悬记，子鱼又是"主张给楚兵一个很痛快的打击"（如胡先生所说），则子鱼之言，应该是"天之弃商久矣，今天又欲兴之，弗可舍也已"。若照我对于"弗可赦也已"之解释，则子鱼之意，乃以为襄公违天必有大咎；此可证明当时并没有什么殷民族复兴之悬记。而宋襄公"寡人虽亡国之余，不鼓不成列"之言，亦不像有什么自以为上应悬记之自信力。

胡先生改《商颂·玄鸟》"大糦是承"，为"大艰是承"。其理由因为"殷自武丁以后，国力渐衰，史书所载，已无有一个无所不胜服的'武王'了"。故以为"此诗乃是一种预言"。"这个未来的武王，能无所不胜。能用'十乘'的薄弱武力，而承担大艰。"（《集刊》页二五六至二五七）关于这一点，我们可以说，关于武王之一点，旧注中本来有些解释，不必改字，可以讲通。而且现在用甲骨文材料，研究殷史者，已发现在殷之末世，还有一个武功很大的时期（看董作宾先生《甲骨文断代研究》，《庆祝蔡元培先生六十五岁论文集》上册页三六六至三七三；吴其昌先生《丛瓿甲骨金文中所涵殷历推证》，《中央研究院历史语言研究所集刊》第四本第三分页二九七至二九九）。并不如胡先生所说："武丁以后已无一个无所不胜服的武王了。"颂之为体，乃铺扬过去功德，以发皇先烈者。其叙过去功德，或有不实之处。但若以将来幻想，纳入颂中，恐无此例。

（九）论孔子是否"与殷商有一种密切之关系"

其余胡先生所举之例，不过皆只足以证明孔子之自命不凡，及当时人之以他为圣人；不足以证明殷民族有什么悬记。而且孔子虽自命不凡，他却仍不离乎儒之态度。此点所谓儒之态度，是指儒之必须"依人成事"之一点而言。儒本是预备为人所用之一种人。到后来其中虽有自命不凡者，不以教书相礼自满，而以继往开来、平治天下自命，但欲达其目的，仍必有人用之方可。孔子周游列国，游说于君，无非望人之用之。甚至于有些陪臣，如费之公山弗扰，及中牟之佛肸，对鲁之季氏，晋之赵氏，宣布独立之时，来召孔子，孔子也打算去。他一生志愿在于学周公。周公是否继武王而称王，本是一个问题。但在儒家之传说中，周公只是一个"一人之下万人之上"的相。孔子只以周公自许，因为他始终处于为人所用之地位。他固然也说："文王既殁，文不在兹乎？"（《论语·子罕》）也可以说他有学文王之意，不过这是就"文"说，即就文王在儒家传说中在文化上之地位说。在儒家传说中，文王为古代文化学术之继承者，如孟子所说，"五百年必有王者兴"之公式中，以文王继汤是其例。孔子在文化学术方面，欲继文王之"道统"；在政治方面，欲有周公之建树。所以说："如有用我者，吾其为东周乎？"（《论语·阳货》）所以必为东周者，因东周乃周公之建树也。孔子心中，必常想慕周公，故不"梦见周公"，即自叹其衰也（《论语·述而》）。孔子始终自处于为人所用之地位，他将死时，"明王不兴，而天下其孰能宗乎？"（《檀弓》）之言，更可证明此点。他虽有"天下宗予"之野心，而"天下宗予"仍须靠明王之兴。若"明王不兴"而因之天下不能宗他，他亦只好付之长叹而已。此不足以为孔子病，因原来之儒，本是为人所用之人也。不过若以孔子为应悬记而生之救世主比之耶稣，则此耶稣未免太"乏"了。

傅先生亦以为"孔子儒家与殷商有密切之关系"（《集刊》页二八八）。其理由为：（一）《檀弓》述孔子将死时之言，"自居殷人"。（二）孔子常言夏、殷、周，可见其"对于殷周，一视同仁。所谓从周，正以其'后王灿然'之故，不曾有他意"。（三）孔子欲为东周，自比文王，"有继周而造四代之意"，无"矢忠于周室之心"。（四）"孔子自比于老彭，老彭是殷人；又称师挚，亦殷人；称高宗不冠以殷商字样，直曰

'书曰'；称殷三仁，尤有余音绕梁之趣"（《集刊》页二八七至二八八）。
按孔子本是殷人，他说他自己是殷人，不过报告事实，不见得有什么重
要意义。孔子以为"三人行，必有我师"（《论语·述而》）；"十室之
邑，必有忠信"（《论语·公冶长》）。所以他一生愿学之人甚多。《论
语》"卫公孙朝问于子贡曰：'仲尼焉学？'子贡曰：'文武之道，未坠于
地。贤者识其大者，不贤者识其小者，莫不有文武之道焉。夫子焉不
学，而亦何常师之有？'"（《子张》）孔子无所不学，所以亦无常师。
但其学人，多不过取其一端。例如他自比于老彭，不过是取他"述而不
作，信而好古"（《论语·述而》）之一端。至其平生整个志愿，则为学
文王周公，所谓"文武之道"，如上文所说。为什么他自比于老彭，即
为对殷之好意，而学文王周公，则为对周之不忠呢？称高宗不加殷商，
则因承上文"《书》云：高宗谅阴"而言。且古时称人，不一定必带其
国号。如言禹不必言夏禹，言桀不必言夏桀，言尧不必言唐尧，言汤不
必言商汤，此例甚多。至于言"殷有三仁"乃普通尚论古人，不必有什
么故国之思。孔子不但言"殷有三仁"，且言"周有八士"（同见《论
语·微子》），其例一也。不过傅先生在此点之主要意思，确可引人注
意者，即孔子对于周制，亦常有改善之之意及其不完全矢忠于周室。不
过我们如注意两件事，即可知此一点并没有什么奇怪。我们知道，秦汉
以前，中国并没有像以后之真正统一，所谓殷周之王，实是介乎后世之
所谓王与霸之间。例如我们说夏殷亡国了，其实尚有杞宋在，对于周
室，"有不纯臣之义"，不过是名义上的服从。在这种情形之下，一般人
对于周室之忠，决不能如后世一般人对于后世之天子之忠一样。而孔子
讲起三代来，有"一视同仁"之样子，亦是不足为奇的。我们又知孔子
之时，已是周室不振，"王纲解纽"之时代，孔子处此绝续之交，要想
有点更改，亦是当然的；以后诸子，无不如此。不过孔子之志事，仍不
过是学周公；上文已详。又孔子之欲应公山弗扰及佛肸之召，在当时孔
子之地位，本来是不生道德问题的。下文另详。

（十）论儒之起原

照我们的看法，儒之起是起于贵族政治崩坏以后，所谓"官失其
守"之时。胡先生的对于儒及孔子的看法，是有点与今文经学家相同。
我们的看法，是有点与古文经学家相同。所谓儒是一种有知识、有学问

之专家；他们散在民间，以为人教书相礼为生。关于这一点，胡先生的见解，与我们完全相同。我们与胡先生之不同者，即是胡先生以为这些专家，乃因殷商亡国之后，"沦为奴虏，散在民间"（《集刊》页二四二）。我们则以为这些专家，乃因贵族政治崩坏以后，以前在官的专家，失其世职，散在民间，或有有知识的贵族，因落魄而亦靠其知识为生。这是我们与胡先生主要不同之所在。

胡先生所举以证明他的主张之证据，我们上文已略有讨论。我们现在再问在贵族政治未崩坏以前能不能有散在民间之专家呢？我们以为是不能的。胡先生以为殷商亡国以后，原有的那些在官的专家，及殷商之贵族，皆沦为奴虏，或散在民间；他引《左传》祝佗说，及《书·多方》，以证明殷商贵族之沦为奴隶，以之比于"希腊的知识分子做了罗马战胜者的奴隶"（《集刊》页二四一）。其实这个比恐怕是不对的。照祝佗所说："分鲁公以殷民六族"，"使帅其宗氏，辑其分族，将其类丑，以法则周公，用即命于周。是使之职事于鲁"。照《多方》所说："尔乃尚有尔土，尔乃尚宁干止。"照此所说，则殷商贵族，仍各有其土地，各有其人民，不过昔为殷臣，今为周臣而已。其分于鲁者，仍各有其职事，在庶民之眼光观之，仍是在官者。贵族政治时代，所有知识礼乐，皆贵族所专有。庶民本不能有知识礼乐，所谓"礼不下庶人，刑不上大夫"（《礼记·典礼》）。礼乐专家不能散在民间；在民间者皆劳力治于人之人也。

及贵族政治崩坏以后，贵族多有失势贫穷而养不起自用之专家者。于是在官之专家，乃失业散之四方。如《论语》所载"大师挚适齐，亚饭干适楚，三饭缭适蔡，四饭缺适秦，鼓方叔入于河，播鼗武入于汉，少师阳，击磬襄，入于海"（《微子》，从孔郑说，以此所记为春秋时事）之类。又如上所引《左传》周史以《周易》干陈侯之类。贵族不能自养知识礼乐专家，于是在官之专家失业散在民间，此即所谓"官失其守"，所谓"礼失而求诸野"也。贵族既不能自养专家，而专家之用仍不可少，如教育子弟，丧葬典礼之事，仍须专家。于是昔日在官之专家，今仍操其旧业，不过不专为一家贵族之专家，而成为随时为人雇用，含有自由职业之性质。犹之昔日大家之自用厨子，今因主人不用，失业而自开馆子。昔日主人不能自用厨子，而因亦不得不吃馆子。昔日之主人中亦有因家道衰败而自为开馆子之厨子者，如孔子即其人也。儒之初仍以伺候贵族为多。如孔子所教弟子，多为贵族家臣。儒所相礼之家，多为贵族。此可于《论语》、《檀弓》中见之。

这即是儒之起原。后来在儒之中，有不止于以教书相礼为事，而且欲以昔日之礼乐制度平治天下，又有予昔之礼乐制度以理论之根据者，此等人即后来之儒家。孔子不是儒之创始者，但乃是儒家之创始者。后世既为儒家之天下，故孔子亦为后世之"至圣先师"。

（十一）论儒侠

儒即"士"之一种。在贵族政治崩坏以前，大概没有"士"之阶级。所谓士之阶级，即是一种人，不治生产，而专以卖技艺才能为餬口之资。在贵族政治未崩坏以前，有技艺才能之专家，皆为贵族所专养专用者，即皆是在官者，故不自为阶级。及贵族政治崩坏以后，在官之专家，流在民间，以卖其技艺为生，凡有权有钱者皆可临时雇用之。于是士之阶级出。士字之本义，似是有才能者之通称。如《书·多士》所说"尔殷多士"，《诗·文王》所说"济济多士，文王以宁"，似皆泛指有才能者而言。《论语·微子》所说"周有八士"，亦以士为有才能者。然在贵族政治之时，世官世禄，未有专以卖技艺才能为餬口之阶级。及后有此种人，士之名遂专用于此种人。如战国时国君及贵公子养士，其所养即此种人也。

此种人大别言之，可分为二类：一为知识礼乐之专家，一为打仗之专家；或以后世之名词言之，即一为文专家或文士，一为武专家或武士。用当时之名词言之，则一为儒士（儒士之名，见《墨子·非儒下》）一为侠士。韩非子谓"儒以文乱法，侠以武犯禁"（《显学》），即指此二种人也。儒为文专家。故"卫灵公问阵于孔子。孔子对曰：'俎豆之事，则尝闻之矣。军旅之事，未之学也。'"（《论语·卫灵公》）后世多以此乃孔子谦词，或以为此乃孔子恶战争之辞，其实孔子所说，乃是事实。儒本只是知识礼乐之专家也。

上文第二节谓儒可有弱义，我以为儒之弱乃对于侠而言。此等文专家终日峨冠博带（古服），咬文嚼字（古言），"言不必信，行不必果"（《孟子·离娄下》），以视武专家之"冠雄鸡，佩豭豚"（详下），"言必信，行必果"（《墨子·兼爱下》）者，当然为柔弱迂缓也。

（十二）墨家之起原

在贵族政治未崩坏以前，出兵打仗，贵族即是将帅，庶民即是兵士。及贵族政治崩坏以后，失业之人乃有专以帮人打仗为职业之武专家，即上述之侠士。此等人自有其团体，自有其纪律。墨家即自此等人中出；墨子所领导之团体，即是此等团体。此等人之生活，可于《墨子》书中见之。

何以知墨子所领导之团体，即是此等团体呢？这有许多证据。《淮南子》谓"墨子服役者百八十人，皆可使赴火蹈刃，死不旋踵"（《泰族训》）。可见墨子所领导之团体，向来是以善战得名的。《墨子·公输篇》："公输般为楚造云梯之械，成。将以攻宋。子墨子闻之，起于齐，十日十夜，而至于郢。"他到郢后，对楚王说："臣之弟子禽滑厘等三百人，已持臣守圉之器，在宋城上而待楚寇矣。"可见墨子尝率其弟子，帮人打仗。因此墨子弟子之中，有战死者。《墨子·鲁问篇》："鲁人有因子墨子，而学其子者。其子战而死。其父让子墨子。子墨子曰：'子欲学子之子，今学成矣。战而死，而子愠，是犹欲粜，粜售则愠也。'"可见学战及实际参加战争，乃墨子之弟子所应有之工作。（《墨子》此段亦可解为鲁人求墨子介绍其子学战于别人，从别人战死。如此亦可证墨子与此等打仗专家有关系）墨子为人谋国，有时亦多从军事之观点立论。如《墨子·七患》说："子墨子曰：'国有七患。七患者何？城郭沟池不可守，而治宫室，一患也。边国至境，四邻莫救，二患也。先尽民力无用之功，赏赐无能之人，民力尽于无用，财宝虚于待客，三患也。仕者持禄，游者爱佼，君修法讨臣，臣慑而不敢拂，四患也。君自以为圣智，而不问事，自以为安强，而无守备，四邻谋之不知戒，五患也。所信者不忠，所忠者不信，六患也。畜种菽粟不足以食之，大臣不足以事之，赏赐不能喜，诛罚不能威，七患也。以七患居国，必亡社稷；以七患守城，敌至国倾。'"在《墨子》书中，我们又可见墨子尝劝人养武士。《墨子·贵义篇》："子墨子谓公良桓子曰：'卫，小国也。处于齐晋之间，犹贫家处于富家之间也。贫家而学富家之衣食多用，则速亡必矣。今简子之家，饰车数百乘，马食菽粟者数百匹，妇人衣文绣者数百人。若取饰车食马之费，与绣衣之财以畜士，必千人有余。若有患难，则使百人处于前，数百于后，与妇人数百人处前后，孰安？吾以为不若畜士之安也。’"此所谓士，明是武士。

于此可见墨子与孔子之一大不同处。孔子是"俎豆之事，则尝闻之矣。军旅之事，未之学也"。而墨子则讲军旅之事，而瞧不起俎豆之事之繁文缛节。《墨子》书中，有讲守备兵法者二十篇。盖此为其团体之衣食之资，与儒之礼乐同。

《墨子·公输篇》说："公输般九设攻城之机变，子墨子九拒之。公输般之攻械尽，子墨子之守圉有余。"《墨子·备城门》以下，多讲守备之法，及守备器械。盖武士原本为打仗专家；及后因战争器械进步，武士中如墨子所领导之团体，且亦为制造战争器械之专家。遇参加战争时，则皆携其新式器械加入。如墨子所说："臣之弟子禽滑厘等三百人，已持臣守圉之器，在宋城上而待楚寇矣。"墨子等既精于制造器械，则对于物理学算学等之知识必亦较进步，所以《墨经》中有关于此方面之研究。

（十三）论儒侠之共同道德

儒墨虽不同，而皆为卖技艺才能之专家。有权力者皆可临时用之。如一时无人用之，则即有失业之象。孟子说："孔子三月无君，则皇皇如也。出疆必载贽。""古之人三月无君则吊。""士之失位也，犹诸侯之失国家也。""士之仕也，犹农夫之耕也。"（《孟子·滕文公下》）其求用之急可见。至于墨之亦为人用，则《吕氏春秋·上德篇》所记墨者巨子孟胜事，最可证明。孟胜受了楚国阳城君之委托，替他守国。"毁璜以为符，约曰：‘符合听之。’"后来阳城君犯了罪，出走于外。"荆收其国。孟胜曰：‘受人之国，与之有符，今不见符，而力不能禁，不能死，不可。’其弟子徐弱谏孟胜曰：‘死而有益阳城君，死之可矣。无益也，而绝墨者于世不可。’孟胜曰：‘不然，吾于阳城君也，非师则友也，非友则臣也。不死，自今以来，求严师，必不于墨者矣。求贤友，必不于墨者矣。求良臣，必不于墨者矣。死之，所以行墨者之义，而继其业者也。’"这就是说：我们受人之托，须忠人之事。否则墨者之招牌一坏，以后再没有人敢用墨者了。孟胜果死之，"弟子死之者百八十人"。受人之托，忠人之事。当时所谓"士为知己者死，女为悦己者容"（《战国策》记豫让语），后世所谓"食王的爵禄，报王的恩"，此乃士之道德，武士固如此；文士亦然。文士若只教书相礼，原没有大干系。但若做官有职守，或有守土之责时，则其责任，亦即重大了。"曾子曰：'可以托六尺之孤，可以寄百里之命，临大节而不可夺也，君子人与？君子人也。'"（《论语·泰伯》）文士既做官守土，则往往亦须参加军事。"君子曰：谋人之军师，败则死之；谋人之邦邑，危则亡之。"（《礼记·檀弓》）此可见文士方面亦谓受人之"托"、"寄"，或为人办事，皆须尽忠为之，如有不济，则须以身殉之。《左传》所记子路死卫乱事甚详。卫太子蒯聩欲复国。与其姊，卫大臣孔悝之母，定计，入于孔悝家中。"迫孔悝于厕，强盟之，遂劫以登台。栾宁将饮酒，炙未熟，闻乱，使告季子。"季子即子路，时为孔氏宰。"季子将入，遇子羔将出，曰：'门已闭矣。'季子曰：'吾姑至焉。'子羔曰：'弗及，不践其难。'季子曰：'食焉，不避其难。'子羔遂出。子路入，及门。公孙敢门焉，曰：'无人为也。'季子曰：'是公孙也，求利焉而逃其难。由不然，利其禄必救其患。'有使者出，乃入。曰：'太子焉用孔悝？虽杀之，必或继之。'且曰：'太子无勇，若燔台，半，必舍孔叔。'太子闻之惧。下石乞盂黡敌子路，以戈击之，断缨。子路曰：'君子死，冠不免。'结缨而死。孔子闻卫乱，曰：'柴也其来，由也死矣。'"（《左传》哀公十五年）子路为孔氏宰，以死救孔悝；此可与孟胜死阳城君难事，先后辉映。不过儒士对于死难一点，似有时不如侠士之板执。孟子说："可以死，可以无死，死伤勇。"（《孟子·离娄下》）盖儒家注重"时中"，"可以死，可以无死"，须视当时情形而定，不能执一一定的规律，以应一切的事变。如此次卫乱，子羔即以为"弗及，不践其难"。而子路则以为"食焉，不避其难"。盖子羔纯为儒，而子路则近于侠也（子路似原系侠士出身，详下）。孔子亦知之，故闻卫乱即曰："柴（即子羔）也其来，由也死矣。"

士如受某人之用，则即忠于其事。反之如未受某人之用，则士对之亦无任何义务。如公山弗扰以费叛，召孔子，孔子欲往。佛肸以中牟叛，召孔子，孔子亦欲往。后世对此，颇有怀疑孔子何以欲往从叛逆者。但孔子在当时虽亦受弟子之责难，而弟子未有以君臣之义责之者。因孔子并未为季氏及赵氏之臣，故对之亦无任何义务也。

有权力者对于士，可以临时用之。士对于用之者之义务，亦只对于其所托之事，或对于在其用之时所发生应办之事，尽忠竭力而止。如孟胜受阳城君之托，只守国一事。如有符来，孟胜将国交出即止。但因无符来，又不能禁止别人收国，所以孟胜非"死之"不可。又士之报用之者之程度，亦视用之者之待遇若何而异。"孟子告齐宣王曰：'君之视臣如手足，则臣视君如腹心；君之视臣如犬马，则臣视君如国人；君之视臣如土芥，则臣视君如寇仇。'"下文孟子又与宣王辩论在如何情形之下，臣方与旧君有服（《孟子·离娄下》）。子思亦论此事（见《礼记·檀弓》）。战国有名的侠士豫让亦说："范中行氏以众人遇臣，臣故众人报之。知伯以国士遇臣，臣故国士报之。"（《战国策·赵策》）可见这一方面之道德，在儒侠均是一样。

（十四）论儒墨与普通侠士不同之处

墨家虽出于侠，而与普通的侠有不同处。亦犹儒家虽出于儒，而与普通的儒，亦有不同处。墨家与普通的侠不同处，大约有三点可说。

（一）侠士为帮人打仗专家，而墨家者流为有主义的帮人打仗的专家。墨子非攻，专替被攻者之弱小国打仗。如《公输篇》所说，墨子闻楚将攻宋，即赶紧自往楚国劝止攻宋，并先遣其弟子三百人持其守具，在宋城上，等候楚兵。《墨子·备城门》以下二十篇，大约皆讲守备之器械及守备之法。攻人之器械及攻人之兵法，墨子特意不讲。

（二）墨子不仅为有主义的打仗专家，且亦进而讲治国之道。《墨子·鲁问篇》云："子墨子曰：翟尝计之矣。翟虑耕而食天下之人矣。盛，然后当一农之耕。分诸天下，不能人得一升粟。借而以为得一升粟，其不能饱天下之饥者，既可睹矣。翟虑而衣天下之人矣。盛，然后当一妇人之织。分诸天下，不能人得尺布。借而以为得尺布，其不能暖天下之寒者，既可睹矣。翟虑披坚执锐，救诸侯之患。盛，然后当一夫之战。一夫之战，其不御三军，既可睹矣。翟以为不若诵先王之道，而求其说；通圣人之言，而察其辞。上说王公大人，次匹夫徒步之士。王公大人用吾言，国必治。匹夫徒步之士用吾言，行必修。""被坚执锐，救诸侯之患"，正是普通侠士之行为。墨子以为此不过一夫之勇，故更进而讲求治国平天下之道。此亦正如儒家者流，自讲求礼乐制度，进而讲求治国平天下之道也。墨子于此点，似受孔子儒家影响。故《淮南子·要略》云："墨子学儒者之业，受孔子之术。"

（三）侠士之团体中本自有其道德，墨子不但实行其道德，且将此道德系统化，理论化，并欲使之普遍化，以为一般社会之公共的道德。关于此点，下文当详述之。

（十五）论儒家墨家之教义之社会的背景

士之阶级之人，为社会上之流动分子。在贵族政治时代，贵族及在官者，下及庶民，皆世守其业。贵族世有其土，世治其民。在官者之专家及庶民，世办其事，世奉其君，并无流动分子。及贵族政治崩坏，乃有失去世业之流民，以构成士之阶级。此失去世业之流民，大约可分为二种：一为昔日在官之专家，如祝宗卜史，礼官乐工，而今失职者，或为昔日之贵族而今失势者。此等上层失业之流民，多成为儒士。其原业农工之下层失业之流民，多成为侠士。犹之今日知识阶级之人，多来自社会之中上层；而当匪当兵者，多来自社会之下层。故儒士所拥护之制度，及所行所讲之道德，多当时上层社会所讲所行者。而侠士所拥护之制度，及所讲所行之道德，多为当时下层社会所讲所行者。在此方面，儒士与侠士不同。儒家出自儒士，将儒士所拥护之制度，及其所讲所行之道德，系统化，理论化，并欲以之普遍行于一般社会。墨家出自侠士，亦将侠士所拥护之制度，及其所讲所行之道德，系统化，理论化，并欲以之普遍行于一般社会。所谓"各欲以其道易天下"。在此方面，儒家与墨家又正相同。

儒士多来自上层之失业流民，此可于孔子、孟子起居排场中见之。《墨子·备梯篇》说："禽滑厘子，事子墨子，三年，手足胼胝，面目黧黑。役身给使。不敢问欲，子墨子其哀之，乃管酒块脯，寄于大山，昧葇坐之，以醮禽子。"墨子师弟起居之简单刻苦，以视孔子之"以吾从大夫之后，不可徒行"（《论语·先进》），"食不厌精，脍不厌细"，"沽酒市脯不食"（《论语·乡党》），及孟子"后车数十乘，从者数百人"（《孟子·滕文公下》）之排场，所差甚大。《墨子·贵义篇》说："子墨子南游于楚，见楚献惠王，献惠王以老辞，使穆贺见子墨子。子墨子说穆贺，穆贺大悦，谓子墨子曰：'子之言则诚善矣。而君王，天下之大王也，毋乃曰，贱人之所为，而不用乎？'"墨子之道，为贱人之所为，则其所主张之制度，及所讲所行之道德，乃近于下层社会者，可以见矣。

兼爱为墨家最有名之学说。其最后目的，欲使天下人皆视人如己，互相帮助。"以兼为正，是以聪耳明目，相与视听乎。是以股肱毕强，相为动宰乎。而有道肆相教诲。是以老而无妻子者，有所待养，以终其寿。幼弱孤童之无父母者，有所放依，以长其身。"（《兼爱下》）大约侠士之团体中，皆主"有福同享，有马同骑"，墨子所领导之团体中，似确讲并行此道德。《墨子·耕柱篇》说："子墨子游荆耕柱子于楚。二三子过之，食之三升，客之不厚。二三子复于子墨子曰：'耕柱子处楚无益矣。二三子过之，食之三升，客之不厚。'子墨子曰：'未可知也。'毋几何，而遗十金于子墨子曰：'后生不敢死，有十金，愿夫子之用之也。'子墨子曰：'果未可知也。'"此可见墨子所领导之团体中，皆有钱大家花，有饭大家吃也。又《鲁问篇》，墨子谓弟子曹公子云："今子处高爵禄，而不以让贤，一不祥也。多饭而不以分贫，二不祥也。"以富济贫，亦墨子所领导之团体中所讲所行之道德。此道德即后世之"侠义"团体中亦讲之行之。墨家兼爱之教，即将此道德理论化，并欲以之普遍化于一般社会也。儒家持其宗法之观点，故主张爱有差等，以为如爱无差等，则不足以别亲疏。故曰："墨氏兼爱，是无父也。"（《孟子·滕文公下》）

孔子弟子中，子路似系一侠士出身者。《史记》谓："子路性鄙，好勇力，志伉直，冠雄鸡，佩豭豚，陵暴孔子。孔子设礼，稍诱子路。子路后儒服委质，因门人请为弟子。"（《仲尼弟子列传》）《集解》徐广引《尸子》曰："子路，卞之野人。"据此，则子路出身于下层社会并先为侠士甚明。"冠雄鸡，佩豭豚"，似为当时侠士之服饰。子路为孔子弟子后，其以前所学，仍为尽改。如孔子以军旅之事为"未之学"而子路则喜军旅。他的抱负是："千乘之国，摄乎大国之间，加之以师旅，因之以饥馑，由也为之，比及三年，可使有勇，且知方也。"（《论语·先进》）他又"愿车马，衣轻裘，与朋友共，敝之而无憾"（《论语·公冶长》），皆侠士道德，孔子对于他，大概很看不惯。他所以说："由也好勇过我，无所取材。"（《论语·公冶长》）又说："野哉由也！"（《论语·子路》）又说："为国以礼，其言不让，是故哂之。"（《论语·先进》）子路死时之慷慨捐生，亦近侠士，详上。

尚同为墨家之政治学说，其说以为政府之起原，乃人鉴于无主则乱之害，"是故选天下之贤可者，立以为天子"。天子政长既立，则其下皆须绝对服从之。"上之所是，必皆是之；所非，必皆非之。"（《墨子·尚同上》）此对上绝对服从之道德，亦似为侠士之团体中所讲所行者。墨子所领导团体中，以巨子为首领，众皆从其号令。《吕氏春秋》记孟胜将死阳城君之难，"使二人传巨子于田襄子。孟胜死，弟子死之者百八十人。二人已致令于田襄子，欲反死孟胜于荆，田襄子止之曰：'孟子已传巨子于我矣，当听。'不听，遂反死之。"（《上德篇》）又腹䵍为墨者巨子，其子杀人，秦惠王已赦之。"腹䵍对曰：'墨者之法，杀人者死，伤人者刑，此所以禁杀伤人也。夫禁杀伤人者天下之大义也。王虽为之赐，而令吏弗诛，腹䵍不可不行墨者之法。'不许惠王，而遂杀之。"（《吕氏春秋·去私篇》）此皆可见尚同为墨子所领导团体中之道德，即后世"侠义"团体中亦继续行之。儒家依其宗法之观点，以父子之关系，例君臣之关系，故在其心目中，治者对于被治者之关系，不若此严峻。又《墨子·尚同篇》中所说"选天下之贤可者，立以为天子"，初视之，似颇突兀，因中国政治哲学中，向无此说也。若知此说本出于侠士团体中所行之道德，则可知其并非自天降下。盖侠士团体之首领，其第一次固可由推选而来。后世"侠义"团体中，如《水浒传》中所说晁盖、宋江之取得首领地位，亦皆由推选来也。

信有有人格的上帝及鬼神之存在，能赏善罚恶，本为下层社会之人之信仰，至墨子时，因当时经济、政治、社会、思想，各方面所起之变化，此等旧信仰亦渐不能维持人心。墨子以为世乱之源，起于此等旧信仰之失坠，故竭力提倡此等旧信仰，而有天志明鬼等学说。此亦犹儒家者流以为世乱之源，起于传统的制度之崩坏，故竭力拥护传统的制度，而有正名等学说。皆不悟旧信仰之失坠及旧制度之崩坏，乃世变之结果，而非其原因。在此方面，儒墨同为守旧的。不过一守原来上层社会之旧，一守原来下层社会之旧耳。

节葬短丧，亦为就下层社会之人之观点，所立之主张。盖厚葬久丧，自下层社会穷人之观点视之，尤为有更改之必要。盖下层社会之穷人，既穷而又须每日工作，方能饷口。厚葬则须多花钱，久丧则妨碍做事。不如富人之有钱，有闲，多花钱无大关系，不做事亦无大关系。墨子纯就此观点立论，以反对厚葬久丧。且创为新制，以资遵守。《墨子·节丧下》云："子墨子制为葬埋之法，曰：'棺三寸，足以朽骨。衣三领，足以朽肉。掘地之深，气无菹漏。气无发泄于上。垄足以期其所则止矣。哭往哭来，反从事乎衣食之财，侔乎祭祀，以致孝于亲。'"此明言墨子制为葬埋之法，则此法为新制也。《节葬下》又云："今执厚葬久丧者言曰：厚葬久丧，果非圣王之道；夫胡说中国之君子，为而不已，操而不择哉？"由此更可知墨家所主张乃墨子就下层社会穷人之观点所立之新制；儒家所主张，乃当时上层社会之君子所应行之成规。

节用非乐，亦就下层社会穷人之观点，以反对上层社会之人之奢侈享受。儒家则就上层社会之人之观点，以主张贵贱之分，礼乐之用。

墨子所领导之团体，亦为制造战争器械专家。故《墨经》中有关于物理学算学等方面之研究，上文已详。因有此研究，故亦有就此研究推衍而纯讲推理方法之处。故《墨经》中亦讲及逻辑及知识论方面之问题。

就以上所论，则儒家墨家之所以不能同，而立于相反的地位，实有必然的理由。在当时墨翟与孔子并称，亦非无故；盖二人所代表之学派，皆具有甚深的社会背景，及甚大的社会势力也。后儒家得势，墨家不振，亦有其必然的理由。盖历代之统治者，无论其出身如何，一为统治者，即为上层社会之人，故必用就上层社会观点立论之政治社会哲学也。然墨家虽不振，而侠士之团体，及其中所讲所行之道德，则仍继续存在。后世《水浒传》等小说中所写，及后世秘密社会中所有，之人物道德，是其表现也。不过此等人常被压于社会之下层，为"士君子"所不道而已。

自晚周至清末，中国社会，未有大变。儒士侠士，皆继续存在，皆携其技艺才能，以备有权力者之用之。即如《水浒传》中之人物，其最后志愿，亦为愿受招安，以图"上进"。又如黄天霸之"改邪归正"，是其例也。所谓"学成文武艺，卖与帝王家"，此一般"士"之心理也。

其有虽有技艺才能，而不屑，或不愿"卖与帝王家"者，则为隐士。道家之学，即出于隐士，已详于余之《中国哲学史》中。孔子一生，屡与隐士接触。《论语》中所记"有若无，实若虚"，"犯而不校"，"以德报怨"，大约即此等人之主张也。

此外阴阳家者流，出于方士；名家者流，出于辩士；法家者流，出于法术之士；当别论之。

（原载《清华学报》第十卷第二期，1935 年 4 月）

秦汉历史哲学
（1935 年）

在中国哲学里，历史哲学，在汉代可以说是最发达。为什么历史哲学在汉代最发达呢？我们知道在春秋战国的时候，中国在经济、社会、政治、思想各方面都起了根本的变动。到了秦汉大一统，中国完全进入了一个新局面。在这个新局面中，人有机会也有兴趣把以前的旧局面，把以前的历史，重新研究估价。于此重新研究估价的时候，往往就可发现历史的演变，也是依着一定的公式。把这些公式讲出来，就成为历史哲学。我们可以说春秋战国是创作时期，秦汉是整理时期。中国的历史哲学，就是汉人整理以前历史的产品。

汉人的历史哲学约有三派。一派是五德说。此派始于战国末之邹衍。此说以五行为五种天然的势力，即所谓五德。每种势力，都有其盛衰之时。在其盛而当运之时，天道人事皆受其支配。及其运尽而衰，则能胜而尅之者，继之盛而当运。木能胜土，金能胜木，火能胜金，水能胜火，土能胜水。如是循环不息，所谓"自天地剖判以来，五德转移，治各有宜"。历史上每一朝代，皆代表一"德"。其服色制度，皆受此"德"之支配，而自成一套。

五德说之外，有三统说。此派可以董仲舒为代表。三统分为黑统，白统，赤统。每一统各有其一套的服色制度。历史上的一个朝代，若是代表那一统，他就须用那一套的服色制度。此三统的次序也是一定的：黑统之后，一定是白统；白统之后，一定是赤统；赤统之后，一定再是黑统。

五德说、三统说之外，有三世说。此派可以何休为代表。本来在《礼运》中，社会制度已有大同小康之分。何休《公羊注》更确定历史的进化，要有三个阶段，即所谓三世："据乱世，升平世，太平世。"大概何休所谓太平世与《礼运》所谓大同之治相当。所谓升平世与《礼运》所谓小康之世相当。

我们现在又处在一个非常的大转变时期。我们试看以上三种历史观，其中是不是有些意思，我们现在还可用。总括起来，以上三种的历史观，包含有下列的几种意思：

（一）历史是变的。各种社会政治制度，行之既久，则即"穷"而要变。没有永久不变的社会政治制度。《易》所谓"穷则变，变则通"之言，很可以拿来说这个意思。

（二）历史演变乃依非精神的势力。上述之三世说中，不必有此意思。但在五德说及三统说中，此意思甚为明显。五德之转移，及三统之循环，皆有一定的次序。火德之后，一定是水德。白统之后，一定是赤统。这一个朝代若是火德，他一定要行一种什么制度。若是水德，一定要换一种别样不同的制度，白统赤统亦复如是。这都是一定的公式，不论人愿意不愿意，历史是要这样走的。这一点意思，我们现在还用得着。所谓唯物史观就有这个意思。依照唯物史观的说法，一种社会的经济制度要一有变化，其他方面的制度，也一定跟着要变。例如我们旧日的宗法制度，显然是跟着农业经济而有的。在农业经济中，人跟着地。宗族世居其地，世耕其田，其情谊自然亲了。及到工业经济的社会，人离地散而之四方，所谓宗族，亲戚，有终身不见面的，其情谊自然疏了。大家庭自然不能维持了。由此例看来，我们就知道唯物史观的看法，以为社会政治等制度，都是建筑在经济制度上的，实在是一点不错。而且说穿了也是很平常的道理。说到这里，又有一个问题。社会政治等制度，固然是靠经济制度，人不能以意为之；但是经济制度，人是不是能以意为之呢？也不能。因为一种经济制度之成立，要靠一种生产工具之发明。例如若没有耕田的工具之发明，人即不能有农业经济。若没有机器之发明，人即不能有工业经济。而各种发明之有无，又需看各方面之环境、机会，不是想有就可以有的。有些人论历史，离开了环境机会，专抽象的论某个人或某个民族之努力不努力，聪明不聪明，以为人可以愿怎样就怎样。我们觉得这种看法是不对的。

话虽如此说，我们并不忽视人的努力及其智慧，以及领袖人物的重要。历史的大势所趋，不是人力所能终究遏止或转移的，但是人力可以加快或延缓这种趋势。有人说美国如果没有华盛顿，也一定要有革命，革命也一定成功。究极言之，这话也未尝不可说。但是我们若看美国初革命时所处境况之危险，应付偶有失宜，即有不测之变之情形，我们可以说：如果没有华盛顿，虽然可以说美国的革命终究必成功，但这一次未必成功。有了华盛顿就加快了美国革命的成功；没有华盛顿或有一个反华盛顿的有力人物，就延缓了美国革命的成功。历史如一条大河一样，它流的方向，是它源头的形势所决定的。人力所能做的，就是疏通它以加快它的流，或防范它以延缓它的流。所以我们不忽视人力及领袖，不过我们反对那专就人力及领袖的力量来看历史的说法。

（三）历史中所表现的制度是一套一套的。这个意思上述三派说法中均有。如五德说以为凡以某德王的，其服色制度皆受此德之支配。如《史记·秦始皇本纪》说：秦始皇以秦为水德，"改年始朝贺皆自十月朔。衣服旄旌节旗皆尚黑。数以六为纪。……刚毅戾深，事皆决于法。刻削无仁恩和义。然后合五德之数"。这是水德的一套。如换一德则须另换一套。三统说亦主张每一统皆有其一套。正赤统有正赤统的一套。正白统有正白统的一套。三世说如《礼运》所说大同小康之治，亦各有其一套。现在唯物史观对于历史的见解，亦有这个意思。一切社会政治等制度，都是建筑在经济制度上。有某种经济制度，就要有某种社会政治制度。换句话说：有某种所谓物质文明，就要有某种所谓精神文明。这都是一套的。比如下棋，你手下要只有象棋盘，象棋子，你就只得下象棋。你要下象棋，你就需照着象棋的一套规矩。你手下要只有围棋盘，围棋子，你就只得下围棋。你要下围棋，你就须照着下围棋的一套规矩。假若你不照着它的规矩，你棋就下不成。关于这一点，我们只看上面所说大家庭制度与农业经济制度之关系，即可概见。现在人已经离开地四方乱跑，大家庭制度一定须改，这是很清楚的。这一点郭象在他的《庄子注》里说的很好。他说："夫礼义，当其时而用之，则西施也；时过而不弃，则丑人也。"又说："夫先王典礼，所以适时用也。时过而不弃，则为民妖。"现在我们也说：一种的社会政治制度，都是为适合一种的经济制度。在其与经济制度成一套时，即是好的。不然，就是坏的。就其本身说，各种社会政治制度，没有绝对的好坏。郭象也说："揖让之用于师，直是时异耳，未有胜负于其间也。"

（四）历史是不错的。这个意思在五德三统说中，都很显著。每一德当运而实现其一套，另一德当运而实现其另一套。用另一套的人，不能说其前人用别一套者是错的。因为前人用别一套，也是由于客观的必要。三统说中，也有同样的主张。现在我们若用唯物史观看历史，我们也可以有同样的主张。关于这一点，我们可以从两方面来说：第一，我们不能离开历史上的一件事情或制度的环境，而但抽象的批评其事情或制度的好坏。有许多事情或制度，若只就其本身看似乎是不合理的。但若把它与它的环境连合起来看，则就知其所以如此，是不无理由的了。例如大家庭制度，很有人说它是不合理，以为从前的人何以如此愚。但我们若把大家庭制度与农业经济社会合起来看，就可以看出大家庭社会之所以成立，是不无理由的了。再就历史演变中之每一阶段之整个的一套说，每一套的经济社会政治制度，也各有其历史的使命。例如资本主义的社会的历史的使命，是把一切事业集中，社会化，以为社会主义的社会的预备。在资本主义社会完全成功的时候，也就是它应该，而且必须让位的时候。这正是从前持五德说者所谓"四时之运，成功者退"。他退并不是因为他错，是因为他已经尽了他的使命，已经成功。有些人好持一种见解，以为以前的人全是昏庸糊涂，其所做的事全是错的。只有我们才算对了。另外一种见解，以为现在及将来的人都是"道德日下"，其所做的事，全是错的，只有古圣先贤才对。这两种见解可以说是一样的不对。

（五）历史之演变是循环的或进步的。关于这一点，五德说及三统说与三世说的主张不同。五德说及三统说以为历史之演变乃系循环的。此二说皆以为五德或三统之运行，"如顺连环，周而复始，穷则反本"。三世说则以为历史之演变，由据乱世，升平世，而至太平世，乃系进步的。此两种说法，我们若把它连合起来，我们就可以说历史之演变是辩证的。我们把循环及进步两个观念合起来，我们就得辩证的观念。所谓辩证的意思，说穿了也很容易明白。比如我们写字。小孩子写字是没有规矩胡写。胡写不能成为书家，必须照着规矩写。但是仅照规矩写，也不能成为书家。大书家之字要超规矩。所谓超规矩就是不照规矩，而又不离乎规矩，所谓"神而明之"。就其不照规矩说，似乎是小孩的胡写。但他是用过守规矩的工夫的胡写，与原来小孩的胡写，不大同了。我们评诗论画，有所谓神品、逸品者，就是指那些超规矩的作品。若不能超规矩的作品，顶好也只能算个能品。这些意思在中国思想中很普通，所以康有为、谭嗣同虽没有看过黑格尔及马克斯的书，而已竟把这个意思来说历史的演变。他们都是讲《春秋》三世及《礼运》的，他们以为在原始的社会中，人是无父子、君臣、夫妇的。后进而有父子、君臣、夫妇。再进则至《礼运》大同之世，人"不独亲其亲，不独子其子"，又是无父子、君臣、夫妇之世界。但这不是退步，而是进步之极。谭嗣同在他的《仁学》里，说有人拿《易》之乾卦来讲这个意思。乾初九为太平世，指太古人之初生，浑浑噩噩，不识不知之状况。九二为升平世，指人已有国家等组织时之状况。九三为据乱世，指各国相争天下混乱之状况。此谓之逆三世。九四仍为据乱世。九五为升平世，指国界渐泯，世界渐归统一之状况。上九为太平世，指无国界，无家庭，人人平等自由之世界。此谓之顺三世。此顺三世中之太平世，"人不独亲其亲，不独子其子"，是有点像原始的社会，在其时人不知亲其亲，不知子其子。大同社会是有点像野蛮，但它实不是野蛮，实是大文明或超文明。我们现在的世界，就一方面来说实有"返朴还醇"的趋势。就西洋说，在政治方面，从前的民主政治，自由主义，现在不行了。替它的是共产党及法西斯党的专制。在经济方面，自由出产，自由竞争，也不行了。替它的是统制经济。在艺术方面，从前的华丽精工的建筑，逼真活现的图画雕刻，现在也不行了。替它的是直上直下四方块的建筑，用笔乱涂，用刀乱砍的图画雕刻。从前西洋的画，是要越像真越好，现在是要越不像真越好。这些现象中，固有些是倒车。有些却不是倒车，而确是前进。不过这前进中，兼有循环与进步。这就是说，这前进所遵之规律，是辩证的。总之，在历史的演变中，我们不能恢复过去，也不能取消过去。我们只能继续过去。历史之现在，包含着历史的过去。这就是说历史的演变，所遵循的规律是辩证的。

（六）在历史之演变中，变之中有不变者存。这一点在三统说中最为明显。董仲舒虽主张三统"如顺连环，周而复始，穷则反本"，但又说"天不变，道亦不变"。这话也不是没有道理的。人类的社会虽可有各种一套一套的制度。而人类社会之所以能成立的一些基本条件，是不变的。有些基本条件，是凡在一个社会中的人所必须遵守的，这就是基本道德。这些道德，无所谓新旧，无所谓古今，是不随时变的。究竟我们所常行的道德中，哪些是跟着某一种社会而有，所以是可变的；哪些不是跟着某一种社会而有，而只是跟着社会而有，所以是不变的，是很难确定。不过有些道德是只跟着社会而有，不是跟着某一种社会而有，所以是不变的；这一点似乎可确定的说。照我们现在想起来，例如"信"之道德，似乎即是一种基本道德。因为社会之组织，靠人之互助，而人之互助，靠一个人能凭别人之话而依赖他。例如我在这里写字，而不忧虑我的午饭是否有。因为我的厨子说与我做饭，所以我可以依赖他。我的厨子也因为我说与他工资，所以他可以依赖我。如果一个社会中个个人皆说话不当话，那个社会就不能存在。人没了社会就不能生存。越是进步的社会，其中的人越是须说话当话。人的生活越是进步，人越离不开社会。孔子说："自古皆有死，民无信不立。"初看这句话的人说，孔子多么残酷，多么不讲人道，叫人不吃饭也要有信；这真是吃人的话。实则人吃饭固是要紧。但是吃饭的条件如果不具备，人是没饭可吃的。或是有饭不得吃的。

以上所讲的并不是要恢复五德三统等说，不过汉人的历史哲学中有上述六点的意思。这些意思到现在还可用。我们用一种历史哲学的时候，本来也不过只师其意，不能把它拿来机械的用。这一点是我们现在应当注意的。

（原载《哲学评论》第六卷第二、三期合刊，1935 年 9 月）

原儒墨补
（1935 年）

在《原儒墨》一文中，我说：儒家出于文士，墨家出于武士，换言之，即儒家出于儒；墨家出于侠。但儒之一字，在晚周较早的书中固常见，而侠之一字则在晚周较晚的书中，方始见。如果在晚周较早的书中，未见侠字，我们何能断定在墨子以前或其同时即有侠？如果我们不能断定在墨子以前或其同时即有侠，我们何能说墨家出于侠？这一点我们首先讨论。

在《原儒墨》一文中，我所谓侠或侠士，本来是指以帮助别人打仗为职业之一种人。我们现在所需要者，是证明在墨子以前或其同时有这一种人。只要在墨子以前或其同时有这种人，我们在《原儒墨》一文中所持之见解，即仍可持之。至于此种人在当时是否称为侠，则系另一问题，对于我们在《原儒墨》一文中所持之主要见解，无大关系。

《管子·小问》："公曰：'请问战胜之器。'管子对曰：'选天下之豪杰，致天下之精材，来天下之良工，则有战胜之器矣。'""公曰：'然则取之若何？'管子对曰：'假而礼之，厚而勿欺，则天下之士至矣。'"又《管子·立政九败解》："人君唯勿听兼爱之说，则视天下之民如其民，视国如吾国，如是则无并兼攘夺之心，无覆军败将之事。然则射御勇力之士不厚禄，覆军杀将之臣不贵爵。如是则射御勇力之士出在外矣。我能毋攻人可也，不能令人毋攻我。彼求地而予之，非吾所欲也，不予而与战，必不胜也。彼以教士，我以殴众；彼以良将，我以无能，其败必覆军杀将。"此所谓"天下之豪杰"，"天下之教士"，及"射御勇力之士"，在"天下"随便往来，有贵爵，"假而礼之"，厚禄，"厚而无欺"，则虽在"天下"者，亦可"取之"使来。如无此则虽在本国者，亦必"出在外矣"。照行径看来，这种人正我们所说之以帮人打仗为职业之武专家或武士。又孟子谓齐宣王曰："抑王兴甲兵，危士臣，然后快于心与？"（《孟子·梁惠王上》）墨子谓："昔者越王勾践好勇，教其士臣三年。"（《墨子·兼爱下》）此皆"士""臣"并称，将"士"与"臣"分为两类。或者"臣"乃君上自属之人民，"士"乃招来之武士。此点虽不敢十分确定，但就《管子》所说观之，则当时实有以帮人打仗为职业之武专家或武士。此种武士在贵族政治未崩坏时不能有。在贵族政治未崩坏时，出兵打仗，贵族各率其民，贵族即是将帅，庶民即是兵卒。必在贵族政治崩坏以后，社会上方有含有自由职业性质之流动分子。文士武士即其中之二大流品。

关于上所引《管子》二段，尚有两点须插入说明。第一点即：《小问》一段虽可认为是记述管子之言，但《立政九败解》一段则明系墨家兼爱非攻之学说已行后之情形，何足以证明关于墨子以前或其同时之事？关于这一点，我们须知战国时代乃春秋时代之延长。战国时代所有之社会情形，大概在春秋时代即已有之。不过战国时代之社会变化，在性质上比春秋时代深刻，在范围上比春秋时代扩大。战国之于春秋，虽"踵事增华，变本加厉"，然实如"大辂之于椎轮"也。固然若只有《立政九败解》一段，我们不能对于关于墨子以前或其同时之事，有所断定，但与《小问》一段联起来看，则二段即可互相证成。

尚须插入说明之第二点即：照《立政九败解》一段所说，则兼爱非攻之学说，对于"射御勇力之士"甚不利，因此种学说行，则此种人将无事可做也；墨家正提倡此种学说。何得谓墨家出于此种人？关于此点，我们须声明：我们只说墨家出于此种人，并非以为墨家之徒只即是此种人。墨家与普通武士不同之处，我在《原儒墨》一文中已详加说明。墨子出于武士，而主张与武士不利之学说，正如孔子虽出于以教书相礼为职业之文士，而却不以礼之繁文缛节为可贵。如孔子云："礼与其奢也宁俭。"（《论语·八佾》）又云："礼云礼云，玉帛云乎哉？乐云乐云，钟鼓云乎哉？"（《论语·阳货》）如专就相礼之职业说，则礼文愈繁，相礼者愈有事做。但孔子却不主张礼以繁为贵者，因孔子虽出于文士，而却非只即文士也。兼爱本武士之道德；非攻乃当时普遍的主张。但别家主张非攻，不过止于口说。墨家则有有组织的实力，以推行此主张。墨家之团体，能实际参加战事，且有自制之守具，代被侵略者守御，以抵制强者之侵略。此乃事实。吾人对于此事实，可有两种看法。一种看法即以为兼爱非攻之学说，及抵制侵略之团体组织，皆墨子所手创，前无古人，非有所因袭；此即传统的看法。第二种看法则以为凡一种学说之发生，必有其社会的背景；一种组织之成立，必有其社会的根据；故墨家之学说组织，亦有所因袭；此即吾人所持之看法。依此看法，则墨家之团体组织，非为前无古人之新创，乃当时本有此等团体，而墨家之团体，乃其中之有主义者。此等"能征惯战"之团体，只可于武士中求之。

至于墨家之团体以外之其他无主义的武士团体，先秦书中，亦间有述及者。《吕氏春秋》说："昔者秦缪公乘马而车为败，右服失而野人取之。缪公自往求之。见野人方将食之于岐山之阳。缪公叹曰：'食骏马之肉而不还饮酒，余恐其伤汝也。'于是遍饮而去。"后一年秦晋韩原之战，"晋人已环缪公之车"。"野人之尝食马肉于岐山之阳者三百有余人，毕力为缪公疾斗于车下，遂大克晋。"（《仲秋纪·爱士》）此三百余人，似即是一种武士团体。此段我在《原儒墨》中未引，因为此所谓野人，安知非即乡下农民，先时吃过缪公马肉，后而彼征发应战者？由此言之，则此所谓野人，不必即是武士。不过缪公所失马不过右服一匹，安能供三百余人之食？且农人食马，何必去岐山之阳？或者食缪公之马者，乃一三百余人之流动武士团体，缪公不罚此团体而又赐之酒。及韩原之战，此团体之武士从战，因感激而特别奋勇。其食马与从战皆团体的行动。如此解释，亦尚合理。

盗跖似乎也是一个武士团体之首领。《庄子·盗跖》说盗跖是柳下惠之弟，"从卒九千人，横行天下，侵暴诸侯"。此说虽不必可靠，但此人总在孟子以前或其同时，因为孟子曾说及他（《孟子·尽心上》）。他的"从卒"虽未必即有九千，但亦必有相当之众。他所领导之团体之内部，是极有组织的。《吕氏春秋》说："跖之徒问于跖曰：'盗有道乎？'跖曰：'奚啻其有道也！夫妄意关内中藏，圣也；入先，勇也；出后，义也；知时，智也；分均，仁也。不通此五者而能成大盗者，天下无有。'"（《仲冬纪·当务》）他的团体之内部组织，是道德的，所以《庄子·胠箧》说："跖不得圣人之道不行。"尤可注意者，即其在团体内实行"分均"，此即所谓"有福同享，有马同骑"，乃武士团体中所有之道德也。因讲墨子而连及盗跖，似乎不伦不类。但依我们的看法，墨子与盗跖实乃武士之两极端代表。盗跖如受了"招安"，"改邪归正"，率其徒众"到边疆上一枪一刀，图个封妻荫子"，他便成为普通的武士。他如再进一步，计划把他的团体内所行之道德，推行于全社会，并依其主义参加战事，他便成为墨子。

上所述系有组织可见之武士团体。此外武士以个人著名者甚多，如孟子所讲之北宫黝、孟施舍，俱以善"养勇"得名。又《吕氏春秋》说："齐之好勇者，其一人居东郭，其一人居西郭，卒然相遇于涂，曰：'姑相饮乎？'觞数行，曰：'姑求肉乎？'曰：'子肉也，我肉也，尚胡革求肉为？'于是具染而已，因抽刀而相啖，至死而止。"（《仲冬纪·当务》）此以自己之肉，"与朋友共"，实行武士道德之极端的例也。《吕氏春秋》又说："戎夷违齐如鲁，天大寒而后门，与弟子一人宿于郭外。寒愈甚，谓其弟子曰：'子与我衣，我活也；我与子衣，子活也。我，国士也。为天下惜死。子，不肖人也，不足爱也。子与我子之衣。'弟子曰：'夫不肖人也，又恶能与国士衣哉？'戎夷太息叹曰：'嗟乎？道其不济矣夫！'解衣与弟子，夜半而死。弟子遂活。"（《恃君览·长利》）此乃一未得志之士之流浪图。观戎夷之"遂解衣与弟子"，知其先不欲解衣，之真"为天下惜死"。其命弟子解衣，及后自解衣，皆实行一切"与朋友共"之道德。此段虽未明言戎夷为武士，但就其言行观之，似可以为其是。

大概在晚周无论文士武士，均只称为士，或均可只称为士。士在当时，本为以卖技艺才能为馌口之人之通称。此等技艺才能，大别为文武两途，所谓"文能安邦，武能定国"者。此等人在社会上之地位，比一般庶民高，故往往与庶民分别言之。如《管子》谓，"官长任事守职，士修身功材，庶人耕农树艺"（《五辅》）。《荀子》谓："好士者强，不好士者弱。爱民者强，不爱民者弱。"（《议兵篇》）但若以民指非君上非贵族之人，则士亦为民而居其首，所谓士农工商者是。《管子·小匡》及《国语·齐语》所说士农工商，各"定"其"居"各"成"其"事"之制度，虽不必系齐桓公及管仲所真已施行者，然其议论乃承认当时社会之新兴事实，乃当时新社会之反映，则可断言。此新社会乃以后二千余年社会之轮廓，截至清末止，其中虽有小变而大体则仍旧也。所须注意者，即先秦所谓士，可指文士亦可指武士。《管子·问》说："问士之有田宅，身在陈列者，几何人。余子之胜甲兵，有行伍者，几何人。"孟子谓齐宣王："抑王兴甲兵，危士臣，构怨于诸侯，然后快于心与？"（《孟子·梁惠王上》）墨子谓："昔者越王勾践好勇，教其士臣三年。"（《墨子·兼爱下》）此所谓士皆武士也。

墨子非斗，似与武士不合。然见侮则斗，乃士之道德，非只武士之道德。《吕氏春秋》谓："齐王谓尹文曰：'寡人好士。'尹文曰：'愿闻何为士。'王未有以应。尹文曰：'今有人于此，事亲则孝，事君则忠，交友则信，居乡则悌，有此四行者，可谓士乎？'齐王曰：'此真所谓士矣。'尹文曰：'王得若人，肯以为臣乎？'王曰：'所愿而不能得也。'尹文曰：'使若人于庙朝中，深见侮而不斗，王将以为臣乎？'王曰：'否！夫见侮而不斗，则是辱也；辱则寡人弗以为臣矣。'"（《先识览·正名》）见侮则斗，乃士之一重要道德，儒家仍主张士须有此道德，故"子夏之徒"谓墨子曰："狗豨犹有斗，恶有士而无斗矣？"（《墨子·耕柱》）墨子主张非斗，宋轻更进而主张"见侮不辱"。但吾人不能因此而否认墨家之出于士，故亦不能因此而否认墨家之出于武士。且斗为个人之自由行为。墨子注重组织纪律，其先儒家而非斗，或即因此，亦未可知。

墨家非斗，而战国后期之侠则极好斗。见侮则斗之道德，侠最能行之。墨家有有组织之行动，而侠之行动，则多属个人的。韩非子曰："行剑攻杀，暴憿之民也，而世尊之曰磏勇之士；活贼匿奸，当死之民也，而世尊之曰任誉之士。"（《韩非子·六反》）又曰："今兄弟被侵，必攻者，廉也；知友被辱，随仇者，贞也。廉贞之行成，而君上之法犯矣。"故"儒以文乱法，侠以武犯禁"（同上《五蠹》）。此等之侠，乃武士之一种。在《原儒墨》一文中，我以侠士指武士，就侠之一字在当时之意义言，实有未当。但就后来侠之一字之一般的意义言，则求一字与儒相对，可以表示武士之特性者，实以侠字为较适。司马迁曰："今游侠，其行虽不轨于正义，然其言必信，其行必果，已诺必诚，不爱其躯，赴士之厄困，既已存亡死生矣，而不矜其能，羞伐其德。"（《史记·游侠列传》）此为侠字在后来所提示之一般的意义，而武士之美德特性，已大半可以表示。此所以在《原儒墨》一文中，以侠士与儒士对称也。

为免除误会计，《原儒墨》一文中所谓侠士，可直以武士称之。《淮南子》引楚人佽非之言曰："武士可以仁义之礼说也，不可劫而夺也。"（《道应训》）是武士亦已有之名词。

但武士之名，究为少见；而儒之名则常见。虽在许多地方，士明指武士，然武士之名少见之事实，似究可证明在先秦社会中，武士与儒士，不能有同等重要的地位。关于此点，吾人须注意者，即中国书中关于社会情形之记载，向来极少。先秦书中即言及儒亦多系指儒家之儒，而非指儒家所自出之儒士之儒。在先秦书中，若除去儒家之儒，则儒士之儒亦未为甚多见。

在《原儒墨》一文中，我以为诸子皆出于士之阶级，而士之阶级之兴起，乃由贵族政治之崩坏，在官专家之失业。但若果如此，则在官专家之众，宜莫过周室。如此则诸子之兴，应在王室所在之地，何以远在邹鲁？关于此点，有两点可说。就第一点言之。周室王官虽最完备，专家虽最多，但宗周残破，文物丧失；东迁之后，王室规模，已不如前。鲁为周公之后，文物完备，未经残破。宗周灭后，鲁为东方文化中心，实为应有之事。就第二点言之，则一种历史上大运动之兴起，固为环境时势所造成，而领袖人物，亦关重要。诸子家学之兴，孔子开其先路。孔子为鲁人，故邹鲁为儒家之根据地。以后诸家，均直接间接地受儒家影响，故对于诸子之学之兴，邹鲁居重要地位。

在《原儒墨》一文中，我以为昔日在官之专家，如祝宗卜史，礼官乐工，而今失职者，或为昔日之贵族而今失势者，此等上层失业之流民，多成为儒士；其原业农工之下层失业流民，多成为武士。但在贵族政治未崩坏以前，出兵打仗，贵族即是将帅；且就世界历史之一般通例观之，掌统治权之贵族，必勇敢善战；何能谓周末失势贵族，多能文而不武？关于此点，吾人须注意者，即掌统治权之贵族，其取得统治权，原凭优势武力。故在其统治之初，仍保持其勇敢善战之特性。但其享受既久，日趋堕落，视战争为畏途，而逐渐失其打仗之技能；此在历史上例证甚多。《左传》记齐鲁长勺之战谓："齐师伐我，公将战，曹刿请见，其乡人曰：'肉食者谋之，又何间焉？'刿曰：'食肉者鄙，未能远谋。'"（庄公十年）人若世代"肉食"，久之未有不"鄙"者。然既"鄙"之贵族，虽已失其祖宗之"真才实学"，然其礼仪娴熟，言谈漂亮，则或有过其祖宗者。及其失势以后，若凭其对于礼仪文辞之知识以餬口，则即成儒士。至于社会下层之人，对于所谓教育，既无缘领受，一旦失业，惟有卖其体力，以为餬口。在非工业社会之内，卖体力之市场有限。失业之穷人，一部分惟有当兵或当匪，此情形盖自古已然，非止于今为烈。当兵之社会下层之人久之专以此为职业，即成为武士。

在《原儒墨》一文中，我以为在先秦及汉初孔墨并称，盖二人所代表之学派皆具有甚深的社会背景，及甚大的社会势力也。后世以孔子为至圣先师；以为文圣人；又于孔子之文圣人之外，以关羽或关羽及岳飞为武圣人；于"文庙"之外，又立"武庙"。实则依其在历史中之地位，孔子固可为后世之文圣人而无愧；但关羽在历史中之地位，则远非孔子之比。故以关岳为武圣人，与孔子抗衡，实为不类。与孔子抗衡之武圣人之称，实则惟墨子足以当之。

（原载《清华学报》第十卷第四期，1935 年 10 月）

先秦诸子之起源
（1936 年）

诸位同学，今天承张先生约我到这边来讲一些东西，我向来对于文学无甚研究，无所述告，现在我找一些关于中国哲学的东西来说一下，就是"先秦诸子的起源"，虽与文学无关，然于中国学术方面却是接近。

关于"先秦诸子之起源"，《汉书·艺文志》中载刘歆说："诸子出于王官。"依他所说，就是原来的诸子学问，都在"王官"，非在"民间"；到后来，"王纲解纽"，就是官失其守，于是学问散于民间，遂分为各家之学，如儒家出于司徒之官，墨家出于清庙之守等。这样的说法，胡适之先生很不以为然，在他的《哲学史》中，遂有诸子不出于王官之论；其根据理由，暂不谈及，可察看本文即知。今天所说的，就是关于刘歆的"诸子出于王官"之说，我们不说刘歆对，也不敢如胡适之先生所说的，以为刘歆完全错，我们以为刘歆所说的，大致还不错，惟其说法也有不对的地方；这是我和适之先生不同之点。现在姑且把刘歆之说放下，而来看另一方面的新说法。

在春秋以前的社会制度——周朝原来的社会制度，就是贵族政治社会，一切的政治权、经济权、教育权，都在贵族手中。与贵族相对的，就是庶人，他们全居于奴隶之位，只替贵族服务而已；不但政治权经济权无有，就是受教育的机会也无有。贵族都是世袭的，父为天子，子亦为天子；卿大夫也是世袭的。即所谓"世官世禄"。然而贵族却不一定是学者，他们都养着专家代他办事，同时专家也是世袭。所谓专家都是具有专门知识的人才，如专司祭祀的，专讲礼乐的，专司婚丧礼的，此外另有武士专司战争等等。当时大概的情形即是如此。

到了春秋的时候，原来的社会制度，就起了一种变动。至于为什么起了这样的变动呢？现在不能谈及，恐牵连太多。总之，此时有了根本的大变动，结果，贵族的权利，遂因之丧失。天子不能统一诸侯，诸侯的权利，便不能稳定，因此贵族便多流为平民，如孔子即是此例。贵族政治既然破坏，贵族原来所养的专家们此时亦多失业，他们遂散入民间。这便是我们现在研究上古史所看到的，正与刘歆之"官失其守"相合，所以不能说他的学说完全不对。专家既失业，各人抱着各人专门的学识到民间去混饭吃，这种人就叫做"士"。如礼乐专家失业后，散入民间，凭着他们礼乐的知识，在民间奔走喜事丧事的，就叫作"相"。所有的诸子便是出身于"士"，因为专门的不同，所以诸子的各家也不同。

儒家——是礼乐专家，就是以后的儒士，他们时常为人家相礼。近人且有说孔子之"摄行相事"便是齐鲁二君聚会时行相礼者。孔子便是儒士的代表，儒士的职业只有为"相"及"教学"二者。直到今日也是如此。其后儒家便出于儒士，儒家或简称为"儒"。

墨家——墨家出于武士（侠），在先秦可以找到许多证据。

（一）《淮南子》：墨子服役者百八十人皆可赴汤蹈火，死不旋踵。可见与孔子所领导的七十二弟子不同。

（二）《墨子》：公输般，有一次为楚造云梯攻宋，墨子至楚说：我的弟子禽滑厘等三百人，已持守御器具在宋国城上待楚寇了；再如鲁人有随墨子求学者，力战而死，其父责问墨子，墨子说：你正是如卖粮一样，粮真卖出又生气了！

可见墨子所领导的人是不畏死的，而且还从事于非攻主义。孔学与墨学则全然不同了，卫灵公问阵于孔子，孔子对曰："俎豆之事，则常闻之。军旅之事，未之学也。"由此可知儒家出于文，墨家出于武；文武虽然不同，然而他们都是同一卖技艺的专家。孟子说："孔子三月无君则皇皇如也。"又说："古之人三月无君则吊。"墨家的卖技，是偏于武的方面，在《吕氏春秋》上说：墨子的弟子孟胜受了楚阳城君的委托替他守国，以玉石作符，见符后，始可放其进城，阳城君逃亡，荆收其国，孟胜因未见符，不许，而力已不支，欲死节，其弟子劝之，孟胜曰我不忠于阳城君，则他人求士将不我求，我之死是墨者之兴也，遂死。随死者有弟子八十余人，即所谓"受人之托，必忠人之事"，"士为知己者死，女为悦己者容"。墨子的情形大概如是。墨家既出于武士，然与侠士不同，其不同之点有三：

（一）侠士是帮人作战的专家，即保镖之流；墨家是有主义的帮人作战者，其主义便是非攻。专门为弱小民族防守，所造兵器是守的不是攻的。

（二）墨家也讲治国之道；侠士则否，说句普通话，侠士便是"老粗"。

（三）侠士有侠士自己的道德，墨子则以其道德推而广之而为全人类谋幸福。侠士的道德具有兼爱之风，具有"有福同享，有马同骑"的精神。例如：——墨子的弟子荆柱子在楚为官，同学们都去访他，他只以三升米食之，诸人回去，多有不满，而墨子却不以为然；不久，这位弟子果然给墨子送来十两银子，这便是有饭大家吃的表现。子路原为侠士，后从孔子学，然侠士之风不减。一日，孔子招集弟子各言其志，子路之志，则愿带兵。可见一般。子路又说："愿车马轻裘与朋友共，敝之而无憾。"十足的表现出侠士们"有福同享"的精神。

墨子便是以侠士的精神，扩而充之。墨子又讲"尚同"，即上行下效铁的纪律的表现，何以知道他们有铁的纪律呢？如孟胜之死，手下亦随之死即是。再如墨子之巨子名腹䵍者，其子在秦杀人，秦惠王以腹䵍故而赦之，腹䵍曰：杀人者死，当行墨子法。可见其团体纪律非常严格，这便是墨家的"尚同"。

儒墨两家之旨，竟完全相反，至现在看起来是必然的，因为他们出身不同之故。然而他们所处的地位却相同，各代表当时一派的首领。后人以孔子为文圣，武圣却是关岳，孔子与关岳，似不能平列，依我看来，武圣人当以墨子为最适。

阴阳家——从前有所谓巫祝者，专通达人意于神，其后流入民间，就变成方士了，阴阳家出于方士，这是大家所承认的。

名家——名家之论，如公孙龙之白马非马及离坚白等。据我所说，名家是出于讼师的，当时在春秋以前，并无讼师，贵族社会只有贵族来任意判断，并无"法"的成立。后有邓析子产作刑书，公布法律。民从其学者甚众。邓析即是讼师，也是名家的第一人。其后公孙龙之"白马非马"，惠施之"白狗黑"皆出于此。

法家——法家出于法术之士，所谓法术之士，就是当时为君主作参谋的人。原来的社会制度很简单，到战国时社会制度渐入复杂，再用老法子就难以应付了。但是儒家依然还用老法子，所以当时的人多以儒家为迂阔，遂有法术之士产生，他们想怎样去控制人，如管仲、商鞅、韩非等人皆以新方法来治理国家。凡法术之士能把他们的法术有系统的讲出来，便是法家了。

道家——道家与上面所说的各家完全不同了。以上各家专重于用世，专重于"学成致用，卖与帝王家"。但是还有一般人抱有技艺才能，然而不愿意卖与他人，这便是隐士。道家即出于隐士。孟子攻击杨朱说："杨朱为我，是无君也。""为我"就是个人主义，对于一切事件皆抱有消极的态度，杨朱的"为我"也就是隐士的态度，那是更进一层了。

以上所说，只有六家，这全是以司马谈《论六家之要指》来作根据的。除六家以外，照《汉书·艺文志》说本有十家，还有农家、纵横家、杂家和小说家。小说家无从考据，所以后来改为九家。杂家便是把一切的学说杂在一起，纵横家只有人才而无学说，农家则无书籍。

由此可知刘歆之"王官失守"，大概的意思是不错的，不过他对于各家的出处稍有不合，因为诸子不一定出于王官，也许出于大夫之家。刘歆又以为王官易为诸子是退步的表现，这点我们跟他的见解正相反，我们要知道王官变为诸子，不一定是退步的表现。总之，刘歆之说大体是不错的，我们不能整个的承认，也无须如胡适之先生那样的完全否认！

1936 年 4 月在女师学院讲演

（原载《女师学院期刊》第四卷第一、二期合刊，1936 年 4 月）

原名法阴阳道德
（1936 年）

在《原儒墨》一文中，我说："道家之学即出于隐士，已详于余之《中国哲学史》中。此外阴阳家者流，出于方士；名家者流，出于辩士；法家者流，出于方术之士；当别论之。"本篇即继续《原儒墨》讨论此诸家所自出。读本篇者须先看《原儒墨》（《原儒墨》一文，见《清华学报》第十卷第二期）。

（一）论名家之起原

在《原儒墨》一文中，我说："名家者流，出于辩士。"依现在我的意见，辩士一名，虽为先秦书中所常见，但似指一般"能说会道"之人，而非社会上确有一种人，称为辩士。名家者流，盖出于讼师。

《左传》谓："郑人铸刑书，叔向使诒子产书曰：'民知有辟，则不忌于上，并有争心，以争于书，而徼幸以成之，弗可为矣。'"（昭公六年）又谓：晋人"铸刑鼎，著范宣子所谓刑书焉"。孔子批评此事，说："民在鼎矣，何以尊贵？"（昭公二十九年）春秋之末，各国逐渐公布法律。自守旧底人之观点观之，则若有公布之法律条文，则人民必有据其条文，"咬文嚼字"，以求获得利于其自己之解释，此所谓"民在鼎矣"；所谓"以争于书，而徼幸以成之"。叔向孔子所虑，果然并不为过，与子产同时，即有一专门巧释法令之专家，即邓析。《吕氏春秋》谓："郑国多相县以书者，子产令无县书，邓析致之。子产令无致书，邓析倚之。令无穷，则邓析应之亦无穷矣。是可不可无辨也。"（《审应览·离谓》）所谓县书，致书，倚书，之确切意义，虽不可甚解，但此段大意，乃谓邓析对于子产之法令，常予以形式底解释；于是仅在形式上遵守法令，而做与法令实际违反之事。《吕氏春秋》又说："子产治郑，邓析务难之。与民之有狱者约：大狱一衣，小狱襦袴。民之献衣襦袴而学讼者，不可胜数。以非为是，以是为非，是非无度，而可与不可日变。所欲胜因胜，所欲罪因罪。郑国大乱，民口谨哗，子产患之，于是杀邓析而戮之。"（同上。《左传》谓"郑驷歂杀邓析而用其竹刑"〔定公九年〕，与此所说不合。不过在当时人眼中，邓析总不是个好人。所以《左传》谓"郑驷歂杀邓析而用其竹刑。君子谓子然于是不忠。苟有可以加于国家者，弃其邪可也。《静女》之三章，取彤管焉。《竿旄》'何以告之'，取其忠也。故用其道，不弃其人"。〔同上〕依《左传》邓析亦是一个研究刑法之人。他于子产所颁布刑书之外，另拟有一部刑法草案，即此所谓竹刑。）据此则邓析之所长，即对于法律条文，"咬文嚼字"，为利于其所欲使胜之讼者之解释。所以他能"以非为是，以是为非，是非无度，而可与不可日变。所欲胜因胜，所欲罪因罪"。他有此本领，自然"民之献衣襦袴而学讼者，不可胜数"了。

据此则邓析为一讼师甚明。《荀子·非十二子篇》云："不法先王，不是礼义。而好治怪说，玩琦辞。甚察而不惠，辩而无用，不可以为治纲纪；然而其持之有故，其言之成理，足以欺惑愚众，是惠施邓析也。"《荀子·不苟篇》亦曰："山渊平，天地比，齐秦袭，入乎耳，出乎口，钩有须，卵有毛，是说之难持者也，而惠施邓析能之。"《吕氏春秋》于《离谓》、《淫辞》二篇中，述当时之诡辩，举邓析并及公孙龙。《庄子·天下篇》述辩者之说，举惠施及公孙龙。可见在当时人之心目中，此三人乃一派也。

《吕氏春秋》谓："惠子为魏惠王制法。为法已成，以示诸民人。民人皆善之。"（《审应览·不屈》）据此则惠施亦法律家也。《战国策》引苏秦曰："夫刑名之家，皆曰白马非马也已。"（赵策）说者谓刑即形字，刑名即形名。此固可通。但亦或因持白马非马一类之辩者，先为讼师，故有刑名之家之称。此所谓刑名，正如后世所谓刑名之义。此点诚不敢执定。但韩非云："坚白无厚之词章，而宪令之法息。"（《韩非子·问辩》）据此则坚白无厚之辩，其原来底实际底用处，乃为对于法律条文，"咬文嚼字"，作为种种解释，以为为此辩者自身之利益，如上述邓析之所为。《吕氏春秋》云："民舍本而事末，则好智，好智则多诈，多诈则巧法令，以是为非，以非为是。"（《士容论·上农》）此言虽未明言邓析之徒，而邓析之徒之所为，实此类也。

《庄子》中所说，辩者之所长，在当时人之心目中，正为"以是为非，以非为是"。《庄子·天地篇》云："有人治道若相放。可不可，然不然。辩者有言曰：'离坚白，若县寓。'"又《秋水篇》引公孙龙云："龙少学先王之道，长而明仁义之行，合同异，离坚白，然不然，可不可。"辩者以此得名。其"然不然，可不可"之原来底实际底用处，似在关于法律讼狱之事方面，如上文所说。

上文谓坚白无厚之辩，其原来，实际底用处，乃为对于法律条文"咬文嚼字"，作为种种解释，以为为此辩者自身之利益。法律条文之可以有种种解释，其一原因即吾人言语文字之可有歧义。言语文字可有歧义，《吕氏春秋》亦曾举例明之。《吕氏春秋》云："荆柱国庄伯，令其父视日（原作曰，依孙锵鸣校改），曰（原作日，依孙校改）：在天。视其奚如，曰：正圆。视其时，曰（原作日，依陈昌齐校改）：当今。令谒者驾，曰：无马。令涓人取冠，曰：进上。问马齿，围人曰：齿十二与牙三十。"（《审应览·淫辞》）此段有数答不可解，但其大意乃以说明言语文字中之歧义。令人视日，乃欲知时之早暮，而答曰日在天。问马齿乃欲知马之年龄，而答曰齿十二与牙三十。此因问中之文字有歧义，故所得之答非所问。《吕氏春秋》又谓："齐人有事人者，所事有难而弗死也。遇故人于途，故人曰：'固不死乎？'曰：'然。凡事以为利也；死不利，故不死。'故人曰：'子尚可以见人乎？'对曰：'子以死为顾可以见人乎？'"（《审应览·离谓》）此故人说："你还可以见人吗？"此所谓"见人"，乃社会底意义。此齐人说："我若死了，更不能见人。"此所谓"见人"，乃生理底意义。此利用"见人"之歧义以为辩也。一句有歧义之话，若将其中之歧义分析，则一句话可有许多意义。辩者随所好而取之，则其所取者，大可非说者之意。

分析语言文字之结果，则见不独有歧义之名词，可利用其歧义，以为辩论，即无歧义之名词，亦可有不同的解释。《吕氏春秋》述一辩论云："齐晋相与战。平阿之馀子，亡戟得矛，却而去，不自快。谓路人曰：'亡戟得矛，可以归乎？'路之人曰：'戟亦兵也，矛亦兵也。亡兵得兵，何为不可以归？'去行，心犹不自快。遇高唐之孤叔无孙，当其马前曰：'今者战，亡戟得矛，可以归乎？'叔无孙曰：'矛非戟也，戟非矛也。亡戟得矛，岂亢责也哉？'平阿之馀子曰：'嘻！'遂反战。趋尚及之，遂战而死。"（《离俗览》）在此问答中，路之人所予戟矛之解释，乃外延底。以为戟属于兵器之类，矛亦属于兵器之类。戟与矛同为兵。而叔无孙所予戟矛之解释，则为内涵底。依此解释，则戟只为戟；矛只为矛，其间无可以相通者。故即无歧义之名词，亦可有不同的解释。如辩者随所好而取之，则其所取者，亦可大非说者之意。《吕氏春秋》云："夫辞者意之表也。鉴其表而弃其意，悖。"（《审应览·离谓》）有许多诡辩都是"鉴其表而弃其意"。司马谈曰："名家苛察缴绕，使人不得反其意，专决于名，而失人情。"（《史记·太史公自序》）正"鉴其表而弃其意"之谓。名家者流，如惠施公孙龙之说，虽自有其立足点，固未可以此非之；然其所予时人之印象，则固如此也。

"戟亦兵也，矛亦兵也"，戟与矛同属于兵之类。若就此为更进一步之论，则可曰："戟亦矛也，矛亦戟也。"惠施一派之名家，即为此论者。如《庄子·天下篇》所述辩者之论："犬可以为羊"；"白狗黑"；皆此类之辩论。

"矛非戟也，戟非矛也。"戟只为戟，矛只为矛。若就此为更进一步之论，则可曰："戟非兵，矛非兵。"公孙龙以为白马非马，正此类之辩论。在上述之辩论中，叔无孙本来所予矛戟之意义，或不必为内涵底。路之人及叔无孙所说矛戟之意义，或均为外延底。此二人所说，合而观之，或可为惠施"万物毕同毕异"之说之例。但在"白马非马"之命题中，白马及马之意义，必为内涵底。此命题与普通所说"白马是马"之命题，俱可通者，即因在"白马是马"之命题中。白马及马之意义，为外延底。此白马及马与彼白马及马，意义不同，故不相冲突也。"白马非马"之辩论，并不始于公孙龙，如上引《战国策》，苏秦已引"白马非马"之说。又韩非子谓："倪说，宋人善辩者也。持白马非马也，服齐稷下之辩者。"（《外储说》左上）此亦在当时持白马非马之说者也。

惠施公孙龙俱为哲学大家，但利用文字之歧义，以为辩论者，其结果只为诡辩，不能为哲学。但其能引起人对于言语文字分析之兴趣，则颇足注意也。

（二）论法家之起原

法家者流，出于法术之士。在战国之时，国家之范围，日益扩大。社会之组织，日益复杂。昔日管理政治之方法，已不适用。于是有人创为管理政治之新方法，以辅当时君主整理国政而为其参谋。此等新政治专家，即所谓法术之士。韩非尝论法术之士在当时政治上所处之地位。

当时之实际的政治趋势为君主集权。法术之士为君主所献之政策，其中之一，即为削贵族，集君权。故法术之士之见用于君主，最为贵族所不喜。韩非说："智法之士，与当涂之人，不可两存之仇也。"又说：法术之士，以其卑贱疏远之地位与贵族争，必不能胜。"故资必不胜而势不两存。法术之士，焉得不危？其可以罪过诬者，以公法而诛之。其不可被以罪过者，以私剑而穷之。"（以上见《韩非子·孤愤》）法术之士不但为贵族所恶，且为一部分民众所不喜。韩非说："主用术，大臣不得擅断，近习不敢卖重。官行法则浮萌趋于耕农，而游士危于战阵。则法术者，乃群臣士民之所祸也。人主非能倍大臣之议，越民萌之诽，独周乎道言也。则法术之士，虽至死亡，道必不论矣。"（以上见《韩非子·和氏》）当时强盛的国家，皆得力于法术之士。但是得用之法术之士，如其所得之君，一旦死亡，则往往被反动的贵族所杀。此所谓法术之士，乃当时之一种专以政治为职业之专家。法家者流，即出自此中。

《吕氏春秋·勿躬篇》，《韩非子·外储说左下》说：管仲自以为对于军事、外交、理财、治狱皆非专家，但"君欲霸王，则夷吾在此"。盖其所长，乃霸王之术，其专家乃政治专家也。韩非说："当今之士，大臣贪重，细民安乱，甚于秦楚之俗，而人主无悼王孝公之听，则法术之士，安能蒙二子（吴起、商鞅）之危也，而明己之法术哉？此世所以乱无霸王也。"（《韩非子·和氏》）是法术之士亦自以其所长乃霸王之术。管仲虽未必讲如以后法术之士所讲之"法""术"，但他亦长霸王之术，为后世法术之士所引为同志。且他相齐，霸诸侯，而又死在桓公之前，得以富贵功名终。此又法术之士所认为最成功者。所以一部分法术之士，遂追奉管仲为首领，而因有《管子》之书。

儒家者流，如孔子、孟子，亦皆欲从事政治，虽不讲霸，却亦讲王。何以此以政治专家独归之法术之士？盖儒家虽亦讲政治，而其所自出之儒，却非以政治为职业之专家。战国诸子，及其成"家"之时，无不谈政治。即公孙龙白马之论，以今观之，最与政治无关，但他亦"欲推是辩，以正名实，而化天下焉"（《公孙龙子·迹府篇》）。不过除法家外，别家多不是自以政治为职业之政治专家出来，所以他们对于政治之见解，多偏于理想，与实际政治，相离甚远，所谓"迂远而阔于事情"。中国以后政治，大部分受法家学说支配；因为他们的学说，乃从实际政治出来，切于实用。

（三）论阴阳家之起原

阴阳家者流，出于方士。古代贵族多养有巫祝术数专家。及贵族政治崩坏，此等专家，"官失其守"，遂流落民间，卖其技艺为生，即为方士。如墨子北之齐，遇日者。日者曰："帝以今日杀黑龙于北方，而先生之色黑。不可以北。"（《墨子·贵义篇》）此日者即当时在民间之术数专家也。司马迁谓司马季主卜于长安东市，与宋忠贾谊谈，"分别天地之终始，日月星辰之纪差，次仁义之际，列吉凶之符。语数千言，莫不顺理"（《史记·日者列传》）。此等问题，正阴阳家所讨论者也。司马迁又谓："自齐威宣之时，驺子之徒，论著终始五德之运。及秦帝，而齐人奏之，故始皇采用之。而宋毋忌，正伯侨，充尚，羡门子高，最后皆燕人。为方仙道，形解销化，依于鬼神之事。驺衍以阴阳主运，显于诸侯。而燕齐海上之方士，传其术，不能通。然则怪迂阿谀苟合之徒自此兴，不可胜数也。"（《史记·封禅书》）此以为方士传驺衍之术，而实则驺衍之术，亦出于方士。如所谓五德者，其支配四方（上所引《墨子·贵义篇》一段中即言及之），及四时（如《吕氏春秋》所载《月令》）之力量，本已有之成说，驺衍不过又以之适用于历史耳。

方士与儒家所自出之儒士，关系甚密切。盖儒士为礼乐专家，而礼乐原来最大之用，在于丧祭。丧祭用巫祝，亦用礼乐专家，此二种人乃常在一处之同事。虽后来儒家，如荀子等，将礼乐中之迷信成分，扫除净尽，而予以新意义，新解释，然儒士原来所用之礼乐，其原来之意义，则与方士所见极近。《史记·封禅书》所载对于名山大川，及诸神之祭祀，为礼乐专家之事，亦为巫祝方士之事。《封禅书》又谓："孔子论述六艺，传略言易姓而王，封泰山，禅乎梁父者，七十余王矣。其俎豆之礼不章，盖难言之。或问禘之说，孔子曰：'不知。知禘之说，其于天下也，视其掌。'""及后陪臣执政，季氏旅于泰山，仲尼讥之。"巫祝所注意之事，亦有为孔子所注意。盖原来儒士与巫祝本有时为同事也。及秦汉之时，儒士与方士，二名常混而不分。其所以如此，虽为在秦汉儒家与阴阳家混合之结果，然儒士与巫祝本来之关系，自亦为一因也。

在秦汉，儒家之人亦为阴阳家之人，儒士亦为方士。例如董仲舒一人即备此四项资格。其书中有求雨止雨之方法，实即方士之方术也。

（四）论道家学说所受隐士人生态度之影响

道家者流，出于隐士。道家与隐士之关系，我在《中国哲学史》已有详细论述（第七章第一节。此节系新增，神州版无，商务版有）。兹仅补述道家学说所受隐士人生态度之影响。

道家出于隐士，故其理想中之人物，为许由务光之徒。此等人对于政治社会，皆取旁观态度。此态度在道家思想中，随时皆可见。原来隐士之出此态度，无非欲避世远害，独善其身。彼明认彼等出此态度，乃纯为其自身打算。所谓"拔一毛而利天下不为"。即杨朱之徒，倡一种学说，以予此等态度以理论底根据，其学说所主张，亦不外此。及进一步之道家，则谓：宇宙间诸事物之变化，皆遵循一定底公律。在天然界如此，在人事界亦如此。在人事界中，社会上诸种变动，皆自然得其必得、应得之结果，吾人实只须旁观以俟之。此意在《老子》书中，最为明显。如《老子》云："强梁者不得其死。"（四十二章）盖"恶人自有恶人磨"，吾人实只须旁观以待其受"磨"。又云："常有司杀者。夫代司杀者杀，是谓代大匠斲。夫代大匠斲者，希有不伤其手矣。"（七十四章）应该被杀者，若时机已到，自有人杀之，不必我杀之。若时机未到，而我欲强杀之，则不但不能杀彼，而我且先受其害矣。此亦主吾人对于社会，须持旁观态度；但其所持理论，与杨朱不同。依此理论，即身在某事中，本身主持某事者，对于其所主持之事，亦宜顺其自然底演变，而本身只持旁观态度。如《老子》云："天下神器，不可为也。为者败之，执者失之。"（二十九章）"为"者，即作一事之时机，即所谓客观条件，尚未到，而主事者即欲勉强发动。"执"者，即一事之时机已过，而主事者尚欲勉强继续。真善主事者，对于其所主之事，只持旁观态度，不为而任其自然发展演变，即则"无为故无败，无执故无失"（六十四章），"无为而不为"矣。

再进一步之道家，则在根本上反对一切人为。以为现在之社会，即是人为之物；其中有罪恶痛苦，乃是当然。假使原来人即不做一事，则自无社会，而亦无罪恶痛苦。原来之隐士，不过笑儒墨救世之劳而无功。此更进一步之道家，则以为社会上之有苦痛罪恶，正儒墨一类圣人积极活动之结果。《庄子》云："夫施及三王，而天下大骇矣。下有桀跖，上有曾史，而儒墨毕起。于是乎喜怒相疑，愚智相欺，善否相非，诞言相讥，而天下衰矣。""今世殊死者相枕也，桁杨者相推也，刑戮者相望也，而儒墨乃始离跂攘臂乎桎梏之间。意！甚矣哉！其无愧而不知耻也甚矣！"（《在宥》）又云："三皇五帝之治天下，名曰治之，而乱莫甚焉。""而犹自以为圣人，不可耻乎？其无耻也！"（《天运》）隐士本为对于社会持消极态度之人，其初不过欲独善其身。而自隐士出之道家，则进而以为社会之乱，正持积极态度之人之罪。此乃隐士态度之最大扩充，而"不知愧耻"之讥，加于儒墨，亦孔墨所不及料也。

《论语》云："曾子曰：'以能问于不能，以多问于寡。有若无，实若虚，犯而不校。昔者吾友，尝从事于斯矣。'"（《泰伯》）此所谓吾友，不知指何人。但"有若无，实若虚"颇足以表明道家之人生态度，或此即指早期道家之人，如隐士之流。不过早期道家之持此态度，亦欲全生免害，如《庄子·人间世》所说大木以"无用得终其天年"者。至《老子》乃就此人生态度，推衍引申，以为为天地万物之根本之"道"亦"有若无，实若虚"。《老子》云："道之为物，惟恍惟惚。惚兮恍兮，其中有象。恍兮惚兮，其中有物。窈兮冥兮，其中有精，其精甚真，其中有信。"（二十一章）此类之言，皆所以形容道之"有若无，实若虚"也。

（五）论刘歆诸子出于王官之说

依刘歆《七略》对于诸子之分派，除儒、墨、名、阴阳、道德六家外，尚有农、纵横、杂、小说四家。自旧日所谓道术之观点，小说家不在"可观"之列，已为刘歆所承认，故曰："其可观者，九家而已。"杂家本不成家，其书不过百科全书之类。战国诚多纵横之士，然未闻有纵横之学。农家之说，如若《吕氏春秋·任地·辨土》所载，则为关于农业之技术。如有若孟子所述许行之学说，则其说似为道家或墨家一派之"支与流裔"。此所谓三家在思想史之重要，皆不能与儒墨等六家并论。故依司马谈所说，只取六家，而讨论其起源。

自《原儒墨》及以上所述，可见刘歆诸子出于王官之说，亦非全无历史底根据（这一点，傅孟真先生早已注意到，见所著《战国子家叙论》）。每一历史家对于历史之报告及解释，往往不免受其自身所处时代之影响。各时代的历史家所处时代不同，因之其对于历史上同一事实的看法亦异。后来历史家的任务，在多数事例中，不是在于推翻或抹杀以前历史家对于历史之报告及解释，而是在于找出其报告及解释中，何者为合于事实，何者为因其特殊底看法而得到的错误底论断。换言之，后来历史家的所做，或应做底事情，在多数事例中，不是推翻或抹杀以前历史学家之工作，而是重新修正之，解释之。这就是我所说"疑古"与"释古"之别。

刘歆诸子出于王官之说，其主要意思，是有历史底根据。不过有几点是因其特殊底看法而得来底错误底论断。他所以有其特殊底看法，则因其受其自身所处时代之影响。在这几点上，我们的见解，与刘歆完全不同。

在第一点上，我们与刘歆不同底，即是刘歆理想化古代之一点。这一点并不是刘歆个人的错误，而实是当时一种底"时代精神"。刘歆及其时人承受了儒家的传统见解，把原来底周制，理想化了。凡与他们理想化底周制不同之制度，皆认为不合。他们以为由在官专家世官世禄之制度变为在野专家，以自由职业谋生之制度，为一种错乱。所以在《汉志》中充满了世道凌夷之空气。这个一般底看法，照我们现在底意见，是完全不对底。在此点我们的看法与刘歆恰正相反。

在汉代中国已是一统底帝国，中央政府的力量很大。一切学问技艺，俱有集中于中央之趋势，刘歆及其时人自汉以推周，以为周末一切学术，皆出于"王"官。其实在周之封建政治制度中，每一个诸侯，在他国内，都是一个具体而微底王。每一个国的公室，都是一个具体而微底王室。王有王的"官"，各国的诸侯，也各自有其"官"。及贵族政治崩坏，"官失其守"，在官之专家流入民间。这些专家不必皆自王室之官流出。而诸子之学之兴，亦更不必出于自王室之官流出之专家。所以我们虽亦以为诸子之学大都出于"官"，但不必出于"王"官。这是我们与刘歆不同之第二点。

我说诸子之学，"大都"出于"官"；因为我们所说，都是就当时之一般趋势而言。当时在官世官世禄之专家，流入民间，各本其所长以为职业而谋生活。其后各职业之中，有"出乎其类，拔乎其萃"者，为其职业中所特别注重之道德或行为所启示，遂有一贯底学说，欲以"易天下"，此即是诸子之学。诸子出于职业，而职业出于"官"。就当时之一般趋势，大体言之，固是如此。但如必为诸子之每家，皆确切指定一"官"，以为其所自出，则恐未免有穿凿之处。盖一则诸子出于"官"乃一种社会演变，自源至流，历时久远；自流溯源，有可明者，有不可明者。于其不可明者，亦必为指定一"官"，以为其所自出，则凿矣。再则春秋战国之时，社会之组织，日趋复杂；社会有新建设，新需要，人即有新职业。新职业有不必与旧日之"官"相应者。若有诸子之学，出自此新职业，而亦必为指定一旧日之"官"，以为其所自出，则尤凿矣。刘歆于九流十家，皆为指一"官"以为其所自出，盖由于汉人好系统、喜整齐之风尚。吾人于刘歆之说，只取其普通底说法，至于某家必出自某官之特殊底说法，则为吾人所不取。此吾人与刘歆不同之第三点。

刘歆认为古代圣人有完全底知识；及圣人殁而微言绝，于是诸子皆得圣人之一体，"虽有蔽短，合其要归，亦六经之支与流裔"。《庄子·天下篇》亦同此见解，以为"天下大乱，贤圣不明"，"道术为天下裂"，诸子"各得一察焉以自好"。这些见解，亦出于理想化古代。我们的见解，完全与此不同。这是我们与刘歆不同之第四点。

在上面所举之四点中，我们可见刘歆，因受时代影响，用其特殊底看法，而得来之错误底论断。而我们与其不同之处，可以说是我们对于刘歆之修正。我们对于诸子起原之说，可以说是修正刘歆之说，而同时予以新解释。

（原载《清华学报》第十一卷第二期，1936 年 4 月）

中国政治哲学与中国历史中之实际政治
（1937 年）

依中国旧日对于历史之见解，中国历史可截然分为两时期，即所谓三代以上及三代以下。所谓三代以上之时期，乃一完全黄金时代。在其时社会之各方面，皆完全为理想的。至于三代以下，则完全为一堕落时期；在此时期中之各时代，其距三代愈远者，其堕落愈甚。邵康节之《皇极经世》，即此种见解之最有系统的表现也。近日依吾人对于历史研究之进步，此种见解，已完全不能存在。近日吾人皆知，所谓三代以上之社会之所以似为完全理想的者，乃因古人已将其理想化也。古人所述三代以上之社会，多非历史，而实即其政治或社会理想。现此已为一般人所共喻，不必再烦详说。

本文所欲详说者，即现在一般人虽已打破上述之传统的见解，而仍不免有为另一种见解所囿者。现在一般人固已知，在实际历史中，所谓三代以上与所谓三代以下，并无如前人所说之不同，但多仍以为先秦哲学所托诸古代之理想，与历史多完全无关。中国历史中人之行事，与中国哲学中所提倡之理想，大部分全不相干。依此见解，历史与实际，完全成为两橛。此见解，就一方面言，乃与上述之传统的见解正相反。盖依传统的见解，以前哲学家所有关于政治社会之理想，即是实际；不过此实际只古代有之耳。依此另一种见解，则以前哲学家所有关于政治社会之理想，只是理想，不但在所谓三代以后，与实际政治社会无关，而且迄未与实际政治社会有关。就另一方面言，此两种见解，又有相同处。盖此两种见解，俱认为实际历史可与哲学家之理想，完全不相干；实际与理想，可以完全成为两橛；不过此所谓另一种见解，卑所谓三代使之同于所谓后世耳。

此二种见解，所以有此相同之处者，盖此二种见解，皆以为所有政治社会哲学，皆为哲学家所凭空特创，以为其当时或后世之实际政治或社会所取法。依此看法，则各种政治社会哲学，乃似来自实际政治或社会之外，硬加于实际政治或社会者。因其系外来硬加之物，故实际的政治或社会可受之可不受之；换言之，此诸哲学家所有对于政治或社会之理想，可以行，可以不行。其实各种政治社会哲学，对于实际政治或社会，并非外来硬加之物。某种政治社会哲学即所以说明某种实际的政治或社会之纯形式。某种实际的政治或社会之存在，亦必依某种政治或社会哲学，为其理论的根据。二者"相依为命"，有不可分之关系。纯形式之有，固不待人之说明。然人之所以有说明某种纯形式之政治社会哲学，则因事实上某种政治或社会之将出现或已出现，因此之故，理想与实际，不能成为两橛。所谓理想者，即人对于纯形式之知识也。

因哲学家之政治社会哲学有时系说明将出现之某种政治或社会，故哲学家常有见称为先知者。先知固可说，但须知哲学家所先知之出现，无待于哲学家之先知。"雄鸡一鸣天下晓"，非雄鸡能使天晓，乃天欲晓而鸡始鸣也。天将晓而鸡能先感觉之，故先鸣焉，人闻其鸣亦感觉天之将晓；由此义言，此即所谓"以先觉觉后觉"也。非鸡鸣能使天晓，乃天将晓而鸡始鸣，故鸡鸣之于天晓，必不能成为两橛。在普通状况下，天将晓，鸡必鸣；鸡已鸣，天必晓。政治社会哲学之于实际政治社会，其关系大致亦如此。一种政治社会哲学之发生，常为一种实际的新政治新社会之先声。故在表面视之，似此新政治新社会为此新哲学所创造。其实实际的政治社会乃为各种实力所支配，非空论所能影响。实际的新政治新社会乃自实际的旧政治旧社会中生出，非哲学之空论所能生出也。所谓哲学家者，不过先感觉此新者之将至，故为雄鸡之一鸣焉。在此方面，谓哲学家为先知先觉，固无不可，不过其所先知之出现，应不待其先知，如上所说。

然哲学家亦有比鸡高明之处，有大过于鸡者，即鸡对天晓之先知不过有一种感觉，可谓为"先觉"而不可谓为"先知"。哲学家对于新政治新社会，不但先能感觉其将至，并有时能知其纯形式。故可谓为"先觉"与"先知"。哲学家亦有须待某种政治或社会之已出现，方能逐渐知其纯形式者。要之对于纯形式之知识，乃哲学家所特有。惟因其知之有早晚，故某种政治或社会理想，有时发生于某种政治或社会实现之前，有时于其后，有时与同时，有时有一部分于其前，有一部分于其后，有一部分与同时，要之皆所以说明此某种政治或社会之纯形式，而某种政治或社会之得此说明，亦得有其理论的根据焉。此理想与实际之所以互为依附而不能不相干也。此就政治或社会哲学之起源看，政治或社会哲学不能与实际政治或社会成为不相干之两橛。

上文谓某种实际的政治或社会之存在，必依某种政治或社会哲学为其理论的根据。一种政治或社会之存在必有实际的力量以维持之。其所以尚需理论的根据者，人虽不完全为理性动物，而亦非完全为非理性动物。故统治人群之政治社会，除依实际的力量维持外，尚须在理论方面，对于其自己之存在，有所说明，以满足人之理性。所以每一种政治或社会，必需要一种政治或社会哲学以为其存在之理论的根据。有一故事谓：孔子庙之香火常不及财神庙及关帝庙之盛。孔子怪而问财神及关帝。财神及关帝说：汝无大洋，无大刀，香火安能如我等之盛？然孔子香火虽不及财神关帝之盛，而毕竟尚有其庙，尚有相当香火，则可见在人事中，理论亦不可少者。孔子为汉以后政治之理论的靠山，故在事实上孔子之香火，自汉迄清，有增无减。至清末孔子升为大祀，大成殿改为九楹，香火之盛，可谓极矣。虽世变之来，以孔子为理论的靠山之政治，一时似不能继续，孔子之庙，有成为历史上之陈迹之势，然实际政治之势力，有不能一时即转变者，所以孔子之香火，亦不能即全废。所可言者，即实际政治，无论如何演变，要之皆不能不有其理论的根据。故为实际的政治之理论的靠山者之庙，终必有居之者，不过其为谁则不定耳。

上文谓政治或社会哲学，所以说明将出现或已出现之实际的政治或社会。如其所说明为将出现者，而其将出现者，又与现在者相反对，则此哲学家即常为人所视为叛徒。如其所说明为已出现之政治或社会，而且为正存在者，则常为人所奉为国师、帝师。常有一人而先为叛徒，后为国师者；历史中其例甚多。此就政治或社会哲学之实际用处看，可见政治或社会哲学不能与实际政治或社会成为不相干之两橛。

下文乃就中国政治哲学中之禅让说，与中国实际政治之关系，加以说明，以见中国之政治哲学与中国之实际政治，亦非为不相干之两橛。禅让说为一种说明君主政权权力来源之理论，亦可谓系一种转移政权方式之纯形式之说明。在春秋战国时，政权之转移频繁。《左传》昭公三十二年引史墨云："社稷无常奉，君臣无常位，自古以然。故《诗》曰：'高岸为谷，深谷为陵。'三后之姓，于今为庶，主所知也。"此所云"自古以然"，虽不必是，而当时之实际的政治状况，则确系如此。在政权转移之际，新得政权者之所以得政权，在理论上必有所说明。战国时之政治哲学，即所以说明此诸种政权转移方式之纯形式而为其理论的根据。故战国时之政治哲学，即其时实际政治之反映也。此时之政治哲学，可分数家论之。

依其时儒家之政治哲学，政治上之大位，必有大德者方应居之。如荀子说："天下者，至重也，非至强莫之能任。至大也，非至辨莫之能分。至众也，非至明莫之能和。此三至者，非圣人莫之能尽，故非圣人莫之能王。"（《正论篇》）惟圣人方可为王，但圣人不必生即为王，或生即可为王。无位之圣人，得位之方法，或为和平的，即所谓揖让，或为非和平的，即所谓革命或征诛；前者以尧舜为理想的代表，后者以汤武为理想的代表。（尧舜揖让之说，顾颉刚先生谓起于墨家，颇有可能，但其说究系大成于儒家）

儒家又以为为王者固需是圣人，然不必每圣人皆可即为王。圣人之为王，尚须有天命。天命不可见，于民意中见之。故凡为民之所归者，亦即天命之所与，所谓"天与人归"者。依此说，则一圣人得政权，其政权之根据，乃因其有圣德及奉天命。

墨家之说，就政权权力来源之一点言，大约与儒家同。至阴阳家则有五德终始之说。依此说每一统治天下之政权，皆代表五行中之一德。五德各有其"数"，即各有其当运之时。其数既终，则继起之德，即代之以兴。依此说则一新政权之兴，乃因有此政权者所代表之"德"之"当运"。后世于皇帝衔上加"奉天承运"四字，即用儒家及阴阳家之说，以表明其政权之所自来。

道家亦讲所谓让王。但从其个人主义之观点，以为凡圣人皆不欲以治天下自苦。故遇有机会，即弃天下若敝屣而乐于让之他人。但见让者亦必不受。此不能说明一新政权之所以兴，而可引以说明一旧政权之所以废，故后世亦有用之者。

此数理想，为当时实际政治之反映，而以后实际政治上政权之改易，亦多以此为其理论的根据。秦本为旧有的政权，其有全中国，乃旧政权之扩大，非新政权之取得，然已用阴阳家之说，自以为得水德而王。汉高祖之即帝位，在形式上系由诸侯之公推。诸侯以为高祖"存亡定危，救败继绝，以安万民，功盛德厚"，故"昧死再拜上皇帝尊号"。高祖谦辞，说："寡人闻帝者，贤者有也。虚言亡实之名，非所取也。"诸侯又说："大王起于细微，灭乱秦，威动海内"，"德施四海"，"居帝位甚实宜，愿大王以幸天下"。高祖于是乃说："诸侯王幸以为便于天下之民，则可矣。"（《汉书》卷一下《高帝纪下》）于是乃即皇帝位。其所以即位之形式的理由，即为其有大功，为"天下之民"之所归。此所用完全为儒家之政治哲学。所以高祖虽初轻儒生，而后却以太牢祀孔子。孔子已渐成以后实际政治之理论的靠山矣。

及西汉末年，王莽以新代汉。其所以代汉之形式的理由，据说是受汉高帝的禅让。他即位时，"坐未央前殿，下书曰：……赤帝汉氏，高皇帝之灵，承天命，传国金策之书。予甚祇畏，敢不钦受"（《前汉书》九十九上）。此开汉魏以后用禅让方法转移政权之先路。不过用此方法之手续礼节，尚未十分完备。

及东汉之末，曹操执政，汉封他魏公，加九锡。后又封他为魏王，诏书称他："勤过稷禹，忠侔伊周。"又命他"设天子旌旗，出入称警跸"，"冕十有二旒，乘金根车，驾六马，设五时副车"（《三国志·魏志一》）。及操死，曹丕继为魏王。"汉帝以众望在魏，乃召群公卿士，告祠高庙，使兼御史大夫张音，持节奉玺绶禅位。册曰：'咨尔魏王，昔者帝尧，禅位于虞舜，舜亦以命禹。天命不于常，惟归有德。汉道陵迟，世失其序。降及朕躬，大乱兹昏。群凶肆逆，宇内颠覆。赖武王神武，拯兹难于四方。惟清区夏，以保绥我宗庙。岂予一人获乂，俾九服实受其赐。今王钦承前绪，光于乃德，恢文武之大业，昭尔考之弘烈。皇灵降瑞，人神告征。诞惟亮采，师锡朕命。佥曰：尔度克协于虞舜。用率我唐典，敬逊尔位。於戏，天之历数在尔躬，允执其中，天禄永终。君其祇顺大礼，飨兹万国，以肃承天命。'"（《三国志·魏志二》）曹丕于数次谦让之后，乃"为坛于繁阳"。他登坛受禅时，"公卿，列侯，诸将，匈奴单于，四夷朝者数万人陪位。燎祭天地五岳四渎，曰：'皇帝臣丕，敢用玄牡，昭告于皇皇后帝。汉历世二十有四，践年四百二十有六。四海困穷，三纲不立。五纬错行，灵祥并见。推术数者，虑之古道，咸以为天之历数，运终兹世。凡诸嘉祥，民神之意，比昭有汉数终之极，魏家受命之符。汉主以神器宜授于臣。宪章有虞，致位于丕。丕震畏天命，虽休勿休。群公庶尹，六事之人，外及将士，洎于蛮夷君长，佥曰："天命不可以辞拒，神器不可以久旷，群臣不可以无主，万机不可以无统。"……卜之守龟，兆有大横。筮之三易，兆有革兆。谨择元日，与群僚登坛，受帝玺绶，告类于尔大神'"（《三国志·魏志二》注引《献帝传》）。至此用禅让转移政权之手续礼节乃完全齐备。

在此手续礼节中，可算是把"天与人归"，"奉天承运"的情形，表示淋漓尽致。此册文几乎完全用《论语·尧曰》篇文。完全用儒家及阴阳家之政治哲学，亦可说完全用当时儒家之政治哲学。

以后历代禅让，大都用此手续礼节，大都某人将受禅，其时之皇帝，即先封之为某王，加九锡。在九锡文中，列举某人之"圣德神功"，继之即正式将帝位传于某人。其禅位册文，大都与上所引册文相同。就中国历史上看，我们可以说，曹丕之受禅，乃为以"禅让"转移政权之方式，立一完全的套子。所以赵翼说："至曹魏创此一局，而奉为成式者，且十数代，历七八百年。真所谓奸人之雄，能建非常之原者也。"（《二十二史札记》卷七）

历代禅位册文，亦有与上所引不相同者。有禅位册文，为旧主留地步者，不言其自己有失德，但言其自己厌倦政事，故须让贤。如南齐禅梁的策文说："农轩炎皞之代，放勋重华之主，莫不以大道君万姓，公器御八纮，居之如执朽索，去之若捐重负。一驾汾阳，便有窅然之志，暂适箕岭，即动让王之心。故知戴黄屋，服玉玺，非所以示贵称尊。乘大辂，建旗旌，盖欲令归趣有地。是故忘己而字兆民，殉物而君四海。及于精华内竭，畚橇外劳，则抚兹归运，惟能是与。"（《梁书》卷一）此从另一立场立论，故不用儒家哲学，而用道家哲学。

梁敬帝又禅位于陈，他的策文说："自羲农轩昊之君，陶唐有虞之主，或垂衣而御四海，或无为而子万姓。居之如驭朽索，去之如脱敝屣。裁遇许由，便能舍帝；暂逢善卷，即以让王。故知玄扈璇玑，非关尊贵；金根玉辂，示表君临。及南观河渚，东沈刻璧，精华既竭，耄勤已倦，则抗首而笑，惟贤是与；谞然作歌，简能斯授。"（《陈书》卷一）又玺书云："三才剖判，九有区分。情性相乖，乱离云起。是以建彼司牧，推乎圣贤。授受者任其时来，皇王者本非一族。人谋是与，屈己从万物之心，天意斯归，鞠躬奉百灵之命。讴歌所往，则攘袂以膺之。菁华已竭，乃褰裳而去之。"（同上）此全抄齐禅梁策文，亦用道家哲学。他的禅位策文如此说，故《梁书》"史臣"亦说："敬皇高让，将同释负焉。"（《梁书》卷六）

禅位册文之绝不为旧皇帝留地步者，则如隋禅唐册云："在昔虞夏，揖让相推。苟非重华，谁堪命禹。当今九服崩离，三灵改卜，大运去矣，请避贤路"，"庶凭稽古之圣，以诛四凶，幸值惟新之恩，预充三恪"。"若释重负，感泰兼怀。"（《旧唐书》卷一）依此所说，旧皇帝因失德之故，不但失了有天下的资格，并且失了让天下的资格。照普通禅位册文，末尾有"於戏"云云，一段训诫新皇帝之词。若此册文，是自然不能有此一段了。

册文中亦有兼用儒家及道家哲学者，如唐哀帝禅梁册文云："上古之书，以尧舜为始者，盖以禅让之典，垂于无穷。故封泰山，禅梁父，略可道者，七十二君。则知天下至公，非一姓独有。自古明王圣帝，焦思劳神。惴若纳隍，坐以待旦。莫不居之则兢畏，去之则逸安。且轩辕非不明，放勋非不圣。尚欲游于姑射，休彼太庭，矧乎历数寻终，期运久谢，属于藐孤，统御万方者哉？"（《旧唐书》卷二十下）此意谓既不愿干，也干不了，故让贤。

有人说：儒家之政治哲学，必圣人乃应有天子之位。揖让禅位，必圣人乃可受之。孟子所谓："有伊尹之志则可，无伊尹之志则篡也。"上所述历代禅让，其受天下而执新政权者，其果为圣人乎？对于此问题之答案是：自形式上观之，新朝之主，无不是有圣德神功者。如王莽将即皇帝位，有公卿大夫，博士议郎，列侯等九百二人，称他的政绩："九族既睦，百姓既章。万邦协和，黎民时雍。圣瑞毕臻，太平已洽。"（《前汉书》九十九上）以后历代受禅之主，无不受这一种的称赞。况后世凡皇帝无不是圣人者。故皇帝的身体称圣躬，皇帝的旨意称圣旨、圣谕。在后世，凡为皇帝者都是"当然"圣人。

有人说：那都是假的呀！我回答：我并没有说他是真的呀！不过当时的人们所以要用那个假者，即是必须用那个假话才可以说得下去。换言之，即必需用那一套理论，他的政权之存在，才有理论上的根据。

要说到假，我们可以说古今所有的实际的政治，若以其所依之理论，即以其纯形式，严格绳之，都可说是假。现在西洋所行之代议政治，在清末民初之际，一般人都认为其实际情形与其所依之理论，完全相合。现在我们知道在代议政治之实际政治里，巧取豪夺的情形，也是家常便饭。照反对代议政治的人的看法，在代议政治之实际的政治中，各政党之后台老板之操纵民意，无异于《三国演义》中所说曹操、司马懿之操纵其名义的君主。

要说到不假，古今所有的实际的政治，大都能于相当程度内，使人或一部分人，相信他真能代表他所依之理论，他的纯形式。就此方面言，则又可谓为不假。例如西洋在中世纪，各君主的尊号上有 by the Grace of God 字样，正如中国皇帝之衔上有"奉天承运"字样者。此在当时，大部分人真信之。如中国人所谓"真龙天子"者，众皆以为其有当天子之"命"。故其"洪福齐天"，"聪明无过帝王"，"金口玉言"，皆为其当然有之资格。故皇帝为"当然"圣人。又如西洋之代议政治，虽不免有以上所说之情形，然至少有一部分人深信其真能代表民意。

即以禅让一事言，近世一般人以为尧舜为真禅让，曹魏以下，乃假禅让。其实在宋以前，一般人并不是这个看法。在六朝时，魏晋与唐虞并称。如北魏禅北齐诏云："远惟唐虞禅代之典，近想魏晋揖让之风。"又册云："汉刘告否，当涂顺民。曹历不永，金行纳禅。此皆重规袭矩，率由旧章者也。"（《北齐书》卷四）此可见当时人以魏晋之揖让，真可与唐虞比拟，非若以后以莽操为骂人之词也。即《旧五代史·周恭帝纪赞》亦云："夫四序之气，寒往则暑来；五行之数，金销则火盛。故尧舜之揖让，汉魏之传禅，皆知其数而顺乎人也。"（《旧五代史》卷一百二十）宋太祖受周禅，薛居正不能不于此赞禅让之美，此亦固然。但引汉魏为例，以为赞美之词，可知当时人对于汉魏禅让之意见。若以后，例如袁世凯称帝，人只可以唐虞颂之，不可以魏晋颂之。

以魏晋之事为截然与唐虞不同者，大约始于南宋，其时正是为三代以上及三代以下之分正严之时。所以汉魏之事，司马光《资治通鉴》书汉帝禅位于魏。而朱子《资治通鉴纲目》则书"魏王曹丕称皇帝，废帝为山阳公"。尹起莘《资治通鉴纲目发明》说："自唐虞禅继，舜禹承之。循其名可以责其实，古人岂固假此以欺天下哉？成汤放桀，惟有惭德；武王伐纣，义士非之。汤武不失为圣人，商周不失为正统，亦惟求其实耳。后世欺孤弱寡，篡窃相寻。考其实皆羿浞莽卓之徒，而求其名乃欲高出商周之上。前史信其伪辞，衰世袭其遗迹。一则曰禅位，二则曰受禅。胡为自汉而下，一何尧舜之多耶？今纲目于此，直以称帝废主，大书于册。至于传禅之说，绝不复举。斯言一出，诸史皆废。"（《资治通鉴纲目》卷十四引）所谓前史信其伪辞者，非以前作史之人尽可欺，盖宋以前人对于此事之看法，有不同耳。赵翼说："六朝忠臣，无殉节者。""盖自汉魏易姓以来，胜国之臣，即为兴朝佐命，久已习为故然，其视国家禅代，一若无与于己，且转借为迁官受赏之资。故偶有一二耆旧，不忍遽背故君者，即已啧啧人口，不必其以身殉也。"不惟不必以身殉，并可再仕新朝，而当时亦"初不以其再仕新朝而薄其为人。则知习俗相沿，已非一朝一夕之故，延及李唐，犹不以为怪。颜常山，张睢阳，段太尉辈，一代不过数人也。直至有宋，士大夫始以节义为重，实由儒学昌明，人皆相维于礼义而不忍背"（《陔馀丛考》卷十七）。所谓"儒学昌明"，即宋学昌明也。自南宋以后，朱子之思想，笼罩一切，故"斯言一出，诸史皆废"。自此以后，汉魏、魏晋之事，不复为禅让之实例。于是其惟一实例，只有曾无人见之唐虞，虞夏之事矣。

然此不过对于汉魏、魏晋之事，看法改变耳。以禅让方法移转政权之理想，仍继续存在，不过行之者不自以为莽操，而自以为舜禹耳。清末清帝退位，政权转移之际，在形式上乃由皇帝下诏，将政权让于民国。其诏称："钦奉隆裕皇太后懿旨"，"今全国人民心理，多倾向共和"。"人心所向，天命可知。予亦何忍因一姓之尊荣，拂兆民之好恶。""特率皇帝将统治权公诸全国，定为共和立宪国体，近慰海内厌乱望治之心，远播古圣天下为公之义。""予与皇帝得以退处宽闲，优游岁月，长受国民之优礼，亲见郅治之告成，岂不懿欤？"此诏所用之哲学，与历朝禅位册文所用大致相同。所以在当时隆裕太后有"女中尧舜"之称。清室优待条件，准清帝于其小朝廷内，保持其原来排场，正如曹魏以"汉帝为山阳公，行汉正朔，以天子之礼郊祭，上书不称臣"（《三国志•魏志二》），所谓"虞宾"者是也。隆裕太后所说"长受国民之优礼"云云，正隋恭帝所谓："幸值惟新之恩，预充三恪。"（《旧唐书》卷一《高祖纪》）

民国三四年间袁世凯筹备帝制，其所根据之理论，仍为儒家之一套政治哲学。袁世凯于民国三年先修改总统选举法。依其新选举法，"每届行大总统选举时，大总统代表民意，敬谨推荐有被选举为大总统资格者三人"，"被推荐者之姓名，由大总统先期敬谨亲书于嘉禾金简，钤盖国玺，密贮金匮"。此金匮藏于特设之石室。石室金匮，平日不得开启，至选举大总统之日，大总统始"敬谨"将所推荐之人名，宣布于大总统选举会。大总统选举会就大总统所推荐之三人，及现任大总统，共四人中，选举一人。此规定虽用选举之名，而其中所包含之哲学，完全为孟子所称尧荐舜，舜荐禹之说。

袁世凯所召集之国民代表大会，决定君主立宪国体，即上表奉袁世凯为皇帝。其两次表文，历叙袁氏功德，如历代禅让之九锡文。并云："历数迁移，非关人事。曩则清室鉴于大势，推其政权于民国。今则国民出于公意，戴我神圣之新君。""我皇帝功崇德茂，威信素孚，中国一人，责无旁贷。昊苍眷佑，亿兆归心。天命不可以久稽，人民不可以无主。伏冀抐衷勉抑，渊鉴早回，毋循礼让之虚仪，久旷上天之宝命。"
此谓清室禅让于民国；民国禅让于袁世凯。其立意措辞，与历代禅让册
文，完全相同。

总之，在二十四史中，历朝之取得政权，在形式上几乎是以用禅让
方法为原则；所谓"征诛"，乃是例外。自秦以后，在诸统一中国之大
朝代中，在形式上完全以征诛得政权者，只汉高与明太。东汉虽亦以征
诛起，但它在形式上，是恢复故物，并非取得新政权。唐虽实际上以征
诛起，但形式上仍是受隋禅。至于元清二朝，乃外族入主中国，乃旧政
权之扩大，非新政权之取得。以至清末清帝退位，政权转移之际，在实
际上为革命，但在形式上，乃由隆裕太后让位，如上所说。至袁世凯称
帝，仍以儒家之政治哲学为根据。此可见儒家之政治哲学，直至最近，
仍与实际政治，不可分离也。

本来儒家禅让之说，乃理想的一人政治所必要者。理想的一人政治
中之"一人"必为一首出庶物，能领袖群伦者。此"一人"既必有此资
格，故于其死后，必须另有同资格者以继之。原有之"一人"既首出庶
物，则于继任者之选择，亦必有较一般人更正确之见解与判断。所以继
任之人，亦即归其选定，推荐。今日一人政治，有重兴之势。若莫索里
尼，若希特勒，皆以"圣王"自居。前游欧时，与国社党中之谈政治哲
学者晤及，当询以若现在之首领，一有不幸，则将若何。彼答谓现正计
议，由现在之首领，预先指定一继任者，以备其自己有不幸时，继其职
务。此正中国政治哲学中圣王禅让之说。盖禅让说所说，既为理想的一
人政治所必要，故实际上之一人政治，必须用之。此所以理想与实际之
不能为不相干之两橛也。至于在实际政治中实际与理想，果相差若干
远，则可随时随地不同，乃另一问题，非此所论。

（原载《清华学报》第十二卷第一期，1937 年 1 月）

怎样研究中国哲学史？
（1937 年）

欲知怎样研究中国哲学史，须先知中国哲学史一辞之歧义。中国哲学史一辞有二义：一是指中国历代哲人从事创造哲学之全部活动之自身，一是指哲学史家对于中国历代哲人从事创造哲学之全部活动之纪述。此二义差别甚大：前者是客观的，后者是主观的；前者是不成文的，后者是成文的；前者是实际的事情，后者是语文的表达；前者无是非，后者有是非；前者是后者之对象，后者是前者之写照；前者之例，如所谓"哲学在中国历代实际发展之事迹"，后者之例，如胡适之先生著的《中国哲学史大纲》。若欲用二名表此二义，则中国历代哲人从事创造哲学之全部活动之自身，可名为客观的不成文的中国哲学史；哲学史家对于中国历代哲人从事创造哲学之全部活动之纪述，可名为主观的成文的中国哲学史（即写的中国哲学史）。

主观的成文的中国哲学史，实说不上研究；客观的不成文的中国哲学史，才说得上研究。据此，可见怎样研究中国哲学史一问题，不是问的怎样研究主观的成文的中国哲学史，而是问的怎样研究客观的不成文的中国哲学史；亦即不是问的怎样研究哲学史家对于中国历代哲人从事创造哲学之全部活动之纪述，而是问的怎样研究中国历代哲人从事创造哲学之全部活动之自身。

"怎样研究中国哲学史"一问题，既只是问的"怎样研究中国历代哲人从事创造哲学之全部活动之自身"，既只是问的"怎样研究客观的不成文的中国哲学史"，则就可知研究"中国历代哲人从事创造哲学之全部活动之自身"，或"客观的不成文的中国哲学史"之方法，便是研究中国哲学史之方法。这种方法，就其荦荦大者而言，则共可区别为六种：

1. 钻研西洋哲学；
2. 搜集哲学史料；
3. 详密规划迹团；
4. 探索时代背景；
5. 审查哲人身世；
6. 评述哲人哲学。

这六种方法便是研究中国哲学史之方法。以下我们便依次诠解这六种研究中国哲学史之方法。

一、钻研西洋哲学

中国哲学，没有形式上的系统，若不研究西洋哲学，则我们整理中国哲学，便无所取法；中国过去没有成文的哲学史，若不研究西洋哲学史（写的西洋哲学史），则我们著述中国哲学史，便无所矜式。据此，可见西洋哲学史之形式上的系统，实是整理中国哲学之模范。打算把中国哲学整理出一个形式上的系统，就得首先钻研一些西洋哲学。研究西洋哲学，可分四方面：

第一，须精读一部系统整饬而内容完备的形式逻辑；第二，须精读一部系统整饬而内容完备的哲学哲论；第三，须精读三部系统整饬而内容完备的哲学专论：一形上学，二人生论，三认识论；第四，须精读一部系统整饬而内容完备的西洋哲学史。其中理由，则为篇幅所限，不能涉及。

二、搜集哲学史料

哲学史料是组成哲学史之细胞，没有这种细胞，当然也就不会有由这种细胞所组成的哲学史。所以研究中国哲学史，除应首先研究西洋哲学外，就应首先搜集有关于中国哲学史之各种史料。有关于中国哲学史之史料，共有三种：一是原料，二是副料，三是旁料。兹请分别释之。

第一，原料。中国哲学史之原料，即中国历代哲人自己之著作；如朱子的《语录》，周子的《通书》，邵尧夫的《观物篇》，释宗密的《原人论》，智颢的《摩诃止观》，董子的《春秋繁露》等等都是。搜集这类哲学史料，得经四层手续。第一层手续是全部浏览，将中国历代凡带有哲学气味的著作，不分好歹，一律加以涉猎。第二层手续是严格遴选，遴选的标准是"具有哲学内容，中心观念，与特殊见解，而并出之以理智的辩论"，合则取之，否则弃之。第三层手续是考辨真伪，"古今伪书甚多，若不细加甄别，则必滥引失真"。如《易·系辞传》，旧说孔子作而实非孔子作。《大乘止观法门》，旧题慧思作而实非慧思作。若不详加考辨而一仍旧贯，则便有紊乱进化系统，颠倒事实是非之危险，辨伪法前人论之已详，这里没有多讨论的必要。第四层手续是整理会通，整理会通有两方面，一是文字上的校勘注释，一是思想上的提纲挈领，关于校勘等法，这里也因篇幅限制，不能多讲。

第二，副料。中国哲学史之副料，即别人所作有关中国历代哲人与其哲学之著作，如黄宗羲的《明儒学案》，全祖望的《宋元学案》，孙奇逢的《理学宗传》，《韩非子·显学篇》，《庄子·天下篇》，班固《汉书·艺文志》等都是。这种史料有补助原料不足之功用；如果一哲人的原著散佚，便可引用此类哲学史料，补其缺憾，所以研究中国哲学史，也应搜集这种哲学史料。从副料中搜集原料的工作，便是所谓"钩沉"或"辑佚"。

第三，旁料。旁料一辞，是我们杜撰的；因其异于原料副料等正面哲学史料，故取旁征博引之义，名之曰旁料。中国哲学史的旁料，即中国历代的正史和野史，如《廿五史》、《世说新语》；和近人所作的中国通史，中国文化史，中国社会史，中国政治经济史等等都是。在这些"史"中，我们可以见哲人的时代背景，及哲人的品性身世。哲人的哲学，是哲人的品性之表演，是哲人的时代背景之反映。不深知哲人的品性，则不能深知哲人的哲学。不深知哲人的时代背景，也不能深知哲人的哲学。欲深知哲人的哲学，就得深知哲人的品性与背景；欲深知哲人的品性与背景，就得多读正史与野史。所以我们以为中国的正史与野史，是中国哲学史之旁料；所以我以为研究中国哲学史，也应当首先搜集这种哲学史料。

三、详密规划迹团

"迹团"一辞，系酌采自梁任公先生，乃"事迹集团"之简称，将欲用以表示整个的"哲学在中国实际发展之事迹"中之一小段事迹。中国哲学事迹，绵延二千数百余年，历久不替；若不把它区划为许多比较小的迹团，则我们研究时，便要感觉到许多"无从着手"之困难。梁任公说的好："史迹本为不可分的，不可断的；但有时非分之断之，则研究无所得施；故当如治天体学者画出某躔度某星座，如治地理学者画出某高原某平原某流域，凡以为研究之方便而已。"我们研究中国哲学史，亦如此。所以我们以为详密规划中国哲学发展之事迹的"迹团"，乃是研究中国哲学史之初步入门的方法。划分中国哲学发展之事迹的"迹团"，其方法有三：一分期，二别派，三明域。下分三层叙述。

甲，分期。分期是"规划哲学发展之事迹的迹团"之一种方法，亦即是研究中国哲学史的一种方法。适当的分期，不但能便于研究，而且能显示出哲学的进化之系统，发展之阶段，与演变之方法。分期的标准是"哲学思潮起伏的段落"或"历史的类型"。根据这种标准，我们可以把中国哲学史划分为上古的子学与中古的经学两个时期；我们可以把中国哲学史划分为上古哲学、中古哲学与近世哲学三个时期；我们也可以把中国哲学史划分为上古的纯中国哲学，中古的印度化哲学，近古的中印合的哲学，近世的先秦化哲学，与现代的欧美化哲学五个时期。有时，我们或者还要把这几种分法中的许多大时期，再分为若干小时期。分期不可任意，必须适得其当。

乙，别派。一个时期中可以有许多不同的哲学家，一个时期中的许多不同的哲学家，可以分门别户，联合而为几个不同的大派别。研究中国哲学史，若不把各时期中之哲学界所含的各宗各派，指示清楚，区辨出来，则我们对于当时的哲学界之情势，仍必"如入五里雾中"，手足无措。所以我们主张研究中国哲学史，次于分期，应当别派。别派的标准是"师承关系与思想类似"。有师承关系者则划归一派，无师承关系者不划归一派；思想类似者则可划归一派，思想不类似者则不可划归一派。前者之例，如朱子与程子，孟子与孔子；后者之例，如惠施与墨子，庄子与老子。别派研究法，亦可称作"宗派的研究法"。这种研究法具有两个好处，在积极方面可得一种铺叙便利的效果，在消极方面可免一切拖泥带水的劣迹。

丙，明域。明域者，确定一哲学发展之事迹的迹团所分布的区域之谓。一哲人的哲学，与一哲人所在之地域有关，一学派的哲学，也与一学派所在之地域有关；如先秦齐国之于阴阳家，鲁卫之于儒家，宋国之于墨家，秦国之于杨朱，楚蔡之于道家等等，都是极好的例。我们研究某时期某宗派的哲学，最好把它在当时分布所及的地域指明，以便探讨它蒙受它所在地之影响。

一个哲学事迹的迹团，必占有一定的空间，必依有一定的时间，更必含有一定的宗派。明域，所以规定"哲学事迹的迹团"所占有之空间；分期，所以规定"哲学事迹的迹团"，所依据之时间；别派，所以规定"哲学事迹的迹团"，所含有之宗派。三事尽，则"哲学的迹团"以分；"哲学事迹的迹团"以分，则中国哲学史的进化之迹以明。据此，可见详密规划哲学事迹的迹团，实大有益于中国哲学史之研究；所以我们以为它是研究中国哲学史之初步入门的方法。

四、探索时代背景

探索时代背景，是研究哲学史深入一步的方法。时代背景是组成中国哲学史的一个原素，中国哲学史中历代哲人的哲学便是由它反映而出。它的内容，非常复杂，撮要言之，则有经济构造、社会组织、政治制度、风俗习惯与生活方式等等。一个时代内的这些东西，都能影响于那一个时代内之哲人的哲学。那就是说，一个时代内之哲人的哲学，不独是那时代的经济构造之反映，而且也是那时代的社会组织、政治制度以及风俗习惯与生活方式之反映。研究某一时代内之哲学，而不明白那一时代哲学之时代背景，则必不能深刻理解那一时代内的哲学之真精神。所以我们以为研究各时代内各宗派中各哲人的哲学，应当先研究他们的时代背景；所以我们以为探索时代背景是研究中国哲学史的一个方法。探索时代背景，应取材于上文所述的旁料，亦即应取材于中国的正史和野史等典籍。

五、审查哲人身世

哲人的身世是哲人的品性之决定者。一个哲人的哲学，不但是他的时代背景之反映，而且是他的独有品性之表现。以故单独探索时代背景，尚不足以洞澈哲人的哲学之底蕴，必须兼审哲人身世，才可以洞澈哲人的哲学之底蕴。哲人的身世，约可分为五方面：

甲，哲人所属的阶级。一阶级有一阶级的意识形态，一阶级的意识形态足以支配一阶级的分子之思想言论。哲人所属的阶级不同，则其所发扬出来的哲学必异；所以审查哲人身世，不可不注意哲人所属的阶级。

乙，哲人所隶的家庭。一家庭有一家庭的特殊情形，一家庭的特殊情形足以支配一家庭的分子之意志背向。哲人所隶的家庭不同，则哲人所提供出来的哲学必异；所以审查哲人身世，不可不注意哲人所隶的家庭。

丙，哲人所受的教育。哲人所受的教育，亦能影响于哲人所建立的哲学。哲人所受的教育不同，则其所建立的哲学必异。所谓"染于苍则苍，染于黄则黄"是也。以故审查哲人身世，不可不注意哲人所受的教育。

丁，哲人所值之际遇。人生有否泰，遭际有顺逆。同属一家庭，有出令者有受令者；同属一阶级，有施虐者有受虐者；同属一国家，有统治者有受治者；同生一时代，有得意者有失意者；同为一个人，有幸者有不幸者。遭际不同，品性必异；处顺境者的思想多乐天，处逆境者的思想多厌世；统治者的哲学多严肃，被治者的哲学多愤慨。遭际的顺逆既能这样的影响于哲人的思想言论与意志背向；所以审查哲人的身世，不可不注意哲人所值的际遇。

戊，哲人所禀的气质。世有处逆境而安者，有处逆境而不安者；有处顺境而乐者，有处顺境而不乐者；此无他，个人所禀赋的气质之差异有以使之。生而白痴者，虽加以美好的教育，亦不能化愚昧为聪颖；生而敏慧者，虽锢之陋僻的乡村，亦不能化高迈为愚骏。哲人的气质有软硬，哲人的哲学有刚柔。荀子的哲学所以如此，其个人独有的气质有以使之；孟子的哲学所以如彼，亦其个人独有的气质有以使之。气质不同，有如其面；仁者见仁，智者见智；墨子之不能强杨朱之同于己，亦正犹杨朱不能强墨子之同于己也。哲人的气质影响于哲人的哲学既是这样重大，所以审查哲人的身世，不可不注意哲人所禀赋的气质。

哲人的身世是哲人的品性之决定者，不研究哲人的身世，则无法理解哲人的品性；哲人的哲学是哲人的品性之表现，无法理解哲人的品性，当然也就无法理解哲人的哲学。所以为理解哲人的哲学起见，不得不把握哲人的品性；为把握哲人的品性起见，不得不审查哲人的身世。只要能把哲人的身世认明，则哲人的品性自明，哲人的哲学亦明。所以我们以为研究中国历代哲人之身世，也是研究中国哲学史的一个重要方法。

六、评述哲人之哲学

评论历代哲人之哲学，即是专家研究，亦称述学。述学者，"用科学的方法，存疑的态度，精密的思想，谨严的文笔，把握哲人的哲学之体系、来源、影响和得失，依次予以描写叙述"之谓也。所以述学有四层手续，如以下各条所释。

甲，搜寻哲人的哲学之来源。无论怎样聪明的哲学家，都不能毫无根据，凭空杜撰出一种崭新的哲学。任何一个哲学家的新哲学，都是由他用"接钢法"（Aufgeheben）修改他以前的旧哲学而加以新发现得来。譬如庄子，庄子的哲学成于"剽窃儒墨"；譬如智颉，智颉的哲学成于揉合中印；譬如朱熹，朱熹的哲学成于折衷周程张邵，隋唐释道，与周秦诸子等等都是。研究一哲人的哲学，最好能把他取于他以前的东西，一一为之指出。能如此，才能把一个哲人的哲学之来龙弄清，才不至误认别人的哲学为此人的哲学。所以我们以为探索哲人的哲学之来源，是述学的第一步工作。

乙，把握哲人的哲学之体系。凡在哲学史上有地位的哲学家，他的哲学，必有新创见解，中心思想，与一贯主张。述学的第二步工作，就在把各哲人的新创见解，中心思想，与一贯主张，原原本本，实实在在，有条不紊的给他充分表现出来。如果他自己有形式系统，则依他自己本有的形式系统叙述；如果他自己本没有形式系统，则当就他的实质系统中求出他的形式系统叙述。何者为他的形上学？何者为他的人生论？何者为他的认识论？他在他的形上学中提出一些什么问题，他解决他所提出的形上学之问题，用的什么方法？采的什么论证？得出什么结论？他在他的人生论中又提出一些什么问题？他解决他所得出的人生论之问题，又是用的什么方法？采的什么论证？得的什么结论？诸如此类，必须一一描写的恰到好处，方算尽了述学之能事。

丙，指出哲人的哲学之影响。哲人的哲学，有来龙必有去脉，哲人的哲学之影响，即是哲人的哲学之去脉。哲人的哲学，只要有新创见解，中心思想，与一贯主张，一经提出，必然的要发生很大的影响；例如杨朱为我主义，在先秦的哲学界，虽只昙花一现，但其影响，则传播无穷。孟子的不动心，受有他的影响；道家的疑天与非贤，也受有他的影响；荀子的戡天与性恶，更受有他的影响；他如法家的刻薄寡恩，杂家的贵己外物等尤其都受有他的影响。述学而不把哲人的哲学之影响找出，则必无法理解该哲人身后的哲学界之哲学，则必无法理解整个的中国哲学史之进化系统。所以评述哲人的哲学，必须指明哲人的哲学之影响。指明哲人的哲学之影响，约有三方面可说：一是他对于他以后的哲学界之影响，二是他对于他同时的哲学界之影响，三是他对于他同时与他以后的政治社会风俗习惯等之影响。三事兼顾，然后明示哲人哲学的影响的能事毕；否则顾此失彼，挂一漏万，未有不贻人以口实者也。

丁，评判哲人的哲学之得失。述学的最后一步工作，是批判哲人的哲学之得失。批判哲人的哲学之得失，有两种方法：一是在他自己的系统内批判他自己的得失，其标准是该哲学所采的论证，是否矛盾？有无谬误？能否说通？能说通则有价值，不能说通则无价值；一是在他自己的系统外批评他自己的得失，其标准是该哲学所得的结论，是否契合于他所解释的客观事实，契合则有价值，不契合则无价值。我们批判古人的哲学，不能以现代的哲学作标准，也不能以别人的哲学作标准，而只能以逻辑规律与客观事实作标准。用逻辑规律与客观事实作标准去批判哲人的哲学，得参照"校对法"。用校对法攻读中国历代哲人的哲学，往往能发现他的失真与违实。

有人说哲学史有三个目的：一明变，二求因，三评判，我们则以为只有这样的评述哲人的哲学，才能达到这种目的；又有人说研究哲学史能收"训练心灵的抽象思考，帮助自己的哲学完成"之效果，我们也以为只有这样的评述哲人的哲学，才能够收获这种效果。因为如此，所以我们以为评述哲人的哲学，是研究中国哲学史的首要方法。

研究中国哲学史的六种方法，略如以上所述；"不敢云备，思过半矣。"研究中国哲学史者，只要能逞其想象力，运用此六种方法，便能将许多段片零碎而不相连属的哲学史料，揉合排比，洗练净化，而组成一种所谓主观的成文的中国哲学史。哲学史家只要能这样的研究中国哲学史，则其所得，"虽不中，不远矣"。总括起来，本文的结论有四：

一、中国哲学史一辞有二义：一是指的中国历代哲人从事创造哲学之全部活动之自身；一是指的哲学史家对于中国历代哲人从事创造哲学之全部活动之纪述。此二义，前者名曰客观的不成文的中国哲学史，后者名曰主观的成文的中国哲学史。

二、怎样研究中国哲学史一问题，是问的怎样研究客观的不成文的中国哲学史，不是问的怎样研究主观的成文的中国哲学史。

　　三、研究客观的不成文的中国哲学史之方法有六：一钻研西洋哲学，二多方搜集史料，三详密规划迹团，四探索时代背景，五审查哲人身世，六评述哲人哲学。

　　四、因为怎样研究中国哲学史，只是问的怎样研究客观的不成文的中国哲学史，所以研究客观的不成文的中国哲学史之六种方法，亦即是研究中国哲学史之六种方法；而怎样研究中国哲学史一问题，便因以得到了具体的答案。

（与孙道升合作）

（载《出版周刊》二三三期、二三四期，1937 年 5 月 15 日、22 日）

原杂家
（1939 年）

（一）绪　言

　　这篇文章的主旨，是打算说明在战国末期到秦汉之际，中国思想界有一种"道术统一"的学说，在思想家与政治家之间流行着。当时的思想家与政治家有一种思想统一的运动。"道术统一"的学说，即是在这种运动中生出来的。有这种运动，有这种学说，思想界中即生出一种新的派别。此新派别即是《汉书·艺文志》所谓"杂家"。

　　"道术"一词，照《庄子·天下篇》所与的意义，差不多与西洋有一部分哲学家所谓"真理"一词范围相同（他们写这个字的时候，第一个字母，是要用大写的）。大概言之，道术是对道而言，道是万事万物的总原理，对于此总原理的知识，就是道术；道术是对于道的知识，故有时亦简称曰道。荀子对于此所谓真理，即只称之曰道，而不称之曰道术。道既然无所不在，所以道术亦是无所不包。人所有的一切知识，以及各家的学说，都可以说是道术的一部分，可以说是从道术分出来的。《庄子·天下篇》说："道术将为天下裂。"从道术裂出来的知识或学说，都只是整个的真理之一部分，即《天下篇》所谓"方术"。

　　凡以为有如此的道术，而自道术的观点，以批评，统一各派学说者，其主张我们称之为"道术统一"说。不以为或不说有如此的道术，而从别的观点，以批评，统一各派学说者，其主张我们称之为统一思想或统一方术。

（二）战国末至秦汉思想统一运动之历史的原因

自春秋迄汉初，中国历史的趋势，在政治方面说，是统治机构由多元的变成一元的，由分散的变成统一的。自春秋时起，尤其是春秋以后，中国旧有的封建诸侯，各把自己的"国"做单位，在国内消灭了贵族，即所谓"家"的势力，集权中央，在国外则吞并弱小，巧取豪夺，以扩大疆土。这些国家，每一个都在有意地或无意地，企图完成这统一政治机构的历史使命，用当时的话说，就是说要企图去"王天下"。这种趋势，在战国末年更为显著，而一般人也希望这种趋势，能以成为事实。孟子说："定于一。"正是表示这种希望。

自春秋以降，各家学说的兴起，本来都是打算解决当时的各种问题的，都要"救世之弊"。因其所见不同，主张各殊，而又皆求其能得用于君，得用于世，所以就不免争辩。各家学说，愈趋完整，派别之分，越发显然，争辩亦日益激烈。春秋时代，孔子只说："道不同不相为谋。"战国初期，孟子就主张："能言距杨墨者，圣人之徒也。"善于"知言养气"的孟夫子，在那时代，就不得不实行"理论斗争"了。

到了战国末期，统一的局面，已有眉目。一元统治的政治机构的理想，渐渐具体化。思想界对于百家分歧冲突的局面，亦渐感觉不满了。第一个使各家都不满意的，是分析坚白同异的辩者。荀子说辩者之学是"不急之察"，又叫它做"奸"道。他说："若夫充虚之相施易也，坚白同异之分隔也，是聪耳之所不能听也，明目之所不能见也，辩士之所不能言也。虽有圣人之知，未能偻指也。不知无害为君子，知之无损为小人。"（《荀子·儒效篇》）至于庄子、韩非，虽其观点与荀子不同，学说各异，而其主张取消辩者之学，大家倒是一致。庄子从知识论出发，指出所谓"辩者之囿"，说惠施"辩之不足，益之以怪，能服人之口，不能服人之心"（《天下篇》）。韩非从治国的观点出发，说"好辩说而不求其用，滥于文丽而不顾其功者，可亡也"（《韩非子·亡征》）。这种对于辩者一致的攻击，即表示当时人对于各家"理论斗争"之厌恶，亦即是当时思想统一运动之表现。

思想统一运动，其兴起大概是由于下列三种情形：

第一，从历史上看，就统治者说，思想统一是必需的。因为统治者一方面在决定政策上，必需有一个一贯的理论根据，一方面在政策施行上，也需不受太多的庞杂不一致的批评，所有的统治者，大概都是主张思想统一的，自战国至秦汉，政治上既趋向"大统一"，所以统治者亦提倡思想统一。

第二，有许多人相信真理，尤其是有些哲学家用大写写的那个真理，本来而且只能有一个。既信真理为一，则对于各家之学之矛盾分歧，必有人思有以"一"之。

第三，就思想史之发展言，经过一"百家争鸣"之时代，随后亦常有一综合整理之时代。

在此情形之下，战国末及秦汉之际，思想统一运动，即应运而生。

在此运动中，有些人对于真理本来而且只能是一之一点，特别发挥。此等人之主张，即是此文所谓"道术统一"说。荀子及《庄子·天下篇》都是讲"道术统一"说的。杂家的人即是主张"道术统一"说的，或可说是，受"道术统一"说的影响的。他们对于各家的看法，与荀子及《庄子·天下篇》颇相同。他们与荀子的见解，有一部分相同，即以为各家各有所"见"，亦各有所"蔽"。他们与庄子一派的人的见解，亦有一部分相同，即以为各家之"方术"，皆有得于道术，皆为道术之一偏。照这个观点的看法，他们以为求真理的最好的办法，是从各家的学说，取其所"长"，舍其所"短"，取其所"见"，去其所"蔽"，折衷拼凑起来，集众"偏"以成"全"。秦相国吕不韦就是想用这种办法来求统一思想的。史载吕不韦会门客作《吕氏春秋》，"以为八览，六论，十二纪：二十余万言，以为备天地万物古今之事"（《史记·吕不韦列传》）。汉淮南王刘安，也集合多人，作为《淮南内篇》，自诩谓"非循一迹之路，守一隅之指，〔能〕弃其畛挈，斟其淑静，以统天下，理万物"（《淮南要略》）。这种态度明白地是折衷拼凑的态度。这派思想家《汉书·艺文志》称为"杂家"。《艺文志》说：杂家者流"兼儒墨，合名法，知国体之有此，见王治之无不贯"。《吕氏春秋》，《淮南内篇》，《艺文志》皆列入杂家。据《艺文志》所载，杂家著作，共有二十家，四百三篇之多，但今多已佚。不过除《吕氏春秋》与《淮南内篇》之外，其余杂家著作，大概是所谓"荡者为之，则漫羡而无所归心"（语见《汉志》）者流所作，《吕氏春秋》与《淮南内篇》，已很足代表杂家，正如《老子》、《庄子》足以代表道家。

（三）战国末期之道术统一说

道术统一说大概在战国末期已经成立。持此说者有儒道二家。战国末期道术统一说与道家之兴起，很有关系。有了"道恶乎往而不存，言恶乎存而不可"的见解，才会使人觉得当时互相攻击的学术派别，是可以融会综合的。《老子》说：

> 道冲（虚也）而用之或不盈，渊兮似万物之宗。（四章）
> 道者，万物之奥。（六二章）

这道，"似万物之宗"，又是"万物之奥"，所能包容之多，所能笼罩之广，一切事物对之，直是"无所逃于天地之间"。道为万物之宗，道术为各家的学说，即所谓方术者之宗。这是道家的道术统一说，持此说者为《庄子·天下篇》。

儒家是保存传统学术，拥护传统制度的学派。如果我们承认历史是有延续性的，则一切新学说，新制度，都可以说，在旧学说旧制度中，有其萌芽。从这一点看，亦可以得到道术统一之观念。《汉书·艺文志》说九家"亦六经之支流余裔"，正是用这种看法。所以儒家亦有道术统一说，持之者为荀子。兹就《荀子》及《庄子·天下篇》中所见，分别述之。

（1）《荀子》之王制论

荀子是战国末期的儒家的大师，当时正是学说派别最复杂的时代。在理论发展上，各个学派，许多系统，已经很完整了；对于异己的学派，相反的主张，了解已深，而同时排斥亦益力。这种情形，自如今看来，也可以说是学术兴盛的现象，不过当时人却大都认为是一种混乱，是非不分的局面。荀子对于这种局面，尤为痛恨。他叙述当时的情形说：

> 假今之世，饰邪说，文奸言，以枭乱天下，欺惑愚众，矞宇嵬琐，使天下混然不知是非治乱之所存者，有人矣。（《荀子·非十二子篇》）

他列举它嚣魏牟，陈仲史鳅，墨翟宋钘，慎到田骈，惠施邓析，子思孟轲等六派十二人，以为他们的学说，虽皆"持之有故，言之成理"，但其结果实只足以"欺惑愚众"，扰乱是非。当时混乱的思想，荀子认为必须统一，因为"道"本来是一，而且只能是一。荀子又以为当时各家各有所见，墨子有见于"用"，宋子有见于"欲"，慎子有见于"法"，申子有见于"势"，惠子有见于"辞"，庄子有见于"天"，不过他们所见者，皆不过是"道"之一偏，而不是其大全，所以各家之所见，正成为各家之蔽。荀子说：

> 故由用谓之，道尽利矣；由俗（杨倞曰：'俗当为欲'）谓之，道尽嗛矣；由法谓之，道尽数矣；由势谓之，道尽便矣；由辞谓之，道尽论矣；由天谓之，道尽因矣：此数具者，皆道之一隅也。夫道者，体常而尽变，一隅不足以举之。曲知之人，观于道之一隅而未之能识也，故以为足而饰之。内以自乱，外以惑人，上以蔽下，下以蔽上，此蔽塞之祸也。（《荀子·解蔽篇》）

见乎一隅，不知其为一隅，而自以为知道，则必不知道，即是"蔽于一曲，而暗于大理"，蔽于一曲，是人之大患。荀子说：

> 凡人之患，蔽于一曲而暗于大理。治则复经两疑则惑矣。天下无二道，圣人无两心。今诸侯异政，百家异说，则必或是或非，或治或乱。乱国之君，乱家之人，此其诚心，莫不求正而以自为也。妒缪于道，而人诱其所迨也；私其所积，唯恐闻其恶也；倚其所私，以观异术，唯恐闻其美也。是以与治虽（郝懿行曰：'虽当作离'）走，而是已不辍也。岂不蔽于一曲而失其正求也哉？（《荀子·解蔽篇》）

如欲不蔽于一曲，辨其是非，知其治乱，得其正求，则必须知"道"。荀子说：

> 圣人知心术之患，见蔽塞之祸，故无欲无恶，无始无终，无近无远，无博无浅，无古无今，兼陈万物而中县衡焉。是故众异不得相蔽以乱其伦也。"何谓衡？"曰"道"，故心不可不知道。（《荀子·解蔽篇》）

道之具体代表即是王制。王制是一切的"隆正"。所谓"隆正"，有标准之意。百家之说，各有所见，各有所蔽，何者为其所见，何者为其所蔽，要加以判断，必有标准。圣人所用之标准是道。常人所用之标准，即圣人所定之王制。荀子说：

> 子宋子曰："见侮不辱。"应之曰："凡议必将立隆正然后可也。

无隆正则是非不分，而辩讼不决。"故所闻曰：天下之大隆，是非之封界，分职名象之所起，王制是也。（《荀子·正论篇》）

《传》曰："天下有二：非察是，是察非。"谓合王制与不合王制也。天下有不以是为隆正也，然而犹有能分是非，治曲直者邪？（《荀子·解蔽篇》）

凡不合王制者都是蔽，都是奸言。王制是批评一切学说之标准，荀子说：

凡言不合先王，不顺礼义，谓之奸言。虽辩，君子不听。（《荀子·非相篇》）

辩说譬喻，齐给便利，而不顺礼义，谓之奸说。（《荀子·非十二子篇》）

凡知说，有益于理者为之，无益于理者舍之，夫是之谓中说。……知说失中，谓之奸道。（《荀子·儒效篇》）

荀子批评当时各家，也都就其合王制不合王制立论，他说：

慎子有见于后，无见于先；老子有见于诎，无见于信；墨子有见于齐，无见于畸；宋子有见于少，无见于多。有后而无先，则群众无门；有诎而无信，则贵贱不分；有齐而无畸，则政令不施；有少而无多，则群众不化。（《荀子·天论篇》）

所谓"贵贱不分"，"政令不施"，"群众不化"，很明显地即是不合王制的毛病。

既有王制以为隆正，有"道"、"理"、"礼义"以为准则，合乎王制，顺乎礼义，"有益于理者为之"，"无用之辩，不急之察，弃而不治"（《荀子·天论篇》）。则方术可一。圣人得位，推行其"王制"，则"十二子者皆迁化"。即不迁化，圣王也一定使"六说者不能入也，十二子者不能亲也"（《荀子·非十二子篇》）。但圣人既不得位，统一方术之事业，只好望于仁人。荀子说：

今夫仁人也，将何务哉？上则法舜禹之制，下则法仲尼子弓之义，以务息十二子之说。如是则天下之害除，仁人之事毕，圣王之迹著矣。（《荀子·非十二子篇》）

(2)《庄子·天下篇》之道术统一说

《天下篇》对于道术统一的看法，是道家的看法，与荀子的看法，

颇有差异。《天下篇》以为各家皆有得于道术；荀子以为各家皆有见于
"道"之一隅一偏。在此点《天下篇》与荀子似有相同处。但《天下篇》
对于各家之态度，则与荀子大不相同。荀子评论各家，以为各有所见，
各有所蔽，好像公允，与《天下篇》的看法差不多。但其实，他以为各
家之所见，既都是一偏，因此一偏之见，反蔽"大理"，对"大理"而
言，此所见即是蔽，所以说："愚者为一物一偏而自以为知道，无知
也。"从道术之观点看，各家之有知，正即各家之无知，只有合王制，
顺礼义，才算有知。《天下篇》论述各家，有时也加以批评，却都以为
是"古之道术有在于是者"。（论惠施无此语，似乎也是表示看不上辩者
之意。也许《天下篇》论惠施段是另一篇，如有人所说）。诸子百家各
得道术之一部分，"以自为方"。古来的道术是"天地之纯"，因纯故一。
诸子百家，不见"纯"而裂道，则"往而不返，必不合矣"。但不合亦
只得听其不合，而荀子则要用王制礼义以务息各家之说。这是道家与儒
家的态度之不同处。

以下分三点来说明《天下篇》之道术统一说：

第一，《天下篇》所谓道术，是无所不包的"真理"。《天下篇》说：

> "古之所谓道术者，果恶乎在？"曰："无乎不在！"曰："神何
> 由降？明何由出？""圣有所生，王有所成，皆原于一。"

所谓"无乎不在"者，《天下篇》说：

> 不离于宗，谓之天人；不离于精，谓之神人；不离于真，谓之
> 至人；以天为宗，以德为本，以道为门，兆于变化，谓之圣人；以
> 仁为恩，以义为理，以礼为行，以乐为和，薰然慈仁，谓之君子。
> 以法为分，以名为表，以参为验，以稽为决，其数一二三四是也，
> 百官以此相齿，以事为常，以衣食为主，蕃息畜藏，老弱孤寡为
> 意，皆有以养，民之理也。

其中天人、神人、至人，都得道术之体，故能"不离于宗"，"不离于
精"，"不离于真"。圣人得道术之用，故"以德为本，以道为门，兆于
变化"。君子者，得于道术之末迹，故崇仁义，行礼乐，已不能算得道
术之全。至于百官百姓，则更"日用而不知"矣。得道术体用之总全
者，即《天下篇》所谓"古之人其备乎"。因为他"备"，故能"配神
明，醇天地，育万物，和天下，泽及百姓"。这叫做"内圣外王之道"；
又叫做"明于本数，系于末度"。本数即是宇宙万事万物之总原理，末

度即是礼乐法制；对于这各方面所有的真理，即《天下篇》所谓道术。

第二，《天下篇》以为道术，"古之人"能全有。所谓"天地之纯，古人之大体"者是。这种道术，"六通四辟，小大精粗，其运无乎不在"，其大者精者，即是其关于本数者；其小者粗者，即是其关于末度者。以后之人，虽不能见道术之全体，然道术之"明而在数度者，旧法世传之史，尚多有之"。此所谓数即本数，此所谓度即末度。关于其末度，《天下篇》说：

> 其在于诗书礼乐者，邹鲁之士，缙绅先生，多能明之。……《诗》以道志，《书》以道事，《礼》以道行，《乐》以道和，《易》以道阴阳，《春秋》以道名分。

关于其本数，《天下篇》说："其数散于天下而设于中国者，百家之学，时或称而道之"。"天下大乱，圣贤不明，道德不一，天下多得一察焉以自好"，"以其有为不可复加矣"，"譬如耳目鼻口，皆有所明，不能相通，犹百家众技也，皆有所长，时有所用"。但是比不得古之圣王，都是"不该不遍"的"一曲之士"。这些一曲之士，各得一察，"往而不返"，从其所得之一曲，"以判天地之美，析万物之理"，"往而不返，必不合矣"。所谓"往"的意思，就是推衍上去，各家各得道术之一部分，把这一部分执着起来，推衍下去，他们即不会再合了。古人之大纯，后人再也不得见了。

百家之学无一非不遍不该之论，古人所有道术之全，已散于百家，百家各得一偏，故犹耳目口鼻，时有所用，而不能相通。所以"内圣外王之道，暗而不明，郁而不发"。如墨子之"反天下之心"，慎到之"非生人之行，而至死人之理"，固已不对，即老聃庄周，也只是真人类似所谓"至人"等，也只能"澹然独与神明居"，"独与天地精神往来，不敖倪于万物"，而不能"醇天地，育万物，和天下，泽及百姓"，行圣人之事。他们只有"内圣"，而没有"外王"。

第三，《庄子·天下篇》对于各家方术之看法，与《庄子·齐物论》等篇有相同之点。《庄子·齐物论》有"齐是非"之主张，《齐物论》说：

> 道恶乎隐而有真伪？言恶乎隐而有是非？道恶乎往而不存？言恶乎存而不可？道隐于小成，言隐于荣华。故有儒墨之是非，以是其所非，而非其所是。

道是宇宙万物之总原理，小成则道隐；道术是对于这个原理的知识，知识若成了"家"，则道术也隐。儒墨有执，各以其自己之所是，非其所非，"是亦一无穷，非亦一无穷"，如环无端。在此道术之全中，若执其一曲，则必相非，故《齐物论》主张两行之说：

> 是以圣人和之以是非，而休乎天钧；是之谓两行。

所谓两行，即不废是非而超过之。对于各家之是非，以"不一"一之，以"不齐"齐之。《天下篇》虽没有这一种的齐法，但对于道术的统一，只说道术原来是统一，至于既分之后，各家不能相通，亦只好听其自尔。《天下篇》既不想定一定的标准，以统一各家，亦不想折衷各家，以恢复道术之统一。既有各家，即任其自尔。这是道家的态度。

（3）韩非子"言谈者必归于法"之主张

法家虽无明显的"道术统一"说，而对于思想统一则极为注重，故下略述韩非子在此点之见解。

法家之学之目的，在于治世强国，故其对于思想统一之主张，系由功利主义的观点，从国家的立场立论。韩非子对百家之学，有下列三种见解。

（一）杂反之学，互相冲突之说，不能并存。他说：

> 墨者之葬也，冬日冬服，夏日夏服，桐棺三寸，服丧三月，世主以为俭而礼之。儒者破家而葬，服丧三年，大毁扶杖，世主以为孝而礼之。夫是墨子之俭，将非孔子之侈也；是孔子之孝，将非墨子之戾也；今孝戾侈俭，俱在儒墨，而上兼礼之。漆雕之议，不色挠，不目逃；行曲则违臧获，行直则怒于诸侯；世主以为廉而礼之。宋荣子之义，设（王先慎曰："设"疑"语"讹）不斗争，取不随仇，不羞囹圄，见侮不辱；世主以为宽而礼之。夫是漆雕之廉，将非宋荣之恕也，是宋荣之宽，将非漆雕之暴也。今宽廉恕暴，俱在二子，人主兼而礼之。自愚诬之学，杂反之辞争，而人主俱听之；故海内之士，言无定术，行无常议。夫冰炭不同器而久，寒暑不兼时而至，杂反之学，不两立而治。今兼听杂学谬行，同异之辞，安得无乱乎？（《韩非子·显学篇》）

（二）妨害国家政令的学说，不能容许。"儒以文乱法，侠以武犯禁"，韩非子列入"五蠹"，谓"世主不除此五蠹之民"，"则海内虽有破亡之国，削灭之朝，亦勿怪矣"。韩非子又谓儒墨杨老之说，从国家的利害着想，也不可提倡。他说：

> 故不相容之事，不两立也。斩敌者受赏，而高慈惠之行，拔城者受爵禄，而信廉爱之说。……举行如此，治强不可得也。(《韩非子·五蠹篇》)

这所说的是儒墨。又说：

> 畏死远难，降北之民也，而世尊之曰"贵生之士"。学道立方，离法之民也，而世尊之曰"文学之士"……世主听虚声而礼之，利必加焉。……故名赏在乎私恶当罪之民……索国之富强不可得也。(《韩非子·六反篇》)

这所说的是杨老。

（三）无用之辩，微妙难知之论，都须取消。韩非子说：

> 好辩说而不求其用，滥于文丽而不顾其功者，可亡也。(《韩非子·亡征篇》)

> 夫言行者，以功用为之的彀者也……不以功用为之的彀，言虽至察，行虽至贤，则妄发之说也。(《韩非子·问辩篇》)

> 所谓智者，微妙之言也。微妙之言，上智之所难知也。今为众人法，而以上智之所难知，则民无从识之矣。故糟糠不饱者，不务粱肉，短褐不完者，不待文绣。夫治世之事，急者不得，则缓者非所务也。今所治之政，民间之事，夫人所明知者不用，而慕上知之论，则其于治反矣。故微妙之言，非民务也。(《韩非子·五蠹篇》)

其他学说，不在上述三者之列，而有利于国者，则可归之于法中，使一国之民，所有个人生活，社会舆论，一皆依据于法。国家要战争，则法即须照着这个意思规定，人民都须以杀敌为至善，不得持重生贵己之学说。国家要拓土开疆，则法即须照着这个意思规定，人民都须以攻城掠地为至善，不得持兼爱非攻之论。但假如国家要提倡节俭，则墨之节用薄葬之说，非但不加禁止，而且还要布之于官，令人民遵守。韩非子说：

> 人主于听学也，若是其言，宜布之官而用其身；若非其言，宜去其身而息其端。今之为是也，而弗布于官，以为非也，而不息其端：是而不用，非而不息，乱亡之道也。(《韩非子·显学篇》)

> 明主之国，无书简之文，以法为教；无先王之语，以吏为师。
> （《韩非子·五蠹篇》）

"以法为教"，"以吏为师"，"言谈者必归于法"，即是《韩非子》对于统一思想的办法。其于百家之学，不究其本，不管其理论系统，专以实用为宗，以治世强国为准，而衡量各家学说主张之实际的影响；然后对于各家，有所取舍，归于法而一之。他用这种方法，采道家清虚无为之论，以为其君道无为之说；采儒者之忠君正名及其他各家有利于治世强国之学说，以为法之内容。近人王世琯先生谓"韩非子实集儒道法三家之大成"（《韩非子研究》）。此亦可说，不过其大成之所集，只是切实浅显的主张，并无微妙之言，系统之论。他统一思想之法，着重在实用上，而不在根本的理论上。但就其法家立场言，这也是合理的方法了。韩非子对于统一思想，大都就国家或统治者之观点立论，我们可以说：他只有统一思想的学说，而没有"道术统一"的学说。不过他之采取各家，及以为各家亦时有其用之见解，亦与杂家以影响。

（四）总论杂家

《汉书·艺文志》说：

> 杂家者流，盖出于议官，兼儒墨，合名法，知国体之有此，见王治之无不贯，此其所长也。及荡者为之，则漫羡而无所归心。

《艺文志》杂家书目内，列有《淮南内》二十一篇，《淮南外》三十三篇，今所存《淮南子》就是内篇，书末有要略一篇，自谓：

> 若刘氏之书，观天地之象，通古今之事（"事"一本作"论"），权事而立制，度形而施宜。原道之心，合三王之风，以储与扈冶，玄眇之中，精摇靡览，弃其畛挈，斟其淑静，以统天下，理万物，应变化，通殊类。非循一迹之路，守一隅之指，拘系牵连于物，而不与世推移也。故置之寻常而不塞，布之天下而不窕。

从这两段看可知所谓杂家者流，乃是"兼儒墨，合名法"，"非循一迹之路，守一隅之指"之一派。他们自以为这种办法可得道术之全，自这个观点看，各家皆一曲一隅之士。

战国末期，各家对于统一思想，都有一种主张。儒家荀子一派，以为诸子各有所见，因其所见，蔽于一曲，暗于大理。道在于大理，不在一曲，是全不是分。道之具体的代表是王制，主张"尊王制"，"禁奸言"，以统一思想。道家《庄子·天下篇》则以为道术散而为方术，方术犹人之耳目口鼻，各有其用，而不可以相通。道术之大纯，今失而不可复得。百家分歧，往而不返。如人以为《天下篇》也有统一思想的方法，其办法亦必是以不一一之。法家主张以法为治，以治世强国为目的。合于此目的者，布之于官，归之于法，不合此目的者，"息其端而去其身"，使"言谈者必归于法"，法即为国人言行的最高标准。所有这些说法，都是春秋以后，学说蜂起，派别分歧，杂反之说，互相冲突之情形所引起，亦是当时政治统一之趋势所需要。在战国末期以后，这些说法，成为当时思想之主潮。因为此种思想之流行，引起一些好折衷之学者，自命为非一曲之士，不墨守一家之迹，企图综合各家，"弃其畛挈，斟其淑静"，使各家学说，由分而合，此种人即《汉书·艺文志》所谓"杂家者流"。以后秦汉之际，政治上全国统一，"车同轨，书同文，行同伦"；在此种情形之下，此种自命为综合诸家之派别，最易盛行。

　　杂家所依之理论的根据，主要的是战国末期所有之"道术统一"说。儒道二家虽均有"道术统一"说，但其对于各家之态度，则截然不同。荀子认为各家之所见，即是所蔽，愚者得一偏而自以为知道，对"大理"而言，各家都是"无知"，只有合乎王制，顺乎礼义者，才算是见非蔽，得乎道之全。《庄子·天下篇》认为百家之学，虽然也是不该不遍，但"古之道术有在于是"，并不是全然无知；并且还以为百家之学，犹耳目口鼻，虽然不能相通，却各有其用；不过各家"往而不返"，纯一道术，为天下裂，可认为"悲夫"而已。荀子所谓总全的道，就真正客观的看法，其实仍是他自己的道。要大家承认了王制为"隆正"，方可辩论，哪里还会有什么辩论？别家只好全部投降，也不会有什么调和好讲。故依照荀子的办法，只会有"罢黜百家"之论，不会生出折衷各家之杂家。但《庄子·天下篇》则以为百家之学，都得道术之全之一部分，而且各有所用，如耳目口鼻。我们可以设想，《天下篇》所谓总全的道术，可以是当时许多方术之总合，耳目口鼻俱全（此种设想其实不与《天下篇》的意相合，《天下篇》所说之道术乃是纯一的，耳目口鼻虽全，乃如朴未凿，不和后来之已分开者一样）。若如此设想，则欲得总全的道术，必须不偏不倚，网罗百家，而成总全，这正是杂家之态度。只有在此种态度下，才能发生折衷主义，以"兼儒墨，合名法"。

但在另一方面看，如果完全照《庄子·天下篇》所持之态度，也不能产生杂家，《庄子·天下篇》所持之态度是道家的态度，道家对于有两点持之甚坚：（1）道术是"天地之纯"，纯有纯朴的意思，纯是最好最全的；因其不是从名言分别得来，故为无上智慧。各家学说，都由名言分别推衍而来；各家都是分裂纯一道术之罪人，他们不能相通，不能相合。道术之分裂为方术，如"朴散而为器"，如七窍凿而浑沌死。（2）因循无为，也是道家所坚持之一点。百家蜂起，杂说纷争，无论起因如何，已为既成事实；百家"往而不返"，"道术将为天下裂"，乃是当时之趋势。对于此种趋势，道家只好叹一声"悲夫"。后之学者不能"见天地之纯，古人之大体"，他们也是爱莫能助。"劳神明而为一"，是道家所最不赞成的。既认为方术不能统一，又不想去统一它，则亦不能发生杂家；杂家是认为方术可以统一，而又想去统一它的。而且杂家也不能赞成道术越纯朴越好之说法；太纯朴了，固然可以"一"，但此"一"其实没有多大用处，故完全采用《天下篇》所持态度，亦不能发生杂家。韩非子的学说，及其提出统一思想之必要之一点，亦可与杂家以影响，上文已说。兹将杂家所承受于战国末期之"道术统一"说，及统一思想之主张者，列举数点如下：

第一，"道术统一"说之中心观点，为战国末期儒道两家所公认者。此说认为道术之全，包括所有的学说，或包括所有学说之"好"的一方面。

第二，对于百家之学，"道术统一"说以为他们都见到总全道术之一偏一隅，这也是荀子和《天下篇》所共同主张的。

第三，杂家又采取荀子韩非子的见解，认为各家学说，有统一之必要。就实用上说，学说必须统一不二，才不至惑乱法令，混淆是非；就知识上说，必知大全的道术，才算全知之士。

此三者乃是成立杂家之理论的基础。他们不能承受荀子以一家之说为标准，以统一别家之主张；也不能承受《庄子·天下篇》方术不能统一之理论。杂家自始即不专宗于某一家；也非单独由某一家的学说发展而来。

自然，说杂家不宗一家，并非说它未受过他家之影响。前文已提到，道术统一之说，与道家之兴起，有很大的关系。中国先秦哲学，一般是注重实际人生问题，有形上学者，则先有道家，后来才有《易传》，《易传》受道家的影响也很大。又因道家所论问题，有许多是较各家所论为根本的，故杂家有许多地方，都采取了道家的观点。如《吕氏春秋》开头就论"本生"、"重己"，《淮南内篇》开头就有《原道》一训，都是道家的议论。江瑔《读子卮言》上说：

> 其得道家之正传，而所得于道家，亦较诸家为多者，则惟杂家。盖杂家者，道家之宗子，而诸家者，皆道家之旁支也。惟其学虽本于道家，而亦旁通博综，更典采儒墨名法之说：故世名之曰杂家。此不过采诸家之说，以浚其流，以见王道之无不贯；而其归宿仍在道家也。（《论道家为百家所从出章》）

其实所谓宗主道家，以各家之说浚其流，在今所有之杂家著作中，都未曾自己说过。就其内容看，亦有许多地方与道家思想，并不一致。杂家的代表作品，今有《吕氏春秋》与《淮南内篇》。《淮南内篇》之于道家，其关系较《吕氏春秋》为深。顾颉刚先生曾作《从吕氏春秋推测老子成书年代》一文（载《古史辨》四卷），即以《吕氏春秋》与《淮南内篇》两书对道家关系深浅的差异为论，推测《老子》一书，成在两书成书之间。不过《淮南内篇》也不宗主道家，它自己说："非循一迹之路，守一隅之指。"上文已详。总之，杂家不是道家，也不宗主任何一家，它是应秦汉统一局面之需要，以战国末期"道术统一"说为主要的理论根据，实际企图综合各家之一派思想。这种思想，在秦汉时代，成为主潮。在秦汉时代，各派各家，都不免有杂家的色彩。

《吕氏春秋》与《淮南内篇》，在《汉书·艺文志》中，皆列为杂家，它们有下列三点相同：

第一，两书都不提它的宗主，也不说明以哪一家为主。《淮南内篇》甚且自己声明："非循一迹之路，守一隅之指。"《吕氏春秋》提到各家，也都平等看待，老聃，孔子，墨翟，关尹，列子，陈骈，阳生，孙膑，王寥，兒良，都一概而论，称为豪士（见《审分览·不二》）。并未提出哪个较高，哪个较低。

第二，虽然如此，它们亦各根据一些已有的理论，造成一标准，企图用此标准，来把各种相互冲突的学说主张，加以抉择，放在一起，以"总天下古今之论"，"弃其畛挈，斟其淑静，以统天下，理万物，应变化，通殊类"。舍短取长，"以见王治之无不贯"。自谓如此可熔天下方术于一炉，得道术之总全。此外尚有与别家并无理论的关系之学说，只要不与别家冲突，亦将其列入，如《吕氏春秋》之纪月令与论农业技术之说（《上农》、《任地》等篇），《淮南内篇》之训天文地形是也。此即所谓统一。

第三，照历史的记载，二书都是统治当权者命其食客所编。吕不韦为秦相国，刘安为淮南王。《史记》说："吕不韦乃使其客人人著所闻，集论以为八览，六论，二十一纪。"《汉书》说：淮南王"招致宾客，方术之士，数千人，作为内书二十一篇，外书甚众"。于此可见两点：其一是，学说统一，是统治当权者所需要；其二是，此等拼凑折衷的工作，食客作之，最为相宜。《艺文志》说："杂家者流，出于议官。"我们可以说：杂家者流，出于食客。①

胡适之先生作《淮南王书》一书，说杂家是一辆垃圾车，无所不装。其实即是垃圾车，也不能无所不装。杂家是"兼儒墨，合名法"之学派，是根据秦汉时代流行之"道术统一"之思想，成立出来的。故不拘一曲，不定一家，以为如此即可得道术之全。它虽采取各家，然亦不像后来编丛书那样，将原书整个收入，即算完事。杂家者流，有他们的主张，他们主张道术是"一"，应该"一"；其"一"之并不是否定各家只余其一，而是折衷各家使成为"一"。凡企图把不同或相反的学说，折衷调和，而使之统一的，都是杂家的态度，都是杂家的精神。

（五）《吕氏春秋》

胡适之先生说：

> 《吕氏春秋》虽是宾客合纂的书，然其中颇有特别注重的中心思想。组织虽不严密，条理虽不很分明，然而我们细读此书，不能不承认他代表一个有意综合的思想系统。（《胡适文存》三集《读吕氏春秋》）

胡先生说明《吕氏春秋》所特别注重的中心思想，就是个人主义的重生贵己。重生贵己是《吕氏春秋》所注重的思想，却不是《吕氏春秋》所自己特有的思想。《吕氏春秋·审分览》说"阳生贵己"，是贵己为阳生之说；阳生即杨朱。

---

① 《汉书·艺文志》谓杂家出于议官，古果有议官否，尚待考定。《史记·田完世家》云："宣王喜文学游说之士，自如驺衍，淳于髡，田骈，接子，慎到，环渊之徒七十六人皆赐列第，为上大夫，不治而议论。"如此不治而议论之上大夫，如其可以是议官，则议官其实有百家之学，如杂家出于如此之议官，亦可通，不过如此之类之议官，实亦即是食客。

从这一方面看，《吕氏春秋》近乎杨；但自另一方面看，《吕氏春秋》又近乎墨。卢文弨说：

> 《吕氏春秋》一书，大约宗墨氏之学，而缘饰以儒术。其重生，节丧安死，尊师下贤，皆起道也。（《抱经堂文集·书〈吕氏春秋〉后》）

不过《吕氏春秋》之近乎墨道，其实不在节丧安死等主张。因为它所以主张节丧安死，与墨家所以主张节丧短丧，所持理由不同。墨家持功利主义，《吕氏春秋》亦持功利主义。在这一点说，《吕氏春秋》近乎墨道。不过其间又有一点不同；墨家以利天下为利；《吕氏春秋》则以顺生适性为利。《吕氏春秋》盖将杨墨之学，混合而为言。《吕氏春秋》想把各家都混合起来；这即是胡适之先生所说"有意综合"。"有意综合"，正是杂家的态度。

《吕氏春秋》之重生论的功利主义，乃是混合杨墨之说，并非特创独见。杂家以折衷为主，没有独特的思想。它的独特的地方，就在于混合折衷。胡适之先生以重生贵己为《吕氏春秋》之中心思想。如他所谓中心思想，是一系统中，提一发而全身动的，那样根本思想，则杂家都没有这种中心思想。若有了此种中心思想，则又不成其为杂家了。杂家所有的不过是用以抉择百家之学的标准，有此标准，能使"是非，可不可，无所遁"（《吕氏春秋·序意篇》语），即已很够了。如果这亦可是中心思想，这样的中心思想是杂家可以有的。

（1）方术统一论

《吕氏春秋》说：

> 听群众人议以治国，国危无日矣！何以言其然也？老聃贵柔，孔子贵仁，墨翟贵廉，关尹贵清，子列子贵虚，陈骈贵齐，阳生贵己，孙膑贵势，王廖贵先，兒良贵后。此十人者，皆天下之豪士也。有金鼓所以一耳，必同法令，所以一心也；智者不得巧，愚者不得拙，所以一众也；勇者不得先，惧者不得后，所以一力也。故一则治，异则乱，一则安，异则危。夫能齐万不同，愚智工拙，皆尽力竭能，如出乎一穴者，其唯圣人乎！（《审分览·不二》）

是欲天下之治者，必求方术之统一。统一方术之法，为"齐万不同"。《吕氏春秋》又说：

> 物固莫不有长，莫不有短，人亦然。故善学者，假人之长，以

> 补其短。故假人者遂有天下。……天下无粹白之狐，而有粹白之裘；取之众白也。夫取于众，此三皇五帝之所以大立功名也。（《孟夏纪·用众》）

《吕氏春秋》统一百家之学，也是持这种态度，用这种方法。不过狐皮白不白，可以用眼来看，抉择百家之学，辨其是非，察其可不可，则必有一种原则，以作为标准。这个原则，即是《吕氏春秋》重生论的功利主义，它的义利论。

（2）义利论

重生本有两方面，有身体方面的，有精神方面的。就身体方面说，六欲得其所欲，是顺生；莫得其宜，则是亏生，迫生。就精神方面说，人性恶服恶辱，服辱而生，反乎人性，亦是迫生。故云：

> 所谓迫生者，六欲莫得其宜也，皆获其所甚恶者，服（胡适之先生谓："在此有受人困辱迫勒之意"）是也，辱是也。辱莫大于不义；故不义，迫生也。（《仲春纪·贵生》）

又举例说：

> 东方有士焉，曰爰旌目，将有适也，而饿于道。狐父之盗曰丘，见而下壶餐以铺之。爰旌目三铺之而后能视。曰："子何为者也？"曰："我狐父之人，丘也。"爰旌目曰："嘻！汝非盗邪？胡为而食我？吾义不食子之食也。"两手据地而吐之，不出；喀喀然遂伏地而死。（《季冬纪·介立》）

这就是不义迫生，尚不如死的例。本来《吕氏春秋》以为人重生贵己是说得通的。但它如果仅讲重生贵己，则只有杨朱为我之说，才是正当的结论。那样，《吕氏春秋》如何去统一各家呢？由杨朱学说为论，则必有许多家学说主张不能容纳。例如墨子之摩顶放踵而利天下，儒家之杀身成仁，舍生取义，即儒墨所谓"义"者，必不能与重生之说并存。《吕氏春秋》欲把"义"及"重生"融合起来，因在吾人所重之"生"上，为义找到根据，说此二者，是一非二。不义是辱，辱是迫生，迫生尚不如死。由此说起来，重生有广狭二义：广义的重生，包括顺生，也包括不迫生；狭义的重生，才只重身体之存在。利生也有广狭二义：广义的利生，包括利群，即所谓义；狭义的利生，才只是利己。由重生而言，利是利，义也是利，因其能使我不迫生。由贵己而言，利己是贵己，利人也是贵己，因利人为义，适己之性，使己不辱。《吕氏春秋》借着这么一道精神的桥梁，把个人与社会，私利与公利，重生与为义，沟通起来。

所以《吕氏春秋》反对苟生贪利贪生，说：

> 世之所不足者，理义也；所有余者，妄苟也。（《离俗览》）
> 吾闻之，非其义不受其利。（同上）

义，本有应当如何之意，甚么是我们应当作的？《淮南·主术训》说："义生于众适。"《缪称训》又说："义者，比于人心而合于众适者也。"此说颇与《吕氏春秋》之说相似。《吕氏春秋》主张，个人对于社会的责任，是为他人谋利其生，为大家谋利其生。故云：

> 若夫舜汤……以爱利为本，以万民为义。（《离俗览》）
> 衣人，以其寒也；食人，以其饥也；饥寒，人之大害也，救之，义也。（《仲秋纪·爱士》）
> 善不善，本于义。（《有始览·听言》）

善不善，是以义不义为标准的。

对于义利的看法，有两种：一种是君子的看法；一种是小人的看法。君子知道义亦是利，觉得不义是辱，是迫生，故行义而不苟生。小人只知狭义的利，私利，不知公利也是利，只知使此身体存在是重生，不知有时舍生（舍被迫之生）也是重生。《吕氏春秋》说：

> 君子计行虑义，小人计行其利，乃本利。有知不利之利者，则可与言理矣。（《慎行论》）

此段明示，义即是不利之利。义有时似乎与私利冲突，故是不利。但公利和私利，事实上常是一致的。《吕氏春秋》说：

> 故曰："天下大乱，无有安国；一国尽乱，无有安家；一家皆乱，无有安身。"……故小之定也必恃大，大之安也必恃小。（《有始览·谕大》）

此言个人利益，亦必在公利之中，才能保持。所以公利是不利之利。

（3）反"非攻"及薄葬等主张

吾人行事立论，必以义利为主。故对于攻战亦当先问其是非，不可一例非之。《吕氏春秋》说：

> 故古之贤王，有义兵而无偃兵。家无怒笞，则竖子婴儿之有过

也立见；国无刑罚，则百姓之悟（《王念孙》曰："悟字衍"）相侵
也立见；天下无诛伐，则诸侯之相暴也立见。故怒笞不可偃于家，
刑罚不可偃于国，诛伐不可偃于天下，有巧有拙而已矣。（《孟秋
纪·荡兵》）

凡为天下之民长也虑，莫如长有道而息无道，赏有义而罚不
义。今之世，学者多非乎攻伐，而取救守。取救守，则乡之所谓长
有道而息无道，赏有义而罚不义之术不行矣。（《孟秋纪·振乱》）

先王之法曰："为善者赏，为不善者罚。"古之道也，不可易。
今不别其义与不义，而疾取救守，不义莫大焉，害天下之民莫甚
焉。故（取）攻伐（者）不可非（俞樾曰："取""者"二字衍），
攻伐不可取；救守不可非，救守不可取，惟义兵为可；兵苟义，攻
伐亦可，救守亦可；兵不义，攻伐不可，救守不可。（《孟秋纪·禁
塞》）

对于非攻之辩论，是《吕氏春秋》精彩的地方，我们可以拿来作其抉择
各家之例。其反非攻之论，显然是对墨家而发。《吕氏春秋》与墨家皆
以利为论，而结论如此不同者，则是由于双方对于攻战的看法不同。墨
子在战国初期，当时各国都在努力扩张势力，强吞弱，众暴寡，所谓攻
战，在墨子看来，实与"入人园圃，窃人桃李"（《墨子·非攻上》）相
似。至战国末期，《吕氏春秋》的时代，国数已少而皆强大，都要王天
下；故其攻战有统一天下的意义，非窃人桃李者可比。又，墨子是站在
弱小国家的立场，己不欲人攻亦不应攻人。《吕氏春秋》是站在强大国
家的立场，故其见解不同。

《吕氏春秋》对于薄葬之议论，也与墨家不同。它说：

是故先王以俭节葬死也，非爱其费也，非恶其劳也，以为死者
虑也。（《孟冬纪·安死》）

此是以个人之利为其功利主义之对象，与墨子之以整个社会之利为其功
利主义之对象者不同。胡适之先生以为《吕氏春秋》之中心思想是个人
主义，也是为此。

（4）余论

《吕氏春秋》批评儒墨之道，说他们都不知人性之本，人性之本是
内在的，是根本的。儒墨不明乎此，只把外在的制度道德，苛责于人，
故其术不成。《吕氏春秋》说：

> 孔墨之弟子徒属，充满天下。皆以仁义之术，教导于天下，然而无所行。教者术犹不能行，又况乎所教？是何也？仁义之术外也。夫以外胜内，匹夫徒步不能行，又况人主？唯通乎性命之情，而仁义之术自行矣。(《似顺论·有度》)

顺乎性命之情，以行仁义，即是以重生贵己之说行仁义也。

《吕氏春秋》一书，想用"缀白裘"的方法，统一方术。内而重生贵己，外而"长利"、"高义"，以为如此可以法天地之道，执一而应万变。但《孟春》等纪，专言时令；《任地》、《辩土》，专言农事；固非无用，亦不冲突，而在一些所谓"白"的狐皮之中，参杂了这样一些不黑不白，又不像狐皮的东西，则所成白裘实不如其所想像之完美。此其所以为杂家。

（六）《淮南内篇》

《汉书·艺文志》杂家，列有《淮南内》二十一篇，《淮南外》三十三篇。颜师古注曰："内篇论道，外篇杂说。"外篇今已佚。兹单论其《内篇》。

《淮南内篇》与道家的关系很密切。胡适之先生《淮南王书》，谓《淮南》是道家。唐擘黄先生作《老子这部书与道家的关系》一文（见《张菊生七十生日纪念论文集》），谓混合各派的杂家是道家，亦就《淮南》而言。但是道家和杂家毕竟不同。道家是独有创见，自成系统的一个宗派，而杂家则继承战国末期各家"道术统一"之思想，企图以不偏不倚的态度，综合各家之长，统一思想界。后者有意，有为而作；前者则离开各家各派而独自抒发其所见之真理。

《淮南内篇》之"道术统一"说，受《庄子·天下篇》之影响很大，于下文可见。

（1）道无为

《淮南内篇》说：

> 无为者，道之宗。(《主术训》)
>
> 无为者，道之体也；执后者，道之客也。无为制有为，术也；执后制执先，数也。放于术则强，审于数则宁。(《诠言训》)

此言道之"体"为"无为"。《淮南》所谓无为，盖不同于老庄之无为。

《脩务训》说：

> 或曰："无为者，寂然无声，漠然不动，引之不来，推之不往；如此者乃得道之像。"吾以为不然。

又说：

> 吾所谓无为者，私志不得入公道，嗜欲不得枉正术；循理而举事，因资而立功，推自然之势，曲故不得容者。事成而身弗伐，功立而名不有。非谓其感而不应，迫（迫本作攻，从王引之校改）而不动也。若夫以火熯井，以淮灌山，此用己而背自然，故谓之"有为"。若夫水之用舟，沙之用鸠，泥之用辒，山之用蔂；夏渎而冬陂，因高为山，因下为池，此非吾所谓"为之"。

此处把无为分析，说它有三个重要的意义。从这三个意义，引申推演，可容纳几种的学说。尚有一种意义，谓"事成而身弗伐，功立而名不有"。但此只说明老子谦退之意，并不很重要，故从略。兹将其三个重要的意义，分述如下：

第一，"私志不得入公道，嗜欲不得枉正术"。——这种"无为"也叫"无欲"，有安恬虚静之意。《淮南》说：

> 是故君人者，无为而有守也；有立而无好也。有为则谗生，有好则谀起。……故中欲不出谓之扃，外邪不入谓之闭。中扃外闭，何事之不节？外闭中扃，何事之不成？弗用而后能用之，弗为而后能为之。（《主术训》）

> 故有道之主，灭想去意，清虚以待；不代之言，不夺之事。循名责实，官吏自司。（同上）

> 天下非无信士也，临货分财，必探筹而定分；以为有心者之于平，不若无心者也。天下非无廉士也，然而守重宝者，必关户而玺（从俞樾）封；以为有欲者之于廉，不若无欲者也。人举其疵则怨人，鉴见其丑则善鉴，人能接物而免于己焉，则免于累也。（《诠言训》）

这说得最明白了。从此推论到"法"，"诛者不怨君，罪之所当也；赏者不德上，功之所致也。民知诛赏之来，皆在于身也，故务功脩业而不受赣于君"（《主术训》）。此说盖与法家任法不任智的见解相合；此种无为，亦即是法家所主张之无为。

第二，"循理而举事，因资而立功"。反乎此种无为，即是下文所谓"以火爆井，以淮灌山"，"用己而背自然"。《淮南内篇》说：

> ……铁不可以为舟，木不可以为釜；用之于其所适，施之于其所宜，即万物一齐，而无由相过。（《齐俗训》）

> 伊尹之兴工也，修胫者使之跖铧（从王念孙校），强脊者使之负土，眇者使之准，伛者使之涂，各有所宜而人性齐矣。（《齐俗训》）

因物之性而为之，此为即是无为。由此而推至礼制，则可说：

> 故圣人因民之所喜而劝善，因民之所恶而禁奸。（《氾论训》）

> 圣人之治天下，非易民性也；拊循其所有而涤荡之。（《泰族训》）

> 民有好色之性，故有大婚之礼。有饮食之性，故有大飨之谊。有喜乐之性，故有钟鼓管弦之音。有悲哀之性，故有衰绖哭踊之节。故先王之制法也，因民之所好而为之节文者也。（《泰族训》）

由此把儒家的学说，亦收进来了。

第三，"自然之势，曲故不得容者"。此论因时因地之重要。《淮南》说：

> 明主之耳目不劳，精神不竭，物至而观其变，事来而应其化。（《主术训》）

> 务合于时则名立。（《齐俗训》）

> 禹决江疏河，以为天下兴利，而不能使水西流；稷辟土垦草，以为百姓力农，然不能使禾冬生；岂其人事不至哉？其势不可也。（《主术训》）

"时""势"之力，是极大的。例如天下治乱，是大势所定，非个人所能转移。"故世治，则愚者不能独乱；世乱，则智者不能独治。身蹈于浊世之中，而责道之不行也，是犹两绊骐骥，而求致千里也"（《俶真训》）。顺"时""势"而为，此为亦即是无为。

由此项无为之理论，推之政治社会制度，则政治社会制度，是有变的，不可固执的。《淮南》说：

> 以一世之制度治天下，譬犹客之乘舟，中流遗其剑，遽契其舟楫，暮薄而求之。其不知物类已甚矣。（《说林训》）

故主张"则古昔，法先王"者，都非真正知道。《淮南》说：

> 夫随一隅之际，而不知因天地以游，惑莫大焉。虽时有所合，不足贵也。（《说林训》）

此无为三义，如果不是《淮南》所特有的，也是《淮南》所特别注重的。《淮南》所谓无为，其实已是有为。其所以把无为如此解释者，盖必须如此，方可容纳各家学说而统一之也。

《淮南》所谓道，广大无所不包。道是原理，不是主张；原理可以是而不可以非，故为本；主张可以是，可以非，故为末。此本末之说，即是《淮南》统一方术之方法。

（2）本末说的道术统一论

前述《天下篇》之"道术统一"说，即有一种本末说之端倪。《天下篇》说："明于本数，系于末度。"所谓"本数"、"末度"，相当于《淮南》所谓本末。《淮南内篇》以为无为之道是本，政治社会制度，及各家学说对此所有之主张，皆为末。以此为论，而求各家学说之统一。

《淮南内篇》对于如何统一方术之方法问题，与《吕氏春秋》有同样的见解。《淮南》也说：

> 天下无粹白之狐，而有粹白之裘；掇之众白者也。善学者，若齐王之食鸡，必食其跖，数十而后足。（《说山训》）

此亦是折衷各派，以求统一，与《吕氏春秋》相同。不过本末之说，为《淮南》所特有。《淮南》以此本末说为主，建立其道术统一说，兹分段叙述如下：

第一，《淮南》主张道是绝对之是。他说：

> 至是之是无非，至非之非无是：此真是非也。若夫是于此而非于彼，非于此而是于彼者：此之谓一是一非也。（《齐俗训》）

> 夫禀道以通物者，无以相非也。……故百家之言，指奏相反，其合道一体也。（同上）

百家之学，都是一是一非，都是一隅一曲，却都也合道。又说：

> 夫弦歌鼓舞以为乐，盘旋揖让以循礼，厚葬久丧以送死，孔子之所立也，而墨子非之。兼爱上贤，墨子之所立也，而杨子非之。全性保真，不以物累形，杨子之所立也，而孟子非之。（《氾论训》）

孔孟杨墨之学，都是可非之学，都是末。至于绝对的是，乃是道，道不可非，故为本。道是本，诸说是末。

第二，本有不变之义，而末则为不可执者。只要能执本，应物无穷，末皆为用。《淮南》说：

> 道德可常，权不可常。（《说林训》）
> 故通于本者，不乱于末；睹于要者，不惑于详。（《主术训》）
> 得道之宗，应物无穷。（《主术训》）
> ……圣人事省而易治，求寡而易澹。……块然保真，抱德推诚，天下从之，如响之应声，景之像形。其所修者，本也。（《主术训》）

第三，一切礼制事迹，都是末。《淮南》说：

> 惧（为）（俞樾曰：为字衍文）人之惛惛然弗能知也，故多为之辞，博为之说。又恐人之离本而就末也，故言道而不言事，则无以与世浮沉，言事而不言道，则无以与化游息。（《要略》）

又说：

> 礼者，实之华而伪之文也。方于卒迫穷遽之中，则无所用矣。是故圣人以文交于世，而以实从事于宜，不结于一迹之涂，凝滞而不化。是以败事少而成事多，号令行而莫之能非矣。（《氾论训》）
> 今商鞅之《启塞》，申子之《三符》，韩非之《孤愤》，张仪苏秦之从衡，皆掇取之权，一切之术也。非治之大本，事之恒常，可博闻而世传者也。（《泰族训》）

第四，各种学说主张既是末，得本而用之，则为圣人之道，失本而用之，则不免于乱。《淮南》说：

> 六艺异科而皆通（从王念孙校）。温惠优良者，诗之风也；淳庞敦厚者，书之教也；清明条达者，易之义也；恭俭尊让者，礼之为也；宽裕简易者，乐之化也；刺几辩义者，春秋之靡也。故易之失，鬼；乐之失，淫；诗之失，愚；书之失，拘；礼之失，忮；春秋之失，訾：六者圣人兼用而裁制之。失本则乱，得本则治。（《泰族训》）

百家之学，专务其末。务末并非大害，大害在务末而弃本。《淮南》攻击法家说：

> 今若夫申韩商鞅之为治也，捭拔其根，芜弃其本，而不穷究其
> 所由生。何以至此也？凿五刑，为刻削，乃背道德之本，而争于锥
> 刀之末。斩艾百姓，殚尽太半，而忻忻然常自以为治，是犹抱薪而
> 救火，凿窦而止（从王念孙校）水。（《览冥训》）

此处批评法家，说他们拔根弃本，盖因他们只讲"法""术"，不讲
"道""德"。道德是本，法术是末，所以法家是"弃本""争末"。

第五，人若能见本知末，则可谓知"道""术"。《淮南》说：

> 见本而知末，观指而睹归，执一而应万，握要而治详，谓之
> 术；居知所为，行知所之，事知所秉，动知所由，谓之道。（《人间
> 训》）

> 被服法则，而与之终身，所以应待万方，览耦百变也。（《要
> 略》）

人的知识有限，事类变化无穷，所以必执一而应万。这"一"必是不变
而能应变的"本"，即是"无为"的道。若墨守先王之迹，不应变化，
则犹之乎刻舟求剑，以为国则国危，以为身则神伤。如能得道而执之，
应乎变化，为国持身，皆可无累。故云：

> 无为以持身，其身无忧；无为以治国，则国强。（《诠言训》）

这种本末说的道术统一论，起源于《天下篇》，而成立于《淮南》。
后来用本末体用之说，以融合不同的学说者，都是应用《淮南》的方
法，也可说是应用杂家的方法。

（七）汉代其他各家之杂家倾向

秦汉是中国政治大一统之时代，也是中国学术界大一统的时代。不
但当时的杂家，是专门采各家之"长"，舍各家之"短"，以图融合各家
为一；即当时其他各家亦都有这种倾向。当时各家，可以说是都有杂家
的倾向。细找汉代思想家中间，实不见有一个纯粹某家之人物。唯以有
些人杂而尚能保持某家自己的立场，所以虽杂而尚不为杂家。

司马谈"学天官于唐都，受《易》于杨何，习道论于黄子"（《史
记·太史公自序》）。他论六家要旨，对于各家，多有褒有贬；唯于道
家，则有褒无贬。历来都说他是道家，但他的杂家倾向，很是明显。
他说：

《易大传》："天下一致而百虑，同归而殊途。"夫阴阳，儒，墨，名，道德，此务为治者也。直所从言之异路，有省不省耳。（《史记·太史公自序》）

这是他对于百家之学之态度，也就是他的道术统一说。他认为百家之学之差异，不过是"所从言之异路"，毕竟还是"殊途同归"。他又批评道家外之五家说：

阴阳之术，大祥而众忌讳，使人拘而多所畏。然其序四时之大顺，不可失也。儒家博而寡要，劳而少功。然其序君臣父子之礼，列夫妇长幼之别，不可易也。墨者俭而难遵，是以其事不可遍循。然其强本节用，不可废也。法家严而少恩，然其正君臣上下之分，不可改矣。名家使人俭而善失真，然其正名实，不可不察也。（《史记·太史公自序》）

此认为各家均有其"不可易"的独特的主义。这是杂家的态度。

司马谈又以为道家的好处，即在于自己的主义外，又能兼收别家之长；他说：

道家使人精神专一，动合无形，赡足万物。其为术也，因阴阳之大顺，采儒墨之善，撮名法之要，与时迁移，应物变化，立俗施事，无所不宜。指约而易操，事少而功多。（《史记·太史公自序》）

胡适之先生作《淮南王书》，即据此段，证明道家即是杂家。其实这段所表示者，乃是一个有了杂家倾向的道家所理想之道家，与纯以老庄思想为宗主之道家不同。真正的道家，还是道家，不能说他是杂家。如说道家即是杂家，则老庄将何所归？

董仲舒是汉代儒家的宗师。在他那时候，天下统一已久，礼乐制度的建设，使儒家学说占了上风。但是百家之学，仍未完全断绝。董仲舒又提出了一种统一方术的办法。他说：

《春秋》大一统者，天地之常经，古今之通谊也。今师异道，人异论，百家殊方，指意不同；是以上亡以持一统，法制数变，下不知所守。臣愚以为诸不在六艺之科，孔子之术者，皆绝其道，勿使并进；邪辟之说灭息，然后统纪可一，而法度可明，民知所从矣。（《汉书》卷五六《董仲舒传》）

其说有似荀子，而以"孔子之术"代"王制"。不过他所讲的"孔子之术"，实包含许多家的学说。在他的《春秋繁露》里，我们可以找到道家、墨家、阴阳家等的学说。董仲舒的学说是很有杂家的倾向的。他所主张之方术统一说，固然有似荀子立王制为"隆正"，以收服各家；但他暗地里却把这"隆正"自身，即所谓"孔子之术"，参加上了道、阴阳等家之成分，这是他与荀子的不同了。

其他又有贾谊等人，也有杂家倾向。日本渡边秀方说到贾谊学说的驳杂曾谓："把老、儒、道、墨、法，诸家杂糅"是"汉代学者的一般通病"（刘侃之译《中国哲学史概论》）。其实这不是他们的通病，这是他们那个时代的时尚。

班固《汉书·艺文志》根据刘歆的《七略》，对于汉以前的学术，作一总结算。刘歆、班固对于各家，以为皆有"所长"。至于其所短，则大都是后来的流弊。他们说：

> 诸子十家，其可观者，九家而已。皆起于王道既微，诸侯力政，时君世主，好恶殊方。是以九家之术，蜂出并作。各引一端，崇其所善，以此驰说，取合诸侯。其言虽殊，辟犹水火，相灭，亦相生也。仁之与义，敬之与和，相反而皆相成也。《易》曰："天下同归而殊途，一致而百虑。"今异家者，各推所长，穷知究虑，以明其指，虽有蔽短，合其要归，亦六经之支与流裔。……方今去圣人久远；道术缺废，无所更索。……若能修六艺之术而观此九家之言，舍短取长，则可以通万方之略矣。（《汉书》卷三《艺文志》）

对于各家，"舍短取长"，以恢复已缺废的道术。这种态度见解，正是杂家所持者。

（八）余　　论

秦汉杂家是应当时历史的要求而产出来的。其目的在融合当时互相冲突矛盾的各家各派，以统一思想界，亦即是根据道术统一之理论以统一方术。这是各派学说纷争以后所应发生之现象，所应经过之阶段。不过实际上，这种统一，都不免于杂。"劳神明于为一"，终于不得真一。所谓"为者败之，执者失之"是也。

近百年来，西洋思想输入中国，有许多新的思想，与中国旧有的思想，不能相容。中国的思想界，又正混乱起来。秦汉杂家融合各家，统一方术的态度，又成了一个时代的需要。最初即有张之洞等人，搬出秦汉杂家的老法子，仿本末之说，主张中学为体，西学为用。继以康有为等人，一面主张变法制，一面又要尊孔读经；并以为变法改制等事，正合孔子的主张。后来又有关于文化问题的各种辩论。这些都是对于目前中国思想纷乱的局面，要求统一的运动，也即是杂家的运动。但问题的真正解决，并不是杂家的方法所能做到的。杂家的兴起，虽为某阶段的历史所需要，但对于问题的真正的解决，杂家正如陈胜吴广，所谓"为王者驱除难耳"。

　　［附注］此文系与张可为君合作。其中主要意思，乃张君之创见。"商也起予"，不敢掠美，附识于此。冯友兰。

　　　　　　　　　（原载《云南大学学报》第一期，1939 年 4 月）

儒家哲学之精神
（1943 年）

中国的儒家，并不注重为知识而求知识，主要的在求理想的生活。求理想生活，是中国哲学的主流，也是儒家哲学精神所在。

理想生活是怎样？《中庸》说："极高明而道中庸"，正可借为理想生活之说明。儒家哲学所求之理想生活，是超越一般人的日常生活，而又即在一般人的日常生活之中。超越一般人的日常生活，是极高明之意；而即在一般人的日常生活之中，乃是中庸之道。所以这种理想生活，对于一般人的日常生活，可以说是"不即不离"，用现代的话说，最理想的生活，亦是最现实的生活。

理想和现实本来是相对立的。超越日常生活，和即在一般人日常生活之中，也是对立的。在中国旧时哲学中，有动静的对立，内外的对立，本末的对立，出世入世的对立，体用的对立。这些对立，简言之，就是高明与中庸的对立。儒家所要求的理想生活，即在统一这种对立。极高明而道中庸，中间的"而"字，正是统一的表示。但如何使极高明和中庸统一起来，是中国哲学自古至今所要解决的问题。此问题得到解决，便是中国哲学的贡献。

极高明而道中庸，所谓极高明是就人的境界说，道中庸是就人的行为说。境界是什么？这里首先要提出一个问题：人和禽兽不同的地方何在？孟子说："人之所以异于禽兽者几希！"不同者只一点点。照生物学讲，人也是动物之一。人要饮食，禽兽也要饮食；人要睡觉，禽兽也要睡觉，并无不同之处。有人以为人是有社会组织的，禽兽没有，这是人兽分别所在。可是仔细一想，并不尽然。人固有社会组织，而蜜蜂蚂蚁也是有组织的，也许比人的组织还要严密。所以有无组织，也不是人兽不同之点。然而人与禽兽所异之几希何在？照我的意思，是在有觉解与否。禽兽和人是同样有活动，而禽兽并不了解其活动的作用，毫无自觉。人不然，人能了解其活动的作用，并有自觉。再明显一点说：狗要吃饭，人也要吃饭，但是狗吃饭未必了解其作用，不知道这是什么一回事，无非看见有东西去吃。人不同，能了解吃饭的作用，也能自觉其需要。又如蚂蚁也能出兵打仗，可是蚂蚁不明白打仗之所以然，它之所以出兵打仗者，不过出于本能罢了。而人不然，出兵打仗，能知道其作用，有了解也有自觉。这是人与禽兽不同之点。

自觉和了解，简言可称之为觉解。人有了觉解，就显出与禽兽之不同。事物对于人才有了意义。觉解有高低之分，故意义亦有多少之别。意义生于觉解。举例以明之：比如现在这里演讲，禽兽听了，便不知所以，演讲于它毫无意义。未受教育的人听了，虽然他了解比禽兽为多，知道有人在演讲，但也不知道所讲的是什么，演讲于他是没有什么意义的。假使受过教育的人听了，知道是演讲哲学，就由了解生出了意义。又以各人所受教育有不同，其觉解也有分别，如两人游山，学地质者，必鉴别此山是火成岩抑水成岩，学历史者，必注意其有无古迹名胜，两人同玩一山，因觉解不同，其所生意义也就两样了。

宇宙和人生，有不同的觉解者，其所觉解之宇宙则一也；因人的觉解不同，意义则各有异。这种不同的意义，构成了各人的境界。所以每人境界也是不相同的。这种说法，是介乎常识与佛法之间。佛家说：各人都有自己的世界，"如众灯明，各遍似一"。一室之中有很多的灯，各有其所发的光，不过因其各遍于室中，所以似乎只有一个光。但以常识言：此世界似无什么分别，各个人都在一个世界内。各人的境界虽然不同，但也可以分为四类：

（一）自然境界。在此境界中的人，其行为是顺才或顺习的，所谓："行乎其所不得不行，止乎其所不得不止。"并不了解其意义与目的，无非凭他的天资，认为要这样做，就这样做了。如入经济系的学生，他是因为对经济有兴趣，但并不知道读了经济有什么好处，这是由于顺才。再如入经济系的学生，亦有因为入经济系人多即加入的，原无兴趣关系，更不明白益处所在，看见大家去也就去了，这是由于顺习。《诗经》的诗是当时民间歌谣，作者未必知其价值如何，只凭其天才而为之，也是由于顺才。日出而作，日入而息的人，不知作息之所以，也是由于顺习。他如天真烂漫的小孩，一无所知，亦属自然境界。高度工业化的人，只知道到时上工退工，拿薪水，也可以说是自然境界的。自然境界的人，所做的事，价值也有高低。而他对于价值，并不了解，顺其天资与习惯，浑浑噩噩为之而已。

（二）功利境界。在功利境界中的人，其行为是为利的。图谋功利的人，对于行为和目的，非常清楚，他的行为、他的目的都是为利，利之所在，尽力为之，和自然境界的人绝然不同，其行为如为增加自己的财产，或是提高个人的地位，皆是为利。为利的人都属功利境界。

（三）道德境界。在道德境界中的人，其行为是为义的。义利之辨，为中国哲学家重要之论。孔子说："君子喻于义，小人喻于利。"孟子说："鸡鸣而起，孳孳为善者，舜之徒也。鸡鸣而起，孳孳为利者，跖之徒也。欲知舜与跖之分，无他，利与善之间也。"这个分际，也就是功利境界与道德境界的区别。有人对于义利的分别，每有误解，以为行义者不能讲利，讲利的不能行义。如修铁路、办工厂都是为利，儒家必以为这种事都是不义的。有人以为孔孟之道，亦有矛盾之处，孔子既说"君子喻于义，小人喻于利"，则孔子就不应该讲利。但是"子适卫，冉有仆。子曰：庶矣哉。冉有曰：既庶矣，又何加焉？曰：富之。"这不是讲利么？孟子见了梁惠王，"王曰：叟不远千里而来，亦将有以利吾国乎？孟子对曰：王何必曰利？亦有仁义而已矣"。足见孟子是重仁义的，但是他贡献梁惠王的经济计划却说："不违农时，谷不可胜食也；数罟不入洿池，鱼鳖不可胜食也；斧斤以时入山林，材木不可胜用也。谷与鱼鳖不可胜食，材木不可胜用，是使民养生丧死无憾也。养生丧死无憾，王道之始也。"这都是讲利的，和仁义是否有矛盾呢？不过要知道，利有公私之别，如果为的是私利，自然于仁义有背，要是为的是公利，此利也就是义了。不但与义不相背，并且是相成的。程伊川亦说：义与利的分别，也就是公与私的不同。然则梁惠王所问何以利吾国，这似乎是公利，为什么孟子对曰，何必曰利？殊不知梁惠王之视国，如一般人之视家然，利国即利他自己。这就不是公利了。总之，为己求利的行为，是功利境界。为人求利的行为，是道德境界。

一个人为什么要行义，照儒家说，并没有为什么，如有目的，那就是功利境界了。据儒家说，这种境界里的人，了解人之所以为人，认识人之上还有"全"——社会之全。人不过"全"之一部分，去实行对于"全"之义务，所以要行义。这事要附带说明全体和部分的先后，二者究竟孰先孰后，论者不一。以常识言：自然部分在先，有部分，才有全体。像房子，当然要先有梁柱，架起来才能成为房子。梁柱是部分的，房子是全体的，部分在先，似乎很明显。然而细细研究，并不尽然，假使没有房子，梁也不成其为梁，柱也不成其为柱，只是一个大木材而已。梁之所以为梁，柱之所以为柱，是由于有了房子而显出来的。这样讲来，可以说有全体才有部分，则全体在先，亦不为无理。孔孟亦说人不能离开人伦，意亦全体在先。亚里士多德说："人是政治动物。"其意是：人必须在政治社会组织中，始能实现人之所以为人，否则不能成为人，无异一堆肉，俗谚所谓行尸走肉而已。正像桌子的腿，离了桌子，不能成为桌腿，不过一个棍子而已。所以个人应该对社会有所贡献，替社会服务。但也有人说：个人和社会是对立的，社会是压迫个人自由的。可是在道德的观点来看，便是错误。如果认为社会压迫个人，主张要把人从社会中解放出来的话，无异说梁为房子所压迫，应予解放；但是解放之后，梁即失了作用，不成其为梁了。

（四）天地境界。在天地境界中的人，其行为是事天的。天即宇宙，要知道，哲学所说的宇宙和科学所说的宇宙不同。科学的宇宙，是物质结构；哲学的宇宙，是"全"的意思。一切东西都包括在内，亦可称之为大全。在这种"全"之外，再没有别的东西了。所以我们不能说我要离开宇宙，也不能问宇宙以外有什么东西，因为这个宇宙是无所不包的。天地境界的人，了解有大全，其一切行为，都是为天地服务；照中国旧时说：在天地境界的人是圣人，在道德境界的人是贤人，在功利自然境界的人，那就是我们这一群了。

境界的高低，即以觉解的多寡为标准。自然境界的人，其觉解比功利境界的人为少。道德境界的人的觉解，又比天地境界的人为少。功利境界的人，知道有个人，道德境界的人，知道有社会，天地境界的人，除知道有个人、社会外，还知道有大全。不过他的境界虽高，所做的事，还是和一般人一样。在天地境界的人，都是为天地服务，像《中庸》所说："赞天地之化育，可以与天地参矣。"并非有呼风唤雨移山倒海之奇能。要知我们的一举一动，都是天地之化育。如了解其是天地化育之化育，我们的行动就是赞天地之化育，否则，即为天地所化育了。像禽兽与草木，因为它不了解，所以为天地所化育了。人如没有了解，也是要为天地所化育。圣人固可有特别才能，但也可以做普通人所做的事，因为他有了解，了解很高深，所以所作的事，意义不同，境界也不同。禅宗说："担水砍柴，无非妙道"，如今公务员如果去担水砍柴，意义也就不同。因为他的担水砍柴是为了抗战，并不是为生活，妙道即在日常生活。如欲在日常生活之外另找妙道，那无异骑驴觅驴了。

总而言之，圣贤之所以境界高，并非有奇才异能，即有，亦系另一回事，于境界的高低无干。无非对于一般人的生活有充分的了解。圣人的生活，原也是一般人的日常生活，不过他比一般人对于日常生活的了解为充分。了解有不同，意义也有了分别，因而他的生活超越了一般人的日常生活。

所谓一般人的日常生活，就是在他的社会地位里所应该过的生活。照旧时说法：就是为臣要尽忠，为子要尽孝。照现代的说法：就是每个人要站在自己的岗位上做他应该做的事。圣人也不过做到了这一点。有人这样说：人人每天都做些平常的事，世界上就没有创作发明了。也有人说：中国之所以创作发明少，进步比西洋差，是由于儒家提倡平常生活。其实这个批评是错误的。圣人做的事，就是一般人所做的事，但并没有不准他有创作发明。每个人站在岗位上做其应做之事，此岗位如果应该有创作发明，他就应该去创作发明，我们并没有说一个人在岗位上做事不应该创作发明。

以上所说的四种境界，不是于行为外，独立存在的。在不同境界的人，可以有相同的行为，不过行为虽然相同，而行为对于他们的意义，那就大不相同了。境界不能离开行为的，这并不是逃避现实，因为现实里边应该做的，圣人一定去力行，圣人所以为圣人，不是离了行为光讲境界。不然，不但是错误，而且是笑话。比如父母病了，我以为我有道德境界，不去找医生，这不是笑话么？要知道德境界是跟行为来的。没有行为，也就没有境界了。人的境界即在行为之中，这个本来如此，极高明而道中庸者，就是对于本来如此有了充分了解，不是索隐行怪，离开了本来，做些奇怪的事。

（徐飘萍笔记整理。原载《中央周刊》第五卷第四十一期，1943 年 5 月）

宋明儒家哲学述评
（1943 年）

后汉佛教流入中国，道教亦同时兴起，佛教道教都以为要得到高明的境界必须出世出家，要离开家庭而无父，离开社会而无君。这种方法，自然可以得到高明境界，不过就境界言，虽可以说是高明，就行为而言，不能说道中庸。因为他是要离开日常生活，有特别行为，只能算是极高明而不道中庸。于是高明与中庸的对立，至此乃十分显著。本来禅宗人原有统一高明与中庸的对立的意思，禅宗人说："担水砍柴，无非妙道。"这是有道理的，前一讲亦已说到。不过我们可以问：担水砍柴，无非妙道，何以事父事君不是妙道呢？禅宗人对于这一点，还有一间未达。而宋明儒家，认为事父事君也是妙道。宋儒说："扫洒应对，可以尽性至命。"尽性至命，可以得到最高境界。但其行为还是日常生活，这种生活，才是极高明而道中庸。

张横渠的《西铭》——乾称父，坤称母。予兹藐焉，乃混然中处。故天地之塞，吾其体；天地之帅，吾其性。民吾同胞，物吾与也。大君者，吾父母宗子；其大臣，宗子之家相也。尊高年，所以长其长；慈孤弱，所以幼其幼。圣其合德，贤其秀也。凡天下疲癃残疾，茕独鳏寡，皆吾兄弟之颠连而无告者也。"于时保之"，子之翼也。"乐且不忧"，纯乎孝者也。违曰悖德，害仁曰贼，济恶者不才，其践形惟肖者也。知化则善述其事，穷神则善继其志。不愧屋漏为无忝；存心养性为匪懈。恶旨酒，崇伯子之顾养，育英才，颍封人之锡类。不弛劳而底豫，舜其功也。无所逃而待烹，申生其恭也。体其受而归全者，参乎！勇于从而顺令者，伯奇也。富贵福泽，将厚吾之生也。贫贱忧戚，庸玉汝于成也。存吾顺事，殁吾宁也。——为后世人所极推崇，认为孟子以后第一篇大文章。程明道说《西铭》之意，我亦有之，但惟张子厚能书之。朱子对此文，亦极备推崇。可是这篇文章好在什么地方，未见有确切的说明。照我们的说法，他的好处，是在从"事天"的观点以看道德的事，有高于道德的意义。何谓事天？知道个人乃至任何事物都是宇宙的一部分，谓之知天。由此观点，知道对于任何事物的救济，都是替宇宙服务，即谓之事天。从宇宙观点看道德行为，都是事天行为。从事天观点去看道德行为，不仅是道德行为，而且还是替天服务，《西铭》即从宇宙观点来看道德的事，则所有道德的事都是事天行为了。《西铭》说："尊高年，所以长其长；慈孤弱，所以幼其幼。"这个"其"字的意义，是指乾坤——即宇宙。所以高年与孤弱，不仅是社会的高年孤弱，还是宇宙的高年孤弱。由此看来，尊社会的高年孤弱，就是尊宇宙的高年孤弱。全文所用的"其"字，都是一样的意思。又说："知化则善述其事，穷神则善继其志。""化"、"神"也都是宇宙的"化"、"神"，所以穷神知化，不仅是求知，且还是穷宇宙未竟之功，这是《西铭》之高深所在。

"事天"亦可说是"赞化"，即赞天地之化育。能"知天"的人，他所见的一切事物，对于他另有意义。如《论语》说："子在川上，曰：'逝者如斯夫！不舍昼夜。'"宋儒以为孔子于水之流行，见道体之流行。《中庸》引诗："鸢飞于天，鱼跃于渊。"宋儒以为于此可见"化育流行，上下昭著，莫非此理之用"。此说虽未必即《论语》、《中庸》之本意，但水之流行，以及鸢飞鱼跃，对于"知天"者都可以另有意义。程明道谓观鸡雏可以观仁，又喜养鱼。张横渠说："明道窗前有茂草覆砌，或劝之芟。曰：'不可，欲常见造物生意。'又置盆池，畜小鱼数尾，时时观之。或问其故，曰：'观万物自得意。'"草之与鱼，人所共见，惟明道见草，则知生意，见鱼则知自得意。此岂流俗之见，可同日而语。那是明道从另一新观点以观事物，所以事物对于他另有意义。

"知天"、"事天"的人，从天地观点看事物，事物对于他另有意义，会有一种特别快乐。有这种快乐，谓之乐天。《论语》曾皙言志一段，朱子注云："曾皙之学，盖有以见夫人欲尽处，天理流行，随处充满，无少欠缺，故其行动从容如此。而言其志，则又不过即其所居之位，乐其日用之常，初无舍己为人之意，而其胸次悠然，直与天地万物，上下同流，各得其所之妙，隐然自见于言外。视三子（子路、冉有、公西华）之规规于事为之末者，其气象不侔矣，故夫子叹息而深许之。"乐天的乐，正是这一种乐。程明道说："周茂叔每令寻孔颜乐处，所乐何事。"又说："如再见周茂叔后，吟风弄月而归，有'吾与点也'之意。"

这种吟风弄月之乐，正是孔颜之乐。

朱子说：曾皙有圣人之气象；因其虽超乎事物之外，而实不离乎事物之中。子路、冉有、公西华诸子，是规规于事为之末，没有超乎事物。故比曾皙要低一点。一个人做事和所见的事物，若专就其本身看，都可以说是"事为之末"。"知天"、"事天"的人，所做的事以及所见的物，也是一般人所做的事和所见的物；但是这些事物，对于他却另有意义。因此，对于他都不只是"事为之末"。周茂叔"绿满窗前草木不除"。程明道养鱼观鸡雏，都有圣人气象，就是所谓"虽超乎事物之外，而实不离乎事物之中"。这个即是乐天阶段。

在天地境界中的人最高的造诣，是不但觉解其是大全的一部分，而且自同于大全。天地就是我，我就是天地。庄子说："天地者，万物之所一也。得其所一而同焉，则生死终始，将为昼夜，而莫之能滑，而况得丧祸福之介乎。"得其所一而同焉，即自同于大全，一个人自同于大全，则我与非我的分别，对于他即不存在。孟子说："万物皆备于我，反身而诚，乐莫大焉。"大全是万物的全体，我自同于大全，故万物皆备于我。这种境界，不但是与天地参，而且是与天地一。是天地境界中的人最高的造诣，就是同天阶段。

程明道的《识仁篇》中说："学者须先识仁，仁者浑然与物同体。"浑然与物同体，即与万物没有分别。所以"此道与物无对，大不足以名之"。大全，是不可思议的。如有思议，那就是"与物有对"，而不是大全了。因为与物无对，所以不能问大全之外，尚有何物。也不能说我要离开宇宙。因为宇宙就是大全，是万物浑然一体，无所不包，再也没有别的东西了。圣人自同于大全，他的境界，与宇宙同其广大，也是与物无对的。所以能够"天地之用，皆吾之用"。由《识仁篇》中可以看出明道的境界，已到同天境界。

天地境界的"知天"、"事天"、"乐天"、"同天"四个阶段，宋儒均已讲到，都不必要作特别的事。不过我们对于"天地之用，皆吾之用"一点，可以批评，这点下次再讲。

现在说宋儒的修养方法。要得到高的境界——道德或天地境界，必须有一种修养工夫。不像自然境界或功利境界都可以出于自然得到的。这种工夫，宋儒谓之学，也是孔子的"致于学"之意。程伊川说："涵养须用敬，进学在致知。"一方面"致知"，一方面"用敬"。宋儒的修养方法，可以此包括之。"致知"，亦可谓之求了解，对于宇宙人生的了解。对于宇宙人生有了完全的了解，即是"知天"。对于人生有了完全的了解，即是"知性"。"知天"、"知性"以后，所做的事，对他才有新意义。"知性"所做的事，都有道德意义，亦即道德境界。"知天"所做的事，都有事天的意义，亦即天地境界。故欲求高深的境界，第一步先要"致知"。

什么叫"用敬"？其解释甚多。简单说："敬"即"注意"。为什么要注意？人的心理很复杂，他对于事物、对于宇宙人生有了了解，事物和宇宙人生对他才有了新意义。然而单靠了解得到的新意义，不能常存的。有这种了解，只能在一个时间从社会或宇宙观点去看事物。社会或宇宙对于他所有的新意义，是不能常存的。因为他的心理如起别的念头，或与他发生利害冲突时，心理就马上起变化。所以单靠了解，可以达到一种境界，但不能叫我们常住在这种境界。像有的人为了社会国家的利益，可以说出许多爱国爱民的话，在说时未尝不真如是想。可是一到实行的时候，如和他的利益有了冲突，马上会退回头来了。如孔子说："回也，其心三月不违仁；其余则日月至焉而已矣。"颜回比较能长住于高的境界，其余不过间或有一至而已。所以一面"致知"，一面还要"用敬"。注意已得之了解，使不忘已有之境界。一个人能常注意所得的了解，并本此了解去做事，于是乎所做的事对他有新意义，永远可以有新意义。

"致知"，是叫我们得到高的境界。"用敬"，是叫我们常注意那种境界。此意即孟子所谓"勿忘"。孟子养浩然之气的方法，原是"勿忘"与"勿助"并重。"勿忘"即注意；"勿助"是常注意所得的觉解，并本此觉解去实行，不要着急，不求速效。如果求速效，就有"拔苗助长"之误。宋儒对于修养之道无论程朱陆王，都不外乎"致知"和"用敬"的方法。据他们说：这种方法，也是师孟子之道。不过，还有小分别，大概程朱派是一面"致知"一面"用敬"。陆王派是先"致知"后"用敬"。时间上虽有先后与并进之分，而俱为"致知"和"用敬"原无二致。

陆王的先"致知"后"用敬"的方法是取法程明道的。程明道的《识仁篇》说："识得此理，以诚敬存之而已。"知道了这个理然后用敬来存他。陆象山说："先立乎其大者。"这和"识得此理，以诚敬存之"是同一道理。象山又说："宇宙即是吾心，吾心即是宇宙。"又说："宇宙内事，皆己分内事。"王阳明的方法是"致良知"。什么叫"良知"？

照王阳明说：人都有本心，这个本心，即天地万物之心，"良知"即本心的表现。见了善就知道是善，见了恶就知道是恶，这样能辨别善恶的即是"良知"。曾有讲良知的人，有一天捉一贼，贼问道：你是讲"良知"的，做贼的人有没有"良知"呢？他说：当然有"良知"的，"良知"是个个人有的。贼又问：我的"良知"在哪里呢？他说：且慢，今天天气很热，你坐，你坐，宽了衣服再谈。贼于是脱衣服了。可是脱了一件，他还要叫他脱一件，一直脱到只有一条最贴身的裤子，他还是叫他脱。贼说：这个不能脱了。于是乎他对贼说：这就是你的"良知"，羞恶之心，即是"良知"。推而广之，是非之心，恻隐之心，都是"良知"。不过"致良知"，也要先求得了解。了解我有良知。先求了解，和"先立乎其大者"是同一意思。

程朱的方法是：一面"致知"，一面"用敬"，同时并进的。程朱的格物，所谓穷事物之理，也是"致知"的意思。朱子说：人心之灵，莫不有知。而天地之万物，莫不有理。我们要穷求理之于极。但理是不能一天可以穷极的。所以要今日格一物，明日格一物。而格物和用敬，又要同时并进；所以，今日格一物，以敬去守之，明日格一物，以敬守之，这种方法，和军事上的步步为营，稳扎稳打是差不多的。

程朱和陆王两派的方法：一个是一面"致知"一面"用敬"，同时并进。一个是先"致知"后"用敬"，此不同也引起了相互的批评。陆王说程朱的方法为"支离"，程朱说陆王的方法为"空疏"。陆王认为今日格一物明日格一物是枝枝节节的，自有"支离"之病。程朱认为"先立乎其大者"不能步步为营，稳扎稳打，不无"空疏"之处。照我们意思，两方的批评，都有道理。陆王主张"先立乎其大者"，但如何去立，并无说明。大概象山注重在"悟"。他和杨慈湖有一段故事，可用为证明的。杨慈湖为富阳主簿，见象山，象山与之谈本心。慈湖说：何以见得人有本心，什么是我的本心？象山背孟子羞恶之心以告。慈湖说：这段我早知道了。再讲下去，又背羞恶之心一段时，刚好有讼事要出去审词，审毕回来，又问象山，什么是我的本心？象山说：像你刚才审判讼事，哪个错，就知哪个错，哪个对，就知哪个对，这就是你的本心。由此可知"先立乎其大者"即是靠"悟"。但是，如果不"悟"，便没有办法了。所以说他是"空疏"是对的。程朱主张一面"致知"，一面"用敬"，然而"用敬"总得要有一个对象，好像说：注意其所已得之了解。否则，正如阳明所说："譬如烧锅煮饭，锅内不曾渍水下米，而乃专去添柴放火，吾恐火候未及调停，而锅先破裂矣。"所以说他支离，也是对的。但是究竟应该如何？可以既不"空疏"又不"支离"，这就是我们所要修正之点。

（徐飘萍笔记整理。原载《中央周刊》
第五卷四十五期，1943 年 6 月）

对于儒家哲学之新修正
（1945 年）

  我对于儒家哲学所要修正之点有二：（一）如程明道《识仁篇》的"天地之用皆吾之用"一类的话，（二）宋明儒家的修养方法，陆王批评程朱的方法失于"支离"，程朱批评陆王的方法失于"空疏"。但在讲修正意见之前，先要说明哲学的性质，及其功用，而后根据这个理论，再求申论对于儒家哲学之修正意见。

哲学的性质及其功用

  这里所谓哲学，是哲学里最根本的一部分。严格的说，即是"形上学"。哲学的性质及其功用，也就是形上学的性质及其功用，为说明方便起见，故称之谓哲学的性质及其功用。

  讲到哲学，大家会联想到有唯心唯物的争论。照我的意思，真正的哲学，是要取消这种争论的。哲学与科学有什么分别？先说科学：科学有广义狭义之别，广义的科学，凡是一种有系统的确切知识，统称之谓科学，这样说来，哲学也是科学之一。狭义的科学，是专指社会科学自然科学而言，并不包括算学、逻辑学、哲学，它们对于事实并无所肯定，讲的都是空架子。如算学，讲的数目，没有事实，全是空的，逻辑也是这样，有无事实，它都不管的。故就狭义的科学说，算学逻辑学哲学都不是科学。不过，哲学虽是属算学逻辑学方面，但与算学逻辑学又有不同。算学和逻辑学，完全是空架子，完全与事实无干，哲学并不是完全与事实没有关系。哲学所有之命题，也有说到事实的，不过是形式的说法，对于事实无所肯定。

  科学，对于事实有所肯定，作积极的解释；哲学虽说到事实，但对于事实无所肯定，没有积极的解释。算学和逻辑学完全是空架子，所以哲学既不同于科学，又不同于算学逻辑学。怎样算是谈到事实，又对于事实无所肯定，没有积极的解释？要说明这一点，先来讲两段故事：《世说新语》有一段故事说：钟会一天带了许多朋友去访问嵇康，嵇康性喜打铁，刚好看见嵇康在大树下打铁，向秀为其拉风扇。钟会到时，嵇康并不理会，钟会见到主人不招待，回头走了，但到他要走的时候，嵇康说："何所闻而来，何所见而去？"钟会答道："闻所闻而来，见所见而去。"另有一段故事说：邵康节会知别人所不知的事，有一次和程伊川谈话，忽然听见有雷，邵即问程，你知道雷起于何处？答：我知道的，雷起于起处。这两种命题，就是说到事实，而对于事实无所肯定，只作形式的解释。要是钟会说：我听到你是贤人而来的，你不招待我，我去了。这是对于事实有所肯定，有了积极的内容。要是程伊川说：雷起于沙坪坝。也是对于事实有所肯定，有了积极的内容。"闻所闻而来，见所见而去"，你不能说他没有说到事实；"雷起于起处"，也不能说他没有说到事实，可是对于事实无所肯定。因此，哲学给我们的知识，是形式的知识。形式的知识有一种好处，就是决不会错，积极的知识，可以对；也可以错。形式的知识，不必用试验来证明的。要是钟会说：我听到你是贤人而来，那么他可以说：我不是贤人，你错了，但是他说：闻所闻而来，这就不能说有错的。又如雷起于起处，这个也不能找出错处来的，要是说，雷起于沙坪坝，则是否起于沙坪坝，可用考查以证明，考查结果，可以对，也可以错。

哲学给我们的知识，既是形式的，故哲学所有的观念，也都是形式的观念，没有内容的，例如：

一、宇宙观念。哲学的宇宙不是科学的宇宙。天文学所指的宇宙乃指星球、太阳系等等而言，是一种物质结构，积极的观念。哲学的宇宙是指"大全"，大全者，即所有一切东西的总称，即不能叫我们知道这一切东西是什么，不能叫我们知道这一切东西有多少，所以这观念是形式的；中国旧时哲学称宇宙为天地，此"天地"和"天下"意思不同，天下即现时所谓世界，假使你误为一样，那么，天下大乱可以叫作天地大乱；治国平天下也可以叫做治国平天地了，这是不通的。郭象《庄子注》说："天地者，万物之总名。"程伊川说："天地无内外，言天地之外，便不识天地。"所有万物宇宙都已包括，这种形式观念，对于事物无所肯定，虽是形式的，然而可以使人"开拓万古之心胸"。

二、理的观念，理的观念也是形式的。哲学不能知道某类事物之所以为某类事物者是什么，但可知每一类事物都必有其所以为某类事物者。人是一类事物，必定与猫狗不同。桌子是一类事物，也必定与凳子不同。人之所以为人者，桌子所以为桌者，都是一类事物之理。就一类事物之所以为一类事物者而思之，即有理的观念，这也是形式的，所以有人批评新理学所讲的理是太空洞了，所说的无非把一句话重说一遍，这个本来是如此的。要是会增加你的知识，对于事物有所肯定，则即不是形式观念，而是科学观念了。

三、道体观念。什么是道体？所有实际的世界及其间事物生灭变化的洪流，都是道体。哲学不能叫我们知道事物怎样生灭和变化，只可叫我们知道实际的事物，无时不在生灭之中，实际的世界，无时不在变化之中。所以这种观念也是形式的。

这种形式的观念，说它是没有用的，可以说没有什么用，但可以叫我们知道有不可思议不可感觉的，有不可感觉只可思议的，有不可思议只可感觉的。宇宙是不可思议不可感觉的。宇宙即是"大全"，我们不能说站在宇宙之外，也不能说要离开宇宙。所以宇宙是不可思议不可感觉的，假使你思议宇宙，你所思议的宇宙，就不包括你的思议，你言说的宇宙，就不包括你的言说。你思议所得的宇宙，便不是哲学上的宇宙，你言说所指的宇宙，也不是哲学上的宇宙。所以宇宙之为物，正如禅宗所说："拟议即乖。"理是只可思议不可感觉的。像说方的，方之所以为方，只可思议不可感觉。具体的事物是不可思议，只可感觉。例如这个东西，那个东西。

讲科学的人，如说这种形式的知识太空洞，没有用处，这是我承认的。不过，唯心唯物论者，他们自认他们所说是不空的，说万物的根本是心或是物。这种说法，也是打算给我们一种积极的知识。不过，他们的说法有什么方法可以证实？不空的说法也是与科学一类的说法，应该用科学方法来证实。科学证实的方法是试验，试验结果，可以证明其对不对。要是一种说法，想给我们积极的知识，可是不能用科学方法以证实，那就是没有意义的。否则，只说"万物本体是心"或"万物本体是物"都没有方法可以证实。只看说话的人，谁的气长谁算是赢了。所以唯心唯物的人说我是空，我诚然是空，不过我要说：你的不空的说法，没有法子可以证实。

如果科学家来批评哲学是太空没有用，我承认哲学不能有如科学所有之用。科学的用处可以叫我们对于自然界有积极的知识，还能够叫他们对于自然界有控制的权力。此种科学的功用，确为哲学所没有的，但是不能说哲学没有这种功用就说是没有用了，因为我们可以说：所谓用处不一定限于这个用处的。这就是说：学问的用处，不限于像科学那样的用处，这样哲学也就有用了。

科学的用处，在于增进人的知识，加强控制自然的权力，哲学的用处，在于扩大人的眼界心胸，提高人的境界，普通人的眼界心胸，只限于只可感觉不可思议的范围，只限于具体的东西，如果想了解多一点，超过了感觉，则他的眼界心胸，便不为具体事物所限，而到了不可感觉只可思议的范围，倘想了解再进一步，可以到不可思议也不可感觉的范围，这就是天地境界了。所以哲学的用处，是可以提高我们的境界。

科学与哲学的分别，如旧时的"为学"与"为道"的分别。老子说"为学日益，为道日损"，研究科学，是为学，此学可以给我们积极的知识；研究哲学，是为道，此道不能给我们积极的知识，只能提高境界，有高的境界的人，如果要在某一方面有所作为，就得在某一方面去求积极的知识。圣人有高的境界，不能说圣人就会造飞机；圣人要会造飞机，还得要求积极的知识——飞机制造学。

对于宋儒哲学的修正意见

一、程明道《识仁篇》说："天地之用皆吾之用。"这句话给人的印象是：好像是只要一个人浑然与物同体，什么也可以不必学。因为"天地之用，皆吾之用"，天会刮风，我也会刮风，天会下雨，我也会下雨了，乃至治国平天下，出兵打仗之时，只要我浑然与物同体，都可以不学而做得到，这不是笑话吗？朱子的格物致知，给人家的印象也是如此；《大学格物传》上说："人心之灵莫不有知，天下之物，莫不有理，惟于理有未穷，故其知有不尽也。是以大学始教，必使学者即凡天下之物，莫不因其已知之理而益穷之，以求至于其极。至于用力之久，而一旦豁然贯通焉，则众物之表里精粗无不到，而吾心之全体大用无不明矣。"有些人以为只要我境界高，别的学问可不必研究，反正我到了那个时候吾心之全体大用自无不明，治国平天下之事统统可以知道。于是宋儒之学生出了流弊，有些人把工夫都用在"居敬存诚"上，不再研究别的学问了，社会国家，种种复杂的事，如何治理，统统不知，统统不管，一心一意去"居敬存诚"。宋儒有此流弊，又成了极高明而不道中庸。到清初，遂有颜李之学反对宋儒。不过颜李之学，固然注重实用，但就高明方面看，也就差了。哲学只能提高人的境界，不能说人的境界高，别的知识也会增多，境界高的人，要做某种事业，仍然要求某种知识，此理前已说明，了解此理，则就不会空疏了，这是我所要修正的第一点。

二、宋明儒家的修养方法，程朱是"致知"、"用敬"同时并进；陆王是先"致知"后"用敬"，于是程朱批评陆王为空疏，陆王批评程朱为支离——无要领。我们如明白了哲学的性质和功用，可以得到一个方法，既不支离又不空疏。我以为修养方法，是要"先立乎其大者"。所谓"用敬"是对于了解用敬，先有了了解，然后"用敬"。如果没有了解，"用敬"是空的，先有了了解，用敬才有着落。不过陆王没有讲明怎样来"先立乎其大者"，于是有失空疏之嫌，我们所谓"先立乎其大者"，是要先得到哲学上的几个基本观念，——宇宙、理、道体这几个观念。我们说哲学使人自"只可感觉不可思议"而到"只可思议不可感觉"再到"不可思议不可感觉"，即是"先立乎其大者"之意，有此观念后，眼界心胸都已扩大，当是"先立其大者"了。如此说来，可以不致"空疏"了。

要得到基本观念，光靠上面所讲的一点，还是不够的。因为这样还不能算得到所谓真了解这几个观念。还要从经验方面来体验，此即程朱之格物之道。用今日格一物，明日格一物的方法，以体验之。不过程朱之病，在求一切理的内容，比如说方，他要知道方的内容如何。我们以为只要有理的观念，不一定要知道理的内容，只要知道有理，就可以开拓我们的心胸；如果要知道一切理的内容，那就不可能了。这样说来，我们也可说是程朱的今日格一物明日格一物的方法，并不失于"支离"。

总之，先有哲学的基本观念，是"先立乎其大者"，用研究工夫，以今日格一物明日格一物的方法得到哲学的基本观念，是"先立乎其大者"的方法，这种方法近于陆王，但并不失于空疏，近于程朱，但亦不失于支离，这是我们对于宋明儒家的修正的第二点。

（原载《胜流》第二卷第一期，1945 年 7 月）

中国哲学与未来世界哲学
（1948 年）

（1948 年为美国《哲学评论》杂志"东方哲学讨论"专栏作）

本世纪初以来，中国的社会、政治局面尽管看来混乱，可是中国的精神生活，特别是哲学思维，却有了伟大的进步。这并不出人意外。中国的混乱，是中国社会性质由中世纪向现代转变的一个方面。在这场转变中，造成了新旧生活方式之间的真空，传统的生活方式已经古老废弃，新的生活方式仍然有待于接受。这样的真空，十分不便于实际日常生活，但是很有利于哲学，哲学总是繁荣于没有教条或成规约束的人类精神自由运动的时代。

在转变时期，过去的一切观念、理想，都要重新审查，重新估价，在这点上一律平等，哪个也不能要求比别个具有更大的权威。进行重新审查、重新估价的人是哲学家，他由此达到的观点，要比自限于单一思路的人高得多。

在中国现在进行的转变中，哲学家们特别幸运，因为自本世纪初以来，他们重新审查、估价的对象，不仅有他们自己的过去的观念、理想，而且有西方的过去和现在的观念、理想。欧洲、亚洲各个伟大的心灵所曾提出的体系，现在都从新的角度，在新的光辉照耀下，加以观察和理解。随着哲学中新兴趣的兴起，老兴趣也复兴了。在这种形势下，如果当代中国思想竟无伟大的变革，倒是非常可怪了。

变革已经发生，速度很快。许多观点已经表达出来了，只是又被后来的观点取而代之，后来的观点则是更多地研究和理解西方哲学的结果。我自己的观点也会被取而代之，虽然如此，我还是把它表达出来，说明中西哲学如何可以互相补充，以及在这种互相补充中，中国思想如何对未来世界哲学可以有所贡献。我只讲两点：一点是哲学使用的方法，一点是由哲学达到的理想人生。

中西哲学必有某种根本的相似之点，否则就没有理由把它们都叫做哲学。分析它们的相似之点时，我基本上限于它们的形上学学说，或限于有形上涵义的认识论学说，因为只在这里最容易对中西哲学进行比较。在西方哲学中我提出两个主要传统，柏拉图传统和康德传统，以供讨论，并与中国哲学中两个主要传统，儒家传统和道家传统，进行比较。柏拉图传统和儒家传统，代表着形上学中可以称为本体论的路子；而康德传统和道家传统，就其形上学或其哲学的形上学涵义而论，代表着可以称为认识论的路子。有一点强烈地吸引着我，就是，尽管形上学的目的是对经验作理智的分析，可是这些路子全都各自达到"某物"，这"某物"在逻辑上不是理智的对象，因而理智不能对它作分析。这不是因为理智无能，而是因为"某物"是这样的东西：对它作理智的分析就陷入逻辑的矛盾。

本体论的路子，开始于区别事物的性质与事物的存在。正如柏拉图学说的当代解释者乔治·桑塔耶纳所说："像公理一样自明的是：事物若没有性质就没有存在；只有有某种性质的事物才能存在。但是存在就有变化，或有变化之虞；事物能够变形，或换句话说，事物可以丢掉一个本质而拾起另一个本质。"（鲁尼斯〈D. D. Runes〉编：《二十世纪的哲学》，第三一五页）这个路子展现出关于本质的逻辑同一性和永恒性，这些当然都是理智的对象。但是，拾起本质、丢掉本质的那个"存在"又是什么？理智在分析某一事物时，将其性质一一抽去，抽至无可再抽，只觉得总还剩下"某物"，它没有任何性质，但是具有任何性质的事物都靠它才存在。

这个"某物"，在柏拉图学说中叫做"买特"（matter）；柏拉图说它"能接受一切形式"，所以"不可以有形式"（柏拉图：《蒂迈欧》）。"买特"不可分析，不是因为理智无能，而是因为凡是可以分析者一定具有某种性质。凡是具有性质者就不是叫做"买特"的"某物"了。

有些哲学家不喜欢柏拉图这个"买特"概念，想说"事件"或"物质"，在作为"材料"的意义上，才是宇宙最后的存在。但是这样的想法不是严格的理智分析。我得说，这些哲学家是错在把某些代表实际科学知识的实证观念，当成最后的了，这些实证的观念不是逻辑分析得出的形式的观念。"事件"或"材料"不过是另一类的事物，还需要进一步的分析。即使接受"事件"的说法，可是一个事件或一块材料又得分解为无性质的"某物"加上某性质。

中国哲学中的儒家，从它最初之日起，就尊重"名"，认为名代表人类行为的原则或德性的本质。儒家学说这一方面的形上学涵义，在朱熹的体系中发挥至极。朱熹体系成为中国正统的国家哲学，是从13世纪起，到20世纪初辛亥革命将帝制连同国家哲学一起推翻为止。若将朱熹的形上学体系与柏拉图的形上学体系加以比较，就会对这两位伟大哲学家的相似之处有很深的印象。不过朱熹并不认为实际世界只是理（Ideas）的不完全的摹本，而无宁是理的具体实现。在这方面，朱熹是沿着柏拉图的伟大门徒亚里士多德的路线活动的（参阅冯友兰：《朱熹哲学》，布德〈Derk Bodde〉英译，载《哈佛亚细亚研究学报》1942年七期，第一至五十一页［中文原文载《清华学报》七卷二期］）。

正像本体论的路子开始于区分事物的形式和质料，认识论的路子区分知识的形式和质料。后者正是康德所做的事。照康德说，知识的形式，如时间、空间，以及传统逻辑讨论的诸范畴，都是人的认识能力中固有的。靠这种能力人能够有知识。但是人的知识所包括的仅仅是其形式之内的东西，因而与形式混合在一起，不能分开。在理想中与这些形式有区别的东西可以叫做知识的质料，但是它究竟是什么，人不得而知。这就是康德所说的"自在之物"，或"本相"（noumenon），人不能知道它，人只能知道"现相"（phenomenon）。人不能知道"自在之物"，并非因为人的智力不足，而只是因为，如果叫做"自在之物"的东西当真可知，它就必然也只是另一个现相，而不是"自在之物"。

因此康德主张，有个"界线"存在于知与未知之间——未知的意思不是尚未知，而是不可知。康德说，界线"看来就是占满的空间（即经验）与空虚的空间（我们对它毫无所知，即本相）的接触点"（康德：《未来形而上学导论》，卡勒斯〈Paul Carus〉英译本，第一二五页）。他继续说，"不过，既然界线本身是一个肯定的东西，它既属于在它里边所包含的东西，又属于存在于既定的总和以外的天地，因此它也仍然是一个实在的肯定认识，理性只有把它自身扩展到这个界线时才能得到这种认识，但不要打算越过这个界线"（康德：《未来形而上学导论》，卡勒斯〈Paul Carus〉英译本，第一三三页）。

就一个方面说，中国哲学中的道家与康德之说相同。道家也区分可知与不可知。儒家以为，名代表原则或本质，原则或本质是实际世界中事物的标准；道家则以为，名代表主观的区别，主观的区别是人类智力造成的。"名言"这个名词是道家常用的。"言"是语言，用"名言"这个名词，道家将"名"归结为语言的事，这就必然与知识相联。人的知识只能通过名言。但是名言背后、名言之外，是什么呢？那就是"某物"，它在原则上，根据定义，是不可知的。用康德的术语说，那个某物在界线的彼岸，可以描述为"虚"（void）。这恰好就是道家用来描述界线彼岸的词。道家惯于将界线彼岸描述为"无"，意思是 not-being，为"虚"，意思是 void。

我只说在一个方面道家与康德相同，在另一方面道家则与康德不同。在伦理学，或康德称为道德形上学方面，他十分吻合儒家，特别是他的"无上命令"之说及其形上学基础，更为吻合。但是专就区分可知与不可知而论，康德与道家十分吻合。

但是，即使在这一方面，他们之间也有很大差别。康德似乎看出，靠纯粹理性的帮助，没有越过界线的道路。在他的体系中，不论纯粹理性作出多大努力去越过界线，它也总是留在界线的此岸。这种努力有些像道家说的"形与影竞走"。但是看来道家却用纯粹理性真地越过界线走到彼岸了。道家的越过并非康德所说的辩证使用理性的结果，实际上这完全不是越过，而无宁是否定理性。否定理性，本身也是理性活动，正如自杀的人用他自己的一个活动杀他自己。

由否定理性，得到道家所说的"浑沌之地"。若问：由否定理性，是否真正越过了界线？此问没有意义。因为照康德与道家所说，这个界线是理性自己所设。随者理性的否定，也就不再有要越过的界线了。在事实上，越过界线就是取消界线。若问：越过或取消界线之后，有何发现？此问亦没有意义。因为照康德与道家所说，辨认一物不过是理性的功能。随着理性的否定，也就无所谓辨认了。

在道家看来，康德常用的"自在之物"这个名词，是一个十足误人的名词，因为它有肯定的意义，给人以错误的印象，好比说，我面前这张桌子只是一个假象，真正的桌子却在它的背后，那才是"自在之物"。当然，越过界线的东西不能用像"桌子"这样的词来描述，但是也不能用像"真正的"这样的术语来指称。它只能用否定的名词来表示。最后，连这个否定的符号也必须自身否定之。因此，谁若对道家有正确的理解，谁就会看出，到了最后就无可言说，只有静默。在静默中也就越过界线达到彼岸。这就是我所谓的形上学的负的方法，道家使用得最多。禅宗也使用它。禅宗是在道家影响之下在中国发展起来的佛教的一个家派。

换句话说，描述，在根本上，是知识和理智的任务，但是在界线彼岸的东西根据定义是在知识和理智之外。想要描述彼岸的东西，就是想要用语言说出不可能也不应该用语言表达的东西。不能说它是什么，只能说它不是什么。这就是负的方法的精髓。

从知识和理智的观点看，负的方法表达的是否定的观念，一个 X，一个表示人所不知的东西的符号。如果它也算是观念，就只是否定的观念。但是在越过界线时，连否定的观念也要放弃。一旦已经越过了界线，人就不仅没有"否定的观念"，而且没有"否定"的观念。

在这里我们得到真正的神秘主义。从道家和禅宗的观点看，西方哲学中虽有神秘主义，还是不够神秘。西方的神秘主义哲学家大都讲上帝，讲人与上帝合一。但是上帝，既然全知全能，实质上就是一个理智的观念。人只要还有一个或多个理智的观念，就还在"界线"的此岸。

另一方面，逻辑分析的方法，我称之为形上学的正的方法，在中国哲学中从未充分发展。例如，朱熹的体系中，其推理的结论虽与西方哲学中的柏拉图学说有很多相似之处，其辩论和证明则远远不够充分。道家反对知识和理智，所作的辩论和证明也是如此。在这一方面，中国哲学家有许多东西要向西方学习。

过去二十年中，我的同事和我，努力于将逻辑分析方法引进中国哲学，使中国哲学更理性主义一些。在我看来，未来世界哲学一定比中国传统哲学更理性主义一些，比西方传统哲学更神秘主义一些。只有理性主义和神秘主义的统一才能造成与整个未来世界相称的哲学。这是我想在此肯定的第一点。

也许要问一个问题：所谓越过"界线"，对人生会有什么实际效果？这个问题的答案，将我引到我的第二点，它涉及由哲学达到的理想人生。

像印度哲学许多派别那样的哲学会说，人达到不可言说、不可思议之境，便与所谓绝对实在同一，这种同一的状态叫做"涅槃"。人一达到涅槃，便能解脱"个人不死"。个人不死，西方的人以为乐，印度传统以为苦。中国哲学不如此极端。按中国传统，越过界线的实际效果，是提高我想称为的人的生活境界，以改进人生。

我在《新原人》一书中曾说，人与其它动物的不同，在于人做事时，能理解他在做什么，并能自觉他正在做它。他在做的事对于他的意义，正是这种理解和自觉给予的。由此给予他各种不同活动的各种不同意义，这些意义的整体，构成我所称的他的生活境界。

不同的人可以做相同的事，但是根据他们不同程度的理解和自觉，这些事对于他们可以有不同的意义。每个人各有他自己的生活境界，与其他任何人的都不完全相同。不过撇开这些个人的差异，我们可以将各种不同的生活境界划分为四个概括的等级。从最低的说起，它们是：自然境界，功利境界，道德境界，天地境界。

一个人可以单纯地只做他的本能或其社会风俗习惯引导他做的事。像儿童和原始人，他对所做的可能并不自觉，或对他正在做的并无很多理解。这样，他所做的事，对于他若有意义，也是极少。他的生活境界，我称为"自然"境界。

或有人可能意识到他自己，做一切事都是为了他自己。这不是说他一定是不道德的人。他可以做某些事，其后果是利他，其动机是利己。他所做的一切对他自己都有功利的意义，他的生活境界，我称为"功利"境界。

再有人会进而理解，有社会存在，他是社会的成员。社会构成整体，他是这个整体的一部分。照这种理解，他做一切事都是为了社会利益，以道德命令为无上命令。在道德一词最严格的意义上，他是真正道德的人，他所做的是道德行为。他所做的一切都有道德的意义。因此，他的生活境界，我称为"道德"境界。

最后有人进而理解，在作为整体的社会以外，还有更大的整体，这就是宇宙。他不仅是社会的成员，同时还是宇宙的成员。本着这种理解，他做一切事都是为了宇宙利益。他理解他做的事的意义，自觉他正在做他做的事这件事。这种理解和自觉为他构成更高的生活境界，我称为"天地"境界。

这四种生活境界，前两种是实是的人的产物，后两种是应是的人之所有。前两种是自然的赐予，后两种是精神的创造。自然境界最低，接着是功利境界，然后是道德境界，最后是天地境界。其所以如此，是因为自然境界几乎不需要理解和自觉，而功利、道德境界则需要多一些，天地境界需要最多。道德境界是道德价值的境界，天地境界是可以称为超道德价值的境界。

按照中国哲学的传统，一般地说哲学，特殊地说形上学，其功用是帮助人达到精神创造的那两种生活境界。天地境界必须看成哲学境界，因为若非通过哲学得到对宇宙的某种理解，就不可能达到天地境界。但是道德境界也是哲学的产物。道德行为并不单纯是符合道德律的行为，道德的人也不是单纯养成一定的道德习惯的人。他的行为，他的生活，必须含有对相关的道德原则的理解；否则他的生活境界简直可能是自然境界。哲学的任务就是给予他这种理解。

在中国哲学中，道家强调在最高的生活境界中可能有的快乐和幸福。但是在儒家看来，提高人的生活境界到最高境界，不光是个快乐和享受的问题，而是实现人之所以为人者。一个人，作为某种特殊一类的人，例如工程师或政治家，可能是完人，而作为人则可能不是完人。只有在最高的生活境界中人才是完人。哲学的功用是训练人成为完人，完人的最高成就，是与宇宙合一。

但是宇宙不能是理性的对象。在哲学中我们称为宇宙者是一切存在的总体。它相当于道家所说的"大一"。照他们所说，由于大一是一，所以不可言说、不可思议。当我们说"大一"时，已经是二了：一个是所说的大一，一个是说大一的说。

用现代逻辑的话说，当我们思一切存在的总体时，我们是在反思，因为我们是要把我们自身和我们的思都包括在总体之中。但是当我们思总体时，在我们思中的总体在逻辑上就不包括思总体的这个思。所以我们所思的总体不是一切存在的总体。严格地说，一切存在的总体，是思的一个观念，但是是这样的观念，将欲得之，必须失之，而将欲失之，必先得之。

在《理想国》中，柏拉图说，哲学家必须从感性世界的"洞穴"提高到理智的世界。如果哲学家在理智世界，也就是在天地境界。可是生活在天地境界的人，其最高成就是他自身与宇宙同一。刚才我们说过，宇宙不能是理性或理智的对象。所以人自身与宇宙同一时，人也就否定理智，这与"越过界线"的情形相同。

个人与宇宙同一，在斯宾诺莎学说中是对上帝的理智的爱。他也似乎说上帝是一切存在的总体。但是如果上帝真是一切存在的总体，它就不能是爱的对象，正如它不能是理性的对象。人不可能爱它，除非人自身与它同一。这个同一，必须由否定理智来完成，因为只有否定理智，人才能实现与不能是理智或理性的对象者同一。可是这个同一就是理智的爱，因为理智的否定本身就是理智的活动。斯宾诺莎没有把这一点讲清楚。

"越过界线"的人，化入"浑沌之地"。但是这个化，必须经过理性而否定理性来实现。否则所得的生活境界不是第四种，而是第一种，不是最高，而是最低。在一种意义上，赤子处于威廉·詹姆士称之为纯粹经验的状态，也是生活在"浑沌之地"。但是赤子并未化于那里，只不过是在那里。赤子生活在自然境界，自然境界是自然的赐予，不是精神的创造。为什么在越过界线之前，必须对界线有清楚的理解，道理就在此。为了消除理性，必须充分运用理性。为什么真正的神秘主义之前必须有真正的理性主义，为什么负的方法必须结合正的方法，道理就在此。

主张否定理性的哲学，看起来似乎一定是出世的。并非必然如此，虽然一个真正的哲学不可能仅只是入世的。它是出世的，在于试图消除人的自私和卑鄙，但是这不必意味着排除对世间日常事务的兴趣。一个真正的哲学既是出世的，又是入世的，强调在人类生活的日常事务中实现最高的生活境界。

实现这个实现，是中国哲学传统的主要目的和主要问题。在我的《新原道（中国哲学之精神）》一书中，曾力求说明，这个问题一直是中国哲学进展的中心，从孔子时代直到现在。

天地境界中的人，中国哲学称之为"圣人"，圣人并不能作出奇迹，也无须试作。他做的事不多于常人，但是具有较高的理解，他所做的就有不同的意义。换句话说，他在"明"的状态中做他做的事，别人在"无明"状态中做他们做的事。这是他的理解的结果，构成最高的生活境界，由他在人生日常行事中实现之。按照中国的传统，这就是由哲学实现的理想人生。

中国哲学对人生启示的就只是这个公开的秘密。它不过是将人生当作一个自然的事实，努力在精神上改进它，以求使之尽量地好。这里并非简单地是一套道德说教或宗教教条，如有些人设想的。这里是一种年代久远的尝试，要改变日常生活的意义和价值，使之具有在最好意义上的最高价值。这说明为什么，通贯中国历史，哲学能指导精神生活而毫无超自然主义，又能指导实际生活而不低级庸俗。中国若能对未来世界哲学作出贡献，那就是这个公开的秘密：就在日常生活之内实现最高的价值，还加上经过否定理性以"越过界线"的方法。

（此文原文是英文，发表于 PHILOSOPHICAL REVIEW［New York］

v. 57，Nov. 1948，国内未传。日本国文部省研究员后藤延子女士研究冯学，辛勤收集，寄来原本；热心雅意，永志勿谖。1986 年 12 月，涂又光译于武昌瑜伽山居）

专

著

中国哲学史（上）（节选）
（1931 年）

自　序

吾非历史家，此哲学史对于"哲学"方面，较为注重。其在"史"之方面，则似有一点可值提及。

中国近来，史学颇有进步。吾人今日研究中国古代史所持之观点，与前人不同。吾人今日对于中国古代之知识，与前人所知者亦大异。前人对于古代事物之传统的说法，吾人今日已多加以辨正。对于此种"古史辨"，王船山、崔东壁即已有贡献；不过近人更有意地向此方向努力耳。

吾于写此哲学史时，对于中国古代史，亦往往有自己之见解。积之既久，乃知前人对于古代事物之传统的说法，亦不能尽谓为完全错误。官僚查案报告中常有"事出有因，查无实据"之语。前人对于古代事物之传统的说法，近人皆知其多为"查无实据"者。然其同时亦多为"事出有因"，则吾人所须注意者也。

吾亦非黑格尔派之哲学家；但此哲学史对于中国古代史所持之观点，若与他观点联合观之，则颇可为黑格尔历史哲学之一例证。黑格尔谓历史进化常经"正"、"反"、"合"三阶段。前人对于古代事物之传统的说法，"正"也。近人指出前人说法多为"查无实据"，此"反"也。若谓前人说法虽多为"查无实据"，要亦多"事出有因"；此"合"也。顾颉刚先生云："反"之方面之工作，尚多未做。吾深信之。吾亦非敢妄谓此哲学史中所说之中国古史，即真与事实相合。不过在现在之"古史辨"中，此哲学史，在"史"之方面，似有此一点值提及而已。

此书初稿成名，先在清华印为讲义，分送师友请正。其经改正者，及书中采用师友之说之处，皆随文注明。谨乘此机会，向诸师友致谢。

冯友兰
民国十九年 8 月 15 日清华园

第一章 绪 论

（一）哲学之内容

哲学本一西洋名词。今欲讲中国哲学史，其主要工作之一，即就中国历史上各种学问中，将其可以西洋所谓哲学名之者，选出而叙述之。在做此工作之先，吾人须先明在西洋哲学一名词之意义。

哲学一名词在西洋有甚久的历史，各哲学家对于"哲学"所下之定义亦各不相同。为方便起见，兹先述普通所认为哲学之内容。知其内容，即可知哲学之为何物，而哲学一名词之正式的定义，亦无需另举矣。

希腊哲学家多分哲学为三大部：

物理学（Physics）；

伦理学（Ethics）；

论理学（Logic）。

此所谓物理学、伦理学与论理学，其范围较现在此三名所指为广。以现在之术语说之，哲学包含三大部：

宇宙论——目的在求一"对于世界之道理"（A Theory of World）；

人生论——目的在求一"对于人生之道理"（A Theory of Life）；

知识论——目的在求一"对于知识之道理"（A Theory of Knowledge）。

此三分法，自柏拉图以后，至中世纪之末，普遍流行；即至近世，亦多用之。哲学之内容，大略如此。

就以上三分中若复再分，则宇宙论可有两部：

一、研究"存在"之本体及"真实"之要素者，此是所谓"本体论"（Ontology）；

二、研究世界之发生及其历史，其归宿者，此是所谓"宇宙论"（Cosmology）（狭义的）。

人生论亦有两部：

一、研究人究竟是什么者，此即心理学所考究；

二、研究人究竟应该怎么者，此即伦理学（狭义的）政治社会哲学等所考究。

知识论亦有两部：

一、研究知识之性质者，此即所谓知识论（Epistemology）（狭义的）；

二、研究知识之规范者，此即所谓论理学（狭义的）。

就上三部中，宇宙论与人生论，相即不离，有密切之关系。一哲学之人生论，皆根据于其宇宙论。如《列子·杨朱篇》以宇宙为物质的，盲目的，机械的，故人生无他希望，只可追求目前快乐。西洋之伊壁鸠鲁学派（Epicureanism）以同一前提，得同一断案，其一例也。哲学家中有以知识论证成其宇宙论者（如贝克莱〈Berkeley〉、康德〈Kant〉以及后来之知识论的唯心派〈Epistemological Idealism〉及佛教之相宗等）；有因研究人之是什么而联带及知识问题者（如洛克〈Locke〉、休谟〈Hume〉等）。哲学中各部分皆互有关系也。①

（二）哲学之方法

近人有谓研究哲学所用之方法，与研究科学所用之方法不同。科学的方法是逻辑的，理智的；哲学之方法，是直觉的，反理智的。其实凡所谓直觉、顿悟、神秘经验等，虽有甚高的价值，但不必以之混入哲学方法之内。无论科学哲学，皆系写出或说出之道理，皆必以严刻的理智态度表出之。凡著书立说之人，无不如此。故佛家之最高境界，虽"不可说，不可说"，而有待于证悟，然其"不可说、不可说"者，非是哲学；其以严刻的理智态度说出之道理，方是所谓佛家哲学也。故谓以直觉为方法，吾人可得到一种神秘的经验（此经验果与"实在"符合否是

———————

① 孟太葛先生（W. P. Montague）亦谓哲学有三部分，即方法论，形上学，与价值论。方法论即上所谓知识论，复分为二部；形上学即上所谓宇宙论，亦复分为二部；皆与上所述同。价值论复分为二部：（一）伦理学，研究善之性质及若何可以应用之于行为；（二）美学，研究美之性质及若何可以应用之于艺术（Montague：The Ways of Knowing, P. I）。

另一问题）则可，谓以直觉为方法，吾人可得到一种哲学则不可。换言之，直觉能使吾人得到一个经验，而不能使吾人成立一个道理。一个经验之本身，无所谓真妄；一个道理，是一个判断，判断必合逻辑。各种学说之目的，皆不在叙述经验，而在成立道理，故其方法，必为逻辑的，科学的。近人不明此故，于科学方法，大有争论；其实所谓科学方法，实即吾人普通思想之方法之较认真，较精确者，非有若何奇妙也。惟其如此，故反对逻辑及科学方法者，其言论仍须依逻辑及科学方法。以此之故，吾人虽承认直觉等之价值，而不承认其为哲学方法。科学方法，即是哲学方法，与吾人普通思想之方法，亦仅有程度上的差异，无种类上的差异。

（三）哲学中论证之重要

自逻辑之观点言之，一哲学包有二部分：即其最终的断案，与其所以得此断案之根据，即此断案之前提。一哲学之断案固须是真的，然并非断案是真即可了事。对于宇宙人生，例如神之存在及灵魂有无之问题，普通人大都各有见解；其见解或与专门哲学家之见解无异。但普通人之见解乃自传说，或直觉得来。普通人只知持其所持之见解，而不能以理论说明何以须持之。专门哲学家则不然，彼不但持一见解，而对于所以持此见解之理由，必有说明。彼不但有断案，且有前提。以比喻言之，普通人跳进其所持之见解；而专门哲学家，则走进其所持之见解（参看 William James：The Pluralistic Universe，PP. 13—14）。

故哲学乃理智之产物；哲学家欲成立道理，必以论证证明其所成立。荀子所谓"其持之有故，其言之成理"（《非十二子篇》，《荀子》卷三，"四部丛刊"本，页十二）是也。孟子曰："余岂好辩哉？余不得已也。"（《滕文公下》，《孟子》卷六，"四部丛刊"本，页十四）辩即以论证攻击他人之非，证明自己之是；因明家所谓显正摧邪是也。非惟孟子好辩，即欲超过辩之《齐物论》作者，亦须大辩以示不辩之是。盖欲立一哲学的道理以主张一事，与实行一事不同。实行不辩，则缄默即可；欲立一哲学的道理，谓不辩为是，则非大辩不可；既辩则未有不依逻辑之方法者。其辩中或有逻辑的误谬，然此乃能用逻辑之程度之高下问题，非用不用逻辑之问题也。

（四）哲学与中国之"义理之学"

吾人观上所述哲学之内容，可见西洋所谓哲学，与中国魏晋人所谓玄学，宋明人所谓道学，及清人所谓义理之学，其所研究之对象，颇可谓约略相当。若参用孟太葛先生之三分法（见本章第一节注），吾人可将哲学分为宇宙论、人生论及方法论三部分。《论语》云"夫子之言性与天道"（《公冶长》，《论语》卷三，"四部丛刊"本，页五），此一语即指出后来义理之学所研究之对象之二部分。其研究天道之部分，即约略相当于西洋哲学中之宇宙论。其研究性命之部分，即约略相当于西洋哲学中之人生论。惟西洋哲学方法论之部分，在中国思想史之子学时代，尚讨论及之；宋明而后，无研究之者。自另一方面言之，此后义理之学，亦有其方法论。即所讲"为学之方"是也。不过此方法论所讲，非求知识之方法，乃修养之方法，非所以求真，乃所以求善之方法。

吾人本亦可以中国所谓义理之学为主体，而作中国义理之学史。并可就西洋历史上各种学问中，将其可以义理之学名之者，选出而叙述之，以成一西洋义理之学史。就原则上言，此本无不可之处。不过就事实言，则近代学问，起于西洋，科学其尤著者。若指中国或西洋历史上各种学问之某部分，而谓为义理之学，则其在近代学问中之地位，与其与各种近代学问之关系，未易知也。若指而谓为哲学，则无此困难。此所以近来只有中国哲学史之作，而无西洋义理之学史之作也。

以此之故，吾人以下即竟用中国哲学及中国哲学家之名词。所谓中国哲学者，即中国之某种学问或某种学问之某部分之可以西洋所谓哲学名之者也。所谓中国哲学家者，即中国某种学者，可以西洋所谓哲学家名之者也。

（五）中国哲学之弱点及其所以

中国哲学家之哲学，在其论证及说明方面，比西洋及印度哲学家之哲学，大有逊色。此点亦由于中国哲学家之不为，非尽由于中国哲学家之不能，所谓"乃折枝之类，非携泰山以超北海之类"也。盖中国哲学家多未有以知识之自身为自有其好，故不为知识而求知识。不但不为知识而求知识也，即直接能为人增进幸福之知识，中国哲学家亦只愿实行之以增进人之幸福，而不愿空言讨论之，所谓"吾欲托之空言，不如见之行事之深切著明也"。故中国人向不十分重视著书立说。"太上有立德，其次有立功，其次有立言。"中国哲学家，多讲所谓内圣外王之道。"内圣"即"立德"，"外王"即"立功"。其最高理想，即实有圣人之德，实举帝王之业，成所谓圣王，即柏拉图所谓哲学王者。至于不能实举帝王之业，以推行其圣人之道，不得已然后退而立言。故著书立说，中国哲学家视之，乃最倒霉之事，不得已而后为之。故在中国哲学史中，精心结撰，首尾贯串之哲学书，比较少数。往往哲学家本人或其门人后学，杂凑平日书札语录，便以成书。成书既随便，故其道理虽足自立，而所以扶持此道理之议论，往往失于简单零碎，此亦不必讳言也。[①]

总之，中国哲学家多注重于人之是什么，而不注重于人之有什么。如人是圣人，即毫无知识亦是圣人；如人是恶人，即有无限之知识亦是恶人。王阳明以精金喻圣人，以为只须成色精纯，即是圣人，至于知识才器，则虽有大小不同，如八千镒之金，与九千镒之金，分量虽不同，然其为精金一也。金之成色，属于"是什么"之方面；至其分量，则属于"有什么"之方面。中国人重"是什么"而不重"有什么"，故不重知识。中国仅有科学萌芽，而无正式的科学，其理由一部分亦在于此（参观拙著 Why China Has No Science etc.，The International Journal of Ethics，Vol. 32，No. 3.）。

中国哲学亦未以第一节所述之知识问题（狭义的）为哲学中之重要问题。其所以，固由于中国哲学家之不喜为知识而求知识，然亦以中国哲学迄未显著的将个人与宇宙分而为二也。西洋近代史中，一最重要的事，即是"我"之自觉。"我"已自觉之后，"我"之世界即中分为二："我"与"非我"。"我"是主观的，"我"以外之客观的世界，皆"非我"也。"我"及"非我"既分，于是主观客观之间，乃有不可逾之鸿沟，于是"我"如何能知"非我"之问题，乃随之而生，于是知识论乃成为西洋哲学中之一重要部分。在中国人之思想中，迄未显著的有"我"之自觉，故亦未显著的将"我"与"非我"分开，故知识问题（狭义的）未成为中国哲学上之大问题。

---

① 按中国古代用以写书之竹简，极为笨重。因竹简之笨重，故著书立言务求简短，往往仅将其结论写出。及此办法，成为风尚，后之作者，虽已不受此物质的限制，而亦因仍不改，此亦可备一说。

哲学家不辩论则已，辩论必用逻辑，上文已述。然以中国哲学家多未竭全力以立言，故除一起即灭之所谓名家者外，亦少人有意识地将思想辩论之程序及方法之自身，提出研究。故知识论之第二部，逻辑，在中国亦不发达。

中国哲学家，又以特别注重人事之故，对于宇宙论之研究，亦甚简略。故上列哲学中之各部分，西洋哲学于每部皆有极发达之学说；而中国哲学，则未能每部皆然也。不过因中国哲学家注重"内圣"之道，故所讲修养之方法，即所谓"为学之方"，极为详尽。此虽或未可以哲学名之，然在此方面中国实甚有贡献也。[①]

（六）哲学之统一

由上述宇宙论与人生论之关系，亦可见一哲学家之思想皆为整个的。凡真正哲学系统，皆如枝叶扶疏之树，其中各部，皆首尾贯彻，打成一片。如一树虽有枝叶根干各部分，然其自身自是整个的也。威廉·詹姆士谓哲学家各有其"见"（Vision）；又皆以其"见"为根本意思，以之适用于各方面；适用愈广，系统愈大。孔子曰："吾道一以贯之。"（《里仁》，《论语》卷二，页十四）其实各大哲学系统，皆有其一以贯之。黄梨洲曰："大凡学有宗旨是其人之得力处，亦是学者之入门处。天下之义理无穷，苟非定以一二字，如何约之使其在我？故讲学而无宗旨，即有嘉言，是无头绪之乱丝也。学者而不能得其人之宗旨，即读其书，亦犹张骞初至大夏，不能得月氏要领也。杜牧之曰：'丸之走盘，横斜圆直，不可尽知；其必可知者，知是丸不能出于盘也。'夫宗旨亦若是而已矣。"（《明儒学案·发凡》）

中国哲学家中荀子善于批评哲学。荀子以为哲学家皆有所见；故曰："慎子有见于后，无见于先。老子有见于诎，无见于信（同伸）。墨子有见于齐，无见于畸。宋子有见于少，无见于多。"（《天论》，《荀子》

---

① 近人有谓："吾国哲学略于方法组织，近人多以此为病，不知吾国哲学之精神，即在于此。盖哲学之微言大义，非从悟入不可……文字所以载道，而道且在文字之外，遑论组织？遑论方法？"（陆懋德《周秦哲学史》页四）此言可代表现在一部分人之意见。吾人亦非不重视觉悟，特觉悟所得，乃是一种经验，不是一种学问，不是哲学。哲学必须是以语言文字表出之道理，"道"虽或在语言文字之外，而哲学必在语言文字之中。犹之科学所说之事物，亦在语言文字之外；然此等事物，只是事物，不是科学；语言文字所表之原理公式等，方是科学。依此原理公式所做成之事物，例如各种工业产品，亦是东西，不是科学。

卷十一，页二十四）荀子又以为哲学家皆有所蔽；故曰："墨子蔽于用而不知文；宋子蔽于欲而不知得；慎子蔽于法而不知贤；申子蔽于势而不知智；惠子蔽于辞而不知实；庄子蔽于天而不知人。"（《解蔽》，《荀子》卷十五，页五）威廉·詹姆士谓：若宇宙之一方面，引起一哲学家之特别注意，彼即执此一端，以概其全（见所著 Pluralistic Universe）。故哲学家之有所蔽，正因其有所见。惟其如此，所以大哲学家之思想，不但皆为整个的，而且各有其特别精神，特别面目。

中国哲学家之书，较少精心结撰，首尾贯串者，故论者多谓中国哲学无系统。上文所引近人所谓"吾国哲学略于方法组织"者，似亦指此。然所谓系统有二：即形式上的系统与实质上的系统。此两者并无连带的关系。中国哲学家的哲学，虽无形式上的系统；但如谓中国哲学家的哲学无实质上的系统，则即等于谓中国哲学家之哲学不成东西，中国无哲学。形式上的系统，希腊较古哲学亦无有。苏格拉底本来即未著书。柏拉图之著作，用对话体。亚力士多德对于各问题皆有条理清楚之论文讨论。按形式上的系统说，亚力士多德之哲学，较有系统。但在实质上，柏拉图之哲学，亦同样有系统。依上所说，则一个哲学家之哲学，若可称为哲学，则必须有实质的系统。所谓哲学系统之系统，即指一个哲学之实质的系统也。中国哲学家之哲学之形式上的系统，虽不如西洋哲学家；但实质上的系统，则同有也。讲哲学史之一要义，即是要在形式上无系统之哲学中，找出其实质的系统。

（七）哲学与哲学家

由上所述，亦可知一哲学家之哲学，与其自己之人格（即一人之性情气质经验等之总名）或个性有大关系。在此点哲学与文学宗教相似。盖一切哲学问题，比于各科学上之问题，性质皆较广泛，吾人对之尚不能作完全客观的研究。故其解决多有待于哲学家之主观的思考及其"见"。故科学之理论，可以成为天下所承认之公言，而一家之哲学则只能成为一家之言也。威廉·詹姆士谓：依哲学家之性情气质，可将其分为二类：一为软心的哲学家；其心既软，不忍将宇宙间有价值的事物归纳于无价值者，故其哲学是唯心论的，宗教的，自由意志论的，一元论的。一为硬心的哲学家；其心既硬，不惜下一狠手，将宇宙间有价值的事物概归纳于无价值者，故其哲学是唯物论的，非宗教的，定命论的，多元论的（见所著 Pluralistic Universe）。海佛定亦谓哲学中诸问题皆在吾人知识之边境上，为精确的方法（Exact methods）所不能及之地，故研究者之人格，乃决定其思想之方向，而或不自知。不特此也，有时哲学中一问题之发生，或正以其研究者之人格为先决条件。有些思想，只能在某种心理状况中发生。其次则研究者所引以为解决问题之根据，于其解决问题，亦有关系。故吾人对于一人之哲学，作历史的研究时，须注意于其时代之情势，及各方面之思想状况（Harald Höffding：History of Modern Philosophy，P. XVI）。此皆研究哲学史者所宜注意者也。孟子曰："诵其诗，读其书，不知其人可乎？是以论其世也。"（《万章下》，"四部丛刊"本，卷十，页十五）宋儒最注意于古圣人之"气象"；虽其动机在于修养方面，然对于一人之哲学作历史的研究时，实亦须注意于其"气象"也。

（八）历史与哲学史

历史有二义：一是指事物之自身；如说：中国有四千年之历史，说者此时心中，非指任何史书，如《史记》，如《通鉴》等。不过谓中国在过去时代，已积有四千年之事情而已；此所谓历史，当然是指事情之自身。历史之又有一义，乃是指事情之记述；如说《史记》、《通鉴》是历史，即依此义。总之，所谓历史者，或即是其主人翁之活动之全体；或即是历史家对于此活动之记述。若欲以二名表此二义，则事情之自身可名为历史，或客观的历史；事情之记述可名为"写的历史"，或主观的历史。

上谓一时代之情势及各方面之思想状况，能有影响于一哲学家之哲学。然一哲学家之哲学，亦能有影响于其时代及其各方面之思想。换言之，即历史能影响哲学；哲学亦能影响历史。"英雄造时势，时势造英雄"，本互为因果也。一时代有一时代之时代精神；一时代之哲学即其时代精神之结晶也。研究一哲学家之哲学，固须"知其人，论其世"；然研究一时代或一民族之历史，亦须知其哲学。培根曾说：许多人对于天然界及政治宗教，皆有记述；独历代学术之普通状况，尚无人叙述纪录，此部分无纪录，则世界历史，似为无眼之造像，最能表示其人之精神与生活之部分，反阙略矣（见培根之《学术之进步》〈The Advancement of Learning〉）。叙述一时代一民族之历史而不及其哲学，则如"画龙不点睛",如培根所说。研究一时代一民族之历史而不研究其哲学，则对于其时代其民族，必难有彻底的了解。"人之相知，贵相知心"；吾人研究一时代一民族，亦当知其心。故哲学史之专史，在通史中之地位，甚为重要；哲学史对于研究历史者，亦甚为重要。

各哲学之系统，皆有其特别精神，特殊面目。一时代一民族亦各有其哲学。现在哲学家所立之道理，大家未公认其为是；已往哲学家所立之道理，大家亦未公认其为非。所以研究哲学须一方面研究哲学史，以观各大哲学系统对于世界及人生所立之道理；一方面须直接观察实际的世界及人生，以期自立道理。故哲学史对于研究哲学者更为重要。

（九）历史与写的历史

依上所说，已可知"历史"与"写的历史"，乃系截然两事。于写的历史之外，超乎写的历史之上，另有历史之自身，巍然永久存在，丝毫无待于吾人之知识。写的历史随乎历史之后而记述之，其好坏全在于其记述之是否真实，是否与所记之实际相合。

近人多说写的历史，宜注重寻求历史中事情之因果。其实所谓一事之原因，不过一事之不能少的先行者（Antecedent）；所谓一事之结果，不过一事之不能少的后起者（Consequent）。凡在一事之前所发现之事，皆此事之先行者；凡在一事之后所发现之事，皆此事之后起者。一事不能孤起，其前必有许多事，其后必有许多事。写的历史叙述一事，必须牵连叙其前后之事，然其前后之事又太多不能尽叙，故必择其不能少之先行者与后起者，而叙述之。自来写的历史，皆是如此，固不必所谓"新历史"，乃始注重因果也。不过写的历史，所叙一事之不能少的先行者或后起者，有非不能少者。如叙战事之前，先说彗星见；叙帝王无道之后即说日蚀之类。然此乃由于各时代史家对于一般事物之见解不同，非其写的历史之目的或方法不同也。写的历史之目的，在求与所写之实际相合，其价值亦视其能否做到此"信"字。

历史之活动的事情，既一往而永不再现。写的历史所凭之史料，不过亲见或身与其事者之述说，及与其事情有关之文卷及遗迹，即所谓"文献"是也。此等材料因与所叙之历史直接有关，名曰"原始的史料"（Original Source）。其有对于一事物之正式的或非正式的记录，本为写的历史，但因其对于其事物之发生或存在之时较近，后来史家，即亦引为根据，用作史料。此等史料，名曰"辅助的史料"（Secondary Source）。

历史家凭此史料，果能写出完全的"信"史与否，颇为疑问。世有史家，或为威劫，或为利诱，或因有别种特别的目的，本无意于作信史，如此之流，当然可以不论。即诚意作信史之人，其所写历史，似亦难与历史之实际完全符合。马克斯诺都有言：客观的真实之于写历史者，正如康德所说"物之自身"之于人的知识。写的历史永不能与实际的历史相合（见所著《史释》Nordau：The Interpretation of History, P. 12）。此言虽或未免过当，然历史家欲作完全的信史，实有许多困难。《易·系辞》云："书不尽言，言不尽意。"（《易经》卷七，"四部丛刊"本，页十一）《庄子》云："古之人与其不可传者死矣。然则君之所读者，古人之糟粕已夫。"（《天道》，《庄子》卷五，"四部丛刊"本，页三十五）言尚不能尽意，即使现在两人对面谈话，尚有不能互相了解之时，况书又不能尽言，又况言语文字，古今不同，吾人即有极完备之史料，吾人能保吾人能完全了解之而无误乎？吾人研究古史，固不全靠书籍，然即金石文字，亦为"书不尽言，言不尽意"者。研究历史，惟凭古人之糟粕，而此糟粕亦非吾人所能完全了解。此其困难一也。即令吾人能完全了解古书，又有好学深思之士，心知作书者之意，然古书不可尽信。孟子云："尽信书则不如无书，吾于《武成》，取二三策而已。"（《尽心下》，《孟子》卷十四，页二）历史家固可以科学方法，审查史料，取其可信者，而去其不可信者，所谓对于史料加以分析工作者；或于书籍文字之外，历史家另有其他可靠的史料。然史料多系片段，不相连属，历史家分析史料之后，必继之以综合工作，取此片段的史料，运以想像之力，使连为一串。然既运用想像，即搀入主观分子，其所叙述，即难尽合于客观的历史。此其困难二也。研究自然科学，若有假设，可以实验定其真伪。而历史家对于史事之假设，则绝对不能实验。韩非子所谓："孔子墨子俱道尧舜，而取舍不同，皆自谓真尧舜。尧舜不复生，将谁使定儒墨之诚乎？"（《显学》，《韩非子》卷十九，"四部丛刊"本，页七）所谓"人死无对证"。此其困难三也。有此诸困难，故历史家只能尽心写其信史，至其史之果信与否，则不能保证也。

历史有"历史"与"写的历史"之分；哲学史亦有"哲学史"与"写的哲学史"之分。写的历史，与历史既难符合，则写的哲学史，亦难与哲学史符合。且写的哲学史所凭借之史料，纯为书籍文字；则上述三种困难，尤为难免。所以西洋哲学史只有一个，而写的西洋哲学史，则何止百部，其中无有两个完全相同。中国哲学史亦只有一个，而写的中国哲学史，则有日渐加多之势。然此人所写，彼以为非，彼之所写，复有人以为非，古之哲学家不可复生，究竟谁能定之？若究竟无人能定，则所谓写的历史及写的哲学史，亦惟须永远重写而已。

（十）叙述式的哲学史与选录式的哲学史

写的哲学史约有两种体裁：一为叙述式的；一为选录式的。西洋人所写之哲学史，多为叙述式的。用此方式，哲学史家可尽量叙述其所见之哲学史。但其弊则读者若仅读此书，即不能与原来史料相接触，易为哲学史家之见解所蔽；且对于哲学史家所叙述亦不易有明确的了解。中国人所写此类之书几皆为选录式的；如《宋元学案》、《明儒学案》，即黄梨洲所著之宋、元、明哲学史；《古文辞类纂》、《经史百家杂钞》，即姚鼐、曾国藩所著之中国文学史也。用此方式，哲学史家文学史家选录各哲学家各文学家之原来著作；于选录之际，选录者之主观的见解自然亦须搀入，然读者得直接与原来史料相接触，对于其研究之哲学史或文学史，易得较明确的知识。唯用此方式，哲学史家或文学史家之所见，不易有有系统的表现，读者不易知之。本书试为兼用上述两种方式，或者可得较完善之结果。

（十一）历史是进步的

社会组织，由简趋繁；学术由不明晰至于明晰。后人根据前人已有之经验，故一切较之前人，皆能取精用宏。故历史是进步的。即观察中国哲学史，亦可见此例之不诬。中国汉以后之哲学所研究之问题及范围，自不如汉以前哲学所研究之多而广。然汉以后哲学中之理论，比汉以前之哲学，实较明晰清楚。论者不察，见孔子讲尧、舜；董仲舒、朱熹、王阳明讲孔子；戴东原、康有为仍讲孔子，遂觉古人有一切，而今人一切无有。但实际上，董仲舒只是董仲舒，王阳明只是王阳明。若知董仲舒之《春秋繁露》只是董仲舒之哲学，若知王阳明之《大学问》只是王阳明之哲学，则中国哲学之进步，便显然矣。社会组织之由简趋繁，学术之由不明晰进于明晰，乃是实然的，并非当然的。凡当然者，可以有然有不然，实然者则不能有然有不然也。

或者以为董仲舒、王阳明等所说，在以前儒家书中，已有其端，董仲舒、王阳明不过发挥引申，何能为其自己之哲学？有何新贡献之可言？不过即使承认此二哲学家真不过发挥引申，吾人亦不能轻视发挥引申。发挥引申即是进步。小儿长成大人；大人亦不过发挥引申小儿所已潜具之官能而已。鸡卵变成鸡，鸡亦不过发挥引申鸡卵中所已有之官能而已。然岂可因此即谓小儿即是大人，鸡卵即是鸡？用亚力士多德的名辞说，潜能（Potentiality）与现实（Actuality）大有区别。由潜能到现实便是进步。欲看中国哲学进步之迹，我们第一须将各时代之材料，归之于各时代；以某人之说话，归之于某人。如此则各哲学家之哲学之真面目可见，而中国哲学之进步亦显然矣。

从前研究中国学问者，或不知分别真书伪书，或知分别而以伪书为无价值，此亦中国哲学之所以在表面上似无进步之一原因。吾人研究哲学史，对于史料所以必须分别真伪者，以非如此不能见各时代思想之真面目也。如只为研究哲学起见，则吾人只注重某书中所说之话之本身之是否不错。至于此话果系何人所说，果系何时代所有，则丝毫不关重要。某书虽伪，并不以其为伪而失其价值，如其本有价值。某书虽真，并不以其为真而有价值，如其本无价值。即就哲学史说，伪书虽不能代表其所假冒之时代之思想，而乃是其产生之时代之思想，正其产生之时代之哲学史之史料也。如《列子·杨朱篇》虽非杨朱学说，而正魏晋间一种流行思想之有系统的表现，正魏晋时代哲学史之史料也。故以《杨朱篇》为伪者，非废《杨朱篇》，不过将其时代移后而已。其所以必须将其时代移后者，亦不过欲使写的历史与实际相合，做到一信字而已。

（十二）中国哲学史取材之标准

哲学一名词，中国本来无有。一般人对于哲学之范围及内容，无明确的观念，几以为凡立言有近于旧所谓"经""子"者，皆可为哲学史之材料[注]。但依以上所说，吾人对于哲学之内容，既已有明确的观念，则吾人作哲学史于选取史料，当亦有一定的标准。古人著述之可为哲学史史料者：

（一）上所说哲学之内容已确定哲学之范围，并已指明哲学中所有之问题。古人著述之有关于此诸问题者，其所讨论在上述范围之内者，方可为哲学史史料。否则不可为哲学史史料，如上述兵家著述之类。

（二）依以上所说，哲学家必有其自己之"见"，以树立其自己之系统。故必有新"见"之著述，方可为哲学史史料。如只述陈言者，不可为哲学史史料。黄梨洲云："学问之道，以各人自用得著者为真，凡依门傍户，依样葫芦者，非流俗之士，则经生之业也。……以水济水，岂是学问？"（《明儒学案·发凡》）正此意也。

（三）依上所说，一哲学必有其中心观念（即哲学家之见）。凡无中心观念之著述，即所谓杂家之书，如《吕氏春秋》、《淮南子》之类，不可为哲学史之原始的史料；但以其记述别家之言，有报告之价值，可以作为辅助的史料。

（四）依上所说，哲学家之哲学，须以理智的辩论出之，则凡片语只句，如《诗》云"民之秉彝，好是懿德"之言，不可为哲学史之原始的史料；但依上所述，一时代之哲学与其时代之情势及各方面之思想状况，有互为因果之关系，故此等言论，可搜集以见一时流行之思想，以见哲学系统之背景。

（五）依上所述，一哲学家之哲学与其人格有关系。故凡对于一哲学家之叙说，能表现其人格者，亦可为哲学史史料。

依上标准，以搜集中国哲学史之史料，则"虽不中，不远矣"。①

第二章　泛论子学时代

（一）子学时代之开始

中国之文化，至周而具规模。孔子曰："周监于二代，郁郁乎文哉！吾从周。"在孔子心目中，周之典章制度，实可以"上继往圣，下开来学"。孔子一生，以能继文王周公之业为职志。此《论语》所明言者也

---

① 日本高濑武次郎所著《支那哲学史》颇可代表此一般人之意见。其书竟为兵家书各作提要，于《孙子》云："《孙子》之文，精到而简约，曲折而峻洁，不愧春秋杰作。……而其文亦虚虚实实，简尽渊通，不能增减一字。……故《孙子》一书，不但为兵家之秘宝，亦为文字上不可多得之一大雄篇也。"（赵正平译本卷上，二八六页）读之诚令人疑所读为兵学史，为文学史矣。

（详第四章第二节）。

周之文化（即所谓文），周之典章制度（即所谓礼），虽有可观，然自孔子以前，尚无有私人著述之事（今所传孔子以前之私人著述皆伪书，《老子》一书亦系晚出，详下）。章实斋云：

> 古未尝有著述之事也。官师守其典章，史臣录其职载。文字之道，百官以之治，万民以之察，而其用已备矣。是故圣王书同文以平天下，未有不用之于政教典章，而以文字为一人之著述者也。道不行而师儒立其教，我夫子之所以功贤尧舜也。（《文史通义·诗教上》，《章氏遗书》卷一，页二三）

此言虽有理想化古代之嫌，然若除去其理想化之部分，则亦似近于事实。盖古代本为贵族政治，有政权者即有财产者，即有知识者；政治上经济上之统治阶级即智识阶级，所谓官师不分者，即此而已。贵族既须执政任事，自少工夫以著书，且既执有政权，即有理想，亦可使之见诸行事，发为"政教典章"，亦无需要而必著书，著书乃不得已而后为之事，中国哲学家固多抱此见解（详上文）也。哲学为哲学家之有系统的思想，须于私人著述中表现之。孔子以前无私人著述之事，有无正式哲学，不得而知。孔子本人虽亦未"以文字为一人之著述"，然一生竟有未做官不做他事而专讲学之时；此在今虽为常见，而在古实为创例。就其门人所纪录者观之，孔子实有有系统的思想。[1] 由斯而言，则在中国哲学史中，孔子实占开山之地位。后世尊为惟一师表，虽不对而亦非无由也。以此之故，此哲学史自孔子讲起，盖在孔子以前，无有系统的思想，可以称为哲学也。

（二）子学时代哲学发达之原因

在中国哲学史各时期中，哲学家派别之众，其所讨论问题之多，范围之广，及其研究兴趣之浓厚，气象之蓬勃，皆以子学时代为第一。其

---

[1] 战国以前所为私人著述，本非必本人亲手所写，详本章第五节。

所以能有此特殊之情形，必有其特殊之原因。① 兹分述之。

自春秋迄汉初，在中国历史中，为一大解放之时代。于其时政治制度，社会组织，及经济制度，皆有根本的改变。盖上古为贵族政治，诸国有为周室所封者，有为本来固有者。国中之卿大夫亦皆公族，皆世其官；所谓庶人皆不能参与政权。《左传》昭七年谓："天有十日，人有十等，下所以事上，上所以共神也。故王臣公，公臣大夫，大夫臣士，士臣皂，皂臣舆，舆臣隶，隶臣僚，僚臣仆，仆有台，马有圉，牛有牧，以待百事。"古代政治上为贵族世家世禄之制，故社会组织上亦应有此种种阶级也。贵族政治破坏，上古之政治及社会制度遂起根本的变化。赵翼曰：

> 盖秦汉间为天地一大变局。自古皆封建，诸侯各君其国，卿大夫亦世其官，成例相沿，视为固然。其后积弊日甚，暴君荒主，既虐用其民，无有底止。强臣大族，又篡弑相仍，祸乱不已。再并而为七国，益务战争，肝脑涂地，其势不得不变，而数千年世侯世卿之局，一时亦难遽变。于是先从在下者起，游说则范雎、蔡泽、苏秦、张仪等，徒步而为相。征战则孙膑、白起、乐毅、廉颇、王翦等，白身而为将。此已开后世布衣将相之例，而兼并之力，尚在有国者。天方藉其力以成混一，固不能一旦扫除之，使匹夫而有天下也。于是纵秦皇尽灭六国，以开一统之局。使秦皇当日发政施仁，与民休息，则祸乱不兴，下虽无世禄之臣，而上犹是继体之主也。惟其威虐毒痡，人人思乱，四海鼎沸，草泽竞奋。于是汉祖以匹夫起事，角群雄而定一尊。其君既起自布衣，其臣亦自多亡命无赖之徒，立功以取将相，此气运为之也。天之变局，至是始定。然楚汉之际，六国各立后，尚有楚怀王心、赵王歇、魏王咎、魏王豹、韩王成、韩王信、齐王田儋、田荣、田广、田安、田市等。即汉所封功臣，亦先裂地以王彭、韩等，继分国以侯绛、灌等。盖人情习见前世封建故事，不得而遽易之也。乃不数年而六国诸王皆败灭。汉所封异姓王八人，其七人亦皆败灭。则知人情犹狃于故见，而天意

---

① 胡适之先生论老孔以前之时势，归结于"政治那样黑暗，社会那样纷乱，贫富那样不均，民生那样困苦。有了这种形势，自然会生出种种思想的反动"（《中国哲学史大纲》，页四二）。此种形势在中国史中几于无代无之，对于古代哲学之发生，虽不必无关系，要不能引以说明古代哲学之特殊情形。梁任公先生所论是矣。然梁先生所举"当注意"各事，亦多为后世所通有者，兹均不及之（参看《梁任公学术讲演集》第一辑，页十一、十六）。

已另换新局，故除之易易耳。而是时尚有分封子弟诸国，迫至七国反后，又严诸侯王禁制，除吏皆自天朝，诸侯王惟得食租衣税，又多以事失侯。于是三代世侯世卿之遗法，始荡然净尽，而成后世征辟选举科目杂流之天下矣，岂非天哉！（《廿二史札记》卷二，"广雅丛书"本，页九）

吾人对于赵翼所谓天意，虽不同意，然贵族政治之崩坏实当时大势之所趋。此在春秋之时已见其端，故宁戚以饭牛而得仕于齐，百里奚以奴隶而仕于秦；此庶人之升而为官者也。《诗》有黎侯之赋《式微》，《左传》谓："栾、郤、胥、原、狐、续、庆、伯，降为皂隶。"（昭三年，《左传》卷二十，"四部丛刊"本，页十六）孔子本宋之贵族，而"为贫而仕"，"尝为委吏矣"，"尝为乘田矣"；此贵族之降而为民者也。如是阶级制度，遂渐消灭，至汉高遂以匹夫而为天子，此政治制度及社会组织之根本的变动也。

与贵族政治相连带之经济制度，即所谓井田制度。《诗》云："普天之下，莫非王土；率土之滨，莫非王臣。"《左传》昭七年芈尹无宇曰："天子经略，诸侯正封，古之制也。封略之内，何非君土？食土之毛，谁非君臣？"（《左传》卷二十一，页十六）所谓王土王臣，在后世视之，只有政治的意义，然在上古封建制度下，实兼有经济的意义。上所述社会上之诸阶级，亦不只是政治的，社会的，而亦且是经济的也。盖在上古封建制度下，天子、诸侯及卿大夫，在政治上及经济上皆为人民之主。例如周以土地封其子弟为诸侯，即使其子弟为其地之君主兼地主也。诸侯再以其地分与其子弟，其子弟再分与庶人耕种之。庶人不能自有土地，故只能为其政治的经济的主人做农奴而已。《左传》、《国语》中所载当时之政治，皆不过有数几家贵族之活动；所谓人民者，但平时为贵族工作，战时为贵族拼命而已。王船山曰：

> 三代之国，幅员之狭，直今一县耳。仕者不出于百里之中，而卿大夫之子恒为士，故有世禄者有世田，即其所世营之业也。名为卿大夫，实则今乡里之豪族而已。世居其土，世勤其畴，世修其陂池，世治其助耕之氓。（《读通鉴论》卷十九，《船山遗书》本，页十六）

"其助耕之氓"，即系农奴，夏曾佑曰：

> 井田之制，为古今所聚讼。据汉唐儒者所言，则似古人真有此

事，且为古人致治之根本。以近人天演学之理解之，则似不能有
此。社会之变化，千因万缘，互为牵制，安有天下财产，可以一时
匀分者？井田不过儒家之理想。此二说者，迄今未定。兹据秦汉间
非儒家之载籍证之，似古人实有井田之制，而为教化之大梗。其实
情盖以土地为贵人所专有，而农夫皆附田之奴，此即民与百姓之分
也。至秦商君，乃克去之。此亦为社会进化之一端。（《中国历史》
第一册，页二五八）

史谓商鞅"坏井田，开阡陌……王制遂灭，僭差无度，庶人之富者累巨
万"（《食货志》，《汉书》卷二十四上，同"文影殿刊本"，页七）。此农
奴解放后"民"之能崛起占势力为大地主者也。所谓井田制度之崩坏，
亦当时之普通趋势，不过商鞅特以国家之力，对之作有意识的、大规模
的破坏而已。

其次则商人阶级亦乘时而占势力。《汉书》曰：

> 及周室衰，礼法堕。……其流至乎士庶人莫不离制而弃本，稼
> 穑之民少，商旅之民多，谷不足而货有余。……于是商通难得之
> 货，工作无用之器，士设反道之行，以追时好而取世资。……富者
> 土木被文锦，犬马余肉粟。……其为编户齐民，同列而以财力相
> 君。……（《货殖传》，《汉书》卷九十一，页三）

此谓因"王制灭"、"礼法堕"，故庶人崛起而营私产，致富豪。然若就
经济史观之观点言之，亦可谓因农奴及商人在经济上之势力日益增长，
故贵族政治破坏，而"王制灭"、"礼法堕"。商人阶级崛起，弦高以商
人而却秦存郑，吕不韦以大贾而为秦相，此资本家之与当时政治外交发
生直接关系者。总之，世禄井田之制破，庶民解放，营私产，为富豪，
此上古经济制度之一大变动也。[①]

此种种大改变发动于春秋，而完成于汉之中叶。此数百年为中国社
会进化之一大过渡时期。此时期中人所遇环境之新，所受解放之大，除

---

① 《左传》昭公十六年："宣子（韩起）有环，其一在郑商。宣子谒诸郑伯。子产弗
与。……曰：'昔我先君桓公，与商人皆出自周。庸次比耦，以艾杀此地。斩之蓬蒿藜藿，而
共处之。世有盟誓，以相信也，曰：'尔无我叛，我无强贾。毋或匄夺。尔有利市宝贿，我勿
与知。'恃此质誓，故能相保，以至于今。今吾子以好来辱，而谓敝邑强夺商人，是教敝邑背
盟誓也。毋乃不可乎？"（《左传》卷二十三，页十四至十五）按誓词所约，在以后皆为不成问
题之事，而乃信誓旦旦。可知贵族之欺压商人，在当时为常事，而商人原来地位之低，亦可
见矣。

吾人现在所遇所受者外，在中国已往历史中，殆无可以比之者。即在世界已往历史中，除近代人所遇所受者外，亦少可以比之者。故此时期诚中国历史中一重要时期也。

在一社会之旧制度日即崩坏之过程中，自然有倾向于守旧之人，目睹"人心不古，世风日下"，遂起而为旧制度之拥护者，孔子即此等人也。不过在旧制度未摇动之时，只其为旧之一点，便足以起人尊敬之心；若其既已动摇，则拥护之者，欲得时君世主及一般人之信从，则必说出其所以拥护之之理由，与旧制度以理论上的根据。此种工作，孔子已发其端，后来儒家者流继之。儒家之贡献，即在于此。

然因大势之所趋，当时旧制度之日即崩坏，不因儒家之拥护而终止。继孔子而起之士，有批评或反对旧制度者，有欲修正旧制度者，有欲另立新制度以替代旧制度者，有反对一切制度者。此皆过渡时代，旧制度失其权威，新制度尚未确定，人皆徘徊歧路之时，应有之事也。儒家既以理论拥护旧制度，故其余方面，与儒家意见不合者，欲使时君世主及一般人信从其主张，亦须说出其所以有其主张之理由，与之以理论上的根据。荀子所谓十二子之言，皆"持之有故，言之成理"者也。人既有注重理论之习惯，于是所谓名家"坚白同异"等辩论之只有纯理论的兴趣者，亦继之而起。盖理论化之发端，亦即哲学化之开始也。孟子曰：

> 圣王不作，诸侯放恣，处士横议。（《滕文公下》，《孟子》卷六，"四部丛刊"本，页十三）

庄子《天下篇》曰：

> 天下大乱，贤圣不明，道德不一，天下多得一察焉以自好。……天下之人，各为其所欲焉以自为方。（《庄子》卷十，"四部丛刊"本，页二十五至二十六）

《汉书·艺文志》曰：

> 诸子十家，其可观者，九家而已。皆起于王道既微，诸侯力政，时君世主，好恶殊方。是以九家之术，蜂出并作，各引一端，崇其所善。以此驰说，取合诸侯。（《汉书》卷三十，页三十）

所谓"圣王不作"、"贤圣不明"、"王道既微"，即指原有制度组织之崩坏也。因此崩坏，故"道德不一"，故"时君世主，好恶殊方"；而

"天下之人各为其所欲焉以自为方"。上古时代哲学之发达，由于当时思想言论之自由；而其思想言论之所以能自由，则因当时为一大解放时代，一大过渡时代也。①

（三）子学时代之终结

世多以战国之末，为古代哲学终结之时期。盖一般人以为秦始皇焚书，禁天下藏"诗书百家语"，故觉秦时如一野蛮时代，以前学说，至此悉灭。其实秦始皇"第烧民间之书，不烧官府之书；第禁私相授受，可诣博士受业"（崔适《史记探源》卷三。参看郑樵《通志·校雠略》，康有为《新学伪经考》）。秦始皇、李斯之意，盖欲统一思想，非欲尽灭当时之学说也。②故秦始皇所立博士，中有各家学者（王国维《汉魏博士考》，《观堂集林》卷四）。虽在整齐划一制度之下，思想言论，失其自由，学术发展诚受相当阻碍，然秦亡极速，不致有大影响。故在汉初，诸家之学仍盛。文帝好黄老家言，为政以慈俭为宗旨。窦太后亦好黄帝老子言。盖公教曹参以清净治国家。汲黯修黄老术，治民主清净。淮南王延客著书，杂取各家之说。③司马谈叙六家以道家为最高。贾谊明申商。晁错尝学申商刑名。韩安国受韩子杂说。主父偃学长短纵横术。《史记》、《汉书》，均明言之。刘歆《移让太常博士书》云："至孝文皇帝，天下众书，往往颇出。皆诸子传说，犹广立于学官，为置博士。"（《汉书》本传）可见汉文帝时之博士，中亦有各家学者也。至于《礼记》及所谓《易十翼》，为儒家重要典籍，其中亦有为汉初儒家者流所著作者。《春秋》公羊家言，亦至汉始为显学。故儒家哲学，亦在汉初始完备也。观董仲舒对策之词，亦可见当时之情形矣。董仲舒对策曰：

---

① 《艺文志》所谓"时君世主，好恶殊方"一点，本亦为战国时代思想发达之一因。吾人试看后来皇帝显宦及富商巨贾对于学术之关系，便可知矣。但春秋战国时代时君世主，及当时社会所提倡之学术，与后来皇帝等所提倡者，何以不同，则不能不以春秋战国时之政治社会经济的背景说明之。时君世主及社会之提倡学术，非春秋战国时代所特有之情形，故未多论及之。

② 关于秦皇、李斯焚书之事；其所焚之范围及焚书之用意；现在史家尚无定论。然即秦皇、李斯真欲尽灭当时学说，"以愚黔首"，如传统的说法，然自秦下焚书令至汉兵入关，不过数年之间，尽灭当时学说，事实上亦不可能。

③ 《盐铁论·晁错篇》曰："日者淮南衡山，修文学，招四方游士。山东儒墨，皆聚于江淮之间。讲义集论，著书数十篇。"（"四部丛刊"本，卷二，页六）可见此时墨家亦尚存。

《春秋》大一统者，天地之常经，古今之通谊也。今师异道，人异论，百家殊方，指意不同。是以上无以持一统，法制数变；下不知所守。臣愚以为诸不在六艺之科，孔子之术者，皆绝其道，勿使并进，邪辟之说灭息，然后统纪可一，而法度可明，民知所从矣。（《董仲舒传》，《汉书》卷五十六，页二十至二十一）

又曰：

养士之大者，莫大乎太学。太学者，贤士之所关也，教化之本原也。……臣愿陛下兴太学，置明师，以养天下之士。（《汉书》卷五十六，页十三）

"自武帝初，立魏其武安侯为相，而隆儒矣。及仲舒对册，推明孔氏，抑黜百家，立学校之官，州郡举茂材孝廉，皆自仲舒发之。"（同上）自此以后，以利禄之道，提倡儒学，而儒学又须为上所定之儒学。于是"天下英雄，尽入彀中"；春秋以后，言论思想极端自由之空气于是亡矣。

董仲舒之主张行，而子学时代终；董仲舒之学说立，而经学时代始。盖阴阳五行家言之与儒家合，至董仲舒而得一有系统的表现。自此以后，孔子变而为神，儒家变而为儒教。至所谓古文学出，孔子始渐回复为人，儒教始渐回复为儒家。详见第二篇中。

（四）古代大过渡时期之终结

汉武、董仲舒统一思想之政策，即秦皇、李斯之政策也。秦皇何以行之而失败，汉武何以行之而成功？此中原因，固甚复杂，然有可得言者，则自春秋时代所开始之政治社会经济的大变动，至汉之中叶渐停止；此等特殊之情形既去，故其时代学术上之特点，即"处士横议"、"各为其所欲焉以自为方"之特点，自亦失其存在之根据。上文谓春秋战国时代所起各方面之诸大变动，皆由于旧文化旧制度之崩坏。旧文化旧制度愈崩坏，思想言论愈自由。秦灭六国，成一统，除皇室外，其余原有之贵族，皆夷为平民。在表面上可谓将春秋以来之变局，作一结束。然实则贵族之余孽，尚有一部分之势力，故秦皇一死，贵族复起，"楚汉之际，六国各立后"。不过此次贵族之复兴，为一种"回光返照"，等于强弩之末，故平民出身之汉高，终灭群雄而定一尊。汉高虽犹封建子弟功臣，然此时及以后之封建，只有政治上的意义，而无经济上的意义。及汉之中叶，政治上社会上之新秩序，已渐定。在经济方面，人亦渐安于由经济自然趋势而发生之新制度。《汉书》曰："其为编户齐民，同列而以财力相君，虽为仆虏，犹无愠色。"（《货殖传》，《汉书》卷九十一，页三）由贵族政治之眼光观之，编户齐民，何能同列以财力相君！然以经济自然之趋势，竟至如此。"虽为仆虏，犹无愠色"，可见人已安于此等新经济秩序矣。汉虽行重农抑商政策，然对于此等社会的经济的秩序，亦并未有根本的变动也。自春秋时代所开始之大过渡时期至是而终结；一时蓬勃之思想，亦至是而衰。自此而后，至现代以前，中国之政治经济制度及社会组织，除王莽以政治的力量，强改一时外，皆未有根本的变动，故子学时代思想之特殊状况，亦未再现也。

（五）古代著述体裁

上文谓欲看中国哲学进步之迹，吾人第一须将各时代之材料，归之于各时代；以某人之说话，归之于某人（第一章第十节）。此固为理想的办法，但讲上古哲学史，则行之颇有困难。譬如执此标准以分别普通所认为春秋战国时代之书籍，则如《列子》乃魏晋时人所著，须以之代表魏晋一部分人之思想。此固吾人所认为伪书，应将其移后者。不过即吾人所认为真书，如《墨子》、《庄子》等，固可归之于上古时代，然现在《墨子》、《庄子》书中之思想，何部分果真为墨子、庄子个人所有，则颇难断定。关于此点，吾人不可不明古代著述之体裁。章实斋曰：

> ……诸子思以其学易天下。固将以其所谓道者争天下之莫可加，而语言文字，未尝私其所出也。……辑其言行，不必尽其身所论述者，管仲之述其身死后事，韩非之载其李斯驳议是也。《庄子》《让王》、《渔父》之篇，苏氏谓之伪托；非伪托也，为庄氏之学者所附益耳。《晏子春秋》，柳氏以为墨者之言；非以晏子为墨，为墨学者述晏子事以名其书，犹孟子之《告子》、《万章》，名其篇也。……诸子之奋起，由于道术既裂，而各以聪明才力之所偏，每有得于大道之一端，而遂欲以之易天下。其持之有故而言之成理者，故将推衍其学术，而传之其徒焉。苟足显其术而立其宗，而援述于前，与附衍于后者，未尝分居立言之功也。（《文史通义·言公上》，《章氏遗书》卷四，页五）

此言仍不免有理想化古代之嫌，不过其所述古人著述之体裁，则似合事实。盖古人之历史观念及"著作者"之观念不明，故现在所有题为战国以前某某子之书，原非必谓系某某子所亲手写成。其中"援述于前，与附衍于后者"，在古固视为不必分，在今则多似为不能分也。[①] 故现在所有多数题为战国以前某某子之书，当视为某某子一派之书，不当视为某某子一人之书。如现在题曰《墨子》、《庄子》之书，当视为墨学丛书及庄学丛书，不当视为一人之著作。近人对于此等书籍，固已试加分析之功，如《墨子》中之《经》及《经说》，可认为非墨子本人之言，然即《天志》、《尚同》诸篇，其"援述于前，与附衍于后者"，果可绝对地分别乎？此哲学史述上古时代诸家之学说，意但谓上古时代有此学说，有此思想系统，至此系统果为代表此系统之人之一人所立，抑或曾经其"后世"修正补充，则不敢必定也。

古代哲学，大部即在旧所谓诸子之学之内。故在中国哲学史中，上古时代可谓为子学时代。此时代之诸子，司马谈将其分为阴阳、儒、墨、名、法、道德六家（《史记·太史公自序》）。名为家者，以诸子皆以私人讲学故也。刘歆则于六家之外，又加农、纵横、杂、小说四家，共为十家。曰："其可观者，九家而已。"（《汉书·艺文志》）然即此九家，亦有与哲学无关者。今择其与哲学有关者，就其发生之先后，依次论之。

附录

审查报告一

陈寅恪

窃查此书，取材谨严，持论精确，允宜列入清华丛书，以贡献于学界。兹将其优点概括言之：凡著中国古代哲学史者，其对于古人之学

---

① 此点前人多已言之。孙星衍云："凡称子书，多非自著。"（《晏子春秋序》，《问字堂集》卷三，"四部丛刊"本，页十一）严可均云："先秦诸子，皆门弟子，或宾客，或子孙，撰定，不必手著。"（《书管子后》，《铁桥漫稿》，蒋氏刊本，卷八，页七）大约今所传先秦之书，皆经汉人整理编次。例如《墨子》、《庄子》等书，如现在所传者，本先秦所无有。先秦所有者仅为不相连属之各篇，如《尚同》，《兼爱》，《齐物论》，《逍遥游》。汉人于整理先秦典籍之时乃取同一学派之各篇，聚而编为一书，题曰某子，意谓此某学派之著作耳。此例亦有一例外，即《吕氏春秋》虽亦为先秦之著作，而原来即是一部整书。此书成后，吕不韦悬之国门，以自夸耀，可见其在当时为希有之成就也。

说，应具了解之同情，方可下笔。盖古人著书立说，皆有所为而发；故其所处之环境，所受之背景，非完全明了，则其学说不易评论。而古代哲学家去今数千年，其时代之真相，极难推知。吾人今日可依据之材料，仅为当时所遗存最小之一部；欲藉此残余断片，以窥测其全部结构，必须备艺术家欣赏古代绘画雕刻之眼光及精神，然后古人立说之用意与对象，始可以真了解。所谓真了解者，必神游冥想，与立说之古人，处于同一境界，而对于其持论所以不得不如是之苦心孤诣，表一种之同情，始能批评其学说之是非得失，而无隔阂肤廓之论。否则数千年前之陈言旧说，与今日之情势迥殊，何一不可以可笑可怪目之乎？但此种同情之态度，最易流于穿凿傅会之恶习；因今日所能见之古代材料，或散佚而仅存，或晦涩而难解，非经过解释及排比之程序，绝无哲学史之可言。然若加以联贯综合之搜集，及统系条理之整理，则著者有意无意之间，往往依其自身所遭际之时代，所居处之环境，所薰染之学说，以推测解释古人之意志。由此之故，今日之谈中国古代哲学者，大抵即谈其今日自身之哲学者也；所著之中国哲学史者，即其今日自身之哲学史者也。其言论愈有条理系统，则去古人学说之真相愈远；此弊至今日之谈墨学而极矣。今日之墨学者，任何古书古字，绝无依据，亦可随其一时偶然兴会，而为之改移，几若善博者能呼卢成卢，喝雉成雉之比；此近日中国号称整理国故之普通状况，诚可为长叹息者也。今欲求一中国古代哲学史，能矫傅会之恶习，而具了解之同情者，则冯君此作庶几近之；所以宜加以表扬，为之流布者，其理由实在于是。至于冯君之书，其取用材料，亦具通识，请略言之：以中国今日之考据学，已足辨别古书之真伪；然真伪者，不过相对问题，而最要在能审定伪材料之时代及作者而利用之。盖伪材料亦有时与真材料同一可贵。如某种伪材料，若径认为其所依托之时代及作者之真产物，固不可也；但能考出其作伪时代及作者，即据以说明此时代及作者之思想，则变为一真材料矣。中国古代史之材料，如儒家及诸子等经典，皆非一时代一作者之产物。昔人笼统认为一人一时之作，其误固不俟论。今人能知其非一人一时之所作，而不知以纵贯之眼光，视为一种学术之丛书，或一宗传灯之语录，而断断致辩于其横切方面，此亦缺乏史学之通识所致。而冯君之书，独能于此别具特识，利用材料，此亦应为表彰者也。若推此意而及于中国之史学，则史论者，治史者皆认为无关史学而且有害者也；然史论之作者，或有意或无意，其发为言论之时，即已印入作者及其时代之环境背景，实无异于今日新闻纸之社论时评，若善用之，皆有助于考史。故苏子瞻之史论，北宋之政论也；胡致堂之史论，南宋之政论也；王船山之史论，明末之政论也。今日取诸人论史之文，与旧史互证，当日政治社会情势，益可藉此增加了解，此所谓废物利用，盖不仅能供习文者之摹拟练习而已也。若更推论及于文艺批评，如纪晓岚之批评古人诗集，辄加涂抹，诋为不通，初怪其何以狂妄至是。后读清高宗御制诗集，颇疑其有所为而发；此事固难证明，或亦间接与时代性有关，斯又利用材料之别一例也。寅恪承命审查冯君之书，谨具报告书，并附著推论之余义于后，以求教正焉。

六月十一日

审查报告二

金岳霖

对于中国哲学，或在中国的哲学，我是门外汉，不敢有所批评，有所建议。但读了冯先生的《中国哲学史》，有一点感想胡乱写出来。

我很赞成冯先生的话，哲学根本是说出一种道理来的道理。但我的意见似乎趋于极端，我以为哲学是说出一个道理来的成见。哲学一定要有所"见"，这个道理冯先生已经说过，但何以又要成见呢？哲学中的见，其论理上最根本的部分，或者是假设，或者是信仰；严格地说起来，大都是永远或暂时不能证明与反证的思想。如果一个思想家一定要等这一部分的思想证明之后，才承认他成立，他就不能有哲学。这不是哲学的特殊情形，无论甚么学问，无论甚么思想都有，其所以如此者就是论理学不让我们丢圈子。现在的论理学还是欧克理"直线式"的论理学，我们既以甲证乙，以乙证丙，则不能再以丙证甲。论理学既不让我们丢圈子，这无论甚么思想的起点（就是论理上最根本的部分）总是在论理学范围之外。则一部分思想在论理上是假设，在心理方面或者是信仰。各思想家有"选择"的余地。所谓"选择"者，是说各个人既有他的性情，在他的环境之下，大约就有某种思想。这类的思想，就是上面所说的成见。何以要说出一个道理来呢？对于这一层，冯先生说得清楚，可以不必再提。

各人既有各人的性情，又有各人的环境，有些人受环境的刺激就发生许多的问题。有些问题容易解决，有些不容易解决，这些不容易解决的问题有种种不同的关系可能，而问题的总数可以无限。在这样多的问题里面，有些是已经讨论过的，有些是未曾讨论过的；有些是一时一地的，有些是另一时一地的；有些是一国所注重的，有些是另一国所注重的。哲学的问题也是这些问题中的问题。欧洲各国的哲学问题，因为有同一来源，所以很一致。现在的趋势，是把欧洲的哲学问题当做普通的哲学问题。如果先秦诸子所讨论的问题与欧洲哲学问题一致，那么他们所讨论的问题也是哲学问题。以欧洲的哲学问题为普遍的哲学问题当然有武断的地方，但是这种趋势不容易中止。既然如此，先秦诸子所讨论的问题，或者整个的是，或者整个的不是哲学问题，或者部分的是，或者部分的不是哲学问题；这是写中国哲学史的先决条件。这个问题是否是一重要问题，要看写哲学史的人的意见如何。如果他注重思想的实质，这个问题比较的要紧；如果他注重思想的架格，这个问题比较的不甚要紧。若是一个人完全注重思想的架格，则所有的问题都可以是哲学问题；先秦诸子所讨论的问题也都可以是哲学问题。至于他究竟是哲学问题与否？就不得不看思想的架格如何。

谈到思想的架格，就谈到论理学。所谓"说出一个道理来"者，就是以论理的方式组织对于各问题的答案。问题既如上所述有那样多，论理是否与问题一样呢？那就是问：有多少种论理呢？对于这一个问题，当然要看论理两字的解释。寻常谈到论理两字，就有空架子与实架子的分别。如果我们以"V"代表可以代表任何事物而不代表一定的事物的符号，"V_1"是最先的符号，我们可以有以下的表示：

（1）$V_1 \rightarrow V_2 \rightarrow V_3 \rightarrow V_4 \rightarrow \cdots\cdots V_n \rightarrow \cdots\cdots$

如果我们以甲、乙、丙、丁等代表一定事物的符号，我们可以有以下的表示：

（2）甲→乙→丙→丁→……

前一表示是空架子的论理，后一表示是实架子的论理。严格地说，只有空架子是论理，实架子的论理可以是科学，可以是哲学，可以是律师的呈文，可以是法庭的辩论。如果我们把论理限制到空架子的论理，我们还是有多数论理呢？还是只有一种论理呢？对于这个问题有两个看法：一是从论理本身方面看，一是从事实方面看。从论理本身方面看来，我们只能有一种论理，对于这一层，我在《哲学评论》讨论过，此处不赘。事实方面，我们似乎有很多的论理。各种不同的论理学都各代表一种论理，即在欧美，论理的种类也不在少数。先秦诸子的思想的架格能不能代表一种论理呢？他们的思想既然是思想，当然是一种实架子的论理。我们的问题是把实质除开外，表现于这种思想之中的是否能代表一种空架子的论理。如果有一空架子的论理，我们可以接下去问这种论理是否与欧洲的空架子的论理相似。现在的趋势是把欧洲的论理当做普通的论理。如果先秦诸子有论理，这论理是普通的呢？还是特别的呢？这也是写中国哲学史的一先决问题。

哲学有实质也有形式，有问题也有方法。如果一种思想的实质与形式均与普遍哲学的实质与形式相同，那种思想当然是哲学。如果一种思想的实质与形式都异于普遍哲学，那种思想是否是一种哲学颇是一问题。有哲学的实质而无哲学的形式，或有哲学的形式而无哲学的实质的思想，都给哲学史家一种困难。"中国哲学"，这名称就有这个困难问题。所谓中国哲学史是中国哲学的史呢？还是在中国的哲学史呢？如果一个人写一本英国物理学史，他所写的实在是在英国的物理学史，而不是英国物理学的史；因为严格地说起来，没有英国物理学。哲学没有进步到物理学的地步，所以这个问题比较复杂。写中国哲学史就有根本态度的问题。这根本的态度至少有两个：一个态度是把中国哲学当做中国国学中之一种特别学问，与普遍哲学不必发生异同的程度问题；另一态度是把中国哲学当做发现于中国的哲学。

根据前一种态度来写中国哲学史，恐怕不容易办到。现在的中国人免不了时代与西学的影响，就是善于考古的人，把古人的思想重写出来，自以为是述而不作，其结果恐怕仍不免是一种翻译。同时即令古人的思想可以完全述而不作地述出来，所写出来的书不见得就可以称为哲学史。

如果我们把中国的哲学当做发现于中国的哲学，中国哲学史就是在中国的哲学史，而写中国哲学史的态度就是以上所说的第二个根本态度；但这不过是一种根本的态度而已。我们可以根据一种哲学的主张来写中国哲学史，我们也可以不根据任何一种主张而仅以普通哲学形式来写中国哲学史。胡适之先生的《中国哲学史大纲》就是根据于一种哲学的主张而写出来的。我们看那本书的时候，难免一种奇怪的印象，有的时候简直觉得那本书的作者是一个研究中国思想的美国人；胡先生于不知不觉间流露出来的成见，是多数美国人的成见。在工商实业那样发达的美国，竞争是生活的常态，多数人民不免以动作为生命，以变迁为进步，以一件事体之完了为成功，而思想与汽车一样也就是后来居上。胡先生既有此成见，所以注重效果，既注重效果，则经他的眼光看来，乐天安命的人难免变成一种达观的废物。对于他所最得意的思想，让他们保存古色，他总觉得不行，一定要把他们安插到近代学说里面，他才觉得舒服。同时西洋哲学与名学又非胡先生之所长，所以在他兼论中西学说的时候，就不免牵强附会。哲学要成见，而哲学史不要成见。哲学既离不了成见，若再以一种哲学主张去写哲学史，等于以一种成见去形容其他的成见，写出来的书无论从别的观点看起来价值如何，总不会是一本好的哲学史。

冯先生的态度也是以中国哲学史为在中国的哲学史；但他没有以一种哲学的成见来写中国哲学史。成见他当然是有的，主见他当然也是有的。据个人所知道的，冯先生的思想倾向于实在主义；但他没有以实在主义的观点去批评中国固有的哲学。因其如此，他对于古人的思想未必赞成，而竟能如陈先生所云："神游冥想，与立说之古人，处于同一境界。"同情于一种学说与赞成那一种学说，根本是两件事。冯先生对于儒家对于丧礼与祭礼之理论似乎有十二分的同情，至于赞成与否就不敢说了。冯先生当然有主见，不然他可以不写这本书。他说哲学是说出一个道理来的道理，这也可以说是他主见之一；但这种意见是一种普遍哲学的形式问题，而不是一种哲学主张的问题。冯先生既以哲学为说出一个道理来的道理，则他所注重的不仅是道而且是理，不仅是实质，而且是形式，不仅是问题而且是方法。或者因其如此，所以讨论《易经》比较辞简，而讨论惠施与公孙龙比较的辞长。对于其他的思想，或者依个人的主见，遂致无形地发生长短轻重的情形亦未可知。对于这一层，我最初就说不能有所批评或建议。但从大处看来，冯先生这本书，确是一本哲学史而不是一种主义的宣传。

十九，六，二十六

中国哲学史（下）（节选）
（1934 年）

自序（一）

此书第一篇出版后，胡适之先生以为书中之主要观点系正统派的。今此书第二篇继续出版，其中之主要观点尤为正统派的。此不待别人之言，吾已自觉之。然吾之观点之为正统派的，乃系用批评的态度以得之者。故吾之正统派的观点，乃黑格尔所说之"合"，而非其所说之"正"也。

吾作此书，见历史上能为一时代之大儒自成派别者，其思想学说大多卓然有所树立，即以现在之眼光观之，亦有不可磨灭者。其不能自成派别者，则大多并无新见，其书仍在，读之可知。于是乃知，至少在此方面言，历史中之"是"与"应该"，颇多相合之处。人类所有之真、善、美，历史上多予以相当的地位。其未得相当的地位者，则多其不真真、不真善、不真美者也。吾虽未敢谓此言无例外，然就历史之大势言，则固如此也。

此第二篇最后校改时，故都正在危急之中。身处其境，乃真知古人铜驼荆棘之语之悲也。值此存亡绝续之交，吾人重思吾先哲之思想，其感觉当如人疾痛时之见父母也。吾先哲之思想，有不必无错误者，然"为天地立心，为生民立命，为往圣继绝学，为万世开太平"，乃吾一切先哲著书立说之宗旨，无论其派别为何，而其言之字里行间，皆有此精神之弥漫，则善读者可觉而知也。"魂兮归来哀江南"；此书能为巫阳之下招欤？是所望也。

第二篇中，采用师友之说及承师友指正之处，仍均随文注明。兹乘此书出版之机会，谨致谢意。

冯友兰

二十二年六月

自序（二）

此书第一篇出版于民国二十年，全书出版于民国二十三年，距今已十余年矣。在此十余年中，吾之思想有甚大改变。假使吾今日重写《中国哲学史》，必与此书，大不相同。然所以不即重写者，一因写历史书必须"无一字无来历"。战时播迁，需用书籍不备。再因近来兴趣，自中国哲学史转至中国哲学及哲学。此三者或多混为一谈，而实则并非一事。因此之故，改弦更张，势所不能。惟全书出版后，陆续写有《原儒墨》、《原儒墨补》及《原名法阴阳道德》三篇，刊入《中国哲学史补》；又与张可为君同写有《原杂家》一篇，此四篇论先秦诸家之起源，可补此书所未备。又写有《孟子养气章解》，了解《孟子》，亦为此书所未及，故并列入附录，以备读者之参考。又吾最近对于中国哲学之了解，见于最近写成之《新明道》（一名《中国哲学之精神》）一书，亦可备读此书者之参考。

冯友兰

三十三年四月

第一章　泛论经学时代

普通西洋哲学家多将西洋哲学史分为上古、中古、近古三时期。此非只为方便起见，随意区分。西洋哲学史中，此三时期之哲学，实各有其特别精神，特殊面目也。中国哲学史，若只注意于其时期方面，本亦可分为上古、中古、近古三时期，此各时期间所有之哲学，本亦可以上古、中古、近古名之。此等名称，本书固已用之。但自别一方面言之，则中国实只有上古与中古哲学，而尚无近古哲学也。

谓中国无近古哲学，非谓中国近古时代无哲学也。盖西洋哲学史中，所谓中古哲学与近古哲学，除其产生所在之时代不同外，其精神面目，亦有卓绝显著的差异。在西洋哲学史中，自柏拉图、亚力士多德等，建立哲学系统，为其上古哲学之中坚。至中古哲学，则多在此诸系统中打转身者。其中古哲学中，有耶教中之宇宙观及人生观之新成分，其时哲学家亦非不常有新见。然即此等新成分与新见，亦皆依傍古代哲学诸系统，以古代哲学所用之术语表出之。语谓旧瓶不能装新酒，西洋中古哲学中，非全无新酒，不过因其新酒不极多，或不极新之故，故仍以之装于古代哲学之旧瓶内，而此旧瓶亦能容受之。及乎近世，人之思想全变，新哲学家皆直接观察真实，其哲学亦一空依傍。其所用之术语，亦多新造。盖至近古，新酒甚多又甚新，故旧瓶不能容受；旧瓶破而新瓶代兴。由此言之，在西洋哲学史中，中古哲学与近古哲学，除其产生所在之时代不同外，其精神面目，实有卓绝显著的差异也。

上篇谓自孔子至淮南王为子学时代；自董仲舒至康有为为经学时代。在经学时代中，诸哲学家无论有无新见，皆须依傍古代即子学时代哲学家之名，大部分依傍经学之名，以发布其所见。其所见亦多以古代即子学时代之哲学中之术语表出之。[①] 此时诸哲学家所酿之酒，无论新旧，皆装于古代哲学，大部分为经学之旧瓶内。而此旧瓶，直至最近始破焉。由此方面言之，则在中国哲学史中，自董仲舒至康有为，皆中古哲学，而近古哲学则尚甫在萌芽也。

盖人之思想，皆受其物质的精神的环境之限制。春秋战国之时，因贵族政治之崩坏，政治经济社会各方面，皆有根本的变化。及秦汉大一统，政治上定有规模，经济社会各方面之新秩序，亦渐安定。自此而后，朝代虽屡有改易，然在政治经济社会各方面，皆未有根本的变化。各方面皆保其守成之局，人亦少有新环境、新经验。以前之思想，其博大精深，又已至相当之程度。故此后之思想，不能不依傍之也。

不过在此时代中，中国思想，有一全新之成分，即外来异军特起之佛学是也。不过中国人所讲之佛学，其精神亦为中古的。盖中国之佛学家，无论其自己有无新见，皆依傍佛说，以发布其所见。其所见亦多以佛经中所用术语表出之。中国人所讲之佛学，亦可称为经学，不过其所依傍之经，乃号称佛说之经，而非儒家所谓之六艺耳。

中国人所讲之佛学，为中国思想界中之新成分，宋明时代之经学家亦引之入经学。故谓中国无近古哲学，非谓在中古、近古时期中，中国

---

① 西洋与中国之中古哲学所用古代哲学中之术语，亦可有新意义。然中古哲学家有新意义而不以新术语表出之，此即以旧瓶装新酒也。

思想，全无新成分，亦非谓此后中国哲学家，全无新见。历史之时间，绝不容人之常留于完全同一情形之内。即自汉以后，讲孔子，讲老子，讲庄子，以及讲其他古代哲学家之哲学者，其理论比孔子等原来之理论，实较明晰清楚。其理论所依据之事实，亦较丰富。新见解亦所在皆有。上篇所说历史是进步的（第一篇第一章第十一节），现在仍完全可适用。此等哲学家之新见，即此后之新酒。特因其不极多，或不极新之故，人仍以之装于上古哲学，大部分为经学之旧瓶内。因此旧瓶又富于弹力性，遇新酒多不能容时，则此瓶自能酌量扩充其范围。所以所谓经者，由六而增至十三，而《论语》、《孟子》、《大学》、《中庸》，受宋儒之推崇，特立为"四书"，其权威且压倒原来汉人所谓之六艺。即中国人所谓佛学，其中亦多有中国人之新见。盖中国人与印度人之物质的精神的环境皆不同。故佛学东来，中国人依中国之观点，整理之，选择之，解释之。在整理选择解释之时，中国人之新见，随时加入。此即中国人在此方面所酿之新酒也。然亦因其不极多或不极新之故，故仍以之装于佛学之旧瓶内，而旧瓶亦能容受之。即如禅宗之学说，在佛学中为最革命的，亦为最中国的，然仍须托为"教外别传"之说，明其为佛之真意，此亦以旧瓶装之也。故中国之佛家，其精神亦为中古的，其学亦系一种经学。

中古、近古时代之哲学，大部分须于其时之经学及佛学中求之。在中古、近古时代，因各时期经学之不同，遂有不同之哲学；亦可谓因各时期哲学之不同，遂有不同之经学。此经学及佛学中之各宗派，多各有其独盛之时代。盖上古子学时代之思想，以横的发展为比较显著；中古、近古经学时代之思想，以纵的发展为比较显著。故本书第一篇所包括之历史时间，不过四百余年；而第二篇所包括，则及二千余年。此亦子学时代与经学时代间之一差异也。就中国历史上政治情形言之，思想上亦应有此现象。盖古代政治未统一，而自秦汉以后，中国政治则以统一为常也。

直至最近，中国无论在何方面，皆尚在中古时代。中国在许多方面，不如西洋，盖中国历史缺一近古时代。哲学方面，特其一端而已。近所谓东西文化之不同，在许多点上，实即中古文化与近古文化之差异。此亦非由于中国人之格外不长进，实则人之思想行为之改变，多为适应环境之需要。已成之思想，若继续能适应环境之需要，人亦自然继续持之；即时有新见，亦自然以之比附于旧系统之上；盖旧瓶未破，有新酒自当以旧瓶装之。必至环境大变，旧思想不足以适应时势之需要；应时势而起之新思想既极多极新，旧瓶不能容，于是旧瓶破而新瓶代兴。中国与西洋交通后，政治社会经济学术各方面皆起根本的变化。然西洋学说之初东来，中国人如康有为之徒，仍以之附会于经学，仍欲以旧瓶装此绝新之酒。然旧瓶范围之扩张，已达极点，新酒又至多至新，故终为所撑破。经学之旧瓶破而哲学史上之经学时期亦终矣。

审查报告三

陈寅恪

此书上卷寅恪曾任审查。认为取材精审，持论正确。自刊布以来，评论赞许，以为实近年吾国思想史之有数著作，而信寅恪前言之非阿私所好。今此书继续完成，体例宗旨，仍复兴前卷一贯。允宜速行刊布，以满足已读前卷者之希望，而使"清华丛书"中得一美备之著作。是否有当，尚乞鉴定是幸。寅恪于审查此书之余，并略述所感，以求教正。

佛教经典言："佛为一大事因缘出现于世。"中国自秦以后，迄于今日，其思想之演变历程，至繁至久。要之，只为一大事因缘，即新儒学之产生，及其传衍而已。此书于朱子之学多所发明。昔阎百诗在清初以辨伪观念，陈兰甫在清季以考据观念，而治朱子之学，皆有所创获。今此书作者取西洋哲学观念，以阐明紫阳之学，宜其成系统而多新鲜。然新儒家之产生，关于道教之方面，如新安之学说，其所受影响甚深且远。自来述之者皆无惬意之作。近日常盘大定推论儒道之关系，所说甚繁（"东洋文库本"），仍多未能解决之问题。盖道藏之秘籍，迄今无专治之人，而晋南北朝隋唐五代数百年间，道教变迁传衍之始末，及其与儒佛二家互相关系之事实，尚有待于研究。此则吾国思想史上前修所遗之缺憾，更有俟于后贤之追补者也。南北朝时即有儒释道三教之目（北周卫元嵩撰《齐三教论》七卷，见《旧唐书·经籍志》），至李唐之世，遂成固定之制度。如国家有庆典，则召集三教之学士讲论于殿廷，是其一例。故自晋至今，言中国之思想，可以儒释道三教代表之。此虽通俗之谈，然稽之旧史之事实，验以今世之人情，则三教之说，要为不易之论。儒者在古代本为典章学术所寄托之专家。李斯受荀卿之学，佐成秦治。秦之法制实儒家一派学说之所附系。《中庸》之"车同轨，书同文，行同伦"（即太史公所谓："至始皇乃能并冠带之伦"之伦），为儒家理想之制度，而于秦始皇之身而得以实现之也。汉承秦业，其官制法律亦袭用前朝。遗传至晋以后，法律与礼经并称。儒家《周官》之学说悉采入法典。夫政治社会一切公私行动莫不与法典相关，而法典为儒家学说具体之实现。故两千年来华夏民族所受儒家学说之影响最深最巨者，实在制度法律公私生活之方面；而关于学说思想之方面，或转有不如佛道二教者。如六朝士大夫号称旷达，而夷考其实，往往笃孝义之行，严家讳之禁，此皆儒家之教训，固无预于佛老之玄风者也。释迦之教义，无父无君，与吾国传统之学说，存在之制度无一不相冲突。输入之后，若久不变易则决难保持。是以佛教学说能于吾国思想史上发生重大久长之影响者，皆经国人吸收改造之过程。其忠实输入不改本来面目者，若玄奘唯识之学，虽震荡一时之人心，而卒归于消沉歇绝。近虽有人焉，欲燃其死灰；疑终不能复振，其故匪他，以性质与环境互相方圆凿枘，势不得不然也。六朝以后之道教，包罗至广，演变至繁。不似儒教之偏重政治社会制度，故思想上尤易融贯吸收。凡新儒家之学说，似无不有道教或与道教有关之佛教为之先导。如天台宗者，佛教宗派中道教意义最富之一宗也。（其创造者慧思所作誓愿文，最足表现其思想。至于北宋真宗时日本传来之《大乘止观法门》一书，乃依据《大乘起信论》者。恐系华严宗盛后，天台宗伪托南岳而作。故此书只可认为天台宗后来受华严宗影响之史料，而不能据以论南岳之思想也。）其宗徒梁敬之与李习之关系，实启新儒家开创之动机。北宋之智圆提倡《中庸》，甚至以僧徒而号中庸子，并自为传以述其义。（孤山《闲居编》）其年代犹在司马君实作《中庸广义》之前。（孤山卒于宋真宗乾兴元年，年四十七）似亦于宋代新儒家为先觉。二者之间其关系如何，且不详论。然举此一例，已足见新儒家产生之问题，犹有未发之覆在也。至道教对输入之思想，如佛教摩尼教等，无不尽量吸收。然仍不忘其本来民族之地位。既融成一家之说以后，则坚持夷夏之论，以排斥外来之教义。此种思想上之态度，自六朝时亦已如此。虽似相反，而实足以相成。从来新儒家即继承此种遗业而能大成者。窃疑中国自今日以后，即使能忠实输入北美或东欧之思想，其结局当亦等于玄奘唯识之学，在吾国思想史上既不能居最高之地位，且亦终归于歇绝者。其真能于思想上自成系统，有所创获者，必须一方面吸收输入外来之学说，一方面不忘本来民族之地位。此二种相反而适相成之态度，乃道教之真精神，新儒家之旧途径，而两千年吾民族与他民族思想接触史之所昭示者也。寅恪平生为不古不今之学，思想囿于咸丰同治之世，议论近乎（曾）湘乡（张）南皮之间，承审查此书，草此报告，陈述所见，殆所谓"以新瓶而装旧酒"者。诚知旧酒味酸而莫肯售，姑注于新瓶之底，以求一尝。可乎？

中国哲学简史（节选）
（1947 年）

第一章　中国哲学的精神

　　哲学在中国文化中所占的地位，历来可以与宗教在其他文化中的地位相比。在中国，哲学与知识分子人人有关。在旧时，一个人只要受教育，就是用哲学发蒙。儿童入学，首先教他们读"四书"，即《论语》、《孟子》、《大学》、《中庸》。"四书"是新儒家哲学最重要的课本。有时候，儿童刚刚开始识字，就读一种课本，名叫《三字经》，每句三个字，偶句押韵，朗诵起来便于记忆。这本书实际上是个识字课本，就是它，开头两句也是"人之初，性本善"。这是孟子哲学的基本观念之一。

哲学在中国文化中的地位

　　西方人看到儒家思想渗透中国人的生活，就觉得儒家是宗教。可是实事求是地说，儒家并不比柏拉图或亚力士多德的学说更像宗教。"四书"诚然曾经是中国人的"圣经"，但是"四书"里没有创世纪，也没有讲天堂、地狱。

　　当然，哲学、宗教都是多义的名词。对于不同的人，哲学、宗教可能有完全不同的含义。人们谈到哲学或宗教时，心中所想的与之相关的观念，可能大不相同。至于我所说的哲学，就是对于人生的有系统的反思的思想。每一个人，只要他没有死，他都在人生中。但是对于人生有反思的思想的人并不多，其反思的思想有系统的人就更少。哲学家必须进行哲学化；这就是说，他必须对于人生反思地思想，然后有系统地表达他的思想。

这种思想，所以谓之反思的，因为它以人生为对象。人生论，宇宙论，知识论都是从这个类型的思想产生的。宇宙论的产生，是因为宇宙是人生的背景，是人生戏剧演出的舞台。知识论的出现，是因为思想本身就是知识。照西方某些哲学家所说，为了思想，我们必须首先明了我们能够思想什么；这就是说，在我们对人生开始思想之前，我们必须首先"思想我们的思想"。

凡此种种"论"，都是反思的思想的产物。就连人生的概念本身，宇宙的概念本身，知识的概念本身，也都是反思的思想的产物。无论我们是否思人生，是否谈人生，我们都是在人生之中。也无论我们是否思宇宙，是否谈宇宙，我们都是宇宙的一部分。不过哲学家说宇宙，物理学家也说宇宙，他们心中所指的并不相同。哲学家所说的宇宙是一切存在之全，相当于古代中国哲学家惠施所说的"大一"，其定义是"至大无外"。所以每个人、每个事物都应当看做宇宙的部分。当一个人思想宇宙的时候，他是在反思地思想。

当我们思知识或谈知识的时候，这个思、谈的本身就是知识。用亚力士多德的话说，它是"思想思想"；思想思想的思想是反思的思想。哲学家若要坚持在我们思想之前必须首先思想我们的思想，他就在这里陷入邪恶的循环；就好像我们竟有另一种能力可以用它来思想我们的思想！实际上，我们用来思想思想的能力，也就是我们用来思想的能力，都是同一种能力。如果我们怀疑我们思想人生、宇宙的能力，我们也有同样的理由怀疑我们思想思想的能力。

宗教也和人生有关系。每种大宗教的核心都有一种哲学。事实上，每种大宗教就是一种哲学加上一定的上层建筑，包括迷信、教条、仪式和组织。这就是我所说的宗教。

这样来规定宗教一词的含义，实际上与普通的用法并无不同，若照这种含义来理解，就可以看出，不能认为儒家是宗教。人们习惯于说中国有三教：儒教、道教、佛教。我们已经看出，儒家不是宗教。至于道家，它是一个哲学的学派；而道教才是宗教，二者有其区别。道家与道教的教义不仅不同，甚至相反。道家教人顺乎自然，而道教教人反乎自然。举例来说，照老子、庄子讲，生而有死是自然过程，人应当平静地顺着这个自然过程。但是道教的主要教义则是如何避免死亡的原理和方术，显然是反乎自然而行的。道教有征服自然的科学精神。对中国科学史有兴趣的人，可以从道士的著作中找到许多资料。

作为哲学的佛学与作为宗教的佛教，也有区别。受过教育的中国人，对佛学比对佛教感兴趣得多。中国的丧祭，和尚和道士一齐参加，这是很常见的。中国人即使信奉宗教，也是有哲学意味的。

现在许多西方人都知道，与别国人相比，中国人一向是最不关心宗教的。例如，德克·布德教授（Derk Bodde）有篇文章，《中国文化形成中的主导观念》[①]，其中说："中国人不以宗教观念和宗教活动为生活中最重要、最迷人的部分。……中国文化的精神基础是伦理（特别是儒家伦理），不是宗教（至少不是正规的、有组织的那一类宗教）。……这一切自然标志出中国文化与其他主要文化的大多数，有根本的重要的不同，后者是寺院、僧侣起主导作用的。"

在一定意义上，这个说法完全正确。但是有人会问：为什么会这样？对于超乎现世的追求，如果不是人类先天的欲望之一，为什么事实上大多数民族以宗教的观念和活动为生活中最重要、最迷人的部分？这种追求如果是人类基本欲望之一，为什么中国人竟是一个例外？若说中国文化的精神基础是伦理，不是宗教，这是否意味着中国人对于高于道德价值的价值，毫无觉解？

高于道德价值的价值，可以叫做"超道德的"价值。爱人，是道德价值；爱上帝，是超道德价值。有人会倾向于把超道德价值叫做宗教价值。但是依我看来，这种价值并不限于宗教，除非此处宗教的含义与前面所说的不同。例如，爱上帝，在基督教里是宗教价值，但是在斯宾诺莎哲学里就不是宗教价值，因为斯宾诺莎所说的上帝实际上是宇宙。严格地讲，基督教的爱上帝，实际上不是超道德的。这是因为，基督教的上帝有人格，从而人爱上帝可以与子爱父相比，后者是道德价值。所以，说基督教的爱上帝是超道德价值，是很成问题的。它是准超道德价值，而斯宾诺莎哲学里的爱上帝才是真超道德价值。

对以上的问题，我要回答说，对超乎现世的追求是人类先天的欲望之一，中国人并不是这条规律的例外。他们不大关心宗教，是因为他们极其关心哲学。他们不是宗教的，因为他们都是哲学的。他们在哲学里满足了他们对超乎现世的追求。他们也在哲学里表达了、欣赏了超道德

---

① Dominant Ideas in the Formation of Chinese Culture，载《美国东方学会杂志》六十二卷四号，第二九三—二九九页。收入 H. F. MacNair 编《中国》，第十八—二十八页，加利弗尼亚大学出版社，1946 年版。

价值，而按照哲学去生活，也就体验了这些超道德价值。

按照中国哲学的传统，它的功用不在于增加积极的知识（积极的知识，我是指关于实际的信息），而在于提高精神的境界——达到超乎现世的境界，获得高于道德价值的价值。《老子》说："为学日益，为道日损。"（第四十八章）这种损益的不同暂且不论，《老子》这个说法我也不完全同意。现在引用它，只是要表明，中国哲学传统里有为学、为道的区别。为学的目的就是我所说的增加积极的知识，为道的目的就是我所说的提高精神的境界。哲学属于为道的范畴。

哲学的功用，尤其是形上学的功用，不是增加积极的知识，这个看法，当代西方哲学的维也纳学派也作了发挥，不过是从不同的角度，为了不同的目的。我不同意这个学派所说的：哲学的功用只是弄清观念；形上学的性质只是概念的诗。不仅如此，从他们的辩论中还可以清楚地看出，哲学，尤其是形上学，若是试图给予实际的信息，就会变成废话。

宗教倒是给予实际的信息。不过宗教给予的信息，与科学给予的信息，不相调和。所以在西方，宗教与科学向来有冲突。科学前进一步，宗教就后退一步；在科学进展的面前，宗教的权威降低了。维护传统的人们为此事悲伤，为变得不信宗教的人们惋惜，认为他们已经堕落。如果除了宗教，别无获得更高价值的途径，的确应当惋惜他们。放弃了宗教的人，若没有代替宗教的东西，也就丧失了更高的价值。他们只好把自己限于尘世事务，而与精神事务绝缘。不过幸好除了宗教还有哲学，为人类提供了获得更高价值的途径——一条比宗教提供的途径更为直接的途径，因为在哲学里，为了熟悉更高的价值，无需采取祈祷、礼拜之类的迂回的道路。通过哲学而熟悉的更高价值，比通过宗教而获得的更高价值，甚至要纯粹得多，因为后者混杂着想象和迷信。在未来的世界，人类将要以哲学代宗教。这是与中国传统相合的。人不一定应当是宗教的，但是他一定应当是哲学的。他一旦是哲学的，他也就有了正是宗教的洪福。

中国哲学的问题和精神

以上是对哲学的性质和功用的一般性讨论。以下就专讲中国哲学。中国哲学的历史中有个主流，可以叫做中国哲学的精神。为了了解这个精神，必须首先弄清楚绝大多数中国哲学家试图解决的问题。

有各种的人。对于每一种人，都有那一种人所可能有的最高的成就。例如从事于实际政治的人，所可能有的最高成就是成为大政治家。从事于艺术的人，所可能有的最高成就是成为大艺术家。人虽有各种，但各种的人都是人。专就一个人是人说，所可能有的最高成就是成为什么呢？照中国哲学家们说，那就是成为圣人，而圣人的最高成就是个人与宇宙的同一。问题就在于，人如欲得到这个同一，是不是必须离开社会，或甚至必须否定"生"？

照某些哲学家说，这是必须的。佛家就说，生就是人生的苦痛的根源。柏拉图也说，肉体是灵魂的监狱。有些道家的人"以生为附赘悬疣，以死为决疣溃痈"。这都是以为，欲得到最高的成就，必须脱离尘罗世网，必须脱离社会，甚至脱离"生"。只有这样，才可以得到最后的解脱。这种哲学，即普通所谓"出世的哲学"。

另有一种哲学，注重社会中的人伦和世务。这种哲学只讲道德价值，不会讲或不愿讲超道德价值。这种哲学，即普通所谓"入世的哲学"。从入世的哲学的观点看，出世的哲学是太理想主义的，无实用的，消极的。从出世的哲学的观点看，入世的哲学太现实主义了，太肤浅了。它也许是积极的，但是就像走错了路的人的快跑：越跑得快，越错得很。

有许多人说，中国哲学是入世的哲学。很难说这些人说的完全对了，或完全错了。从表面上看中国哲学，不能说这些人说错了，因为从表面上看中国哲学，无论哪一家思想，都是或直接或间接地讲政治，说道德。在表面上，中国哲学所注重的是社会，不是宇宙；是人伦日用，不是地狱天堂；是人的今生，不是人的来世。孔子有个学生问死的意义，孔子回答说："未知生，焉知死？"（《论语·先进》）孟子说："圣人，人伦之至也。"（《孟子·离娄上》）照字面讲，这句话是说，圣人是社会中的道德完全的人。从表面上看，中国哲学的理想人格，也是入世的。中国哲学中所谓圣人，与佛教中所谓佛，以及耶教中所谓圣者，是不在一个范畴中的。从表面上看，儒家所谓圣人似乎尤其是如此。在古代，孔子以及儒家的人，被道家的人大加嘲笑，原因就在此。

不过这只是从表面上看而已，中国哲学不是可以如此简单地了解的。专就中国哲学中主要传统说，我们若了解它，我们不能说它是入世的，固然也不能说它是出世的。它既入世而又出世。有位哲学家讲到宋代的新儒家，这样地描写它："不离日用常行内，直到先天未画前。"这正是中国哲学要努力做到的。有了这种精神，它就是最理想主义的，同时又是最现实主义的；它是很实用的，但是并不肤浅。

入世与出世是对立的，正如现实主义与理想主义也是对立的。中国哲学的任务，就是把这些反命题统一成一个合命题。这并不说，这些反命题都被取消了。它们还在那里，但是已经被统一起来，成为一个合命题的整体。如何统一起来？这是中国哲学所求解决的问题。求解决这个问题，是中国哲学的精神。

中国哲学以为，一个人不仅在理论上而且在行动上完成这个统一，就是圣人。他是既入世而又出世的。中国圣人的精神成就，相当于佛教的佛、西方宗教的圣者的精神成就。但是中国的圣人不是不问世务的人。他的人格是所谓"内圣外王"的人格。内圣，是就其修养的成就说；外王，是就其在社会上的功用说。圣人不一定有机会成为实际政治的领袖。就实际的政治说，他大概一定是没有机会的。所谓"内圣外王"，只是说，有最高的精神成就的人，按道理说可以为王，而且最宜于为王。至于实际上他有机会为王与否，那是另外一回事，亦是无关宏旨的。

照中国的传统，圣人的人格既是内圣外王的人格，那么哲学的任务，就是使人有这种人格。所以哲学所讲的就是中国哲学家所谓内圣外王之道。

这个说法很像柏拉图所说的"哲学家——王"。照柏拉图所说，在理想国中，哲学家应当为王，或者王应当是哲学家；一个人为了成为哲学家，必须经过长期的哲学训练，使他的心灵能够由变化的事物世界"转"入永恒的理世界。柏拉图说的，和中国哲学家说的，都是认为哲学的任务是使人有内圣外王的人格。但是照柏拉图所说，哲学家一旦为王，这是违反他的意志的，换言之，这是被迫的，他为此作出了重大牺牲。古代道家的人也是这样说的。据说有个圣人，被某国人请求为王，他逃到一个山洞里躲起来。某国人找到这个洞，用烟把他薰出来，强迫他担任这个苦差事（见《吕氏春秋·贵生》）。这是柏拉图和古代道家的人相似的一点，也显示出道家哲学的出世品格。到了公元 3 世纪，新道家郭象，遵循中国哲学的主要传统，修正了这一点。

儒家认为，处理日常的人伦世务，不是圣人分外的事。处理世务，正是他的人格完全发展的实质所在。他不仅作为社会的公民，而且作为

"宇宙的公民"，即孟子所说的"天民"，来执行这个任务。他一定要自觉他是宇宙的公民，否则他的行为就不会有超道德的价值。他若当真有机会为王，他也会乐于为人民服务，既作为社会的公民，又作为宇宙的公民，履行职责。

由于哲学讲的是内圣外王之道，所以哲学必定与政治思想不能分开。尽管中国哲学各家不同，各家哲学无不同时提出了它的政治思想。这不是说，各家哲学中没有形上学，没有伦理学，没有逻辑学。这只是说，所有这些哲学都以这种或那种方式与政治思想联系着，就像柏拉图的《理想国》，既代表他的整个哲学，同时又是他的政治思想。

举例来说，名家以沉溺于"白马非马"之辩而闻名，似乎与政治没有什么联系。可是名家领袖公孙龙"欲推是辩以正名实而化天下焉"（《公孙龙子·迹府》）。我们常常看到，今天世界上每个政治家都说他的国家如何希望和平，但是实际上，他讲和平的时候往往就在准备战争。在这里，也就存在着名实关系不正的问题。公孙龙以为，这种不正关系必须纠正。这确实是"化天下"的第一步。

由于哲学的主题是内圣外王之道，所以学哲学不单是要获得这种知识，而且是要养成这种人格。哲学不单是要知道它，而且是要体验它。它不单是一种智力游戏，而是比这严肃得多的东西。正如我的同事金岳霖教授在一篇未刊的手稿中指出的："中国哲学家都是不同程度的苏格拉底。其所以如此，因为道德、政治、反思的思想、知识都统一于一个哲学家之身；知识和德性在他身上统一而不可分。他的哲学需要他生活于其中；他自己以身载道。遵守他的哲学信念而生活，这是他的哲学组成部分。他要做的事就是修养自己，连续地、一贯地保持无私无我的纯粹经验，使他能够与宇宙合一。显然这个修养过程不能中断，因为一中断就意味着自我复萌，丧失他的宇宙。因此在认识上他永远摸索着，在实践上他永远行动着，或尝试着行动。这些都不能分开，所以在他身上存在着哲学家的合命题，这正是合命题一词的本义。他像苏格拉底，他的哲学不是用于打官腔的。他更不是尘封的陈腐的哲学家，关在书房里，坐在靠椅中，处于人生之外。对于他，哲学从来就不只是为人类认识摆设的观念模式，而是内在于他的行动的箴言体系；在极端的情况下，他的哲学简直可以说是他的传记。"

中国哲学家表达自己思想的方式

初学中国哲学的西方学生经常遇到两个困难。一个当然是语言障碍；另一个是中国哲学家表达他们的思想的特殊方式。我先讲后一个困难。

人们开始读中国哲学著作时，第一个印象也许是，这些言论和文章都很简短，没有联系。打开《论语》，你会看到每章只有寥寥数语，而且上下章几乎没有任何联系。打开《老子》，你会看到全书只约有五千字，不长于杂志上的一篇文章；可是从中却能见到老子哲学的全体。习惯于精密推理和详细论证的学生，要了解这些中国哲学家到底在说什么，简直感到茫然。他会倾向于认为，这些思想本身就是没有内部联系吧。如果当真如此，那还有什么中国哲学。因为没有联系的思想是不值得名为哲学的。

可以这么说：中国哲学家的言论、文章没有表面上的联系，是由于这些言论、文章都不是正式的哲学著作。照中国的传统，研究哲学不是一种职业。每个人都要学哲学，正像西方人都要进教堂。学哲学的目的，是使人作为人能够成为人，而不是成为某种人。其他的学习（不是学哲学）是使人能够成为某种人，即有一定职业的人。所以过去没有职业哲学家；非职业哲学家也就不必有正式的哲学著作。在中国，没有正式的哲学著作的哲学家，比有正式的哲学著作的哲学家多得多。若想研究这些人的哲学，只有看他们的语录或写给学生、朋友的信。这些信写于他一生的各个时期，语录也不只是一人所记。所以它们不相联系，甚至互相矛盾，这是可以预料的。

以上所说可以解释为什么有些哲学家的言论、文章没有联系，还不能解释它们为什么简短。有些哲学著作，像孟子的和荀子的，还是有系统的推理和论证。但是与西方哲学著作相比，它们还是不够明晰。这是由于中国哲学家惯于用名言隽语、比喻例证的形式表达自己的思想。《老子》全书都是名言隽语，《庄子》各篇大都充满比喻例证。这是很明显的。但是，甚至在上面提到的孟子、荀子著作，与西方哲学著作相比，还是有过多的名言隽语、比喻例证。名言隽语一定很简短；比喻例证一定无联系。

因而名言隽语、比喻例证就不够明晰。它们明晰不足而暗示有余，前者从后者得到补偿。当然，明晰与暗示是不可得兼的。一种表达，越是明晰，就越少暗示；正如一种表达，越是散文化，就越少诗意。正因为中国哲学家的言论、文章不很明晰，所以它们所暗示的几乎是无穷的。

富于暗示，而不是明晰得一览无遗，是一切中国艺术的理想，诗歌、绘画以及其他无不如此。拿诗来说，诗人想要传达的往往不是诗中直接说了的，而是诗中没有说的。照中国的传统，好诗"言有尽而意无穷"。所以聪明的读者能读出诗的言外之意，能读出书的"行间"之意。中国艺术这样的理想，也反映在中国哲学家表达自己思想的方式里。

中国艺术的理想，不是没有它的哲学背景的。《庄子》的《外物》篇说："筌者所以在鱼，得鱼而忘筌。蹄者所以在兔，得兔而忘蹄。言者所以在意，得意而忘言。吾安得夫忘言之人而与之言哉！"与忘言之人言，是不言之言。《庄子》中谈到两位圣人相见而不言，因为"目击而道存矣"（《田子方》）。照道家说，道不可道，只可暗示。言透露道，是靠言的暗示，不是靠言的固定的外延和内涵。言一旦达到了目的，就该忘掉。既然再不需要了，何必用言来自寻烦恼呢？诗的文字和音韵是如此，画的线条和颜色也是如此。

公元三四世纪，中国最有影响的哲学是"新道家"，史称玄学。那时候有部书名叫《世说新语》，记载汉晋以来名士们的佳话和韵事。说的话大都很简短，有的只有几个字。这部书《文学》篇说，有位大官向一个哲学家（这位大官本人也是哲学家）问老、庄与孔子的异同。哲学家回答说："将无同？"意思是：莫不是同吗？大官非常喜欢这个回答，马上任命这个哲学家为他的秘书，当时称为"掾"，由于这个回答只有三个字，世称"三语掾"。他不能说老、庄与孔子毫不相同，也不能说他们一切相同。所以他以问为答，的确是很妙的回答。

《论语》、《老子》中简短的言论，都不单纯是一些结论，而推出这些结论的前提都给丢掉了。它们都是富于暗示的名言隽语。暗示才耐人寻味。你可以把你从《老子》发现的思想全部收集起来，写成一部五万字甚至五十万字的新书。不管写得多么好，它也不过是一部新书。它可以与《老子》原书对照着读，也可以对人们理解原书大有帮助，但是它永远不能取代原书。

我已经提到过郭象，他是《庄子》的大注释家之一。他的注，本身就是道家文献的经典。他把《庄子》的比喻、隐喻变成推理和论证，把

《庄子》诗的语言翻成他自己的散文语言。他的文章比庄子的文章明晰多了。但是，庄子原文的暗示，郭象注的明晰，二者之中，哪个好些？人们仍然会这样问。后来有一位禅宗和尚说："曾见郭象注庄子，识者云：却是庄子注郭象。"（《大慧普觉禅师语录》卷二十二）

语言障碍

一个人若不能读哲学著作原文，要想对它们完全理解、充分欣赏，是很困难的，对于一切哲学著作来说都是如此。这是由于语言的障碍。加以中国哲学著作富于暗示的特点，使语言障碍更加令人望而生畏了。中国哲学家的言论、著作富于暗示之处，简直是无法翻译的。只读译文的人，就丢掉了它的暗示；这就意味着丢掉了许多。

一种翻译，终究不过是一种解释。比方说，有人翻译一句《老子》，他就是对此句的意义作出自己的解释。但是这句译文只能传达一个意思，而在实际上，除了译者传达的这个意思，原文还可能含有许多别的意思。原文是富于暗示的，而译文则不是，也不可能是。所以译文把原文固有的丰富内容丢掉了许多。

《老子》、《论语》现在已经有多种译本。每个译者都觉得别人的翻译不能令人满意。但是无论译得多好，译本也一定比原本贫乏。需要把一切译本，包括已经译出的和其他尚未译出的，都结合起来，才能把《老子》、《论语》原本的丰富内容显示出来。

公元5世纪的鸠摩罗什，是把佛经译为汉文的最大翻译家之一，他说，翻译工作恰如嚼饭喂人。一个人若不能自己嚼饭，就只好吃别人嚼过的饭。不过经过这么一嚼，饭的滋味、香味肯定比原来乏味多了。

第二章　中国哲学的背景

在前一章我说过，哲学是对于人生的有系统的反思的思想。在思想的时候，人们常常受到生活环境的限制。在特定的环境，他就以特定的方式感受生活，因而他的哲学也就有特定的强调之处和省略之处，这些就构成这个哲学的特色。

就个人说是如此，就民族说也是如此。这一章将要讲一讲中华民族的地理、经济背景，以便说明，一般地说中国文化，特殊地说中国哲学，如何成为现在这样，为什么成为现在这样。

中华民族的地理背景

《论语》说："子曰：知者乐水，仁者乐山；知者动，仁者静；知者乐，仁者寿。"（《雍也》）读这段话，我悟出其中的一些道理，暗示着古代中国人和古代希腊人的不同。

中国是大陆国家。古代中国人以为，他们的国土就是世界。汉语中有两个词语都可以翻成"世界"。一个是"天下"，另一个是"四海之内"。海洋国家的人，如希腊人，也许不能理解这几个词语竟然是同义的。但是这种事就发生在汉语里，而且是不无道理的。

从孔子的时代到上世纪末，中国思想家没有一个人有过到公海冒险的经历。如果我们用现代标准看距离，孔子、孟子住的地方离海都不远，可是《论语》中孔子只有一次提到海。他的话是："道不行，乘桴浮于海。从我者其由与。"（《论语·公冶长》）仲由是孔子弟子，以有勇闻名。据说仲由听了这句话很高兴。只是他的过分热心并没有博得孔子喜欢，孔子却说："由也好勇过我，无所取材。"（同上）

孟子提到海的话，同样也简短。他说："观于海者难为水，游于圣人之门者难为言。"（《孟子·尽心上》）孟子一点也不比孔子强，孔子也只仅仅想到"浮于海"。生活在海洋国家而周游各岛的苏格拉底、柏拉图、亚力士多德该是多么不同！

中华民族的经济背景

古代中国和希腊的哲学家不仅生活于不同的地理条件，也生活于不同的经济条件。由于中国是大陆国家，中华民族只有以农业为生。甚至今天中国人口中从事农业的估计占百分之七十到八十。在农业国，土地是财富的根本基础，所以贯串在中国历史中，社会、经济的思想和政策的中心总是围绕着土地的利用和分配。

在这样一种经济中，农业不仅在和平时期重要，在战争时期也一样重要。战国时期（公元前480年—前222年），许多方面和我们这个时代相似，当时中国分成许多封建王国，每个国家都高度重视当时所谓的"耕战之术"。最后，七雄之一的秦国在耕战两方面都获得优势，结果胜利地征服了其他各国，从而在中国历史上第一次实现了统一。

中国哲学家的社会、经济思想中，有他们所谓的"本""末"之别。"本"指农业，"末"指商业。区别本末的理由是，农业关系到生产，而商业只关系到交换。在能有交换之前，必须先有生产。在农业国家里，农业是生产的主要形式，所以贯串在中国历史中，社会、经济的理论、政策都是企图"重本轻末"。

从事末作的人，即商人，因此都受到轻视。社会有四个传统的阶级，即士、农、工、商，商是其中最后最下的一个。士通常就是地主，农就是实际耕种土地的农民。在中国，这是两种光荣的职业。一个家庭若能"耕读传家"，那是值得自豪的。

"士"虽然本身并不实际耕种土地，可是由于他们通常是地主，他们的命运也系于农业。收成的好坏意味着他们命运的好坏，所以他们对宇宙的反应，对生活的看法，在本质上就是"农"的反应和看法。加上他们所受的教育，他们就有表达能力，把实际耕种的"农"所感受而自己不会表达的东西表达出来。这种表达采取了中国的哲学、文学、艺术的形式。

"上农"

公元前 3 世纪有一部各家哲学的撮要汇编《吕氏春秋》，其中一篇题为《上农》。在这一篇里，对比了两种人的生活方式：从事"本"业的人即"农"的生活方式，和从事"末"作的人即"商"的生活方式。农很朴实，所以容易使唤。他们孩子似的天真，所以不自私。他们的财物很复杂，很难搬动，所以一旦国家有难，他们也不弃家而逃。另一方面，商的心肠坏，所以不听话。他们诡计多，所以很自私。他们的财产很简单，容易转运，所以一旦国家有难，他们总是逃往国外。这一篇由此断言，不仅在经济上农业比商业重要，而且在生活方式上农也比商高尚。"上农"的道理也就在此。这一篇的作者看出，人们的生活方式受其经济背景的限制；他对农业的评价则又表明他本人受到他自己时代经济背景的限制。

从《吕氏春秋》的这种观察，我们看出中国思想的两个主要趋势道家和儒家的根源。它们是彼此不同的两极，但又是同一轴杆的两极。两者都表达了农的渴望和灵感，在方式上各有不同而已。

"反者道之动"

在考虑这两家的不同之前，我们先且举出一个这两家都支持的理论。这个理论说，在自然界和人类社会的任何事物，发展到了一个极端，就反向另一个极端；这就是说，借用黑格尔的说法，一切事物都包含着它自己的否定。这是老子哲学的主要论点之一，也是儒家所解释的《易经》的主要论点之一。这无疑是受到日月运行、四时相继的启发，农为了进行他们自己的工作对这些变化必须特别注意。《易传》说："寒往则暑来，暑往则寒来。"（《系辞传》下）又说："日盈则昃，月盈则食。"（《丰卦·彖辞》）这样的运动叫做"复"。《复卦·彖辞》说："复，其见天地之心乎！"《老子》也有相似的话："反者道之动。"（《老子》第四十章）

这个理论对于中华民族影响很大，对于中华民族在其悠久历史中胜利地克服所遭遇的许多困难，贡献很大。由于相信这个理论，他们即使在繁荣昌盛时也保持谨慎，即使在极其危险时也满怀希望。在前不久的战争中，这个思想为中华民族提供了一种心理武器，所以哪怕是最黑暗的日子，绝大多数人还是怀着希望度过来了，这种希望表现在这句话里："黎明即将到来。"正是这种"信仰的意志"帮助中国人民度过了这场战争。

这个理论还为中庸之道提供了主要论据，中庸之道儒家的人赞成，道家的人也一样赞成。"毋太过"历来是两家的格言。因为照两家所说，不及比太过好，不做比做得过多好。因为太过和做得过多，就有适得其反的危险。

自然的理想化

道家和儒家不同，是因为它们所理性化的、或理论地表现的农的生活的方面不同。农的生活简朴，思想天真。从这个方面看问题，道家的人就把原始社会的简朴加以理想化，而谴责文化。他们还把儿童的天真加以理想化，而鄙弃知识。《老子》说："小国寡民……使人复结绳而用之，甘其食，美其服，安其居，乐其俗。邻国相望，鸡犬之声相闻，民至老死不相往来。"（第八十章）这不正是小农国家的一幅田园画吗？

农时时跟自然打交道，所以他们赞美自然，热爱自然。这种赞美和热爱都被道家的人发挥到极致。什么属于天，什么属于人，这两者之间，自然的、人为的这两者之间，他们作出了鲜明的区别。照他们说，属于天者是人类幸福的源泉，属于人者是人类痛苦的根子。他们正如儒家的荀子所说，"蔽于天而不知人"（《荀子·解蔽》）。道家的人主张，圣人的精神修养，最高的成就在于将他自己跟整个自然即宇宙同一起来，这个主张正是这个思想趋势的最后发展。

家族制度

农只有靠土地为生，土地是不能移动的，作为士的地主也是如此。除非他有特殊的才能，或是特别地走运，他只有生活在他祖祖辈辈生活的地方，那也是他的子子孙孙继续生活的地方。这就是说，由于经济的原因，一家几代人都要生活在一起。这样就发展起来了中国的家族制度，它无疑是世界上最复杂的、组织得很好的制度之一。儒家学说大部分是论证这种制度合理，或者是这种社会制度的理论说明。

家族制度过去是中国的社会制度。传统的五种社会关系：君臣、父子、兄弟、夫妇、朋友，其中有三种是家族关系。其余两种，虽然不是家族关系，也可以按照家族来理解。君臣关系可以按照父子关系来理解，朋友关系可以按照兄弟关系来理解。在通常人们也真地是这样来理解的。但是这几种不过是主要的家族关系，另外还有许许多多。公元前有一部最早的汉语词典《尔雅》，其中表示各种家族关系的名词有一百多个，大多数在英语里没有相当的词。

由于同样的原因，祖先崇拜也发展起来了。居住在某地的一个家族，所崇拜的祖先通常就是这个家族中第一个将全家定居此地的人。这样他就成了这个家族团结的象征，这样的一个象征是一个又大又复杂的组织必不可少的。

儒家学说大部分是论证这种社会制度合理，或者是这种制度的理论说明。经济条件打下了它的基础，儒家学说说明了它的伦理意义。由于这种社会制度是一定的经济条件的产物，而这些条件又是其地理环境的产物，所以对于中华民族来说，这种制度及其理论说明，都是很自然的。因此，儒家学说自然而然成为正统哲学，这种局面一直保持到现代欧美的工业化侵入，改变了中国生活的经济基础为止。

入世和出世

儒家学说是社会组织的哲学，所以也是日常生活的哲学。儒家强调人的社会责任，但是道家强调人的内部的自然自发的东西。《庄子》中说，儒家游方之内，道家游方之外。方，指社会。公元三四世纪，道家学说再度盛行，人们常说孔子重"名教"，老、庄重"自然"。中国哲学的这两种趋势，约略相当于西方思想中的古典主义和浪漫主义这两种传统。读杜甫和李白的诗，可以从中看出儒家和道家的不同。这两位伟大的诗人，生活在同一时期（公元 8 世纪），在他们的诗里同时表现出中国思想的这两个主要传统。

因为儒家"游方之内"，显得比道家入世一些；因为道家"游方之外"，显得比儒家出世一些。这两种趋势彼此对立，但是也互相补充。两者演习着一种力的平衡。这使得中国人对于入世和出世具有良好的平衡感。

在三四世纪有些道家的人试图使道家更加接近儒家；在十一二世纪也有些儒家的人试图使儒家更加接近道家。我们把这些道家的人称为新道家，把这些儒家的人称为新儒家。正是这些运动使中国哲学既入世而又出世，在第一章我已经指出了这一点。

中国的艺术和诗歌

儒家以艺术为道德教育的工具。道家虽没有论艺术的专著，但是他们对于精神自由运动的赞美，对于自然的理想化，使中国的艺术大师们受到深刻的启示。正因为如此，难怪中国的艺术大师们大都以自然为主题。中国画的杰作大都画的是山水，翎毛，花卉，树木，竹子。一幅山水画里，在山脚下，或是在河岸边，总可以看到有个人坐在那里欣赏自然美，参悟超越天人的妙道。

同样在中国诗歌里我们可以读到像陶潜（372 年—427 年）写的这样的诗篇：

> 结庐在人境，而无车马喧。
> 问君何能尔，心远地自偏。
> 采菊东篱下，悠然见南山。

> 山气日夕佳，飞鸟相与还。
>
> 此中有真意，欲辨已忘言。

道家的精髓就在这里。

中国哲学的方法论

农的眼界不仅限制着中国哲学的内容，例如"反者道之动"，而且更为重要的是，还限制着中国哲学的方法论。诺思罗普（Northrop）教授说过，概念的主要类型有两种，一种是用直觉得到的，一种是用假设得到的。他说："用直觉得到的概念，是这样一种概念，它表示某种直接领悟的东西，它的全部意义是某种直接领悟的东西给予的。'蓝'，作为感觉到的颜色，就是一个用直觉得到的概念。……用假设得到的概念，是这样一种概念，它出现在某个演绎理论中，它的全部意义是由这个演绎理论的各个假设所指定的。……'蓝'，在电磁理论中波长数目的意义上，就是一个用假设得到的概念。"①

诺思罗普还说，用直觉得到的概念又有三种可能的类型："已区分的审美连续体的概念。不定的或未区分的审美连续体的概念。区分的概念。"（同上，一八七页）照他说，"儒家学说可以定义为一种心灵状态，在其中，不定的直觉到的多方面的概念移入思想背景了，而具体区分其相对的、人道的、短暂的'来来往往'则构成了哲学内容"（同上，二〇五页）。但是在道家学说中，"则是不定的或未区分的审美连续体的概念构成了哲学内容"（同上）。

诺思罗普在他这篇论文中所说的，我并不全部十分同意，但是我认为他在这里已经抓住了中国哲学和西方哲学之间的根本区别。学中国哲学的学生开始学西方哲学的时候，看到希腊哲学家们也区别有和无，有限和无限，他很高兴。但是他感到很吃惊的是，希腊哲学家们却认为无和无限低于有和有限。在中国哲学里，情况则刚刚相反。为什么有这种不同，就因为有和有限是有区别的，无和无限是无区别的。从假设的概念出发的哲学家就偏爱有区别的，从直觉的价值出发的哲学家则偏爱无

---

① Filmer S. C. Northrop，《东方直觉的哲学和西方科学的哲学互补的重点》（The Complementary Emphases of Eastern Intuition Philosophy and Western Scientific Philosophy），见《东方和西方的哲学》（Philosophy，East and West），C. A. Moore 编，187 页，普林斯顿大学出版社，1946 年版。

区别的。

我们若把诺思罗普在这里指出的和我在本章开头提到的联系起来，就可以看出，已区分的审美连续体的概念，由此而来的未区分的审美连续体的概念以及区分的概念（同上，一八七页），基本上是农的概念。农所要对付的，例如田地和庄稼，一切都是他们直接领悟的。他们纯朴而天真，珍贵他们如此直接领悟的东西。这就难怪他们的哲学家也一样，以对于事物的直接领悟作为他们哲学的出发点了。

这一点也可以解释，为什么在中国哲学里，知识论从来没有发展起来。我看见我面前的桌子，它是真实的还是虚幻的，它是仅仅在我心中的一个观念还是占有客观的空间，中国哲学家们从来没有认真考虑。这样的知识论问题在中国哲学（除开佛学，它来自印度）里是找不到的，因为知识论问题的提出，只有在强调区别主观和客观的时候。而在审美连续体中没有这样的区别。在审美连续体中认识者和被认识的是一个整体。

这一点也可以解释，为什么中国哲学所用的语言，富于暗示而不很明晰。它不很明晰，因为它并不表示任何演绎推理中的概念。哲学家不过是把他所见的告诉我们。正因为如此，他所说的也就文约义丰。正因为如此，他的话才富于暗示，不必明确。

海洋国家和大陆国家

希腊人生活在海洋国家，靠商业维持其繁荣。他们根本上是商人。商人要打交道的首先是用于商业账目的抽象数字，然后才是具体东西，只有通过这些数字才能直接掌握这些具体东西。这样的数字，就是诺思罗普所谓的用假设得到的概念。于是希腊哲学家也照样以这种用假设得到的概念为其出发点。他们发展了数学和数理推理。为什么他们有知识论问题，为什么他们的语言如此明晰，原因就在此。

但是商人也就是城里人。他们的活动需要他们在城里住在一起。所以他们的社会组织形式，不是以家族共同利益为基础，而是以城市共同利益为基础。由于这个原故，希腊人就围绕着城邦而组织其社会，与中国社会制度形成对照，中国社会制度可以叫做家邦，因为在这种制度之下，邦是用家来理解的。在一个城邦里，社会组织不是独裁的，因为在同一个市民阶级之内，没有任何道德上的理由认为某个人应当比别人重要，或高于别人。但是在一个家邦里，社会组织就是独裁的，分等级的，因为在一家之内，父的权威天然地高于子的权威。

中国人过去是农，这个事实还可以解释为什么中国没有发生工业革命。以工业革命为手段，才能进入现代世界。《列子》里有一个故事，说是宋国国君有一次叫一个巧匠把一片玉石雕成树叶。三年以后雕成了，把这片雕成的叶子放在树上，谁也分辨不出哪是真叶子，哪是雕成的叶子。因此国君非常高兴。但是列子听说这件事以后，说："使天地之生物，三年而成一叶，则物之有叶者寡矣！"（《列子·说符》）这是赞美自然、谴责人为的人的观点。农的生活方式是顺乎自然的。他们赞美自然，谴责人为，于其纯朴天真之中，很容易满足。他们不想变化，也无从想象变化。中国曾经有不少著名的创造发明，但是我们常常看到，它们不是受到鼓励，而是受到阻挠。

海洋国家的商人，情况就是另一个样子。他们有较多的机会见到不同民族的人，风俗不同，语言也不同；他们惯于变化，不怕新奇。相反，为了畅销其货物，他们必须鼓励制造货物的工艺创新。在西方，工业革命的最初发动在英国，也是一个靠商业维持繁荣的海洋国家，这不是偶然的。

本章在前面提到《吕氏春秋》关于商人的那些话，对于海洋国家的人也可以那样说，不过要把说他们心肠坏、诡计多，换成说他们很精细、很聪明。我们还可以套用孔子的话，说海洋国家的人是知者，大陆国家的人是仁者，然后照孔子的话说："知者乐水，仁者乐山；知者动，仁者静；知者乐，仁者寿。"

以希腊、英国的地理、经济条件为一方，以西方的科学思想和民主制度的发展为另一方，这两方面之间的关系，若要举出证据，加以证明，那就超出了本章范围之外。但是希腊、英国的地理、经济条件都与中国的完全不同。这个事实就足以构成一个反证，从反面证明我在本章内关于中国历史的论点。

中国哲学中不变的和可变的成分

科学的进展突破了地域，中国不再是孤立于"四海之内"了。她也在进行工业化，虽然比西方世界迟了许多，但是迟化总比不化好。说西方侵略东方，这样说并不准确。事实上，正是现代侵略中世纪。要生存在现代世界里，中国就必须现代化。

有一个问题有待于提出：既然中国哲学与中国人的经济条件联系如此密切，那么中国哲学所说的东西，是不是只适用于在这种条件下生活的人呢？

回答是肯定的，又是否定的。任何民族或任何时代的哲学，总是有一部分只相对于那个民族或那个时代的经济条件具有价值，但是总有另一部分比这种价值更大一些。不相对的那一部分具有长远的价值。我很费踌躇，要不要说它是绝对真理，因为要确定什么是绝对真理，这个任务太大，任何人也不能担当，还是留给上帝独自担当吧，如果真有一个上帝的话。

让我们从希腊哲学举个例子。亚力士多德论证奴隶制度合理，这只能看做是相对于希腊生活的经济条件的理论。但是这样说并不是说亚力士多德的社会哲学中就没有不相对的东西了。中国思想同样是如此。一旦中国工业化了，旧的家族制度势必废除，儒家论证它合理的理论也要随之废除。但是这样说并不是说儒家的社会哲学中就没有不相对的东西了。

这个道理就在于，古代希腊和古代中国的社会固然不同，但是两者都属于我们称之为"社会"的一般范畴。凡是希腊社会或中国社会的理论说明，因此也就有一部分是"社会一般"的说明。虽然它们之中有些东西是专门属于希腊或中国社会本身的，但是也一定有些更为普遍的东西是属于"社会一般"的。正是后面的这些东西，是不相对的，具有长远的价值。

道家也是如此。道家的理论说，人类的乌托邦是远古原始社会，这种理论肯定错了。我们现代人具有关于进步的观念，认为人类生存的理想状态只能创造于未来，不会失之于既往。但是有些现代人所想的人类生存的理想状态，例如无政府主义，却与道家所想的并不是一点也不相似的。

哲学也给予我们人生理想。某民族或某时代的哲学所给予的那种理想，有一部分必定仅只属于该民族或该时代的社会条件所形成的这种人生。但是必定也有一部分属于"人生一般"，所以不相对而有长远价值。这一点似可以儒家的理想人生的理论为例说明。照这个理论说，理想的人生是这样一种人生，虽然对宇宙有极高明的觉解，却仍然置身于人类的五种基本关系的界限之内。这些人伦的性质可以根据环境而变。但是这种理想本身并不变。所以，如果有人说，由于五伦中有些伦必须废除，因此儒家的人生理想也必须一道废除，这样说就不对了。又如果有人说，由于这种人生理想是可取的，因此全部五伦都必须照样保存，这样说也不对。必须进行逻辑分析，以便在哲学的历史中区别哪是不变的，哪是可变的。每个哲学各有不变的东西，一切哲学都有些共同的东西。为什么各个哲学虽不相同，却能互相比较，彼此翻译，原因就在此。

中国哲学的方法论将来会变吗？这就是说，新的中国哲学将不再把自己限于"用直觉得到的概念"吗？肯定地说，它会变的，它没有任何理由不该变。事实上，它已经在变。关于这个变化，在本书末章我将要多说一些。

第十六章　世界政治和世界哲学

有句话说："历史决不会重演。"又有句话说："日光之下无新事。"这两句话结合起来也许含有全面的真理。从中国的观点看，在国际政治的范围内，当代的世界史以及近几百年的世界史就像是重演春秋战国时代的中国史。

秦统一前的政治状况

春秋时代（公元前 722 年—前 481 年）是由《春秋》所包括的年代而得名。战国时代是由当时各国战争激烈而得名。我们已经知道，封建时代人的行为受礼的约束。其实，礼不仅约束个人行为，而且约束各国行为。有些礼适用于和平时期，有些礼适用于战争时期。一个国家在对外关系中遵循的平时和战时的礼，等于我们现在所谓的国际法。

我们看到，在现代，国际法越来越无效。近年以来，已经有许多实例：一国进攻别国而事前不发最后通牒，不宣战。一国的飞机轰炸别国的医院，却装做没有看见红十字。在春秋战国时代，我们也看到相似的"国际法"无效的局面，这就是礼的衰微。

春秋时代，还有人尊重国际的礼。《左传》记载了公元前 638 年宋国与楚国的泓水之战。古板的宋襄公亲自指挥宋军。在楚军正在渡河的时候，又在楚军渡了河还未排列成阵的时候，宋军司令官两次请求襄公下令攻击，襄公都说"不可"，还说不攻击不成阵势的队伍。结果宋军惨败，襄公本人也受伤。尽管如此，襄公仍然辩护他原来的决定，还说"君子不重伤，不禽二毛"。宋军司令官恼怒地说："若爱重伤，则如勿伤；爱其二毛，则如服焉！"（《左传》僖公二十二年）宋襄公所说的符合传统的礼，代表封建武士的骑士精神；宋国司令官所说的代表动乱年代的实际。

今天各国政治家用来维持国际和平的方法，与春秋战国时各国政治家试用过而未成功的方法，何其相似。注意到这一点是有趣的，也是令人丧气的。例如，公元前551年在宋国召开过十四国"弭兵"会议（《左传》襄公二十七年）。后来，将当时的"天下"划分为两个"势力范围"，东方归齐国控制，西方归秦国控制，公元前288年齐王为东帝，秦王为西帝（《史记·田敬仲完世家》）。各国之间也有各种联盟。战国时代，联盟归结为两大类型：由北而南的"纵"，由西而东的"横"。当时有七个主要的国家，其中的秦国最富于侵略性。纵的联盟是六国对付秦国的，由于秦国在最西，六国分布在东，由北而南，故名合纵。横的联盟是秦国与六国中的一国或数国结成以进攻其余国家的，所以是由西而东地扩张，故名连横。

秦国的政策是"远交近攻"。用这种方法它总是终于破坏了反秦的合纵而获胜。秦国以其"耕战"优势，又在六国内广泛运用"第五纵队"战术，经过一系列的血战，胜利地一个一个地征服了六国，最后于公元前221年统一了全中国。于是秦王自定尊号为"秦始皇帝"，以此名垂于青史。同时他废除了封建制度，从而在历史上第一次创建了中央集权的中华帝国，号称秦朝。

中国的统一

中国的实际统一虽然是到秦始皇才实现，可是这种统一的愿望全国人民早就有了。《孟子》记载梁惠王问孟子："天下恶乎定？"孟子回答说："定于一。"王又问："孰能一之？"孟子回答说："不嗜杀人者能一之。"（《梁惠王上》）"一"就是"统一"。这段对话清楚地表现了时代的愿望。

这里用 world（世界）翻译中文的"天下"，"天下"的字面意义是"普天之下"。有些人将"天下"译为 empire（帝国），因为他们认为，古代中国人称之为"天下"者，只限于中国封建诸国的范围。这完全属实。但是我们不可以把一个名词的内涵，与某个时代的人们所了解的这个名词的外延，混淆起来。就外延说，它限于当时的人所掌握的对事实的知识；就内涵说，它是个定义的问题。举例来说，古代汉语的"人"字，当时所指的实际是限于中国血统的人，可是并不能因此就在把它译成现代汉语时译作"中国人"。古代中国人说"人"，意思确实是想说人类，不过当时对人类的了解只限于在中国的人。同样的道理，古代中国人说"天下"，意思是想说"世界"，不过当时对世界的了解还没有超出中国的范围。

从孔子时代起，一般的中国人，特别是中国政治思想家，就开始考虑世界范围内的政治问题。所以秦朝的统一中国，在当时人的心目中，就好像是今天在我们心目中的统一全世界。秦朝统一以后的两千多年，中国人一直在一个天下一个政府之下生活，只有若干短暂的时期是例外，大家都认为这些例外不是正常情况。因此中国人已经习惯于有一个中央集权的机构，保持天下太平，即世界和平。但是近几十年来，中国又被拖进一个世界，其国际政治局面，与遥远的春秋战国时代的局面相似。在这个过程中，中国人已经被迫改变其思想和行动的习惯。在中国人的眼里，这一方面又是历史的重演，造成了现在的深重的苦难（参看章末的注）。

《大学》

作为中国哲学的国际性的例证，我们现在举出《大学》的某些观念。《大学》和《中庸》一样，也是《礼记》中的一篇。到了宋朝（960年—1279年），新儒家把《大学》、《中庸》和《论语》、《孟子》放在一起，称为"四书"，作为新儒家哲学的基本经典。

新儒家说《大学》是曾子所作，曾子是孔子的得到真传的学生。不过说它是曾子所作，并没有实际证据。新儒家认为《大学》是道学的重要的入门书。它的第一章说：

"大学之道，在明明德，在亲民，在止于至善。……古之欲明明德于天下者，先治其国；欲治其国者，先齐其家；欲齐其家者，先修其身；欲修其身者，先正其心；欲正其心者，先诚其意；欲诚其意者，先致其知；致知在格物。

"物格而后知至，知至而后意诚，意诚而后心正，心正而后身修，身修而后家齐，家齐而后国治，国治而后天下平。"

这些话又叫做《大学》的"三纲领"，"八条目"。照后来的儒家说，三纲领实际上只是一纲领，就是"明明德"。"亲民"是"明明德"的方法，"止于至善"是"明明德"的最后完成。

同样，八条目实际上只是一条目，就是"修身"。格物，致知，诚意，正心这些步骤，都是修身的道路和手段。至于齐家，治国，平天下这些步骤，则是修身达到最后完成的道路和手段。所谓达到最后完成，就是"止于至善"。人只有在社会中尽伦尽职，才能够尽其性，至于完成。如果不同时成人，也就不可能成己。

"明明德"与"修身"是一回事。前者是后者的内容。于是几个观念归结成一独个观念，这是儒家学说的中心。

一个人并不一定要当了国家或天下的元首，然后才能做治国平天下的事。他仅仅需要作为国家一分子，为国尽力而为；作为天下一分子，为天下尽力而为。只要这样，他就是尽到了治国平天下的全部责任。他如此诚实地尽力而为，他就是止于至善了。

按本章的要求，只要指出《大学》的作者是为世界政治和世界和平着想，也就够了。他并不是第一个为此着想的人，但是很有意义的是，他竟做得如此地有系统。在他看来，光是治好自己本国，并不是为政的最后目的，也不是修身的最后目的。

也不必在这里讨论，格物怎么能够成为修身的道路和手段。这个问题到以后讲新儒家的时候再来讨论。

《荀子》的折中趋势

在中国哲学的领域里，在公元前3世纪后半叶有一个强大的调和折中的趋势。杂家的主要著作《吕氏春秋》就是这时候编著的。但是这部著作虽然把其时的各家大都涉及了，偏偏没有对于折中主义自己的观念予以理论的根据。可是儒家、道家的著作家都提出了这样的理论，它表明两家尽管各有不同之处，然而都反映了那个时代的折中精神。

这些著作家都同意有一个惟一的绝对的真理，名叫"道"。各家大都有所见于"道"的某一方面，在这个意义上对于"道"的阐明都有所贡献。可是儒家的著作家主张，惟有孔子见到了全部真理，所以其他各家都在儒家之下，虽然在某种意义上也是儒家的补充。道家的著作家则相反，主张只有老子、庄子见到了全部真理，因而道家应当在其他各家之上。

《荀子》有一篇题为《解蔽》，其中说：

> 昔宾孟之蔽者，乱家是也。墨子蔽于用而不知文，宋子蔽于欲而不知得，慎子蔽于法而不知贤，申子蔽于势而不知知，惠子蔽于辞而不知实，庄子蔽于天而不知人。
>
> 故由用谓之，道尽利矣；由欲谓之，道尽嗛矣；由法谓之，道尽数矣；由势谓之，道尽便矣；由辞谓之，道尽论矣；由天谓之，道尽因矣：此数具者，皆道之一隅也。
>
> 夫道者，体常而尽变，一隅不足以举之。曲知之人，观于道之一隅而未之能识也。……孔子仁知且不蔽，故学乱术足以为先王者也。

荀子又在《天论》篇中说：

> 慎子有见于后，无见于先；老子有见于诎，无见于信；墨子有见于齐，无见于畸；宋子有见于少，无见于多。

照荀子的看法，哲学家的"见"和"蔽"是联在一起的。他有所见，可是常常同时为其见所蔽。因而他的哲学的优点同时是它的缺点。

《庄子》的折中趋势

《庄子》最后一篇《天下》篇的作者，提出了道家的折中观点。这一篇实际上是先秦哲学的总结。我们不能肯定这位作者是谁，这并不妨障他真正是先秦哲学的最好的历史家和批评家。

这一篇首先区分全部真理和部分真理。全部真理就是"内圣外王之道"，对于它的研究称为"道术"；部分真理是全部真理的某一方面，对于它的研究称为"方术"。这一篇说："天下之治方术者多矣，皆以其有为不可加矣。古之所谓道术者，果恶乎在？……圣有所生，王有所成，皆原于一。"

这个"一"就是"内圣外王之道"。这一篇继续在"道"内区分本、末，精、粗。它说："古之人其备乎！……明于本数，系于末度，六通四辟，小大精粗，其远无乎不在。其明而在数度者，旧法世传之中，尚多有之。其在于诗书礼乐者，邹鲁之士，缙绅先生，多能明之。诗以道志，书以道事，礼以道行，乐以道和，易以道阴阳，春秋以道名分。"

因此《天下》篇以为儒家与"道"有某些联系。但是儒家所知的限于"数度"，而不知所含的原理。这就是说，儒家只知道"道"的粗的方面和细微末节，而不知其精，不知其本。

《天下》篇继续说："天下大乱，贤圣不明，道德不一。天下多得一察焉以自好，譬如耳目鼻口，皆有所明，不能相通。犹百家众技也，皆有所长，时有所用。虽然，不该不遍，一曲之士也。……是故内圣外王之道，暗而不明，郁而不发。"

《天下》篇接着作出了各家的分类，肯定每一家都对于"道"的某一方面有所"闻"，但是同时尖锐地批评了这一家的缺点。老子和庄子都受到高度的赞扬。可是很值得注意的是，这两位道家领袖的道术，也和别家一样，被说成"古之道术有在于是者"，也只是"道术"的一方面。这是含蓄的批评。

由此看来，《天下》篇的含意似乎是说，儒家知道具体的"数度"，而不知所含的原理；道家知道原理，而不知数度。换句话说，儒家知道"道"之末，而不知其本；道家知其本，而不知其末。只有两家的结合才是全部真理。

司马谈、刘歆的折中主义

这种折中的趋势一直持续到汉朝。《淮南子》，又名《淮南王书》，与《吕氏春秋》一样具有折中性质，只是更倾向于道家。除了《淮南子》，还有两位历史家司马谈和刘歆，本书第三章曾提到他们，也表现出折中的趋势。司马谈是一位道家。他的《论六家之要指》说："《易大传》：'天下一致而百虑，同归而殊涂。'夫阴阳、儒、墨、名、法、道德，此务为治者也，直所从言之异路，有省不省耳。"（《史记·太史公自序》）他往下指出了六家的优点和缺点，但是结论以为道家兼采了各家的一切精华，因此居于各家之上。

刘歆则不同，是一位儒家。他的《七略》，基本上保存在《汉书·艺文志》里。他论列了十家之后，写了一段结论，其中也引用了司马谈引过的《易大传》的那句话，然后接着说："今异家者各推所长，穷知究虑，以明其指。虽有蔽短，合其要归，亦六经之支与流裔。……若能修六艺之术，而观此九家（十家中略去小说家）之言，舍短取长，则可以通万方之略矣。"（《汉书·艺文志》）

这一切说法反映了，甚至在思想领域里也存在着强烈的统一愿望。公元前 3 世纪的人，苦于长期战祸，渴望政治统一；他们的哲学家也就试图实现思想统一。折中主义是初步尝试。可是折中主义本身不可能建立一个统一的系统。折中主义者相信有全部真理，希望用选取各家优点的办法得到这个真理，也就是"道"。可是他们由此而得的"道"，只怕也只是许多根本不同的成分凑成的大杂烩，没有任何有机联系和一贯原则，所以与他们所加的崇高称号，"道"，完全不配。

〔附注〕关于中国人的民族观念

对于"中国的统一"这一节末段的论断，布德博士提出怀疑。他写道："六朝（3 世纪至 6 世纪），元朝（1280 年—1367 年），清朝（1644 年—1911 年）实际上为时之久，足以使中国人在思想上对于分裂或异族统治感到司空见惯，尽管这种局面从理论上讲也许不是'正统'。况且即使在'正统'的统一时期，也还是常有怀柔或征服一系列的外族，如匈奴等，以及镇压国内叛乱的事。所以我不认为目前的内忧外患是中国人在春秋战国以后所不熟悉的局面，当然目前的忧患的确具有世界规模，其后果更加严重。"

布德博士所提到的历史事实无疑都是对的，不过我在这一节所要讲的不是历史事实本身，而是中国人直到上世纪，甚至本世纪初，对于这些历史事实的感受。强调元朝、清朝是外来的统治，这一点是用现代的民族主义眼光提出来的。从先秦以来，中国人鲜明地区分"中国"或"华夏"，与"夷狄"，这当然是事实，但是这种区分是从文化上来强调的，不是从种族上来强调的。中国人历来的传统看法是，有三种生灵：华夏，夷狄，禽兽。华夏当然最开化，其次是夷狄，禽兽则完全未开化。

蒙古人和满人征服了中国的时候，他们早已在很大程度上接受了中国文化。他们在政治上统治中国，中国在文化上统治他们。中国人最关切的是中国文化和文明的继续和统一，而蒙古人和满人并未使之明显中断或改变。所以在传统上，中国人认为，元代和清朝，只不过是中国历史上前后相继的许多朝代之中的两个朝代而已。这一点可以从官修的各朝历史看出来。例如，明朝在一定意义上代表着反元的民族革命，可是明朝官修的《元史》，把元朝看做是继承纯是中国人的宋朝正统的朝代。同样，在黄宗羲（1610 年—1695 年）编著的《宋元学案》中，并没有从道德上訾议诸如许衡（1209 年—1281 年）、吴澄（1249 年—1333 年）这些学者，他们虽是汉人，却在元朝做了高官，而黄宗羲本人则是最有民族气节的反满的学者之一。

民国也有一部官修的《清史稿》，把清朝看做继承明朝正统的朝代。它对于有关辛亥革命的一些事件的处理，现政府认为不妥，把它禁了。如果再有一部官修的新的《清史》，写法就可能完全不同。可是我在此要讲的，是传统的观点。就传统的观点而论，元朝、清朝正如其他朝代一样，都是"正统"。人们或许说中国人缺乏民族主义，但是我认为这正是要害。中国人缺乏民族主义是因为他们惯于从天下即世界的范围看问题。

中国人历来不得不同匈奴等等非华夏人搏斗，对于这件事，中国人历来觉得，他们有时候不得不同夷狄搏斗，正如有时候不得不同禽兽搏斗。他们觉得，像匈奴那些人不配同中国分享天下，正如美国人觉得红印地安人不配同他们分享美洲。

由于中国人不大强调种族区别，结果就造成公元三四世纪期间允许各种外族自由移入中国。这种移入现在叫做"向内殖民"，是六朝政治动乱的一个主要原因。希特勒在《我的奋斗》中从超等民族的观点批评的正是这种"向内殖民"。

佛教的输入似乎使许多中国人认识到除了中国人也还另外有文明人存在，不过在传统上对印度有两种看法。反对佛教的中国人相信印度人不过是另一种夷狄。信仰佛教的中国人则认为印度是"西方净土"。他们对印度的称赞，是作为超世间的世界来称赞。所以佛教的输入，尽管对中国人的生活产生巨大影响，也并没有改变中国人自以为是人世间惟一的文明人的信念。

由于有这些看法，所以中国人在十六七世纪开始与欧洲人接触时，就认为他们也是与以前的夷狄一样的夷狄，称他们为夷。因此中国人并不感到多大的不安，即使在交战中吃了败仗也是如此。可是一发现欧洲人具有的文明虽与中国的不同，然而程度相等，这就开始不安了。情况的新奇之处不在于存在着不同于中国人的人群，而在于存在着不同于中国文明的文明，而且有相等的力量和重要性。中国历史上只有春秋战国时期有与此相似的情况，当时的各国虽不相同，但是文明程度相等，互相攻战。中国人现在感觉到是历史重演，原因就在此。

如果读一读19世纪的大臣如曾国藩（1811年—1872年）、李鸿章（1823年—1901年）的文章，更能够证实他们对于西方冲击的感受，的确是如此。这个注试图说明他们如此感受的原因。

第二十二章　禅宗：静默的哲学

"禅"或"禅那"是梵文 Dhyana 的音译，原意是沉思、静虑。佛教禅宗的起源，按传统说法，谓佛法有"教外别传"，除佛教经典的教义外，还有"以心传心，不立文字"的教义，从释迦牟尼佛直接传下来，传到菩提达摩，据说已经是第二十八代。达摩于梁武帝时（约520年—526年），到中国，为中国禅宗的初祖。

禅宗传述的宗系

达摩将心传传给慧可（486 年—593 年），为中国禅宗二祖。如此传到五祖弘忍（605 年—675 年），他有两个大弟子，分裂为南北二宗。神秀（706 年卒）创北宗，慧能（638 年—713 年）创南宗。南宗不久超过了北宗，慧能被认为六祖。禅宗后来一切有影响的派别，都说它们是慧能的弟子们传下来的（参见道原《传灯录》卷一）。

这种传述的早期部分可靠到什么程度，是很可怀疑的，因为还没早于 11 世纪的文献支持它。本章的目的不是对这个问题作学术的考证。只说这一点就够了：现在并没有学者认真看待这种传述。因为中国禅宗的理论背景，早已有人如僧肇、道生创造出来了，这在前一章已经讲了。有了这种背景，禅宗的兴起就几乎是不可避免的，实在用不着把神话似的菩提达摩看做它的创始人。

可是，神秀和慧能分裂禅宗，却是历史事实。北宗与南宗的创始人的不同，代表性宗与空宗的不同，如前一章描述的。这可以从慧能《坛经》自序里看出来。从这篇自序我们知道慧能是今广东省人，在弘忍门下为僧。自序中说，有一天弘忍自知快要死了，把弟子们召集在一起，说现在要指定一个继承人，其条件是写出一首最好的"偈"，把禅宗的教义概括起来。当下神秀作偈云：

> 身如菩提树，心如明镜台。
> 时时勤拂拭，莫使染尘埃。

针对此偈，慧能作偈云：

> 菩提本无树，明镜亦非台。
> 本来无一物，何处染尘埃。

据说弘忍赞赏慧能的偈，指定他为继承人，是为六祖。（见《六祖坛经》卷一）

神秀的偈强调宇宙的心，即道生所说的佛性。慧能的偈强调僧肇所说的无。禅宗有两句常说的话："即心即佛"，"非心非佛"。神秀的偈表现了前一句，慧能的偈表现了后一句。

第一义不可说

后来禅宗的主流，是沿着慧能的路线发展的。在其中，空宗与道家的结合，达到了高峰。空宗所谓的第三层真谛，禅宗谓之为"第一义"。我们在前一章已经知道，在第三层次，简直任何话也不能说。所以第一义，按它的本性，就是不可说的。文益禅师（958年卒）《语录》云："问：'如何是第一义？'师云：'我向尔道，是第二义。'"

禅师教弟子的原则，只是通过个人接触。可是有些人没有个人接触的机会，为他们着想，就把禅师的话记录下来，叫做"语录"。这个做法，后来新儒家也采用了。在这些语录里，我们看到，弟子问到佛法的根本道理时，往往遭到禅师一顿打，或者得到的回答完全是些不相干的话。例如，他也许回答说，白菜值三文钱。不了解禅宗目的的人，觉得这些回答都是顺口胡说。这个目的也很简单，就是让他的弟子知道，他所问的问题是不可回答的。他一旦明白了这一点，他也就明白了许多东西。

第一义不可说，因为对于"无"什么也不能说。如果把它叫做"心"或别的什么名字，那就是立即给它一个定义，因而给它一种限制。像禅宗和道家说的，这就落入了"言筌"。马祖（788年卒）是慧能的再传弟子，僧问马祖："和尚为什么说即心即佛？"曰："为止小儿啼。"曰："啼止时将如何？"曰："非心非佛。"（《古尊宿语录》卷一）又，庞居士问马祖："不与万法为侣者是什么人？"马祖云："待汝一口吸尽西江水，即向汝道。"（同上）一口吸尽西江水，这显然是不可能的，马祖以此暗示，所问的问题是不可回答的。事实上，他的问题也真正是不可回答的。因为不与万物为侣者，即超越万物者。如果真地超越万物，又怎么能问他"是什么人"呢？

有一些禅师，用静默来表示无，即第一义。例如，慧忠国师（775年卒）"与紫璘供奉论议。既升座，供奉曰：'请师立义，某甲破。'师曰：'立义竟。'供奉曰：'是什么义？'曰：'果然不见，非公境界。'便下座。"（《传灯录》卷五）慧忠立的义，是静默的义。他无言说，无表示，而立义，其所立正是第一义。关于第一义，或"无"，不可以有任何言说，所以表示第一义的最好方法是保持静默。

从这个观点看来，一切佛经都与第一义没有任何真正的联系。所以，建立临济宗的义玄禅师（866 年卒）说："你如欲得如法见解，但莫受人惑。向里向外，逢着便杀。逢佛杀佛，逢祖杀祖……始得解脱。"（《古尊宿语录》卷四）

修行的方法

第一义的知识是不知之知；所以修行的方法也是不修之修。据说马祖在成为怀让（744 年卒）弟子之前，住在衡山（在今湖南省）上。"独处一庵，惟习坐禅，凡有来访者都不顾。"怀让"一日将砖于庵前磨，马祖亦不顾。时既久，乃问曰：'作什么？'师云：'磨作镜。'马祖云：'磨砖岂能成镜？'师云：'磨砖既不成镜，坐禅岂能成佛？'"（《古尊宿语录》卷一）马祖闻言大悟，于是拜怀让为师。

因此照禅宗所说，为了成佛，最好的修行方法，是不作任何修行，就是不修之修。有修之修，是有心的作为，就是有为。有为当然也能产生某种良好效果，但是不能长久。黄檗（希运）禅师（847 年卒）说："设使恒沙劫数，行六度万行，得佛菩提，亦非究竟。何以故？为属因缘造作故。因缘若尽，还归无常。"（《古尊宿语录》卷三）

他还说："诸行尽归无常。势力皆有尽期。犹如箭射于空，力尽还坠。都归生死轮回。如斯修行，不解佛意，虚受辛苦，岂非大错？"（同上）

他还说："若未会无心，著相皆属魔业。……所以菩提等法，本不是有。如来所说，皆是化人。犹如黄叶为金钱，权止小儿啼。……但随缘消旧业，莫更造新殃。"（同上）

不造新业，并不是不做任何事，而是做事以无心。因此最好的修行方法就是以无心做事。这正是道家所说的"无为"和"无心"。这就是慧远的理论的意思，也可能就是道生的"善不受报"义。这种修行方法的目的，不在于做事以求好的结果，不管这些结果本身可能有多么好。毋宁说它的目的，在于做事而不引起任何结果。一个人的行为不引起任何结果，那么在他以前积累的业消除净尽以后，他就能超脱生死轮回，达到涅槃。

以无心做事，就是自然地做事，自然地生活。义玄说："道流佛法，无用功处。只是平常无事，屙屎送尿，著衣吃饭，困来即卧。愚人笑我，智乃知焉。"（《古尊宿语录》卷四）有些人刻意成佛，却往往不能顺着这个自然过程，原因在于他们缺乏自信。义玄说："如今学者不得，病在甚处？病在不自信处。你若自信不及，便茫茫地徇一切境转，被它万境回换，不得自由。你若歇得念念驰求心，便与祖佛不别。你欲识得祖佛么？只你面前听法的是。"（同上）

所以修行的道路，就是要充分相信自己，其他一切放下。不必于日用平常行事外，别有用功，别有修行。这就是不用功的用功，也就是禅师们所说的不修之修。

这里有一个问题：果真如以上所说，那么，用此法修行的人，与不做任何修行的人，还有什么不同呢？如果后者所做的，也完全是前者所做的，他就也应该达到涅槃，这样，就总会有一个时候，完全没有生死轮回了。

对这个问题可以这样回答：虽然穿衣吃饭本身是日用平常事，却不见得做起来都是完全无心，因而没有任何滞着。例如，有人爱漂亮的衣服，不爱难看的衣服，别人夸奖他的衣服他就感到高兴。这些都是由穿衣而生的滞着。禅师们所强调的，是修行不需要专门的行为，诸如宗教制度中的礼拜、祈祷。只应当于日常生活中无心而为，毫无滞着；也只有在日用寻常行事中才能有修行的结果。在开始的时候，需要努力，其目的是无须努力；需要有心，其目的是无心；正像为了忘记，先需要记住必须忘记。可是后来时候一到，就必须抛弃努力，达到无须努力；抛弃有心，达到无心；正像终于忘记了记住必须忘记。

所以不修之修本身就是一种修，正如不知之知本身也是一种知。这样的知，不同于原来的无明；不修之修，也不同于原来的自然。因为原来的无明和自然，都是自然的产物；而不知之知，不修之修，都是精神的创造。

顿　　悟

修行，不论多么长久，本身只是一种准备工作。为了成佛，这种修行必须达到高峰，就是顿悟，如在前一章描述的，好比飞跃。只有发生飞跃之后才能成佛。

这样的飞跃，禅师们常常叫做"见道"。南泉禅师普愿（830 年卒）告诉他的弟子说："道不属知不知，知是妄觉，不知是无记，若真达不疑之道，犹如太虚廓然，岂可强是非也。"（《古尊宿语录》卷十三）达道就是与道同一。它如太虚廓然，也不是真空；它只是消除了一切差别的状态。

这种状态，禅师们描写为"智与理冥，境与神会，如人饮水，冷暖自知"（《古尊宿语录》卷三十二）。后两句最初见于《六祖坛经》，后来为禅师们广泛引用，意思是，只有经验到经验者与被经验者冥合不分的人，才真正知道它是什么。

在这种状态，经验者已经抛弃了普通意义上的知识，因为这种知识假定有知者与被知者的区别。可是他又不是无知，因为他的状态不同于南泉所说的无记。这就是所谓的不知之知。

一个人若到了顿悟的边缘，这就是禅师最能帮助他的时刻。一个人即将发生这种飞跃了，这时候，无论多么小的帮助，也是重大的帮助。这时候，禅师们惯于施展他们所谓"棒喝"的方法，帮助发生顿悟的一跃。禅宗文献记载许多这样的事情：某位禅师要他的弟子考虑某个问题，然后突然用棒子敲他几下，或向他大喝一声。如果棒喝的时机恰好，结果就是弟子发生顿悟。这些事情似乎可以这样解释：施展这样的物理和生理动作，震动了弟子，使他发生了准备已久的心理觉悟。

禅师们用"如桶底子脱"的比喻，形容顿悟。桶底子脱了，则桶中所有之物，都顿时脱出。同样地，一个人顿悟了，就觉得以前所有的各种问题，也顿时解决。其解决并不是具体地解决，而是在悟中了解此等问题，本来都不是问题。所以悟后所得之道，为"不疑之道"。

无得之得

顿悟之所得，并不是得到什么东西。舒州禅师清远（1120 年卒）说："如今明得了，向前明不得的，在什么处？所以道，向前迷的，便是即今悟的；即今悟的，便是向前迷的。"（《古尊宿语录》卷三十二）在前一章我们已经知道，按僧肇和道生的说法，真实即现象。禅宗有一句常用的话："山是山，水是水。"在你迷中，山是山，水是水。在你悟时，山还是山，水还是水。

禅师们还有一句常说的话："骑驴觅驴。"意思是指，于现象之外觅事实，于生死轮回之外觅涅槃。舒州说："只有二种病，一是骑驴觅驴，一是骑驴不肯下。你道骑却驴了，更觅驴，可杀，是大病。山僧向你道，不要觅。灵利人当下识得，除却觅驴病，狂心遂息。

"既识得驴了，骑了不肯下，此一病最难医。山僧向你道，不要骑。你便是驴，尽山河大地是个驴，你怎么生骑？你若骑，管取病不去。若不骑，十方世界廓落地。此二病一时去，心下无一事，名为道人，复有什么事？"（同上）若以为悟后有得，便是骑驴觅驴，骑驴不肯下。

黄檗说："语默动静，一切声色，尽是佛事。何处觅佛？不可更头上安头，嘴上安嘴。"（《古尊宿语录》卷三）只要悟了，则尽是佛事，无地无佛。据说有个禅僧走进佛寺，向佛像吐痰。他受到批评，他说：你指给我无佛的地方吧！（见《传灯录》卷二十七）

所以在禅宗看来，圣人的生活，无异于平常人的生活；圣人做的事，也就是平常人做的事。他自迷而悟，从凡入圣。入圣之后，又必须从圣再入凡。禅师们把这叫做"百尺竿头，更进一步"。百尺竿头，象征着悟的成就的顶点。更进一步，意谓既悟之后，圣人还有别的事要做。可是他所要做的，仍然不过是日用平常的事。就像南泉说的："直向那边会了，却来这里行履。"（《古尊宿语录》卷十二）

虽然圣人继续生活在这里，然而他对那边的了解也不是白费。虽然他所做的事只是平常人所做的事，可是对于他却有不同的意义。如百丈禅师怀海（814年卒）所说："未悟未解时名贪瞋，悟了唤作佛慧。故云：'不异旧时人，异旧时行履处。'"（《古尊宿语录》卷一）最后一句，看来一定有文字上的讹误。百丈想说的显然是："只异旧时人，不异旧时行履处。"

人不一样了，因为他所做的事虽然也是其他平常人所做的事，但是他对任何事皆无滞着。禅宗的人常说：终日吃饭，未曾咬着一粒米；终日著衣，未曾挂著一缕丝（《古尊宿语录》卷三，卷十六）。就是这个意思。

可是还有另外一句常说的话："担水砍柴，无非妙道。"（《传灯录》卷八）我们可以问：如果担水砍柴，就是妙道，为什么"事父事君"就不是妙道？如果从以上分析的禅宗的教义，推出逻辑的结论，我们就不能不作肯定的回答。可是禅师们自己，没有作出这个合乎逻辑的回答。这只有留待新儒家来作了，以下四章就专讲新儒家。

第二十八章　中国哲学在现代世界

讲完了中国哲学全部的演变和发展之后，读者可能要问这样的问题：当代的中国哲学，特别是战争时期的中国哲学，是什么样子呢？中国哲学对于未来的世界的哲学，将有什么贡献呢？事实上，我经常被人询问这些问题，而且感到有点为难，因为提问的人要问某种哲学，而他对这种哲学所代表的、所反对的各种传统并不熟悉，那是很难向他解释清楚的。现在就好了，读者对于中国哲学的各种传统已经有所了解了，我打算继续讲前一章所讲的故事，来回答这些问题。

哲学家和哲学史家

这么办的时候，我想只限于我自己的故事，这完全不是因为我认为这是惟一值得一讲的故事，而是因为这是我最了解的故事，也许可以作为一种例证。我想，这样做，比只写出一连串的名字和什么"论"，不加任何充分的解释，结果毫无印象地走过场，要好得多。只说某个哲学家是什么"论者"，再不多说了，就会造成误解而不是了解。

我自己的大《中国哲学史》，下卷于1934年出版，在中日战争爆发之前三年；其上卷由布德博士译成英文于1937年10月在北平出版，战争已经开始了三个月；这部书正是我在前一章结尾提到的那种精神的表现。我在这部著作里，利用了汉学家研究古代哲学家著作的成果，同时应用逻辑分析方法弄清楚这些哲学家的观念。从历史家的观点看，应用这种方法有其限度，因为古代哲学家的观念，其原有形式，不可能像现代解释者所表述的那样清楚。哲学史的作用是告诉我们，哲学家的字句，这些人自己在过去实际上是意指什么，而不是我们现在认为应当意指什么。在《中国哲学史》中，我尽量使逻辑分析方法的应用保持在适当限度里。

可是从纯哲学家的观点看，弄清楚过去哲学家的观念，把他们的理论推到逻辑的结论，以便看出这些理论是正确还是谬误，这确实比仅仅寻出他们自己认为这些观念和理论的意思是什么，要有趣得多，重要得多。这样做就有一个从旧到新的发展过程，这个发展是上述时代精神的另一个阶段。可是这样的工作，就再也不是一个历史家的陈述性工作，而是一个哲学家的创造性工作了。我与王国维有同感，就是说，我不愿只做一个哲学史家。所以写完了我的《中国哲学史》以后，我立即准备做新的工作。但是正在这个关头，战争就于1937年夏天爆发了。

战时的哲学著作

在战前，北京大学哲学系（我在此毕业），清华大学哲学系（我在此任教），被认为是国内最强的。它们各有自己的传统和重点。北大哲学系的传统和重点是历史研究，其哲学倾向是观念论，用西方哲学的名词说是康德派、黑格尔派，用中国哲学的名词说是陆王。相反，清华哲学系的传统和重点是用逻辑分析方法研究哲学问题，其哲学倾向是实在论，用西方哲学的名词说是柏拉图派（因为新实在论哲学是柏拉图式的），用中国哲学的名词说是程朱。

北大、清华都设在北平（前名北京），战争爆发后迁往西南，在那里与第三所大学，天津的南开大学，组成西南联合大学，度过了整个战争时期。两个哲学系联合起来，阵容是罕见的、惊人的，拥有九位教授，代表着中西哲学的一切重要学派。最初，联大曾设在湖南省的长沙，我们哲学系和文、法学院其他各系设在衡山，即著名的南岳。

我们在衡山只住了大约四个月，1938年春迁往昆明，最西南的边陲。在衡山只有短短的几月，精神上却深受激励。其时，正处于我们历史上最大的民族灾难时期；其地，则是怀让磨砖作镜（见本书第二十二章），朱熹会友论学之处。我们正遭受着与晋人南渡、宋人南渡相似的命运。可是我们生活在一个神奇的环境：这么多的哲学家、著作家和学者都住在一栋楼里。遭逢世变，投止名山，荟萃斯文：如此天地人三合，使这一段生活格外地激动人心，令人神往。

在这短短的几个月，我自己和我的同事汤用彤教授、金岳霖教授，把在此以前开始写的著作写完了。汤先生的书是《中国佛教史》第一部分。金先生的书是《论道》。我的书是《新理学》。金先生和我有许多看法相同，但是我的书是程朱理学的发展，而他的书则是独立研究形上学问题的成果。后来在昆明我又写了一系列的其他的书：《新事论》，又名《中国到自由之路》；《新原人》；《新原道》，又名《中国哲学之精神》（已由牛津大学的休士先生译成英文在伦敦出版）；《新知言》（各书均由上海商务印书馆出版）。往下我试将各书要点略述一二，作为举例，以见当代中国哲学的一个趋势；这样做的时候，也许可以从侧面透露出，中国哲学对未来的哲学会有什么贡献。

哲学的推理，更精确地说，形上学的推理，其出发点是经验到某事物存在。此某事物，也许是一种感觉，一种感情，或别的什么。从"某事物存在"这句话演绎出《新理学》的全部观念或概念，它们或是程朱的，或是道家的。这些观念或概念，全部被这样地看做仅仅是"某事物存在"这句话的逻辑蕴涵。不难看出，"理"和"气"的观念是怎样从"某事物存在"演绎出来的，其他的观念也都是这样处理的。例如，"动"的观念，我不是作为宇宙形成论的观念，即宇宙的某种实际的最初的运动观念来处理的；而是作为形上学的观念，蕴涵于"存在"的观念自身之内的观念来处理的。存在是一流行，是一动。如果考虑宇宙静的方面，我们会用道家的说法：在有物之前，必先有"有"。如果考虑宇宙动的方面，我们会用儒家的说法：在物存在之前，必先有"动"，这不过是存在的流行的另一个说法。在我称为图画式的思想中，实际上就是在想像中，人们把"有"、"动"想像为"上帝"，万物之"父"。这一种想像的思想，使人有宗教和宇宙形成论，而不是哲学和形上学。

按照这样的路线进行推论，我已经在《新理学》中能够演绎出全部的中国哲学的形上学观念，把它们结合成为一个清楚而有系统的整体。这部书被人赞同地接受了，因为对它的评论都似乎感到，中国哲学的结构历来都没有陈述得这样清楚。有人认为它标志着中国哲学的复兴。中国哲学的复兴则被人当做中华民族复兴的象征。

程朱理学中，如我们在前一章看到的，是有一定的权威主义、保守主义成分，但是在《新理学》中把这些都避开了。按我的意见，形上学只能知道有"理"，而不知道每个"理"的内容。发现每个"理"的内容，那是科学的事，科学要用科学的实验的方法。"理"自身是绝对的、永恒的，但是我们所知道的"理"，作为科学的定律和理论，则是相对的，可变的。

"理"的实现，要有物质基础。各种类型的社会都是实现社会结构的各种"理"，实现每个"理"所需要的物质基础，就是一定类型的社会的经济基础。所以在历史领域，我相信经济的解释。在《新事论》中，我应用这种解释于中国的文化和历史。我也应用于本书的第二章。

我认为，王国维在哲学中的苦恼，是由于他未能认识到，每门知识各有其自己的应用范围。人们不需要相信对实际作很多肯定的任何形上学学说。它若作这样的肯定，它就是坏的形上学，也同样是坏的科学。这并不意味着，好的形上学是不可信的。这只意味着，好的形上学是明明白白的，不需要说相信它，就像不需要说相信数学一样。形上学与数学、逻辑的区别，在于后二者不需要以"某事物存在"为出发点。"某事物存在"是对实际的一个肯定，也是形上学需要作的惟一的肯定。

哲学的性质

我在《新理学》中用的方法完全是分析的方法。可是写了这部书以后，我开始认识到负的方法也重要，这在本书第二十一章已经讲了。现在，如果有人要我下哲学的定义，我就会用悖论的方式回答：哲学，特别是形上学，是一门这样的知识，在其发展中，最终成为"不知之知"。如果的确如此，就非用负的方法不可。哲学，特别是形上学，它的用处不是增加实际的知识，而是提高精神的境界。这几点虽然只是我个人意见，但是我们在前面已经看到，倒是代表了中国哲学传统的若干方面。正是这些方面，我认为有可能对未来的世界的哲学，有所贡献。往下我将就这些方面略加发挥。

哲学，和其他各门知识一样，必须以经验为出发点。但是哲学，特别是形上学，又与其他各门知识不同，不同之处在于，哲学的发展使它最终达到超越经验的"某物"。在这个"某物"中，存在着从逻辑上说不可感只可思的东西。例如，方桌可感，而"方"不可感。这不是因为我们的感官发展不完，而是因为"方"是一"理"，从逻辑上说，"理"只可思而不可感。

在这个"某物"中，也有既不可感，而且严格说来，亦不可思者。在第一章中，我说，哲学是对于人生有系统的反思的思想。由于它的反思的性质，它最终必须思想从逻辑上说不可能成为思想的对象的"某物"。例如，宇宙，由于它是一切存在的全体，从逻辑上说，不可能成为思想的对象。我们在第十九章已经知道，"天"字有时候在这种全体的意义上使用，如郭象说："天者，万物之总名也。"由于宇宙是一切存在的全体，所以一个人思及宇宙时，他是在反思地思，因为这个思和思的人也一定都包括在这个全体之内。但是当他思及这个全体，这个全体就在他的思之内而不包括这个思的本身。因为它是思的对象，所以与思相对而立。所以他思及的全体，实际上并不是一切存在的全体。可是他仍须思及全体，才能认识到全体不可思。人需要思，才能知道不可思者；正如有时候人需要声音才能知道静默。人必须思及不可思者，可是刚一要这么做，它就立即溜掉了。这正是哲学的最迷人而又最恼人的地方。

从逻辑上说不可感者，超越经验；既不可感又不可思者，超越理智。关于超越经验和理智者，人不可能说得很多。所以哲学，至少是形上学，在它的性质上，一定是简单的。否则它又变成了简直是坏的科学。它虽然只有些简单的观念，也足够完成它的任务。

人生的境界

哲学的任务是什么？我在第一章曾提出，按照中国哲学的传统，它的任务不是增加关于实际的积极的知识，而是提高人的精神境界。在这里更清楚地解释一下这个话的意思，似乎是恰当的。

我在《新原人》一书中曾说，人与其他动物的不同，在于人做某事时，他了解他在做什么，并且自觉他在做。正是这种觉解，使他正在做的对于他有了意义。他做各种事，有各种意义，各种意义合成一个整体，就构成他的人生境界。如此构成各人的人生境界，这是我的说法。不同的人可能做相同的事，但是各人的觉解程度不同，所做的事对于他们也就各有不同的意义。每个人各有自己的人生境界，与其他任何个人的都不完全相同。若是不管这些个人的差异，我们可以把各种不同的人生境界划分为四个概括的等级。从最低的说起，它们是：自然境界，功利境界，道德境界，天地境界。

一个人做事，可能只是顺着他的本能或其社会的风俗习惯。就像小孩和原始人那样，他做他所做的事，而并无觉解，或不甚觉解。这样，他所做的事，对于他就没有意义，或很少意义。他的人生境界，就是我所说的自然境界。

一个人可能意识到他自己，为自己而做各种事。这并不意味着他必然是不道德的人。他可以做些事，其后果有利于他人，其动机则是利己的。所以他所做的各种事，对于他，有功利的意义。他的人生境界，就是我所说的功利境界。

还有的人，可能了解到社会的存在，他是社会的一员。这个社会是一个整体，他是这个整体的一部分。有这种觉解，他就为社会的利益做各种事，或如儒家所说，他做事是为了"正其谊不谋其利"。他真正是有道德的人，他所做的都是符合严格的道德意义的道德行为。他所做的各种事都有道德的意义。所以他的人生境界，是我所说的道德境界。

　　最后，一个人可能了解到超乎社会整体之上，还有一个更大的整体，即宇宙。他不仅是社会的一员，同时还是宇宙的一员。他是社会组织的公民，同时还是孟子所说的"天民"。有这种觉解，他就为宇宙的利益而做各种事。他了解他所做的事的意义，自觉他正在做他所做的事。这种觉解为他构成了最高的人生境界，就是我所说的天地境界。

　　这四种人生境界之中，自然境界、功利境界的人，是人现在就是的人；道德境界、天地境界的人，是人应该成为的人。前两者是自然的产物，后两者是精神的创造。自然境界最低，其次是功利境界，然后是道德境界，最后是天地境界。它们之所以如此，是由于自然境界，几乎不需要觉解；功利境界、道德境界，需要较多的觉解；天地境界则需要最多的觉解。道德境界有道德价值，天地境界有超道德价值。

　　照中国哲学的传统，哲学的任务是帮助人达到道德境界和天地境界，特别是达到天地境界。天地境界又可以叫做哲学境界，因为只有通过哲学，获得对宇宙的某些了解，才能达到天地境界。但是道德境界，也是哲学的产物。道德行为，并不单纯是遵循道德律的行为；有道德的人也不单纯是养成某些道德习惯的人。他行动和生活，都必须觉解其中的道德原理，哲学的任务正是给予他这种觉解。

　　生活于道德境界的人是贤人，生活于天地境界的人是圣人。哲学教人以怎样成为圣人的方法。我在第一章中指出，成为圣人就是达到人作为人的最高成就。这是哲学的崇高任务。

　　在《理想国》中，柏拉图说，哲学家必须从感觉世界的"洞穴"上升到理智世界。哲学家到了理智世界，也就是到了天地境界。可是天地境界的人，其最高成就，是自己与宇宙同一，而在这个同一中，他也就超越了理智。

　　前几章已经告诉我们，中国哲学总是倾向于强调，为了成为圣人，并不需要做不同于平常的事。他不可能表演奇迹，也不需要表演奇迹。他做的都只是平常人所做的事，但是由于有高度的觉解，他所做的事对于他就有不同的意义。换句话说，他是在觉悟状态做他所做的事，别人是在无明状态做他们所做的事。禅宗有人说，觉字乃万妙之源。由觉产生的意义，构成了他的最高的人生境界。

　　所以中国的圣人是既入世而又出世的，中国的哲学也是既入世而又出世的。随着未来的科学进步，我相信，宗教及其教条和迷信，必将让位于科学；可是人的对于超越人世的渴望，必将由未来的哲学来满足。

未来的哲学很可能是既入世而又出世的。在这方面，中国哲学可能有所贡献。

形上学的方法论

在《新知言》一书中，我认为形上学有两种方法：正的方法和负的方法。正的方法的实质，是说形上学的对象是什么；负的方法的实质，则是不说它。这样做，负的方法也就启示了它的性质的某些方面，这些方面是正的描写和分析无法说出的。

前面第二章我表示赞同诺思罗普教授说的：西方哲学以他所谓"假设的概念"为出发点，中国哲学以他所谓"直觉的概念"为出发点。其结果，正的方法很自然地在西方哲学中占统治地位，负的方法很自然地在中国哲学中占统治地位。道家尤其是如此，它的起点和终点都是浑沌的全体。在《老子》、《庄子》里，并没有说"道"实际上是什么，却只说了它不是什么。但是若知道了它不是什么，也就明白了一些它是什么。

我们已经看到，佛家又加强了道家的负的方法。道家与佛家结合，产生了禅宗，禅宗的哲学我宁愿叫做静默的哲学。谁若了解和认识了静默的意义，谁就对于形上学的对象有所得。

在西方，康德可说是曾经应用过形上学的负的方法。在他的《纯粹理性批判》中，他发现了不可知者，即本体。在康德和其他西方哲学家看来，不可知就是不可知，因而就不能对于它说什么，所以最好是完全放弃形上学，只讲知识论。但是在习惯于负的方法的人们看来，正因为不可知是不可知，所以不应该对于它说什么，这是理所当然的。形上学的任务不在于，对于不可知者说些什么；而仅仅在于，对于不可知是不可知这个事实，说些什么。谁若知道了不可知是不可知，谁也就总算对于它有所知。关于这一点，康德做了许多工作。

哲学上一切伟大的形上学系统，无论它在方法论上是正的还是负的，无一不把自己戴上"神秘主义"的大帽子。负的方法在实质上是神秘主义的方法。但是甚至在柏拉图、亚力士多德、斯宾诺莎那里，正的方法是用得极好了，可是他们的系统的顶点也都有神秘性质。哲学家或在《理想国》里看出"善"的"理念"并且自身与之同一，或在《形上学》里看出"思想思想"的"上帝"并且自身与之同一，或在《伦理学》里看出自己"从永恒的观点看万物"并且享受"上帝理智的爱",在这些时候,除了静默,他们还能做什么呢?用"非一"、"非多"、"非非一"、"非非多"这样的词形容他们的状态,岂不更好吗?

由此看来,正的方法与负的方法并不是矛盾的,倒是相辅相成的。一个完全的形上学系统,应当始于正的方法,而终于负的方法。如果它不终于负的方法,它就不能达到哲学的最后顶点。但是如果它不始于正的方法,它就缺少作为哲学的实质的清晰思想。神秘主义不是清晰思想的对立面,更不在清晰思想之下。毋宁说它在清晰思想之外。它不是反对理性的;它是超越理性的。

在中国哲学史中,正的方法从未得到充分发展;事实上,对它太忽视了。因此,中国哲学历来缺乏清晰的思想,这也是中国哲学以单纯为特色的原因之一。由于缺乏清晰思想,其单纯性也就是非常素朴的。单纯性本身是值得发扬的;但是它的素朴性必须通过清晰思想的作用加以克服。清晰思想不是哲学的目的,但是它是每个哲学家需要的不可缺少的训练。它确实是中国哲学家所需要的。另一方面,在西方哲学史中从未见到充分发展的负的方法。只有两者相结合才能产生未来的哲学。

禅宗有个故事说:"俱胝和尚,凡有诘问,惟举一指。后有童子,因外人问:'和尚说何法要?'童子亦竖起一指。胝闻,遂以刃断其指,童子号哭而去。胝复召之,童子回首,胝却竖其指,童子忽然领悟。"(《曹山语录》)

不管这个故事是真是假,它暗示这样的真理:在使用负的方法之前,哲学家或学哲学的学生必须通过正的方法;在达到哲学的单纯性之前,他必须通过哲学的复杂性。

人必须先说很多话然后保持静默。

新原人（节选）
（1943 年）

自　　序

"为天地立心，为生民立命，为往圣继绝学，为万世开太平。"此哲学家所应自期许者也。况我国家民族值贞元之会，当绝续之交，通天人之际、达古今之变、明内圣外王之道者，岂可不尽所欲言，以为我国家致太平，我亿兆安心立命之用乎？虽不能至，心向往之。非曰能之，愿学焉。此《新理学》、《新事论》、《新世训》及此书所由作也。此书虽写在《新事论》、《新世训》之后，但实为继《新理学》之作，读者宜先观之。书中所征引，多有不及注出处者。盖以乱离颠沛，检查不便。亦以此书非考据之作，其引古人之言，不过以与我今日之见相印证，所谓六经注我，非我注六经也。此书属稿时，与金龙荪先生岳霖同疏散于昆明郊外龙泉镇。汤锡予先生用彤亦来。承阅全稿，并予批评指正，谨此致谢。书中各章，皆先在《思想与时代》月刊中发表。承允重印，以广流传，亦谨此致谢。书中字句，有与前所刊布不同者，以此为正。昔尝以《新理学》、《新事论》、《新世训》为贞元三书，近觉所欲言者甚多，不能以三书自限，亦不能以四书自限。世变方亟，所见日新，当随时尽所欲言，俟国家大业告成，然后汇此一时所作，总名之曰"贞元之际所著书"，以志艰危，且鸣盛世。民国三十一年 3 月，冯友兰。

第一章　觉　解

我们常听见有些人问：人生究竟有没有意义？如其有之，其意义是什么？有些人觉得这是一个很严重底问题。如果这个问题不能得到确切底答案，他们即觉得人生是不值得生底。

在未回答这个问题之先，我们须问：所谓人生的意义者，其所谓意义的意义是什么？此即是问：其所谓意义一词，究何所谓？

我们常问：某一个字或某一句话的意义是什么？此所谓意义，是说某一个字的所谓或某一句话的所说。我们不知某一个字的意义，我们可以查字典，于字典中，我们可以知某一个字的所谓。我们不知某一句话的意义，我们可以请说话底人解释，于解释中，我们可以知某一句话的所说。这是意义一词的一个意义。

所谓人生意义者，其所谓意义，显然不是意义一词的这一个意义。因为人生是一件事，不是一个字或一句话。一个字有所谓，而人生则无所谓。人生这两个字，当然亦有所谓。人生的意义是什么？这一句话当然亦有所说。不过现在我们所讨论者，并不是这两个字，亦不是这一句话。

我们亦常问：某一件事物的意义是什么？此所谓意义有时是说某一事物所有底性质，如一个人所了解者。例如我们问：此次苏德战争的意义是什么？有人说，此次苏德战争，是共产主义底国家与法西斯主义底国家间底战争，是有阶级性底。此即是说，在此派人的了解中，此次苏德战争有阶级斗争的意义。有人说，此次苏德战争，是德国人与俄国人两个民族间底战争，是只有民族性底（此所谓民族性是对阶级性而言，不是一部分人所谓民族性，如德国人的民族性，俄国人的民族性等）。此即是说，在此派人的了解中，苏德战争是只有民族斗争的意义。

所谓某一事的意义，有时是说某一事所可能达到底目的，或其可能引起底后果，如一个人所了解者。例如有人说：此次苏德战争的意义，是决定欧洲将为法西斯主义所统治，或为共产主义所统治。有人说：此次苏德战争的意义，是决定欧洲将成为一俄罗斯帝国或德意志帝国。此所谓意义，是说一事可能达到底目的，或其所可能引起底后果，如一个人所了解者。

所谓某一事物的意义，有时是说，某一事物与别事物底关系，如一个人所了解者。例如我们问：此次苏德战争，对于此次欧战有什么意义？有人说：此次欧战，本是帝国主义底国家间底战争，现在苏联加入，欧战即变质了。有人说：苏联本身，也是一帝国主义底国家，其卷入欧战，不过使欧战的范围更扩大而已。此所谓一事的意义，是说一事与别事底关系，如一个人所了解者。就意义的此意义说，一事物对于某别事物底关系愈重要者，此事物对于某别事物，即愈有意义。

我们可以说，一事物所以可能达到某种目的或可能引起某种后果，或所以与别事物有某种关系者，正因其有某性。例如上所说，苏德战争所可能达到底目的，或所可能引起底后果，及其与欧洲战争底关系，若分析之，还是要说到苏德战争，是有阶级性底，或是只有民族性底。不过虽是如此，人于说某一事物的意义时，其意所注重，可有不同，如上所说。

一事物的意义，各人所说，可以不同。其所说不同，乃因持此各种说法者，对于此事底了解不同。其对于此事底了解不同，所以此事对于他底意义亦不同。一件事的性质，是它原有底。其所可能达到底目的，或其所可能引起底后果，这些可能亦是原有底。其与别事物底关系，亦是原有底。但一件事的意义，则是对于对它有了解底人而后有底。如离开了对它有了解底人，一事即只有性质，可能等，而没有意义。我们可以说一事的意义，生于人对此事底了解。人对于一事底了解不同，此事对于他们即有不同底意义。

虽同一事物，但人对于它底了解，可有不同。如上所举，苏德战争即其一例。又譬如我们在此上课。假如一狗进来，它大概只见有如此如此底一些东西，这般这般底一串活动。严格地说，它实亦不了解什么是东西，什么是活动，不过我们姑如此说而已。又设如一未受过教育底人进来，也可看见许多桌椅，许多人，听见许多话，但不了解其是怎样一回事。又设如一受过教育底人进来，他不但看见许多桌椅人等，不但听见许多话，而且了解我们是在此上课。此一狗二人对于同一事底了解不同，所以此同一事对于他们底意义，亦即不同。其了解愈深愈多者，此事对于他底意义，亦即愈丰富。设更有一人进来，他不但了解我们是在此上课，而且了解我们在此所上底课，是何科目，并且了解此科目在学问中底地位，并且了解学问在人生中底地位，等等，如此则其对于我们在此上课一事底了解，更深更多，而此事对于他底意义亦即更丰富。

上文所谓了解，我们亦称为解。对于一事物有了解，我们亦称为对之有解。人对于一物，如了解其是怎样一个东西，对于一事，如了解其怎样一回事，则他们对于此事或物，即已有解，有解则此事物对于他们即有意义。不过说了解一物是怎样一个东西，说了解一事是怎样一回事，这了解又可有程度的不同。例如一地质学家了解一座山是哪一种岩石所构成底山，固是了解其为怎样一个东西，但一个人若只了解其是山，亦不能不算是了解其为怎样一个东西。一个人了解一个讲演是哪一种讲演，固是了解其为怎样一回事，但一个人若只了解其是一讲演，亦不能不算是了解其为怎样一回事。其了解的深浅多少不同，其所得意义亦异。深底了解，可以谓之胜解。最深底了解，可以谓之殊胜解。不过本章说了解，乃就最低程度底了解说起。

究竟怎样底了解，算是最低程度底了解？了解某物是怎样一个东西，或了解某事是怎样一回事，即是了解某事物是属于某一类者，是表现某理者。例如我们了解这座山是山，此即是了解"这座山"是属于山之类者，是表现山之理者。有最大底类，有最大底类所表现底理。对于一事物，若一人完全不了解其所属于底类，完全不了解其所表现底理，则此人对于此事物，即为完全无解。此事物对于此人，即为完全地浑沌，完全地无意义。对于一事物，若一人仅了解其是属于最大底类，表现此类的理，例如一人仅了解一事物是一事物，则此人对于此事物所有底了解，即只是最低程度底了解。

人对于理底知识，谓之概念。上所说，如用另一套话说之，我们可以说，对于事物底了解必依概念。凡依内涵最浅底概念底了解，即是最低程度底了解。如一人看见一座山而了解其是山，此是了解其是怎样一个东西，此是对于它有解。但如另一人看见一座山，而只了解其是一个物，此亦是了解其是怎样一个东西，亦是对之有解。此二人的了解，均依概念，一依山的概念，一依物的概念。但物的概念，比山的概念内涵较浅，故仅了解一山是物，比于了解一山是山者，其了解的程度较低。因此我们说：凡依内涵最浅底概念所有底了解，是最低程度底了解。

最低程度底了解，虽是最低程度底，但比之无解又是高底了。例如一个狗，看见一座山，它只感觉一如此如此，这般这般，不但不了解其是怎样一个东西，并且未必了解其是东西。又例如在空袭警报中，狗亦随人乱跑，但它不但不了解这是怎样一回事，而且未必有事的概念。狗是无了解底。其所有底经验，如亦可谓之经验，对于他只是一个浑沌。

无概念底经验，西洋哲学家谓之纯粹经验。詹姆士说：有纯粹经验者，只取其经验的"票面价值"，只觉其是如此，不知其是什么。此种经验，如亦可谓之经验，对于有此经验者，只是一个浑沌。浑沌不是了解的对象。因为被了解者，即不是浑沌。因此浑沌是不能有意义底。康德说："概念无知觉是空底，知觉无概念是盲底。"此话的后段，我们亦可以说。我们于上文即说明无概念底经验是盲底。所谓盲者，即浑沌之义。

下文第七章说到同天境界。在同天境界中底人，自同于大全。大全是不可思议底，亦不可为了解的对象。在同天境界中底人所有底经验，普通谓之神秘经验，神秘经验有似于纯粹经验。道家常以此二者相混，但实大不相同。神秘经验是不可了解底，其不可了解是超过了解；纯粹经验是无了解底，其无了解是不及了解。

我们说：康德的话的后段，我们亦可以说。为什么只是后段？因为照我们所谓概念的意义，我们不能说，概念是空底。我们所谓概念，是指人对于理底知识说。一个人可对于理有知识或无知识。如其有知识，则即有概念，其概念不是空底。如其无知识，则即无概念，亦不能说概念是空底。

但从另一方面说，一个人可有名言底知识，名言底知识可以说是空底。例如一个人向未吃过甜东西，未有甜味的知觉，但他可以听见别人说，甜味是如何如何，而对于名言中底甜字的意义有了解。此甜字的意义，本是代表甜味的概念。但人若只了解甜字的意义，而无知觉与之印证，则其所了解者，是名言的意义，而不是经验的意义。就其了解名言的意义说，名言底知识，不是空底；就其所了解底意义，不是经验的意义说，名言的知识亦可以说是空底。所谓空者，是就其无经验底内容说。例如有些人讲道德，说仁义，而实对于道德价值，并无直接底经验。他们不过人云亦云，姑如此说。他们的这些知识，都是名言底知识。这些名言底知识，照上所说底看法，对于这些人，都可以说是空底。

一名言底知识，在经验中得了印证，因此而确见此名言所代表底概念，及此概念所代表底理。因此此经验与概念联合而有了意义，此名言与经验联合而不是空底。得此种印证底人，对于此经验及名言即有一种豁然贯通底了解。此名言对于此人，本是空底，但现在是有经验底内容了；此经验对于此人，本是浑沌底，但现在知其是怎么一回事了。例如一学几何的人，不了解其中底某定理，乃于纸上画图以为例证，图既画成，忽见定理确是如此。又如一广东人，虽常见书中说风花雪月，而实未尝见雪，及到北平见雪，忽了解何以雪可与花月并列，此种忽然豁然贯通底了解，即是所谓悟。此种了解是最亲切底了解，亦可以说是真了解。用道学家的话说，此即是"体念有得"。陆桴亭说："凡体念有得处皆是悟。只是古人不唤作悟，唤作物格知至。"（《思辨录》）伊川说：
"某年廿时，解释经义与今无别。然思今日觉得意味，与少时自别。"
（《遗书》卷十八）何以能有别？正因他体念有得之故。

以下我们再举两例，以见普通所谓悟，其性质是如上所说者。杨慈
湖初见象山，问："如何是本心？"象山说："恻隐，仁之端也；羞恶，
义之端也；辞让，礼之端也；是非，智之端也。此即是本心。"慈湖又
问："简儿时已晓得，毕竟如何是本心？"凡数问，象山终不易其说，慈
湖亦未省。慈湖时正任富阳主簿，偶有鬻扇者，讼至于庭。慈湖断其曲
直讫，又问如初。象山说："适闻断扇讼，是者知其为是，非者知其为
非。此即敬仲本心。"于是"慈湖大觉，忽省此心之无始末，忽省此心
之无所不通"。"恻隐，仁之端也"等，慈湖儿时已晓得，但无经验为之
印证，则这些话对于慈湖都是名言底知识。象山以当前底经验，为之印
证，慈湖乃"大觉"，此大觉即是悟。又如阳明"居夷处困，动心忍性，
因念圣人处此，更有何道。忽悟致知格物之旨，圣人之道，吾性自足，
不暇外求"。大学格物致知之语，亦是阳明儿时已晓得者，但此晓得只
是名言底知识，必有经验以与此名言底知识相印证，阳明始能忽悟
其旨。

禅宗所用教人底方法，大概都是以一当前底经验，使学者对于某名
言底知识，得到印证；或者以一名言底知识，使学者对于当前底经验，
得到意义。此二者本是一件事的两方面，都可称为指点。指点或用简单
底言语表示，或用简单底姿态表示，此表示谓之机锋。既有一表示，然
后以一棒或一喝，使学者的注意力，忽然集中。往往以此使学者得悟。
禅宗所用教人方法的原理，大概如此。

或可问：有没有对于事物底最高程度底了解，即所谓殊胜解？

于此我们说：就理论上说，这种了解是可能有底。一事物所表现底
理，我们若皆知之，则我们对于此事物，即可谓有完全底了解。完全底
了解，即最高程度底了解也。不过最高程度底了解，理论上虽是可能有
底，而事实上是不能有底。因为一事物之为一事物，其构成底性质，是
极多底。此即是说，其所属于底类，及其所表现底理，是极多底。我们
知一事物所表现底一理，我们即可就此事物，作一我们于《新理学》中
所谓是底命题，即普通所谓真命题。我们若完全知一事物所表现底理，
我们即可就此事物，作许多是底命题。这许多是底命题，即构成我们对
于一事物底完全底了解，亦构成此事物对于我们底完全底意义。于是我

们始可以说，我们完全了解此事物是怎样一个东西，怎样一回事。但事实上这是不可能底，因此我们对于一事物底了解总是不完全底，而一事物对于我们底意义亦总是不完全底。

以上所说，有些是对于一事一物说底。此所说对于某类物，某类事，亦同样可以应用。例如我们可以离开某一山，而对于山有了解；离开上某课，而对于上课有了解。照上文所说，我们了解山时，需藉助对于某一山底经验；于了解上课时，需藉助对于上某课底经验。但于了解以后，我们可以离开某一山，而对于山有了解；离开上某课，而对于上课有了解。对于某类事物有了解，即是知某类事物的理所涵蕴底理。例如我们说："人是动物。"此命题即表示人类的理涵蕴动物的理，此命题即代表我们对于人类底了解。我们对于某类事物有了解，某类事物对于我们即有意义。我们对之了解愈深愈多者，其意义亦愈丰富。我们对于一类事物亦可有最低程度底了解，可有最高程度底了解。我们说："人是物"，此命题表示我们对人类底最低程度底了解。我们若知人类的理所涵蕴底一切底理，我们即对于人类有最高程度底了解。最高程度底了解，即是完全底了解。一类事物所涵蕴底理，可以是极多底。所以对于一类事物底完全底了解，亦是极不容易得到底。虽不容易得到，但比对于某一事物底完全底了解，又比较容易得到一点。

人生亦是一类底事，我们对于这一类底事，亦可以有了解，可以了解它是怎样一回事。我们对于它有了解，它即对于我们有意义，我们对于它底了解愈深愈多，它对于我们底意义，亦即愈丰富。

哲学或其中底任何部分，都不是讲"因为什么"底学问。或若问：因为什么有宇宙？因为什么有人生？这一类的问题，是哲学所不能答，亦不必答底。哲学所讲者，是对于宇宙人生底了解，了解它们是怎样一个东西，怎样一回事。我们对于它们有了解，它们对于我们即有意义。

宇宙人生等，即使我们对于它们不了解，或无了解，它们还是它们。宇宙之有不靠人的了解，即使宇宙间没有人，它还是有底。若使没有人，固然没有人生，但如有了人生，虽人对于它不了解，或无了解，它还是有底。

上文说，对于一事物底完全了解，事实上是不可能底。对于一类事物底完全了解，亦是极不容易得到底。因此人对于宇宙人生，亦不易有完全底了解。所以人虽都在宇宙之中，虽都有人生，但对于它们，有了解其是如此如此者，亦有了解其是这般这般者，亦有对之全不了解，或全无了解者。《易·系辞》说:"仁者见之谓之仁,智者见之谓之智,百姓日用而不知。"《中庸》说:"人莫不饮食也,鲜能知味也。"对于宇宙人生全不了解或全无了解者,即所谓日用而不知,及饮食而不知味者也。

对于一事物或一类事物底完全了解,是极不容易有底。但其最特出显著底性质,是比较易于引起我们的注意,因而易于使我们在此方面,对于某事物,或某类事物,得到了解。人生亦有其最特出显著底性质,易于使我们对其得到了解,对其有觉解。

解是了解,我们于上文已有详说。觉是自觉。人做某事,了解某事是怎样一回事,此是了,此是解;他于做某事时,自觉其是做某事,此是自觉,此是觉。若问:人是怎样一种东西?我们可以说:人是有觉解底东西,或有较高程度底觉解底东西。若问:人生是怎样一回事?我们可以说,人生是有觉解底生活,或有较高程度底觉解底生活。这是人之所以异于禽兽,人生之所以异于别底动物的生活者。

上文说:了解必依概念,自觉是否必依概念?于此我们说:了解是一种活动,自觉是一种心理状态,它只是一种心理状态,所以并不依概念。我们有活动,我们反观而知其是某种活动,知其是怎样一回事。此知虽是反观底,但亦是了解,不过其对象不是外物而是我们自己的活动而已。我们于有活动时,心是明觉底。有了解的活动时,我们的心,亦是明觉底。此明觉底心理状态,谓之自觉。

人与禽兽是同有某些活动底,不过禽兽虽有某活动而不了解某活动是怎样一回事,于有某活动时,亦不自觉其是在从事于某活动。人则有某活动,而并且了解某活动是怎样一回事,并且于有某活动时,自觉其是在从事于某活动。例如人吃,禽兽亦吃。同一吃也,但禽兽虽吃而不了解吃是怎样一回事,人则吃而并且了解吃是怎样一回事。人于吃时,自觉他是在吃。禽兽则不过见可吃者,即吃之而已。它于吃时未必自觉它是在吃。由此方面说,吃对于人是有意义底,而对于禽兽则是无意义底。

又例如一鸟筑巢,与一人筑室,在表面上看,是一类的活动。但人于筑室时,确知筑室乃所以御寒暑避风雨。此即是说,他了解筑室是怎样一回事。他于筑室时,他并且自觉他是在筑室。但一鸟筑巢,则虽筑巢而不了解筑巢是怎样一回事;于筑巢时,亦未必自觉它是在筑巢。由此方面说,筑室对于人是有意义底,筑巢对于鸟则是无意义底。

又例如一群蚂蚁，排队与另一群打架，与一国人出兵与另一国人打仗，在表面上看，是同一类底活动。但人于打仗时，了解打仗是为其国争权利，争自由，并了解打仗是拼命底事，此去或永不回来。此即是说，他了解打仗是怎样一回事；于打仗时，他并且自觉他是在打仗。蚂蚁则虽打仗而不了解打仗是怎样一回事。于打仗时，它亦未必自觉它是在打仗。由此方面说，打仗对于人是有意义底，对于蚂蚁是无意义底。

朱子《延平答问》中有一条云："问：熹昨妄谓，仁之一字，乃人之所以为人，而异乎禽兽者，先生不以为然。熹因以先生之言思之，而得其说，复求正于左右。熹窃谓：天地生万物，本乎一源。人与禽兽草木之生，莫不具有此理。其一体之中，即无丝毫欠剩；其一气之运，亦无顷刻停息：所谓人（疑当作'仁'）也。气有清浊，故禀有偏正。惟人得其正，故能知其本具此理而存之，而见其为仁；物得其偏，故虽具此理，而不自知，而无以见其为仁。然则仁之为仁，人与物不得不同；知人（疑当作'仁'）之为人（疑当作'仁'）而存之，人与物不得不异。故伊川夫子既言'理一分殊'，而龟山先生又有'知其理一，知其分殊'之说。而先生以为全在知字上著力，恐是此意也。"（《李延平集》卷二）朱子此所说，不尽与我们相合，但其注意于知，则与我们完全相同。

或又可问：有觉解诚是人生的最特出显著底性质，但人在宇宙间，对于宇宙，究竟有何重要？有许多人颇欲知，人在宇宙间有何重要。他们问：人生的意义是什么？实即是问：人在宇宙间，有何重要？

于此我们说：有觉解是人生的最特出显著底性质。因人生的有觉解，使人在宇宙间，得有特殊底地位。宇宙间有人无人，对于宇宙有很重大底干系。有人底宇宙，与无人底宇宙，是有重要底不同底。从此方面看，有觉解不仅是人生的最特出显著底性质，亦且是人生的最重要底性质。

从人的观点看，人若对于宇宙间底事物，了解愈多，则宇宙间底事物，对人即愈有意义。从宇宙的观点看，人之有觉解对于宇宙有很重大底干系，因为有人底宇宙，与无人底宇宙是有重要底不同底。

有人说：宇宙间有许多人为底事物，例如国家，机器，革命，历史等。这些事物，总而言之，即普通所谓文化。文化是人的文化，是待人而后实有者。宇宙间若没有人，宇宙间即没有文化。在这一方面，我们可以说，有人底宇宙，与没有人底宇宙，其不同是很大底。中国旧日底思想，向以天地人为三才。以为对于宇宙，天地人同是不可少底。董仲舒说："天，地，人，万物之本也。天生之，地养之，人成之。"所谓成之者，即以文化完成天地所未竟之功也。《礼运》云："人者，天地之心。"朱子语录有云："问：人者天地之心。曰：教化皆是人做。此所谓人者，天地之心也。"（《语类》卷八十七）朱子此所说，亦正上所说之意。

从此方面，我们固可以说，有人底宇宙，与没有人底宇宙的不同。但我们亦可以说，这种说法，是完全从人的观点出发。从人的观点看，有人以后，固然有人为底事物，有人的文化。但鸟巢亦是待鸟的实有，而后实有底。从它们的观点看，它们亦有它们的文化。它们岂不亦可说是"与天地参"？我们固然可以说，人的文化的范围，比它们的大得多。但以宇宙之大，这个范围大小的差别，从宇宙的观点看，是无足轻重底。由此方面说，我们不能仅因人有人的文化，而说有人底宇宙，与没有人底宇宙，有重大底不同。

人与鸟或蜂蚁的差别，不在于他们是否有文化，而在于他们的文化是否是有觉解底。人的文化，与鸟或蜂蚁的文化的不同，不专是范围大小的差别。人的文化，是心灵的创造，而鸟或蜂蚁的文化，是本能的产物，至少可以说，大部分是本能的产物。我们固然可以说，人的文化，若究其本原，亦是所以满足人的本能的需要者。不过虽是如此，人的文化，并不是人的本能所能创造底。心是有觉解底，本能是无觉解底。所以鸟或蜂蚁虽可以说是有文化，但其文化是无觉解底，至少可以说，大部分是无觉解底。人的文化，则是有觉解底。宇宙间若没有鸟或蜂蚁，不过是没有鸟或蜂蚁而已。但宇宙间若没有人，则宇宙间即没有解，没有觉，至少是没有较高程度底觉解。宗教家及有些哲学家以为于人之上还有神，其觉解较人更高。但这是不可证明底。宇宙间若没有人，则宇宙只是一个浑沌。朱子引某人诗云："天不生仲尼，万古常如夜。"此以孔子为人的代表，即所谓"人之至者"。我们可以说，天若不生人，万古常如夜。所以我们说，有人底宇宙与无人底宇宙是有重大底不同底。

宇宙间有觉解，与宇宙间有水有云，是同样不可否认底事实。不过宇宙间有水有云，不过是有水有云而已。而宇宙间有觉解，则可使其他别底事物被了解。如一室内有桌椅，有灯光。就存在方面说，灯光与桌椅的地位，是相等底。但有桌椅不过是有桌椅而已。有灯光则室内一切，皆被灯光所照。宇宙间之有觉解，亦正如是。宇宙间底事物，本是无意义底，但有了觉解，则即有意义了。所以在许多语言中，明亮等字，多引申有了解之义。如"明"字本义为明亮，引申为明白，了解。

我们于以上所说，都是就实际方面说。就实际方面说，任何事物之理，皆是"平铺在那里"，"冲漠无朕"而"万象森然"，其有固不待人之实有而有。但实际上若没有人，这些理亦是不被知底。被知与不被知，与其有固不相干，但若不被知，则亦不被了解。不被了解，则亦是在"无明"中。

人不但有觉解，而且能了解其觉解是怎样一回事，并且于觉解时，能自觉其觉解。例如我们现在讲觉解，即是了解觉解是怎样一回事；于讲觉解时，我们亦自觉我们的觉解。龟山讲知，朱子讲知，亦是觉解其觉解。这是高一层底觉解。高一层底觉解，并不是一般人皆有底，所谓"百姓日用而不知"也。一般人觉解吃饭，觉解筑室，觉解打仗，但未必觉解其觉解。

若借用佛家的名辞，我们可以说，觉解是"明"，不觉解是"无明"。宇宙间若没有人，没有觉解，则整个底宇宙，是在不觉中，是在无明中。及其间有人，有觉解，宇宙间方有"始觉"。

或可问：上文说，人对于人生愈有觉解，则人生对于他，即愈有意义。佛家对于人生底觉解并不为少，何以佛家以为人生是无意义底？

于此，我们说，上文说，一事对于一人底意义，随此人对此事底了解不同而不同。人生对于佛家的人底意义，与对于我们底意义，固有不同，但不能说，人生对于他们是无意义底。普通以为，佛家以为人生是无意义底。此所说人生是无意义底，意思是说，佛家的人，以为人生中底事，是空虚幻灭底。照我们于上文所说意义的意义，此即是人生对于他们底意义。不过佛家亦并非谓人生中所可能有底一切事，皆是空虚幻灭底。他们只说，普通人所做底事，所求达到底目的，是空虚幻灭底。至于佛家的人所做底事，如参禅打坐等，所求达到底目的，如得佛果等，则并不是空虚幻灭底。照佛家的说法，此等事，此等目的，人必须于其是人时做之，求之。若其是畜牲，则无知，不知有此等目的，不知做此等事。若其是"天"，则无苦，不愿求此等目的，不愿做此等事。所以他们常说，"人身难得"。这亦是人生对于他们底意义。果有"天"与否，我们不敢说。但就人与禽兽说，有知无知，确是其间很大底分别。佛家注重人的有知，他们亦觉解人的觉解。在这些方面，佛家与我们相同。

照佛家中底一派的说法，佛家的人，于得到他所求底目的时，或即于了解他所求底目的时，他又可见，即普通人所做底事，所求底目的，虽是虚妄幻灭，而却皆是"常住真心"的表现。由此方面看，则"举足修途，皆趋宝渚；弹指合掌，咸成佛因"；"担水砍柴，无非妙道"。以普通人所做底事，所求底目的，为虚妄幻灭者，乃是人于其了解在某阶段中所有底偏见。我们上文说，人对于一事底了解不同，则此事对于他底意义亦不同。佛家此意，正与我们相同。

从另一方面说，此见并不是偏见。佛做普通人所做底事，此事即不是虚妄幻灭底。但普通人做普通人所做底事，则此事正是虚妄幻灭底。尝与一文字学家谈。此文字学家，批评某人写一某字为白字。我说，此乃假借字，非白字。此文字学家说："我若如此写，即是假借字。他若如此写，即是白字。"此说正可为上所说作一例。此某人与此文字学家，对于此字的了解不同。所以他们虽同写一字，而此字的写法对于他们底意义不同。某人如此写此字，是由于他的无解，而此文字学家如此写此字，则是由于他的解。一个如此写是出于无明，一个如此写是出于明。

上所说佛家的此一派的意思，颇可与本章的主要底意思相发明。佛家的此一派的意思，是中国佛家的人所特别发挥，特别提倡底。不过他们虽如此提倡，而其行为，仍以出家出世为主。宋明道学家，则以为，儒家的圣贤，并不必做与普通人所做不同底事。圣贤所做，就是眼前这些事。虽是眼前的这些事，但对于圣贤，其意义即不同。学圣贤亦不必做与普通人所做不同底事。就是眼前这些事，学圣贤底人做之，即可希圣希贤，所以宋儒说："洒扫应对，可以尽性至命。"这是与上所说底意思，较为一致底说法。

"洒扫应对，可以尽性至命"，与禅家所说，"担水砍柴，无非妙道"，意思相同。对于普通人，洒扫应对，只是洒扫应对；担水砍柴，只是担水砍柴。但对于对于宇宙人生有很大了解底人，同一洒扫应对，同一担水砍柴，其意义即大不同了，此所谓"不离日用常行内，直到先天未画前"。

觉解是明，不觉解是无明，觉解是无明的破除。无明破除，不过是无明破除而已。并非于此外，另有所获得，另有所建立。佛家说，佛虽成佛，而"究竟无得"。孟子说："予，天民之先觉者也。"程子释之云："天民之先觉，譬之皆睡，他人未觉来，以我先觉，故摇撼其未觉者，亦使之觉。及其觉也，元无少欠。盖亦未尝有所增加也，通一般尔。"

（《遗书》卷二上）

第三章　境　界

人对于宇宙人生底觉解的程度，可有不同。因此，宇宙人生，对于人底意义，亦有不同。人对于宇宙人生在某种程度上所有底觉解，因此，宇宙人生对于人所有底某种不同底意义，即构成人所有底某种境界。

佛家说，每人各有其自己的世界。在表面上，似乎是诸人共有一世界；实际上，各人的世界，是各人的世界。"如众灯明，各遍似一。"一室中有众灯，各有其所发出底光。本来是多光，不过因其各遍于室中，所以似乎只有一光了。说各人各有其世界，是根据于佛家的形上学说底。但说在一公共底世界中，各人各有其境界，则不必根据于佛家的形上学。照我们的说法，就存在说，有一公共底世界。但因人对之有不同底觉解，所以此公共底世界，对于各个人亦有不同底意义，因此，在此公共底世界中，各个人各有一不同底境界。

例如有二人游一名山，其一是地质学家，他在此山中，看见些地质底构造等。其一是历史学家，他在此山中，看见些历史底遗迹等。因此，同是一山，而对于二人底意义不同。有许多事物，有些人视同瑰宝，有些人视同粪土。有些人求之不得，有些人，虽有人送他，他亦不要。这正因为这些事物，对于他们底意义不同。事物虽同是此事物，但其对于各人底意义，则可有不同。

世界是同此世界，人生是同样底人生，但其对于各个人底意义，则可有不同。我们的这种说法，是介乎上所说底佛家的说法与常识之间。佛家以为在各个人中，无公共底世界。常识则以为各个人都在一公共底世界中，其所见底世界，及其间底事物，对于各个人底意义，亦都是相同底。照我们的说法，人所见底世界及其间底事物，虽是公共底，但它们对于各个人底意义，则不必是相同底。我们可以说，就存在说，各个人所见底世界及其间底事物，是公共底；但就意义说，则随各个人的觉解的程度的不同，而世界及其间底事物，对于各人底意义，亦不相同。我们可以说："仁者见之谓之仁，智者见之谓之智。"

我们不能说，这些意义的不同，纯是由于人之知识的主观成分。一个地质学家所看见底，某山中底地质底构造，本来都在那里。一个历史学家所看见底，某山中底历史底遗迹，亦本来都在那里。因见这些遗迹，而此历史家觉有"数千年往事，涌上心头"。这些往事，亦本来都在那里。这些都与所谓主观无涉，不过人有知与不知，见与不见耳。庄子说："岂惟形骸有聋盲哉，夫知亦有之。"就其知不知，见不见说，就其知见时所有底心理状态说，上所说诸意义的不同，固亦有主观的成分。但这一点底主观的成分，是任何知识所都必然有底。所以我们不能说，上文所说意义的不同，特别是主观底。由此，我们说，我们所谓境界，固亦有主观的成分，然亦并非完全是主观底。

各人有各人的境界，严格地说，没有两个人的境界，是完全相同底。每个人都是一个体，每个人的境界，都是一个个体底境界。没有两个个体，是完全相同底，所以亦没有两个人的境界，是完全相同底。但我们可以忽其小异，而取其大同。就大同方面看，人所可能有底境界，可以分为四种：自然境界，功利境界，道德境界，天地境界。此四种境界，以下各有专章详论，本章先略述其特征，以资比较。

自然境界的特征是：在此种境界中底人，其行为是顺才或顺习底。此所谓顺才，其意义即是普通所谓率性。我们于上章说，我们称逻辑上底性为性，称生物学上底性为才。普通所谓率性之性，正是说，人的生物学上底性。所以我们不说率性，而说顺才。所谓顺习之习，可以是一个人的个人习惯，亦可以是一社会的习俗。在此境界中底人，顺才而行，"行乎其所不得不行，止乎其所不得不止"；亦或顺习而行，"照例行事"。无论其是顺才而行或顺习而行，他对于其所行底事的性质，并没有清楚底了解。此即是说，他所行底事，对于他没有清楚底意义。就此方面说，他的境界，似乎是一个浑沌。但他亦非对于任何事都无了解，亦非任何事对于他都没有清楚底意义。所以他的境界，亦只似乎是一个浑沌。例如古诗写古代人民的生活云："凿井而饮，耕田而食，不识不知，顺帝之则。""日出而作，日入而息，不识天工，安知帝力？"此数句诗，很能写出在自然境界中底人的心理状态。"帝之则"可以是天然界的法则，亦可以是社会中人的各种行为的法则。这些法则，这些人都遵奉之，但其遵奉都是顺才或顺习底。他不但不了解此诸法则，且亦不觉有此诸法则。因其不觉解，所以说是不识不知。但他并非对于任何事皆无觉解。他凿井耕田，他了解凿井耕田是怎样一回事。于凿井耕田时，他亦自觉他是在凿井耕田。这就是他所以是人而高于别底动物之处。

严格地说，在此种境界中底人，不可以说是不识不知，只可以说是不著不察。孟子说："行之而不著焉，习矣而不察焉，终身由之，而不知其道者众也。"朱子说："著者知之明，察者识之精。"不著不察，正是所谓没有清楚底了解。

有此种境界底人，并不限于在所谓原始社会中底人。即在现在最工业化底社会中，有此种境界底人，亦是很多底。他固然不是"日出而作，日入而息"，"凿井而饮，耕用而食"，但他却亦是"不识不知，顺帝之则"。有此种境界底人，亦不限于只能做价值甚低底事底人。在学问艺术方面，能创作底人，在道德事功方面，能做"惊天地，泣鬼神"底事底人，往往亦是"行乎其所不得不行，止乎其所不得不止"，"莫知其然而然"。此等人的境界，亦是自然境界。

功利境界的特征是：在此种境界中底人，其行为是"为利"底。所谓"为利"，是为他自己的利。凡动物的行为，都是为他自己的利底。不过大多数底动物的行为，虽是为他自己的利底，但都是出于本能的冲动，不是出于心灵的计划。在自然境界中底人，虽亦有为自己的利底行为，但他对于"自己"及"利"，并无清楚底觉解，他不自觉他有如此底行为，亦不了解他何以有如此底行为。在功利境界中底人，对于"自己"及"利"，有清楚底觉解。他了解他的行为，是怎样一回事。他自觉他有如此底行为。他的行为，或是求增加他自己的财产，或是求发展他自己的事业，或是求增进他自己的荣誉。他于有此种种行为时，他了解这种行为是怎样一回事，并且自觉他是有此种行为。

在此种境界中底人，其行为虽可有万不同，但其最后底目的，总是为他自己的利。他不一定是如杨朱者流，只消极地为我，他可以积极奋斗，他甚至可牺牲他自己，但其最后底目的，还是为他自己的利。他的行为，事实上亦可是与他人有利，且可有大利底。如秦皇汉武所做底事业，有许多可以说是功在天下，利在万世。但他们所以做这些事业，是为他们自己的利底。所以他们虽都是盖世英雄，但其境界是功利境界。

道德境界的特征是：在此种境界中底人，其行为是"行义"底。义与利是相反亦是相成底。求自己的利底行为，是为利底行为；求社会的利底行为，是行义底行为。在此种境界中底人，对于人之性已有觉解。他了解人之性是涵蕴有社会底。社会的制度及其间道德底政治底规律，就一方面看，大概都是对于个人加以制裁底。在功利境界中底人，大都以为社会与个人，是对立底。对于个人，社会是所谓"必要底恶"。人明知其是压迫个人底，但为保持其自己的生存，又不能不需要之。在道德境界中底人，知人必于所谓"全"中，始能依其性发展。社会与个人，并不是对立底。离开社会而独立存在底个人，是有些哲学家的虚构悬想。人不但须在社会中，始能存在，并且须在社会中，始得完全。社会是一个全，个人是全的一部分。部分离开了全，即不成其为部分。社会的制度及其间底道德底政治底规律，并不是压迫个人底。这些都是人之所以为人之理中，应有之义。人必在社会的制度及政治底道德底规律中，始能使其所得于人之所以为人者，得到发展。

在功利境界中，人的行为，都是以"占有"为目的。在道德境界中，人的行为，都是以"贡献"为目的。用旧日的话说，在功利境界中，人的行为的目的是"取"；在道德境界中，人的行为的目的是"与"。在功利境界中，人即于"与"时，其目的亦是在"取"；在道德境界中，人即于"取"时，其目的亦是在"与"。

天地境界的特征是：在此种境界中底人，其行为是"事天"底。在此种境界中底人，了解于社会的全之外，还有宇宙的全，人必于知有宇宙的全时，始能使其所得于人之所以为人者尽量发展，始能尽性。在此种境界中底人，有完全底高一层底觉解。此即是说，他已完全知性，因其已知天。他已知天，所以他知人不但是社会的全的一部分，而并且是宇宙的全的一部分。不但对于社会，人应有贡献；即对于宇宙，人亦应有贡献。人不但应在社会中，堂堂地做一个人；亦应于宇宙间，堂堂地做一个人。人的行为，不仅与社会有干系，而且与宇宙有干系。他觉解人虽只有七尺之躯，但可以"与天地参"；虽上寿不过百年，而可以"与天地比寿，与日月齐光"。

用庄子等道家的话，此所谓道德境界，应称为仁义境界；此所谓天地境界，应称为道德境界。道家鄙视仁义，其所谓仁义，并不是专指仁及义，而是指我们现在所谓道德。在后来中国言语中，仁义二字联用，其意义亦是如此。如说某人不仁不义，某人大仁大义，实即是说，某人的品格或行事，是不道德底；某人的品格或行事，是道德底。道家鄙视仁义，因其自高一层底境界看，专以仁义自限，所谓"蹩躠为仁，踶跂为义"者，其仁义本来不及道家所谓道德。所以老子说："失道而后德，失德而后仁，失仁而后义。"但有道家所谓道德底人，亦并不是不仁不义，不过不专以仁义自限而已。不以仁自限底人所有底仁，即道家所谓大仁。

我们所谓天地境界，用道家的话，应称为道德境界。《庄子·山木》篇说："乘道德而浮游"，"浮游乎万物之祖，物物而不物于物"，此是"道德之乡"。此所谓道德之乡，正是我们所谓天地境界。不过道德二字联用，其现在底意义，已与道家所谓道德不同。为避免混乱，所以我们用道德一词的现在底意义，以称我们所谓道德境界。

境界有高低。此所谓高低的分别，是以到某种境界所需要底人的觉解的多少为标准。其需要觉解多者，其境界高；其需要觉解少者，其境界低。自然境界，需要最少底觉解，所以自然境界是最低底境界。功利境界，高于自然境界，而低于道德境界。道德境界，高于功利境界，而低于天地境界。天地境界，需要最多底觉解，所以天地境界，是最高底境界。至此种境界，人的觉解已发展至最高底程度。至此种程度人已尽其性。在此种境界中底人，谓之圣人。圣人是最完全底人，所以邵康节说："圣人，人之至者也。"

在自然境界及功利境界中底人，对于人之所以为人者，并无觉解。此即是说，他们不知性，无高一层底觉解。所以这两种境界，是在梦觉关的梦的一边底境界。在道德境界及天地境界中底人，知性知天，有高一层底觉解，所以这两种境界，是在梦觉关的觉的一边底境界。

因境界有高低，所以不同底境界，在宇宙间有不同底地位。有不同境界底人，在宇宙间亦有不同底地位。道学家所说地位，如圣人地位，贤人地位等，都是指此种地位说。在天地境界中底人，其地位是圣人地位；在道德境界中底人，其地位是贤人地位。孟子说：有天爵，有人爵。人在政治上或社会上底地位是人爵。因其所有底境界，而在宇宙间所有底地位是天爵。孟子说："君子所性，虽大行弗加焉，虽穷居弗损焉，分定故也。"此是说：天爵不受人爵的影响。

一个人，因其所处底境界不同，其举止态度，表现于外者，亦不同。此不同底表现，即道学家所谓气象，如说圣人气象，贤人气象等。一个人其所处底境界不同，其心理底状态亦不同。此不同底心理状态，即普通所谓怀抱，胸襟或胸怀。

人所实际享受底一部分底世界有小大。其境界高者，其所实际享受底一部分底世界大；其境界低者，其所实际享受底一部分底世界小。公共世界，无限地大，其间底事物，亦是无量无边地多。但一个人所能实际享受底，是他所能感觉或了解底一部分底世界。就感觉方面说，人所能享受底一部分底世界，虽有大小不同，但其差别是很有限底。一个人周游环球，一个人不出乡曲。一个人饱经世变，一个人平居无事。他们的见闻有多寡的不同，但其差别是很有限底。此譬如一个"食前方丈"底人，与一个仅足一饱底人，所吃固有多寡的不同，但其差别，亦是很有限底。但就觉解方面说，各人所能享受底世界，其大小的不同，可以是很大底。有些人所能享受底一部分底世界，就是他所能感觉底一部分底世界。这些人所能享受底一部分底世界，可以说是很小底。因为一个人所能感觉底一部分底世界，无论如何，总是很有限底。有些人所能享受底，可以不限于实际底世界。这并不是说，一个人可将世界上所有底美味一口吃完，或将世界上所有底美景一眼看尽。而是说，他的觉解，可以使他超过实际底世界。他的觉解使他超过实际底世界，则他所能享受底，即不限于实际底世界。庄子所说："乘云气，御飞龙，而游乎四海之外。""乘天地之正，御六气之辩，以游无穷。"似乎都是用一种诗底言语，以形容在天地境界中底人所能有底享受。

或可问：上文说，在高底境界中底人，其所享受底一部分底世界大。在低底境界中底人，其所享受底一部分底世界小。这种说法，对于在自然境界中底人及在天地境界中底人，是不错底。在自然境界中底人，只能享受其所感觉底事物；在天地境界中底人所能享受底，则不限于实际底世界。他们所能享受底境界，一个是极小，一个是极大。但道德境界，虽高于功利境界，而在功利境界中底人所能享受底一部分底世界，是否必小于在道德境界中底人所能享受底，似乎是一问题。例如一个天文学家，对于宇宙，有很大底知识。但其研究天文，完全是由于求他自己的名利。如此，则他的境界，仍只是功利境界。虽只是功利境界，但他对于宇宙底知识，比普通行道德底事底人的知识，是大得多了。由此方面看，岂不亦可说，在功利境界中底人所能享受底世界，比道德境界中底人所能享受者大？

于此我们说，普通行道德底事底人，其境界不一定即是道德境界。他行道德底事，可以是由于天资或习惯。如其是如此，则其境界即是自然境界。他行道德底事，亦可以是由于希望得到名利恭敬。如其是如此，则他的境界，即是功利境界。必须对于道德真有了解底人，根据其了解以行道德，其境界方是道德境界。这种了解，必须是尽心知性底人，始能有底。我们不可因为三家村的愚夫愚妇，亦能行道德底事，遂以为道德境界，是不需要很大底觉解，即可以得到底。愚夫愚妇，虽可以行道德底事，但其境界，则不必是道德境界。

天文学家及物理学家虽亦常说宇宙，但其所谓宇宙，是物质底宇宙，并不是哲学中所谓宇宙。物质底宇宙，虽亦是非常地大，但仍不过是哲学中所谓宇宙的微乎其微底一部分。物质底宇宙，并不是宇宙的大全。所以对于物质底宇宙有了解者，不必即知宇宙的大全，不必即知天。在道德境界中底人，已尽心知性，对于人之所以为人，而异于别底动物者，已有充分底了解。知性，则其所知者，即已不限于实际底世界。所以其所享受底一部分底世界，大于在功利境界中底人所享受底。

境界有久暂。此即是说，一个人的境界，可有变化。上章说，人有道心，亦有人心人欲。"人心惟危，道心惟微。"一个人的觉解，虽有时已到某种程度，因此，他亦可有某种境界。但因人欲的牵扯，他虽有时有此种境界，而不能常住于此种境界。一个人的觉解，使其到某种境界时，本来还需要另一种工夫，以维持此种境界，以使其常住于此种境界。伊川说："涵养须用敬，进学在致知。"致知即增进其觉解，用敬即用一种工夫，以维持此增进底觉解所使人得到底境界。关于此点，我们于以下另有专章说明。今只说，平常人大多没有此种工夫，故往往有时有一种较高底境界，而有时又无此种境界。所以一个人的境界，常有变化。其境界常不变者，只有圣贤与下愚。圣贤对于宇宙人生有很多底觉解，又用一种工夫，使因此而得底境界，常得维持。所以其境界不变。下愚对于宇宙人生，永只有很少底觉解。所以其境界亦不变。孔子说，"回也三月不违仁，其余日月至焉而已。"此即是说，至少在三个月之内，颜回的境界，是不变底。其余人的境界，则是常变底。

上所说底四种境界，就其高低的层次看，可以说是表示一种发展，一种海格尔所谓辩证底发展。就觉解的多少说，自然境界，需要觉解最少。在此种境界中底人，不著不察，亦可说是不识不知，其境界似乎是一个浑沌。功利境界需要较多底觉解。道德境界，需要更多底觉解。天地境界，需要最多底觉解。然天地境界，又有似乎浑沌。因为在天地境界中底人，最后自同于大全。我们于上文尝说大全。但严格地说，大全是不可说底，亦是不可思议，不可了解底（详见第七章）。所以自同于大全者，其觉解是如佛家所谓"无分别智"。因其"无分别"，所以其境界又似乎是浑沌。不过此种浑沌，并不是不及了解，而是超过了解。超过了解，不是不了解，而是大了解。我们可以套老子的一句话说："大了解若不了解。"

再就有我无我说，在自然境界中，人不知有我。他行道德底事，固是由于习惯或冲动。即其为我底行为，亦是出于习惯或冲动。在功利境界中，人有我。在此种境界中，人的一切行为，皆是为我。他为他自己争权夺利，固是为我，即行道德底事，亦是为我。他行道德底事，不是以其为道德而行之，而是以其为求名求利的工具而行之。在道德境界中，人无我，其行道德，固是因其为道德而行之，即似乎是争权夺利底事，他亦是为道德底目的而行之。在天地境界中，人亦无我。不过此无我应称之为大无我。《论语》谓："子绝四，毋意，毋必，毋固，毋我。"横渠云："四者有一焉，则与天地不相似。"象山说："虽欲自异于天地，不得也。此乃某平日得力。""与天地相似"，不得"自异于天地"，可以作大无我的注脚。道学家常用"人欲尽处，天理流行"八字，以说此境界。人欲即人心之有私的成分者，有为我的成分者。

有私是所谓"有我"的一义。上所说无"我"，是就此义说。所谓"有我"的另一义是"有主宰"。"我"是一个行动的主宰，亦是实现价值底行动的主宰。尽心尽性，皆须"我"为。"宇宙内事，乃己分内事。"由此方面看，则在道德境界及天地境界中底人，不惟不是"无我"，而且是真正地"有我"。在自然境界中，人不知有"我"。在功利境界中，人知有"我"。知有"我"可以说是"我之自觉"。"我之自觉"并不是一件很容易底事。有许多小孩子，别人称他为娃娃，亦自称为娃娃。他知道说娃娃，但不知道于说娃娃时，他应当说"我"。在功利境界中，人有"我之自觉"，其行为是比较有主宰底。但其作主宰底"我"，未必是依照人之性者。所以其作主宰底"我"，未必是"真我"。在道德境界中底人知性，知性则"见真吾"。"见真吾"则可以发展"真我"。在天地境界中底人知天，知天则知"真我"在宇宙间底地位，则可以充分发展"真我"。上文所说，人在道德境界及天地境界中所无之我，并不是人的"真我"。人的"真我"，必在道德境界中乃能发展，必在天地境界中，乃能完全发展。上文说，上所说底四种境界，就其高低的层次看，可以说是表示一种发展。此种发展，即是"我"的发展。"我"自天地间之一物，发展至"与天地参"。

所以在道德境界中及天地境界中底人，才可以说是真正地有我。不过这种"有我"，正是上所说底"无我"的成就。人必先"无我"而后可"有我"，必先无"假我"，而后可有"真我"。我们可以说，在道德境界中底人，"无我"而"有我"。在天地境界中底人，"大无我"而"有大我"。我们可以套老子的一句话说："夫惟无我耶，故能成其我。"

在上所说的发展中，自然境界及功利境界是海格尔所谓自然的产物。道德境界及天地境界是海格尔所谓精神的创造。自然的产物是人不必努力，而即可以得到底。精神的创造，则必待人之努力，而后可以有之。就一般人说，人于其是婴儿时，其境界是自然境界。及至成人时，其境界是功利境界。这两种境界，是人所不必努力，而自然得到底。此后若不有一种努力，则他终身即在功利境界中。若有一种努力，"反身而诚"，则可进至道德境界及天地境界。

此四种境界中，以功利境界与自然境界中间底分别，及其与道德境界中间底分别，最易看出。道德境界与天地境界中间底分别，及自然境界与道德境界及天地境界中间底分别，则不甚容易看出。因为不知有我，有时似乎是无我或大无我。无我有时亦似乎是大无我。自然境界与天地境界，又都似乎是浑沌。道德境界与天地境界中间底分别，道家看得很清楚。但天地境界与自然境界中间底分别，他们往往看不清楚。自然境界与道德境界中间底分别，儒家看得比较清楚。但道德境界与天地境界中间底分别，他们往往看不清楚。

但此各种境界，确是有底，其间底分别，我们若看清楚以后，亦是很显然底。例如《庄子·逍遥游》说："若夫乘天地之正，御六气之变，以游无穷者，彼且恶乎待哉？故曰：至人无己，神人无功，圣人无名。"此无己是大无我，到此种地位底人，其境界是天地境界。《庄子·应帝王》说："泰氏其卧徐徐，其觉于于。一以己为马，一以己为牛。""于于"，司马彪说是"无所知貌"。此种人亦可说是无己底，但其无己是不知有己。在此种境界中底人，其境界是自然境界。此两种境界是绝不相同底。但其不同，道家似未充分注意及之。又例如张横渠铭其室之两牖，东曰砭愚，西曰订顽，即所谓东铭西铭也。此二铭，在横渠心目中，或似有同等底地位，然西铭所说，是在天地境界中底人的话。此于本书第七章所论可见。东铭说戏言戏动之无益，其所说至高亦不过是在道德境界中底人的话。又如杨椒山就义时所做二诗，其一曰："浩气返太虚，丹心照千古。平生未了事，留与后人补。"其二曰："天王自圣明，制作高千古，平生未报恩，留作忠魂补。"此二诗，在椒山心目中，或亦似有同等地位。但第一首乃就人与宇宙底关系立言，其所说乃在天地境界中底人的话。第二首乃就君臣的关系立言，其所说乃在道德境界中底人的话。又如张巡颜杲卿死于王事，其行为本是道德行为，其人所有底境界，大概亦是道德境界。但如文天祥《正气歌》所说："为张睢阳齿，为颜常山舌"，则此等行为的意义又不同。此等行为，本是道德行为，但《正气歌》以之与"天地有正气"连接起来，则是从天地境界的观点，以看这些道德行为。如此看，则这些行为，又不止是道德行为了。这些分别，以前儒家的人，似未看清楚。

或可问：凡物皆本在宇宙中，皆本是宇宙的一部分。本来如是。凡物皆"虽欲自异于天地不得也"，何以象山独于此"得力"？何以只有圣人的境界，才是天地境界？

于此我们说：人不仅本在宇宙之内，本是宇宙的一部分，人亦本在社会之内，本是社会的一部分，皆本来如是，不过人未必觉解之耳。觉解之则可有如上说底道德境界天地境界。不觉解之则虽有此种事实而无此种境界。孟子说："终身由之而不知其道者众也。"（《尽心上》）此道是人人所皆多少遵行者，虽多少遵行之，而不觉解之，则为众人；觉解之而又能完全遵行之，则为圣人。所以圣人并非能于一般人所行底道之外，另有所谓道。若舍此另求，正可以说是"骑驴觅驴"。

所以虽在天地境界中底人，其所做底事，亦是一般人日常所做底事。伊川说："后人便将性命别作一般事说了。性命孝悌，只是一统底事。就孝悌中，便可尽性至命。至于洒扫应对，与尽性至命，亦是一统底事。无有本末，无有精粗。""然今时非无孝悌之人，而不能尽性至命者，由之而不知也。"（《遗书》卷十八）由之而不知，则一切皆在无明中，所以为凡；知之则一切皆在明中，所以可为圣。圣人有最高底觉解，而其所行之事，则即是日常底事。此所谓"极高明而道中庸"。

所以上文所说底各种境界，并不是于日常行事外，独立存在者。在不同境界中底人，可以做相同底事，虽做相同底事，但相同底事，对于他们底意义，则可以大不相同。此诸不相同底意义，即构成他们的不相同底境界。所以上文说境界，都是就行为说。在行为中，人所做底事，可以就是日常底事。离开日常底事，而做另一种与众不同底事，如参禅打坐等，欲另求一种境界，以为玩弄者，则必分所谓"内外""动静"。他们以日常底事为外，以一种境界为内，以做日常底事为动，以玩弄一种境界为静。他们不能超过此种分别，遂重内而轻外，贵静而贱动，他们的生活，因此即有一种矛盾。此点我们于下文第五章第七章中另有详论。

或问：所谓日常底事，各人所做，可不相同，例如一军人的日常底事是上操或打仗，一个学生的日常底事是上课或读书。上文所说日常底事，果指何种事？

于此我们说：所谓日常底事，就是各色各样底日常底事。一个人是社会上底某种人，即做某种人日常所做底事。用战时常用底话说，各人都站在他自己的"岗位"上，做其所应做底事。任何"岗位"上底事，对于觉解不同底人，都有不同底意义。因此，任何日常底事，都与"尽性至命"是"一统底事"。做任何日常底事，都可以"尽性至命"。

或又问：人专做日常底事，岂非不能有新奇底事，有创作，有发现？

于此我们说，所谓做日常底事者，是说，人各站在他自己的"岗位"上做其所应做底事。并不是说，他于做此等事时，只应牢守成规，不可有新奇底创作。无论他的境界是何种境界，他都应该在自己的"岗位"上，竭其智能，以做他应做底事。既竭其智能，则如果他们的智能，能使他有新奇底创作，又如果他的境界是天地境界，则他的新奇创作，亦与"尽性至命"是"一统底事"。

这一点我们特别提出，因为宋明道学家说到"人伦日用"，似乎真是说，只是一般人所同样做底事，如"事父事君"等。至于其余不是一般人所同样做的事，如艺术创作等，他们以为均是"玩物丧志"，似乎不能是与"尽性至命""一统底事"。这亦是道学家所见的不彻底处。洒扫应对，可以尽性至命，做诗写字，何不可以尽性至命？照我们上文所说，人于有高一层底觉解时，真是"举足修途，都趋宝渚；弹指合掌，咸成佛因"。无觉解则空谈尽性至命，亦是玩物丧志；有觉解则做诗写字，亦可尽性至命。

宋明人的语录中，有许多讨论，亦是不必要底。例如他们讨论人于用居敬存诚等工夫外，名物制度，是不是亦要讲求。这一类底问题，是不成问题底。如果一个人研究历史，当然他须研究名物制度。如果一个人研究工程，当然他须研究"修桥补路"的方法。他们如要居敬存诚，应该就在这些研究工作中，居敬存诚。道学家的末流，似乎以为如要居敬存诚，即不能做这些事。他们又蹈佛家之弊，所以有颜李一派的反动。

我们于《新理学》中说，凡物的存在，都是一动。动息其物即归无有。人必须行动。人的境界，即在人的行动中。这是本来如此底。上文说："极高明而道中庸。"中庸并不是平凡庸俗。对于本来如此底有充分底了解，是"极高明"；不求离开本来如此底而"索隐行怪"，即是"道中庸"。

第七章　天　地

人对于宇宙有进一步底觉解时，他又知他不但是社会的分子，而又是宇宙的分子。从一方面看，此进一步底觉解可以说是"究竟无得"，因为人本来都是宇宙的分子，并且不能不是宇宙的分子。不但人是如此，凡物都是如此。说人本来是社会的分子，或者尚有人持异议。但说人本来都是宇宙的分子，则没有人能持异议。所以从此方面看，此进一步底觉解可以说是"究竟无得"。但从又一方面看，此进一步底觉解，又不是"究竟无得"。因为人虽本来都是宇宙的分子，但他完全觉解其是宇宙的分子，却又是极不容易底。人都是宇宙的分子，但却非个个人都完全觉解其是宇宙的分子。

人对于宇宙人生有进一步底觉解时，他可知宇宙间底事物，虽都是个体底，暂时底，但都多少依照永恒底理。某种事物，必多少依照某理，始可为某种事物；必完全依照某理，始可为完全底某种事物。某理涵蕴有某种规律。依照某理者，必依照某种规律。涵蕴某理者，必涵蕴某种规律。在无量底理中，有人之所以为人之理，其中涵蕴有人所多少必需遵守底规律。人的生活必需多少是规律底。在自然境界中底人，其生活虽亦必多少是规律底，但并不自觉其是规律底，对于人生中底规律，他亦无了解。在功利境界中底人，以为人生中底规律（包括道德底规律），都是人所随意规定，以为人的生活的方便者。人生中底规律（包括道德底规律），都可以说是人生的工具。在道德境界中底人，对于人生中底规律，尤其是道德底规律，有较深底了解。他了解这些规律，并不是人生的工具，为人所随意规定者，而是都在人的"性分"以内底。遵守这些规律，即所以"尽性"。在天地境界中底人有更进一步底了解，他又了解这些规律，不仅是在人的"性分"以内，而且是在"天理"之中。遵守这些规律，不仅是人道而且亦是天道。

从一方面看，此进一步底觉解，亦可说是"究竟无得"。因为宇宙间底事物，如其存在，本来都多少依照其理，遵循其理所涵蕴底规律。完全如此底事物，固然是绝无仅有，但完全不如此底事物，则简直是绝对没有。人的生活，亦都多少是有规律底，都多少遵循道德底规律。完全如此底人，固然亦是很少，但完全不如此底人，亦简直是绝对没有。

从此方面看，此进一步的觉解，是"究竟无得"。但从又一方面看，此进一步底觉解，又不是"究竟无得"。因人的生活虽本来都是如此，但他完全觉解其是如此，又是极不容易底。人虽都多少遵循人生中底规律，但却非个个人都自觉其是如此，亦非个个人对于这些规律，都有完全底了解。

人有进一步底觉解时，他又知他的生活，以及实际事物的变化，又都是道体中所有底程序。道体是万变之总名，是我们于《新理学》中所谓"无头无尾底大事"。此事所依照底理，是整个底太极；所依据底气，是整个底无极（无极无所谓整个，不过姑如此说）。旧说理是体，实现理之实际事物是用。道体即是所谓大用流行，亦称大化流行。从此方面看，每一事物的变化，都是大用流行或大化流行中底一程序，亦是道体中底一程序。此进一步底觉解亦可说是究竟无得，亦可说不是究竟无得，如上所说。

人有此等进一步底觉解，则可从大全，理及道体的观点，以看事物。从此等新的观点以看事物，正如斯宾诺莎所谓从永恒的形式的观点，以看事物。人能从此种新的观点以看事物，则一切事物对于他皆有一种新底意义。此种新意义，使人有一种新境界，此种新境界，即我们所谓天地境界。

我们于以上，都是就完全底觉解说。我们说，完全的觉解，是不容易有底。而不完全底觉解，则是比较容易有底。即平常人对于他与宇宙底关系，亦非全无觉解。这些不完全底觉解，表现为人的宗教底思想。宗教底思想的历史是很古底。人所信仰底宗教，虽随时随地不同，但多数底宗教都以为有一种超人的力量或主宰，以为其所崇拜底对象。此对象即是所谓神或上帝。超人的力量或主宰的观念，是人对于宇宙只有模糊底、混乱底知识时，所有底观念。多数底宗教都以为，人生中底规律，尤其是道德底规律，都不是人所随意规定，而是神所规定底。人遵循道德底规律，不仅是社会底事，而且是宗教底事。多数底宗教，又都以为有所谓天国或天堂，在其中，一切事物，都是完全底。天国或天堂，是人对于理世界只有模糊底、混乱底知识时，所有底观念。多数底宗教又都有所谓创世之说，以为神或上帝创造实际底世界。实际底世界是不完全底。但其不完全并非由于神或上帝的技术不高或能力不够，而是在一切可能底世界中，这个实际底世界，是最好底世界。创世的观念，是人对于道体只有模糊底、混乱底知识时，所有底观念。

常人的思想，大概都是图画式底。严格地说，他们是只能想而不能思。他们仿佛觉到，人以外或人以上，社会以外或社会以上，还有点什么，但对于这个什么，他们不能有清楚底、正确底知识。用图画式底思想，去想这个什么，他们即想它为神为帝，为天国，为天堂。在他们图画式底思想中，他们所想象底神帝等所有底性质，大部分是从人所有底性质，类推而来。例如人有知识，许多宗教以为上帝亦有知识，不过其知是全知；人有能力，许多宗教以为上帝亦有能力，不过其能是全能；人有意志，许多宗教以为上帝亦有意志，不过其意志是全善。他们所想象底天堂的情形，亦是从我们的这个世界的情形类推而来。这个世界及其中事物，都是具体底。天堂及其中事物，亦都是具体底。不过这个世界及其中事物，都是不完全底。而天堂及其中事物，则都是完全底。在这个世界中，有苦有乐。在天堂中，则只有乐，天堂是所谓极乐世界。他们所想象底创世的程序，亦是从实际世界中工人制造物品的程序，类推而来。神或上帝，如一工人，实际底世界，如其所制造底制造品。诸如此类，总而言之，所谓上帝者，不过是人的人格的无限底放大。所谓天堂者，不过是这个世界的理想化。这都是人以人的观点，用图画式底思想，以想象那个"什么"，所得底结果。

这种宗教底思想，其最高处，亦能使人有一种境界，近乎是此所谓天地境界。例如一人办一医院，他的目的，若是要想使他自己得名得利，他的行为，即是求利底行为。他的境界，即是功利境界。他的目的，若是为社会服务，他的行为即是行义底行为，他的境界，即是道德境界。若有些宗教家，办医院，"行善事"，不为求自己名利，亦不是专为社会服务，而是为神或上帝服务，为对于神或上帝底尽职。若他的目的真是如此，而又纯是如此，则他的行为，即是宗教底行为，他的境界，即近乎此所谓天地境界。我们说他的目的必需真是如此，而又纯是如此，因为有些人为神或上帝服务，其目的是想以此为手段，以求得神或上帝的恩惠。若其目的是如此，则他的行为，又只是求利底行为；他的境界，又只是功利境界。

人由宗教所得底境界，只是近乎此所谓天地境界。严格地说，其境界还是道德境界。因为在图画式底思想中，人所想象底神或上帝，是有人格底。上帝以下，还有许多别底有人格底神，共成一社会。例如耶教以上帝为父，耶稣为子，又有许多别底有人格底神，如约翰保罗等，共成一社会。一个耶稣教的信徒，在图画式底思想中，想象有如此底社会，又想象其自己亦是此社会的一分子，而为其服务。在如此底想象中，其行为仍是道德行为，其境界仍是道德境界。不过其所服务底社会，不是实际底社会，而是其想象中底社会而已。

宗教使人信，哲学使人知。上所说宇宙或大全之理及理世界，以及道体等观念，都是哲学底观念。人有这些哲学底观念，他即可以知天。知天然后可以事天，乐天，最后至于同天。此所谓天者，即宇宙或大全之义。

孟子说，有所谓"天民""天职""天位""天爵"等。知天底人，觉解他不仅是社会的一分子，而且是宇宙的一分子。所以知天底人，可以谓之天民。当然任何人都是宇宙的一分子，不过一般人虽是如此而不自觉。所以他们在宇宙间，正如一个社会中的奴隶，而不是其中底自由底人民。只有知天底人，对于他与宇宙底关系，及其对于宇宙底责任，有充分底觉解。所以只有知天底人，才可以称为天民。天民所应做底，即是天职。他与宇宙间事物底关系，可以谓之天伦。一个人所有底境界，决定他在宇宙间底地位，如道学家所谓贤人地位，圣人地位等。这种地位，即是天爵。孟子说："有天爵者，有人爵者。仁义忠信，乐善不倦，此天爵也。公卿大夫，此人爵也。"人在宇宙间底地位，谓之天爵，其在社会间底地位，谓之人爵。人的天爵，不随人的人爵为转移。他有何种境界，即有何种地位，有何种地位，即有何种天爵。孟子说："君子所性，虽大行弗加焉，虽穷居弗损焉，分定故也。"不过人爵虽是人爵，但在天地境界中底人居之，则人爵亦是天位。大行是天位，穷居亦是天位。

天民在社会中居一某位，此位对于他亦即是天位。他于社会中，居一某伦，此伦对于他亦即是天伦。他于居某位某伦时所应做底事，亦即是一般人于居某位某伦时所应做底事。不过他的作为，对于他都有事天的意义。所以一般人做其在社会中所应做底事，至多只是尽人职，尽人伦。而天民做其在社会中所应做底事，虽同是那些事，虽亦是尽人职，尽人伦，而却又是尽天职，尽天伦。

尽人职尽人伦底事，是道德底事。但天民行之，这种事对于他又有超道德底意义。张横渠的《西铭》，即说明此点。《西铭》云："乾称父，坤称母。余兹藐焉，乃浑然中处。故天地之塞，吾其体；天地之帅，吾其性。民，吾同胞；物，吾与也。……尊高年，所以长其长，慈孤弱，所以幼其幼。圣，其合德；贤，其秀也。……违曰悖德，害仁曰贼。……其践形，惟肖者也。知化则善述其事，穷神则善继其志。……富贵福泽，将厚吾之生也；贫贱忧戚，庸玉汝于成也。存，吾顺事；没，吾宁也。"这篇文章，后人都很推崇。明道说："《西铭》某得此意。只是须得他子厚有此笔力。他人无缘做得。孟子以后，未有人及此。得此文字，省多少言语。"（《遗书》卷二上）不过此篇的好处，究在何处，前人未有确切底说明。照我们的看法，此篇的真正底好处，在其从事天的观点，以看道德底事。如此看，则道德底事，又有一种超道德底意义。由此方面说，就儒家说，这篇确是孟子以后底第一篇文章。因为孟子以后，汉唐儒家底人，未有讲到天地境界底。

无论什么事物，都是宇宙的一部分。人能从宇宙的观点看，则其对于任何事物底改善，对于任何事物底救济，都是对于宇宙底尽职。对于任何事物底了解，都是对于宇宙底了解。从此观点看，此各种的行为，都是事天底行为。《西铭》所说乾坤的观念，不必与我们所说宇宙的观念相合。其说"乾称父，坤称母"，亦未完全超过图画式底思想。但其从事天的观点，以看道德底行为，因此与道德底行为，以超道德底意义，则与我们于此段所说底意思相合。

"尊高年，慈孤弱"，本只是道德底事。但高年孤弱不仅是社会的高年孤弱，而且是宇宙的高年孤弱。由此观点看，则尊高年，慈孤弱，又不只是道德底事。一个人将其所有底能力，充分发展，谓之践形。此可以是求利底事，亦可以是行义底事。如他充分发展他的能力，以求得到个人的温饱舒适，则此事即是求利底事。如他充分发展他的能力，以求能为社会服务，则此事即是行义底事。但他所有底能力，亦是宇宙的能力。他充分发展他的能力，亦即是充分发展宇宙的能力。他若能由此观点看，则其充分发展他的能力，又不只是道德底事。穷神知化，本是知识方面底事，而善述其事，善继其志，则又成为事天底事。事天亦可以说是赞化。赞是赞助，化是大化。大化流行以太极为目标。极有二义：一是标准之义，一是目标之义。一理是一类事物所依照底标准，亦是一类事物所向以进行底目标。总括众理，谓之太极，它是实际世界所依照底标准，亦是实际世界所向以进行底目标。它是实际世界的理，亦即是理世界。就其为形上底，与形下底世界相对说，则谓之理世界。就其为形下底世界的标准及目标说，则谓之太极。大化流行，以太极为目标，事天者赞化，亦以太极为目标。他可说是："可以赞天地之化育。可以赞天地之化育，则可以与天地参矣。"在第二章中，我们说，人可以

"与天地参"，但必在天地境界中底人，才真正可以说是"与天地参"。在道德境界中底人，尽伦尽职，是所以穷人之理，尽人之性。在天地境界中底人事天赞化，则是所以穷世界之理，尽世界之性。尽伦尽职所求实现者，是人的目标，可以说是人的好。事天赞化所求实现者，是世界的目标，可以说是天的好。神是宇宙的神，化是宇宙的化。宇宙虽有神化，而尚未被了解。故穷神知化，为能继宇宙未竟之功。人能从此观点看，则穷神知化，又不只是知识方面底事。上所说底这些事，如是都成为事天底事。

能知天者，不但他所行底事对于他另有新意义，即他所见底事物，对于他亦另有意义。如《论语》说："子在川上，曰：'逝者如斯夫，不舍昼夜。'"宋儒以为孔子于水之流行，见道体之流行。《中庸》引诗："鸢飞戾天，鱼跃于渊。"宋儒以为于此可见，"化育流行，上下昭著，莫非此理之用"。此说虽未必即《论语》、《中庸》之本意，但水之流行，以及鸢飞鱼跃，对于知天者，都可另有意义，这是可以说底。

事物的此种意义，诗人亦有言及者。王羲之《兰亭》诗云："仰观碧天际，俯瞰绿水滨。寥阒无涯观，寓目理自陈。大矣造化工，万化莫不均。群籁虽参差，适我无非新。"陶渊明《饮酒》诗云："结庐在人境，而无车马喧。问君何能尔，心远地自偏。采菊东篱下，悠然见南山。山气日夕佳，飞鸟相与还。此中有真意，欲辨（或作辩）已忘言。"碧天之际，绿水之滨，以及南山飞鸟，即是一般人所常见者。虽即是一般人所常见者，但对于别有所见底诗人，则另有一种意义。故曰："此中有真意，欲辨已忘言。"对于一般人说，此种意义是新底。任何事物，如有此种意义，则亦是新底。故曰："群籁虽参差，适我无非新。"

程明道谓观鸡雏可以观仁，又喜养鱼。张横渠曰："明道窗前有茂草覆砌，或劝之芟，曰：'不可。欲常见造物生意。'又置盆池，畜小鱼数尾，时时观之。或问其故，曰：'观万物自得意。'草之与鱼，人所共见。惟明道见草则知生意，见鱼则知自得意。此岂流俗之见，可同日而语？"明道从另一观点以观事物，所以事物对于他另有意义。此其所以不同于流俗之见也。

于事物中见此等意义者，有一种乐。有此种乐，谓之乐天。《论语》曾晳言志一段，朱子注云："曾点之学，盖有以见夫人欲尽处，天理流行，随处充满，无少欠缺。故其动静之从容如此。而其言志，则又不过即其所居之位，乐其日用之常，初无舍己为人之意。而其胸次悠然，直与天地万物，上下同流，各得其所之妙，隐然自见于言外。视三子（子路，冉有，公西华）之规规于事为之末者，其气象不侔矣。故夫子叹息而深许之。"乐天者之乐，正是此种乐。明道说："周茂叔每令寻孔颜乐处，所乐何事。"又说："自再见周茂叔后，吟风弄月而归，有'吾与点也'之意。"此等"吟风弄月"之乐，正是所谓孔颜乐处。

朱子又云："是他（曾点）见得圣人气象如此。虽超乎事物之外，而实不离乎事物之中。"上所说三子者，固亦在事物之中，其所以为"规规于事为之末者"，《朱子集注》于此引程子云："子路只为不达为国以礼道理，是以哂之。若达，却便是这气象也。""为国以礼"，是一种治国的方法，亦可以说是一种道德底事。若就其本身看，则亦只是一种治国的方法，一种道德底事而已。但若知其理，则又见其又不只是一种治国的方法，一种道德底事，而又是所谓天理的例证。知其为天理的例证，则此等事即有新意义。从此等新意义看，此等事即不只是事为之末。

凡人所做底事，以及所见底事物，若专就其本身看，皆可以说是"事为之末"。知天事天底人，所做底事，以及所见底事物，仍都是一般人所做底事，所见底事物。但这些事，这些事物，对于他都另有意义。因其另有意义，所以对于他，都不只是"事为之末"。《中庸》说："君子之道费而隐。"事物是末，是费。事物所依照之理是本，是隐。在天地境界中底人，即至末见至本，即至费见至隐。所以鸢飞鱼跃，"莫非此理之用"；周茂叔"绿满窗前草不除"，程明道养鱼观鸡雏，皆有圣人气象。此所谓"虽超乎事物之外，而实不离乎事物之中"。

在天地境界中底人的最高底造诣是，不但觉解其是大全的一部分，而并且自同于大全。如庄子说："天地者，万物之所一也。得其所一而同焉，则死生终始，将如昼夜，而莫之能滑，而况得丧祸福之所介乎？"得其所一而同焉，即自同于大全也。一个人自同于大全，则"我"与"非我"的分别，对于他即不存在。道家说："与物冥。"冥者，冥"我"与万物间底分别也。儒家说："万物皆备于我。"大全是万物之全体，"我"自同于大全，故"万物皆备于我"。此等境界，我们谓之为同天。此等境界，是在功利境界中底人的事功所不能达，在道德境界中底人的尽伦尽职所不能得底。得到此等境界者，不但是与天地参，而且是与天地一。得到此等境界，是天地境界中底人的最高底造诣。亦可说，人惟得到此境界，方是真得到天地境界。知天事天乐天等，不过是得到此等境界的一种预备。

于上文，我们说：事天底人赞化，以太极为目标。同天底人，则不但以太极为目标而赞化，而且他已有了太极。天是大全，是万有之总名。所以太极亦在天中。所以同天者亦有整个底太极。在《新理学》中，我们说，我们不以朱子的"人人有一太极"之说为然。但在同天境界中底人，却真可以说是"人人有一太极"。太极在所有底在同天境界中底人的心中，真可以说是如"月印万川"。

或可问：人是宇宙的分子。即对于宇宙人生有觉解者，亦不过觉解其是宇宙的分子。宇宙的分子，是宇宙的一部分。部分如何能同于全体？

于此我们说：人的肉体，七尺之躯，诚只是宇宙的一部分。人的心，虽亦是宇宙的一部分，但其思之所及，则不限于宇宙的一部分。人的心能作理智底总括，能将所有底有，总括思之。如此思即有宇宙或大全的观念。由如此思而知有大全。既知有大全，又知大全不可思（说详下）。知有大全，则似乎如在大全之外，只见大全，而不见其中底部分。知大全不可思，则知其自己亦在大全中。知其自己亦在大全中，而又只见大全，不见其中底部分，则可自觉其自同于大全。自同于大全，不是物质上底一种变化，而是精神上底一种境界。所以自同于大全者，其肉体虽只是大全的一部分，其心虽亦只是大全的一部分，但在精神上他可自同于大全。

同天境界，儒家称之为仁。盖觉解"万物皆备于我"，则对于万物，即有一种痛痒相关底情感。程明道说："学者须先识仁。仁者浑然与物同体，义礼智信皆仁也。""此道与物无对，大不足以明之。天地之用，皆我之用。孟子言万物皆备于我。须反身而诚，乃得大乐。若反身未诚，则犹是二物有对，以己合彼，终未有之，又安得乐？"在普通人的经验中，人与己，内与外，我与万物，是相对待底。此所谓"二物有对"。如"二物有对"，则无论如何"以己合彼"，其间总有隔阂，所以"终未有之"。但仁者"浑然与物同体"，他与万物，无此等隔阂。在仁者的境界中，人与己，内与外，我与万物，不复是相对待底。在这种境界中，仁者所见是一个"道"，"此道与物无对，大不足以名之"。与物无对者，即是所谓绝对。

同天的境界，儒家亦称之为诚。《中庸》说："诚者，天之道也。诚之者，人之道也。"又说：诚是"合内外之道"。天是绝对，既是绝对，即无与之相对者。天当然是同天，所以诚是天之道。人与物间，则有内外人己之界限。有此等界限，而欲取消此等界限，未诚而欲求诚，即所谓"诚之者"。"诚之者"是人之道。所谓人之道者，言其是文化的产物，精神的创造也。

在同天境界中底人，是有知而又是无知底，同天的境界，是最深底觉解所得。但同天的境界，却是不可了解底。佛家的最高境界，是证真如的境界。照佛家的说法，真如是非有相，非无相，非非有相，非非无相，是不可思议底。真如是不可思议底，所以证真如的境界亦是不可思议底。所谓"言语路绝，心行道断"。道家的最高境界，是"得道"的境界。"无思无虑始得道。"得道的境界，亦是不可思议底。"证真如"的境界以及"得道"的境界，都是所谓同天的境界。同天的境界，是不可思议底。但人之得之必由于最深底觉解。人必有最深底觉解，然后可有最高底境界。

同天的境界，本是所谓神秘主义底。佛家所谓真如，道家所谓道，照他们的说法，固是不可思议底。即照我们的说法，我们所谓大全，亦是不可思议底。大全无所不包，真正是"与物无对"。但思议中底大全，则是思议的对象，不包此思议，而是与此思议相对底。所以思议中底大全，与大全必不相符。此即是说，对于大全底思议，必是错误底思议。所以对于大全，一涉思议，即成错误。《庄子·齐物论》说："既已为一矣，且得有言乎？既已谓之一矣，且得无言乎？一与言为二。"郭象注说："一既一矣，言又二之。"此所谓一者，是总一切而为一。一既总一切，则言说中之一，因其不能总此言说，所以即不是总一切之一。总一切之一，是不可言说底。此意与我们以上所说相同。

大全是不可思议底。同于大全的境界，亦是不可思议底。佛家的证真如的境界，道家的得道的境界，照他们的说法，是不可思议底。儒家的最高境界，虽他们未明说，亦是不可思议底。他们说："浑然与物同体"，"与物无对"，"合内外之道"，则在此种境界中底人，必不可对于"物"有思议。如其有之，则即是"与物有对"，"以己合彼，终未有之"。有思议必有思议的对象。思议的对象即是外，有外则非"合内外之道"矣。旁观底人，如思议此种境界，其所思议底此种境界，必不是此种境界。

不可思议底亦是不可了解底。所谓不可了解者，并不是说其是浑沌混乱，而是说其是不可为了解的对象。例如大全，是不可思议底，亦是不可了解底。一个了解中的大全，不包此了解。所以此了解中底大全，并不是大全。大全是不可了解底。

但不可思议者，仍须以思议得之；不可了解者，仍须以了解了解之。以思议得之，然后知其是不可思议底；以了解了解之，然后知其是不可了解底。不可思议底，亦是不可言说底。然欲告人，亦必用言语言说之。不过言说以后，须又说其是不可言说底。有许多哲学底著作，皆是对于不可思议者底思议，对于不可言说者底言说。学者必须经过思议，然后可至不可思议底；经过了解，然后可至不可了解底。不可思议底，不可了解底，是思议了解的最高得获。哲学的神秘主义是思议了解的最后底成就，不是与思议了解对立底。

由思议了解所得者，得之者有自觉，不由思议了解所得者，得之者无自觉。所以天地境界，与自然境界，确乎不同。同天的境界，虽是不可思议了解底，在其中底人，虽不可对于其境界有思议了解，然此种境界是思议了解之所得。所以在天地境界中底人，自觉其是在天地境界中，但在自然境界中底人，必不自觉其是在自然境界中。如其自觉，其境界即不是自然境界。在天地境界中底人，自觉其是在天地境界中。就此方面说，他是有知底。在同天的境界底人不思议大全，而自同于大全。就此方面说，在此种境界中底人，是无知底。

道家于此点，见不甚清，所以常将天地境界与自然境界相混，常将在自然境界中底人所有底原始底浑沌，与在天地境界中底人的浑然与物同体，混为一谈。佛家于此点，则所见甚清。佛家说涅槃有四德，即"常，乐，我，净"。在涅槃中底人有乐。此即表示其人有自觉。在涅槃中底人，不但自觉在涅槃中，而且自觉其享受在涅槃中之乐。在天地境界中底人，亦必有自觉。他不但自觉在天地境界中，而且自觉其享受在天地境界中底乐。孟子亦说："万物皆备于我矣，反身而诚，乐莫大焉。"

在天地境界中底人是无"我"底，而又是有"我"底，于第三章中，我们说：所谓"我"有"有私"及"主宰"二义。在天地境界中底人，自同于大全。"体与物冥"。"我"与"非我"的分别，对于他已不存在。就所谓"我"的"有私"之义说，他是无"我"底。但身同于大全者，可以说是"体与物冥"，亦可说是"万物皆备于'我'"。由此方面说，自同于大全，并不是"我"的完全消灭，而是"我"的无限扩大。在此无限扩大中，"我"即是大全的主宰。孟子说浩然之气云："其为气也，至大至刚，以直养而无害，则塞于天地之间。"有浩然之气者的境界，是同天的境界。"塞于天地之间"，是就有此种境界者的"我"的无限扩大说。"至大至刚"是就有此种境界者的"我"是大全的主宰说。横渠《西铭》说："天地之塞吾其体，天地之帅吾其性。"亦是就此二方面说。横渠又说：圣人"为天地立心，为生民立命"，此是专就有此种境界者的"我"是大全的主宰说。我们于上文说，宗教以上帝为宇宙的主宰。在天地境界中底人则自觉他的"我"即是宇宙的主宰。如说是宇宙的主宰者即是上帝，则他的"我"即是上帝。

孟子说："浩然之气，至大至刚"，是说在天地境界中底人的有主宰。"居天下之广居"，"富贵不能淫"等，是说在道德境界中底人的有主宰。"居天下之广居，立天下之正位，行天下之大道"，不能说是不大。"富贵不能淫，贫贱不能移，威武不能屈"，不能说是不刚。不过这只是在道德境界中底人的大与刚，不是至大至刚。《易·系辞》说："圣人与天地合其德，与日月合其明，与四时合其序，与鬼神合其吉凶。"孟子说："上下与天地同流。"庄子说："游心于无穷。""与天地精神往来。""上与造物者游，而下与外死生无终始者为友。""乘天地之正，御六气之辩，以游无穷。"这是在天地境界中底人的大。《易·系辞》说："先天而天弗违。"《中庸》说："建诸天地而不悖。质诸鬼神而无疑。"庄子说："大泽焚而不能热，河汉冱而不能寒，疾雷破山飘风振海而不能惊。"这是在天地境界中底人的刚。他的大与刚，与只在人与人底社会关系中有大与刚者不同。所以朱子论孟子所说浩然之气，亦说："富贵贫贱威武，不能移屈之类，皆低，不足以语此。"（《语类》卷五十二）何以皆低，朱子未明言。但就上文所说，则其是皆低，可以概见。所以在天地境界中底人，总是至大至刚底。就所谓"我"的主宰之义说，至大至刚底人，是有"我"底。

道家常说："至人无己"，"圣人无我"，而亦常说圣人有"我"。如郭象说："夫神全形具，而体与物冥者，虽涉万变，而未始非我。"佛家所说涅槃四德："常，乐，我，净"，常，乐，净，对生死中底无常，苦，染。这是很易了解底。但涅槃是由"二无我"所得到者，应有"无我"一德，以对生死中底"我"。何以涅槃四德中，无"无我"而反有"我"？盖佛在证真如底境界中，自同于真如。自同于真如，真如就是他的"法身"。就其是他的"身"说，他是有"我"底。

在天地境界中底人，是"物物而不物于物"底。在第五章中，我们说：英雄才人的为人行事，如奇花异草，鸷鸟猛兽，是可玩赏，可赞美底。其可玩赏可赞美，是如其为自然中之一物。圣人在其最高底境界中，从宇宙的观点，以看事物。他自同于大全。所以就其肉体方面说，他虽亦是自然中底一物；但就其觉解说，他已超过自然，笼罩自然，不是自然中底一物。庄子说："浮游于道德之乡"底人，"物物而不物于物"。"物物而不物于物"者，言其可以别物为物，而别物则不能以其为物。明道亦说："事有善有恶。""盖物之不齐，物之情也。但当察之，不可自入于恶，流于一物。"

在天地境界中底人，是有为而无为底。程明道说："天地无心而成化，圣人有心而无为。"又说："君子之学，莫若廓然而大公，物来而顺应。"（《定性书》）朱子说："廓然大公，只是顺他道理应之。"在天地境界中底人，正是"廓然大公，物来顺应"。事物之来，他亦应之，这是有为。他应之是顺应，这是无为。朱子说："至于圣人，则顺理而已，复何为哉？"（《语类》卷一）

在天地境界中底人，能顺理应事。此所谓理，是关于伦职底理；此所谓事，是关于尽伦尽职底事。顺关于伦职底理，为尽伦或尽职，或为尽某伦，或尽某职，应该做些什么事，是不难知道底。阳明说：人人都有良知，良知见善即知其为善，见恶即知其为恶。这是"不学而知，不虑而能"底。我们的说法，虽不必与阳明同，但人应该做些什么事，以尽某伦，或尽某职，并不很难知道，这似乎是不成问题底。知道人应该做些什么事以尽某伦或尽某职，则即一直做去，不再有别的计较，此即是道学家所谓顺应，所谓无为。

或可问：在同天境界中底人，对于大全不可有思议，则如何可有为而应付事物？应付事物，至少对之必有思议。

于此我们说，在同天境界中底人，应付事物，其所应付底事物，只是某事物。应付某事物，至少对于某事物，必有思议。但对于某事物有思议，不必对于一切事物有思议。不必对于一切事物有思议，则与某事物外之一切事物，仍是浑然同体。仍是浑然同体，其境界仍是同天的境界。所以在同天境界中底人，虽浑然与物同体，而亦能有为而应付事物。

为尽某伦或尽某职，应该做些什么事，即平常人亦很容易知之。他们虽知之而不能行之。这是因为他们是"自私"底。就所谓"我"的"自私"之义说，他们是有"我"底。明道《定性书》又说："人之患莫过于自私而用智。"人有时虽明知某事应该做,但因受"自私"的牵扯,而不能做之。他有时虽明知某事不应该做,但因受"自私"的牵扯而不能不做之。人于此等时,往往要找许多理由以为自己解释。这找许多理由就叫"用智"。为自己解释,若向别人说,即是欺人。若向自己说,即是自欺。在天地境界中底人,既自同于大全,当然是无私底。既无私,所以亦不用智,"事物之来,只顺他道理应之"。

知尽某伦或尽某职,应该做些什么事,即一直做去,不计较对于其自己所可能有底利害,不用智自欺,在道德境界中底人亦是如此。不过在道德境界中底人,于不计较对于其自己底利害,以有道德行为时,他须作一种特别有意底选择,须有一种努力。我们于上章说,在道德境界中底人,"富贵不能淫,贫贱不能移,威武不能屈"。他并不是不知富贵是可欲底,贫贱是可厌底,威武是可畏底。他并不是不知利可以使他自己快乐,害可以使他自己苦痛。他明知其是如此,而他的行为,却"只是成就一个是",既不为其能使他自己得利而如此,亦不因其能使他自己受害而不如此。生亦所欲,义亦所欲,如二者不可得兼,则舍生而取义。这种取舍之间,有一种特别有意底选择,有一种努力。但在天地境界中底人,行道德底事,则无须乎此。于上文,我们说,在天地境界中底人,至大至刚。他有最深的觉解,以"游心于无穷"。从"无穷"的观点以看事物,则"人间世"中底利害,都是渺小无足道。在他的眼界中,"死生无变于己,而况利害之端乎"。利害不足以介其意,并不是由于他是冥顽不灵,而是由于他的觉解深,眼界大。对于有这一种境界底人,真是如庄子所说,"无庄失其美,据梁失其力,黄帝亡其知"。他固然亦是"富贵不能淫,贫贱不能移,威武不能屈",但他如此并不是出于一种特别有意底选择,亦不需要一种努力。

在这一点,在天地境界中底人,又有似于在自然境界中底人。在自然境界中底人,亦可以不待努力而自然不慕富贵,不畏威武。不过他不慕富贵,不畏威武,可以是由于他的头脑简单,如所谓"初生之犊不畏虎"者。在天地境界中底人不慕富贵,不畏威武,则是由于他的觉解深,眼界大。程明道说:"泰山为高矣。然泰山之上亦不属泰山。虽尧舜事业,亦只如太虚中一点浮云过目。"对于有这种眼界底人,富贵威武,自然亦如草芥浮云,至人"疾雷破山飘风振海而不能惊",此不惊与"初生之犊不畏虎"之不畏不同。"初生之犊不畏虎",是由于它不知虎之可畏;至人之不惊,是由于他能"死生无变于己,而况利害之端乎"。

在天地境界中底人的道德行为，不是由一种特别有意底选择，所以行之亦不待努力。《论语》："如有所立卓尔。"程子说这是"大段著力不得"。朱子云："所以著力不得，象圣人不勉而中，不思而得了。贤者若著力，要不勉不思，便是思勉了，此所以说，大段著力不得，今日勉之，明日勉之，勉而至于不勉。今日思之，明日思之，思而至于不思。正如写字一般。会写底固是会，初写底须学他写。今日写，明日写，自生而至熟，自然写得。"圣人是在天地境界中底人，其道德行为不是出于特别有意底选择，此所谓不思而得；亦不待努力，此所谓不勉而中。说圣人不勉而中，不思而得，这是不错底。但如所谓贤人是指在道德境界中底人，则说贤人与圣人的不同，在于生熟的不同，则是大错底。贤人思而后得，勉而后中。圣人不思而得，不勉而中。这是由于他们的觉解的深浅不同，而不是由于他们的练习的生熟不同。出于习惯底行为，可有练习的生熟不同。但在道德境界及天地境界中底人的道德行为，都不是出于习惯。出于习惯底行为，只可以是合乎道德底行为。有此等行为者的境界，亦只是自然境界。

在天地境界中底人，有最深底觉解，有最大底眼界，所以不以利害介意，但他却又非不知一般人都是求利避害底。他求"万物各得其所"，所以他虽不以利害为利害，而却亦为一般人兴利除害。譬如，对于一个小孩子，一块糖是一个很大底引诱，于不应该吃一块糖时，他需做一种特别有意底选择，需要一种努力，然后他才能不吃。但成人于不应吃一块糖时，真可以弃如敝屣，并不需作一种特别有意底选择，并不需要一种努力。但他仍非不知，一块糖可以使一个小孩子有很大底快乐。所以他能吃一块糖与否，对于他虽是无关重轻，但他知如与他自己的小孩一块糖，其行为可以是慈。他如亦与别人的小孩一块糖，"幼吾幼以及人之幼"，其行为可以是义，可以是仁。如他的行为是行义行仁，他的行为是道德行为，他的境界是道德境界。如"幼吾幼以及人之幼"对于他底意义，是如《西铭》所说："慈孤弱所以幼其幼"，则他的道德行为，又有超道德底意义，又是赞化，他的境界是天地境界。

以上所说底意思，如用另一套话说之，我们可以说：在道德境界中底人，其高一部分底"我"，须常统制其低一部分底"我"。所谓"道心为主，而人心每听命焉"。人心虽常听命，但道心于其统制，仍需一种努力。所谓"天人交战"或"理欲交战"，亦是在道德境界中底人所常经验底，不过交战的结果，总是"理"胜"欲"屈而已。在天地境界中底人，其低一部分底"我"，不待其高一部分底"我"的统制，而自尔无力。他可以说是"从心所欲不逾矩"。在自然境界中底人，有自发底合乎道德底行为者，其低一部分底"我"，亦是自尔无力。但他能如此是自然的礼物；而在天地境界中底人能如此，则是精神的创造。

若就有"我"无"我"说，我们可以说，就所谓"我"的"有私"之义说，在自然境界中底人不知有"我"，在功利境界中底人有"我"，在道德境界中底人无"我"，在天地境界中底人亦无"我"。不过在道德境界中底人的无"我"是需要努力底，而在天地境界中底人的无"我"，是不需要努力底。就所谓"我"的"主宰"之义说，在自然境界中底人无"我"，在功利境界中底人有"我"，在道德境界中底人真正地有"我"，在天地境界中底人，亦真正地有"我"。不过在道德境界中底人的"真我"，是他自己的主宰，而在天地境界中底人的"真我"，不仅是他自己的主宰，而且又是全宇宙的主宰。

在天地境界中底人，并不需要做些与众不同底事。他可以只做照他在社会中所有底伦职所应做底事。他为父，他即做为父者所应做底事。他为子，他即做为子者所应做底事。他做公务员，他即做为公务员者所应做底事。他做军官，他即做为军官者所应做底事。这些事还是这些事，不过因为他对于宇宙人生，有深底觉解，所以这些事对于他都有一种意义，为对于在别底境界中底人所无者，此所谓"即其所居之位，乐其日用之常"。这一点是道学家与所谓"二氏"底基本不同之处。

道家与佛家都有所谓方内方外之分。用道家的话说，方外之人"与造物者为人，而游乎天地之一气。彼以生为附赘悬疣，以死为决疣溃痈"，"茫然彷徨乎尘垢之外，逍遥乎无为之业"，这种人谓之畸人。"畸人者，畸于人而侔于天"。故曰："天之小人，人之君子。人之君子，天之小人也。"（《庄子·大宗师》）此以人伦日用底事为方内底事。畸人可以是在天地境界中底人，但他的行事，必畸于人而后可侔于天。

一部分道家，亦有以为圣人不必是在方外者。上所引《庄子·大宗师》文，郭象注云："夫理有至极，外内相冥。未有极游外之致，而不冥于内者也。未有能冥于内而不游于外者也。故圣人常游外以冥内，无心以顺有。故虽终日见形，而神气无变。俯仰万机，而淡然自若。"圣人虽"与群物并行"，而仍"遗物而离人"；虽"体化而应务"，仍"坐忘而自得"。郭象此说，比以为圣人必须在方外者，固已圆通，但仍以为有方内方外之分，不过以为圣人可在方内，而不为所累。

道家的人，总以为有方内方外之分。晋人多受道家的影响，故多以为，自然与名教，是对立底；玄远与俗务，是不能并存底。《世说新语·简傲》篇云："王子猷（徽之）作桓车骑（冲）骑兵参军。桓问曰：'卿何署？'曰：'不知何署，时见牵马来，似是马曹。'桓又问：'官有几马？'曰：'不问马，何由知其数？'又问：'马比死多少？'曰：'未知生，焉知死？'"又云："王子猷作桓车骑参军。桓谓王曰：'卿在府久，比当相料理。'初不答，直高视，以手版拄颊云：'西山朝来，致有爽气。'"晋人往往自矜玄远，不屑俗务。这是道家以为有方内方外之分的流弊。

方内方外之分，佛家尤重视之。佛家的人的最高境界，亦是此所谓同天的境界。但佛家以为，人必须做些与众不同底事，然后可至此种境界。在此种境界中底人，所做底事，亦与众不同。佛家的人，必须出家入山，打坐参禅。其所重视底方外，比道家所谓方外者尤外。其去人伦日用，比道家尤远。

又有所谓动静的对立。在方外玩弄一种境界是静，在方内做社会中底事是动。道家的人，心斋坐忘。佛教的人，参禅入定。他们都注重于方外底人的静。但人必须在社会中始能生活。这些人虽生活而却不做社会中底事，这就是一种矛盾。例如一个在深山穷谷中修行底和尚自耕自食，自谓与世绝缘。但其实并未绝缘。有山可入，有田可耕，这亦是在社会底组织下而始能如此底。若无社会组织，则虽有山而亦无可入，有田而亦无可耕，虽欲生活，而亦不能一日生活。不过这些和尚，以社会中底事为外，以不做这些事为静。不做这些事，而却要倚靠别人做这些事。这就是他们的生活中底一种矛盾。伊川说："释氏有出家出世之说。家本不可出，却为他不父其父，不母其母，自逃去可也。至于世，则怎生出得？既道出世，除是不戴皇天，不履后土始得。既道出世，然却又渴饮而饥食，戴天而履地。"（《遗书》卷十八）道学家对于佛家底批评，如此类者甚多，大都是不错底。

道学家批评"二氏"，以为他们是"智者过之"，"失之于过高"，此批评是不错底。明道云："《订顽》（《西铭》）一篇，意极完备，乃仁之体也。学者其体此意，常有诸己，其地位已高。到此地位，自别有见处，不可穷高极远，恐于事无补也。""二氏"所以是"失之过高"者，因为他们都要离开人伦日用，做些与众不同底事，以求一最高境界而有之。他们的说法，是很微妙，但不是很平易。

古代儒家中，只有孟子及《易·系辞》的作者说到人的天地境界。但其所说，远不及道家及后来底佛家所说底多而详。不过道家与佛家，都有上所说底一种矛盾。晋唐以来底思想家，都注重于解决这种矛盾。上所引郭象之说，以及僧肇所说"寂而恒照，照而恒寂"，神宗所说"担水砍柴，无非妙道"，虽都很圆通，但总尚有一间未达。担水砍柴，尚无非妙道，何以事父事君，反不能是妙道？此一转语，便转到道学家。明道说："居处恭，执事敬，与人忠，此是彻上彻下语，圣人元无二语。"由此观点看，以天地境界中底人，即至末见至本。道德底事，对于他亦有超道德底意义。以仁义自限者，其境界固低于大地境界，但在天地境界中底人所做底事，亦可以只是在道德境界中底人所做底事。由此观点看，则所谓方内方外的对立亦已不存。对于圣人，方内之事，即是方外之事。洒扫应对，即可以尽性至命。

内外的对立，既已化除，动静的对立，亦即消灭。周濂溪说："圣人定之以中正仁义而主静，立人极焉。"有人以为道学家主静，这是大错底。濂溪的说法，是早期道学尚未完全化除动静对立时的说法，后来底道学家，论学养则不说静而说敬，论境界则不说静而说定。静是与动相对底，而定则不是与动相对底。明道《定性书》说："所谓定者，动亦定，静亦定，无将迎，无内外。苟以外物为外，牵己而从之，是以己性为有内外也。既以内外为二本，则又乌可遽语定哉？夫天地之常，以其心普万物而无心。圣人之常，以其情顺万物而无情。故君子之学，莫若廓然而大公，物来而顺应。"阳明说："君子之学，无间于动静。其静也常觉而未尝无也，故常应。其动也常定而未尝有也，故常寂。"所谓动亦定，静亦定者也。定是贯彻动静底，所以与佛家谓入定之定不同。用我们的话说，所谓定者，即是常住于同天的境界，做事时是如此，不做事时亦是如此。常住于同天的境界，而又能酬应万变。此所谓"动亦定，静亦定"，亦即所谓"寂然不动，感而遂通"。此即超过内外动静的分别，"不以内外为二本"。以内外为二本，还是由于了解的不彻底。

道学家受佛道二家的影响，接孟子之续，说一最高境界。但此最高境界，不必于人伦日用外求之，亦不必于人伦日用外有之。人各即其在社会中所居之位，做日用底事，于洒扫应对之中，至尽性至命之地。他们的说法，可以说是极其平易，亦可说是极其微妙。这是道学家的最大底贡献。不过他们亦尚有未达处，我们于第三章亦已详论。

按道学家所谓二氏，指佛教与道教。我们于上文，则只论及道家，未论及道教。道教中底人，若只以求长生为目的，则其境界只是功利境界。道教只可说是失之于过低，不能说是失之于过高。不过道学家心目中底道教，兼有道家。其批评二氏，有些实是批评道家，而不是批评道教。

第九章 才 命

世界上，历史上，凡在某方面有大成就底人，都是在某方面特别努力底人。古人说："业精于勤。"人没有不勤而能精于某业底。一个大诗人，可以懒于修饰，但他不能懒于做诗。如果懒于做诗，他决不能成为大诗人。不过我们不能反过来说，一个人如勤于做诗，他必是大诗人，或必能成为大诗人。勤于做诗是成为大诗人的必要条件，但不是其充足条件。这就是说，一个人如不勤于做诗，他决不能成为大诗人，但只勤于做诗，他亦不必即能成为大诗人。就"业精于勤"说，不勤者必不能精于某业，但勤者亦未即能精于某业。

一个人的努力，我们称之为力，以与才与命相对。力的效用，有所至而止。这是一个界限。这一个界限，是一个人的才与命所决定底。一个人的天资，我们称之为才。一个人的在某方面底才的极致，即是他的力的效用的界限。到了这个界限，他在某方面底工作，即只能有量的增加，而不能有质的进益。一个诗人能成为大家，或能成为名家；一个画家的画，能是神品，或能是能品，都是他的才所决定底。一个诗人的才，如只能使其成为名家，则他无论如何努力做诗，无论做若干首诗，他只是名家，不是大家。一个画家的才，如只能作能品底画，则他无论如何努力作画，无论作若干幅画，他的画总是能品，不是神品。

在某方面有大成就底人，都是在某方面特别努力而又在某方面有天才底人。天才的才，高过一般人之处，往往亦是很有限底。不过就是这有限底一点，关系重大。犹如身体高大底人，其高度超过一般人者，往往不过数寸。不过这数寸就可使他"轶伦超群"。若在稠人之中，举首四望，他确可以见别人所不能见。再就此譬喻说，一个在生理上可以长高底人，必须得有适当底培养，然后他的身体才可充分发育。但一个人，如在生理上本不能长高，则无论如何培养，他亦只能长那么高。人的才亦是如此。

才是天授，天授底才须人力以发展完成之。就此方面说，才靠力以完成。但人的力只能发展完成人的才，而不能增益人的才。就此方面说，力为才所限制。人于他的才的极致的界限之内，努力使之发展完成，此之谓尽才。于他的才的极致的界限之外，他虽努力亦不能有进益，此之谓才尽。

人的力常为人的才所限制。人的力又常为人的命所限制。就所谓命的意义说，才亦是命。就所谓命的此意义说，命是天之所予我者。才正可以说是天之所予我者，所以可以说，才亦是命。此所谓命，是所谓性命之命。不过我们此所谓命，不是此意义底命。我们此所谓命，是指人的一生的不期然而然底遭遇，是所谓运命之命。

一个人生活，必生活于某特殊情形之中。此某特殊情形，就是他的环境。此所谓特殊，是个别的意思，并不是特别奇异的意思。此所谓情形，包括社会在某时某地的情形，以及物质底世界在时间中的某一时，在空间中的某一点的情形。一个人生活于某时某地，社会的情形，在其时其地，适是如此。一个人生活于时间中底某一时及空间中底某一点，物质底世界的情形，在其一时，其一点，亦适是如此。这各方面的适是如此，即是此人的生活的整个底环境。此整个底环境中，有绝大底部分，不是他的才及力所能创造，亦非他的才及力所能改变。他的遭遇，不期然而然，适是如此。此种遭遇，谓之命。孟子说："莫之致而至者，命也。"荀子说："节遇之谓命。""节遇"是就其遭遇适是如此说。"莫之致而至"是就其非才及力所能创造及改变说。

命是力之所无可奈何者。庄子说："知命之情者，不务生之所无奈何。"又说："知其不可奈何，而安之若命。"正是说命的此方面。一个人的环境，有些部分可以是他自己所造成者，既是他自己所造成者，所以其环境的这些部分，并不是由于不期然而然底遭遇，其至亦不是莫之致而至。所以他的环境的这些部分，都与他的命无干。例如一个人任情挥霍，以致一贫如洗，他的贫是"自作自受"，不能归之于命。但一个人的房子，忽为邻居起火延烧，或于战时为敌机炸弹所中，他因此一贫如洗，他的贫则可归之于命。

一个人的环境，有些部分是他的力所能改变者。他的环境的这些部分，亦与他的命无干。人须竭尽其力以改变其环境。如于尽其力之所能以后，仍有不期然而然底遭遇，此种遭遇才是命。例如战时于有空袭警报时，一个人在其职务所许，能力所及之范围内，须竭力设法躲避。如已竭力躲避而仍不能免于祸，此受祸可以归之于命。如他不设法躲避而受祸，则其受祸亦是"自取其咎"，不能归之于命。

人所遭遇底环境，其既非他自己的才及力所能创造，亦非他自己的才及力所能改变者，始是所谓不期然而然，莫之致而至，始是所谓不可奈何。既是如此，则他对于其然其致，并不能负责。虽并不能负责，而其生活却受其影响。例如汉朝的冯唐，于文帝时，他年尚少，而文帝喜用老成人，因此他不能升官。及到武帝时，他年已老，而武帝又喜用年少有为之士，因此，又不能升官。这些情形，对于他说，都是不期然而然，莫之致而至，而又非他的才及力所能改变者。他的遭遇，适是如此。他的此种遭遇，即是他的命。

此所谓命，与世俗所谓命不同。若照世俗所谓命的意义，则我们的说法，正可以说是"非命"。世俗所谓命，是先定底。冯唐不能升官，是他的生辰八字或骨相，先决定其是如此。即令文帝喜用年少有为之士。武帝喜用老成人，他亦是必定沉于下僚底。我们所谓命，则正是与先定相反底。我们所谓命，只是人的适然底遭遇。未遭遇以前，其遭遇可以如此，可以不如此。既遭遇以后，对于有此遭遇，他自己既不能负责，亦不能确定说有何人可以负责。《庄子·大宗师》记子桑之言说："父母岂欲吾贫哉？天无私覆，地无私载，天地岂私贫我哉？求其为之者而不得也。然而至此极者，命也夫！""求其为之者而不得"，正是不能确定说何人可以负责。

人所遭遇底环境，其利于展其才及施其力者，谓之顺境。相反底环境，谓之逆境。一个人遭遇顺境或逆境，事前既未先定，事后亦只有幸不幸可言。其幸者谓之有好运好命，其不幸者谓之有坏运坏命。运指一人于一生中底一部分时间中的遭遇，命指一人于一生中底全部时间的遭遇。一生亦可以说是一时，所以命亦称时命。一人于一生中底一部分时间的遭遇，如幸多于不幸，我们说他的运好；如不幸多于幸，我们说他的运坏。一人于一生中底全部时间内，如其好运多于坏运，我们说他的命好；如其坏运多于好运，我们说他的命坏。

命与才及力是相对待底。普通常说，与命运奋斗。此所说的意思，大概是说与环境奋斗。环境的有些部分，是可以力改变底。但无论所谓命是世俗所谓命的意义，或我们所谓命的意义，命是人所只能顺受，不能与斗底。在历史及文学家的作品中，往往有有奇才异能底人，在不可预期底遭遇下，失败或身死。项羽《垓下歌》："力拔山兮气盖世，时不利兮骓不逝。骓不逝兮可奈何，虞兮虞兮奈若何。"项羽的失败，是不是完全由于"时不利"，我们不论。不过此歌所咏，则正是此一类的遭遇。在此等遭遇中，最可见力及才与命的对待。

人都受才与命的限制。但在道德境界及天地境界中底人，在事实上虽亦受才与命的限制，但在精神上却能超过此种限制。

在自然境界中底人，不知其受才的限制。他顺才或顺习而行，对于其行为的目标，并无清楚底觉解。他的才所不能做底事，他本来不做。他本来不做，并不是因为他"知难而退"，而是因为他本不愿做，亦本不拟做。《庄子·逍遥游》说：大鹏"水击三千里，抟扶摇而上者九万里，去以六月息"，"蜩与学鸠笑之曰：'我决起而飞，抢榆枋，时则不至，而控于地而已矣，奚以之九万里而南为？'"大鹏"非冥海不足以运其身，非九万里不足以负其翼"，所以虽欲不高举远飞而不可得。小鸟的才，本来只能"决然而起，数仞而下"，所以亦虽欲不"抢榆枋"而不可得。"决然而起，数仞而下"，是大鹏的才所不能做底。高举远飞，亦是小鸟的才所不能做底。不过大鹏本来不打算"决然而起，数仞而下"。小鸟亦本来不打算高举远飞。在自然境界中底人，本来不打算做其才所不能做底事，亦正是如此。他若是顺才而行，则"行乎其所不得不行，止乎其所不得不止"。虽不得不行，却并非被外力所迫而行，虽不得不止，亦并非被外力所迫而止。于行时他本不欲不行，亦本不用力以求不行。于止时他本不欲不止，亦本不用力以求不止。他的力之所至，总是他的才之所及。所以他本不知他的力受才的限制。他亦可是顺习而行。顺习底事，大概都是一般人的才所能做底事。一般人的才所能做底事，人做之大概不致超过他的才的所限。所以做之者大概亦不知其力受才的限制。

在功利境界中底人，知其受才的限制。在功利境界中底人，其行为都有自觉底目的。其目的都是求利。求利都要"利之中取大"，都要取大利。利之是大是小，是比较底，相对底。囊空如洗底人，以得到数百元为大利。及有数百元，又以得到数千元为大利。及有数千元，又以得到数万元为大利。如是"既得陇，又望蜀"，无论得到多么大底利，他总觉前面还有更大底利未得。他求大利，可以说是"如形与影竞走"。形与影竞走，形总有走不动的时候。人继续求大利，总有求不得的时候。求不得，如不是由于命穷，即是由于才尽。如其是由于命穷，他感到他受命的限制；如其是由于才尽，他感到他受才的限制。

在道德境界中底人，在精神上不受才的限制。在道德境界中底人，其行为皆是行义底，以尽伦尽职为目的。人有大才，做大事，可以尽伦尽职；有小才，做小事，亦可以尽伦尽职。一个人的才的小大，及其所做底事的大小，与一个人的能尽伦尽职与否，是无干底。在道德境界中底人，以尽伦尽职为其行为的目的。无论他的才是大是小，他总可用力以达到这种目的。所以他在精神上不受才的限制。

在道德境界中底人，在精神上不受才的限制，又可从另一方面说。在道德境界中底人，觉解有社会之全，觉解他是社会的一分子。他是无私底。他固愿社会中有有大才者，但不必愿有大才者必是他自己。他固愿社会中有许多大事业得以成就，但不必愿其必是"功成自我"。阳明说："唐虞三代之世"，"天下之人，熙熙皞皞，皆相视如一家之亲。故稷勤其稼，而不耻其不知教，视契之善教，即己之善教也；夔司其乐，而不耻于不明礼，视夷之明礼，即己之明礼也"。"人之有技，若己有之；人之彦圣，不啻若自其口出"。唐虞三代之人，是否如此，我们不论。但在道德境界中底人，则正是如此。在功利境界中底人，是自私底。见别人的才，愈比他自己的高，则他愈愤恨。见别人的成就，愈比他自己的大，则他愈嫉妒。于此等时，他感到他受才的限制的痛苦。在道德境界中底人，视别人的才，如其自己的才，视别人的成就，如其自己的成就。所以知其才或成就，不及别人，他亦不感到受才的限制的痛苦。

在天地境界中底人，没有受才的限制，与不受才的限制的问题。于前数章中，我们已说明，圣贤并不必做特别与众不同底事，学圣亦无需做特别与众不同底事。在别底方面，圣贤亦不必有奇才异能。有奇才异能是另外一回事，与人的境界高低无干。有奇才异能底人，不必有很高底境界。在道德境界中底人，不论其才的大小，及其所做事的大小，他都可以尽伦尽职。在天地境界中底人，知天事天者，其行为以事天赞化为目的，才大者做大事可以事天赞化。才小者做小事亦可以事天赞化。不论其才的大小，及其所做底事的大小，知天事天者都可用力以达到事天赞化的目的。所以他亦在精神上不受才的限制。

在天地境界中底人，能同天者，自同于大全，从大全的观点，以观事物。大全包罗众才，自同于大全者，亦包罗众才。从大全的观点以观事物，即从一较高底观点，以观众才，而不与众才比其小大。如此则可以超过众才。众才有小大，同天者皆包罗超过之。此之谓统小大。郭象

《逍遥游注》说："无待之人，遗彼忘我，冥此群异。异方同得，而我无功名。是故统小大者，无小无大者也。苟有乎小大，则虽大鹏之与斥鷃，宰官之与御风，同为物累耳。"能如此观众才者，则见众才之活动，无论其才之大小，皆是尽才。如此看，则"虽大鹏无以自贵于小鸟，小鸟无羡于天池，而荣愿有余矣。故小大虽殊，逍遥一也"。能如此看，则任何事物，皆没有受才的限制与不受才的限制的问题。能如此看者，其自己更没有这种问题。

或可问：如此说，则在自然境界中底人，岂不正是"小大虽殊，逍遥一也"？何必在天地境界中底人始知之？

于此我们说，在自然境界中底人，不知其受才的限制，因此亦不知有受才的限制与不受才的限制的问题。不知有受才的限制与不受才的限制的问题，有似乎没有受才的限制与不受才的限制的问题。但不知有受才的限制与不受才的限制的问题，是其人的觉解不及知其受才的限制，亦不及知有此等问题。没有受才的限制与不受才的限制的问题，是其人的觉解，使其超过此等限制，超过此等问题。譬如"大鹏无以自贵于小鸟，小鸟无羡于天池"，并非大鹏小鸟所能觉解者。所以"小大虽殊，逍遥一也"，是在天地境界中底人所觉解者。他的此种觉解，即构成他的逍遥的一部分。他的此种逍遥，并不是大鹏小鸟的逍遥。犹之欣赏"绿满窗前草不除"，是周茂叔的乐处，并不是草的乐处。我们不能说，大鹏小鸟不逍遥，但其逍遥，不是此种逍遥。《庄子·逍遥游》及郭象注似均于此点，弄不清楚。这亦是道家常将自然境界与天地境界相混的一例。道家欲使人安于自然境界，以免其受知受才的限制的痛苦。这是不无理由底。但以为在自然境界底人，亦可有如在天地境界中底人的逍遥，这是错误底。

郭象统小大之说甚精。但似以为顺才而行底人的逍遥，与至人的逍遥，在性质上无大差别。顺才而行底人，与至人的差别，只在顺才而行底人，必得其所待，然后逍遥。至人则"与物冥而循大变"，故"能无待而常通"。顺才而行底人，虽必得其所待，然后逍遥，然若"所待不失"，则亦"同于大通"。实则顺才而行底人，是自然境界中底人；至人是天地境界中底人。自然境界似乎是"同于大通"，但实不是"同于大通"。在自然境界中底人，若得其所待，固亦可以逍遥，但其逍遥与至人的逍遥，在性质上是有大差别底。

支道林《逍遥论》云："夫逍遥者，明至人之心也。庄生建言大道，而寄指鹏鷃。鹏以营生之路旷,故失适于体外。鷃以在近而笑远,有矜伐于心内。至人乘天正而高兴,游无穷于放浪;物物而不物于物,则遥然不我得;玄感不为,不疾而速,则逍然靡不适。此所以为逍遥也。"(《世说新语》注引)支道林此说,注重在说明,至人的逍遥与众人的逍遥不同。所谓"向郭之注所未尽"者,似是在此。但"失适于体外","有矜伐于心内",是功利境界,而不是自然境界。支道林说:"逍遥者,明至人之心也。"他只说出在功利境界中底人的心,与在天地境界中底人的心不同。而未说出在自然境界中底人的心,与在天地境界中底人的心的不同。前者的不同,是很容易看出底。后者底不同,则是不很容易看出底。

一个人命的好坏,影响到他所做底事的成败。在自然境界中底人,顺才或顺习而行,其行为不必有自觉底目的,所以对于其所做底事的成败,亦不必有某种底情感。在功利境界中底人,其行为以求利为目的,达此目的则为成,不达此目的则为败。成则欢喜,败则悲伤。在道德境界中底人,其行为以行义为目的。他所以为目的者,是他的行为的意向的好,他所做底事的成功,是他的行为意向所向底好。在道德境界中底做事,其行为的意向的好,是尽伦尽职。他所做底事如成功,其行为的意向所向底好如得到,其行为的意向的好固已实现,他所做底事如失败,其行为的意向所向底好,如不能得到,其行为的意向的好,亦可实现。此即是说,在道德境界中底人,其所做底事,即或失败,但他如已尽心竭力为之,则此失败,并不妨碍他的行为的意向的好的实现。此即是说,不妨碍其行为的道德价值的实现。他的命可以使他所做底事失败,但不能使他的行为的道德价值不实现。

在道德境界中底人,其所做底事的失败,虽不能妨碍他的行为的道德价值的实现,但尚不能说是不足以介其意。对于他所做底事的成败,持如上所说底看法,他还需要一种努力。在天地境界中底人,自大全的观点,以看事物,则知其事物之成,或为彼事物之败,此事物之败,或为彼事物之成。《庄子·齐物论》说:"其分也,成也。其成也,毁也。凡物无成与毁,复通为一。"郭象注说:"夫成毁者,生于自见而不见彼也。"自见而不见彼,是见其偏而不见其全。若见其全,则见成不必只是成,败不必只是败。他持如此看法,并不是因为他玩世不恭,而是因为他能从一较高底观点,以看成败。他虽知"凡物无成与毁,复通为一",而仍竭力做事,以事天赞化。因为他知大化流行,是一动,人必动始能赞化。至于其动是否能得到其意向所向底好，则与其行为的意向的好的实现，是不相干底。在天地境界中底人所做底事的失败，固不足妨碍其行为的意向的好的实现，而且不足以介其意。他的命固不能妨碍他的事天赞化，他持如此看法，亦不需要一种努力。

一个人的命的好坏，影响到他在社会上所处底位的贵贱。在自然境界中底人，对于所谓贵贱，没有清楚地觉解。因此对于其所处底位，亦不必有某种底情感。在功利境界中底人，对于所谓贵贱，有清楚底觉解。他好贵而恶贱。贵则欢喜，贱则悲伤。在道德境界中底人，对于所谓贵贱，亦有清楚底觉解。但他又觉解，尽伦尽职，与一个人所有底在社会中底位的贵贱，是不相干底。他在社会中，无论处什么位，都可尽伦尽职。他的行为，以尽伦尽职为目的。所以在社会中，无论处什么位，他都以为是无关轻重底。在天地境界中底人，知其于社会的"民"之外，他还是天民。人爵之外，还有天爵。所以他虽亦对于社会上底贵贱，有清楚底觉解，但他还是"大行不加，穷居不损"。他并不需有意努力，始能如此。从大全的观点看，社会上底贵贱本来是不足介意底。

《中庸》说："君子素其位而行，不愿乎其外。"朱子注说："言君子但因见在所居之位，而为其所当为，无慕乎其外之心也。"所以他"素富贵行乎富贵，素贫贱行乎贫贱。素夷狄行乎夷狄，素患难行乎患难。故君子无入而不自得焉"。此所说虽是"君子"，但若真能"无入而不自得"，则是能"即其所居之位，乐其日用之常"，即是能乐天。此非在道学家所谓"人欲尽处，天理流行"的境界中者不能。真能无入而不自得者，于舍富贵而取贫贱之时，必已不做有意底选择，不必需一种努力。如此，则其人的境界，已不是道德境界，而是天地境界。

一个人的命的好坏，表现于他所遭遇底环境是顺是逆。在自然境界中底人，对于所谓顺逆没有清楚底觉解。所以对于所谓顺逆，亦不必有某种情感。在功利境界中底人，对于所谓顺逆，有清楚底觉解。他喜顺而恶逆。在道德境界中底人，其行为以尽伦尽职为目的。在顺境他可以尽伦尽职。在逆境中亦可以尽伦尽职。他只求尽伦尽职，不计境的顺逆。

从另一观点，我们可以说，顺境对于人固然是好底。但逆境对于人亦不完全是不好底。孟子说："天将降大任于是人也，必先苦其心志，劳其筋骨，饿其体肤，空乏其身，行拂乱其所为，所以动心忍性，增益其所不能。"此是说，逆境可予人一种锻炼。"文王拘而演《周易》，孔子厄而作《春秋》。屈原放逐，乃赋《离骚》；左丘失明，厥有《国语》。""文，穷而后工。"此是说，逆境可予人一种刺激。逆境可予人一种锻炼，一种刺激，此是前人所常说者。对于有些人其说亦是不错底。不过此都是就事实方面说。就事实方面说，对于有些人，逆境是如此；对于有些人，逆境不是如此。不过即令对于所有底人，逆境都是如此，但若专就事实方面说，我们亦不能说其必是如此。我们亦不能说，在学问事功等方面，有大成就者，都必是曾经逆境底人。未经逆境底人，在学问事功等方面，有很大底成就者，在理论上并非不可能，而且在事实上这种人亦是常有底。所以专就孟子所说，还不足以见逆境对于人不完全是不好底。

有些道德价值，非在逆境中不能实现。这并不是事实问题，而是此等道德价值，本来即涵蕴逆境。我们可设想一个富贵中人，亦作如"演《周易》"，"作《春秋》"一类之事；一个人不必穷愁而后著书，其文亦不必穷而后工。但我们不能设想一个富贵中人如何能表现"贫贱不能移"的大节。"时穷节乃见，一一垂丹青。"惟时穷而节始见，这并不是事实问题，而是《正气歌》中所说诸大节，本身即涵蕴时穷。必对于此点有觉解，我们才真可以说："富贵福泽，将厚吾之生也；贫贱忧戚，庸玉汝于成也。"专就富贵福泽的本身看，富贵福泽，是一种好。专就贫贱忧戚的本身看，贫贱忧戚是一种不好。这是不可否认底。但有些道德价值，非在逆境中不能实现，这亦是不可否认底。由此方面看，我们可以说，逆境对于人，亦不完全是不好底。

康德的道德哲学，在西洋可以说是很不重视幸福底了。但他仍以为，道德与幸福的合并，善人必受其福，是人的理性的要求。这在人的世界中，是不必能实现底。他因此要相信，上帝存在，灵魂不死，以为善人受福的保证。康德的这些见解，可以说是受了宗教的迷信的余毒。宗教以为善人必受其福，如不于今生，必于来世。照这样底看法，善人的结局，必皆如小说或电影中底大团圆。照在功利境界中底人的看法，这样的团圆结局，似乎是必要底。但照在道德境界中底人的看法，这并不是必要底。苏武留匈奴十九年，终得归汉。将归时，"李陵置酒贺武曰：'今足下还归，扬名于匈奴，功显于汉室，虽古竹帛所载，丹青所画，何以过子卿。'"既回到长安，诏令以一太牢谒武帝园庙，拜为典属国，秩中二千石，赐钱二百万，公田二顷，宅一区。这真是一个团圆底结局。但是苏武的行为的道德价值，在于其留匈奴十九年，抗节不屈，并不在于其有团圆底结局。照在功利境界中底人的看法，没有这样底团圆结局，似乎总是美中不足。但照在道德境界中底人的看法，这样底团圆结局，对于苏武的行为的道德价值，完全是不相干底。

照在天地境界中底人的看法，所谓顺境逆境者，都是人从人的观点所作底区别。人各从其自己底观点，以说其处境是顺或是逆。同一境可以对此人为顺，对彼人为逆。例如德国战败法国后，德国人的顺境，正是法国人的逆境。从天的观点看，境无所谓顺逆。从天的观点看，任何事物，都是宇宙大全的一部分，都是理的例证。任何变化，都是道体的一部分。任何事物，任何变化，都是顺理顺道。从此观点看，则任何事物，任何变化，都是顺而非逆。在天地境界中底人知天，知天则能从天的观点，以看事物。能如此看事物，则知境无所谓逆。对于所谓逆境，他亦顺受。他顺受并不是如普通所说"逆来顺受"。他顺受因为他觉解境本来无所谓逆。

对于所谓逆境，他亦顺受，这只是说，对于所谓逆境，他受之并无怨尤。这并不是说，他对于所谓逆境，并不用力以图改变之。他亦尽力以图改变之。但如已尽力而仍不能改变之，则其有此等所谓逆境，即是由于他的命。孟子说："莫非命也，顺受其正。是故知命者，不立乎岩墙之下。尽其道而死者，正命也。桎梏而死者，非正命也。"朱子注说："人物之生，吉凶祸福，皆天所命。然惟莫之致而至者，乃为正命。……知正命则不处危地以致覆压之祸。……尽其道，则所值之吉凶，皆莫之致而至者矣。……犯罪而死，与立岩墙之下者同，皆人所取，非天所为也。"在天地境界中底人，尽其才与力之所能，以尽伦尽职，事天赞化，既不特意营为以求福，亦不特意不小心以致祸。既已尽其在己者，则不期然而然底遭遇，莫之致而至者，他都从天的观点，以见其是无所谓顺逆。此所谓"顺受其正"。人有这种觉解，儒家谓之"知命"。

命与才对于人都是一种限制。不过在道德境界中及天地境界中底人，都可以在精神境界上超越此种限制，如上文所说。再从另一方面说，才与命的限制，都是实际世界中底限制。在道德境界中底人，以尽伦尽职为其行为的目的。凡实际世界中底限制，如成败贵贱之类，皆不足以使其不能达其目的。他已超越实际世界中底限制。在道德境界中底人超越实际世界中底限制。在天地境界中底人，则超越实际世界的限制。在天地境界中底人，自同于大全，自有一太极。大全大于实际底世界，太极超越实际底世界。所以虽其七尺之躯，仍是实际世界中底一物。但其觉解已使其在精神上超越实际底世界。他已超越实际世界，即已超越实际世界的限制。既已超越实际世界的限制，则实际世界中底限制，更不足以限制之了。

超越限制，即不受限制。不受限制，谓之自由。在道德境界中底人，在精神上不受才与命的限制，他是不受实际世界中底限制的限制。在天地境界中底人，在精神上亦不受才与命的限制，但他是不受实际世界的限制。不受实际世界中底限制的限制，是在道德境界中底人的自由。不受实际世界的限制，是在天地境界中底人的自由。

关于自由，西洋哲学家多有讨论。他们所讨论底自由，其义是不受决定。上文所说底自由，其义是不受限制。西洋哲学家注重于讨论，人的意志，是否为一种原因所决定。如其为某种原因所决定，则意志是不自由底。西洋哲学家以为，必出于人的自由意志底行为始可是道德行为。如其不是出于自由意志，则其行为，虽合乎道德，亦只是合乎道德底行为，而不是道德行为。此所谓自由意志即是不受决定底意志。此所谓不受决定，如是不受以求利为目的底欲望的决定，则说道德行为必是出于如此底自由意志，是无可否认底。用道学家的话说，道德底行为，必是出于道心，不是出于人心。若有人为图富贵名誉而做道德底事，虽做道德底事，而其行为是出于人心，所以其行为只是合乎道德底行为，而不是道德行为。此即是说，此人于有此行为时，其意志是为以求利为目的底欲望所决定底。其意志不是自由意志，所以其行为亦只是合乎道德行为，而不是道德行为。

人的意志，可以不为以求利为目的底欲望所决定。其决定且可与此等欲望相反。人于作重大牺牲以有道德行为时，其意志是如此底。此等情形，正是道学家所谓"道心为主，而人心每听命焉"。为主者是自由底，听命者是不自由底。若如此说意志自由，则于此等情形中，意志是自由底。

如所谓意志自由是如此底自由，我们可以说，在道德境界中底人，意志是自由底。在天地境界中底人，意志亦是自由底。有些西洋哲学家，主张有意志自由者，所谓意志自由的意思，似乎还不止此。"道心为主，而人心每听命焉"，并不是每个人生来都能如此。人虽生来都有道心，但"人心惟危，道心惟微"。"道心为主，而人心每听命焉"，是学养的结果。有些哲学家，似乎以为，所谓意志自由，必须是不靠学养而自然如此底，因为，如说意志的自由，必须由学养得来，则意志的自由，又似乎是为学养所决定，不是完全不受决定者。不过照我们于以上数章所讨论，即令有人不藉学养，而意志自然自由，但由此种自由意志所发出底行为，恐怕亦只是自发底合乎道德底行为，其人的境界，恐怕亦只是自然境界。在道德境界或天地境界中底人的意志自由，必是由学养得来底。不过虽是由学养得来，而学养所予他者，是觉解而不是习惯。在道德境界或天地境界中底人，由觉解而有主宰，并不是由习惯而受决定。所以其意志自由，虽是由学养得来，而却不是为学养所决定。

在道德境界或天地境界中底人，其意志不受以求利为目的底欲望的决定，其行为不受才与命的限制。所谓不受限制，并不是说，他能增益他的才，以做他本所不能做底事。亦不是说，他能左右他的命，以使其转坏为好。而是说，无论他的才是大是小，他的命是坏是好，他都可以尽伦尽职，事天赞化。所以无论就不受决定，或不受限制说，他都是自由底。

或可问：已有道德境界或天地境界底人，固已不受才与命的限制。但人之得到此种境界，需要一种觉解。未得到此种境界底人，需要一种才，以可有此种觉解；并需要一种机会，以发展其才。假使他没有这种才，他不能有此种觉解；假使他没有一种机会，他虽有此种才而亦不能尽其才。由此方面说，即在修养方面，人还是受才与命的限制。

于此我们说，人本来都是受才与命的限制。人修养以求道德境界或天地境界。在此等境界中，人固可超过才与命的限制，但修养而尚未得到此等境界者，当然仍受才与命的限制。但此是求道德境界或天地境界受限制，不是在此等境界中底人受限制。人之得到道德境界或天地境界，诚然亦需要相当高底才，与相当好底命。但不如在学问或事功方面的成就需要之甚。人在修养，学问，事功，无论何方面底大成就，都靠才，力，命三种因素的配合。不过其配合底成分，则可因方面不同而异：在学问方面，一个人的大成就，所靠底三种因素的配合，才的成分最大，力的成分次之，命的成分又次之；在事功方面，一个人的大成就，所靠底三种因素的配合，命的成分最大，才的成分次之，力的成分又次之；在修养方面，一个人的大成就，所靠底三种因素的配合，力的成分最大，才的成分次之，命的成分又次之。曾国藩曾说："古来圣贤名儒之所以彪炳宇宙者，无非由于文学事功。然文学则资质居其七分，人力不过三分。事功则运气居七分，人力不过三分。惟是尽心养性，保全天之所以赋予我者，此则人力主持，可以自占七分。"此亦是他的经验之谈。

求道德境界，或天地境界的主要工夫，是致知用敬。用敬靠力，致知需才。然人致知所需了解者，是几个形式底观念。人对这些观念，有了解以后，他可以"不离日用常行内，直到先天未画前"。他不必做特别与众不同底事，即可以超越才与命的限制。求道德境界所需了解者，是人之所以为人者，即人性，其所需了解底观念，比求天地境界所需要者更少。所以"人力主持，可以自占七分"，至少求道德境界是如此。

人力自占七分者，可以立志求之。先贤说人要立志，都是就此方面说。人不能专靠努力，即可以为李白，杜甫，或汉高，唐太。但可以大部分靠努力而成为一有高境界底人。所以我们不能教每个人都立志为英雄，为才子，但可以教每个人都立志为圣，为贤。孟子说："士先志。"周濂溪说："士何志？曰：士希贤，贤希圣，圣希天。"贤是在道德境界中底人，圣是在天地境界中底人。在天地境界中底人的最高底成就是同天，所以说："圣希天。"

第十章　死　生

于上章，我们已说明，在道德境界及天地境界中底人，不受才与命的限制。在本章我们拟说明，在道德境界及天地境界中底人，不受死的威胁。

死是生的反面，所以能了解生，即能了解死。《论语》说：子路问死，孔子曰："未知生，焉知死。"孔子此答，似乎答非所问。孔子似乎想避免子路所提出底问题，但其实或不是如此。死是一种否定，专就其是否定说，死又有什么可说？欲说死必就其所否定者说起。欲了解死，必先了解生，能了解生则亦可以了解死。

从另一方面说，死虽是人生的否定，而有死却又是人生中的一件大事。因为一个人的死是他的一生中底最后一件事，比如一出戏的最后一幕。最后一幕虽是最后底，但总是一出戏的一部分，并且可以是其中底最重要底一部分。从此方面看，我们可以说，"大哉死乎！"从此方面说，我们亦可说，欲了解死必先了解生，能了解生则亦能了解死。所以程子亦说："知生之道则知死之道。"朱子亦说："非原始而知所以生，则必不能反终而知所以死。"

对于生底了解到某种程度，则生对于有此等了解底人，有某种意义。生对于有此等了解底人有某种意义，则死对于有此等了解底人，也有某种与之相应底意义。就上数章所说诸种境界说，对于在自然境界中底人，生没有很清楚底意义，死也没有很清楚底意义。对于在功利境界中底人，生是"我"的存在继续，死是"我"的存在的断灭。对于在道德境界中底人，生是尽伦尽职的所以（所以使人能尽伦尽职者），死是尽伦尽职的结束。对于在天地境界中底人，生是顺化，死亦是顺化。

在死的某种意义下，死是可怕底。人对于死底怕，对于死底忧虑，即是人所受底，死对于人底威胁。人怕死则受死的威胁，不怕死则不受死的威胁。

怕死者，都是对于生死有相当底觉解者。对于生死完全无觉解，或无相当底觉解者，不知怕死。对于生死有较深底觉解者不怕死。对于生死有彻底底觉解者，无所谓怕死不怕死。不怕死及无所谓怕死不怕死者均不受死的威胁。不怕死者不受死的威胁，因为他能拒绝死的威胁。无所谓怕死不怕死者，不受死的威胁，因为他能超过死的威胁。不知怕死者，亦可说是不受死的威胁。不过他不受死的威胁是因为他不及受死的威胁。就人的境界说，在自然境界中底人，不知怕死。在功利境界中底人，怕死。在道德境界中底人，不怕死。在天地境界中底人，无所谓怕死不怕死。

一般动物，对于生死，都是全无觉解底。它们都是有死底，虽都是有死底，但自然都已为它们预备好了一种方法以继续它们的生命。凡生物都可以有子。它们的子即是它们生命的继续。生物不能不死，而却有此一种方法，以继续它们的生命。所以柏拉图说：这是"不死的动底影像"。一般动物，除人而外，都在不知不觉中，用这一种方法，以继续它们的生命。就它们自己的个体的生存说，它们虽有生而不自觉其有生，虽将来有死，而不知其将来有死。不知其将来有死，所以亦不知怕死。

人对于生死有相当底觉解。对于生死有相当底觉解者，知自然为一般动物所预备底方法，以继续其生命者，实只能得一不死的动底影像。不死的动底影像，并不即是不死。人有子虽能继续他的生命，但不能继续他的意识。从个体的观点看，一个人是一个个体，他的子又是一个个体。他的子虽是他的子，但并不就是他。他可以以他自己为"我"，但只能以他的子为"我的"。他是个体，他自觉他是个个体。他有他的个体底意识。他的个体底意识，是任何别人所不能知，而只有他自己能知者，可以说是他的"独"。就此方面看，生是一个人"我"的存在底继续，他的"独"的存在的继续。死是一个人"我"的存在的断灭，他的"独"的存在的断灭。由此方面看，死是可怕底。

人对于生死底觉解，到此种程度者最是怕死。在自然境界中底人，对于生死虽有觉解，但尚未到此种程度。对于在自然境界中底人，生没有很清楚底意义，死也没有很清楚底意义。这并不是说，他于生时，不能有什么活动。他亦可以有活动，并且可有很多底活动，不过他的活动都是顺才或顺习而行。所以他虽有活动，而对于许多活动，他并无觉解。他虽亦知他将来有死，但对于死，他并不预先注意，至少也是不预先忧虑。对于死所能有底后果，他了解甚少，他可以说有"赤子之心"。小孩子见人死，以为人死似不过是睡着不醒而已，或以为人死似不过是永远不能吃饭而已。在自然境界中底人，对于死底了解，虽不必即如此地天真，然亦是天真底。对于死底了解，既如此地少，所以他亦不知怕死。他不知怕死与一般动物不知怕死不同。一般动物不知怕死，是因为它不知有死。在自然境界中底人，不知怕死，是因为不知死之可怕，如所谓"初生牛犊不怕虎"者。

不知怕死者，虽亦可不受死的威胁，但不能有不受死的威胁之乐。因为他不受死的威胁，乃是由于他的觉解的不及。他本不知死之可怕，所以他虽不受死的威胁，而不能有不受死的威胁之乐。他不受死的威胁，可以说是"为他底"，而不是"为自底"。《庄子·大宗师》说："真人不知说生，不知恶死。其出不诉，其入不距。翛然而往，翛然而来，而已矣。"道家常将自然境界与天地境界相混。此所说"真人"，但就其不知说，此所说底境界是一种自然境界。

在自然境界中底人，不知怕死。所以他亦不有目的地，有计划地，设法对付死。在功利境界中底人，一切行为，都是"为我"，死是"我"的存在的断灭，所以在功利境界中底人，最是怕死。他们有目的地，有计划地，设法对付死。他们对付死底办法约有四种。

第一种办法是求避免死。例如秦皇汉武都是盖世英雄，做了些惊天动地底大事。但他们的境界，都是功利境界。他们的事业愈大，他们愈不愿他们的"我"失其存在，他们愈不愿死。《晏子春秋》及《韩诗外传》说："齐景公游于牛山，北临其国城而流涕曰：'奈何去此堂堂之国而死乎。'"秦皇汉武的晚年，大概都有这种情感。所以他们都用方士，求长生药。所谓"尚采不死药,茫然使心哀"。他们费很大底力,以求避免死,不过结果还是"但见三泉下,金棺葬寒灰"(李白《古风》)。

秦汉时代的方士,是后来道士的前身。道士所主持底宗教是道教。宋明道学家,常将道家与道教相混。实则二者中间,分别甚大,道家一物我,齐死生,其至人的境界是天地境界。道教讲修炼的方法,以求长生为目的,欲使修炼底人维持其自己的"形",使之不老,或维持自己的"神",使之不散。道教所注意者,是"我"的继续存在。其人的境界是功利境界。

道教承认,有生者有死,生死是一种自然底程序。但以为,他们有一种"逆天"的方法,可以阻止或改变这种程序。他们可以说是有一种"战胜自然"的精神。但无论是从理论,或从经验方面说,自然在此点,似乎是不可战胜底。不过在功利境界中底人,亦不感觉,在此点,有战胜自然的必要。道学家常说:人不可"在躯壳上起念"。道教中底人,正是常"在躯壳上起念"。

人的身体,本如一机器。一机器,善用之,则可以经用较久,不善用之,则不能经久用,或至于立时损坏。这是一般人都知道底。道教中底人,常住山林,使其身体,得营养多而受损害少,长生不老虽不可能,而因此可以不速老,享大寿,是可能底。不过这一种的生活,往好处说,固可以说是清静无为。往坏处说,亦未尝不可说是空虚无味。李白诗:"太白何苍苍,星辰上森列。去天三百里,邈尔与世绝。中有绿发翁,披发卧冰雪。不笑亦不语,冥栖在岩穴。"有这种生活底人,如只以求长生为目的,即令能得长生,其长生亦可说是半死。

在功利境界中底人,对付死底第二种办法是求立名。有些在功利境界中底人以为死固不可避免,但若有名留于身后,则亦可以虽死而不死。因此他们极力求名。《离骚》说:"老冉冉其将至兮,恐修名之不立。"老之将至是无可奈何底事。人所能努力者,是于老之未至之前,先立了名,庶几身虽死而名不灭,则他的"我"仍于相当程度内,有一种的继续。古诗说:"人生非金石,岂能长寿考?奄忽随物化,荣名以为宝。"桓温说:"大丈夫不能流芳百世,亦当遗臭万年。"小说上底英雄常说:"人过留名,雁过留声。"此诸所说,其用意均同。

侠义一流底人,是这一类底人。他们视他们的名誉,比他们的身体,更为重要,因为身体总是"奄忽随物化",而名誉则似乎是可以"常留天地间"。所以他们常牺牲他们的身体,以求名誉。《汉书·游侠传》序说：游侠"杀身成名"。贾谊《鵩鸟赋》说："烈士殉名。"现在有些人说："名誉是军人的第二生命。"侠义一流底人，简直是以名誉为其第一生命。这一类底人，所希望底是"身死名垂"。能够身死名垂，亦是战胜死的一种办法。死能死人的身体，但不能死人的名。这一类底人，在表面上似乎是轻生，但其轻生实由于贵生。老子说："民之轻死，以其生生之厚。"正可引以说此。

在功利境界中底人，对付死底第三种办法，是急求眼前底快乐。有些人以为，人即令有名，但他如已死，他即无知，既已无知，即令有名，于他又有什么好处？所以古诗说："良无磐石固，虚名复何益？"从此方面看，则不如于未死之前，急求眼前底快乐，得些实受。古诗说："浩浩阴阳移，年命若朝露。""万岁更相送，贤圣莫能度。服食求神仙，多为药所误。不如饮美酒，被服纨与素。"《列子·杨朱篇》即将此意，作有系统底发挥。这亦是对付死底一种办法。怕死底人，忧虑死将要来，但现在死尚未来。在现在死尚未来，应尽力享受。死若果来，则人即死。既死无知觉，则亦不知觉其威胁矣。

但现在底快乐，如其有之，亦是人于过去所努力以求而始得到者。人欲求快乐，亦须先努力。于其努力时，死亦可于其未得快乐时而先来临。求快乐底人，可以有此等忧虑。此等忧虑，亦即是他所受底死的威胁。

在功利境界中底人对付死底第四种办法，是相信灵魂不死。此可以说是以信仰抵制死的威胁。有些宗教，也可以说大多数底宗教，以为人死以后，此身体虽不存在，但此身体的主人，即所谓灵魂者，仍继续存在，且永远继续存在。此所谓形死而神不灭。死虽能与人一种损失，但人所损失者是其糟粕，其精华是不受损失底。人皆有此不死者存。此不死者，于身体死后，或升入天堂，或入地狱，或仍托生为人。无论碧落黄泉，此不死者总是不死。这种说法，与道教不同。道教是近乎自然主义底。它是近乎普通所谓科学，而不近乎普通所谓宗教。道教中底人，以为若随顺自然变化的程序，则形死神亦灭。但他们可用一种"逆天"的方法，使形不死，或形虽死而神不灭。大多数底宗教，则以为形死神不灭，本来是如此底。有些人以为人若有此种信仰，则死对于他底威胁，即可免去太半。不过信仰只是信仰，信仰是不可以理论证明底。

以上所说，是在功利境界中底人应付死底办法。其办法果能减少死的威胁与否，及其果能减少至如何程度，似乎是因人而异。无论如何，在道德境界及天地境界中底人，并不需要此诸种办法。

在道德境界中底人知性。他知性，所以在社会中尽伦尽职以尽性。尽伦尽职必于事中尽之。所以在道德境界中底人，必不做"自了汉"，必于社会中做事。他所做底事，都是为在社会中尽伦尽职而做底，亦可说，都是为社会而做底。所以他所做底事，在他的了解中，都是社会的事，这就是说，他所做底事，对于他，都是有社会底意义。人的才有小大，命运有好坏。在道德境界中底人，就其才之所能，命运之所许，尽力以做其所能做及所应做底事。无论他所做底事，是大是小，他都尽其力之所能，以使其成功。他于做他所做底事时，无论其是大是小，他都自觉，他是在"承先启后"，"继往开来"。他所做底事，无论其是大是小，对于他底意义，都是"为往圣继绝学，为万世开太平"。于此等底意义中，他自觉他在精神上，上与古代相感通，下与后世相呼应。孔子说："文王既没，文不在兹乎!"这是孔子自觉他在精神上，上接先王。孟子说："圣人复起，不易吾言。"这是孟子自觉他在精神上，下接后圣。陈子昂诗云："前不见古人，后不见来者，念天地之悠悠，独怆然而涕下。"在道德境界中底人，则前亦见古人，后亦见来者，往古来今，打成一片。在这一片中，他觉解他的个体的死亡，并不是十分重要底。如此，他不必设法对付死，而自可不受死的威胁。

在道德境界中底人，做事所以尽伦尽职。他竭其力之所能以做其所应做底事。他一日未死，则一日有他所应做底事。这是他的任务。他一日既死，则他的任务，即时终了。就尽伦尽职说，在道德境界中底人，可能于死后尚有经手未完之事，但不可能于死后尚有未尽之伦，未尽之职。他可先其父母而死，尚有孝养之事未了。但他如于生前已尽为子之道，则他虽有孝养之事未了，但不能说他尚未尽伦，未尽职。尽伦尽职底人，都是"鞠躬尽瘁，死而后已"。死而后已，亦即是死了即已。

所以对于在道德境界中底人，死是尽伦尽职的结束。《礼记·檀弓》记子张将死之言，说："君子曰终，小人曰死。"宋儒说："终者所以成其始之辞，而死则澌尽无余之义。"对于小人，死是其个人的身体的不存在，所以死对于他是死。对于君子，死是其在社会中底任务的终了，所以死对于他是终。在道德境界中底人，是此所谓君子。死对于他是尽伦尽职的结束。所以死对于他也是终。终即是结束之义。

在道德境界中底人，不注意死后，只注意生前。只注意于，使其一生行事，皆充分表现道德价值，使其一生，如一完全底艺术品，自始至终，全幅无一败笔。所以《论语》记曾子将死，曰："启予足，启予手。诗云：'战战兢兢，如临深渊，如履薄冰。'而今而后，吾知免夫，小子。"《礼记·檀弓》记曾子将死，侍疾底童子，忽发现曾子所用底席是大夫所用底。曾子听说，命曾元快换。曾元说："夫子之病革矣，不可以变。幸而至于旦，请敬易之。"曾子说："尔之爱我也不如彼。君子之爱人也以德，细人之爱人也以姑息。吾何求哉？吾得正而毙焉斯已矣。"曾元等于是"举扶而易之，反席未安而没"。这些行为初看似迂阔，但一个人的一生，如想在道德方面，始终完全，他是一刻不可疏忽底。在一个人未死之前，他随时都可能有有过的可能。所以曾子将死才可以说："而今而后，吾知免夫。"然幸而还有一个童子，指出他的最后底一个过错。于是他的一生，才能如一完全底艺术品，不致于最后来了一个败笔。可见一个人想成为完人，是极不容易底。

所以在道德境界中底人，于必要时，宁可牺牲其身体的存在，而不肯使其行为有在道德方面底不完全。孔子说："有杀身以成仁，无求生以害仁。"孟子说："生，吾所欲也；义，亦吾所欲也。二者不可得兼，舍生而取义者也。"杀身成仁，舍生取义，与上所说杀身成名，是不同底。杀身成仁底人所做底事，可以即是杀身成名底人所做底事。但杀身成仁底人做此事，其行为是道德底行为，其境界是道德境界。杀身成名底人做此事，其行为是合乎道德底行为，其境界是功利境界。

杀身成仁，在事实上，亦可得名，但在道德境界中底人，并不要"成名"。所以他虽努力使其一生如一完全底艺术品，但此艺术品是否有人欣赏，如有人欣赏，他自己是否知之，这是他所不问底。在道德境界中底人，有某种行为，并不求为人所知。其行为是"为己底"，不是"为人底"。如其为求为人所知而有某种行为，则其行为虽合乎道德，而只是合乎道德底行为，不是道德底行为。其人的境界，亦只是功利境界，而不是道德境界。

照在道德境界中人底看法，一个人于未死之前，总有他所应做底事。这些事，他如不用心注意去做，都有做错的可能。所以在未死之前，无论于何时何地，他都应该兢兢业业，去做他所应该做底事。直到死，方可休息。龚定庵诗说："绝业名山幸早成，更何方法遣今生。"又说："设想英雄垂暮日，温柔不住住何乡。"这都是才人英雄的设想。照这种想法，一个人的一生中，似乎有一部分，可以称为"余生"，如同普通以为，一星期中，有一部分，称为周末。于其时，人可以随意消遣。圣贤的想法，不是如此。圣贤的有生之日，都是尽伦尽职之日。才人需要遣生的方法，以遣其余生，圣贤则无余生可遣。英雄有垂暮，圣贤则无垂暮。圣贤尽其力之所能，以尽伦尽职，"鞠躬尽瘁，死而后已"。此所谓"存，吾顺事；没，吾宁也"。

对于在天地境界中底人，生是顺化，死亦是顺化。知生死都是顺化者，其身体虽顺化而生死，但他在精神上是超过死底。

于第八章中，我们说到道体的观念。实际底事物，无时不在生灭中。实际底世界，无时不在变化中。实际底世界及其间事物的生灭变化的洪流，旧说谓之大化流行，亦谓之大用流行。人亦是实际底事物，亦随大化流行而生灭。无人不随大化流行而生灭。不过一般人虽随大化洪流而生灭，而不觉解其是如此。他们只知他们的个体有生灭，而不觉解其生灭是随顺大化。觉解个体的生灭是随顺大化，则亦觉解个体的生灭，是大化的一部分，是道体的一部分。有此等觉解，则可"与造化为一"。郭象说："与造化为一，则无往而非我矣。将何得何失，孰死孰生哉？"与造化为一，则能自大化的观点以看生灭。自大化的观点以看生灭，则生灭只是变化，不是死生。郭象说："死生者，无穷之变耳，非始终也。"大化是无始无终底。自同于大化者，自觉其自己亦是无始无终底。

自同于大化者，亦自同于大全。大全永远是存在底。我们这个地球可以不存在，但宇宙则是不能不永远存在底。《庄子·大宗师》说："藏小大有宜，犹有所遁。若夫藏天下于天下，而不得所遁，是恒物之大情也。……故圣人将游于物之所不得遁而皆存。"郭象注说："无所藏而都任之，则与物无不冥，与化无不一。故无内无外，无死无生，体天地而合变化，索所遁而不得矣。"物之所不得遁，是庄子所谓天地，我们所谓宇宙，所谓大全。凡事物皆是大全的一部分，不过他们不觉解其是如此。在天地境界中底人，觉解其是如此。他们有此种觉解，所以能自同于大全。自同于大全，则大全永远存在，他亦自觉他自己是永远存在。

宇宙是一个无尽藏，不仅包括现在所有底一切事物，并且包括过去所有底一切事物，以及将来所有底一切事物。任何事物的存在，都是无常底。但其曾经存在的事实，则不是无常底。宇宙间已有底事实，既已有之，则即永远有之，不可变动，不可磨灭。可能有底事物，虽于过去现在尚未有者，将来如其有之，亦必在宇宙中。所以在天地境界中底人，自同于大化，自同于大全者，亦感觉到他自己是上包万古，下揽方来。在无限底空间时间中，"万象森然"，他均在精神上与相感通。佛家说："三世一切劫，了之即一念。"在同天境界中底人，亦可如此说。上文说，在道德境界中底人，使其一生，如一完全底艺术品，而并不希望有人欣赏之。在天地境界中底人，又可见，如果有一完全底艺术品，则曾有此完全底艺术品的事实，真正是长留天地间，其对于人生，正如柏拉图所谓其共和国，"有目者必见之，见之则必奉以为法"。上文又说，在道德境界中底人，上见古人，下见来者。他所见者是古人及将来底人。在天地境界中，亦是上包万古，下揽方来。他所见者，又不只是人，而是一切万有。

在天地境界中底人，能同天者，亦可自同于理世界。理是永恒底，在天地境界中底人觉解一切事物，都不只是事物，而是永恒底理的例证。这些例证，是有生灭的，是无常底。但其所为例证底理，则是永恒底，是超时间底。对于理无所谓过去，亦无所谓现在。在天地境界中底人，觉解理不但不是无常底，而且是无所谓有常或无常底，不但不是有生灭底，而且是无所谓有生灭或无生灭底。他有此等觉解，所以自同于理世界者，自觉其自己亦是超生灭，超死生底。《庄子·大宗师》说："见独则无古今。"理世界是无古今底，自同于理世界者，自觉其自己亦是无古今底。

在此种境界中底人，其身体随顺大化，以为存亡，但在精神上他可以说是超死生底。《庄子·大宗师》说："无古今则入于不死不生。"郭象《〈逍遥游〉注》说："齐死生者，无死无生者也。苟有乎死生，则虽大椿之与蟪蛄，彭祖之与朝菌，均于短折耳。"所谓不死不生及无死无生，亦是超死生之义。

我们说：在天地境界中底人，在精神上可以说是超死生底。我们并不说：人的精神可以超死生。人的精神不能离开身体而存在。身体既不能超死生，则精神亦不能超死生。所以我们不能说，人的精神，可以超死生，而只能说，人在精神上可以超死生。所谓人在精神上可以超死生者，是就一个人在天地境界中所有底自觉说。他在天地境界中自觉他是超死生底。若其身体不存，他固亦无此自觉。但此自觉使其自觉，不但身体的存亡，对于他没有重要，即有此自觉与否，对于他亦没有重要。

人的精神不能离开身体而存在，所以一个人于今生之后，并无来生。以为于今生之后有来生者，大概有两种说法。照一种说法，以为来生之有，虽不可证明，但信来生之有，则为理性所需要。康德持此种说法。他以为道德与幸福的联合，有道德底人，必有幸福，是理性所认为最合理底事。最合理底事，不能于人的今生得到，则必有来生以得之。不过照我们于第六章中所说，道德不必与幸福联合。有些道德价值，且涵蕴逆境，必于人的不幸中，始能实现。此点我们于第六章中已经证明。此点既已证明，则康德所说，理性需要信来生之有的论证，即不能成立。中国哲学，向以为无来生。康德所谓的理性的需要者，不过是受耶教影响底人的心理习惯而已。

照另外一种说法，有来生是一种无需证明底事实。多数宗教，皆持此种看法。佛教于此有一特点，即承认人有来生，而又以为人应该设法取消其来生。佛教以生死轮回为苦，故教人修行以出离死生。佛家的形上学与我们不同。但其所说出离死生底人的境界，与我们以上所说在精神上超死生底人的境界，则似异而实无大异。

佛家所说出离生死底人的境界，是他们所谓证真如的境界。我们上文所说在精神上超生死底人的境界，是我们所谓同天的境界。就其似异说，佛家是一种唯心论，以为心可以离身体而存在。所以照一般人的想法，佛家修行底人，得佛果，证真如者，可以永远有证真如的自觉。我们于上文说，精神不能离开身体而存在，所以在同天地境界中底人，只于其有身体时，有同天的自觉。

但一般人的这种想法，是错误底。唯心论者固以为心可离开身体而存在。但离开身体而存在底心，是不能有所谓"觉"底。佛家所谓真如，即是所谓常住真心，又即是所谓法界。就其是常住真心说，常住真心是我们所谓宇宙底心。宇宙底心，是不能有所谓觉底，所谓觉，如感觉，知觉，自觉等，都是依人的身体而始有底。海格尔亦说，宗教中底人，自觉其与宇宙底精神为一者，其自觉即是宇宙底精神的自觉。宇宙底精神，不能离开人而有自觉。就真如即是法界说，法界即我们所谓宇宙，宇宙亦是不能有所谓觉底。常住真心或法界既不能有所谓觉，则所谓证真如者所有底自觉，亦只是于其能有自觉时有之。所谓涅槃四德：常，乐，我，净，亦是证真如者，于其有自觉时所自觉者。有自觉必依身体。所以照我们的看法，证真如者所有底自觉，及同天者所有底自觉，都只于其有身体时有之。

或可说，如果如此，则此等自觉的有，岂不太暂？但既已证真如，既在同天境界中底人，自同于大全，自同于永恒，则其对于此等境界底自觉的久暂，对于他亦已不成问题，而他亦已不知有此等问题矣。斤斤于此等自觉的久暂者，仍有"我"有"私"。有"我"有"私"者，不能证真如，亦不能有同天的境界。

如果真有如佛家所说出离生死，则我们所说在精神上超死生者，自然亦是出离死生底。佛家所说得出离生死的方法是"破执"，在同天境界中底人，"体天地而合变化"，亦是彻底地无执底。

或可说：佛家所破，有我法二执。在天地境界中底人，诚无我执，但本书以上所说所根据底形上学，不以为"万法唯心"，以为离心实有所谓外界。照佛家的看法，执实有外界，即是法执。上所说在精神上超生死者，是否仍执实有外界？如仍执实有外界，则照佛家的看法，他仍有法执。仍有法执，则他即不能出离生死。

于此我们说，本书以上所说所根据底形上学，诚以为离心有所谓外界。但在同天地境界中底人，"与物冥"，"浑然与物同体"，所以对于他，所谓内外之分，所谓主观客观的对立，亦已冥除。于上文第七章中，我们说：大全是不可思议底；同天的境界，亦是不可思议底。大全"至大无外"，在同天境界中底人，自同于大全，所以对于他亦无所谓外界。对于他无所谓外界，故他亦无所谓法执。

于此我们又须声明，哲学讲至此，已讲到所谓"言语路绝，心行道断"的地步。哲学讲至此等地步，所谓唯心论与实在论的分别，亦已不存在矣。

所以在天地境界中底人，无所谓怕死不怕死。有意于不怕死者，仍是对于死生有芥蒂。伊川云："邵尧夫临终时，只是谐谑，须臾而去。以圣人观之，则犹未是，盖犹有意也。比之常人，甚悬绝矣。他疾革，颐往视之，因警之曰：'尧夫平日所学，今日无事否？'他气微不能答。次日见之，却有声如丝发来，大答云：'你道生姜树上生，我亦只得依你说。'"伊川疾革，门人进曰："先生平日所学，正今日要用。"伊川曰："道著用便不是。""道著用"亦是有意。所谓有意，亦谓对于死生尚有芥蒂。

在天地境界中底人，不有意地不怕死，亦不有意地玩视生。道家中有些人对于人生中底事，多玩视，如所谓"以生为附赘悬疣，以死为决疡溃痈"者，是只了解死为顺化，而未了解生亦为顺化。了解生亦为顺化，则于人生中做人所应做底事，亦为顺化。所以在天地境界中底人所做底事，亦正是在道德境界中底人所做底事。对于做这些事，他亦是"存，吾顺事；没，吾宁也"。

新理学（节选）
（1939 年）

自　序

　　数年来即拟写《新理学》一书，因杂事多未果。去年中日战起，随学校南来，居于南岳。所见胜迹，多与哲学史有关者。怀昔贤之高风，对当世之巨变，心中感发，不能自已。又以山居，除授课外无杂事，每日皆写数千字。积二月余之力，遂成此书。数年积思，得有寄托，亦一快也。稿成之后，即离南岳赴滇，到蒙自后，又加写鬼神一章，第四章、第七章亦大修改，其余各章字句亦有修正。值战时，深恐稿或散失。故于正式印行前，先在蒙自石印若干部，分送同好。甫印成，即又从蒙自至昆明。到昆明后，又就蒙自石印本加以修正，成为此本。此书虽"不着实际"，而当前有许多实际问题，其解决与此书所论，不无关系。故虽知其中必仍有需修正之处，亦决及早印行，以期对于当前之大时代，即有涓埃之贡献，且以自珍其敝帚焉。金龙荪（岳霖）、汤锡予（用彤）、钱宾四（穆）、贺自昭（麟）、郑秉璧（昕）、沈公武（有鼎）诸先生均阅原稿全部；叶公超（崇智）、闻一多、朱佩弦（自清）诸先生均阅原稿第八章，有所指正，谨此致谢。民国二十七年 8 月序于昆明，冯友兰。

绪　　论

（一）新理学与哲学

本书名为新理学。何以名为新理学？其理由有二点可说。

就第一点说，照我们的看法，宋明以后底道学，有理学心学二派。我们现在所讲之系统，大体上是承接宋明道学中之理学一派。我们说"大体上"，因为在许多点，我们亦有与宋明以来底理学，大不相同之处。我们说"承接"，因为我们是"接著"宋明以来底理学讲底，而不是"照著"宋明以来底理学讲底。因此我们自号我们的系统为新理学。

就第二点说，我们以为理学即讲理之学。普通人常说某某人"讲理"，或某某人"不讲理"。我们此所说之讲理，与普通人所说之讲理，虽不必有种类上底不同，而却有深浅上底大分别。我们所说之理，究竟是什么？现在我们不论。我们现在只说：理学即是讲我们所说之理之学。若理学即是讲我们所说之理之学，则理学可以说是最哲学底哲学。但这或非以前所谓理学之意义，所以我们自号我们的系统为新理学。

（二）哲学与科学

我们现在先要说明者，即哲学与科学之分别。所谓科学，其意义亦很不定。有人以为凡是依逻辑讲底确切底学问，都是科学。如果所谓科学是如此底意义，则哲学亦是科学。本书所谓科学，不是取其如此底广义。本书所谓科学或科学底，均指普通所谓自然科学。就自然科学说，哲学与科学完全是两种底学问。

就西洋历史说，各种科学都是从古人所谓哲学中分出来者。因此有人以为，若现在所谓哲学者，或现在所谓哲学中之某部分，亦充分进步，则亦将成为科学。此即是说：哲学是未成熟底科学，或坏底科学。照这种说法，哲学与科学是一类底学问，其分别在于其是否成熟，是好是坏。若现在所谓哲学，完全成熟，则将只有科学而无哲学。若其将来永不能成熟，则适足以证明哲学是坏底科学。其中之问题是不当有者。这种说法，我们以为是不对底。我们承认有上所说之历史底事实，但以为古人所谓哲学，可以是一切学问之总名。各种科学自古人所谓哲学中分出，即是哲学一名的外延之缩小。现在所谓哲学一名的外延，或仍可缩小，但其中有一部分可始终称为哲学者，是与科学有种类上底不同。

一种科学所讲，只关于宇宙间一部分之事物；哲学所讲，则系关于宇宙全体者。因此有人以为哲学是诸科学之综合。照这种说法，哲学与科学亦是一类底学问，其分别在其所讲之对象，是全或分。这种说法，我们亦以为是不对底。所谓诸科学之综合，不外将诸科学于一时所得，关于宇宙间各部分事物之结论，聚在一处，加以排比整齐，或至多加以和会。但我们对于某种学问之了解，决不能靠只看其结论。若哲学之工作，不过排比或和会诸科学之结论，则对于诸科学，既已生吞活剥，其成就不过是一科学大纲。科学大纲，并不足称为哲学，亦不足称为科学。

又有一种说法，以为哲学之工作，在于批评科学所用之方法及其所依之根本假定。一种科学有其根本假定；假定既立，此种科学，即以之为出发点。至于此假定之性质若何，此种科学不问。例如几何学假定有空间；以此为出发点，即进而讲各种关于空间之性质。但空间本身之性质，几何学不讲。又科学很少有意地考虑其所用之方法。其所用之方法，经其有意地考虑者，多系关于实验之程序及仪器之使用等，而非关于推理之程序。但一种科学所用方法之此方面，及其所依之根本底假定，与其所得知识之全体，有很大底关系。哲学可于此等处作批评，考虑，以决定一种科学所得之知识，有无错误。这种说法，固然已看出哲学与科学是有种类上底不同。但照此种说法，哲学之工作，只是批评底，而不是建设底。我们以为这种说法，只说出哲学之一部分底工作，即批评底工作。以批评工作为主之哲学，亦是哲学之一部分，但照我们的看法，非其最哲学底之一部分。

（三）思与辩

照我们的看法，哲学乃自纯思之观点，对于经验作理智底分析、总括及解释，而又以名言说出之者。哲学有靠人之思与辩。

思与感相对。在西洋很早底时候，希腊哲学家已看清楚思与感之分别，在中国哲学家中，孟子说："心之官则思。"（《孟子·告子上》）他把心与耳目之官相对待。心能思，而耳目则不能思，耳目只能感。孟子说这段话的时候，他说及心，只注重其能思，他说及思，亦只注意于其道德底意义。照我们的看法，思是心之一重要底活动，但心不止能思，心亦能感。不过思与感之对比，就知识方面说，是极重要底。我们的知识之官能可分为两种，即能思者，与能感者。能思者是我们的理智，能感者所谓耳目之官，即其一种。

普通说到思字，总容易联想到所谓胡思乱想之思。我们常有幻想，或所谓昼梦，在其中我们似见有许多事物，连续出现，如在心中演电影然。普通亦以之为思，然非此所谓思。幻想或昼梦，可名为想，不可名为思。思与普通所谓想象亦不同。我们于不见一方底物之时，我们可想象一方底物。但"方"则不可想象，不可感，只可思。反过来说，一方底物，只可为我们所感，所想象，而不可为我们所思。譬如我们见一方底物，我们说："这是方底。""这"是这个物，是可感底，是可想象底，但"方"则只可思，而不可感，亦不可想象。在我们普通底言语中，我们亦常说：某某事不可想象，例如我们说：战争所予人之苦痛是不可想象底。这不过是说：战争所予人之苦痛，是我们所从未曾经验过者；凡想象皆根据过去经验，我们对于战争之苦痛，既无经验，所以它对于我们，亦是不可想象底。但我们所从未经验过者，并不一定是不可经验底。而"方"则是不可经验底。可经验者是这个或那个方底物，而不是"方"。

思之活动，为对于经验，作理智底分析、总括及解释。例如我们见一方底物，我们说："这是方底。"此一命题可有两种解释。一种是普通逻辑中所说对于命题之内涵底解释。照这一种解释，我们说"这是方底"，即是说"这"有"方"之性；或是说"这"是依照"方"之理者。我们刚才所说之"方"即是指"方"之理说。关于"方"之理或其他理，我们以后详说。现只说我们说"这是方底"之时，我们的意思，若是说"这"有方之性，则我们所以能得此命题者，即因我们的思之官能，将"这"加以分析，而见其有许多性，并于其许多性中，特提出其"方"之性，于是我们乃得到"这是方底"之命题，于是我们乃能说"这是方底"。此即所谓作理智底分析。何以谓为理智底分析？因为这种分析，只于思中行之。思是理智底，所以说这种分析，是理智底分析。

"这是方底"之命题之另一种解释，是普通逻辑中所谓对于命题之外延底解释。照这种解释，我们说"这是方底"，即是说"这"是属于方底物之类中。依此解释，则我们所以有此命题，乃我们知有一方底物之类。我们不知在实际中果有方底物若干，但我们可思一方底物之类，将所有方底物，一概包括。我们并可思及一类，其类中并没有实际底分子。此即逻辑中所谓零类或空类。例如我们可思及一绝对地方底物之类。但绝对地方底物，实际中是没有底。我们并可思一类，其中底分子，实际中有否，我们并不知。例如我们可思及"火星上底人"之类。我们并不知火星上果有人否，但我们可思及此类，如火星上有人，则此类即将其一概包括。此即所谓作理智底总括。何以谓为理智底总括？因为这种总括，亦惟于思中行之。

如此看来，我们的思，分析则细入毫芒；总括则贯通各时各地。程明道的诗"心通天地有形外，思入风云变态中"，可以为我们的思咏了。因我们的思对于经验作理智底分析及总括，我们因之对于真际有一番理智底了解，此即所谓作理智底解释。何以谓为理智底解释？因此解释亦只于思中行之，而且亦只思能领会之。

上文说：哲学之存在，靠人之思与辩。辩是以名言辩论。哲学是说出或写出之道理。此说出或写出即是辩，而所以得到此道理，则由于思。有人谓：哲学所讲者中有些是不可思议，不可言说者。此点我们亦承认之。例如本书第二章中所说之"真元之气"，即绝对底料，即是不可思议，不可言说者。第一章中所说之"大一"，亦是不可思议，不可言说者。但真元之气，大一，并不是哲学，并不是一种学问。真元之气只是真元之气，大一只是大一。主有不可思议，不可言说者，对于不可思议者，仍有思议，对于不可言说者，仍有言说。若无思议言说，则虽对于不可思议，不可言说者，有完全底了解，亦无哲学。不可思议，不可言说者，不是哲学，对于不可思议者之思议，对于不可言说者之言说，方是哲学。佛教之全部哲学，即是对于不可思议者之思议，对于不可言说者之言说。若无此，则即只有佛教而无佛教哲学。

（四）最哲学底哲学

照上所说，我们可知哲学中之观念，命题，及其推论，多是形式底，逻辑底，而不是事实底，经验底。此言非一时所能解释清楚，读者须看下文方可明白。我们现在暂先举普通逻辑中所常举之推论之例，以明此点。普通逻辑中常说：凡人皆有死，甲是人，甲有死。有人以为形式底演绎底逻辑何以能知"凡人皆死"？何以能知"甲是人"？如欲知

"凡人皆有死"则必须靠归纳法，如欲知"甲是人"则必须靠历史底知识。因此可见形式底、演绎底逻辑，是无用底，至少亦是无大用底。其实这种说法，完全是由于不了解形式逻辑。于此所举推论中，形式逻辑对于凡人是否皆有死，及甲是否是人，皆无肯定。于此推论中，形式逻辑所肯定者只是：若果凡人皆有死，若果甲是人，则甲必是有死底。于此推论中，逻辑所肯定者，可以离开实际而仍是真底。假令实际中没有人，实际中没有是人之甲，这个推论，所肯定者，还是真底。不过若使实际中没有人时，没有人说它而已。不仅推论如此，即逻辑中之普通命题，亦皆不肯定其主词之存在。不过旧逻辑中，未明白表示此点，所以易引起误会。新逻辑中普通命题之形式与旧逻辑中不同。例如"凡人皆有死"之命题，在新逻辑中之形式为："对于所有底甲，如果甲是人，甲是有死底。"此对于实际中有否是人之甲，并不作肯定，但肯定：如果有是人之甲，此是人之甲是有死底。上文说：哲学中之观念命题及推论多为形式底，逻辑底，而不是事实底，经验底。我们必了解上所说逻辑之特点，然后可了解此言之意义。

哲学对于真际，只形式地有所肯定，而不事实地有所肯定。换言之，哲学只对于真际有所肯定，而不特别对于实际有所肯定。真际与实际不同，真际是指凡可称为有者，亦可名为本然；实际是指有事实底存在者，亦可名为自然。真者，言其无妄；实者，言其不虚；本然者，本来即然；自然者，自己而然。实际又与实际底事物不同。实际底事物是指有事实底存在底事事物物，例如这个桌子，那个椅子等。实际是指所有底有事实底存在者。有某一件有事实底存在底事物，必有实际，但有实际不必有某一件有事实底存在底事物。属于实际中者亦属于真际中；但属于真际中者不必属于实际中。我们可以说：有实者必有真，但有真者不必有实；是实者必是无妄，但是真者未必不虚。其只属于真际中而不属于实际中者，即只是无妄而不是不虚者，我们说它是属于纯真际中，或是纯真际底。如以图表示此诸分别，其图如下：

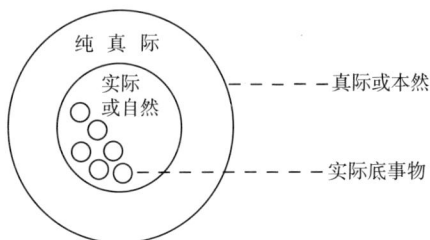

就此图所示者说，则对于真际有所肯定者，亦对于实际有所肯定。但其对于实际所肯定者，仅其"是真际底"之方面，而不及于其"是真际底"外之他方面。例如对于动物有所肯定者，亦对于人有所肯定。但其对于人有所肯定者，只其"是动物"之方面，而不及于其"是动物"外之他方面。我们说哲学对于真际有所肯定，而不特别对于实际有所肯定，特别二字所表示者即此。

如有人说：哲学中有些派别或有些部分不是如此。我们仍说，虽其不是如此者亦是哲学，但其是如此者，乃哲学中之最哲学底。凡哲学中之派别或部分对于实际有所肯定者，即近于科学。其对于实际所肯定者愈多，即愈近于科学。科学与哲学之根本不同在此。所以我们说哲学与科学之不同，是种类底不同。

然因有上所述之误解，故有以物理学讲形上学者，以为如此可得一科学底形上学。又有以心理学讲知识论者，以为如此可得一科学底知识论。其实如果需以物理学讲形上学，则不如直讲物理学。如果需以心理学讲知识论，则不如直讲心理学。此其所讲，必非哲学，至少非最哲学底哲学。

（五）哲学与经验

照以上所说，哲学可以说是不切实际，不管事实。就哲学之本身说，诚是如此，但就我们之所以得到哲学之程序说，我们仍是以事实或实际底事物，为出发点。我们是人，人的知识，都是从经验中得来底。我们经验中所有者，都是有事实底存在底事物，即实际底事物。哲学始于分析、解释经验，换言之，即分析、解释经验中之实际底事物。由分析实际底事物而知实际。由知实际而知真际。

哲学中之观念，命题，及推论，之系形式底，逻辑底者，其本身虽系形式底，逻辑底，但我们之所以得之，则靠经验。我们之所以得之虽靠经验，但我们既已得之之后，即见其并不另需经验以为证明。其所以如此者，因此种观念，命题，及推论，对于实际并无所主张，无所肯定，或最少主张，最少肯定。例如三加二等于五之命题，在我们未得之之时，必靠经验以得之。小儿不知三加二等于五，必以三个手指与两个手指，排在一起数之，正是其例。但我们于既知三加二等于五之时，则见其并不另需实际底例以为证明。其所以如此者，因此命题对于实际并无肯定。它并不肯定有三个桌子或两个椅子，所以亦不需要关于此诸物之存在之证明。

为说明此点，我们再举普通所谓唯心论或唯物论，以与本书所讲之哲学比较。普通所谓唯心论，或唯物论，以心或物为宇宙诸事物中之最根本底，一切皆可归纳于心或物。其所谓心或物，不必即是普通言语中所谓心或物，但与之是属于一类者。因其如此，所以普通所谓唯心论或唯物论，对于实际，即有所主张，有所肯定。因其如此，所以唯心论或唯物论，皆需举经验中许多事例以证明其所立之命题，即其对于实际所主张，所肯定者。因实际之范围，甚为广大，故无论举若干事例，其证明皆终不能谓为已足。对于实际有所主张，有所肯定者如此。若本书所讲之哲学，即所谓最哲学底哲学，虽亦有所说，如说：一切事物之成，均靠理与气。但此命题并不需许多经验中底事例，以为证明。对于不了解此命题者，固须举一二经验中底事例，以为解释，但既经解释之后，了解此命题者，即见其不需更多经验中底事例以为证明。其所以如此者，因此所举之命题是形式底，逻辑底。了解此命题者，不待经验中许多事例即见其为实际底一切事物所不能逃。因其为形式底，逻辑底，其中并无，或甚少，实际底内容，故对于实际，并无所主张，无所肯定，或甚少主张，甚少肯定。

（六）哲学之用处

哲学或最哲学底哲学，所有之观念，命题，推论，多系形式底，逻辑底，其中并无，或甚少，实际底内容，故不能与科学中之命题，有同等之实用底效力。科学中之命题，我们可用之以统治自然，统治实际，而哲学中之命题，尤其所谓最哲学底哲学中之命题，则不能有此用，因其对于实际，并无主张，并无肯定，或甚少主张，甚少肯定。

哲学对于真际，有所肯定，而不特别对于实际，有所肯定。离开实际之真际，并非可统治者，亦非可变革者。可统治可变革者，是实际，而哲学，或最哲学底哲学，对之无所肯定，或甚少肯定。哲学，或最哲学底哲学，对之有所肯定者，又不可统治，不可变革。所以哲学，或最哲学底哲学，就一方面说，真正可以说是不切实际，不合实用。

就一方面说，哲学所以不切实际者，因其本不注重讲实际也。其所以不合实用，因其所讲之真际，本非我们所能用也。一个方底桌子，我们可以用之，但"方"则非我们所能用。哲学对于其所讲之真际，不用之而只观之。就其只观而不用说，哲学可以说是无用。如其有用，亦是无用之用。

"观"之一字，我们得之于邵康节。邵康节有《观物篇》。他说："夫所以谓之观物者，非以目观之也。非观之以目，而观之以心也；非观之以心，而观之以理也。"以目观物，即以感官观物，其所得为感。以心观物，即以心思物。然实际底物，非心所能思。心所能思者，是实际底物之性，或其所依照之理。此点上文已详。知物之理，又从理之观点以观物，即所谓以理观物。此所解释，或非康节之本意，不过无论如何，心观二字甚好。又有所谓静观者，程明道诗："万物静观皆自得，四时佳兴与人同。"静观二字亦好。心观乃就我们所以观说；静观乃就我们观之态度说。

就一方面说，以心静观真际，可使我们对于真际，有一番理智底，同情底了解。对于真际之理智底了解，可以作为讲"人道"之根据。对于真际之同情底了解，可以作为入"圣域"之门路。如下第五章、第十章中所说。就此方面说，哲学又有大用，其详看下第五章、第十章可知。

（七）哲学之新与旧

我们既知哲学与科学，完全有种类上底不同，我们即可知哲学，或最哲学底哲学，并不以科学为根据。哲学之出发点，乃我们日常之经验，并非科学之理论。科学之出发点，亦是我们日常之经验，但其对于事物之看法，完全与哲学之看法不同。

哲学，或最哲学底哲学，不以科学为根据，所以亦不随科学中理论之改变而失其存在之价值。在哲学史中，凡以科学理论为出发点或根据之哲学，皆不久即失其存在之价值。如亚里士多德，如海格尔，如朱熹，其哲学中所谓自然哲学之部分，现只有历史底兴趣。独其形上学，即其哲学中之最哲学底部分，则永久有其存在之价值。其所以如此者，盖其形上学并不以当时之科学的理论为根据，故亦不受科学理论变动之影响也。

在中国哲学史中，先秦哲学，派别甚多，未可一概而论。自秦以降，汉人最富于科学底精神。所谓最富于科学底精神者，即其所有之知识，多系对于实际之肯定。当时所流行之哲学，为阴阳五行家。此派哲学，与其说是哲学，不如说是我们的原始底科学。其所主张，如五行之相生相胜，以及天人交感之说，皆系对于实际之肯定。凡先秦哲学中所有之逻辑底观念，此时人均予以事实底解释，使之变为科学底观念。详见第二章。所以汉人的哲学，至今只有历史底兴趣。

晋人则最富于哲学底精神。先秦哲学中所有之逻辑底观念，此时人又恢复其逻辑底意义。我们常见此时历史中说，某某善谈名理。所谓名理，即是对于实际无所肯定之理论，亦可说是"不着实际"之理论。因其"不着实际"，所以其理论亦不随人对于实际之知识之变动而变动。因此晋人的哲学至今仍有哲学底兴趣。

哲学对于实际虽无所肯定，而对于真际则有所肯定。晋人虽有"不着实际"之倾向，而对于真际并未作有系统底肯定。所以晋人虽善谈名理，而未能有伟大底哲学系统。在中国哲学史中，对于所谓真际或纯真际，有充分底知识者，在先秦推公孙龙，在以后推程朱。他们对于此方面之知识，不是以当时之科学底理论为根据，亦不需用任何时代之科学底理论为根据，所以不随科学理论之变动而变动。

哲学，或最哲学底哲学，不随各时代之科学的理论之变动而变动，其情形已如上述。然各种学问，其本身亦应有进步，哲学，或最哲学底哲学，其本身是否可能有日新月异底发现，如现在科学所有者？又是否可能有一种进步，使其以前哲学家的哲学，皆只有历史底兴趣，一如现代底科学与以前底科学之比？

就一方面说，这恐怕是不可能底。其理由可分两点说。

就第一点说，科学是对于实际有所肯定者。他对于一类事物之理，即一类事物之所以为一类事物者，必知其内容，然后可对于此类事物有所肯定。他对于一类事物之理，并不以其为真际底而研究之，而系因欲对于其类事物有所肯定而研究之。哲学只对真际有所肯定，但肯定真际有某理，而不必肯定其理之内容。例如树一类之物，哲学只须说：树一类之物必有其所以为树者，即必有树之理。但讲植物学者，则必对于树之所以为树者，即树之理之内容，加以研究，然后对于实际底树，可以有许多肯定，可以利用之，统治之。事物之类之数量，是无尽底。一类事物之理之内容亦是很富底。科学家向此方面研究，可以说是"仰之弥高，钻之弥坚"。他的工作可以说是"今日格一物，明日格一物"。他不断地"格"，即不断地有新知识得到，所以科学可有日新月异底进步。

哲学家以心观大全（大全解释见下），他并不要取真际之理，一一知之，更不必将一理之内容，详加研究。所以哲学不能有科学之日新月异底进步。

就第二点说，哲学中之道理由思得来。在历史中，人之思之能力，及其运用所依之工具，如言语文字等，如已达到相当程度，则即能建立哲学之大体轮廓，并知其中之主要道理。此后哲学家之所见，可更完备精密，但不易完全出前人之轮廓。在此点哲学又与科学不同。科学大部分是试验底，其研究大部分靠试验工具。因试验工具可以有甚多甚速底革新与进步，科学亦可有甚多甚速底革新与进步。哲学不是试验底，其研究不靠试验工具，而靠人之思之能力。人之思之能力是古今如一，至少亦可说是很少有显著底变化。思之运用所依之工具，如言语文字等，亦不能有甚多甚新底进步，数理逻辑以符号辅助文字，即欲将思之运用所依之工具，加以改进，然其所改进者，比于科学实验所用工具之进步，可以说是微乎其微。今人之所以能超过前人者，大部分靠今人有新工具。例如今人能飞行，古人不能飞行，此非因今人之体质在生理方面，与古人有何不同，而乃今人有飞机之工具，古人则无此工具也。哲学既只靠思，思之能力，古今人无大差异，其运用所依之工具，又不能或未能有大改进，所以自古代以后，即无全新底哲学。古代底哲学，其最哲学底部分，到现在仍是哲学，不是历史中底哲学。

然全新底哲学虽不能有，或不易有，而较新底哲学则能有，而且事实上各时代皆有。较新底哲学所以可能有之理由，可分三点言之。

就第一点说，人之思之能力，虽古今无大异，然各时代之物质底环境，及其所有别方面之知识，则可有改变。如其有改变，则言语亦随之改变。如现在我们所常用之言语中，有许多所谓新名词，新文法，五十年前之人，如死而复生，听我们现在所说之话，读我们现在所写之书，当有大半不知所谓。因此往往有相同，或大致相同底道理，而各时代之哲学家，各以其时代之言语说之，即成为其时代之新底哲学系统。此非是将古代底言语译成现代底言语之一种翻译工作。此种翻译，亦是一种工作；做此种工作者即注疏家。但注疏家不能成为一时代的哲学家。

哲学家是自己真有见者；注疏家是自己无见，而专转述别人之见者。上文说自古以来，无全新底哲学，但虽无全新底哲学，而却有全新底哲学家。例如柏拉图以后，不能有一全新底柏拉图哲学，但非不能有人，不藉读柏拉图之书，而与柏拉图有同样，或大体同样底见解。此人是一全新底哲学家，但其哲学则并非一全新底哲学。一时代的哲学家，必是将其自己所见，以当时底言语说出或写出者。因其所见，不能完全与前人不同，所以其哲学不是全新底哲学，但其所说或所写，是其自己所见，所以虽有与前人同者，但并非转述前人，所以异于注疏家。

例如最初游南岳者，将其所见写一游记。此后虽再有游者，即难写一全新底游记。但虽无全新底游记，非无全新底游者。各时代之游者，各以其所见写为游记，其所写游记，不能是全新底，但与未到南岳，仅转述他人所记者，自有大不相同之处。此喻只是一喻，因游人所见之南岳，其本身尚可有变动，而哲学所讲之真际，则是无变动底。总之凡对于某事物亲自有所见到者，其所叙述，与道听途说者之叙述，自然不同。所谓"实见得者自别也"（朱子语，见《语类》卷一百）。一亲自见南岳者，其叙述纵与前人同，而听之者，自觉有一种力量，为仅转述前人之言所不能有者。若其所用之言语，与前人不同，其所用之言语，本乎当时人之经验，合乎当时人之趣味，则其对于当时人之力量可以说是全新底。由此之故，一时代不能有全新底哲学，而可有全新底哲学家。

就第二点说，真际之本身，虽是不变底，但我们之知真际，乃由分析解释我们的经验。古今人之环境，及其在别方面所有之知识，可有不同，则古今人之经验，可有广狭之不同。今人之新经验之尚未经哲学分析解释者，一时代之新哲学家，可分析解释之，其结果或有对于真际之新见。即或无新见，而经此分析解释，新经验可与原有底哲学连接起来。一时代新经验之分析解释，亦即可成为一时代之新哲学。以前喻譬之，假令南岳是不变底，但上南岳之路，则可随时增加，若由新路上南岳，则对于南岳，或可有新见。

就第三点说，人之思之能力虽古今如一，而人对于思之能力之训练则可有进步。逻辑为训练人之思之能力之主要学问。今人对于逻辑之研究，比之古人，实大有进步。故对于思之能力之训练，今人可谓优于古人。用训练较精底思之能力，则古人所见不到者，今人可以见到，古人所有观念之不清楚者，今人可使之清楚。以前喻譬之，若今人之上南岳者，其目力因特殊底训练，可较前人为好，则其所见或可较前人为多。

由此之故，一时代虽不能有全新底哲学，而可有全新底哲学家，较新底哲学。一时代之哲学家之哲学，不是全新底，所以是"上继往圣"。但其哲学是较新底，其力量是全新底，所以可"下开来学"。

以上所说，是站在哲学之内，说实际底哲学之实际底发展。若站在哲学之外，以看实际底哲学与本然底哲学之关系，及哲学中各派别与哲学之关系，则另有一套理论，现在我们不能讲。因为那一套理论，亦是我们所讲底哲学之一部分，必须对于我们所讲底哲学，已有相当底了解，方可了解之。所以其详在第七章中。

第一章　理太极

（一）实际与真际

每一平常人，每日皆有许多经验，质言之，即每日必有许多知识，作许多判断，说许多命题。所谓每日皆有许多知识者，如我今日上午见此桌子，即是一知识，下午又见此桌子，即又是一知识。我今日上午说"这是桌子"，即是作一判断，说一命题。下午又说"这是桌子"，即是又作一判断，说一命题。此诸知识，判断，及命题，乃平常人每日所常有，常作，常说者，不过其中所涵蕴之意义如何，则平常人不追问。追问此诸意义，即是哲学之开始。

我们说，哲学开始于追问此诸意义，而不说，哲学即仅是追问此诸意义。若哲学仅是追问此诸意义，则哲学即与逻辑无大差别。近来虽有一部分哲学家如此说，但我们并不如此主张。我们所以不如此主张者，因为我们认为，我们平日所有底知识，不是空底。所谓不是空底者，即我们的知识，有其对象，有其所知。我们的判断，命题，在客观方面均有与之相当者。如其不然，则我们的知识，即与幻觉无别，而我们对于任何事物，皆可作任何判断，说任何命题，如此则任何判断，任何命题，对于任何事物，即无是真或是假之可言。但这是说不通底。我们的知识及由此而起之判断，命题，皆系关于其所知者。例如我们说："这是方底。""这"是所知，亦即实际底事物。"这是方底"之命题，表示我们对于"这"有知识，有判断。如果说这个命题，说这句话之时，我们并不是随便开玩笑，随便作所谓戏论，如果这个命题，这句话，是有意义，是可真可假，则这个命题，这句话，不是一句空话，是及于实际底事物者，即系对于实际底事物有所肯定。我们日常生活中所作之命题，大都此类。

说"这是方底"，即是说"这"有方性，或是说"这"是属于方底事物之类。此点我们于上章已说。因"这是方底"，我们可思及凡有方性底物，即凡属于方底物之类底物。我们亦可对于凡属于方底事物之类底物，作许多肯定，例如说："凡方底物皆有四隅。"我们作这个判断，说这个命题时，如果我们是思及所有有事实底存在底方底物，虽然我们并不知其数目果有若干，但我们是将其总括而一律思之，如此，则这个判断，这个命题，即是及于实际者，即对于实际有所肯定。科学中之命题，大都此类。

如我们更进一步而离开一切方底物，即属于方底物之类之实际底物，而只思及方底物之所以为方者，我们亦可作许多肯定。例如我们可说"方有四隅"或"方是四隅底"。于作此判断，说此命题时，我们可不管事实上果有实际底方底物存在否。我们可以为，事实上可以无实际底方底物之存在，但如其有之，则必有四隅。如此，则这个判断，这个命题，即不是及于实际而是及于真际者，即不是对于实际特别有所肯定，而是对于真际有所肯定。哲学中之命题，大都此类。

方底物之所以为方者即"方"。照上所说，"方"可以是真而不实。如果事实上无实际底方底物之存在，"方"即不实。但如果事实上有实际底方底物之存在，则它必有四隅。实际底方底物，必依照方之所以为方者而不能逃。于此可见"方"是真。如果"方"是真而不实，则"方"是纯真际底。

实际底事物涵蕴实际；实际涵蕴真际。此所谓涵蕴，即"如果——则"之关系。有实际底事物必有实际；有实际必有真际。但有实际不必有某一实际底事物；有真际不必有实际。我们平常日用所有之知识，判断，及命题，大部分皆有关于实际底事物。哲学由此开始，由知实际底事物而知实际，由知实际而知真际。宋儒所谓"由著知微"，正可说此。及知真际，我们即可离开实际而对于真际作形式底肯定。所谓形式底肯定者，即其所肯定，仅是对于真际，而不是对于实际。换言之，即其肯定是逻辑底，而不是经验底。如上所说"方有四隅"，即其例。

我们说"有方"，即对于真际作一形式底肯定。"有方"并不涵蕴"有实际底方底物"，更不涵蕴"有这个实际底方底物"。故说"有方"，并不对于实际有所肯定，即只是对于真际，作一形式底肯定。就我们的知识之获得说，我们必需在经验中见有实际底方底物，我们才能说"有方"。但我们既说"有方"之后，我们可见即使事实上无实际底方底物，我们仍可说"有方"。

（二）类

上文举"这是方底"一命题以为例，以见哲学开始于追问此等命题所涵蕴之意义。专就"这"说，"这"就是"这"。就对于人之知识说，"这"是一个未经分析底浑沌，是一个"漆黑一团"。能思之心，将其加以分析，于是发现其有许多性。依其每一性，皆可以"这"为主辞而作一命题，例如这是方底，这是木底，这是桌子等。

人之所以高于其它动物者，至少可以说是人之所以异于其它动物者，其一点即在于人能对于"这"作分析而其它动物不能。一狗看见一张桌子，这桌子对于它大概只是个"这"。它固然不能说"这是方底"，"这是木底"，"这是桌子"等命题，它大概亦不能有此思。它可以把一张桌子弄倒弄破，但将桌子弄破，只是分割而不是分析。分割是把一物分成许多部分；分析是把一物化为构成它之原素。

分析有二种：一种是物质底，一种是理智底。科学在实验室中对于物之分析，如将其分析为原子电子等，是物质底分析。哲学中所说之分析，如将"这"分析而知其有"方"性，是理智底分析。物质底分析，可于实验室中行之；理智底分析，则只可于思中行之。物质底分析，需将所分析者实际拆开；理智底分析则不需将所分析者实际拆开，且依其分析方法，亦不能将其所分析者实际拆开。例如我们分析"这"而知其有"方"性，但并不需将"方"性从"这"中拆开提出，亦不能将其拆开提出。依物质底分析所得之原素及观念是科学底。依理智底分析所得之原素及观念是哲学底。例如原子电子等是科学底原素及观念；"方"性等是哲学底原素及观念。

总括是与分析相对者。总括与普通所谓综合不同。综合是把不同底事物或观念，合而为一。总括是把相同底事物，即事物之有同性者，作为一类而观之。综合是一种工作，一种手续；总括是一种看法。

就我们用思之程序说，总括在分析之后。例如有一方底物，我们的思将其分析，见其有方性。再将所有有方性底物，总括思之，即得方底物之类之观念。我们不知，亦不能知，实际上方底物，果有多少，但我们可将其一概总括而思之。此阶段之思是及于实际者。此即我们于上文所说，由分析实际底事物而及实际。

于有类之观念后，我们又可见，我们于思及某类，或说及某类时，并不必肯定某类即有实际底分子。如果我们只思及某类或说及某类，而并不肯定其中有实际底分子，则我们所思，即不是某种实际底物之类而是某之类。例如我们如不肯定实际上果有方底物而但思及"方"类，则我们所思，即不是实际底方底物之类，而是方之类。所谓某之类，究极言之，即是某之理。例如方之类，究极言之，即是方之理。关于理我们以下详说。现系从类之观点讨论，所以我们不称为某之理，而称为某之类。

有某理即可有某种事物之类。我们说它可有，因为它不必有。某理可以只有真而无实。如其只有真而无实，则其可有之某种事物之类，只是可有底，而不是实有底。如此则此某种事物之类，即是一空类。上文说"方"可以只有真而无实；"方"可以只是纯真际底。如果"方"只有真而无实，则方底物之类，即仅只是一可有底类，一空类。

我们的思，在此阶段即只对于真际有所肯定，而不对于实际有所肯定。我们说有方之类，即只对于真际有一形式底肯定；但我们并不肯定方之类必有实际底分子，此即不对于实际有所肯定。此阶段之思，是及于真际者，此即我们于上文所说，由知实际而知真际。

每一类之实际底分子，在任何时之实际底数目，我们不能依逻辑知之。多数底类之实际底分子，在任何时之实际底数目，我们即在事实上，亦不能知之。例如地上底草，在某一时共有若干棵，人的头发在某一时共有若干根，在事实上是无从知底。有些类之实际底分子，在某一时之实际底数目，在事实上是可以知底。例如地球上在某一时共有若干兵，注意军备之人，大概皆可知之。不过这已牵入事实问题。就哲学说，我们说及类时，其类之果有实际底分子存在否，及其实际底分子，如其有之，果有多少，除一二例外外，非哲学依逻辑所能知。但诸类之比较地共别，则可依逻辑知之。共与别系《荀子·正名》篇中所有之名词。动物类，对于猫类或狗类，是共类；动物之名，对于猫或狗之名，是共名。猫类或狗类，对于动物类，是别类；猫或狗之名，对于动物之名是别名。猫类或狗类，果均有实际底分子否，如其有之，在某一时其实际底分子孰多，不能依逻辑知之。但动物类，共于猫类或狗类，则只须我们能了解所谓猫或狗之意义，即可依逻辑知之。共类所有之分子，即是其所属之别类所有之分子。别类之实际底分子，亦可为共类之实际底分子。所以一共类所有之实际底分子，必不少于其所属之别类之实际底分子，此亦可依逻辑知之。

普通多依一类之名之外延，称共类为高类，别类为低类。但我们亦可依一类之名之内涵，称共类为低类，别类为高类。依内涵说，猫类或狗类之有，无论在实际方面，或在真际方面，均涵蕴动物之有。但动物之有，无论在实际方面，或在真际方面，均不涵蕴猫或狗之有。有猫或狗，则必有动物，但有动物，不必有猫或狗。依此观点，我们说，猫类或狗类是高类，动物类是低类。

所谓真际，可以从类之观点看，亦可从全之观点看。关于全，下文详说。今先说，若从类之观点，以看真际，则真际是一大共名，其类是一大共类，亦即是一分子最多之类。依本书所谓真际之意义，凡可称为有者皆属真际。故其类包括一切。

有亦是一大共名，其类亦是一大共类，亦即是一分子最多之类。有之观念为道家所常用。不过道家仅说及实际，其所谓有，系指一件一件底实际底事物而言，亦或指实际而言。但我们不妨用之以指一切底有。

无亦是道家所常用之观念。不过先秦道家，如老、庄，所谓无，系指其所谓道。依他们的所见，一件一件底实际底事物是有；道不是一件一件底实际底事物，所以称为无。其所以称为无，乃所以别于他们所谓有，并不是真正底无。惟郭象所说有，并不是指一件一件底实际底事物，而是指实际，其所谓无，亦是真正底无。郭象说："非惟无不得化而为有也，有亦不得化而为无矣。是以有之为物，虽千变万化，而不得一为无也。"（《〈庄子·知北游〉注》）由此可知，其所谓有，并非一件一件底事物之有，而是有，亦即是实际。其所谓无，亦系真正底无。不过郭象亦只讲及实际，而未及真际。其所谓无亦系与实际底有相对者。照我们的看法，从理之方面说，可以说是无无。真际有有之理而无无之理。所谓无者，即不有或非有，乃是与有相对之负观念，正如非方乃与方相对之负观念。就我们的知识说，负观念因正观念而起，但就真际方面说，则只有与正观念相应之理，而并无与负观念相应之理。例如非方之观念，乃因方之观念而起，但真际只有方之理，而并无非方之理。

从类之方面说，我们可以说，无之类是所有底空类之类，凡无实际底分子之类均属之。不过所谓无之类是一负观念之类，犹如凡不方底物可以入于不方之类，但不方之类是一负观念之类，并无与之相应之理。

物亦是一大共类，亦即是一分子最多之类。荀子说："万物虽众，有时而欲遍举之，故谓之物；物也者，大共名也。"（《正名》）《墨经》

分名为达、类、私三种，达名即大共名。《经说》所谓："有实也必待之名也。"（《经说》上）《墨经》亦以物为大共名。物，就其字之广义说，不仅指普通所谓东西。郭象说："有之为物。"《老子》说："道之为物。"《易·系辞》说："乾，阳物也；坤，阴物也。"道及阴阳均可谓之物。我们可用以指一切底有。不过本书中于别处所谓物，皆用其字之狭义，即专指普通所谓东西。

以上所说真际，有，及广义底物，均是一大共类，亦即均是一类。我们不知宇宙间底事物，共有若干，亦不知其间之类，共有若干。但我们可知其有一大共类。我们所谓真际，有，及广义底物，均指此类说。我们又可知此类必有实际底分子。因其如无实际底分子，即无实际，亦即无"我"，一切经验，均不可能。公孙龙说："使天下无物指，谁径谓非指？天下无物，谁径谓指？天下有指无物指，谁径谓非指，径谓无物非指？"（《公孙龙子·指物论》）照他所用底名词，指是纯真际底理，物或物指是实际底物。若使仅有纯真际底理，则讲说指之人亦无，现讲说指者其谁耶？故因有讲说指之人，即可知大共类必有实际底分子。

公孙龙讲名实，《墨经》亦讲名实。实即一件一件底实际底事物。名即所以谓实者。公孙龙说："天地与其所产焉，物也。物以物其所物而不过焉，实也。""夫名，实谓也。"（《公孙龙子·名实论》）例如我们说："这是马。""这"即一实；"马"即所以谓此实者。我们说"这是马"，我们即将"这"归入于马类。马是《墨经》所谓类名，所谓"若实也者，必以是名也"。我们说"马是物"，即将马类归入物类。物是大共类，其名即《墨经》所谓达名。凡实际底事物，皆可归入此类或彼类，有此名或彼名。所以实际底事物，皆是"有名"。道家以有名与无名相对。实际底事物是有名；其所说道是无名。

（三）全

上文说真际，可从类之观点看，亦可从全之观点看。所谓从全之观点看者，即我们将真际作一整个而思之。此整个即所谓全或大全。我们将一切凡可称为有者，作为一整个而思之，则即得西洋哲学中所谓宇宙之观念。在中国哲学中有时亦以天地指此观念。如郭象说："天地者，万物之总名也。"（《〈庄子·逍遥游〉注》）总名与类名不同。如上所说物类，是从类之观点以观万物，"物"是其类名。此说天地或宇宙，是从全之观点以观万物，天地或宇宙是其总名。"万物"亦可用以指此大全之观念，如孟子说"万物皆备于我矣"（《孟子·尽心上》），此万物即是说一切物。有时为清楚起见，我们亦常用"天地万物"以指此大全之观念。惠施所谓大一，亦是指此观念之很好底名词。惠施说："至大无外，谓之大一；至小无内，谓之小一。"（《庄子·天下》）所谓大全或宇宙，正是至大无外者。如其有外，则其外必仍有所有，而此所谓整个即非整个，此所谓大全即非大全。

大一、小一是两个纯粹哲学底观念，因为它完全是逻辑底。《庄子·秋水》对于此点，有很好底辩论。在《秋水》中，河伯问："然则吾大天地而小毫末可乎？"此天地指普通所谓天地，在普通经验中，天地为大，毫末为小。天地是大底；毫末是小底；这两个命题是经验底，是对于实际有所肯定者。但人的经验是有限底。其中所有大小，不是绝对底。所以在《秋水》中，海若答河伯此问说："计人之所知，不若其所未知。其生之时，不若未生之时。又何以知毫末之足以定至细之倪，又何以知天地之足以穷至大之域？"所以只有至大无外者，方可谓之大一；此大一惟大全或宇宙可以当之。惟至小无内者，可以谓之小一。但什么是至小无内底，我们不能说。大一、小一，皆只对于真际有所肯定。大全或宇宙可以为大一者，因大全或宇宙亦是逻辑底观念，照定义它是至大无外底。若指定什么是小一，则即为对于实际有所肯定，其命题是经验底，其真假总是可疑问底。有人说：电子是最小底物。对于作此类肯定者，我们总可引海若之话问之。

如用一名以谓大全，使人见之可起一种情感者，则可用天之名。向秀说："天者何？万物之总名。人者何？天中之一物。"（罗含《更生论》引，《全晋文》卷一百三十一）我们亦可说：天者，万有之总名也。万有者，若将有作一大共类看，则曰有。若将有作一大全看，则其中包罗一切，名曰万有。天有本然自然之义。真际是本然而有；实际是自然而有。真际是本然；实际是自然。天兼本然自然，即是大全，即是宇宙。斯宾诺莎所谓上帝，即是我们所谓大全，但他名之曰上帝者，以上帝之名，可使人见之起一种情感也。本书所谓天，均用此所说天之意义。

严格地说，大全，宇宙，或大一，是不可言说底。因其既是至大无外底，若对之有所言说，则此有所言说即似在其外。庄子说："既已为一矣，且得有言乎？既已谓之一矣，且得无言乎？一与言为二。"（《齐物论》）郭象说："夫以言言一，而一非言也，则一与言为二矣。一既一矣，言又二之。"二即非一，故对于大一，只有无言。如有言，其言亦等于无言。

严格地说，大全，宇宙，或大一，亦是不可思议底。其理由与其是不可言说同。但我们于上文说，将万有作一整个而思之，则是对之有所思。盖我们若不有如此之思，则即不能得大全之观念，即不能知大全。既已用如此之思而知大全，则即又可知大全是不可思议底。

于此我们可见逻辑底或哲学底观念，与经验底或科学底观念之不同。物理学及天文学中所谓宇宙是物质底，正如上文所说物质底天地。此宇宙之观念，是经验底，科学底。所以科学中所说宇宙，与哲学中所说不同。物理学及天文学中所说宇宙，可以不是"至大无外"底；而哲学中所说宇宙，则必是"至大无外"底。有物理学家以为宇宙能扩大。此所说宇宙若是哲学中所说宇宙，则此命题是不通底。若用《墨经》的话，我们可以说"此言悖"。

以物为一类而思之，与以一切物为整个而思之，其所思不同。盖以物为一类而思之，其所思只及一切物所公共有之性。而以一切物为一整个而思之，其所思乃及一切物及其所有之一切性。此大全或大一之所以为"至大无外"也。我们不知一切物都是什么，又不知其共有若干，亦不知其所有之一切性都是什么及共有若干，但我们不妨将其作一整个而思之。此所以大全，大一，或宇宙，不是经验底观念，而只是逻辑底观念。

我们以类为对象而思之，或以大全之一整个为对象而思之，我们可超乎经验，而又不离乎经验而对于实际有所肯定。超乎经验，因为所思之中可有经验所不及者。不离乎经验而对于实际有所肯定，因为对于经验所不及者，在实际上并无所肯定。我们只对于真际作形式底肯定，而不对于实际有事实底肯定。故于作此思时，一方面可以说是"智周万物"，"范围天地"，一方面还是"不离宇中"。

我们于上文说，我们因分析实际底事物而知实际，因知实际而知真际。我们的知愈进，我们即愈能超经验。我们于上文说，"这"对于狗只是"这"；而人则因分析"这"而知"这"是什么。能知"这"是什么，即已超乎"这"。

我们又知类，我们知凡属一类之事物，皆有其"有以同"，如《墨经》所说者。我们如从经验知一类中之许多"这"是如此如此，即可知其类中之别底"这"，虽为我们经验所不及者，亦是这般这般。我们如从经验知一"这"有某类事物所同有之某性，则某类事物所同有之别底性，此"这"亦有，虽我们或并未注意及之。我们说"这是桌子"，即是知"这"属于桌子之类中，我们虽未深考"这"所有之性，但可知凡桌子所有之性，此"这"亦必有之。

科学即利用此等知识以统治自然，利用自然。培根说：上帝说，宇宙间事物，人若能叫出它的名字，即可使用之。能叫出它的名字者，即知其属于何类也。知其属于何类，即可用人已有对于此类之知识，以统治之，利用之。

若人之知，更由知实际而知真际，则其超经验之程度更大。详在第十章中。

（四）理

上文已说到方之理。所谓方之理，即方之所以为方者，亦即一切方底物之所以然之理也。凡方底物必有其所以为方者，必皆依照方之所以为方者。此方之所以为方，为凡方底物所皆依照而因以成其为方者，即方之理。凡方底物依照方之理而为方，其所依照于方之理者即其性。凡依照某所以然之理而成为某种物之某，即实现某理，即有某性。理之实现于物者为性。关于性，第四章中，另有详说。若仅有方之理而无实现之之实际底物，则方之理即只有真而无实。"方"即是纯真际底。方底物之类，即仅是一可有之类，一空类。

就我们得到知识之程序说，我们已知属于每一类之事物皆有同性，例如属于方底物之类之物皆有方性。每类物所同有之性，我们可将其离开此类之实际底物而单独思之。在中国哲学史中，公孙龙最先注意此点。公孙龙所主张之"离坚白"，即将坚或白离开坚白石而单独思之也。此单独为思之对象之坚或白，即坚或白之所以为坚或白者，即坚底物或白底物之所以然之理也。离坚白石之坚或白，公孙龙名之曰指。指之为纯真际底，公孙龙名之曰藏。指之实现于实际底物者，公孙龙名之曰与物之指或物指。

有人以为，所谓方者，不过人用归纳法，自其所见之许多方底物中，所抽象而得之概念，在客观方面，并无与之相当者。真际即是实际；实际之外，别无真际。

对于此主张，我们说：我们对于此所谓理之知识，可以名曰概念。

自知识之得到方面说，我们对于方底物，必须有若干知识，然后可得方之概念。但既得方之概念之后，则见方，即所谓方之理，亦即方之所以为方者，并不只是一概念。此如我们初学算学时，先数三个桌子，三个椅子，然后可以知"三"。三个桌子，三个椅子等，是"三"之实际底例，即实际底三。实际底三是可感底，但"三"则不可感而只可思。我们自经验底实际底三中，得三之概念。既得三之概念，知三之所以为三者之后，即见三有自可为三者，"三"不只是一概念。"三"是一客观底有。实际底三，必依照三之所以为三者，然后可成为三。故有实际底三，必有三之所以为三者，但有三之所以为三者，不必即有实际底三。三如此，其他数目，亦系如此。因其均系客观底，所以数学中有一定底原则公式，不能随人意为改动。如数目仅为人之概念，则数学可随人意编排，而大家所公认之数学，即为不可能。

如问：我们的思，何以能知"三"或"方"？此正如问：我们的眼，何以能见红色？此二问题，同一不可解答。我们固可就生理学方面，将我们的眼之结构作一研究，以为如此结构，遇某种刺激，我们即有红色之感觉。但此不过说明我们有红色感觉时所需要之条件，及其所经过之程序。但在此条件之下，经此程序之后，我们何以有红色之感觉，仍未说明。于有红色之感觉之时我们不但有此感觉，而并且知所感觉者是红色；知所感觉者是红色，则即可作"这是红色"之判断，说"这是红色"之命题。我们若将"这是红色"之判断，"这是红色"之命题，加以分析，我们即见，我们于作此判断，说此命题时，我们已有红色之概念。我们若再将此概念，加以分析，我们即见我们所有红色之概念，实是我们所有对于红色之概念。有红色之所以为红色者，我们对之之知识，即所谓红色之概念，所以红色之概念，实是对于红色之概念。此红之所以为红者，并不在我们心中，我们心中所有者，不过对此之知识，即所谓对于红色之概念。红之所以为红者，虽亦为红底物所依照，但不即在红底物中，亦不即是红底物。因为假使实际上无红底物，还可有红之所以为红者。此红之所以为红者即是红之理，我们对之之知识，即是我们所有对于红色之概念。若问：我们何以能有此知识？若此问是问：什么是此知识所需要之条件，及其所经之程序？则生理学或心理学可以答复此问题。若此问题是问：在此条件之下，经此程序之后，我们何以能有此知识？此问题，与问我们何以能有红色之感觉，同是不可答底。我们只可说：我们有能感之官能，对于实际底物，能有感觉。我们有能思之官能，对于真际中之理，能有概念。

我们的主张，可以说是一种纯客观论。照常识的看法，一件一件底实际底事物是客观底，但言语中之普通名词如人，马等，形容词，如红底，方底等，所代表者，均不是客观底，或不能离开一件一件底实际底事物而独有。纯主观论以为即一件一件底实际底事物亦是主观底，或可归于主观底。但这种说法是说不通底。因为照它的逻辑推下去，一个人只能知道他自己于一时间所有之感觉，一切言语，历史均不可能。在常识与纯主观论中间，还有或可有种种不同底派别，在常识与我们的纯客观论中间，亦有或可有种种不同底派别。但这些均不在我们讨论之列。我们只说我们的主张，是纯客观论。中国的旧日底理学，亦是纯客观论。中国人的精神为旧日理学所陶养者，亦是纯客观论底。此点于第四章以下有详细底说明。

一种即一类物有一种物之理。一种事有一种事之理，一种关系有一种关系之理。此所谓物是狭义底，如宋明人语录中所说事事物物或事物之物。本书所谓物，除本章第二节第三节外，均是就狭义底物说。如桌子是一物，桌子动是一事。就事说，每种事，亦皆有其所以为此种事者；此即其理，为其类之事，所必依照。依照某理之事，即其理之实际底例，亦即其事之类之实际底分子也。例如动之一种事，必有其所以为动者，此即动之所以然之理，为一切动之事所必依照者。依照动之理之实际底动之事，即动之理之实际底例，亦即动之事之类之实际底分子也。物与物之间，事与事之间，有互相交涉之关系。就关系说，每种关系，亦必有其所以为此种关系者。例如此物在彼物之上，在上乃一种关系。在上之关系，必有其所以为在上者，其所以为在上，即在上之所以然之理也。一实际底在上之关系，例如此砚在此桌子之上，即系依照在上之理，而为其实际底例，为实际底在上之关系之类中之实际底分子。又如此事为彼事之因，彼事为此事之果，因果乃一种关系。因果之关系，必有其所以为因果者。此所以为因果者，即因果之所以然之理。

理，宋儒亦称为天理。我们亦可称理为天理。我们于上文说，天兼本然自然二义。理是本然而有，本来已有，故是本然，故可称为天理。

（五）形上　形下

《易·系辞》说："形而上者谓之道，形而下者谓之器。"《易·系辞》所谓形而上与形而下之意义原来若何，我们现不讨论。我们现只说本书所谓形上形下之意义。此意义大体是取自程朱者。

我们所谓形上形下，相当于西洋哲学中所谓抽象具体。上文所说之理是形而上者，是抽象底；其实际底例是形而下者，是具体底。抽象者是思之对象，具体者是感之对象。例如"方"是思之对象，是抽象底；这个方底桌子是感之对象，是具体底。不过抽象者虽是思之对象，而思之对象不一定是抽象者。例如上所说之类及全，虽非抽象底，而亦是思之对象。具体者是感之对象，不过此所谓感不只限于耳目之官之感，例如某人之心或精神，虽不为其本人或他人之耳目之官之对象，而亦是具体底。

有一点我们须注意者，即西洋哲学中英文所谓"买特非昔可司"之部分，现在我们亦称为形上学。因此凡可称为"买特非昔可"底者，亦有人称为形上底。但此形上底，非我们所谓形上底。可称为"买特非昔可"底者，应该称为形上学底，不应该称为形上底。照我们所谓形而上者之意义，有些可称为形上学底者，并不是形上底。例如唯心论者所说宇宙底心，或宇宙底精神，虽是形上学底，而是形下底，并不是形上底。照我们的系统，我们说它是形下底，但这不是说它价值低。我们此所说形上形下之分，纯是逻辑底，并不是价值底。形而下者，如其是有价值底，其价值并不因其是形而下而低。如宗教中所说上帝能创造作为。此上帝，如其有之，亦是形下底。

就我们之知识言，我们之知形而上者，必始于知形而下者。我们的知识，始于感觉。感觉之对象，事事物物，皆是形而下者。我们对于感觉之对象，事事物物，加以理智底分析，因而知形而上者。对于事物之分析，可以说是"格物"。因对于事物之分析，而知形上，可以说是"致知"。

就真际之本然言，形而上者之有，不待形而下者，惟形而上者之实现，则有待于形而下者。例如"圆"，圆之所以为圆者，或圆之所以然之理，之有，不待于形而下者，而其实现，即在实际上有一事实底圆，则必待于形而下者，如一粉笔画底圆，必待粉笔所画之线。

实际底事物，中国哲学中名之谓器。朱子说："形而上者，无形无影是此理。形而下者，有情有状是此器。"（《语类》卷九十五）在中国哲学中，相当于形上形下之分，又有未发与已发，微与显，体与用之分别。就真际之本然说，有理始可有性，有性始可有实际底事物。如必有圆之理始可有圆之性，必有圆之性始可有圆底物，所以圆之理是体，实现圆之理之实际底圆底物是用。理，就其本身说，真而不实，故为微，为未发。实际底事物是实现理者，故为显，为已发。某理即是某种事物之所以为某种事物者，某种事物即是所以实现某理者。由此观点以说理与事物之关系，即程朱所谓"体用一源，显微无间"。

上文说，照常识的看法，一件一件底实际底事物，是客观底，但言语中之普通名词，如人、马等，形容词，如红底、方底等，所代表者，均不是客观底，或不能离开一件一件底实际底事物而独有。我们的纯客观论则主张不独一件一件底实际底事物是客观底，即言语中之普通名词或形容词所代表者，亦是客观底，可离一件一件底实际底事物而独有。不过此所谓有，只是就真际说。我们说"人""马""方""红"等可离开实际底一个人，一个马，一个方底物，一个红底物而有。此有并不是实际底。举"方"以为例。普通人多以想象具体底方者想象抽象底方，其实抽象底方是不能为我们所想象底。照普通人之错误底想象，似于许多方底物之外，另有一方底物。此方底物与别底方底物之区别，只在其是完全地方，此似乎是完全地方底物，与别底方底物可并排在一处，如一画家可将其所临写之真本，与其许多摹本并排在一处。如用此看法，则不独是体用两橛，显微有间，而且我们所主张"方"可离开方底物而独有之说，直是不通，直是悖。普通以此说为不通者，大多系用此种看法看。其实这种看法是完全错误底。

我们于上文已说，"方"是思之对象，不是可以想象底。朱子说："无极而太极，不是说有个物事光辉辉地在那里。"（《语类》九十四）我们所谓"方"，亦不是"一个物事光辉辉地在那里"。所谓方者，只是方底物之所以为方者，方底物之所以然之理。此理不是我们所能随便改动，因此可见其不是主观底，然亦不即是实际底方底物。我们即实际底方底物而见其所以为方者，其所以为方者即方之理。此理不是主观底，而亦不即是实际底方底物。所以我们说它是真际底。它不即是实际底方底物，但实际底方底物必须依照它才可成为实际底方底物。它不能为我们所想象，亦不能与实际底方底物在一处。它若能为我们所想象，能与实际底方底物在一处，它亦成为一个实际底方底物，而不仅只是方之所以为方者，不仅只是方之理。

若知上所说错误底看法之为错误，则所谓一与多之问题，不难解决。"圆"是一，许多圆底物是多。"圆"之一何以能有许多圆底物之多？中国的哲学家多借用佛学中"月印万川"之说，以为比喻。一月可印于万川，而并不害月之为一。然此不过是一比喻，比喻并不能替代解释。正当底解释是如上所说。盖一与多之问题之所以起，亦由于误以想象形下底圆者想象形上底圆。但形上底圆，即"圆"，不过是圆之所以为圆，圆之所以然之理，凡具体底物，合乎此理者，或有合乎此理者，即成为实际底圆。知此则可见圆之理之一，并不妨依照之者之多。

明清以来，反对理学者，皆系为上述之错误底看法所误。李恕谷说：理学家以为"理在事上"，而其自己则以为理"即在事中"。若所谓在是存在之义，则理是无所在底。理既不能"在"事上，亦不能"在"事中。理对于实际底事，不能有"在上""在中"等关系。真际中有"在上"之理，但"在上"之理并不在上，有"在中"之理，但"在中"之理并不在中。所以理不能在事"上"，亦不能在事"中"。此等误解，皆由于以理为一"物事光辉辉地在那里"。戴东原以为宋儒说理"视之如有物焉"，以理为"如有物焉"，正是以理为"一个物事光辉辉地在那里"，正是用上所说之错误底看法看理。

然宋儒对于理之为非实际底亦有看不清楚，或说不清楚者。例如宋儒常说"理之在物者为性"，"心具众理而应万事"。此等话是可解释为以理为"如有物焉"。此错误有时即朱子亦不能免。若不能免此错误，则讲理自有种种不通之处。后来反朱子者对于朱子之攻击，有些是攻击者之错误，有些是朱子自己未看清或未说清所致。

（六）太　　极

朱子以为理是实际底事物之所以然之故，及其当然之则，我们所说理亦是如此。方底物必依照方之理，始可是方底，又必完全依照方之理，始可是完全地方底。一方底物之是否完全地方，视其是否完全依照方之理。由此义说，方之理即是一切方底物之标准，即是其当然之则。《诗》说："天生蒸民，有物有则。"宋儒多引用此语。程伊川说："有物必有则，一物须有一理。"一类物之理，亦即一类物之则。我们常说"某方底物比某方底物更方"或"不如其方"，皆依此标准说。若无此标准，则一切批评，皆不可能。凡不承认有理者，对于此点，均未注意。

所谓极有两义，一是标准之义，如《洪范》所谓"惟皇作极"，及从前庙堂颂圣，所谓"建中立极"，皆用极之标准之义。一是极限之义。

郭象说："物各有性，性各有极。"（《〈庄子·逍遥游〉注》）此极是极限之义。每理对于依照之之事物，无论就极之任何一义说，皆是其极。方之理是方底物之标准，亦是其极限。方底物，必须至此标准，始是完全地方。但若至此标准，亦即至方之极限，所谓方之无可再方，即就此极限说也。

所有之理之全体，我们亦可以之为一全而思之。此全即是太极。所有众理之全，即是所有众极之全，总括众极，故曰太极。朱子说："事事物物皆有个极，是道理极致。""总天地万物之理，便是太极。"（《语类》卷九十四）

太极之名，先见于《易·系辞》。《易·系辞》说："易有太极。"后周濂溪《太极图》中亦说"无极而太极"。《易·系辞》中"易有太极"一段，及周濂溪之《太极图》，为后来中国哲学中宇宙论之纲领。但《易·系辞》及周濂溪所谓太极，与朱子及本书所谓太极，并不相同。此点第二章中另有详论。

所有底理，如其有之，俱是本来即有，而且本来是如此底。实际中有依照某理之事物之存在否，对于某理本身之有，并无关系。程子说："百理俱在平铺放著，几时道尧尽君道，添得些君道多；舜尽子道，添得些子道多？元来依旧。"（《遗书》中二先生语）百理不可说平铺放著，但可作为一种譬喻说。实际上有依照某理之实际底事物，某理不因之而始有；无依照某理之实际底事物，某理不因之而即无。实际上依照某理之实际底事物多，某理不因之而增；依照某理之实际底事物少，某理不因之而减。程子说："这上头更怎生说得存亡加减？是它元无少欠，百理具备。"（《遗书》中二先生语）一切底理，本来即有，本来如此，因某种实际底事物之有，我们可知某理之有，但某种实际底事物之无，我们不能因此即说某理之无。反过来说，如无某理，我们可断定必无某种实际底事物，但有某理，我们不能断定即有某种实际底事物。无某理即不能有某种实际底事物，此可以说是理之尊严。有某理不必即有某种实际底事物，此可以说是理之无能。程朱说：理是无妄，理是主宰。是就理之真及其尊严说。朱子说：理是虚（《语类》卷七十四）。是就理之不实，理之无能说。

太极即是众理之全，所以其中是万理具备。从万理具备之观点以观太极，则太极是"冲漠无朕，万象森然"。"冲漠无朕"，以言其非实际底；"万象森然"，以言其万理具备。万理不生不灭，不增不减，亦可用佛家所说真如名之。真者一切众理，皆是真有，并不虚妄；如者，一切众理，各如其性。不过此真如中万理具备，并不是空。朱子以此区别儒释。朱子说："太极是阴阳五行之理皆有，不是空底物事。若是空时，如释氏说性相似。"（《语类》卷九十四）又说："天命之谓性。此句谓空无一法耶？谓万理毕具耶？若空，则浮屠胜；果实，则儒者胜。"（《文集》卷三十一）

（七）"物物有一太极"

朱子又说："太极，形而上之道也；阴阳，形而下之器也。是以自其著者而观之，则动静不同时，阴阳不同位，而太极无不在焉。自其微者而观之，则冲穆无朕，而阴阳五行之理，已悉具于其中矣。"（《太极图说注》）照朱子所说，太极中万理具备，此亦是我们所主张者。朱子又以为太极无所不在，"人人有一太极，物物有一太极"（《语类》卷九十四）。此说是否可以成立，我们可以讨论。

道家中，如郭象，主张实际中每件事物，皆与整个底宇宙有关系。郭象说："人之生也，形虽七尺，而五常必具。故虽区区之身，乃举天地以奉之。故天地万物，凡所有者，不可一日而相无也。一物不具，则生者无由而生；一理不至，则天年无缘得终。"（《〈庄子·大宗师〉注》）照此所说，一件事物，与宇宙间其他事物，俱有关系，而且有所谓内在底关系。佛家之华严宗讲所谓因陀罗网境界。照其所说，每一事物，皆是真心全体所现。真心包罗一切事物，故每一事物，亦包罗一切事物。其所包罗之一切事物中之每一事物，又复包罗一切事物；其所包罗之一切事物中之每一事物所包罗之一切事物中之每一事物，又复包罗一切事物。所谓"一一毛中，皆有无边师子；又复一一毛带此无边师子，还入一毛中"（法藏《金师子论》）。

郭象所说，乃系对于事实之肯定，其是否是真，非哲学所能证明，至少非逻辑所能证明。若说一实际底事物，对于实际中所有其他事物均有关系，其关系若是所谓外在底关系，则此可为逻辑所证明。因为所谓外在底关系，非常广泛。例如这张桌子离美国一万里远，此桌子即与美国有外在底关系。但若就内在底关系说，则非此桌子之本身受到美国的什么影响，不能说它与美国有关系。所以若说一件事物与宇宙间其他事物均有内在底关系，是对于事实，有很大底肯定，不是容易主张者。

　　华严宗之说，从其唯心论出发。我们于此，可以不论。朱子"人人有一太极，物物有一太极"之说，颇似受此说之影响。朱子"人人有一太极，物物有一太极"之说，若推至其逻辑底结论，则每一事物，皆有众理之全。朱子于此，未有十分明白底说明，但朱子至少以为每人皆有众理之全。因每人皆有众理之全，所以人之心"具众理而应万事"（《〈孟子·尽心〉章注》）。朱子不以为每一实际底事物与宇宙中其他事物，均有关系，亦不以为每一实际底事物，皆反映一切实际底事物，但以为一实际底事物中，有众理之全。此似对于实际所肯定者已较少，但所谓"有"者，系何意义，"人人有一太极，物物有一太极"，如何"有"法，乃一可讨论之问题。

　　说事物"具""有"理或太极，"具""有"等字，最易引起误会，以为理或太极，"如一物焉"，可以在于事物之中，或在其上。照我们的说法，一类事物，皆依照一理。事物对于理，可依照之，而不能有之。理对于事物，可规定之而不能在之。用如此看法，我们只能说，一某事物依照某理，而不能说一事物依照一切理。用如此看法，则所谓"人人有一太极，物物有一太极"者，是一种神秘主义底说法，我们现在不能持之。

　　某类之理，涵蕴其共类之理，一某事物于依照其类之理时，并其类之共类之理亦依照之。例如猫类之理涵蕴动物类之理，依照猫之理而成为猫之物，亦必依照动物之理而成为动物。照此方面说，一事物于依照一理时，亦可依照众理，并且亦必须依照众理。其所依照之众理，且可以是很众。我们说依照猫之理而成为猫之物，亦必依照动物之理而成为动物。此是一简单底说法。猫与动物之间，尚有许多小共类，例如脊椎动物，哺乳动物等，其理，猫均须依照之。动物又不过是物之一别类。自动物至物又有许多小共类，其理，猫亦均须依照之。由此推之，猫所依照之理，已是很众。但其所依照之理，无论如何众，究竟与一切理相差尚远。依照众理与依照一切理不同。事实上没有只纯依照一理之实际底事物，若一事物只纯依照一理，则只能是一秃头底空洞底"物"，但秃头底，空洞底"物"，事实上是没有底。事实上所有者是什么物，不是只"物"。但依照一切理之事物，事实上亦是没有底。不但事实上没有，而且逻辑上亦不可能，因为有些理，不能同时为一物所依照。例如方与圆，一物不能同时依照方之理，又依照圆之理。

　　照上所说，一切事物，所依照之理，皆是很众底；我们可以说一切事物皆依照众理，但不能说一切事物皆依照一切理。照我们的看法，没有事物能依照一切理，亦没有事物只依照一理。

（八）"理一分殊"

宋儒又有"理一分殊"之说，朱子亦持之。但朱子于说"理一分殊"时，其所谓理，与其在别处专讲理时所说之理，已不相同。朱子论张横渠《西铭》云："《西铭》之作，意盖如此。程子以为明理一而分殊，可谓一言以蔽之矣。盖以乾为父，以坤为母，有生之类，无物不然，此所谓理一也。而人物之生，血脉之属，各亲其亲，各子其子，则其分亦安得而不殊哉。一统而万殊，则虽天下一家，中国一人，而不流于兼爱之弊。万殊而一贯，则虽亲疏异情，贵贱异等，而不牿于为我之私。"（《〈西铭〉注》）此所说理一，是就形下方面说，是对于实际有所肯定者。依此所说，则各个实际底物之间，皆有一种内部底关联。但此系一实际问题。说其必有关联，即为对于实际之肯定。

在我们的系统中，我们仍可说"理一分殊"，不过我们说"理一分殊"时，所说之理，仍即是我们讲理时所说之理。先就一类中之事物说，此一类之事物，皆依照一理。虽皆依照一理，而又各有其个体。此一类之事物，就其彼此在本类中之关系说，可以说是理一分殊。照我们上面所说，一类之理涵蕴其共类之理。就一共类之各别类说，各别类皆属于共类，而又各有其所以为别类者，此一共类中诸别类之关系，亦可说是理一分殊。属于诸别类之实际底事物，依照诸别类之理者，亦依照其共类之理。所以若以属于诸别类之诸实际底事物直属于其共类，此诸实际底事物间之关系，亦是理一分殊。如此上推，以至在实际方面之大共类，即"实际"或"实际底事物"。此"实际"或"实际底事物"之大共类属有所有底实际底事物之诸小共类。就此诸小共类说，是理一分殊。若以所有实际底事物，直属于"实际底事物"之类，则此诸实际底事物，亦是理一分殊。

此是我们所说之理一分殊。此理一分殊之说，是就逻辑方面说，只对于真际有所肯定。此说并不涵蕴实际底事物中间有内部底关联，所以对于实际无所肯定。

第二章　气　两仪　四象

（一）气及真元之气

我们说及一类事物之所以然之理时，我们只说及此类事物之所以为此类事物。例如我们说及方底物之所以然之理时，我们只说及方底物之所以是方，而未说及何以有方底物之存在。上文我们说：一类事物之理只规定，如有此类事物时，它必须如何如何，始可为此类的事物，但如此类无实际底分子，此理不能使此类有实际底分子。这一方面可见理之尊严，又一方面可见理之无能。对于理之无能，朱子看得很清楚。朱子说："理无情意，无计度，无造作。""理是个洁净空阔底世界，无形迹，它却不会造作。"（《语类》卷一）这说得很清楚，不过所谓"洁净空阔底世界"只可认为系一种比喻。

再进一步说，理不但是无能，而且说不上无能，不但"无形迹，不会造作"，而且说不上"无形迹，不会造作"。所谓说不上者，即理并不是可以有能而事实上无能，可以有形迹而事实上无形迹，可以会造作而事实上不曾造作，而是本来说不上这些底。恐有人误以为理有能，所以我们说它是无能。既说理是无能，我们又须说理是无所谓有能或无能，有能或无能，对于它都是不可说底。

上文说太极是"冲漠无朕"，因为我们说及太极时，只说及理，未说及有实际底存在之物也。凡实际底存在底物皆有两所依，即其所依照，及其所依据。其所依照即其类之理，上章已详说，其所依据，则本章所讨论。换言之，实际底存在底物，皆有其两方面，即其"是什么"，及其所依据以存在，即所依据以成为实际底"是什么"者。例如一圆底物有两方面，一方面是其"是圆"，一方面是其所依据以存在，即其所依据以成为实际的圆者。其"是什么"，即此物有此类之要素，即性，其所以存在，即此物存在之基础。其"是什么"靠其所依照之理；其所依据以存在，即实现其理之料。

宇宙所有实际底事物，虽各不相同，然我们的思，若对之加以分析，则见其皆有此两方面。所谓料，有绝对相对之分。相对底料即仍有上述之两方面者。绝对底料，即只有上述之一方面，即只可为料者。例如一房屋，有其所以为房屋者，此即其房屋性，其是房屋之要素。此房屋又有其所依据以存在之基础如砖瓦等。然砖瓦虽对于房屋为料，而其本身仍有上述之两方面。砖及瓦有砖性及瓦性；又有其料，如泥土等。故砖瓦虽对于房屋为料，然只是相对底料，而非绝对底料。泥土虽对于砖瓦为料，然仍是相对底料，而非绝对底料，因泥土仍有上述之两方面。

我们于上章说，哲学开始于分析实际底事物。此分析是完全在思中行者。今试随便取一物，用思将其所有之性，一一分析，又试用思将其所有之性，一一抽去。其所余不能抽去者，即其绝对底料。例如自一房屋，将其房屋性抽去，则此房屋即不成其为房屋，只是一堆砖瓦。复自砖及瓦，将其砖性及瓦性抽去，则砖瓦即不成其为砖瓦，只是一堆泥土。自泥土中复可抽去其泥土性。如此逐次抽去，抽至无可再抽，即得绝对底料矣。

绝对底料，在柏拉图、亚里士多德哲学中，谓之"买特"。此"买特"并非科学中及唯物论中所谓"买特"。科学中及唯物论中所谓"买特"即物质。此所谓"买特"则并非物质。若欲自彼所谓"买特"得此所谓"买特"，则至少须从其中抽去其物质性。我们说至少，因为或者还有别底性，须自彼所谓"买特"中抽去。此所谓"买特"，本身无性。因其无一切性，故不可名状，不可言说，不可思议。科学中及唯物论中所谓"买特"至少有物质性，是可名状、可言说、可思议者。如有性即有上所说之两方面；有上所说之两方面即非绝对底料。科学及唯物论所谓"买特"，是科学底观念。此所谓"买特"，是哲学底，逻辑底观念。

或有谓：一实际底物，即其所有诸性所合成。若抽去其一切性，则即成为无，更无有可以为绝对底料者。然若无绝对底料，则无以说明何以实际底物之能成为实际。若专靠所以然之理，不能有实际，上文已说。朱子说："理无气则无挂搭处。"即说此义。

此所谓料，我们名之曰气；此所谓绝对底料，我们名之曰真元之气，有时亦简称曰气。上文谓绝对底料，不可名状，不可言说，不可思议，今何以又名之为"买特"，名之为气？对于此问我们答：气所以不可名状，不可言说，不可思议者，因其无性也。我们对一件事物，若有所思议，即是对之作判断，若对之有所言说，则即是对之作命题；对之作判断或命题，即是将此事物作为主词，而将其所有之性，提出一个或数个，以为客词。气既无性，故不能对之作任何判断，说任何命题，亦即不能对之有任何思议，任何名状，任何言说。但我们虽不能对之作判断，作命题，却不妨为起一名，如为一件事物起一《墨经》所谓私名然。与一件事物一《墨经》所谓类名，即是对之作一判断，作一命题。但与一件事物一私名则不是如此。例如我们与衡山以山名，我们即对之作一判断，作一命题。我们与衡山以山名，即是说："衡山是山，衡山是属于山之类者，或是有山性者。"但与衡山以衡名，则并不是说："衡山是衡，衡山是属于衡之类者；或是有衡性者。"我们对于气虽不能有何判断，作何命题，但不妨与之以私名。气之名应该视为私名，不可视为与云气烟气等气之气，有相同或相似底意义。

在我们的系统中，气完全是一逻辑底观念，其所指既不是理，亦不是一种实际底事物。一种实际底事物，是我们所谓气依照理而成者。主张所谓理气说者，其所说气，应该是如此。但在中国哲学史中，已往主理气说者，对于气皆未能有如此清楚底见解。在张横渠哲学中，气完全是一科学底观念，其所说气，如其有之，是一种实际底物。此点我们于以下另有详论。即程朱所谓气，亦不似一完全逻辑底观念。如程朱常说及清气浊气等。照我们的看法，气之有清浊可说者，即不是气，而是气之依照清之理或浊之理者。究竟程朱说及清气浊气时，他们是说气，或是说气之得清之理或浊之理者，他们均未说明。至于气之名之必需作为私名看，程朱更似均未看到。

伊川说所谓真元之气。伊川以为形下底事物之成毁，由于气之聚散。已散之气，已散即归无有。其再聚之气，乃新生者。新生之气，生于真元之气。伊川说："真元之气，气之所由生。"（《遗书》卷一五）伊川此说，照我们的看法，其所谓气，如其有之，确是一种实际底物，并不是我们所谓气。其所谓真元之气，是何所指，伊川未有说明。不过这个名词，我们可借用之。我们说气，普通言语中常说气，中国哲学中亦常说气。其所谓气非我们所谓气，或不完全同于我们所谓气。为避免混乱起见，我们名我们所谓绝对底料为真元之气。我们同时仍须记住，所谓真元之气，亦是其所指者之私名。我们名它为真元之气，并不涵蕴，说它有"真元"之性。

（二）道家所说之道

道家所说道，有时兼包"有名""无名"说。但于多数时，他们以为道是无，是无名。如《老子》三十二章说："道常无名。"四十一章又说："道隐无名。"《庄子》说："太初有无，无有无名。一之所起，有一而未形。"（《天地》）照道家的说法，具体底事物是有，是有名，道非一件一件底具体底事物，所以是无，是无名。若就道是无名说，则道家所说之道，颇有似于我们所说真元之气。

我们只说，道家所说，有似于我们所谓真元之气，而不说它即是我们所谓真元之气。因为道家所说之道，靠其自身，即能生万物，而我们所说真元之气，若无可依照之理，则不能成实际底事物。道家所说之道，自身无性，而能使物有性，持有此道者，亦是对于实际有所肯定。

道家不讲我们所谓形上者。若不讲形上，而只就形下者之形下方面，追求下去，则其所得，必是我们所谓真元之气，或与之类似者。道家即是如此。故其所谓道虽不必即是我们所谓真元之气，然系与之类似者。《老子》说及道之名时，说："吾不知其名，字之曰道。"（二十五章）道亦是不可名状，不可言说，不可思议者，故不可以普通底名名之。然必须与之以名，故"字之曰道"。"字之"二字很好。其意正如我们于以上所说：我们以气或真元之气，名气或真元之气；此名只是私名。此名只是私名，故曰"字之"，正如与人以名字，其名字只是私名也。

何晏《道论》云："夫道之而无语，名之而无名，视之而无形，听之而无声，则道之全焉。故能昭音响而出气物，色形神而彰光影。玄以之黑，素以之白，矩以之方，规以之圆，圆方得形而此无形，白黑得名而此无名也。"（《列子·天瑞》篇注引）此所说完全可以说我们所谓真元之气。"玄以之黑"云云，照我们的说法可以说，真元之气依照"玄"之理而实际中即有实际底黑底物，依照"素"之理而实际中即有实际底白底物。真元之气，其本身不依照任何理，惟其不依照任何理，故可以依照任何理；其本身无任何名，惟其无任何名，故可为任何物，有任何名。何晏《无名论》云："夫惟无名，故可得遍以天下之名名之，然岂其名也哉？"（《列子·仲尼》篇注引）

道家亦说气，如《庄子》云："人之生，气之聚也。聚则为生，散则为死。""通天下一气耳。"（《知北游》）不过此所谓气，乃道所生者，如其有之，亦是一种实际底物，不是我们所谓真元之气。

在我们的系统中，太极是极端的清晰，真元之气是极端的浑沌。道家崇尚其所谓道，其道又似我们所谓真元之气，所以道家亦崇尚浑沌。

《老子》喜欢"朴"。《老子》说:"道常无名朴。"(三十二章)朴亦可以说道。又说:"朴散则为器。"(二十八章)朴即浑沌,或近乎浑沌者。《庄子·应帝王》痛惜浑沌之死。然浑沌若不死,则即无实际底世界。《老子》知浑沌之不可不死,朴之不可不散而为器,但以为我们亦不可太不浑沌。所以说:"始制有名,名亦既有,夫亦将知止,知止可以不殆。"(三十二章)

《韩非子·解老》云:"万物各异理,而道尽稽万物之理。"若照字面讲,《老子》所谓道,正是我们所谓太极。不过这不是可以照字面讲者。《韩非子》所谓理,其意义如何,今不论。但可确说,他所谓理,并非我们所说之理。

道家所说之道,近乎是一逻辑底观念。其所说"有""无"等,均是逻辑底观念。道家哲学中,逻辑底观念较多,所以在先秦哲学中,除名家外,道家哲学可以说是最哲学底。《淮南子》中解释道家之处甚多。但《淮南子》于解释道家之处,常将道家原来底逻辑底观念,予以事实底解释。如《庄子·齐物论》说"有始者,有未始有有始者,有未始有夫未始有有始者"云云,本均系逻辑底观念。而经《淮南子》之解释,则"有始者"是指"将欲生兴,而未成物类";"有未始有有始者"是指"天气始下,地气始上……欲与物接,而未成兆朕","有未始有夫未始有有始者"是指"天含和而未降,地怀气而未扬……气遂而大通冥冥者也"(《俶真训》)。经此解释,则"有始者"云云,系对于事实之肯定,均系肯定实际者。如此则"有始者"等,即不是逻辑底,哲学底观念,而是科学底观念。绪论中谓汉人最富于科学精神即指此。于上所引《俶真训》中,可见《淮南子》所谓气,如其有之,完全是一种实际底物。一般说及中国哲学中所谓气时,大都以为是《淮南子》所说之气之类。此完全与我们所说真元之气不同。所以我们于此,特引《淮南子》所说以明之。

(三)"无极而太极"

周濂溪《太极图》中有"无极而太极"之语,朱陆间有许多争辩,关于此语之争辩,亦是其一。陆象山以为此语本于《老》。朱子则以为所谓"无极而太极",即是说"无形而有理"。朱陆间之争辩,由于二人之哲学系统,根本不同。就此争辩说,象山是而朱子非。盖周濂溪之系统，本与朱子不同。朱子不觉，而欲以其自己之系统为濂溪辩护，所以有说不通处。例如濂溪说："太极动而生阳，动极而静，静而生阴。"在濂溪之系统中，太极能动，能静，能生，故濂溪之太极是形下底，而不是形上底，此其与朱子之系统根本不同之处。濂溪此图实是老学。其所说，无极而太极，太极生阴阳，即《老子》所说"道生一，一生二"之说。道是无极，一是太极，二是阴阳。《老子》说："复归于无极。"（二十三章）无极即道。《庄子》说："太初有无，无有无名，一之所起，有一而未形。"无有无名底无即无极，一即太极。《庄子·天下》篇，谓老子"建之以常无有，主之以太一"。常无有即无极，太一即太极。我们于上文说，道家所说之道，与我们所说之真元之气相似。所以我们所说之气，亦可以无极名之。我们于第一章中说，所谓极有两义：一是标准之义，一是极限之义。无论自极之何义说，我们所谓真元之气，均是无极。我们所谓真元之气，自身不为任何标准，而必须依理为标准，自身无极限，而必须依理为极限。

不过我们所谓太极，与道家之太一，及濂溪之太极，完全不同。在我们的系统中，太极与无极，正是两个相对底观念。我们的系统所讲之宇宙，有两个相反底极，一个是太极，一个是无极。一个是极端地清晰，一个是极端地浑沌。一个是有名，一个是无名。每一普通底名词皆代表一类，代表一理。太极是所有之理，所以所有之名，无论事实上已有或未有，皆为太极所涵蕴。所以太极是有名而无极是无名。由无极至太极中间之过程，即我们的事实底实际底世界。此过程我们名之曰"无极而太极"。

无极不可言说，不可思议；太极无存在而有。自常识之观点看，无极太极，皆可以说是玄。我们可以用《老子》第一章中之话，说此两者，"同谓之玄，玄之又玄，众妙之门"。众妙即实际底世界中之一切事物。无极而太极之"而"，即众妙之门。太极是极端地清楚，无极是极端地浑沌。此"而"是半清楚半浑沌，是由浑沌达于清楚，但永不能十分清楚。

朱子说：理是"生物之本"，"气是生物之具"，"人物之生，必禀此理，然后有性；必禀此气，然后有形"（《答黄道夫书》，《文集》卷五十八）。此正是我们于上文所说，一具体底物必有两所依，一是其所依照，一是其所依据。其所依照是理，其所依据是气。朱子又说："未有无理之气，亦未有无气之理。"（《语类》卷一）此点我们于下文加以讨论证明。

先说"未有无理之气",这是很易证明者。我们所说真元之气,无一切性,这是完全就逻辑方面说。就事实方面说,气至少必有"存在"之性。若无存在之性,它根本即不存在。气若不存在,则一切实际底物,俱无有矣。气若有存在之性,它即依照"存在"之理,它至少需依照存在之理,所以"未有无理之气"。

"未有无气之理",此语不能解释为凡理皆有气。如此则凡理皆有实际底例,即无只有真而无实之理。此语只是说"必有些理有气"或"未有所有底理皆无气"。此上文亦已证明。因至少"存在"之理,是常为气所依照者。

(四)所谓气一元论

讲中国哲学者,有谓中国哲学中,有所谓气一元论。中国哲学家中,有特别注意气者,但所谓气一元论,在逻辑上是否可以成立,在中国哲学史中,是否有真正持所谓气一元论者,此是可讨论之问题。

假使有主张所谓气一元论者,我们须先问:其所谓气是否我们所谓真元之气?若是我们所谓真元之气,则所谓气一元论者,根本即是不通。因我们所谓真元之气,乃是绝对底料,料只是料,若无所依照之理,料根本不能为实际底物。譬如砖瓦一堆,如成为房子,则必依照房子之理,若无所依照之房子之理,则砖瓦一堆,终是一堆砖瓦而已。道家所说之道,有似于我们所谓真元之气,不过究竟不同,此点我们已于上文说过。

假使主张所谓气一元论者,其所谓气,是一种实际底物,则其主张即近于所谓唯物论。如上文所举《淮南·俶真训》中所说之气,如其有之,是一种实际底物。又如张横渠所说之气,能"升降飞扬,未尝止息;《易》所谓细蕴,庄生所谓生物以息相吹,野马者欤"(《正蒙·太和》)。此气,如其有之,亦是一种实际底物。主张此说者,多以为一件一件底实际底物之成毁,由于其所谓气之聚散。即近代西洋之唯物论,亦以一件一件底实际底物之成毁,乃由于物质之聚散。不过持此说者须答一问题。此问题即所谓气或物质之聚为一件一件底实际底物,系依一定底法则,照一定底形式,抑系随便乱聚?科学即可证明,所谓物质之聚为一件一件底实际底物,必依一定法则,照一定形式。说至此即仍不得不讲理。张横渠虽讲所谓气而亦讲理。他说："天地之气，虽聚散攻取百途，然其为理也，顺而不妄。"（《正蒙·太和》）又说："天之生物也有序；物之既形也有秩。"（《正蒙·动物》）

明清诸反程朱者，如王船山颜习斋等，虽反程朱之理学，而仍亦讲理，其所讲之理，亦即程朱所讲者。他们所以反对程朱者，即以为程朱所讲之理，"如有物焉"，在于"事上"，而他们则以为理即事物之理，不在"事上"而在"事中"。此点我们于第一章中已论到。今须指出者，即此等反理学之人，亦并非不讲理。

有一真正底问题，即王船山所提出关于所谓道器先后之问题。王船山以为"无其器则无其道"。他说："洪荒无揖让之道，唐虞无吊伐之道，汉唐无今日之道，则今日无他年之道者多矣。未有弓矢而无射道，未有车马而无御道。"（《周易外传》卷五）船山此言，如系谓未有弓矢，即无射事，则自无可争论，如系谓未有弓矢，即无射道，而所谓道，若是就理之实现说，则亦是我们所主张者。未有弓矢，则射之理未得实现，自然无射道。但如所谓道，乃指理之本身说，则无其器即无其道之说，是我们所不能承认者。照无其器则无其道之说，则无弓矢即无弓矢之道。如此则创制弓矢者，不但创制实际底弓矢，并弓矢之所以为弓矢之理亦创制之。然理若何可以创制？若谓创制弓矢者，不管弓矢之理，而随便创制，然弓矢之理即弓矢之所以为弓矢者，若随便创制之物，不合乎弓矢之理者，则即非弓矢。所以我们主张，弓矢之理，是本有底。创制弓矢者，发现其理，依照之以制弓矢。有弓矢之理，不必有弓矢，因可无创制弓矢者发现之。但有弓矢则必本有弓矢之理，因创制弓矢者，必有所依照方可以制弓矢。

（五）时空及理气先后问题

旧理学之讲理，对于理与时空有无关系之问题未有讨论。盖旧日中国哲学，未尝离事物而分别看时空，因亦未将时空单独作讨论之对象。旧理学未看出理系超时空者，所以他们说理常用关于时间之观念。例如朱子说："若论道之常存，却又初非人所能预。只是此个，自是亘古亘今，常存不灭之物，虽千五百年被人作坏，终殄灭他不得耳。"（《答陈同甫书》）此所说道即理。以亘古亘今说理之长存，其实理之长存，是不能以古今说底。古今是关于时间之观念，而理是超时间底。在时间者，可有时存，有时不存，或无时不存。但理既非有时存，有时不存，亦非无时不存。它之有是不能用关于时间之观念说底。欲明此点，我们须先说明时间及空间之性质。

有人以为若将时间空间中所有之事物抽去，仍有空底时间，空底空间。空底时间好像一本空白底日记本，其本身是空白底，以预备我们将我们的历史放进去。空底空间，好像一片空无所有底空场，其本身是空无所有，以预备我们将东西在内排列。又有人以为这些空底时间及空底空间，并不是外界所实有，而是我们的知识之一种形式。我们的心，有这些形式，我们知识之所知，都须经过这些形式，方能为我们所知。所以我们的所知，都是在空间时间中者。此虽以为时间与空间是主观底，在内底，但亦以为若将时间空间中所有事物抽去，仍有空底空间时间。

照我们的看法，时间空间是两种关系之类，而并不是两个实际底物。我们于第一章中说，物与物之间，事与事之间，可有关系。物与物之间，可有在上、在下、并排等类关系。此等类关系之共类，即是空间。事与事之间，可有在先、在后、同时等类关系。此等类关系之共类，即是时间。此说法固然仍需要空间性时间性之概念。在上、在下、并排等类关系俱有空间性，所以俱属于空间关系之共类。在先、在后、同时等类关系俱有时间性，所以俱属于时间关系之共类。人或可问：何谓空间性时间性？这是我们所不能答，或不必答者。此正如我们说，方底物有方性。但若问何为方性，则我们不能答，亦不必答。

照如上所说之看法，普通所谓空间，即所有底物间之各种有空间性底，实际底关系，即所有底物间之实际底排列。普通所谓时间，即所有底事间之各种有时间性底，实际底关系，即所有底事间之实际底联续。所以若自普通所谓空间中抽去所有底物，则即无有各种实际底，有空间性底关系，即无空间。若自时间中抽去所有底事，则即无有各种实际底，有时间性底关系，即无时间。所以以为抽去所有底事物，而仍有空底空间、时间之说，如上文所说者，照我们的看法，是不对底。

实际上若无有各种实际底，有空间性底，或有时间性底关系，各种有空间性底，或有时间性底关系之理，即空间或时间之理，仍不是无有，不过它们只是纯真际底。但此与说有空无所有之空间或时间不同。上文所说，以为有空无所有之空间或时间者，其空空间或空时间是实际底。

有人以为有所谓真时间。此真时间不是钟表所计之时间，而是我们所能感觉之绵延。我们若自己反省我们的意识之流，我们感觉一种绵延，此是真时间。不过此所谓绵延，正即是我们心中各种感觉或思虑之联续，亦即是一种事之联续。若没有我们的心，或虽有我们的心，而无各种感觉或思虑之联续，则即不感觉所谓绵延，亦无所谓绵延。坐禅入定之人，若能完全无感觉或思虑，大概可得一英文所谓"一特尼特"之感觉。"一特尼特"即是无时间，普通译此为永恒。

空间时间之性质，既已说明，我们即可见何以理是超时空底。时或空是两种实际底关系，而理不是实际底，所以不能入实际底关系之中。有"在上"之理，但"在上"之理，并不在上，不过物与物间之关系，如有依照"在上"之理者，则其一物即在其他物之上。有"在先"之理，但"在先"之理，并不在先，不过事与事间之关系，如有依照"在先"之理者，其一事即在其他事之先。此正如有"动"之理，但动之理并不动。有变之理，但"变"之理并不变。不过实际底事物如有依照"动"之理或"变"之理者，此实际底事物，是动底或变底。

我们所谓真元之气，亦是不在时空者。照上文所说，在时空者，必须是能有实际底关系之实际底事物。我们所谓真元之气，不是实际底事物，不能有任何实际底关系，所以它亦是不在时空底。

由此我们可知，在旧理学中所有理气先后之问题，是一个不成问题底问题，亦可说是一不通底问题。若问一理与其实际底例之间之先后，这个问题，是可问底，因为一类事物，即一理之例，之实际地有，可以是有始底。例如飞机一类之物，即飞机之理之实例，之实际地有，是有始底。对于此问题，我们答以理先于其实际底例而有。这并不是说理与其实际底例之间，可有在先之关系，亦不是说理之有是有始底，而只是说，即于未有此类事物，即此理之实际底例时，此理已本来如此。本来如此即所谓本然。但若问及理与气间之先后，则此问题，是不通底。因为此问题若成为问题，则须先假定理与气皆是在时间底，或其一是在时间底。又须假定，理与气是可有在先或在后之关系底，或其一是可有此等关系底。又须假定理与气是有始底，或其一是有始底。但这些假定俱是错底。所以理气先后之问题，根本不成问题。

我们说理与气是有始底之假定是错底，但我们亦并不说理与气是无始底。气与理俱是无所谓有始或无始底。因为始终亦是关于时间之观念。理气既均不在时空，所以关于时间空间之观念，对于它们，俱是不能用底。有关于时间空间底话，对于它们，俱是不能说底。

（六）两　仪

可以始终说者，是我们的实际底世界。所谓实际底世界，即是一切实际底事物之总名。实际底世界是在时空中底，所以可以始终说。说它可以始终说，并不是说它有始有终，而是说，我们可以问它是否有始，是否有终。问实际底世界是否有始，是否有终，此问是有意义底；问理或气之是否有始，是否有终，此问是无意义底。若有人问：实际底世界是否有始，是否有终。我们的答是：实际底世界无始亦无终。

科学与人以印象，以为实际底世界是有始底。例如生物学说，人是如何有底；地质学说，地是如何有底；天文学说，天上星球是如何有底。此与人以印象，以为以前有一无人，无生物，无地球，无星球之时。邵康节朱子亦说我们现在所处之世界是有始有终底。照他们所说，我们现在所处之世界之寿命，是十二万九千六百年，合乎邵康节所谓一元之数。此年数既满，此世界即毁坏。此后即另有一新世界。此说以及科学所予人之印象，是否有错，我们现俱不论。我们只说：我们所谓实际底世界，并不是指我们现在所处之物质底世界，我们现在所有之天地。我们现在所处之物质底世界，虽亦是实际底世界，但我们所谓实际底世界，则并不止此。我们现在所处之物质底世界之是有始有终底，是可能底，但我们所谓实际底世界，若是有始有终底，或是虽无始而有终底，或是虽有始而无终底，若是其一，则须假定，有无理之气或无气之理，始可，但这些假定之不可能，在上文已经证明。在上文我们说，气至少须依"存在"之理。气之依照存在之理，是无始底。因为如其有始，则在此始以前，气即不存在，气即是无，无变为有是不可能底。气之依照存在之理，亦是无终底，因为如其有终，则有须变为无，此亦是不可能底。郭象说："非惟无不能化而为有也，有亦不能化而为无矣。"（《〈庄子·知北游〉注》）我们于此，正可引用此话。依照存在之理之气，即是实际底。有实际底即有实际底世界。气之是实际底是无始无终底，所以实际底世界亦是无始无终底。

气又至少必依照动之理。我们于上文说，气之依照理者，即成为实际底事物，依照某理，即成为某种实际底事物。"依照"是一事，亦即是一动。故气于依照任何理之先，必须依照动之理，然后方能动而有"依照"之事。否则气若不动，即不能有"依照"之事。

有依照动之理之气，即有依照静之理之气。因为动静是对待底，若无静即无所谓动，犹如有依照"在上"之理为在上者，必有依照"在下"之理为在下者。有依照"夫"之理为夫者，必有依照"妻"之理为妻者。气若不依照动之理，固然是不动，但此不动亦不是静。此是无所谓动静。动与静是对待底；若无所谓动，亦无所谓静，若无所谓静，亦无所谓动。

以上所说，皆是就逻辑说，不是就事实说。就事实说，是"动静无端，阴阳无始"（《朱子语类》卷一）。程朱如此说，我们亦如此说。哲学中之宇宙论，如讲及所谓世界之原始等，皆是就逻辑方面说，不是就事实方面说。换句话说，皆是将我们所说"无极而太极"之过程，于中间随意切断一处，就此切断之处，看实际底事物，是如何有底。此或与人以印象，以为其所说乃系自实际底世界之开始说起。其实实际底世界是无始底，已如上文所证明。

因此我们不能问：气于未依照动之理之先，应是未动，未动何以能依照动之理？又何能依照"存在"之理？在事实上，气自无始以来，本来即依照存在之理而存在，依照动之理而动。我们以上所说，不过从所谓切断之处，将事物之变化，加以分析，而见其如此。犹如一连环，就环说环，我们说它是两个环。但是我们不能问：它们是什么时连起来及如何连起来？因为事实上它们是本来连起来底。我们于上文说先、后等，皆是就逻辑说。例如我们说，气于依照动之理之先，必依照"存在"之理，这只是说气之依照动之理，涵蕴其依照"存在"之理；并不是说，有一时候，气只存在而不动。

依照动之理之气，是气之动者；依照静之理之气，是气之静者。我们说有依照动之理之气，有依照静之理之气，亦只是就逻辑说。仅依照动之理之气，或仅依照静之理之气，事实上是没有底。犹之仅依照"动物"之理之动物，事实上是没有底。事实上有某种动物，没有空头底动物。事实上有依照某理以成某物之气之动者，没有空头底气之动者。气之静者，亦复如是。事实上有相对于"依照某理以成某物之气之动者"之气之静者，没有空头底气之静者。依照某理以成某物之气之动者，对于其所成之一某物说，名曰阳。与此气之动者相对之气之静者，对于此物说，名曰阴。"对于此物说"这几个字是很重要底。我们不只说气之动者是阳，气之静者是阴，而要加上这几个字，此是我们讲阴阳与前人大不同底地方。照我们的说法，所谓阴阳，是对于一物说底。若不对于一物说，则气之动者，只是气之动者，气之静者，只是气之静者。但事实上既没有空头底气之动者或气之静者，所以气之动者或气之静者，在事实上没有，不是可以阴阳说底。

旧说常离一件一件底事物，而讲普通底阴阳；照我们的看法，此是不能讲底。但我们若将实际底世界作为一物，或一事看，则实际底世界，亦可有其气之动者，有其气之静者，有其阳，有其阴。此阴阳有似于旧说所讲之普通底阴阳。

我们所谓动，静，阴，阳，在事实上统是对于一物说。由此方面看，则所有动，静，阴，阳，统是相对底。大多数底物，其所依据之料，亦是一件一件底实际底物。从这些物看，我们便可明白此点。例如此房子所依据以成此房子者，有亚力士多德所谓质因及力因；质因，如砖瓦等，力因，如工程师及工匠之努力等。此二者虽有分别，但皆是依照房子之理以使此房子成为房子者，所以对于此房子皆是其气之动者，皆是其阳。凡是使此房子能存在者，无论在其本身之内或其外，对于此房子，均是其气之动者。对于此房子说，其气之静者，即是与其气之动者相对而阻碍之者，例如风雨之消蚀等。风雨之本身，虽亦是动底，但对于此房子说，它是阻碍此房子之存在者，所以对于此房子说，它亦是其气之静者。我们说它是静底，是从房子存在之受阻碍之观点看。若从风雨能破坏此房子说，则是从风雨之本身之观点看，如此看则风雨是动底。一切底事物，若从其本身看，皆是一动。若从受其影响之事物看，则或是一动，或是一静，视其所与其所影响之事物之影响，是助成其存在，或阻碍其存在而定。

如此，则岂非任何物皆依照动之理与静之理？正是如此。此亦如此物在一物之上，又在另一物之下，此物即亦依照在上之理，亦依照在下之理，而并不冲突；其所以不冲突者，因其在上在下，并非自一个观点看也。此物对于在其下之物，它是在上底，它是有其所以为在上者；此物对于在其上之物，它是在下底，它是有其所以为在下者。一物亦依照动之理，亦依照静之理，而无冲突，其所以不冲突者，亦因其是动底或静底，不是自一观点看也。

我们可举在空间之动静以为喻。空间底动静与我们上所谓动静，意义不同，不过我们可举以为喻。一火车上之人，对于其火车说，即从其火车之观点看，是静底；对于路上之房子说，即从路上之房子之观点看，则是动底。此人亦依照动之理，亦依照静之理。因所谓空间底动者，即一物常改变其对于别物之空间底关系。所谓空间底静者，即一物常保持其对于别物之空间底关系。若此物对于一物之此种关系不改变，则对于此一物，即是静底，虽此物对于另一物，可是动底。

依照某理以成某物之气之动者，对于此物说，名曰阳，其名曰阳是对于此物说底，所以即是此物之阳。与此相对之阴，亦是对于此物说底，所以亦即是此物之阴。我们说，依照某理以成某物，亦只是就逻辑说。事实上所有一件一件底事物，即所谓个体或器者，没有只依照一理者。空头底"物"，即亦非只依一理，但空头底物，已是事实上所没有底。一个个体，即所谓此物或彼物者，其所依照之理，可以说是不知有许多。它有许多性，即依照许多理。不但此也，它并有许多与他物之关系。此诸关系，即所以决定此物之为"此"物，彼物之为"彼"物者。例如此物在彼物之上，彼物在此物之下等。它有许多种关系，即依照许多种关系之理。所有依照其所依照之理之气之动者，统是此物之阳，与之相反之气之静者，统是此物之阴。所有依照此物所依照之理之气之动者，既依照即继续依照，此所以每一个体均可有相当底继续存在。继续依照，即是继续底动。静是动之阻碍，有继续底动即有继续底阻碍。由此方面看，一物之阳即其物之建设底，积极底成分；一物之阴，即其物之破坏底，消极底成分。

我们所说一物之建设底，积极底成分，及其破坏底，消极底成分，并非专限于其本身内部所有者。因为一物之能存在，并不仅靠其本身内部所有之成分。例如就一房子说，不仅砖瓦等是"依照其所依照之理之气之动者"，即工程师及工匠之努力，以及以后之修补等，均是"依照其所依照之理之气之动者"，即均是其阳。与此相反之气之静者，如风雨之消蚀，人力之毁坏等，均是其阴。从此方面看，一物之阴阳可包罗极广。每一物皆有其阴圈与其阳圈，两圈中之物，又各有其阴圈阳圈。如此重重无尽，颇有似华严宗所谓因陀罗网境界者。我们虽不必赞同郭象所说，一物之存在，与所有实际底事物均有内在底关系；但其与别底实际底事物之内在底关系之多，是远出乎我们常识所能想象者。

《老子》说："万物负阴而抱阳。"老子此话之本意如何，现且不论，不过我们可以借用他这句话，以说明我们上述之意思。照我们上面所说者，每一事物都是负阴而抱阳。一事物之阳，即是其气之动者，其阴则是对于其气之动者之阻碍。就此事物之观点说，它对于其阳是抱之，对于其阴是负之。

我们所谓阴阳，都是对于一事物说。只有某一事物之阴阳，没有离开任何事物之空头底阴阳。旧说所谓阴阳，大都就人之观点说。如说春夏是阳，秋冬是阴；昼是阳，夜是阴；日是阳，月是阴；生是阳，死是阴。从人之观点，或从生物之观点看，此是不错底。因为此所谓阳，皆是人或生物之存在所需要者；此所谓阴，皆人或生物之存在之阻碍。不过若谓此所谓是阴阳之事物，如春夏秋冬等，离开人或生物之观点，其本身即如此是阴是阳，则是不对底。照我们的说法，每一事物皆有其阴阳。旧说谓"物物有一太极"，我们以为不能说。但我们可用旧说"无一物无阴阳者"（张横渠《正蒙·太和》）。任何一事物，皆有其阴阳；亦皆可为他事物之阳，或他事物之阴。

《易·系辞》说："易有太极，是生两仪。"周濂溪说："分阴分阳，两仪立焉。"他们所谓太极，并不是我们所谓太极，我们所谓太极是不能生者。但我们不妨仍用两仪之名，以谓我们所谓阴阳。

前人所说阴阳，予人以印象，以为阴阳是两种实际底物，不过特别细微，如科学中所说原子电子之类，一切实际底物，都为其配合所成。又有人以为阴阳是两种实际底力量，可以支配实际底世界者，如阴阳家及汉人所说者。我们所谓阴阳，不是如此。即《易传》及程朱所谓阴阳，亦不是如此。我们所谓阴阳，如上文所说者，完全是两个逻辑底观念。所以说此观念是逻辑底者，因此观念并不确指任何实际底事物，而却可指任何实际底事物。

照以上所说，我们可以了解，何以实际底事物之存在，皆不是永久底。一事物之阳包括许多成分，其中固有许多不是必需底，但其大部分则是必需底。虽都是必需底，而却都不是充足底。此即是说，此诸成分，对于此事物，皆是《墨经》所说"有之不必然，无之必不然"者。所以必需此诸成分会合无阙，然后此事物方能成为实际底有。佛家说，一切事物，都是缘生，必诸缘和合，方得成就，正即谓此。若此诸成分中，有不备者，则此事物即不能成就，其已成就者，即归毁坏，佛家所谓缘阙不具也。就一事物之阴说，则不必其所有之成分，完全具备，始能与一事物之成就以阻碍。其每一成分，即一阻碍。所以事物难成易坏，所谓"世间好物不坚牢，彩云易散琉璃碎"。然即极坚牢之事物，亦无永久存在者。佛家所谓无常，即有见于此。

我们又可以了解，何以实际底诸事物，对于其所依照之理，即其极说，都是不完全底。盖一事物之阳，皆受其阴之阻碍。其阴不但阻碍其阳，以致其不能永远继续依照其所依照之理，且阻碍其阳，以致其不能完全依照其所依照之理。

我们所说阴阳，与《易传》中所说阴阳不同。《易传》中说阳施阴受，阳始阴成。如说"大哉乾元，万物资始，乃统天"，"至哉坤元，万物资生，乃顺承天"。其说阴阳，虽亦是就动静说，但其阴之静，是对于事物之维持，而不是对于事物之阻碍。《易传》所说之阴与阳之关系，有数点似我们所说理与气之关系，而不是我们所说阴与阳之关系。

(七) 四 象

佛家说，一事物之存在，有四阶段，即成，住，坏，空。如此一桌子，木匠将其完工，即是其成；既成之后，可存在相当时间，此即其住；此后即开始毁坏，此即其坏；此桌子完全毁坏，归于无有，此即其空。《易传》中所说元，亨，利，贞，亦是说一物存在之四阶段。伊川说："元者，万物之始；亨者，万物之长；利者，万物之遂；贞者，万物之成。"（《周易程氏传》）但此四阶段只是成住之两阶段；元亨即成之阶段；利贞即住之阶段。《易传》所说之阴是对于事物之维持，所以《易传》对于事物之存在，亦只说其成住，而不说其坏空。我们常说及一物之盛衰，或一物之成毁。若将此四字联合用之，则可说一物之存在有成、盛、衰、毁四阶段，相当于所谓成、住、坏、空。我们愿用成、盛、衰、毁四字以说一事物存在之四阶段，因为盛字，比住字，更能说明我们的意思。

我们用━之符号，表示一事物之阳，用╍之符号表示一事物之阴。以⚎、⚌、⚍、⚏之符号，表示与一事物存在之四阶段相当之阴阳变化。⚎是少阳；于此阶段，有阴未克服，但阳正在增长，故画阳于下。（《易》卦画皆自下向上看，在下表示增长之象）此是一事物之阴阳，在其成之阶段，所有之变化；亦可说，一事物之阴阳，若有此种变化，此事物即入成之阶段。⚌是太阳；于此阶段，阴已完全克服。此是一事物之阴阳，在其盛之阶段，所有之变化；亦可说，一事物之阴阳，如有此种变化，则此事物即入盛之阶段。⚍是少阴；于此阶段，阴对于阳之阻碍又显著，阴有力，故画阴于下。此是一事物之阴阳，在其衰之阶段，所有之变化；亦可说，一事物之阴阳，若有此种变化，则此事物即入衰之阶段。⚏是太阴；于此阶段，一事物之阳，完全为其阻碍所消尽，此即是说，此物已不存在。此是一事物之阴阳，在其毁之阶段，所有之变化；亦可说，一事物之阴阳，若有此种变化，则此事物即毁。一事物之阴阳之变化，自少阳至太阳是"息"，自少阴至太阴是"消"。程朱又以为自少阳至太阳名曰"变"，自少阴至太阴名曰"化"。

《易·系辞》说："太极生两仪，两仪生四象。"我们以上所说，不必与《易·系辞》同，但我们不妨仍用四象之名，以指我们所谓少阳，太阳，少阴，太阴。在我们的系统中，两仪是两个逻辑底观念，以指一事物所有之两种成分；四象是四个逻辑底观念，以指此两种成分之四种变化。

第三章　道天道

（一）道及天道

我们于上章说，我们所谓真元之气是无极，一切理之全体是太极。自无极至太极中间之程序，即我们的实际底世界；此程序我们名之为无极而太极。无极，太极，及无极而太极，换言之，即真元之气，一切理，及由气至理之一切程序，总而言之，统而言之，我们名之曰道。

朱子说："道者，兼体用，该隐费，而言也。"（《语类》卷六）隐即所谓微，即所谓形上者，费即所谓显，即所谓形下者。道包括形上及形下，其范围与第一章中所谓大全或宇宙同大。朱子说："惟道无对。"（《语录》）因为它亦是至大无外底，所以无对。

但若果如此，何必于大全、宇宙之外，又立道名？我们的答复是：我们说宇宙、大全，是从一切事物之静底方面说；我们说道，是从一切事物之动底方面说。我们不能说：无极，太极，及无极而太极，即由无极至太极之"程序"，是宇宙，因为说到"程序"，即是从一切事物之动底方面说。我们亦不能说，无极，太极，及实际底"世界"，是道，因为说到"世界"，即是从一切事物之静底方面说。其实所谓自无极至太极之程序，所谓无极而太极者，即是所谓实际底世界；所谓实际底世界，亦即是所谓无极而太极，不过一从其静底方面说，一从其动底方面说而已。我们可以说：宇宙是静底道；道是动底宇宙。

我们于以上都是从事物之静底方面说。于说阳气时我们亦说动。不过我们于此是把事物当成静底，将其所以实际地有之程序，亦当成静底，将其分析，见其中有气之动者。我们说它是气之动者，其实亦是把它当成静底看。例如一电影片未映演时，我于片中亦可见一人之动作。但我们如此所看之动作，虽说是动作，但亦不是动底。我们是从其静底方面看它。我们从事物之静底方面看，则不但物是静底；事亦是静底。僧肇所说："旋岚偃岳而常静，江河竞注而不流，野马飘鼓而不动，日月历天而不周。"（《物不迁论》）正是谓此。我们从事物之动底方面看，则不但事是动底，即物亦是动底。郭象所说："世皆新矣，而自以为故；舟日易矣，而视之若旧；山日更矣，而视之若前；今交一臂而失之，皆在冥中去矣。"（《〈庄子·大宗师〉注》）正是谓此。

我们说道时，我们既注意于一切事物之动，所以我们亦常以道特别指无极而太极之程序。无极而太极，此"而"即是道。《易·系辞》说："一阴一阳之谓道。"此道即指阴阳变化之程序说。

依上章中所说，无极而太极，是一件无头无尾底大事。我们说他是"一件"事，亦不过姑妄言之。我们并不能站在此事之外，隔岸观火，说他是一件事；我们亦不能以为，于此一件事外，还有二件三件与他相类底事。我们可以说：这件事，即是"事"，一切底事，都是此事中之事。

此"事"所依照之理，即是整个底太极，所依据之气，即是全体底无极（无极无所谓全体，不过姑如此说）。我们于第一章中说，旧说说理是体，实现理之实际底事物是用。如就无极而太极说，太极是体，"而"是用，一切底用，皆在此用中，所以此用是全体大用。此"而"可以说是"大用流行"。大用流行，即是道；宋儒所谓道体，即指此说。《论语》："子在川上曰：'逝者如斯夫，不舍昼夜。'"宋儒以为此是孔子见道体之言。朱子注云："天地之化，往者过，来者续，无一息之停，乃道体之本然也。"宋儒以为孔子即水之流行，而见大用之流行。道体之本然，即是大用之流行。

上章说，一切事物，均经成、盛、衰、毁四阶段。旧事物如此灭，新事物如此生。如此生生灭灭，即是大用流行。大用流行，亦称造化。事物之成、盛是造；其衰、毁是化。一切事物之造及化，总而言之，统而言之，名曰造化。一事物又各是一造化，就其各是一造化说，总而言之，统而言之，名曰万化。或亦以化兼指造化；所以亦说"大化"。大化流行，亦即是大用流行。

我们实际底世界，是一"流行"，此点道家看之甚清。《庄子·齐物论》说："一受其成形，不亡以待尽，与物相刃相靡，其行尽若驰而莫之能止。"郭象说："夫无力之力，莫大于变化者也。故乃揭天地以趋新，负山岳以舍故。故不暂停，忽已涉新，则天地万物，无时而不移也。"（《〈庄子·大宗师〉注》）"一受其成形"，即就一事物之成、盛阶段说。"不亡以待尽"，即就一事物之衰、毁阶段说。使一事物"一受其成形，不亡以待尽"，即其阳。与之"相刃相靡"者，即其阴。一切事物，皆如是一阴一阳，即谓之道，所谓一阴一阳之谓道。所谓一阴一阳，即谓一事物之存在，一时为其阳所统治，一时为其阴所统治。一切事物，均如此变化，此即是道。

我们说"此即是道"，此话又有两重义。如一切事物，均照"一阴一阳"之程序变化，则"一阴一阳"即此变化所依照之公式，亦即是其理。我们说"此即是道"，此可指此理。此是宇宙间一切事物所依照之理，照我们于第一章中所说天之意义，此可以说是天道。然一切事物之实际底变化，亦是道；对于一切事物之实际底变化，我们亦可说：此即是道。我们可如此说，因为我们所谓道，本是兼形上形下而言。

（二）道之六义

《易·系辞》说："形而上者谓之道。"按字面讲，《易·系辞》似以道为专指形而上者而言。但《易·系辞》所谓形而上，与程朱及我们所谓形而上不同。《易·系辞》所谓形而上，犹曰形以前；形而下，犹曰形以后。戴东原的解释，对于《易·系辞》，是不错底。《易·系辞》之系统，不作程朱及我们所谓形上形下之分别。《易·系辞》所说道，专是就形下方面说。

以上说道有二义。道尚有别义，虽与此不相干，但为清楚起见，我们不妨详为分析。就道字之本义说，道即是路，故其第一引申之义，即是人在道德方面所应行之路。如《论语》云："君子务本，本立而道生，孝悌也者其为人之本欤？"孝弟是为人之道，即人在道德方面，所应行之路也。朱子说："日用事物之间，莫不各有当行之路，是则所谓道也。"（《中庸注》）亦说道之此义。道之第二义为真理，普通所谓真理，即我们于第七章所谓"是"者，或最高真理，或真理全体，如孔子说："朝闻道，夕死可矣。"此所谓道即真理，或最高真理，或真理全体之义。道之第三义，即道家所谓道，有似乎我们所谓真元之气者，如上章所说。道之第四义，即所谓动底宇宙，如上文所说。道之第五义，即无极而太极之"而"，如上文所说。道之第六义即天道，如上文所说。

（三）十二辟卦圆图

"一阴一阳"之公式，即所谓天道者，可以符号表之。符号，《易》谓之象。《易》之为书，照《易传》及后人所解释者，即欲以象表示出一切事物变化所依照之总公式，及各种事物变化所依照之分公式。它以象表示，所以说，《易》者，象也（《易·系辞》）。它所表示之公式，照它的看法，乃事物变化所必依照者，所以它说"先天而天弗违"，又说"范围天地之化而不过"（《易·系辞》）。从一方面说，它可以说是真正有哲学底意思。从又一方面说，它的野心太大，不是哲学所能达其目的。关于各种事物变化之分公式，如《易传》及后人所认为系《易》之六十四卦所表示者，尤其非哲学所能知。事物之类无穷，决不止六十四。各类事物之理之内容，尤非哲学所能知，如何可以象表示之？《易》之六十四卦之卦辞爻辞所说者，无论其意义如何，现均只有历史底兴趣。惟其所用符号，我们可借用以表示我们所说"一阴一阳"之公式，即所谓天道者。说是借用，亦非完全借用。盖我们关于此方面所讲者，亦非与《易》完全不合，或完全无关，并且我们下列之图，几全是邵康节的，康节亦是《易》学大宗。

我们于上章已用象以表示阴阳及四象。若将四象之象，列为一圆图，则其图如下：

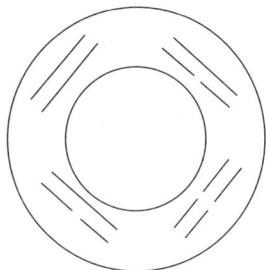

此图表示一事物成、盛、衰、毁之四阶段。看此图须站在图之中央，自下左方之少阳☳看起，至太阳☰，而少阴☴，而太阴☷。此所用之象皆是传统底，惟旧以☴表示少阴，☳表示少阳。此似不合。盖照《易传》

及后人讲易者所设之《易》例，每卦之下爻，比其上爻，为更有决定之义。例如复卦为䷗，剥卦为䷖，讲复卦者注重其下一爻之阳，讲剥卦者注重其下一爻之阴。且以☳为少阳，☵为少阴，则可用康节之"加一倍法"而自然得上画之圆图，若以☵为少阴，以☳为少阳，则不能得之。所以我们以☳表示少阳，以☵表示少阴。

若更以较繁复底图表示上圆图所表示者，则可用邵康节之六十四卦圆图，惟此图中，可用以表示我们所欲表示者，只十二辟卦之次序。此十二辟卦之次序，并非随意排列，乃系依康节之"加一倍法"自然而得者，所以昔人多认为"全是天理自然挨排出来"（朱子语），非人所能随意安排者。惟依其原来之圆图，照"加一倍法"自然而得者，此十二卦中间之间隔距离，并不一律，此则无可解释者。我们今用此图，但取其可以表示一般事物变化所依照之公式，不必计其所自来，即认为系我们用随意指定之象，作一随意排定之图，亦无不可。我们现只画一十二辟卦圆图，其图如下：

（四）先天后天

此图仅表示一切事物之变化所必依照之公式，即所谓天道者，而不涉及于某类实际底事物，亦不涉及于某类事物之理之内容。邵康节名此为先天之易。朱子说："据邵氏说：先天者，伏羲所画之易也，后天者，文王所演之易也。伏羲之易，初无文字，只有一图以寓其象数，而天地万物之理，阴阳始终之变具焉。文王之易，即今之《周易》而孔子所为作传者是也。"（《答袁机仲》，《文集》卷三十八）此说，若认为系讲历史者，则其无稽不俟论。若认其系讲哲学者，则此说不无可取。盖《周易》如后人所讲者，多涉及某种实际底事物，或某种实际底事物之理之内容。多涉及实际或近于涉及实际，所以可称为后天之学。若此圆图，仅涉及一般事物之变化所依照之公式，至于某种事物在实际上之有无，以及其理之内容，均置不问，故可以称为先天之学。因其所表示系一般事物之变化所依照之公式，所以虽只一图，而"天地万物之理，阴阳始终之变具焉"。

所谓后天之学，其哲学底性质，较少于所谓先天之学。盖哲学对于实际极少肯定。即论及实际底事物所必依照之理，而对于某理某理之内容，亦不能知。哲学可知房子之成为房子，必有其所以为房子者，即必依照房子之理，方可成为房子，但此理之内容为何，则系建筑学所讲，哲学不能知亦不求知也。《周易》之六十四卦，照《易·系辞》及后之讲《易》者所解释，每卦皆表示一类事物或一类事物之理，以为如此可以尽天下之变。然天下之变不但六十四卦不能尽，即《易林》之四千余卦亦不能尽。且关于理之内容，及实际底事物，实非讲《易》者所能知。不能知而强谈，故人对于实际之知识有变动时，即不可用。

然若不涉及理之内容及实际底事物，则六十四卦即无所表示。所以我们现不用六十四卦。即就八卦说，我们既不能以八卦为即代表天、地、山、泽、风、雷、水、火等具体底事物，则八卦亦可不用。至于《易林》所用之四千余卦，更可不用矣。所以现在我们只说到两仪四象，八卦以下，即无可说。

在此十二辟卦圆图中，阳爻▬表示一事物之气之动者，阴爻▬▬表示对于其气之动者之阻碍，即其气之静者。看此图自复卦起。复卦▤▤表示一事物之最初增长。在此阶段，此事物对于其全体之气之静者，只克服六分之一，但一阳爻在下，表示其气之动者之在继续增长，所谓息中。自复卦经临卦至泰卦，此事物之阳继续地息，其阴则继续被克。至泰卦其阳占全卦之半。此三卦所表示之三小阶段，即是此事物之成之阶段，亦即是其少阳之阶段。又自大壮卦经夬卦至乾卦，此事物之阳，更继续地息，至乾卦则其阴完全被克。此三卦所表示之三小阶段，即是此事物之盛之阶段，亦即是其太阳之阶段。自姤卦经遁卦至否卦，此事物之阳渐消，至否卦阴占全卦之半，阳在上，表示继续地消。此三卦所表示之三小阶段，即是此事物之衰之阶段，亦即是其少阴之阶段。自观卦经剥卦至坤卦，此事物之阳更消，至坤卦而消尽。其阳消尽，其事物亦毁，只余六个阴爻，表示一片阻碍。犹如一房子既毁，惟余一片阻碍此房者，如荆棘、风雨等，以供后人之凭吊。此三卦所表示之三小阶段，即此事物之毁之阶段，亦即是其太阴之阶段。

我们对于阳说息，息者生也，增长也，不对于阴说息。因阴阳是对于一事物说，我们说阴阳，是站在有此阴阳者之观点说。站在此观点说，阴是其气之静者。气之静者，无所谓息。站在一事物之观点说，其衰毁并不是由于其阴之息，而是由于其阳之消。《易·系辞》说："往者屈也，来者伸也。"往来屈伸，亦是站在一事物之观点说。站在一事物之观点，我们说，它自复卦至乾卦为来，自姤卦至坤卦为往，往者是屈，来者是伸。

（五）反，复，日新

若一事物既毁，其后即无继之者，则实际底世界，可以说是："或几乎息矣。"若一事物既毁，无与之同类者继之，则实际底类，亦要"几乎息矣"。事实上一事物既毁，不但另有事物继之，且有其同类之事物继之。《易·系辞》说："无往不复。"有来，有往，有复。实际底世界是无始底，一切事物，皆是继其以前之事物，所以照上图，一切事物皆始于复。《易传》认此为宇宙之秘密，所以说："复其见天地之心乎。"

一切事物之存在，皆经上图所表示之十二阶段。此十二阶段，可谓之一周。此图所表示之公式，可称为周律，亦即是天道。

以上大体用《易传》中之名词，以说我们所见之道。《老子》中亦有与此相类之意思。若用《老子》中之名词说，则一事物之本身如图中乾卦所表示者，名曰正；其与此相反，如图中坤卦所表示者，名曰反。《老子》说："正言若反。"（七十八章）正乃与反相对者。继乎反而又为正，名曰复，《老子》亦重复，它说："万物并作，吾以观复。"（十六章）

《老子》与《易传》有一共同意思，即所谓"物极则反"。一事物如发展至其极，例如一事物如发展至图中之乾卦所表示之阶段，则即将变为其反。但若变至若图中坤卦所表示之阶段，则又将变为其反之反，反之反即复。

一切底事物，永远照此周律，变化不已。此即是大化流行，或大用流行。此亦即是道。《易·系辞》说："盛德大业，至矣哉。富有之谓大业，日新之谓盛德。"此即所以颂道者。道包罗一切事物，所以谓之富有；道体即是大化流行，所以谓之日新。

道家对于道体之日新，有深切底认识，上文已说。不过道家所注意，仅宇宙之实际方面，所以仅说变而不说不变。《易传》虽未有意地注意于宇宙之不变方面，但以为事物之变化，有规律可寻，故亦承认变之中有不变者。《易传》说："天地之道，贞夫一者也。"（《系辞》）一为多中之一，即变中之不变。旧说以为《周易》之易，有简易，变易，不易三义。变易即变，不易即不变，简易即谓执不变以说变。《易传》虽未明显地，有意地如此说，然亦可说有此意也。

宇宙间之事物，依照上述周律，时时生灭，时时变化，此即是道体之日新。道体之日新，可从四种观点观之。因所从观之观点不同，所以其所见亦不同。《易传》说："仁者见之谓之仁，智者见之谓之智，百姓日用而不知，故君子之道鲜矣。"（《系辞》）

所谓四种观点者，（一）从类之观点，以观其类中之实际底分子之生灭；如从此观点看，则道体之日新是循环底。（二）从理之观点，以观其实例之趋于完全或不完全；如从此观点看，则道体之日新是进退底。（三）从宇宙之观点，以观有实际底分子之类之增加或减少；如从此观点看，则道体之日新是损益底。（四）从个体之观点，以观其自一类入于另一类之程序；如从此观点看，则道体之日新是变通底。

（六）循环底日新

一类中之个体，新陈代谢，如所谓"后浪推前浪，新人换旧人"者。后浪对于前浪，新人对于旧人，是新底，但此新就个体说。又例如我们造一房，此房是一新底事物，然若此房与旧有之房，在其要素上，并无任何特异之处，则此房之是新，只是就个体说，而不是就类说。如此则新房旧房，虽依上述周律相代谢，亦是日新，但其日新是循环底。又如中国自秦汉迄明清之历史中，朝代虽屡次变更，然其所代表之政体则俱属一类。就朝代之变更说，中国之政治，亦是日新。但就其政治所代表之类说，其日新是循环底。

此种循环底日新，柏拉图说是不死之仿本。一类中之实际分子，不是不死底。但一分子死则有与之同类者继之。如此则此类中之实际底分子，可永远相续。就此永远相续说，此类是不死底。但其中之实际底分子，则非不死。所以说此是不死之仿本。

以前人看道体之日新，多是从此观点看。中国旧日哲学家说及宇宙间事物之变化，多举四时之代谢，日月之往来，以为例。盖在以前之社会中，人所见天然人事之变化，都是循环底，故以为天然人事中之一切变化，亦都是循环底。

（七）进退底日新

一类之事物，依照其理，其愈依照其理者，即愈完全。例如一方底物，如愈依照方之理，即愈方。我们于上章说，一理是一类事物之标准及其极限，如方之理是方底物之标准及其极限。我们说，一物方或不方，即依此标准说。若一物完全依照方之理，即是完全地方，即是方之无可再方，即已达其极限。若一类中之实际底分子，其新者皆较其旧者为近于其理，即更依照其理，则此类之事物，是进步底。若此类中之实际底分子，其新者皆不较旧者为近于其理，则此类之事物是停滞底。若此类中之实际底分子，其新者皆较旧者为更不近于其理，则此类之事物是退步底。若从此观点，以观道体之日新，则若实际底事物之变，皆趋于或多趋于渐近其理之方向，则其日新是进步底。否则或是停滞底，或是退步底，如上所说。

（八）损益底日新

此所说道体日新之是进步底或退步底，是从理之观点看。自另一观点看，在实际底事物中，如有代表某类之事物出现，此类在以前并无代表；此亦是日新，此日新亦是进步底。例如以前并无飞机，现在有飞机，在有实际底分子之类中，飞机是一新类。此新类在实际中之出现，即是道体日新之进步。

我们此所谓进步，是就宇宙之富有说。宇宙愈富有，则道体之日新愈是进步底。在有实际底分子之类中，如有新类出现，则即使宇宙，在其实际方面，更为富有。故如此则道体之日新亦是进步底。

此所谓进步的意思，既如上述，则所谓退步者，亦可推知。如有一变化，使宇宙在其实际方面，较不富有，则此变化，即是道体之退步底日新。于此我们可用损益二字，以表示此所说进步或退步。就宇宙之观点说，损是退步，益是进步。

此所谓损益，特就实际上之类说。宇宙在其实际方面，所有之类愈多，则愈富有。若就实际底事物之数量说，其数量增多，亦可说是使宇宙富有，不过于此，富有之意义，不甚显著而已。例如有一博物院，其中有一千种东西，而每种只有一件。又如有一货仓，其中有一千件东西，而此一千件只是一种。就实用方面说，此货仓可以说是比博物院更富有。但宇宙之富有，不是可以自实用方面说底。因为所谓实用者，必须对一目的说，而宇宙并不是有目的底。说它不是有目的底，并不是说它是无目的底，而是说它是无所谓有目的或无目的底。所谓无所谓有目的或无目的者，即是说，有目的或无目的对于它均是不可说，不能说底。

我们上面所说宇宙之更富有或更不富有，只是就其形而下，即实际底方面说。就其形而上底方面说，宇宙是无所谓更富有或更不富有。因为形而上之理，有即有，无即无，不能是先有而后无，或先无而后有。程伊川所谓"百理俱在平铺放著"，我们正可用他这句话。例如飞机之理，如其有，则本来即有。所谓创造飞机者，不过发现其理而依照之以作一实际底飞机而已。宇宙既已包众理，则就其形上方面，可以说是本来即富有。所谓"冲漠无朕，万象森然"，正是此义。其形下方面之富有，可以有损益，但其形上方面之富有，则不能损亦不能益。在形下方面有实际底飞机，并不使飞机之理益；无实际底飞机，亦并不使飞机之理损。程子说："几时道，尧尽君道，添得些君道多；舜尽子道，添得些子道多；元来依旧。"又说："天理俱备，元无少欠，不为尧存，不为桀亡。""这上头更怎生说得存亡加减，是它元无少欠，百理俱备。"（《遗书》卷二上）飞机之理亦是元来依旧。实际底飞机之有无多寡，对于它并无影响。

在宇宙之形上方面，所有之理，既是本来即有，何以在形下方面，不能是所有之类，同时出现？于此必须分别一类事物之所依照及其所依据。其所依照是其理；其所依据是其气。在实际上如有一新类出现，其类事物所依照之理，固是本来即有，但其所依据之气，则不必皆本来即有。此气包括绝对底料及相对底料。绝对底料即我们所谓真元之气，虽本来即有，但不必即依照此理而为此类之物。相对底料，则不必本来即有。如一实际底飞机所用之内燃发动机，固非本来即有，即其所用之木材及金属，亦非本来即有也。所以一实际底飞机之有，必须在有些类底物，例如内燃发动机等，已有之后。实际上之新类，必有所依据于实际上之旧类。所以虽有某理，而其类中之实际底分子，若所依据不具备，则亦不能出现。旧类中之事物，不依据新类中之事物，而新类中之事物，必依据旧类中之事物。以此为标准，我们可以说，如此底新类比旧类是较高底，而宇宙之实际方面如有如此底新类之出现，则道体之日新是更进步底。

虮虱一类之物，其出现有所依据于人，我们是否亦须说，虮虱一类比人类是较高底？我们并不如此说，亦并不需如此说。虮虱之依据人，乃以人为某种养料而依据之，非以人为人而依据之。此即与飞机之依据发动机不同。飞机之依据发动机，非以其为铁而依据之，乃以其为发动机而依据之。社会之为物，即系以人为人而依据之者。所以我们说，社会类较高于人类。如在生物方面，有以人为人而依据之之类，则此类应即所谓超人，不过现在尚无有也。

所以实际上之新类，自其所依照之理之初得实现说，可以说是全新；自其必有所依据于旧类中之事物而始得成为实际说，则新底不能离开旧底。新底包含旧底，继续旧底，而不是取消旧底。

（九）变通底日新

关于这一点，我们如注意于个体，看其自一类转变入另一类时，更可有清楚底了解。

我们上面说过：自个体之观点，以观其自一类入于另一类之程序；如自此观点看，则道体之日新是变通底。一个体，在某时期内，可属于某一类，换言之，即可有某性。经过上述之周期，此个体可入一新类，即有一新性。此新类之是新，可只是就个体说，而不是就宇宙说，因此类不必是于有此个体时方有实际底分子也。此个体之此新性，可以是必须待其以前所有之性之实际地有而后可实际地有者；如此则此个体，即入于较高底类。按以上所述之周律说，此个体，于有此新性或入此新类之时，即入一新周期。在入此新周期之际，此个体即入一新底，较高底类。其所以是较高底，因为此个体于入此类时，必先入其所依据之类，而于入其所依据之类时，不必先入此类也。入此新类时，此个体虽已脱离旧类，而其所原有之性，已包含于新性之中。此程序是变通底。《易·系辞》说："穷则变，变则通。"穷，就一个体原来之周期说；变，就此个体之有新性入新类说；通，就此个体于有新性入新类后，新入之周期说。

依讲辩证法者所说，属于某一类之个体，如发展至一相当程度，则即一变而入于别类。用辩证法所用之名词说，其发展即入于一新阶段。

在此以前之发展，系量底改变；至入于别类之时，则有质底改变；用辩证法所用之名词说，此即由量变到质变。自量变到质变，中间须经过一跳，即是所谓突变。此个体原有之性，是一肯定，即一正。在其脱离旧类之时，此个体对于原有之性必有改变，用辩证法所用之名词说，此即是否定，亦即是所谓反。此个体既入一新类，有一新性，此新性即又是一正，又是一肯定。此即所谓否定之否定，亦即所谓复。此新性自一方面说，系否定旧性而得者，然非旧性之先实际地有，此新性即不能实际地有。此新性之实际地有，系依据旧性之实际地有而有者。所以自又一方面说，此个体所有新性亦是其所有旧性之继续，此即所谓合。不过合中虽有旧性，而不即是旧性，此个体经此一周期，入于次周期时，已入于一较高底类矣。

由上可见，辩证法所说事物变化之程序，完全可以上列之十二辟卦圆图表示之。不过中国以前哲学家，只见及道体之循环底日新，故以为一周期中之事物，即其以前周期中之事物之重现，而无所改变。一否定之后，其否定此否定者，仍与此否定以前之肯定，不异其性。现在我们若注意于上所谓变通底日新，则可知一否定之后，其否定此否定者，与原来之肯定，可相似而可异其性。如此则我们所见虽与以前哲学家所见不尽同，但我们所见，仍可以上列十二辟卦圆图表示之。

自历史方面说，中国以前之哲学家所处之社会，是农业社会，其生活是随天时之转变而变异。此天时之转变，如日月之运行及四时之代序等，均是循环底，故其生活上之变异亦是循环底。其所处之社会虽亦常有改变，而社会始终为一类底社会，故以为宇宙间一切转变，都是循环底。自哲学方面说，则中国以前底哲学家，以为在事物之转变中，其否定此否定者，仍与此否定以前之肯定为一类。所谓否极泰来，其新来之泰，仍与原来之泰，不异其性。因此遂以为，在人事方面，与其经否而再得泰，不如不经否而保持现在之泰。所谓"持盈保泰"，遂为我们生活的规律。"持盈"以防否之来，"保泰"即守现在之泰也。

近来哲学家所以有进步的观念，自历史方面说，亦有其原因，现不具论。自哲学方面说，近来底哲学家，既以为在事物之转变中，一否定之后，其否定此否定者，与原来之肯定，虽有相似而可非一类。所谓否极泰来，其新来之泰，与原来之泰，虽有关联而可异其性。一事物于其否极泰来之后，此事物即可入于一新类，得一新性，此新性虽为旧性之继续，而实比其较高。依此则宇宙间事物之变化，虽若为循环底，而实为进步底。自人生之观点说，否定不是可怕底，而是可喜底。海格尔之辩证法，所以能为以后革命哲学之基础，其原因在此。革命为对于一种社会之否定，即对于一社会之某性之否定。经此否定，一社会可有一新性，入一新类，即成为一种较高底社会。此革命哲学之要点也。

（十）"未济"

《庄子》说："道无终始，物有死生。"《庄子》所说之道，不必与我们所说同，不过此话我们可以借用。道何以无终始？道是无极而太极之"而"之程序；此"而"是无始无终底，上章已详。不过照上文所说，道体之日新，如此日新下去，是否可有一时，于其时太极所有之理，俱有实例，又每理之实例俱完全合乎其理？就一方面说，此时是可能有底；不过此时，如其有之，必须经过无限底时间，方能达到；说须经过无限底时间方能达到，即是说事实上永远不能达到。

为说明此点，我们第一须先注意，太极中之理，是有无量数底。它好比一个无尽藏，随时取之不尽，用之不竭。此无量数底理，不是同时实现，同时有实例，而是逐渐实现，逐渐有实例。所以必须如此者，因为理之实现，是有层次步骤底。高类之理之实现，必在低类之理已实现之后。例如飞机之理之实现，必在内燃发动机之理已实现之后。此点上文已说。理之实现既有层次步骤，则即需要时间。既需要时间，则无量数底理之实现，必需要无限时间。

一类底事物，必完全合乎其理，然后可谓之完全。此亦需要无限时间。我们于上章说过，一事物之成就，其阳圈中，有许多事物。此许多事物，必须皆已是完全底，然后可为此一事物之完全底阳。有此完全底阳，此一事物方可是完全底。如欲将一房子成为完全底房子，则必须有完全底工程师，有完全底设计，有完全底砖瓦，有完全底木料，有完全底工人，工人又有完全底努力等等。此所谓完全，均是完全合乎其理之义。此已不易。而一房子之阳圈中之各事物，又各有一阳圈，此圈中之各事物又必须皆是完全底。例如欲有完全底砖瓦，则必须先有完全底砖瓦工人，完全底窑，完全底燃料等。一砖或一瓦之阳圈中之许多事物，又各有其阳圈。其阳圈中之各事物，又必须皆是完全底。如此重重无尽。如此推下去，若非宇宙间所有事物实际上已大部完全，即不能有一事物完全。然若不能有一事物完全，又决不能有大部分事物完全。所以欲宇宙间所有事物皆完全，需要无限时间。

以上是就一方面说，就又一方面说，各类事物俱完全合乎其理之时，根本上是不能有底，实际底事物，根本上是不能完全底。我们于上文只说一物之阳，而未说其阴。假定一物有其完全底阳，亦必须不遇阻碍，方可使此物完全合乎其理。但其阻碍是不能没有底。一物之阴不但能阻碍其一物之阳，使其不能永远继续存在，亦能阻碍其阳，使其不能完全依照此某物所依照之某理。而且阴与阳是相对底，此某物之阳力量愈大时，则其阴之阻碍亦愈大，所谓"道高一尺，魔高一丈"，虽不必有一丈，但亦有一尺。旧说以阴为恶，以阳为善，站在一事物之观点看，固是如此，站在宇宙之观点看，亦是如此。一某物之阳是使其依照某理者，所以就此事物说，是善；其阴是阻碍其依照某理者，所以就此事物说，是恶。明道说："事有善有恶，皆天理也。"（《遗书》卷二上）又说："万物莫不有对，一阴一阳，一善一恶。阳长则阴消；善增则恶减。斯理也，推之其远乎？"（《遗书》卷十一）他亦大概有此所说之意。

我们于上章说，我们的实际底世界，是半清楚半浑沌。现在又可说，它亦是半完全半不完全。无极而太极即如此一直"而"下去。此"而"是无终底，亦总是不完全底。无论自何方面看，它总是"未济"。我们若附会《易》，我们于此亦可说，所以《易》"以未济终焉"。

第五章　道德　人道

（一）道德之理

某一类之物之成为某物，必依照某理，第一章中已详说。如一某物系为许多分子所构成者，则此诸分子必依照此某理所规定之基本规律以动，此某物方能成为某物，方能存在。此诸分子愈能依照此基本规律以动，则此某物之构成，即愈坚固，其是某物之性，亦愈完全。

社会之为物，是许多分子所构成者。人即是构成社会之分子。每一人皆属于其所构成之社会。一社会内之人，必依照其所属于之社会所依照之理所规定之基本规律以行动，其所属于之社会方能成立，方能存在。一社会中之分子之行动，其合乎此规律者，是道德底，反乎此者，是不道德底，与此规律不发生关系者，是非道德底。

用另一套话说，一社会有许多构成此社会之分子，一分子有许多行动。其行动之可以直接或间接维持其社会之存在者，是道德底行动。其行动之可以直接或间接阻碍其社会之存在者，是不道德底行动。其行动之亦不维持亦不阻碍其社会之存在者，是非道德底行动。

一切道德底行动之所同然者是：一社会内之分子，依照其所属于之社会所依照之理所规定之基本底规律以行动，以维持其社会之存在。此可以说是道德之理之内容；依照道德之理之行动，是道德底事。

我们于第三章中说，所谓道之一义，是人在道德方面所应行之路。社会之理所规定之基本规律，以及道德之理所规定者，均是人在社会生活中所应行之路。所以社会之理所规定之基本规律，以及道德之理，旧说亦谓之道。朱子说："盖道未尝息，而人自息之。所谓非道亡也，幽厉不由也，正谓此耳。"（《答陈同甫书》）此所说道，正是用道之此义。我们名此义之道曰人道。在旧日言语中，仁义二字若连用，其意义与现在所谓道德相当。如《老子》说："绝仁弃义，民复孝慈。"《庄子》说："意仁义其非人情乎？"（《骈拇》）又说："昔者黄帝始以仁义撄人之心。"（《在宥》）此所谓仁义，并非专指仁及义，而是泛指一切道德。又如小说中说某人大仁大义，某人不仁不义，其所说仁义，亦不是专指仁及义说，而是泛指一切道德说。

所谓非道德底者，即无所谓道德底或不道德底，换句话说，即其行为不落在道德底判断范围之内。人的行为，并不是皆落在道德底判断范围之内，并不是皆有道德底或不道德底可说。有许多从人所有之性所发出之行为，直是非道德底。例如所谓饮食男女，俱是由人所有之性发出者。在相当范围之内，吃饭并不是道德底行为，亦不是不道德底行为。这是我们所知者。男女交合亦是如此。所以必须在相当范围内者，因过乎此范围，则不合乎上所说之基本规律，而成为不道德底。

（二）社会之理及各种社会之理

社会可有许多种，前人早已注意及之，如《礼运》所说小康、大同，即是两种社会。在小康之社会中，"天下为家，各亲其亲，各子其子，货力为己"。在大同之社会中，"天下为公，人不独亲其亲，不独子其子。……货恶其弃于地也，不必藏于己；力恶其不出于身也，不必为己"。公羊家所说三世，亦系说三种社会。于据乱世，"内其国而外诸夏"。于升平世，"内诸夏而外夷狄"。于太平世，"天下远近大小若一"（何休《公羊传注》隐公元年注）。即董仲舒所说三统，亦系指三种社会。现在人亦说有各种社会，如所谓封建底社会、资本主义底社会、社会主义底社会等。昔人及今人此等学说之内容及其是非，我们不论。论此者是社会科学或社会哲学之事，不是哲学之事。所可注意者，即有各种社会。有社会，有各种社会；有社会之理，有各种社会之理。

董仲舒说："道之大原出于天，天不变，道亦不变。"我们亦可如此说。此道即指上文所谓人道说。我们所谓天，是指大全，指宇宙。一切理皆包于宇宙或大全中，人道亦包于宇宙或大全中。所以我们亦可以说："道之大原出于天。"某种社会必依照某种社会之理，方可成立，此理是不变底。可变者是依照此理之实际底某种社会，而不是此理。例如一封建底社会可变为一资本主义底社会。如实际上所有封建底社会，俱变为资本主义底社会，则封建社会之理，即无实例。但实际上虽可无此种社会，而如有此种社会，则必依照此理，所以此理是不变底。

若不专就某种社会之理说，而只就社会之理说，则"天不变，道亦不变"之话，我们更可说。各种社会，虽种类不同，但均是社会。就其为某种社会说，其所依照之理可有不同。但就其均是社会说，则必依照各种社会所公同依照之理。实际上可无社会，但如有社会，不论其为何种社会，则必依照此理。从此观点看，我们更可说："天不变，道亦不变。"

但若以为我们现在所有之一种底社会，即是惟一种底社会，我们现在社会所依照之理，无论何时何地之人，于组织社会时，均须依照之；若用此意以说"天不变，道亦不变"，则此话即为大错。因异时异地之人，虽必有社会，但不必有如此一类之社会。中国往时以为当时所有之一种社会组织，即是惟一底社会组织。以为此种组织，是"放之四海而皆准，质诸百王而无谬"。此话我们亦可以说，不过我们是就理说。我们若如此说时，我们的意思是：无论何时何地，如果有此种社会，则必依照此理，但实际上一时一地，不必有此种社会，可有别种社会，而其理亦是"放之四海而皆准，质诸百王而无谬"。

由上说法，可知不变者是社会，或某种社会，所必依照之理，变者是实际底社会。理是不变底，但实际底社会，除必依照一切社会所必依照之理外，可随时变动，由依照一种社会之理之社会，可变成为依照另一种社会之理之社会。一时一地，可有依照某一种社会之理而成为某一种社会之社会；异时异地，又可有依照另一种社会之理而成为另一种社会之社会。

一种社会之理，有其所规定之基本底规律。有某种规律，即有某种社会制度。一种社会之内，有一种社会制度。一种社会之内之人，在其社会之制度下，其行为合乎其社会之理所规定之基本规律者，是道德底；反之则是不道德底。但另一种社会之理所规定之基本底规律，及由之所发生之制度，可以与此种社会不同，而其社会中之人，在其制度之下，其行为之合乎其规律者，亦是道德底；反之亦是不道德底。两种规律不同，制度不同，而与之相合之行为，俱是道德底；似乎道德底标准，可以是多底，相对底，变底。其实照我们的看法，所谓道德底者，并不是一行为合乎某特定底规律，而是一社会之分子之行为合乎其所属于之社会之理所规定之规律。所以无论在何种社会之内，其分子之行为，合乎其社会之理所规定之规律者，其行为是道德底，反乎此者是不道德底。诸种社会之规律，或不相同，或正相反，但俱没有关系。

在中国数十年前所行之社会制度中，就男人说，作忠臣是一最大底道德行为，就女人说，作节妇是一最大底道德行为。但在民国初年，许多人以为作忠臣是为一姓作奴隶，作节妇是为一人作牺牲，皆是不道德底，至少亦是非道德底。用这种看法，遂以为以前之忠臣节妇之忠节，亦是不道德底或非道德底。这一班人对于忠节之看法，是否不错，我们现不论，不过他们用一种社会之理所规定之规律为标准，以批评另一种社会的分子之行为，这种看法是不对底。一种社会的分子之行为，只可以其社会之理所规定之规律为标准而批评之。

我们说有一种社会，有另一种社会。我们承认社会有许多种，此一点于上文已说，此一点亦是我们与朱子一大不同之处。我们以为有社会，有某某种社会，犹之有马，有某某种马，如白马黄马等。有社会之理及其所规定之基本规律，有某某种社会之理及其所规定之基本规律。社会之理及其所规定之基本规律，是凡社会中之分子所皆必须依照者，无论其社会是何种社会。某种社会之理及其所规定之基本规律，则只某种社会中之分子依照之。所以在某种社会内之分子之行为之合乎其社会之理所规定之基本规律者，自此种社会看，是道德底。但此种行为，不必合乎另一种社会之理所规定之基本规律，或且与之相反。所以自另一种社会之观点看，此种行为又似乎是不道德底，或至少是非道德底。但这只是似乎是，因为一种社会内之分子之行为，只能以其社会之理所规定之基本规律为标准，以批评之。其合乎此标准者，是道德底。如是道德底，即永远是道德底。

（三）不道德底道德行为

《庄子·胠箧》说："跖之徒问于跖曰：'盗亦有道乎？'跖曰：'何适而无有道耶？夫妄意室中之藏，圣也；入先，勇也；出后，义也；知可否，知也；分均，仁也。五者不备，而能成大盗者，未之有也。'由是观之，善人不得圣人之道不立，跖不得圣人之道不行。"此所谓道，即我们所谓道德。照此说法，我们可以做道德底事以达到不道德底目的，而且有些不道德底目的非做道德底事不能达到。所谓"为之仁义而矫之，则并与仁义而窃之"。窃仁义者为大盗；且非窃仁义不能为大盗。所以从此观点看，必绝圣知，废仁义，大盗乃可止。

照此说法，道德底事，可以是不道德底，可以有不道德底道德。此说虽似奇突，但于道德之实际底用处，则所见甚明。一社会如能组成，其中之分子，必依照社会之理所规定之基本规律以行动。此种行动是道德底。跖之团体，亦是一社会，此社会如能成立，则其中之分子，必有入先，出后，分均等道德底事。必如此，此社会始可成立。但于此社会既成之后，此社会可以做道德底事或不道德底事。正如科学底发明，可用以做有益于人生之事，亦可用以作战争及盗贼的工具。于是遂有以为须废弃科学以减少战争及盗贼者。科学底发明，可以用于不道德底用途，此易于了解，因科学之本身，对于道德或不道德是中立底，其发明之应用，自然无所不可。但道德之本身，即是道德底，何以能有不道德底用途？何以能有不道德底道德？此似难于了解。

但依我们上面底说法，此亦不难了解。社会有其理所规定之基本规律，为构成社会之分子所必依照以行动者。凡依照此规律以行动者，其行动是道德底；反之，则其行动是不道德底。但一社会之上，可有另一较高底社会，一社会之自身是一社会，但同时又是其较高底社会之构成分子。若此社会之行动，不依照其较高底社会所依照之理所规定之基本规律时，则此社会之行动是不道德底。但构成此社会之分子之行动，则系依照此社会所依照之理所规定之基本规律，所以是道德底。例如盗跖所率领之团体，其本身系一社会。其中之分子之行为，若出后，入先等，系依照其社会之理所规定之基本规律者，所以是道德底。但其社会所作之盗贼底行为，对于其所属于之较高底社会说，则是违反其所依照之理所规定之基本规律，所以是不道德底。又如在一国之内，杀人为最大底不道德，但两国交战，杀敌又是最大底道德。但若从一较国更高之社会之观点看，则负战争责任之国家，其战争行为，又是不道德底。

由此可知，一种行为，无论其为个人底或团体底，若不站在其所属于之社会之观点看，则无所谓道德底或不道德底。例之最明显者，即如上所说，国家之行为。不承认国之上有更高底社会者，以为国家之行为，不入于道德底判断之内。盖国之上既无更高底社会，则国之行为，无所谓合乎一社会所依照之理所规定之基本规律与否，所以亦无所谓道德底或不道德底。凡以为国之行为，可以是不道德底者，皆系从一超乎国之上之另一较高底社会之观点说。实际上此较高底社会尚未完全成立。国之行为，尚不能完全入于道德底判断范围之内者，正因此也。虽然如此，在现在世界中，所有国家，无论其是否负战争责任，皆不愿承认其负战争责任。此可见超乎国之上之更高底社会之观点，已渐为一般人所承认矣。若不承认此观点，则一国家对于其自己之行为，尽可不必有所说明辩护，而只须说"我所以如此，只因我愿如此"即可。但在现在底世界中，已无国家愿如此说。

照以上底说法，我们可见：并不能有所谓不道德底道德。一道德底行为，总是一道德底行为。其似可以是不道德底，如《庄子·胠箧》所说者，并不是此道德底行为是不道德底，而是有此道德底行为之人所属于之社会之行为是不道德底。负战争责任之国家之战争行为，若从一较高底社会之观点看，是不道德底。但其勇敢底兵士之行为，还是道德底。

（四）君子小人

一社会之分子，有君子小人之分。君子即是依照一社会所依照之理所规定之基本规律以行动者，其行动是道德底。小人即不依照此基本规律以行动者，其行动是不道德底。若一社会内所有之人，均不依照其社会所依照之理所规定之基本规律以行动，则此社会即不能存在。所以照旧说，对于一社会说，君子为其阳，为建设底成分；小人为其阴，为破坏底成分。如一社会之内，君子道长，小人道消，则此社会之依照其理，可达于最大底限度。如此，此社会即安定；此即所谓治。如一社会之内，小人道长，君子道消，则此社会即不能依照其理。如此，则此社会即不安定，或竟不能存在；此即所谓乱。在乱时，社会之理或某种社会之理，依然是有，不过此社会之人，不依照之而已。此即朱子所说："非道亡也，幽厉不由也。""道是亘古亘今，常存不灭之物"，即在幽厉之时，道亦不灭，不过幽厉不由之而已。

（五）革命之道德底根据

在一某种社会中，有革命行动之人，其行动似乎是不合乎其社会所依照之理所规定之基本规律。例如在某种社会之内，君臣之义，是最需尊重底。犯上作乱，是最不道德底事；乱臣贼子，是最不道德底人；所以旧说："乱臣贼子，人人得而诛之。"但做革命行动之人，可以杀其君而不为弑；兴师动众，而不为犯上作乱。固然在有些时候，有些人，是所谓"成则为王，败则为寇"者。但至少在理论上革命不但不是不道德底行为，而并且是道德底行为。这一点与我们上面所说，似乎有冲突。

但这冲突只似乎是有。所谓革命大概有两种，一种是对于人者，一种是对于制度者。我们先说对于人之革命。这种革命在中国历史中，是常见底。在旧日人之心目中，此种革命之代表，即所谓汤武征诛。汤武征诛，与尧舜揖让，成为两种"改朝换帝"之方法之典型。《易传》说："汤武革命，顺乎天而应乎人。"这种革命之理论底根据，是孟子所说者。孟子说："贼仁者谓之贼，贼义者为之残；残贼之人谓之一夫。闻诛一夫纣矣，未闻弑君也。"（《孟子·梁惠王下》）纣不能依照君之理以尽其为君之道；是即所谓"君不君"。所谓君不君者，他虽事实上居于君位，但在理论上他已不是君。在理论上，只有依照君之理而能尽君道者是君；纣不能依照君之理而尽君道，即不是君，不是君，即与一夫无异。所以武王杀他，并不是弑君。就此方面说，武王杀纣，并不是弑君之不道德底行为。自又一方面说，所谓残贼之人，即是小人之尤，他是一社会中之害群之马。若不把这些人去掉，则社会将不能存在。旧说："乱臣贼子，人人得而诛之。"乱臣贼子，是上所谓小人之尤，所以人人有诛之之权利，亦有诛之之义务。照此逻辑推之，则人对于乱君，亦有诛之之权利及义务。由此方面说，武王之诛纣，不但不是不道德底行为，而且是道德底行为。

但从另一方面看，如在上所说之一种社会中，实际居君位者亦可认为即是君之理之代表。臣既须忠于君，即须忠于此代表，无论此代表是否能尽其道；因君之是否能尽其道，不是为臣者所当问。此即所谓名教。所以谓之名教者，因其看法，是纯从名看而不是从实看。照这种看法，只要有君之名者，其臣即应对之尽忠，至于其实若何，则可不问，亦不可问。上述孟子之看法，是以名正实；所谓名教之看法，是舍实从名。二种看法，在理论上都可通。所以在旧日社会中，人无论从上述二种看法中之何种看法以行动都是道德底。有此两种行动之人，在中国道德理论上之代表，是汤武与夷齐。汤武革命是道德底；夷齐反对武王革命，亦是道德底。

对于制度之革命，与上所述对于人之革命，完全不同。我们于第三章中，说到一个体由一类转入别类之转变。此种转变，我们称之为道体之变通底日新。一国家或民族之社会组织，亦可自一种社会转变入另一种社会。其所以转变，必有其不得已，及不得不然者。《易·系辞》说："穷则变；变则通。"其不得已，即是其穷；其不得不然，即是其变。其变为另一种社会，即是其通。何以有不得已，不得不然，我们于下章另有详说。今只说：如一国家或民族之社会组织，穷而须变，须自一种社会转入另一种社会，此国家或民族之社会组织，本依照一某种社会之理以组织者，即须依照另一种社会之理以组织之。如此则此国家或民族原有之制度中之特为一种社会所有者，即须废弃，而代以另一种社会制度之特为其种社会所有者。此国家或民族中最先感觉此种改革之必要之人，先着手为此种改革，即成所谓对于制度之革命。此种革命是为此国家或民族之存在所必需者。因此国家或民族原行之社会制度既穷而必须变，若不变则此国家或民族即与之俱穷。一团体之分子之行为之是道德底者，皆所以维持其团体之存在。一国家或民族中对于制度之革命，既系为维持其国家或民族之存在者，所以是道德底。

实际上有没有一种对于制度之革命，并非为有此革命之国家或民族之存在所必需者？我们可以说：这种革命是没有底。因为所谓另一种新社会制度者，其理固是本有，但人非到其国家或民族所行之社会制度，已到穷时，不能知新社会制度，即间或知之，亦不感觉其需要。此点于下章详说。所以若非为一国家或民族之存在所必需，一国家或民族不能有对于制度之革命。

（六）仁

我们以上所说，是道德或道德底事。道德底事，又可有许多类。每类之道德底事，又各有其理。其理即是普通伦理学书中，所讲之一种一种底道德。我们称之为诸德。就我们讲哲学之立场说，这些诸德，本可以不讲，不过为说明上述之理论，我们于下文亦略讲诸德。我们并不是为讲诸德而讲诸德。我们是为说明我们上述之理论而讲诸德。我们讲诸德，只是一种举例之意。

中国旧日讲五伦五常。五伦是一种社会制度；我们现在不讲社会制度，更不讲某种社会制度，所以对于所谓五伦，应置不论。五常是我们此所谓诸德。此诸德不是随着某种社会之理所规定之规律而有，而是随着社会之理所规定之规律而有。无论何种社会之内必须有此诸德。所以可谓之常。

五常即所谓仁义礼智信。严格地说，礼并不是一德，不过我们姑从旧说，附带说之。

一社会若欲成为一完全底社会，其中之分子，必皆"兼相爱，交相利"。此可以说是社会之理所规定之规律中之最主要底一规律。实际底社会，没有完全能达到此标准者，然必多少近乎此标准。若其完全不合乎此标准，则是此社会完全不依照社会之理所规定之一主要规律；若其不完全依照此，则此社会即不成其为社会，即根本不能存在。"兼相爱，交相利"，是墨子于《兼爱》篇中所说者。墨子在《兼爱》篇中从功利主义底、实用底观点，说明兼爱所以必要。我们并不赞同墨子的功利主义底观点，不过墨子所说，可以证明一社会中之人之"兼相爱，交相利"，是其社会所以能组成之一主要条件。

"兼相爱，交相利"，是一种道德底事。此种道德底事，即是属于仁之类之事。用朱子的说法，仁是"爱之理"。仁之事，即是爱人，即是利他。这种对于仁之说法，或有不以为然者，但我们用这个意思，可以将旧说中对于仁之说法，全综合起来。

"仁者爱人"，孔子本有此说。他又以"能近取譬"为"仁之方"。朱子注说："譬，喻也；方，术也。近取诸身，以己所欲，譬之他人，知其所欲，亦犹是也。然后推其所欲以及于人，则恕之事而仁之术也。"（《〈论语·雍也〉注》）孔子所说忠恕之道，是"仁之方"，即行仁之方法。"己欲立而立人，己欲达而达人"是忠；"己所不欲，勿施于人"是恕。忠恕之相同处，即是"推己及人"。忠从推己及人之积极方面说；恕从推己及人之消极方面说。推己及人，即是爱人，即是利他。

孟子说："人皆有不忍人之心。"又说："今人乍见孺子将入于井，皆有怵惕恻隐之心。""恻隐之心，仁之端也。"不忍人之心，即恻隐之心；亦即是爱人之心。人皆有此心，故能推己及人。孟子说："老吾老以及人之老，幼吾幼以及人之幼"；"言举斯心加诸彼而已。古之人所以大过人者，无他焉，善推其所为而已矣"。仁人即是能本其不忍人之心，推其自己之所为，使他人亦能如此。如齐宣王好色好货，孟子说：如能于此"与百姓同之"，即可行王政，行仁政。孟子说仁，其主要底意思，与孔子同。

程明道说："医书言手足痿痹为不仁；此言最善名状。仁者与天地万物为一体。认得为己，何所不至。"如此说仁，仁已不只是我们所谓一种德，而是一种精神状态。有此种精神状态者，觉天地万物与其自己为一体，别人所感者，他均感之。此比推己及人尚须"推"者，又进一层。如此说仁，可以说，仁者不仅爱人；但却不能说，仁不是爱人。关于仁之此义，于第十章中，另有详说。

程伊川说："仁者，天下之公，善之本也。"又说："只为公则物我兼照故仁；所以能恕，所以能爱；恕则仁之施，爱则仁之用也。"（《近思录》卷二引）公与私相对，爱人者无私，至少亦不重私。所以说："仁者，天下之公。"我们所谓道德底行为，以维持社会之存在，为其要素；一社会中之分子之"兼相爱，交相利"，是一社会所以能存在之一基本条件，所以仁亦是善之本。

伊川所谓善之本之意义，比我们此所讲者为多。不过就我们的立场说，我们亦可如此说。由上所说，所谓仁，如作一德看，是"爱之理"。爱是事，其所依照之理是仁。

（七）义，中，经权，王霸

人在某种社会中，如有一某种事，须予处置，在某种情形下，依照某种社会之理所规定之规律，必有一种本然底，最合乎道德底，至当底，处置之办法。此办法我们称之曰道德底本然办法。此办法即是义。伊川说："在物为理，处物为义。"朱子说："义，宜也。是非可否，处之得宜，所谓义也。"（《语类》卷九十五）朱子又说："日用事物之间，莫不各有当行之路。"（《〈中庸〉注》）此当行之路，亦即是义。孟子说："仁，人心也；义，人路也。"人心即不忍人之心，人路即当行之路。此当行之路，亦是本然底。于此我们又须指出，此当行之路，亦是依照某种社会之理所规定之规律而规定者，在一种社会中，某种事有某种道德底本然办法，但在另一种社会中，某种事可有另一种道德底本然办法。在一种社会中，人遇某种事有某种当行之路，但在另一种社会中，人遇某种事，可有另一种当行之路。这些办法，这些路，俱是本然底；但可以各不相同。虽各不相同，但对于其社会中之人，俱是义。

朱子说："事中自有一个平平当当道理，只是人讨不出。"（《语类》卷八）此所谓平平当当道理，即我们所谓道德底本然办法。若能见此本然办法，而依之以办此种事，则无论何人办，其办法均是一样。朱子说："尧老，逊位于舜，教舜做，及舜做出来，只与尧一般。此所谓真同也。孟子曰：'得志行乎中国，若合符节。'不是只恁地说。"（《语类》卷十）一部分儒家之理想底圣人，即能见各种人事之道德底本然办法，而依照之以办事者。所以无论先圣后圣，遇某种事，其办之之办法，能"若合符节"。

某种事之道德底本然办法，必是其恰到好处之办法，就其恰到好处说，则谓之中。中者无过或不及。有过或不及，则均不是恰到好处。在某种社会内，在某种情形下，某种事有某种至当底办法。但在另一种社会内，在另一种情形下，某种事又有另一种至当底办法。在各种社会内，各种情形下，各种事之至当办法，可以不同，所以说中，必兼说时，所谓时中。但此并不是说，本然底办法，可以随便变易；而是说，在各种社会内，在各种情形下，各种事自有各种道德底本然办法。

孟子说："执中无权，犹执一也。所以恶夫执一者，为其贼道也，执一而废百也。"执一即固执一办法，以应不同底事变。执一是不可底，所以执中须有权，方能随时应不同底事变。但此并不是说，我们所谓道德底本然办法，可有变动，此只是说，在不同底情形下，对于不同底事变，自有不同底本然办法。汉儒讲所谓经权，照他们底说法，经者，一种事之一定不变底办法；权者，一种事之通融底办法。此通融底办法，虽不合乎经，而却合乎道，所以说："反经而合乎道曰权。"照我们底说法：只有经，没有权。若有某种事，在某种情形下，须通融办之方"合乎道"，则此通融底办法，即是道德底本然办法，此即不是权，此即是经，此外更无经。

朱子说："至善者事理当然之极也。"（《〈大学〉注》）上所说道德底本然办法，及当然之路，无论从宇宙底观点看，或从社会底观点看，均是至善底。本然至当底办法，及当行之路，均是理。依照此办法而有之实际底办法，依照此当行之路而行之实际底行为，均是此理所有之类中之实际底事。从宇宙的观点看，一类事所依照之理，对于其类中之事说，均可说是至善底。而此所谓至当及当行，又俱是从道德方面说底，所以此所说至当底办法，及当行之路，从社会的观点看，亦是至善底。

普通以为，王阳明以为道德上底至善及中，乃以我们的心为标准。我们以上所主张，似与阳明大相径庭，其实亦不尽然。阳明说："至善者，明德亲民之极则也。天命之性，粹然至善，其灵昭不昧者，此其至善之发见，是乃明德之本体，而即所谓良知者也。至善之发见，是而是焉，非而非焉，轻重厚薄，随感随应，变动不居，而亦莫不有天然之中，是乃民彝物则之极，而不容少有拟议增损于其间也。"（《大学问》）照上所说，阳明之意，亦不过是说，我们有良知。我们的良知，遇见事物，自然而然知其至当处置之办法。我们只需顺我们的良知而行，不需拟议增损，自然无论处置何事，轻重厚薄，无不合宜，即所谓得"天然之中"也。究竟我们是否有如此底良知，现姑不论。我们只问：此所谓至当处置之办法，或所谓"天然之中"，本是本然底有，不过我们的良知能知之？抑或是此所谓至当或"天然之中"，不是本然底有，而是我们的良知所规定者？若是我们的良知所规定，我们的良知于作此规定时，是随便规定，抑系于某种情形下，对于某种事物之处置，必作某种规定？我们不能说，我们的良知可随便规定，因为如果如此，则即没有一致底道德底标准，逻辑上不能如此说，事实上亦无人如此主张。如说我们的良知，于某种情形下，对于某种事物之处置，必作某种规定，此即无异说，于某种情形下，对于某种事物之正当底处置，自有一定底，无论何人，苟欲于此求至当，必用此办法。此即无异说，所谓至当或"天然之中"，本是本然底有，不过我们的良知能知之。至于所谓"不能拟议增损"，是说，我们对于所谓至当或"天然之中"，不能拟议增损？抑是说，对于我们对于所谓至当或"天然之中"之知识，不能拟议增损？若是前说，我们亦正如此主张。所谓至当，若是至当，即永是至当；所谓"天然之中"，若是天然之中，即永是天然之中，决不能"有拟议增损于其间"。若是后说，则我们不能赞同，因我们对于所谓至当或"天然之中"之知识，不但可有错误，而且事实上常有错误，所以我们对之，不能不有拟议增损也。此拟议增损，无论有多少，并不是对于所谓至当，或"天然之中"有拟议增损，而只是对于所谓至当或"天然之中"之知识有拟议增损。对于所谓至当或"天然之中"，是不能有拟议增损底，正因有不能拟议增损之至当或"天然之中"以为标准，所以我们对之之知识，可有拟议增损。阳明一派的主张，以为我们对于所谓至当或"天然之中"之知识，若是良知所知，亦是不可拟议增损底。假如我们承认，我们有如阳明所说之良知，我们当然亦如阳明所主张。不过我们只说，我们有知，可以知所谓正当或"天然之中"，但此知可有错误，而且事实上常有错误。我们有知，此知亦可说是相当地"良"，但不是如阳明所说那样地"良"。

我们说，所谓至当或"天然之中"，是本然底；一般人见此说，多以为我们此说要抹杀人事中之主观底成分。此"以为"是错误底。我们所说，只是说，如于某种情形下，有某种事，无论何人如欲对之作一至当底处置，他必须如此办。此正如我们说，红色或美味是客观底，并不是说，红色或美味不涵蕴人之眼及嘴，亦并不是说，若事实上无人之眼及嘴，亦可有实际底红色及美味。我们只是说，一种物有一种底结构，此种结构，如人之眼遇之，此人即必须说：此是红色。关于美味亦是如此。此点于第八章中，亦论及之。

我们于以上说"道德底"本然办法，因为在某种情形下，某种事，若不从道德底观点，而从别底观点看，则可有别底本然办法。有许多种事，若从道德底观点看，其至当底办法是如此；但自另一观点看，如从事功之观点看，则可另有一种至当底办法；照此办法，可使某方面有最大底成功。此种本然办法，我们称之为功利底本然办法。此两种本然办法，可以相合，但不必相合。照传统底说法，依照道德底本然办法以办事者，是圣贤；依照功利底本然办法以办事者，是英雄。在政治上说，政治上底各种事亦皆有其道德底本然办法，及功利底本然办法。依照道德底本然办法，以办政治者，其政治是王。依照功利底本然办法，以办政治者，其政治是霸。政治上之道德底本然办法，必是合乎全社会之利益者；而其功利底本然办法，则多为社会之某方面的利益；此二者可相合而不必相合。儒家贵王贱霸。从道德底观点看，无论何人，皆应贵王贱霸。

朱子与陈龙川，有关于王霸之辩论，朱子与龙川书，以为："亘古亘今，只是一理，顺之者成，逆之者败，固非古之圣贤所能独然，而后世之所谓英雄豪杰者，亦未有能舍此理而有所建树者也。"不过圣贤，"彻头彻尾，无不尽善"；而后来所谓英雄，则只能与理"暗合"，"而随其分数之多少，以有所立，然其或中或否，不能尽善，则一而已。来谕谓三代做得尽，汉唐做得不尽者，正谓此也。然但论其尽与不尽，而不论其所以尽与不尽，却将圣人事业，去就利欲场中，比并较量，见有仿佛相似，便以为圣人样子，不过如此。则所谓毫厘之差，千里之谬者，其在是矣"（《答陈同甫书》，《文集》卷十六）。照旧说，三代之政治是王，汉唐之政治是霸。陈龙川以为三代汉唐之政治之分，在于三代做得尽，汉唐做不尽。朱子亦承认此点，但主张须论其所以尽与不尽。圣人事业，是从所谓天理出发，英雄事业，则是从所谓利欲出发。此正是我们以上所说者。不过此出发点既不同，则自此出发后，圣贤依照上所谓道德底本然办法，以办政治，英雄则依照上所谓功利底本然办法，以办政治，其所依照之本然底办法，既系完全两套，则其政治，自亦不同。所以王与霸完全是两种政治，而不是一种政治之有做得尽，或做不尽者。

（八）礼

一部分儒家之理想底圣人，其一特点，即是对于事之处置，皆得其宜，亦即是皆合乎义。所谓"不思而得，不勉而中"（《中庸》）。所谓"随所意欲，莫非至理"（《论语·为政》"七十而从心"朱子注引胡氏说）。圣人将人在社会中所常有之各种事之至当处置底办法，定为规则，使人遵行。此即是礼。程明道说："礼者非体之礼，是自然底道理也。今容貌必端，言语必正者，非是道独善其身，要人道如何，只是天理合如此。本无私意，只是个循理而已。"（《近思录》卷四引）朱子说："这个典礼，自是天理之当然，欠他一毫不得，添他一毫不得。惟是圣人之心，与天合一，故行出这礼，无一不与天合，其间曲折厚薄浅深，莫不恰好。这都不是圣人自撰出，都是天理决定，合著如此。后之人此心未得似圣人之心，只是将圣人已行底，圣人所传于后世底，依这样子做；做得合时，便是圣人。"（《语类》卷八十四）又说，"礼仪三百，威仪三千"，"不是强安排，皆是天理之自然"（《语类》卷七十四）。究竟事实上有如此之圣人否，有如此之合理底礼否，乃另一问题，而事实上各种社会内之"制礼作乐"者，其所希望达到之标准，则固皆系如此。

旧说，礼有许多种类。如从一人生活之观点分，则礼有所谓冠婚丧祭。如从社会活动之观点分，则礼有所谓吉凶军宾嘉。然无论从何观点，以为礼分类，礼总是社会中之事。若只有一人，即无有礼。

某种社会内，有某种社会之礼。其礼可以绝不相同，而其意则一。各种社会内之礼，均是以合理为目的，不过其所拟合之理，可各不相同。"公说公有理，婆说婆有理。"实是都有理。

（九）智，良知

我们说，我们有知，能知所谓至当或"天然之中"，不过可有错误，且事实上常有错误。对于道德之知识，所依照之理，即是智。孟子说："智者，知此者也。"又说："是非之心，智之端也。"合乎所谓至当或"天然之中"者为是；不合乎此者为非。人对于所谓至当或天然之中，愈能知之无错误，其智即愈大。阳明说，"知善知恶是良知"。良知即我们的知之智者；我们的知愈良，即我们的知愈智。

（十）信

有以为信者，诚也。孟子说四端，不及信。朱子说："程子曰：'四端不言信者，既有诚心为四端，则信在其中矣。'愚按四端之信，犹五行之土，无定位，无成名。而水火金木，无不待是以生者。故土于四行无不在，于四时则寄王焉。其理亦犹是也。"（《〈孟子·公孙丑上〉注》）如此说，则所谓信者即以诚行仁义礼智也。此说亦可通，但不必如此说。我们尽可取普通所谓信之意义；即此意义，即可见信之所以为常。一社会之所以能成立，靠其中之分子之互助。于互助时，此分子与别一分子所说之话，必须可靠。此分子所说之话，必须使别一分子信之而无疑。我于此写文而不忧虑午饭之有无，因我信我的厨子必已为我预备也。我的厨子为我预备午饭，因信我到月终必与之工资。此互信若不立，则互助即不可能，即此小事，即不能成。若在一社会之内，其各分子所说之话，均不可靠，则其社会之不能存在，可以说是"无待蓍龟"。人必有信，不是某种社会之理所规定之规律，而是社会之理所规定之规律。孔子说："自古皆有死，民无信不立。"

照程朱的旧说，此五常即是人所有之人之性之内容。人所有之人之性是俱生底。人之性中有仁，所以人有恻隐之心；人之性中有义，所以人有羞恶之心；人之性中有礼，所以人有辞让之心；人之性中有智，所以人有是非之心。信则如"五行之土，无定位，无成名"，如上所引朱子所说。仁义等是性，是未发；恻隐、羞恶等是情，是已发；而心则包已发未发，所以说"心统性情"。此是程朱对于孟子所说四端之解释。照我们的看法，凡无论何种社会，所皆须有之道德，其理可以说是为人之理所涵蕴。依照人之理者，其行为必依照此诸道德之理。不过此诸道德都是什么，则哲学不必予以肯定。程朱说五常即是人所有之人之性之内容，即是人之理之内容，则对于人之理之内容，肯定过多，可以不必。

第七章 义 理

（一）何为义理

旧说将学问分为三部分，即所谓义理之学，辞章之学，考据之学；我们现在所谓义理之意义，大致与旧说所谓义理相同，不过亦大致相同而已。照我们的说法，有本然底义理，有本然底说底义理，有实际底说底义理。

义理可以说是理之义。一理可涵蕴许多别底理。此理所涵蕴之理，即此理之义；此理涵蕴许多理，即此理有许多义。例如人之理涵蕴动物之理，生物之理，理智之理，道德之理等。凡此皆是人之理之义。又例如几何学中所说关于圆之定义等，亦均是圆之理之义。理之义即是本然底义理。

说底义理，即是说本然底义理之理论，例如说圆之理之义之理论，即是说底义理。说底义理之实际地为人所说者，是实际底说底义理。实际底说底义理所依照之理，是本然底说底义理。例如尤可利所讲之几何学是实际底说底义理。尤可利所讲之几何学所依照之理，是本然底几何学，此本然底几何学是本然底说底义理。又例如义理是义理，上所谓义理之学是说底义理。朱子等所讲之义理之学是实际底说底义理，朱子等所讲之义理之学所依照之理，是本然底义理之学，本然底义理之学是本然底说底义理。

（二）是　非

本然底说底义理即是真理，而且是绝对底真理。实际底说底义理，如与本然底说底义理相合，亦是真理，亦是绝对底真理。不过我们于本章中不用真理一名，因为我们若用真理一名，恐与我们所说与气相对之理相混。我们所说与气相对之理，真正可以说是真理。

因此有关于几个字底问题，我们须先解决。在中国言语中，真字及假字皆有两个意义，都是我们所常用者。我们说：这个桌子是真底，不是假底。我们亦可说"这个桌子是真底不是假底"这一句话是真底不是假底。此两处所谓真及假之意义，完全不同。我们于本书中所谓真际之真，大致是就真之前义说。我们说"大致"，因为就此所举例中，真即是真实，而真际之真，则可以只是真而不是实。在此所举例中，真之后义，即普通所谓真理之义。为分别起见，我们于此用是非二字，以指上例中真假二字之后义。《庄子·齐物论》说："言恶乎隐而有是非。"《墨经》说："辩也者，或谓之是，或谓之非，当者胜也。"（《经说下》）《小取》篇亦说："夫辩者，将以明是非之分。"上例中真假二字之后义，古人即谓为是非。

有人以为是非是相对底，有以前是而以后非者，又有以前非而以后是者；有在此是而在彼非者，又有在此非而在彼是者。道家最注意此点。《庄子》说："仁义之端，是非之途，纷然淆乱。吾恶能知其辩。"（《齐物论》）郭象说："是若果是，则天下不得复有非之者也；非若果非，亦不得复有是之者也。今是非无主，纷然淆乱，明此区区者，各信其偏见，而同于一致耳。"（《〈齐物论〉注》）墨家主张有绝对底是非，《墨经》说："辩，或谓之牛，或谓之非牛，是争彼也。是不俱当，不俱当，必或不当。"（《经说上》）如有相反之二说，则必有一当，有一不当；当者是而不当者非；所谓"当者胜也"。

（三）本然命题与实际命题

一说如何可谓之当，《墨经》未说。我们亦主张是非是绝对底，我们亦说：说之当者是而不当者非。照我们的说法，所谓当者，就一普遍命题，或一种理论系统说，即是一实际底说底义理与一本然底说底义理相合。就一特殊命题说，即是一说底命题与一事实相合。

凡命题都是说底。命题之实际地为人所说者是实际底命题。凡命题皆依照命题之理。此外，就普遍命题说，一个实际底命题所依照之理，是一个本然底命题。就普遍命题说，命题之所说者是义理。本然底命题是本然底说底义理。实际底命题是实际底说底义理。实际命题如与本然命题相合者，为是底命题，否则为非底命题。例如我们说：人是有理智底。此是一实际命题，亦即一实际底说底义理。如人之理涵蕴理智之理，则即有此本然底义理，即有一本然底说底义理，有一本然命题，与此本然底义理相应。而此实际底说底义理，此实际底命题，与此本然底说底义理，本然命题，相合，即为是底。如人之理不涵蕴理智之理，则即无此本然底义理，即无"人是有理智底"之本然底说底义理，无此本然命题。如此则"人是有理智底"之实际底说底义理，实际底命题，即为非底。

一实际特殊命题，如与一事实相合，则此命题为是底，否则为非底。例如我们说："孔子是鲁人。"如孔子是鲁人是事实，则此实际特殊命题即与之相合，即为是底，否则为非底。普遍命题是关于义理者，所以亦可称为义理命题。特殊命题是关于事实者，所以亦可称为事实命题。

如一实际普遍命题，与一本然命题相合，或一实际特殊命题，与一事实相合，则此实际命题为是。如一实际命题为是，则即永远为是。实际命题之为是者，不能成为非；实际命题之为非者，不能成为是。就此方面以观是非，则是若果是，即不得有非之者；非若果非，即不得有是之者。

如有有人先以为是之实际命题而后成为非者，其原来本即不为是底，不过有人以为是底而已。有有人先以为非之实际命题，而后成为是者，其原来本即为是底，不过有人以为非而已。例如以前人以为"地是方底"之实际命题为是，以"地是圆底"之实际命题为非。现在人以"地是圆底"之实际命题为是，以"地是方底"之实际命题为非。有人以为于此可见所谓是非是变底，相对底。其实是非是不变底，绝对底。"地是方底"之实际命题，本无事实与之相合，本来即不为是底，以之为是者，乃一时代之人的错误底见解也。若"地是圆底"之实际命题，则本有事实与之相合，本来即为是底，以之为非者亦是一部分人之错误底见解也。所以若就实际说，今以为是者，昔或以为非，此以为非者，彼或以为是，但此乃由于人之知识不够，不是是非本来是相对底。

我们何以能知某实际命题有一本然命题或一事实与之相合，某实际命题无一本然命题或一事实与之相合？若有一全知全能底上帝，站在宇宙之外（此说是不通底，不过姑如此说），而又全知宇宙内之事，则所有实际命题及所有本然命题以及所有事实，皆一时了然于胸中；如此则自无上述之问题。但我们不过是人而已。我们既不能站在宇宙之外，又不能知所有实际命题，所有本然命题，及所有事实。我们所知之实际命题，本然命题，及事实，即就最有学问之人说，比于其总数，尚不能说是九牛一毛，太仓一粟；其比例还要小得多多。至于我们所知之实际命题，其中何者有本然命题或事实与之相合，何者无本然命题或事实与之相合，我们人亦不能一望而知。我们必须用种种方法，方能知之。

此种种方法即归纳逻辑所讲之方法，即实验论者所讲之试验逻辑所讲之方法。实验论者所讲求是之方法之程序及其性质，是不错底。我们是人，我们求是之方法，其程序是步步推索，其性质是试验底。但我们不能以求是之方法之性质，为"是"之本身之性质。我们是人，我们或者永不能有一是底实际命题，或者我们所以为是底实际命题，皆不过是我们以为如此，所以皆是相对底，可变底。但这不过是由于我们人之能力薄弱，与所谓"是"之性质，并无关系。

就人的观点说，是底实际命题之最大特色，即在其通。凡一是底实际命题，在消极方面，与别底是底实际命题，必无矛盾。在积极方面，与别底是底实际命题，必可互相解释。此即所谓通。我们现在以"地是圆底"之实际命题为是者，即因此实际命题，与现在我们所有别底是底实际命题，不矛盾而且可以互相解释。我们以上说，一是底实际命题之为是，在于其与一本然命题或事实相合，乃是就其为是之性质说。此所说一是底实际命题之为是在于其通，乃就求是之方法说。二者所说，乃自两种观点说，所以并无冲突。

或说：用归纳法所得之结论，不能是必然底命题，而真正义理命题，是必然底；所以真正义理命题，不是用归纳法所能得到者。于此我们说，用归纳法虽或不能得到必然命题，但归纳法最后之目的，总在于找出事物所循之公律；如公律是公律，则必须是义理；如其是义理，则必须是必然底。专靠归纳法，不得证明义理之为义理。但我们之开始寻义理，必始于归纳法。即我们开始学算术，如二加二等于四，亦始于先知例证。小儿必先知两个东西加两个东西等于四个东西，然后可知，离开具体底东西，自有二加二等于四者。自义理之本然说，例证是不必要底，但就我们的知识之获得说，例证是必要底。所以归纳法虽不能予我们完全底知识，但我们的知识始于用归纳法。

或可问：实际特殊命题与一事实相合，即为是底。实际普遍命题，何不可与一义理相合即为是底？何必于实际普遍命题与其所说义理之间，加一本然命题？如一实际普遍命题与其所说义理之间，必须加一本然命题，则一实际特殊命题与其所说事实之间，又何不可加一本然命题？

为答此问题，我们需先从一实际底理论系统说起。例如人实际所讲之几何学，是一实际底理论系统，此实际底理论系统所说者，是关于方圆等之本然义理。但此实际底理论系统所依照之理，其完全底标准，即其"极"，并不是关于方圆等之本然义理，而是最完全底一套命题，如定义定理等，最能完全表出关于方圆等之本然义理者。此最完全底一套命题，即是本然底几何学，本然底说底义理，而人实际所讲之几何学，乃此本然底几何学，此本然底说底义理之实际底例证。此一套命题如此，此一套中之每一命题亦如此。每一实际底普遍命题，皆是一实际底理论系统之一套命题中之一命题。如此一实际底理论系统，有一本然底理论系统以为之极，则此一实际底理论系统之一套命题中之每一命题，亦有一本然命题以为之极。所以是底实际普遍命题，只间接与一义理合，而直接与一本然命题合。

虽有各种本然底说底义理，而无本然底写底历史，亦无本然底历史。历史是具体底，个体底，事实之尝然，写底历史是对于尝然之记述。有尝然之理，有记述尝然之理，但没有本然底历史，亦没有本然底写底历史。因为具体底、个体底事实，不是本然底。它们的有是自然，它们的已有是尝然。自然，尝然，离不了本然。但本然之中，离开实际，专就真际说，无自然尝然。实际底特殊命题是写底历史中之命题，或自命为写底历史，如小说等中之命题。既无本然底写底历史，故亦无本然特殊命题。所以是底特殊命题，只与事实相合，而无本然命题与之相合。

一是底实际普遍命题，以其所合之本然命题为极。其极即其所依照之理。一理可有许多例证。例如我们说："人是有死底。"此是一个实际命题。他们说："人是有死底。"又是一个实际命题。有许多人说，说许多次，"人是有死底"，即有许多实际命题。此许多实际命题，都是一类的物，此一类的物都必有其所依照之理。其所依照之理，即是"人是有死底"之本然命题。此本然命题即使实际上没有人说它，它亦是有底。

或可问：本然命题是否有非底？如其无非底，则所有非底命题，属于何类，依照何理？

本然命题无非底，一非底实际底普遍命题之所以为非者，即因其无本然命题与之相合也。不过它虽不与一本然命题相合，而却拟与一本然命题相合，故亦即属于其所拟与相合之本然命题所有之类。例如我们说"人是不死底"，此是一非底命题，并无一本然命题，与之相合。但此命题是说人之寿命者，它所拟与相合之本然命题，即是说人之寿命者，即是"人是有死底"之本然命题。它亦是此本然命题所有之类之实际底分子，不过不合乎其类之极而已。虽不合乎其类之极，而却拟合其类之极，所以我们仍是以其类之极为标准而批评之。我们说它为非者，正因其不合乎此标准也。它若不属此类，即不能以此类之极为标准而批评之。例如"人是不死底"之实际命题，我们只能以"人是有死底"之本然命题为标准，以说其为非。我们不能以"人是动物"之本然命题为标准，以说其为非。其所以如此者，因"人是不死底"之实际命题，本不拟合"人是动物"之本然命题也。

方底物之类中之实际底分子，可或多或少合乎其极，但没有完全不合者。但一本然命题所有之类中之实际底分子，可对于其极完全不合。完全不合乎其极者，亦属于此极所有之类，似乎不通。于此我们说，在普通情形下，一事物完全不合某标准时，即不归入某类，因其本不拟与某标准相合也。但一实际底普遍命题则本拟与其所拟合之本然命题合，所以虽实际上不合，而亦归入其所拟合之本然命题所有之类。

或又可问：实际特殊命题以何为其极？依照何理？关于此点，我们说：有命题之理，有普遍命题之理，有特殊命题之理。实际普遍命题除依照命题之理及普遍命题之理外，又各依照其所合或所拟合之本然命题。实际特殊命题则只依命题之理，及特殊命题之理。实际特殊命题无本然命题可以依照，因其所说均是具体底，个体底，事实也。是底实际特殊命题即是合乎命题之理及特殊命题之理者。上所说一是底特殊命题是合乎一事实者，此可以说是特殊命题之理之内容，或其一部分。其不合乎此理而可以此理为标准以批评之者，即为非底实际特殊命题。

（四）本然系统与实际系统

我们于上文说实际底理论系统与本然底理论系统。我们所有之每一种学问，即是一个理论系统。此诸系统亦不是人随便组织者，而是本然底义理，本来有许多系统，所以本然底说底义理亦本来有许多系统。本然底说底义理之系统，我们名之曰本然系统。实际上每一种学问皆代表或拟代表一本然系统。代表或拟代表一本然系统之实际底系统，我们称之为实际系统。

例如物理学所讲者，是关于声、光、力等之本然义理，然此等本然义理并不是物理学。物理学是一套定义公式等，以说此等本然义理者。最完全底物理学，即是最完全底一套此等定义公式等。此即是物理学之本然系统，此系统可以说是本然底物理学。实际底物理学，即人所讲者，是本然底物理学所有之类之实际底分子。我们看见《墨经》中有说及光者、力者，我们说此是物理学，此即依物理学之本然系统说。我们说物理学有进步，此即以本然底物理学为标准而批评实际底物理学。

本然系统中所有命题，都是本然命题。所以当然都为是底。一实际底系统中则可有是底命题，亦可有非底命题。其是底命题愈多，则此实际底系统愈合乎其本然底系统。若其中之命题之为非底者太多，则此实际底系统，即是一非底系统。此非底系统亦归入其所拟代表之本然系统所有之类，而我们亦即以此本然系统为标准而批评之。例如阴阳家之系统中所有命题，其为非者即太多。此系统即一非底系统，此非底系统拟代表一种本然哲学系统，此非底系统，即归入一种本然哲学系统所有之类，我们亦即以此本然系统为标准而批评之。

（五）哲学系统与各种哲学系统

我们说一种本然哲学系统，因为哲学系统中，又可有许多种哲学系统。我们于绪论中，提及哲学有许多派别。一个哲学派别中之各家底哲学即是实际底某种哲学系统，实际底某种哲学系统，代表或拟代表某种本然哲学系统。

就实际，形下方面说，有一家一家底哲学系统，如孔子的哲学，柏拉图的哲学等。有一种一种底哲学系统，如亚力士多德的哲学，朱熹的哲学,虽是两家的哲学系统,但俱属于一种哲学系统。一种哲学系统有一类,属于一种哲学系统之一家一家底哲学系统,是其类中之实际底分子。一种一种底哲学系统之类之上又有一共类,此共类之理,即"哲学系统"或"哲学"。

"哲学"是各种哲学系统之"极"。于绪论中,我们说,我们的哲学系统,是最哲学底。此言别人或不承认,但我们说此话时,是以"哲学"为标准说者。别人不以我们为然,亦必须是以"哲学"为标准说者。我们及别人俱承认此标准,不过我们及别人对于此标准之认识,有不同而已。

就真际,形上方面说,"哲学系统"及各种哲学系统,皆是本然底,皆本来即有,各自具备,毫无欠缺。其中或有些系统,向来尚无人讲之。若向来无人讲之,则此哲学系统,即只是纯真际底。

一个哲学家,不能凭空有一种哲学。此话的意义有两方面。一方面是从实际、形下方面说。从此方面说,一个哲学家,必须在某种势下,方能有某种哲学系统,或方能将某种哲学系统真正发展。此所谓某种势即指哲学家所处之某种物质底、社会底及知识底环境说。此所谓"有"者,是就实际方面说。严格地说,应该说是,必须有某种底势,哲学家方能知某种哲学系统而讲之;或说,必须有某种势,某种哲学系统,方有人知,方有人讲。

另一方面,是从形上方面说。一个哲学家所讲之哲学系统,不是随便讲底。他不能凭他的空想,胡说八道。他所讲之哲学系统,如果不为非底系统,在形上方面必有一本然系统,与之相合,或多少与之相合。

我们于绪论中,说哲学未说到此。因为说到此已是讲一种哲学系统。只有照我们的哲学系统,方可如此说。

对于哲学之如此底看法,宋儒,尤其程朱一派,向来持之。宋儒中多以为其所讲之道,并非其个人之创造,而乃是客观底,本有底。哲学家之任务,不过是将其所见,加以述说,然此述说之有无,与道之本身之有无,并无关系。如《周易》,邵康节,朱子,皆以为其系统是本来有底。所谓"画前有易",正说此意。依此说,《周易》之系统,在实际方面,始于伏羲。然于真际方面,则在伏羲画卦之前,此系统已是本然有底。此所谓"画前有易"也。朱子说:"六十四卦,全是天理自然挨排出来,圣人只是见得分明,便只依本画出,元不曾用一毫智力之助。盖本不烦智力之助,亦不容智力得以助于其间也。"(《答袁机仲》,《文集》三十八）又说："画前之易，乃谓未画之前，已有此理，而特假手于聪明神武之人，以发其秘。"（《答袁机仲》，同上）又说："当先向未画前，识得元有个太极，两仪，四象，八卦，底骨子。"（同上）易之系统，是本然底，不是一二人凭其私意所创造。朱子又说："天地只是不会说，请他圣人出来说。若天地自会说话，想更说得好在。如河图洛书，便是天地画出来底。"（《语类》卷六十五）所谓圣人代天立言，其意亦谓此。

宋儒这种见解，就其主要之点说，是不错底。不过宋儒的错误，在于以为只有一个哲学系统，是本有底，所以在实际方面，亦只有一种哲学是正宗，是是底，其不同乎此者，即是异端，是错误底，非底。宋儒持此见解，所以不仅以为所谓二氏之学是非底，是异端，即程朱与陆王，亦互相指为异端。

其实是，在形上方面，本有各种底本然哲学系统。在不同底时地中，有不同底实际底哲学系统；即在同一时地中，亦可有不同底实际底哲学系统。此诸系统虽不同，但它皆可多少是各种底本然哲学系统之实际底代表。凡是实际底哲学系统，能自圆其说，能持之有故，言之成理者，都是正宗底。所谓是正宗底者，即都代表，或多少代表，一种本然哲学系统。于此都无所谓异端。

不过我们这种说法，是站在实际底一家一家底，哲学系统之上说底。我们站在实际底一家一家底哲学系统之上，见实际底一家一家底哲学系统，均是代表，或多少代表，一种本然哲学系统，于此我们说他们都是正宗底，都无所谓异端。但我们若站在一家底哲学系统之内，则只能见此一家底哲学系统而不见其余，则亦只以为只此一家底哲学系统是正宗底。各哲学家皆站于其自己的一家底哲学系统之内，即各以为其自己的系统是正宗底，不独宋儒如此也。我们于上文所以特别说宋儒错误者，因为照宋儒的哲学，尤其是程朱一派底哲学，他们应该还有一种站在实际底一家一家底哲学之上，对于哲学之看法，而他们没有。所以我们说他们错误。

上文谓，只要一家底哲学系统能自圆其说，能持之有故，言之成理，即是正宗底，是就人的观点说。若就宇宙或天之观点说，则宇宙或天本有许多方面，因此本有许多可能底理论系统与之相应。此与之相应之许多可能底理论系统，对于哲学说，即是各种本然哲学系统。一哲学家对于哲学之某方面，特别注意，因之对于某种本然哲学系统，有所知，将其所知，实际地用文字写出，或用言语说出，即是一家底哲学系统。此是就宇宙或天之观点说。若自人之观点说。则我们所以能知其是正宗与否，即在其是否能自圆其说，是否能持之有故，言之成理。

（六）从哲学看宇宙及从宇宙看哲学

或可问：在绪论中，我们说哲学是从分析经验，分析实际底事物入手，由分析实际底事物而知实际，由知实际而知真际。由此则哲学是以真际为其研究之对象。但若此章所说，则哲学又有其本然系统，则似哲学又以其本然系统为其研究之对象。此二说恐有冲突。

关于此点，我们可以说，于此章中，我们并没有说，哲学以其本然系统，为其研究之对象。我们于绪论中，是在哲学内讲哲学，于本章中，是在哲学外讲哲学。我们在本章所讲者，仍是哲学，不过此哲学是在哲学外讲哲学之哲学。在绪论中，我们在哲学内，讲哲学所以别于其他学问者，并说其研究之对象，下手之方法。在如此说时，及以后，我们讲理讲气时，我们是从哲学的观点看宇宙。在本章中，我们的观点，完全不同。在本章中，我们是从宇宙的观点看哲学。从宇宙的观点看，哲学亦是一类物，人之哲学底活动亦是一类事。哲学之一类物，亦有其理，此即哲学之所以为哲学者，即哲学之本然系统。哲学之一类物中，又可分有许多别类，此即哲学中之各派别。此许多别类又各有其理，即各哲学派别所代表或所拟代表之各种本然哲学系统。每一派别中之哲学家所讲之哲学系统，即依照其派别之本然系统者，亦即其本然系统所有之类之实际底分子。每一类哲学，皆依照"哲学"，但有依照多者，有依照少者。我们于绪论中说，我们的哲学是最哲学底哲学，意即是说，我们此派的哲学，是最依照"哲学"者，最依照哲学之本然系统者。我们的新理学与程朱的旧理学，俱属于此所谓我们此派，但我们的新理学，较旧理学更依照此派哲学的本然系统。

以上所说之诸分别，朱子似未十分看清。朱子说："今之学者，自是不知为学之要。只要穷得这道理，便是天理。虽圣人不作，这天理自在天地间。天高地下，万物散殊，流而不息，合同而化，天地间只这个道理，流行周遍，不应说道圣人不言，这道理便不在。这道理自是长在天地间，只借圣人来说一遍过。且如易，只是一个阴阳之理而已，伏羲始画，只是画此理，文王，孔子，皆是发明此理。"（《语类》卷九）在此段话中，朱子，或记录此话者，未将本然义理，及本然底说底义理，即与本然义理相应之许多可能底理论，分别清楚。本然义理当然是"长在天地间"。与之相应之许多可能底理论，亦是"长在天地间"，所谓"不应说道圣人不言，这道理便不在"者，应指此许多可能底理论说。照上所述"画前有易"之说，伏羲所画是画前之易，不是"阴阳之理"。画前之易，是与阴阳之理相应者，而不即是阴阳之理。照他们的说法，应该说，有"阴阳之理"，有"画前之易"，有伏羲所画之易。"画前之易"是与阴阳之理相应之本然系统。伏羲所画之易，是"画前之易"之实际底代表。

或可问：在绪论中，我们说哲学开始于分析经验，分析之所得，又须以名言说之，在真际中，既无经验，何所分析？亦无名言，何以说之？若说有本然哲学系统，则此所说，岂非需要改变？

照我们的看法，此并不需改变。对于本然哲学系统，我们只就可能底经验，可能底分析，可能底名言说。若无实际底人，自亦无实际底经验，无实际底分析，无实际底名言，然亦无实际底哲学。我们说：红色是某种长度光波刺激某种眼，有此某种眼者所感觉之颜色。实际上可无某种长度光波，可无某种眼，可无有此某种眼者，但此对于红之所以为红，并无关系，对于红之所以为红，仍可如此说。关于哲学，亦正如此。

（七）哲学与道统

或又可问：有以为哲学亦是随社会之组织而变者，有某种社会，即有某种哲学，此于以上所说，有本然哲学系统之说，似亦不合。

对于此问题，我们可以说，无论我们承认哲学是否随社会之组织而改变，于我们以上所说本然哲学系统之说，并无关系。因为我们本来承认有许多本然哲学系统，而且我们亦说，必在某种势下，一种哲学系统，方可有人知，有人讲。因某种社会之实际底有，某种哲学系统亦成为实际底有，照我们的看法，此是并无不可底。不过大概随某种社会之实际底有而有之新哲学，多是社会哲学，并不是哲学。每一种社会组织，必有其理论底解释，此即其社会哲学。一种社会之社会哲学，亦常有一种哲学为其理论底根据。如其如此，则此种哲学，即为此种社会之理论底靠山，亦即为此种社会之道统。我们旧日以孔子之道为道统。站在以孔子之道，或如孔子之道，为道统之社会制度内，孔子之道，或如孔子之道，是惟一底道统。但站在各种社会制度之上看，孔子之道，或如孔子之道，亦是一道统，但不是惟一底道统。

还有一点，一种社会哲学所引以为理论底根据之哲学，大概在实际上并不是全新底。例如为共产主义底社会之道统之辩证唯物论，其唯物底及辩证底成分，皆是自古代以来即有者。我们于绪论中说，自古代以后，没有全新底哲学，亦仍是可说底。

或可说，自古代以后，没有全新底哲学者，因人不易有新经验也。如有一新社会，则人可有新经验，有新经验，可否有全新底哲学？

在一新社会内，人可有新经验，自可有较新底哲学。但此新经验只是关于人之社会底经验。人在他方面之经验，例如佛家所说生老病死等，关于人生全部者，仍不能有大改变。所以只能有较新底哲学。我们不敢说，所有底各种本然哲学系统皆为我们所已知；或者还有很多种本然哲学系统，为我们所尚未梦见者。但人若没有关于人生全部之全新底经验，人对哲学之知识，大概是不能有全部底改变，此是可以说底。

新事论（中国到自由之路）（节选）
（1940 年）

自　　序

　　自中日战起，随学校南来，在南岳写成《新理学》一书。此书序中有云："此书虽'不着实际'，而当前有许多实际问题，其解决与此书所论，不无关系。"此书成后，事变益亟，因另写一书，以讨论当前许多实际问题，名曰《新事论》。事者对理而言，论者对学而言。讲理者谓之理学，说事者谓之事论。对《新理学》而言，故曰《新事论》。为标明此书宗旨，故又名曰《中国到自由之路》。二十七年为北京大学成立四十周年，同学诸子，谋出刊物，以为纪念。此书所追论清末民初时代之思想，多与北大有关系者。谨以此书，为北大寿。又此书各篇，皆于草成时即在昆明《新动向》半月刊中发表，修正后，成为此书，并记于此。二十八年 6 月，冯友兰识于昆明。

第一篇　别共殊

　　荀子说："类不悖，虽久同理。"（《非相》）荀子所谓理，与我们所谓理，其意义不必同，不过这一句话，我们可借用以说我们的意思。某一类的事物，必有其所以为某类的事物者，此所以为某类的事物者，为属于此某类的事物所同有，即此类之理。一类事物之理，即一类事物之类型。凡属于某一类之事物，必皆依照某一理，或亦可说，凡依照某一理之事物，皆属于某类。所以"类不悖，虽久同理"。

　　凡属于某一类之事物，必皆依照某理，有某性。所谓性，即属于某一类之事物所依照于某理者。

一件一件底事物，我们称之为个体。一个个体，可属于许多类，有许多性。例如张三李四，是两个个体。张三是人，是白底，是高底，他即属于此三类，有此三性。李四是人，是黑底，是低底，他即属于此三类，有此三性。此不过举例说，其实张三，李四，所属于之类，所有之性，皆是很多很多底，可以说是不知有许。每一个体所有之许多性，各不相同。所以个体是特殊底，亦称殊相。而每一类之理，则是此一类的事物所共同依照者，所以理是公共底，亦称共相。

我们可把一件事物当成一个体而叙述其所有之性，或其所有之性之某部分。此等叙述是历史。我们亦可把一件事物当成一某类之例，而研究其所以属于此某类之某性。此等研究是科学。例如我们可把张三当成一个体而叙述其所有之性，或其所有之性之某部分，如说张三是人，张三是白底，张三是高底等。此等叙述是历史。我们亦可把张三当成一是人底生物之例，而研究其生理。此等研究即是科学，或更确切地说，即是生理学。

科学中所讲者都是关于某类之理论，而不是关于某个体之历史。例如医学中讲各种病，如伤寒、疟疾等。其讲伤寒，乃伤寒一类之病，并不是张三或李四患伤寒之历史。他间或亦讲张三或李四患伤寒之历史，然其讲此历史，并非以其为历史而讲之，而是以其为伤寒一类之病之例而讲之。在实际上张三或李四所患之伤寒病，其细微曲折之处，不必尽同，但均有伤寒病之所同然者。此伤寒病之所同然者，即医学研究之对象。医学研究伤寒病之所同然者，故其所有理论，可适用于实际上任何人所害之伤寒病。

知从类的观点以观事物，我们谓之为知类。科学虽不仅止是知类，而知类是科学所必有之一基本底条件，是一切科学所同然者。

我们可从特殊的观点，以说文化，亦可从类的观点，以说文化。如我们说，西洋文化、中国文化等，此是从个体的观点，以说文化。此所说是特殊底文化。我们说资本主义底文化，社会主义底文化等，此是从类的观点，以说文化。此所说是文化之类。讲个体底文化是历史，讲文化之类是科学。

我常说，在中国历史中，汉人最富于科学底精神。这是一句很骇人听闻底话，因为照有一部分人的说法，汉人在许多方面底见解，都是反科学底。我承认汉人在许多方面底见解，是与现在底科学不合。汉人在许多方面底见解，以现在底科学，或即以现在人的常识观之，都可以说是荒谬绝伦。不过这些都是就汉人在许多方面底见解之内容说。科学本来是常在进步中底，无论何时代的人所有对于自然之知识，都有与已进步底科学不合之可能。若其不合太甚，则自已进步底科学之观点看，都是荒谬绝伦。但此亦是就此等知识之内容说。此等知识之内容，虽可以说是荒谬绝伦，而其形式则不妨仍是科学底。此所谓形式，即指一切科学底知识所同然者。一知识如其有一切科学底知识所同然者，即是科学底。如一人，或一时代之人，其知识有一切科学底知识所同然者，或求使其知识有一切科学底知识所同然者，我们即说，此一人，或此一时代之人，有科学底精神。

关于汉人之富于科学底精神，有几点可说。此几点中，有几点我们已于别处说过（见《新理学》绪论）。现在只说一点，此一点即是：汉人知类。

汉人之历史哲学或文化哲学，以五德、三统、三世等理论，说明历史或文化之变迁者，就其内容说，有些亦可说是荒谬绝伦。不过他们的看法，却系从类的观点，以观察事物者，就此方面说，汉人知类，汉人有科学底精神。

汉以前有许多不同底文化，若从特殊的观点看，或从历史的观点看，我们可以说：汉以前有殷人的文化，有周人的文化，有楚人的文化等。但有一部分底汉人不从此观点看，他们不从此观点以讲文化。他们不讲殷人的文化，周人的文化等，而讲金德底文化，木德底文化，水德底文化，火德底文化，土德底文化，或黑统底文化，白统底文化，赤统底文化。这些文化都是所谓文化的类型，与什么人无关。殷人可以是金德底文化，白统底文化，但金德底文化，白统底文化之实际底有，则并不限于殷人。我们可以离开殷人，可以离开任何人，而讲金德底文化，白统底文化。此正如张三或李四的病可以是伤寒，但伤寒之实际底有，则并不限于张三或李四。我们可以离开张三或李四，可以离开任何人，而讲伤寒。讲金德底文化，白统底文化，或伤寒，是讲历史哲学，文化哲学，或医学。讲殷人的文化，周人的文化，或张三李四的伤寒病，是讲历史。汉人眼见有许多不同底文化，能从类的观点，将其分类，离开殷人、周人等，而专讲各类文化之类型，此即是有科学底精神。

从类的观点以观事物者注重同，从特殊的观点以观事物者注重异。从类的观点以观事物者，亦说异，不过其所说之异，乃各类间之异，而不是一类中各事物之异。但一类中各事物之异，正从特殊的观点以观事物者所注重者。例如医学讲伤寒病，固亦须说伤寒病与别底发热病之异，但患伤寒病之张三李四间所有之不同，医学并不讲之。但讲张三李四之历史，或其患病之历史者，其所注重，正是张三李四间之异。汉人不讲殷人的文化，周人的文化等，而专讲金德底文化，黑统底文化等，正是不讲一类中各事物之异，而只注重其同。

《礼记·礼运》说，有大同之治，有小康之治，此亦是说有此二种文化类型。公羊《春秋》家说有据乱世，有升平世，有太平世，亦是说有此三种文化类型。就内容说，《礼运》及公羊家之说，比五德说或三统说，较为合于现在人之常识，所以现在人对于《礼运》，公羊家之说，常加称道。但就其皆注重于文化类型说，《礼运》，公羊家之说，与五德三统之说，是一致底。

自汉以后，中国人所见者，只是一种文化，所以对于汉人所有关于文化之理论，不感兴趣，因为他们并没有关于文化方面底问题。及至清末，中国人又看见许多不同底文化，在文化方面，又起了问题，因此对于汉人所有关于文化之理论，又发生兴趣。清末公羊家之学之所以大盛，此是其一重要底原因。

清末人用汉人所说对于文化之分类，以分别其所见之不同底文化。照康有为的说法，"欧美各国"的文化是白统，服色尚白，正朔建子。俄罗斯，回教的文化是黑统，正朔建丑。这些说法，当然是可笑底附会。我们若照样附会起来，我们可以说，资本主义底文化是白统，共产主义底文化是赤统，法西斯主义底文化是黑统。这说法虽亦是可笑底附会，但似乎比康有为所说，还有根据些。

汉人亦有将文化分为文质二种者。公羊家亦说文家，质家，清末人亦有说，所谓西洋文化，是属于质家，中国文化是属于文家者。例如西洋人对于国君，直称其名，中国人对于国君，则讳其名。清末人以为此即文质二家之分之一例。

这些说法，我们现在看来，都是可笑底附会。但是有一点，我们不可不注意者，即是清末人亦是从类的观点，以说文化。就他们所说之内容说，他们所说是可笑底附会。但是他们知类，他们不注意于一类中底事物间之异而只注意其同。他们不说，中国与西洋，有什么本来底不同，如所谓国民性等。中国与西洋之不同乃由于其所属于之文化类不同。如中国人因文敝而改行质家之法，则中国与西洋即无不同。如西洋人因质敝而改行文家之法，则西洋与中国亦无不同。这种看法，离开其内容说，是不错底。

自民初以来，我们对于西洋之知识，日益增加，渐知所谓西洋文化，决不是一个什么"德"，一个什么"统"，或一个什么"家"所能尽。清末人这种看法，就其内容看，遂成为可笑底附会，而民初人之知识，又不能用别底标准，以为文化分类。他们于是尽弃清末人所说，不但弃其所说，而并弃其看法。他们知清末人之错误，而不知其错误在于何处，遂并其不错误者而亦弃之。这是民初人的错误。

民初以来，一般人专从特殊的观点，以看所谓西洋文化。他们所谓西洋文化，是"西洋"文化，此即是说，是个特殊底文化。这个特殊底文化，在他们面前，好像是一个"全牛"，其中条理，他们看不出。他们常说，中国人如何如何，西洋人如何如何。好像在他们的心目中，中国人之是如何如何，是因为其是中国人；西洋人之是如何如何，是因为其是西洋人。他们似乎不知，至少是不注意，中国人之所以是如何如何，乃因中国文化在某方面是属于某类文化；西洋人之所以是如何如何，乃因西洋文化在某方面是属于某类文化。譬如张三因患伤寒而发烧，李四因患疟疾而发冷。张三之发烧，乃因其是患伤寒病底人，并不是因为他是张三。李四之发冷，乃因其是患疟疾底人，并不是因为他是李四。任何人患了伤寒病，都要发烧；任何人患了疟疾，都要发冷。上帝，如果有上帝，可以不患伤寒病，不患疟疾，但如果他患了伤寒病，他亦必要发烧；如果他患了疟疾，他亦必发冷。

把所谓西洋文化当成一个特殊底文化看，学西洋亦发生问题。一个个体，是一个特殊，它是不可学底。凡所谓学某个体者，其实并不是学某个体，不过是学某个体之某方面，学某个体所以属于某类之某性。例如孟子说，他愿学孔子。他所愿学而且能学者，是孔子之是圣人之一方面。若孔子之其他方面，如其是鲁人，为鲁司寇，活七十余岁等，皆是不能学底。说某个体之某方面，即是以某个体为一某类之例而观之，即是从某类之观点，以观某个体。从某类之观点，以观某个体，则某个体于此方面所有之某性，即是其主要底性质。其所有之别底性，即是其偶然底性质。例如从圣人之类之观点以观孔子，则其"圣德"是其主要底性质。其所有之别底性，如是鲁人等，皆是偶然底性质。孟子必如此看孔子，然后孔子方可学。如把一个个体作一整个看，则是不可学底。一个个体不可学，正如一个"全牛"不可吃。

其所以如此者，因一特殊底事物，可以同时属于许多类，同时有许多性。若把一特殊底事物，作为某一类之例而观之，我们固可说此特殊底事物所有之许多性质中，哪些是主要底，哪些是偶然底。但若把一特殊底事物作为一特殊底事物而观之，则此特殊底事物，无论其为何事物，皆是一五光十色底"全牛"。于此五光十色中，我们不能指出哪些是其主要底性质，哪些是其偶然底性质。例如我们把张三当成一个科学家看，我们可知其能研究科学是其主要底性质，至其所有之他性质，如是西洋人，或是中国人等，都是其偶然底性质，与他之是科学家与否毫无关系。但如我们把张三当成张三看，则不能说，不能指出，张三所有哪些性质是主要底，哪些是偶然底。

一个国家或民族所有之文化，是特殊底文化，是很复杂底，可以同时属于许多类，有许多性。所谓西洋文化，亦属于许多类，亦有许多性。若从一种文化类之观点，以看所谓西洋文化，则于其许多性中，何者是主要底性质，何者是偶然底性质，我们可以说，可以指出。但若从一特殊底文化之观点，以看西洋文化，则所谓西洋文化，亦是一个五光十色底"全牛"，于此五光十色中，我们不能说，不能指出，何者是西洋文化之主要底性质，何者是其偶然底性质。自民初以来，有些人说科学及民主政治，所谓赛先生及德先生者，是西洋文化，有些人说基督教或天主教是西洋文化。崇拜德赛二先生者，固然不一定崇拜上帝，或且反对有上帝之说，但他们既是说"西洋"文化，他们不能说基督教或天主教，不是西洋文化。

因为有人以西洋文化为一特殊底文化而说之，所以于其提倡西洋化，或西化时，即引起许多纠纷。近数年来，有主张所谓全盘西化论者，有主张所谓部分西化论者，有主张所谓中国本位文化论者。无论其主张如何，但如其所谓文化是指一特殊底文化，则其主张俱是说不通，亦行不通底。

如所谓西洋文化是指一特殊底文化，则所谓全盘西化者必须将中国文化之一特殊底文化完全变为西洋文化之一特殊底文化。如果如此，则必须中国人俱说洋话，俱穿洋服，俱信天主教或基督教等等，此是说不通，亦行不通底。主张全盘西化论者，实亦不主张此。但若其不主张此，则他所主张即与部分西化论者无异。

但如所谓西洋文化是指一特殊底文化，则主张部分西化论者，亦是说不通，行不通底。因为如以西洋文化为一特殊底文化而观之，则西洋文化是一五光十色底"全牛"，在此五光十色中，我们不能说出，指出，何为主要底性质，何为偶然底性质。如此不能说出，指出，则所谓部分西化论者，将取西洋文化中之何部分以"化"中国？科学家说，西洋之科学，是中国所应取来者。传教师说，西洋之宗教，是中国所应取来者。无论如何说，如果以所谓西洋文化为一特殊底文化而观之，其说总是武断底。

所谓西化论者之主张，虽说不通，行不通，而其主张却已引起有一部分人之大惧。此即主张中国本位文化论者。照他们的看法，中国是张三，西洋是李四，如张三变成李四，则失其所以为张三，即不是张三了。照他们的说法，中国文化有当存者，有当去者，我们应存其所当存，去其所当去。他们亦不完全反对西化，西洋文化中，有可取而为中国所当取者，他们亦主张取之。但如果以西洋文化为一特殊底文化而观之，则其五光十色中，何者是可取而当取者？即就中国文化说，如果以中国文化为一特殊底文化而观之，则所谓中国文化亦是一五光十色底"全牛"。于此五光十色中，我们不能分出，何者是其主要底性质，何者是其偶然底性质。如此我们亦不能说，其中何者是当存，何者是当去。有人说，中国的文言文，是当存者。有人说，中国的旧道德，是当存者。但无论如何说，如果以所谓中国文化为一特殊底文化而观之，其说总是武断底。

有一比较清楚底说法，持此说法者说，一般人所谓西洋文化者，实是指近代或现代文化。所谓西洋文化之所以是优越底，并不是因为它是西洋底，而是因为它是近代或现代底。这一种说法，自然是比笼统地说所谓西洋文化者通得多。有人说西洋文化是汽车文化，中国文化是洋车文化。但汽车亦并不是西洋本有底。有汽车与无汽车，乃古今之分，非中西之异也。一般人心目所有之中西之分，大部分都是古今之异。所以以近代文化或现代文化指一般人所谓西洋文化，是通得多。所以近来近代文化或现代文化一名已渐取西洋文化之名而代之。从前人常说我们要西洋化，现在人常说我们要近代化或现代化。这并不是专是名词上改变，这表示近来人的一种见解上底改变。这表示，一般人已渐觉得以前所谓西洋文化之所以是优越底，并不是因为它是西洋底，而是因为它是近代底或现代底。我们近百年来之所以到处吃亏，并不是因为我们的文化是中国底，而是因为我们的文化是中古底。这一个觉悟是很大底。即专就名词说，近代化或现代化之名，比西洋化之名，实亦较不含混。基督教化或天主教化确不是近代化，或现代化，但不能不说是西洋化，虽大部分主张西洋化者不主张基督教化，或天主教化，或且积极反对这种"化"，但他所用底名词却亦指这种"化"。

不过我们说近代文化或现代文化，我们还是从特殊的观点以观事物。我们所谓近代或现代者，不是指古人的近代或现代，不是指任何近代或现代，而是指我们的"这个"近代与现代。我们的"这个"近代或现代，就是"这个"近代或现代，而不是别底近代或现代。它亦是个特殊，不是个类型。因为所谓近代文化或现代文化者，亦是一个特殊底文化；它亦是一个五光十色底"全牛"。在这些五光十色中，我们亦不能指出何者是其主要底性质，何者是其偶然底性质。飞机大炮与狐步跳舞，是否都是近代文化或现代文化所必须有者？专从近代文化或现代文化说，这个问题是不能问，亦不能答底。因为一特殊底事物所有之性质，就此特殊底事物说，是无所谓主要底或偶然底，说一特殊底事物所有之性质有些是主要底，有些是偶然底，都是从类的观点，以看特殊底事物。

若从类的观点，以看西洋文化，则我们可知所谓西洋文化之所以是优越底，并不是因为它是西洋底，而是因为它是某种文化底。于此我们所要注意者，并不是一特殊底西洋文化，而是一种文化的类型。从此类型的观点，以看西洋文化，则在其五光十色底诸性质中，我们可以说，可以指出，其中何者对于此类是主要底，何者对于此类是偶然底。其主要底是我们所必取者，其偶然底是我们所不必取者。若从类的观点，以看中国文化，则我们亦可知我们近百年来所以到处吃亏者，并不是因为我们的文化，是中国底，而是因为它是某种文化底。于此我们所要注意者，亦并不是一特殊底中国文化，而是某一种文化之类型。从此类型的观点，以看中国文化，我们亦可以说，可以指出，于此五光十色底诸性质中，何者对于此类是主要底，何者对于此类是偶然底，其主要底是我们所当去者，其偶然底是我们所当存者，至少是所不必去者。

照此方向以改变我们的文化，则此改变是全盘底。因为照此方向以改变我们的文化，即是将我们的文化自一类转入另一类。就此一类说，此改变是完全底、彻底底，所以亦是全盘底。

此改变又是部分底。因为照此方向以改变我们的文化，我们只是将我们的文化自一类转入另一类，并不是将我们的一个特殊底文化，改变为另一个特殊底文化。我们的文化之与此类有关之诸性，当改变，必改变；但其与此类无关之诸性，则不当改变，或不必改变。所以自中国文化之特殊底文化说，此改变是部分底。

此改变又是中国本位底。因为照此方向以改变我们的文化，我们只是将我们的文化，自一类转入另一类，并不是将我们的一个特殊底文化，改变为另一个特殊底文化。

各类文化本是公共底。任何国家或民族俱可有之，而仍不失其为某国家或某民族。如张三是科学家，李四亦是科学家，科学家之类是公共底。张三是科学家，不失其为张三；李四是科学家，亦不失其为李四。张三可在李四是科学家之方面学李四，但他所学者是李四之是科学家，而不是其是李四。张三，李四，除同是科学家外，在别底方面，张三自有其是张三者，李四自有其是李四者。所以如照上所说之方向以改变中国文化，则所谓中国本位文化之问题，自亦不成问题。

在民初人的心目中，康有为是一个国粹论者，是一个"老顽固"。在清末人的心目中，康有为是一个维新论者，是一个叛徒。何以一个国粹论者，能主张维新？固然一个人的思想能前后不一致，但康有为的思想却并不是如此。从他的思想上说，他是从类的观点以观文化，他知各类文化都是公共底，任何国家或民族均可有之，而此各种文化又是中国先圣所已说明者。所以中国虽自一种文化变为另一种文化，而仍不失其为中国，仍是行中国先圣之道。康有为之说，其一半为我们所不以为然，但其一半却是我们所赞同者。

第二篇　明层次

普通底逻辑教科书常提及一个怪论，在古希腊时即已有者。一个某甲地方底人说："凡某甲地方底人所说底话，都是假底。"如果这一个某甲地方底人所说底这一命题是真底，这一命题即必须是假底，因为这一命题亦是一某甲地方底人所说底话。所以如果它是真底，则某甲地方底人所说底话，至少有这一句是真底。如果至少有这一句是真底，则"凡某甲地方底人所说底话都是假底"之命题，即是假底。从另一方面说，如果此命题是真底，则此命题即是假底。因为此命题亦是一个某甲地方底人所说底话，如果"凡某甲地方底人所说底话都是假底"是真底，则此命题既亦是一个某甲地方底人所说者，当然亦是假底。如此说，则此命题必须是假底，方能是真底，它若是真底，它即是假底。

有人以类似底辩论，批评实用论者及辩证唯物论者之真理论。实用论者说真理是相对底。有一部分批评者说：说"真理是相对底"这一个命题，应亦是真理，此真理是不是相对底？如此真理不是相对底，是绝对底，则至少有此一个真理不是相对底。如至少有此一个真理不是相对底，则即不能说"真理是相对底"。如此一个真理亦是相对底，则此真理即有不是真理之可能，而"真理是相对底"之命题即可有不真之时，如"真理是相对底"可有不真之时，则真理即不必是相对底。

辩证唯物论者说，人的见解，是随着他的经济环境变底。人在什么经济环境之中，即有什么见解。有一部分批评者说"人的见解是随着人的经济环境变底"，亦是人的一见解，此见解是不是亦是随人的经济环境变底？人之所以有此见解，是不是亦是因为人在某种经济环境之中？如果不是，则至少此见解是不随着人的经济环境变底，如果至少此见解是不随着人的经济环境变底，则即不能说"人的见解是随着人的经济环境变底"。如果此见解亦是随着人的经济环境变者，亦是人在某种经济环境中而始有者，则人有此见解时所处之经济环境如变，人如不在此某种经济环境中，则此见解亦应随之而变。在另一种经济环境中，人或即不说，"人的见解是随着人的经济环境变底"。如此说，则"人的见解是随着人的经济环境变底"，并不是最后底真理，如辩证唯物论者所相信者。

这些辩论都是怪论，其所以是怪者，因为这些辩论，都不"明层次"。某甲地方底人所说底话，是在一个层次中，对于某甲地方底人所说底话之批评，是在另一个层次中，可以说是在一个较高底层次中。一个命题所说，只及于它所说者，而不及于它自身。在上述辩论中，"某甲地方底人所说底话"并不包括"说'某甲地方底人所说底话'之话"，虽此话亦是一某甲地方底人所说者。此某甲地方底人说此话时，他只说及他此话之所说者，而未说及此话。此话之所说者，是所有某甲地方底人所说之话，而不是此话。对于上述有一部分人对于实用论者及辩证唯物论者之批评，亦可如此批评之。

这种"明层次"底看法，往深处讲，是一套逻辑底理论，往浅处说，其实亦是我们平日所常用之看法。我们常看见有许多我们的同胞说，中国人如何如何。如有一约会，只有一人按时间到。此人于不耐烦时，常说"中国人不守时间"。按一方面说，此人既亦是中国人，他既守时间，则至少有一中国人是守时间底，既至少有一中国人是守时间底，即不能说"中国人不守时间"。但此人说此话时，他是暂时把他自己除外，把他自己放在一个较高底层次中。希特勒常说，他是日耳曼人的最高裁判者。凡中国人说中国人如何如何者，都是暂时以中国人的最高裁判者自居。裁判者当然不裁判其自己。

我们并不想对于逻辑中之层次论，有什么论列。所以上面说了许多关于逻辑底问题者，无非是想以此作引子。我们所想说之主要底意思是，不但逻辑中有层次论，即道德学中亦应有层次论。不但于讲逻辑时须讲层次，即于讲道德时，亦须讲层次。在中国哲学史中，因为讲道德学者之不明层次，引起了许多不必要底纠纷。在中国近来底历史中，因为讲道德者之不明层次，以致中国在许多方面，吃了许多不必要底亏。这是我们于本篇所要说明者。

先从中国哲学史说起。在中国哲学史中，道家有一套反对道德之言论。照道家的说法，人若做小不道德底事，其所做之事，固是不道德底；但人若做大不道德底事，则其所做以达此目的之事，即此事中之事，必须是道德底。人非做道德底事，不能达到大不道德底目的，不道德底事中之事，却是道德底。《庄子·胠箧》说："跖之徒问于跖曰：'盗亦有道乎？'跖曰：'何适而无道耶？夫妄意室中之藏，圣也；入先，勇也；出后，义也；知可否，知也；分均，仁也。五者不备而能成大盗者，未之有也。'"跖确须有仁，有义，有智，有勇，方能为"土匪头儿"。他确须行仁义等道德底事，方能率其徒众，以行盗劫之不道德底事。他行此等道德底事，是真行，并不是专假借其名，如侵略国从事侵略，而尚说是"自卫"。金圣叹说《水浒传》中底宋江是假仁假义。然无论他是否假仁假义，但他对于他的"众弟兄"之行为，不能不说是仁是义。从盗跖及宋江的行为看起来，我们似乎确可以说，人若做大不道德底事，则其所做以达此目的之事，即此事中之事，必须是道德底，而且非是道德底不可。若盗跖、宋江不行道德底事，则即坐不了其团体中的头把交椅。人必须做道德的事，方能达到大不道德底目的，此亦是一怪论。此怪论颇有似于上所说之怪论：一命题必须是假底，它方能是真底。

照上所说，道德底事，可以是不道德底，可以有不道德底道德。道家于此，即作一结论说："由是观之，善人不得圣人之道不立；跖不得圣人之道不行。"所谓圣人之道，即是道德。天下之善人少而不善人多，所以"圣人之道"害天下多而利天下少。所以他们主张"绝仁弃义"。

所以他们说："圣人不死，大盗不止。"

有一时，有一班人，以为科学底发明，可以使盗贼有新工具，可以使战争有新工具，因之盗贼更加难防，战争更加残酷。此一班人遂作结论，以为须绝科学，废发明，然后可无盗贼，免战争。此等见解，与上述道家的见解，同是"开倒车底"。但科学及其发明，本是无所谓道德底或不道德底，所以如用之以达不道德底目的，不见得有什么奇怪。而道德底事本是道德底，而却可用之以达大不道德底目的，而且必须用之，方能达到大不道德底目的，此似乎是奇怪底，所以此说成为怪论。

此怪论之所以是怪底，亦由于不"明层次"。所谓一事之是道德底与否，皆是站在行此事者所属于之团体之观点说。我们说宋江对于他的"众弟兄"之行为是道德底，是站在梁山泊之团体之观点说。我们说宋江之"打家劫舍"是不道德底，是站在当时底国家之观点说。当时底国家，即梁山泊之团体所属于之团体也。盗跖所领导之团体中之人，如有入先，出后，等行为，站在其团体之观点说，是道德底，但其团体所做之盗贼底行为，则站在其所属于之团体，即当时底国家之观点说，则是不道德底。一团体与其所属于之团体，不是在一层次之内。一团体，对于其所属之团体说，是在一较高底层次中；对于其所属于之团体说，是在一较低底层次中。对于一团体之较高层次中，如尚无团体之组织，即是说，一团体如不属于任何团体，则此团体之行为，无论其是如何底行为，皆无所谓道德底或不道德底。

例如国之行为，持国之主权高于一切之说者，即不承认国之行为可以是不道德底。因为持此说者，不承认在国之上，可有层次较高底团体组织也。有人以为人在未有社会组织以前，有所谓"天然状态"者。人在此状态中，可以随意行为，其行为无论是如何，皆无是道德底或不道德底可说。此天然状态虽实际上未必有，但若照持国家主权高于一切之说者所说，则就国之层次说，国是在天然状态之中。在此状态之中，一国之疆土权益，全凭其力维持。它能维持许久，它的疆土权益即有许久是它的。它一日不能维持，它的疆土权益，即立刻不是它的。它固可与别底国缔结所谓不侵犯条约、仲裁条约、互助公约等，但这些条约，随时可以撕毁。若一国撕毁了条约，与它立约底国家，如力不够，除了干瞪两眼之外，没有别底办法可想。

在清末，达尔文、赫胥黎的"天演论"，初传到中国来，一般人都以为这是一个"公例"，所谓"天演公例"。所谓"天演竞争，优胜劣败"，"弱肉强食"，成为一般人的口头禅，一般人的标语。他们对于所谓天演论，虽不见得有很深底了解，但凭这些标语，他们知道，一个国如果想在世界上站得住，非有力不可。他们知道，中国在经济方面，必须要富；在军备方面，必须要强。富强都是力，有力方不为"弱肉"，有力方不为强所食。他们并不说强侵弱，众暴寡，是不道德底行为，他们知道这是所谓天演。在所谓天演中，"有强权，无公理"。弱者被强者所食，照当时一般人所知之"天演公例"说，虽不必说是应该，但确可以说是活该。

所谓"天演公例"，是就事物之天然状态说者。就人说，所谓文明，本是人对于其所在之天然状态之改变。如果事实上有在天然状态中之人，则此种人是野蛮底。清末人本以为西洋人是野蛮底，其所以能蛮横者，纯靠其有蛮力。对于有蛮力者之蛮横，亦只可以蛮力应付之。所谓"秀才遇见兵，有理说不清"是也。所以清末人之知注重力，一部分是由于受当时人所知之天演论之影响，一部分是由于清末人看不起西洋人之所致。

民初人对于西洋，所知较多。他们知道西洋人并不是野蛮人。他们说：西洋人并不是专讲强权，不讲公理者。他们说：西洋人是讲平等，自由，博爱者。他们说：清末人只知西洋的物质文明，而不知其精神文明。有人并且说，达尔文的物竞论，现在已为苦鲁巴金的互助论所推翻了。照苦鲁巴金的说法，一种生物之能存在，并不是由于它们能竞争，而是由于它们能互助。在这个时候，上次世界大战，刚才结束。威尔逊的十四原则，虽未能见诸实行，而却为世人所赞赏。国际联盟已成立了，大部分底国家都签字在什么公约上，承认以后永不以武力为政治的工具了。这些事情，以及提倡所谓西洋精神文明者之言论，都使当时人，至少当时底中国人，有一种幻觉，以为以后世界上底秩序之维持，要靠法而不靠力。于是民初一般人，以为清末之富国强兵论是浅陋，是不彻底。他们不讲富强之策，只讲西洋底"精神文明"，讲纯粹科学，哲学，文学。清末人尚知注重国防。民初人则以为我们的国的完整，有什么条约可以维持。至到"九一八"的前夕，还有一位要人说，日本人如抢了我们的东北，我们固然是没有力量抵抗，但我们可以叫我们的邻居来帮助，他们是主张公道，主持正义底。我们可以说，清末人很有斗争精神，但民初人大半为一班和平论者所麻醉，清末人的斗争精神，差不多完全失去了。

　　上次欧洲大战以后，世界上是有一部分底人，知道欲求世界的永久底和平，必须改变国与国之间的天然状态，必须于国之层次之上另有一个较高层次底社会组织，以使国的行为亦为道德所制裁、法律所统治。所谓国际联盟本来即是这一类底组织。这种见解，本来是不错底，这种办法，本来是进步底。不过这种见解与办法，实际上只是一种空气。世界上有这种空气，不能不说是世界的进步，但空气毕竟只是空气。

　　世界上这一种空气，本来是使民初在中国底和平论所以抬头之一重要底原因，不过其另一重要底原因，是民初人之谈西洋文化者之不明层次。这班人高谈西洋人之"精神文明"，于不知不觉间，即以为，至少使人觉其以为，西洋人既有如此高底"精神文明"，其行为决不是不讲理，不讲法，而只讲力底。西洋人是主张自由，平等，博爱底，他们有底是侠义底精神，有底是同情心，路见不平，一定是拔刀相助底。还常有人特意以中国人之无同情心，与西洋人之富于同情心，作为对比。这一班高谈西洋"精神文明"底人，不觉得，至少他们没说出，这些话至多只有一部分是不错底。西洋人或者讲自由、平等、博爱，或者有侠义精神，或者富于同情心。但西洋底国，则决不是如此底。这并不是说西洋底人不讲逻辑，西洋底国特别不讲道德。实则是国对于国之关系，尚在所谓天然状态之中。国对于国之关系，既尚在所谓天然状态之中，则国对于国之行为，除了自私自利之外，没有别底目的。在社会底组织中，方有道德可说，在有道德可说底地方，自私自利是最大底罪恶。但在天然状态中，既没有社会底组织，是没有道德可说底。在没有道德可说底地方，自私自利是人之行为之惟一底目标。人对于人之关系，是在一层次中，国对于国之关系，是在另一层次中。对于一层次可说者，对于另一层次未必可说。如果一个英国人对于一个美国人赖了一块钱的账，我们说他的行为是不道德底。他亦觉得他的行为是可耻底。但英国对于美国赖了几十万万的账，我们不说它的行为是不道德底，它亦不觉得它的行为是可耻底，这即因为这些行为不是在一个层次中底，对于一层次可说者，对于另一层次未必可说。

　　一个家或一个人若受了抢劫，其邻居被发缨冠而救，是道德底行为，是义侠底行为。但这些行为是在有道德可说底地方始有。若在无道德可说底地方，这些行为是不会有，亦不必有底。凡是以个人的，或家的行为，比拟国的行为，就自古以至现在底国与国底情形说，都是不合适底。其不合适，即因为这些行为不是在同一层次之内。墨子所常用以

"非攻"底理论，都可以说是不合适底。墨子所常用以"非攻"底理论是：一个人偷别人的东西，对吗？当然是不对底。一个人抢别人的东西，对吗？当然是更不对底。一家偷别家的东西，对吗？当然是不对底。一家抢别家的东西，对吗？当然是更不对底。如此说来，一国偷别国的东西，或抢别国的东西，当然亦是不对或更不对底了。这种论证，都是不合适底。我们说一个人或一个家的行为不对，是站在较人或家高一层次之社会组织上说底。但若说一国的行为不对，则必须站在较国高一层次之社会组织上说，而此组织是现在尚没有底，或虽有而是有名无实底。我们于上文说，凡是以个人的，或家的行为，比拟国的行为，就自古以至现在底国与国间底情形说，都是不合适底。我们说就自古以至现在国与国间底情形说，即是说自古以至现在，尚没有比国更高一层次底社会组织，或虽有而有名无实。我们并不说，世界上不应该有这种组织，在将来亦永没有这种组织。我们相信，世界上应该有这种组织，而且将来亦一定有这种组织。不过在这种组织尚没有底时候，或虽名有而实无有底时候，我们若持如上所述之辩论，在逻辑上说，是不合适底。我们若相信所谓道德底制裁，能对国的行为有多大效力，在行为方面，是要吃大亏底。

墨子虽持如上所述之辩论，但在行为方面，他却似乎并不相信他这种辩论能有多大效力。所以他虽非攻而却善守。他知道彼如以力来，我亦非以力拒不可。专说攻者是不道德底，是"空言无补"底。

民初以来，一般人对于这些道理不能说是完全不知，但可以说是没有很清楚底观念。有一班人似乎完全相信，我们的领土底、行政底完整，有条约及国际公法，国际舆论可以维持。他们似乎完全相信，别底国家决不敢"冒天下之大不韪"来侵略我们。说一个国家决不敢"冒天下之大不韪"，即是一种错误底见解，因为专就韪不韪说，即是从道德方面说，而在所谓天然状态之中，国的行为是不能从道德方面说底。

我们承认所谓天然状态是野蛮底状态，我们亦承认在国之上需有，而且应有一种更高层次底社会组织，使国与国之关系，亦能脱离所谓天然状态。我们亦承认，现在世界上一部分人已有此种觉悟，而上次世界大战后，世界政治的趋势，亦于一个短底时期中，有照着这个方向走底模样。我们承认世界政治，如照着这个方向走，是进步底，如不照这个方向走，是退步底。不过我们需要注意，虽在一个短时期内，世界政治的趋势，有照着这个方向走底模样，然亦不过趋势而已，不过模样而已。即此趋势，即此模样，亦只于上次战后一个短时期内有之。我们可以说，世界上国对于国底关系，自古及今，始终是在所谓天然状态之中。我们可以说："这是野蛮。"这话是可以说底。但不能因此即说，世界上底人亦均是野蛮人，人与人的关系，亦是在所谓天然状态之中。因国与国之关系是野蛮底，所以人亦是野蛮底，这是清末人的错误底推论。这种错误，可以说是"以小人之心，度君子之腹"。因人与人之关系，已经是文明底，所以国与国之关系，亦已经是文明底，这是民初人的错误底推论。这种错误，可以说是"以君子之心，度小人之腹"。他们所以有这些错误，都由于他们不"明层次"。

不过照清末人的错误错下去，中国还不至于吃亏。因为不管别国是否专靠力，我们先把自己的力充实起来，所谓先立于不败之地。而照民初人的错误错下去，中国要吃大亏，现在正在吃着这个大亏。

在现在底世界中，人是文明底，而国是野蛮底。野蛮底国却是文明底人所组织者。我们若"明层次"，则知此话，并无矛盾，亦非怪论。人与人应该互助，一国内之人，对其同国之人固应互助，即对异国之人，亦应互助。但国与国则不互助而斗争，其有互助者，乃因互助于其自己有利而行之，并非以互助为一种道德而行之。在人与人之关系中，"以小人之心，度君子之腹"是不应该底，但在国与国之关系中，这却是一个最稳当底办法。

还有一点，可附带说者，共产党人讲阶级斗争，有些人以为共产党人既讲斗争，则其党中之人，必皆红胡子，绿眼睛，杀人不眨眼者。这种见解亦是错误底，其错误亦由于不"明层次"。共产党所说者乃"阶级"斗争，并不是人与人斗争。我们不能从其主张"阶级"斗争，而推其亦主张人与人斗争。

各阶级虽是不同底阶级，但是俱在一社会中者，所以各阶级之行为，可以有是道德底或是不道德底可说。我们常听见资本家从道德方面，说无产阶级不好；无产阶级从道德方面，说资本家不对。无论他们所说是错或不错，但这些话是可说底。这是阶级与阶级间之关系与国与国间之关系之不同底地方。

有人以为，现在国与国间之斗争，完全是因为现在世界是在资本主义底经济制度之下之故。一国的资本家为赚钱而生产。他想赚钱，他即不得不大量生产，大量推销。如此他即不得不争取殖民地，争取资源。殖民地是资本家所用原料的来源，亦即是资本家所出货物的销场。资本家取殖民地的原料，制成货物，再销于殖民地，在这中间资本家即赚了钱。他赚钱即是殖民地受剥削。资本家既争取殖民地，所以此国与彼国的资本家之间即有了冲突。此国与彼国的政权，都在资本家手里，所以此国与彼国的资本家若有了冲突，此国与彼国亦即有了冲突。有冲突，即有斗争。所以国际之有斗争，乃资本家之罪恶。若果全世界上皆经过一种社会革命，将资本主义底经济制度推翻，在新底社会制度中，生产是为大众公用，而不是为私人赚钱，则夺市场夺资源之斗争，自然停止，而国与国间亦自然没有斗争了。

此说我们不能不承认其有理由，但亦不能不说它把事情看得太简单。就过去说，国与国间底斗争，或民族与民族间底斗争，是向来即有底，而资本主义底经济制度，只有近来始有。就将来说，假使有一国或民族，已行了社会主义，其中固然是已没有资本家专为他个人自己赚钱打算，但此国或民族仍可以其自己为本位剥削别底民族，以为他自己整个底国或民族的利益，此即所谓国家社会主义，德国即是以此主义为号召者。德国仅是以此主义为号召，实是"挂羊头，卖狗肉"，它国内并没有行社会主义。我们可以说，德国并没有行此主义。但专就此主义说，在理论上此主义并无不通之处。

苏联虽以真正底社会主义相号召，而其所行者却似即是国家社会主义。我们说它"似"即是，因为苏联尚没有剥削别底民族的行为。我们说似即"是"，因为它的行为，亦是以保全它自己的利益为目标。它行了社会主义，但同时它的行为是以国为本位底。所以我们说，它所行者，似乎"是"国家社会主义。我们并不以为苏联于此有什么不对底地方。在大家都以国为本位，"无法无天"底世界中，一国若不以保全其自己的利益为目标，没有别人替它保全它的利益。

有人说：苏联是赤色底帝国主义。这是不对底，因为苏联尚没有剥削别底民族的行为。但赤色帝国主义的名词，并不含有矛盾。一个在国内行社会主义底国或民族，对外行侵略以为其全国或全民族的利益，理论上及实际上均并无不可。如希腊人在本民族内所行之政治社会制度，是很民治主义底，社会主义底，而对于别底民族，却可直以之为奴隶。而柏拉图、亚力士多德等，且有一套理论，以说明其应该。这即是一个前例。

总之，在国之上尚没有一个较高层次底社会组织之时，无论哪个国或民族，都须以其自己为本位，"竞争生存"。不然，它是一定不能存在底。

第三篇　辨城乡

我们常听见许多关于城里人与乡下人底笑话。照这些笑话所说，不但城里底人比乡下底人知识高，才能高，享受好，即城里底狗，亦比乡下底狗，知识高，才能高，享受好。这些虽是笑话，而却不见得不合事实。我们甚至可以说，不但城里底狗比乡下底狗知识高，才能高，享受好，而且城里底狗，在有些方面，比乡下底人亦是知识高，才能高，享受好。

城里底狗，看见一辆汽车，行所无事，坦然地躲在一边。而乡下的人，看见一辆汽车，不是惊奇地聚观，即是慌张地乱跑。城里底狗见汽车而行所无事，此即其知识高，见汽车而不慌不忙地躲，此即其才能高。至于有些城里底狗之享受，比乡下人好得多，这更是容易看出者。在中国，一百个乡下人中，至少有九十个一生没有吃过如城里底富室底狗所吃底饭食。有一个做乡村工作底机关，在乡下养洋猪给乡下人看，他们养底洋猪确实肥大，但乡下人说：他们的猪，比我们的人吃得还好，焉能不肥大？

城里人比乡下人享受好，当然是因为他们比乡下人有钱。他们比乡下人知识高，才能高，是因为他们比乡下人受教育的机会多；而他们所以能有较多底受教育的机会，亦因为他们比乡下人有钱。他们比乡下人有钱，所以吃得比乡下人好。"人是他所吃底"。城里人吃得好，所以他们的身体自然较能充分地发育。他们比乡下人有钱，所以他们穿得比乡下人好。"人是衣裳马是鞍"。城里底人穿得好，所以看着亦比较乡下人顺眼。他们比乡下人有钱，所以受教育的机会比较多。"读过《唐诗三百首》，不会做诗也会溜"。城里人多少念过两天书，所以他们的谈吐，自然亦比乡下人入耳。所以城里人到乡下，常觉得什么都是不合适底，什么都看着不顺眼，听着不入耳。而乡下人到城里，则常觉得什么都是合适底，什么都看着顺眼，听着入耳。

城里人所有之较多底钱，又是从哪里来的？是从乡下人身上盘剥来底。旧日所谓盘剥，即今日所谓剥削。其名词稍有不同，但其为剥一也。我在广西的时候，看见渔人用鱼鹰打鱼。他们用一环子，带在鱼鹰的脖子上。鱼鹰入水一次，吃了许多鱼，但为环子挡住，只存入脖子里。鱼鹰上来的时候，渔人用手将鱼自鱼鹰脖子里挤出，然后再以少量底鱼让鱼鹰吃。比如自鱼鹰脖子里挤出十两鱼，渔人喂鱼鹰二两。那多余底八两鱼，就渔人说，是他的利润，就鱼鹰说，是渔人对于它底盘剥。城里人盘剥乡下人，正如渔人之盘剥鱼鹰。城里人对于乡下人盘剥方式不一，如以工商底经营得利润，如以放债收利息，如以田地收地租等。这些利润，利息，地租等，均是渔人从鱼鹰脖子里挤出来底那多余底八两鱼。他们多得了那八两鱼，他们就可以吃好底，穿好底，念书识字，以至心广体胖，"红光满面"。然后对乡下人说：我们在人种上本来就是高你们一等底。乡下人亦有因其自己之身体矮小，面黄肌瘦，以及知识简陋，而自惭形秽，叹城里人之"得天独厚"者，不知其自己之所以如此，乃因其物质上及精神上底营养不足，并非由于其"得天独薄"也。

乡下可以说是城里的殖民地。殖民地有普通底与特定底之分。例如城里有一财主，他住在城里，而乡下有许多"庄子"。每一个"庄子"有他的一个管事底，管住"庄子"上底佃户。佃户种此财主的地，每年向他送纳地租。这些"庄子"，是特别属于城里之某财主者，即是此城里的特定底殖民地。此外乡下还有些自耕农以及小土财主，虽不属于城里底任何人，但在经济上仍须靠城里，仍受城里人的盘剥。此等普泛底乡下，亦是城里的殖民地，不过因其并不属于城里底某个人，所以可称为普通底殖民地。

中国自周秦以来，对于四围别底民族，向来是处于城里人的地位。自周秦以来，中国向来是城里，四围别底地方向来是乡下。虽然有几次乡下人冲进城里来，占据了衙门，抓住了政权，但是这些乡下人，终究是乡下人。他们不能把城里人降为乡下人，他们至多能把他们自己亦升为城里人。他们所见底城里人，即是中国人。所以他们于变成城里人之时，不知不觉地在许多别底方面亦变为与中国人相同。此即所谓同化。有许多人说，中国人对于异族之同化力特别强。凡异族入中国者，无论其为统治者或被统治者，历时稍久，即不知不觉地为中国人所同化。此是事实。不过中国人之所以能同化异族，并不是因为中国人是中国人，而是因为对于所同化之异族，中国人是城里人。所谓夷夏之别，有殊与共的两个方面。就殊的方面说，夷夏之别，即是中国人与别底民族之别。就共的方面说，夷夏之别，即是城里人与乡下人之别。在清末以前之历史中，我们所见之城里人即是中国人。所以在我们的心目中，中国人是惟一底城里人，城里人即是中国人，所以所谓用夏变夷，是用城里人变乡下人，亦即是用中国人变别底民族。照此方面说，用夏变夷是应当底，而且亦是可能底。用夷变夏是不应当底，而且亦是不可能底。人若能坐在重楼叠阁底建筑里，有地炉暖得满室生春，他万不愿意再去坐在旷地里底蒙古包里，烤马粪火。

中国人的城里人底资格，保持了一二千年，不意到了清末，中国人遇见了一个空前底变局。中国人本来是城里人，到此时忽然成为乡下人了。这是一个空前底变局。这是中国人所遇到底，一个空前底挫折，一个空前底耻辱。

在现在底世界中，英美及西欧等处是城里，这些地方底人是城里人。其余别底地方大部分是乡下，别底地方人大部分是乡下人。这些乡下地方，有些已成为某人的"庄子"，如印度成为英国人的"庄子"，安南成为法国人的"庄子"。在每一个"庄子"里，他们都派一个管事底，即所谓总督也者，住在那里，征收上文所说之"八两鱼"。此即上文所说之特定底殖民地。乡下之其余底地方，虽不特别为某人所管，但在经济上是附属于，至少是靠英美及西欧等城里，此即上文所说之普通底殖民地。中国底地位，好像上文所说之土财主。此土财主亦是一"财主"，虽亦可说是一大财主，但既是一个"土"财主，所以亦于无形中受城里人的支配。不过尚不特别为某人所管，所以是普通底殖民地，亦即所谓半殖民地。

有许多人去逛纽约，伦敦，巴黎，好像刘姥姥进了大观园，觉得没有一样事物不新奇，没有一样事物不合适。返观他们的故园，他们只有赠以"愚""贫""弱"几个大字。这固然是不错底，不过他们仿佛不觉得，英美及西欧等国人之所以是"智""富""强"者，并不是因为他们是英美等国人，而是因为他们是城里人；中国人之所以是"愚""贫""弱"者，并不是因为中国人是中国人，而是因为中国人是乡下人。不弄清楚这一点，那即真是一个刘姥姥了。照刘姥姥的看法，贾母凤姐等都本来是聪明能干底，天生应该享福底。而她自己及板儿都本来是愚鲁拙笨底，天生应该受罪底。贾府的鸡蛋，天然地比刘家的鸡蛋，精致小巧。这看法完全是错误底。

英美及西欧等国所以取得现在世界中城里人的地位，是因为在经济上它们先有了一个大改革。这个大改革即所谓产业革命。这个革命使它们舍弃了以家为本位底生产方法，脱离了以家为本位底经济制度。经过这个革命以后，它们用了以社会为本位底生产方法，行了以社会为本位底经济制度。这个革命引起了政治革命及社会革命。有一位名公说了一句最精警底话，他说：工业革命的结果使乡下靠城里，使东方靠西方。乡下本来靠城里，不过在工业革命后乡下尤靠城里。在工业革命后，西方成了城里，东方成了乡下。乡下既靠城里，所以东方亦靠西方。

在工业革命前，一个乡下底自耕农或土财主，在他们的生活必需品方面一部分可以只靠他自己家里底出产。他们自己的田地里有自己种底粮食，自己种底菜，自己种底棉花。他们自己能把自己的麦稻弄成米、面；把自己的棉花弄成线、布。所谓"凿井而饮，耕田而食。不识天功，安知帝力"。所谓"帝力"，可以说是社会之力。这些自耕农在一切生活必需品方面，一部分是他们自己的田地出产。在这一方面说，他们似乎可以"遗世独立"，不靠别人，除家之外，不知有社会，或虽知其有，而不知其必须有。此即所谓"不知帝力"。在此方面说，乡下可以不靠城里。

不过在另一方面说，若乡下完全不靠城里，则亦即无所谓城里。在最原始底经济状况下，大概即无所谓城里。今既有城里，则此城里必有其所以存在之原因。我们于上文说，乡下底自耕农，在他们的生活必需品方面，一部分是靠他们自己的田地的出产。还有一部分不是他们自己的田地的出产。这一部分即使其不能不依靠城里。有一部分生活必需品，是生活所必需，但不是乡下农人自己所能生产者。在这些方面，他们即必须靠别人。孟子说："一人之身，而百工之所为备。"荀子说："百技所成，所以养一人也。"例如一个农人，要吃盐，他必须靠制盐底人，运盐底人，以及卖盐底人。他必须用铁底农具，以及刀，锅等，他即必须靠开铁矿底人，炼铁底人，以及制农具，制刀与锅底人。他必须用桌，椅，床等，他即必须靠种树底人，制桌，椅，床等底人。如此类推下去，有许多许多底东西，一个人皆不能"自为而后用之"。他必靠许多许多底人。总括一句话说，他必须靠社会。城里是社会的中心，一个城里是一个社会的中心。反过来亦可说：一个社会的中心，即是一个社会的城里，此即是乡下所以必须靠城里，而城里所以对于乡下占优势的缘故。

不过在以家为本位底经济制度里，乡下人至少有一部分生活必需品不必靠城里。但在以社会为本位底经济制度里，乡下即完全要靠城里了。在经过产业革命底地方，农人有麦，但他还要上城里买面粉。因为城里已经有专制面粉底工厂，工厂所制底面粉，又好又便宜，在此情形之下，即没有人在自己家里，用自家的磨，磨面粉了。农人有棉花，但他还要上城里买布。因为城里已经有专制布底工厂，工厂所织底布，又好又便宜，在此情形之下，即没有人在自己家里，用自家的机子织布了。在现在整个底世界上，西方成了城里，东方成了乡下，所以我们中国虽有的是原料，而制成品却须往外国买。我们有麦子，而所谓洋面渐渐压倒本地面。我们有棉花，而所谓洋布渐渐压倒土布。所谓洋面，洋布，以及一切所谓洋货者，正确地说，实即是城里底面，城里底布，城里底货而已。所谓中国人用西洋人的制成品者，实即是乡下人进城里办货而已。所谓中国人往西洋留学者，实即是乡下人进城里学乖而已。所谓中国人往西洋游历者，实即是乡下人往城里看热闹而已。

从上面所说，我们可以明白：于产业革命后，乡下何以尤靠城里，东方何以必靠西方。

在这种情形下，如专提倡所谓"东方底精神文明"，以抵制西方势力的侵入，那是绝对不能成功底。如印度的甘地打算以印度的"精神"抵制英国。他叫印度人都不用英国布，都用旧式机子，自己织布。这好像一个乡下人，吃了城里人的亏，生了气，立下了一个决心，发了宏誓大愿，要与城里人断绝来往。但经济底铁律，要叫他的这种宏誓大愿，只能于五分钟内有效。中国以前亦有屡次底抵制日货运动，以为靠人的决心，即可抵制住日货。但其成效，若不是没有，亦是微乎其微底。于是人皆说中国人只有五分钟底热心。其实任何国底人，于此都只有五分钟底热心。这种情形，不是由于人的热心的力量小，而是由于经济的力量大。甘地以一种宗教的力量所领导底运动，十年前虽亦轰动一时，而现在亦无闻了。这亦不是因为宗教的力量小，而是因为经济的力量大。甘地亦是于没办法中想办法。但从没办法中想出底办法，还是不是办法。其志可哀，但其办法则不可。

乡下人如果想不吃亏，惟一底办法，即是把自己亦变为城里人。我们于上文说，英美及西欧等国，所以取得现在世界中城里人的地位，是因为在经济上他们先有了一个大改革。这个大改革即所谓产业革命。因为有了这个改革，所以才使"乡下靠城里，东方靠西方"。东方底乡下，如果想不靠西方底城里，如果想不受西方底城里的盘剥，如果想得到解放，惟一底办法，即是亦有这种底产业革命。这种产业革命的要素，即是以机器生产，代替人工生产。这种事情，初看似乎不过只是经济方面底事情，但是影响却是异常重大。关于这些，我们以后详论。现只说：如果东方底乡下人，想不当乡下人，他必须有这种产业革命。英国先有这种产业革命，最先取得现在世界上城里人的资格。其次德国，其次日本，都以有这种产业革命，而陆续取得现在世界上城里人的资格。最近苏联亦以有这种革命，而取得现在世界上城里人的资格。这是我们所亲眼看见者。苏联之几个五年计划，即是这种产业革命之见诸实际者。苏联现在之所以能在世界上站得住，能在世界上有发言权者，并不是因为它是社会主义底国家，而是因为它是曾经有产业革命底国家。

说到这里，我们又不能不对于清末人表示敬意。清末人对于当时底西洋，虽不十分地了解，亦可以说是，虽十分地不了解，但有一点却被他们猜着了。他们以为西洋人之所以到处占便宜，我们之所以到处吃亏，是因为西洋人有一特长，为我们所不及者，此即是其有实用科学，有机器，有实业（即现在所谓工业），所以清末人士对于这些方面，提倡甚力。我们说他们猜着了，因为对于用机器兴实业在各方面底意义，以及其所将引起之影响，他们完全不知。他们以为用机器，兴实业，不过用机器，兴实业而已。至于在别方面，我们可以"依然故我"，不变亦不必变。此即所谓"中学为体，西学为用"。这种见解，自然是错误底。不过他们的办法，即用机器，兴实业等，是不错底。照着他们的办法，一直办下去，他们的错误底见解，自然会改变。因为如果有了机器，有了当时所谓实业，整个底社会，在许多方面，自然会有根本底变化，到那时候，"水到渠成"，人的见解，自然会改变。

民初人对于所谓西洋，所知较多，知道所谓"中学为体，西学为用"之说，是讲不通底。他们以为这种说法，是所谓"体用两橛"。他们以为，我们如果要有"西学"之用，如实用科学，机器，工业等，先必须有"西学"之体，即西洋底纯粹科学，哲学，文学，艺术等。他们以为，清末人只知所谓西洋的"物质文明"，而不知其"精神文明"。民初人于是大谈其所谓西洋的"精神文明"，对于实用科学，机器，工业等，不知不觉地起了一种鄙视，至少亦可说是一种轻视。清末人所要推行底产业革命，不知不觉地迟延下来。直至近几年来，大家始又接着清末人的工作。粤汉铁路，动工于清末，至近来方始勉强完成，使我们对日战争，得了大济。这即是这个整个事情的一例。这中间固然有许多别底原因，但民初人所造成之思想上底空气，不能说不是其原因之一。清末人以为，我们只要有机器，实业等，其余可以"依然故我"。这种见解，固然是不对底。而民初人不知只要有了机器，实业等，其余方面自然会跟着来，跟着变。这亦是他们底无知。如果清末人的见解，是"体用两橛"；民初人的见解，可以说是"体用倒置"。从学术底观点说，纯粹科学等是体，实用科学，技艺等是用。但自社会改革之观点说，则用机器，兴实业等是体，社会之别方面底改革是用。这两部分人的见解，都是错误底，不过清末人若照着他们的办法办下去，他们可以得到他们所意想不到底结果；民初人若照着他们的想法想下去，或照着他们的说法说下去，他们所希望底结果，却很难得到。民初以来，大多数底留学生回来，都是"用非所学"，他们因之丧气，他们因之堕落，他们因之又替"中国人"招了许多骂。其实在大多数底情形中，并不是他们不争气，而是他们"英雄无用武之地"。有了工业，自然需要实用科学，有了实用科学，自然需要纯粹科学。但若无工业，学实用科学底人即落了空。不讲实用科学，纯粹科学即落了空。此即所谓"无用武之地"也。照清末人的办法，有了"用武之地"，再请英雄来。照民初人的办法，先请了英雄，而不为设"用武之地"。"无用武之地"底英雄，难乎其为英雄。

或者可说，我们于以上所说，只注意到城里与乡下的对立，而未说到，即在城里，亦有资本家与"穷光蛋"的对立。在经过产业革命底地方，在所谓工厂制度下面，所谓劳工者，除了他们的劳力可以卖钱外，他们是一无所有。此种人即是所谓无产阶级底人，亦正是我们所谓"穷光蛋"。所谓无产者，即穷而至于光蛋也。我们于上文只说到城里人盘剥乡下人，而没有说到城里底资本家盘剥"穷光蛋"。我们若知城里亦有"穷光蛋"，则知城里人不尽是盘剥者，而被盘剥者亦不止乡下人。

若离开乡下人，专说城里人，则城里底资本家与"穷光蛋"之对立，我们固然要说到。但我们现在是站在乡下人的观点，以说城里与乡下的对立。站在乡下人的观点，我们以为即城里底"穷光蛋"，其享受亦比乡下人好得多。不要说有事做底"穷光蛋"，即没有事做底"穷光蛋"，亦有人赈济他们，而他们从赈济所得之享受，比乡下底小财主或又过之。我们并不是故意夸大其词，这是实情。就中国底乡下人说，有许多人终年吃不起盐，他吃一回有盐底菜，好像我们吃一回燕窝鱼翅。但这些情形，若向英美等国底"穷光蛋"说，他们一定不相信。他们无论有事做或无事做，不但向来即吃盐，而且向来常吃肉。有些人说中国人是素食者。中国人固多吃素，但中国人之所以多吃素，并不是因为他们相信吃素合乎卫生之道，如有一班人所讲者，他们实在是没有力量吃荤。

城里底"穷光蛋"何以比乡下底小财主还享受得好？这即是因为他们亦是城里人底原故。整个底城里，盘剥乡下，得了很多底钱，其大多数固然都归了城里底资本家，然亦有一部分，作为城里底公共事业之用，一部分由资本家发给城里底"穷光蛋"。这些"穷光蛋"的所得，固然不多，然自乡下人的眼光看，亦足够瞧了。我们若告诉中国底乡下人说，美国工人，一个月能得中国钱二三百元，他们一定不相信。贾府丫环的吃喝穿戴，固然比姑娘们差得很远，但自刘姥姥的眼光看起来，已经是见所未见了。逛纽约，伦敦，巴黎底刘姥姥，但见宫室的壮丽，街道的整洁，人民的吃好底，穿好底，她即佩服得五体投地，她不知那些排场里面，都有她自己的血汗。

有些人以无产阶级与被压迫民族相提并论，以为无产阶级与被压迫民族是站在同一战线上底。事实已证明其不尽然了。日本压迫中国，日本的无产阶级，劳动大众，并不见有积极底反对。英国统治印度，英国的无产阶级，劳动大众，亦不见有积极底反对。每一国的无产阶级，看见别一国压迫别一被压迫底民族，都可以说几句同情话。但见本国压迫它自己的殖民地的民族的时候，他们即不说话了。这中间或有几个人的例外，但那是没有关系底。其所以如此者，即因一个国家从它的殖民地所得底利益，其大部分固然为其资本家所享受，但其国之每一人，皆可得有一小部分底余沥。贾府从"庄子"收来底地租，固然大部分是用在太太姑娘们身上，但丫环老婆子也并非完全无份。

所以站在乡下人的观点，城里与乡下的对立，至少对于乡下人是更重要底。

或又可问：在第一篇《别共殊》中，我们说，一般人所谓中西之分，大部分是古今之异。在此篇中，我们说及城里与乡下，似以为所谓中西之分，又是城里与乡下之异。此二说岂非不合？我们于第一篇说：文化有许多类，本篇又说及城里乡下，岂以中国所有之文化为乡下文化，或现在有一部分人所谓乡村文化，西洋所有之文化为城里文化，或现在有一部分人所谓都市文化乎？

现在有一部分人所谓乡村或都市文化者，似乎是以乡村或都市为中心底文化。这种分别，我们不以为然，因为照我们的看法，文化都是以我们所谓城市为中心。不过城里乡下是相对底。对于此为城里者，对于彼或为乡下。一个县城，对于其四乡为城里；但对于省城说，则此整个底县，连带其县城在内，都是乡下。对于中国说，上海南京是城里；但对于英美等国说，整个底中国，连带上海南京在内，都是乡下；整个底英美等国，连带其中底村落，都是城里。所以我们讲城里乡下，乃就为城里或为乡下者之相对底地位说，并不是就其所有之某类文化说。英美等国之所以能于现在世界中取得城里之地位者，乃因其先近代化或现代化，乃因其先有某种文化。中国之所以于现在世界中流为乡下的地位者，乃因中国未近代化或现代化，乃因中国未有某种文化。所以本篇所说，与第一篇并无不合。

第四篇　说家国

我们于第一篇《别共殊》中，只说到有许多种类底文化，而未说这许多种类，都是什么。我们不打算讲整部底社会学，亦不打算讲整套底社会哲学。所以我们并不把所有底可能底文化种类，都讲到说到。我们所要说者，是中国在近百年来所经过或将经过底变化，所以我们只说两种文化，为我们所亲眼看见，亲身经历者。

此两种之中，其一种我们名之曰生产家庭化底文化，其另一种我们名之曰生产社会化底文化。我们于第三篇《辨城乡》，说到产业革命。我们说：这个革命使人舍弃了以家为本位底生产方法，脱离了以家为本位底生产制度。经过这个革命以后，人用了以社会为本位底生产方法，行了以社会为本位底生产制度。有了以家为本位底生产制度，即有以家为本位底社会制度。以此等制度为中心之文化，我们名之为生产家庭化底文化。有了以社会为本位底生产制度，即有以社会为本位底社会制度。以此等制度为中心之文化，我们名之曰生产社会化底文化。

我在蒙自，到一家石印馆里印书。这一家石印馆是一个人同其几个儿子开底。这个人管账，他的儿子则担任抄写印刷等事。到昆明，我又到一家纸店里装订书。这个纸店的主人，叫他的孙子把书的许多单页抱到楼上。楼下是他的铺子，楼上是他的货栈，亦是他的家的住所。此后折叠单页，排列单页，以及裁齐装订等工作，都由他的妻子，儿子，媳妇等分担。我要裱糊房子，叫了一个裱糊匠。他率领了他的"全班子"来工作。这"全班子"亦是他的"一家子"。这种情形，到乡下尤其容易看见。乡下底农夫，无论他是自耕农或佃户，若是种几亩田，他的工作的"全班子"亦同时即是他的家的"一家子"。在未经产业革命底地方，无论这地方是东是西，生产方法在某一个阶段内，都是如此以家为本位。用以家为本位底生产方法生产，即是所谓生产家庭化。

有以家为本位底生产方法，即有以家为本位底生产制度。有以家为本位底生产制度，即有以家为本位底社会制度。在以家为本位底社会制度中，所有一切底社会组织，均以家为中心。所有一切人与人底关系，都须套在家底关系中。在旧日所谓五伦中，君臣，父子，夫妇，兄弟，朋友，关于家底伦已占其三。其余二伦，虽不是关于家者，而其内容亦以关于家底伦类推之。如拟君于父，拟朋友于兄弟。旧日与朋友写信，必曰"某某仁兄大人"。在北方如见人问路，必先呼大哥。在江西则呼老表。呼老表，尤为合逻辑。因异姓之人，如须纳之于家底关系中，必是表亲也。在中国字典中，关于亲属关系之字，最为丰富，此盖因以家为本位底社会制度，在中国最为发展也。

在经过产业革命底地方，其所用之生产方法，与上所说之生产方法，大不相同。经过产业革命底生产方法，主要是用机器生产。用机器生产，必须大量生产。一个磨面粉底磨，用牛马拉动者，可以一天只磨一斗麦。但一个用机器推动底磨，则断不能一天只磨一斗麦。它若只磨一斗麦，则它所出底面，其成本之贵，可以叫它的老板马上赔得精光。用机器生产，既需大量生产，则须大量用工人。一个旧式底磨坊，有几盘磨，用牛马拉动者，可以每天只出少量底面，其全班子底工人，可以只有几个人，这几个人可以即是磨坊老板的一家子。但一个新式底面粉公司，用机器磨面，则不能每天只出几十斤面。它必须出大量底面，其全班子底工人可以到几百几千。无论什么人是老板，都没有这们许多儿子孙子，帮他做工。无论什么人是老板，都必须雇许多工人，集中工作。这样即打破了以家为本位底生产方法，打破了以家为本位底生产制度。

用机器生产，必须集中生产。在以家为本位底社会里，一个地方底人所吃底面，一部分是各家自家的麦，以自家的磨磨成者，一部分是许多小底面坊所供给者。各家及各面坊各自磨面，面之生产是不集中底。但如有一个以机器磨面底面粉公司，大量生产面粉，则全社会皆可用它的面，而且必须用它的面。面粉公司的面，因为用机器及大量生产底缘故，又好看，又好吃，又便宜，有了此等面，各家即不自己磨面，而只买面。以前卖面之许多小底面坊，亦不久即因不能与面粉公司竞争而停业。此面粉公司的面，可供全社会之用。全社会所用底面，皆可取之于此面粉公司。此之谓集中生产。面粉公司所用底工人，不是老板的家人，而是从社会上来底。它底出产，不是供他自己的家用，亦不是供一小部分人之用，而是供全社会之用。此是用以社会为本位底生产方法生产。此之谓生产社会化。

在以家为本位底生产制度中，一个生产者在他的家庭内生活，亦在他的家庭内工作。他的家庭是他的生活的地方，亦即是他的工作的地方。一个木匠铺子的后院，或楼上，一个农夫所种底田旁边底茅舍，即是他的家的住所。他及他的一家子，亦即其全班子，工作于斯，食宿于斯，生，老，病，死，无不于斯。他们的无论什么，都离不开家；所以他们的无论什么，都以家为本位。

以家为本位底生产方法，废弃以后，人不工作于家，而工作于工厂。如此即使人离开他的家而到一新底环境中，他生活于家，而工作于工厂。在工厂中，同他在一处工作者，不是他的父兄，而是在亲族上毫不相干底生人。在工厂中，约束驰骤他者，不是骨肉的恩义，而是雇主的命令。他能离开了他的家，他已离开了他的家，因此他的行动即不能以家为本位，亦不必以家为本位。

跟着大量生产，集中生产来底另一种事，即是分工。就一方面说，分工的来源，可以说是与社会之成立，同其悠久。社会之成立，靠其中之分子能分工互助，所以有社会即有分工。不过在经过产业革命底社会中，分工比较更细。就生产方面说，一个工厂里，有几百几千工人，他们决不能都抱着同一件制品工作。他们所做者只是一件制品的一小部分。如此训练的结果，他们只能做一件制品的一小部分。只能做一件制品一小部分底人，不能离开工厂有所制作，因为他所能制作之一件制品之一小部分，就其本身说，可以是没有用底。在一个旧式底铁匠铺里，一个铁匠，有打一完全底钉子的技能，亦有打一完全底钉子的工具。但在一个铁工厂内底工人，不见得有打一个完全钉子的技能，确切亦没有打一个完全底钉子的工具。他只能用工厂的某种工具，做一个钉子的某部分。一个完全底钉子是有用底。但一个钉子的某部分则不见得是有用底。一个旧式铁匠铺的学徒，离开了他师父的铺子，可以凭他所学底技艺，独立谋生。但一个铁工厂出来底工人，则不能如此。这在一方面固然是由于工具的关系，铁匠铺里所用底生产工具可以用很少底资本得来，而铁工厂里所用底生产工具，则不是用很少底资本可以得来底。这固然是如此。但就另一方面说，一个铁匠铺出来底学徒，其技艺较为普通，能制造出许多铁器。但从铁工厂出来底工人，其技艺则较为专门。所谓专门者，即对于很少底东西，知道很多。所以有专门技艺的人，除了对于他所专长底一点知道很多外，他所知底东西，可以是很少。所以他若离了能够用他底工厂，他即不能有别底谋生之道，所谓"屠龙之技，学成无用"。因此，在经过产业革命底社会里，一个有专门技艺底人，不能在他家内谋生。他必须离了他的家去谋生，因此他的行动，即不能以家为本位，亦不必以家为本位。

由以上所说，我们可以说，所谓产业革命者，即以以社会为本位底生产方法，替代以家为本位底生产方法，以以社会为本位底生产制度，替代以家为本位底生产制度。产业革命，亦称工业革命。有许多人对于所谓工业革命，望文生义，以为此所谓工业是与农业，商业对立者，工业革命只是在工业方面底革命，对于农业等并无关系。这是完全错误底。所谓工业革命，不但在工业中，即在农业中亦有之。此所谓革命者，即以一个生产方法，替代另一个生产方法，至于所生产者可以是工业品，亦可以是农业品。我们说及工业革命时，我们所注意者是生产方法，并不是生产对象。

在生产家庭化底社会里，人可以在他的家之内生产，生活。但在生产社会化底社会里，人即不能在他的家之内生产，生活。他必须在社会内生产，生活。所以有许多事，在生产家庭化底社会里，本可在家中求之者，在生产社会化底社会里，必须于社会中求之。例如在生产家庭化底社会里，一个人，当其尚未出生之时，他的祖母告诉他的母亲，许多怀胎时应该注意底事。当他出生底时候，他的祖母替他收生。当他会玩耍底时候，同他玩耍者大概都是他的兄弟姊妹，或表兄弟，表姊妹。当他能上学底时候，他入他家里自己底私塾，或附入别底家里底私塾。他们的家若不是所谓"书香人家"，他或者跟着他的父亲学种田，或别种手艺，或到别底家里跟着师父学别种手艺。当他成人底时候，他可以继续着他的父亲，担当他的家事，以"兴家立业"。如果他的父亲开了个木匠铺，他大概仍是开木匠铺。如果他的父亲种那一块田，他大概还是种那一块田。他如果有病了，他的祖母可以告诉他许多"丹方"，即使请了大夫来，而服侍汤药，仍是由他的母亲妻子担任。如果他"寿终正寝"，他的妻子，"亲视含殓"，把他葬在他家的"老坟"里，由他的儿子替他在他的坟前，立一块碑，上写某某府君之墓。如是了结了他的一生。他的一生，都在他的家里。

但一个人，如生在一个生产社会化底社会里，他的生活，完全与上述之人不同。他在生出以前，他的父亲，大概已经为职业的关系，离开了他的大家庭。他的母亲，在怀他底时候，已经是不能得到他的祖母的看护。他的母亲大概是常到医院里检查胎位。他大概亦是生在产科医院里，有专门产科医生给他收生。他会玩耍底时候，同他玩耍底，大概都是邻居的孩子，以前与他家毫无关系者。到了他上学底年龄，他父母把他送到学校里上学，或到工厂里做学徒，他所学者，与他父亲所学者可以毫无关系。他能独立做事底时候，他所做底事，与他父亲所做底事，可以毫无关系。他每天必到办事处办事，他的办事处可以离他的家很远。他所得底收入是钱。他所用底东西，都是用钱买来底，没有一件是他家里自己生产底。他的钱存在银行里，用时开支票去取。银行是他的账房，亦是社会公共底账房。他如有了病，打电话叫医院派救护车来接他到医院，汤药服侍，都有专家负责，用不着他家里人在内。他若死了，医院里人打电话到殡仪馆，派车来把尸首运到馆里，衣衾棺椁，以及装裹含殓，送讣开吊，都有"专家"负责，用不着他家里人费心。开吊完毕，殡仪馆里人打电话到公墓，派车来把他的棺材运去。公墓里人，在许多毫不相干底墓间，开一个穴，把他放在里面。这样亦了结了他的一生。他的一生，大半不在他的家里。

在生产家庭化底社会里，人若无家，则即不能生存。但在生产社会化底社会里，人虽无家，亦可生存。他可以长期住在旅馆或公寓里，有病则住在医院，死了则住公墓。"六亲不认，四海为家"。他亦可很快乐地过了他的一生。人固然都是不能离开社会，但在生产社会化底社会里，尤不能离开社会。在现代底都会里，如自来水公司出了毛病，各家都没有水用。如电灯公司出了毛病，各家都没有电用。各家，如不是穷光蛋，所有者亦只是钱。除了钱之外，没有一家是"家给人足"底。

由此我们可以了解，何以在生产家庭化底社会里，一个人的家是一个人的一切。一个人的家是一个人的一切，因为他有了家他才有一切；他若无家，他即无一切。我们亦可了解，何以在生产家庭化底社会里，一切道德，皆以家为出发点，为集中点。在生产家庭化底社会里，不但一个人的家是一个人的一切，而且一个社会内所有底家，即是一个社会的一切。若没有了家，即没有了生产，没有了社会。在某种底生产方法之下，社会必须有某种组织，人必须有某种行为。对于人此种行为之规定，即是道德。换句话说，人如何如何地生产，则其团体必须如何如何地组织。其团体是如何如何地组织，其团体中之人必如何如何地行为。对于此如何如何地行为之规定，即是道德。生产方法不是人所能随意采用者。因为用某种生产方法，必须用某种生产工具。如某种生产工具尚未发明，则即不能用某种生产方法，人亦不能知有某种生产方法。所以生产方法随着生产工具而定，社会组织随着生产方法而定，道德随着社会组织而定。生产方法不是人所能随意采用者，所以社会组织及道德亦不是人所能随意采用者。这即如下棋然。围棋有围棋的规矩，象棋有象棋的规矩。人若下围棋，即须照着下围棋的规矩；人若下象棋，即须照着下象棋的规矩。但亦不是人愿意下什么棋，即可下什么棋。他必须有围棋的棋子棋盘，始可下围棋；他必须有象棋的棋子棋盘，始可下象棋。

民初人对于这一点完全不了解，以为人可以随所意欲，愿行什么社会制度，即行什么社会制度。对于中国人之以家为一切的出发点，集中点，他们特别攻击，认为此是"中国人"的大短处，大坏处。他们不知道，这不是"中国人"的大短处，大坏处，凡是在生产家庭化底社会中底人，都是如此。这亦不是什么"短处，坏处"，这是生产家庭化底社会所需要，这是生产家庭化底社会的制度。民初人不知将一套社会制度作一整个看，而只枝枝节节，看见不合乎他们的成见者，即指为不合。正如一人，只会下围棋，而又不知围棋只是棋之一种，看见下象棋者之先摆子，即说："怎么下棋先摆子呀，不对，不对。"又见某已摆之子，可以移动，即说："怎么已下底子还能移动呀，不对，不对。"会下围棋底人，可以不下象棋，可以批评象棋，但如此地批评象棋，则可以说是"滑天下之大稽"。

反对民初人之批评"中国人"者说，中国人亦并不是只知有家，不知有国。在旧日，最重底伦常是君父，最大底道德是忠孝。我们说君父，不说父君，我们说忠孝，不说孝忠，君在父先，孝居忠后，可见即在中国旧日，亦是以国为比家重要底。不过这种说法，不足以服民初人批评"中国人"者之心，因为即在旧日所谓君臣之义中，亦是以家为出发点。此点言之甚长，亦甚重要。我们于下文有《原忠孝》一篇，专论之。

旧日所谓国者，实则还是家。皇帝之皇家，即是国，国即是皇帝之皇家，所谓家天下者是也。所以汉朝亦称汉家。一个男人到皇家为臣，必须要尽臣道，正如一个女人到他的夫家做妇，必须要尽妇道一样。关于这一点，我们于下文《原忠孝》中，还有详说。现只提及，而请大家注意者，即旧日所谓国，与我们现在所谓国，其意义大不相同。

在生产家庭化底社会里，家是一个经济单位。这一经济单位，固亦不能离开别底经济单位而存在，但他与别底经济单位，毕竟不是一个。他可以与别底经济单位，有种种关系，但不能融为一体。但在生产社会化之社会中，社会是一经济单位，一社会中之人，在经济上融为一体。此一部分人若离了别一部分人，则立刻即受到莫大底影响。此点观于以上所说可见。

所谓生产社会化者，其所谓社会，究以何为其范围？此所谓社会之范围，可有国及天下两重。所谓天下，即指整个底世界说。就人现所有之生产工具及生产方法说，所谓生产社会化，此社会本已到，或本可已到，天下之范围。惟于现在世界之生产社会化之过程中，生产社会化，先冲破家之范围。在其社会化已冲破家之范围而尚未达到天下之范围时，其社会只可以国为范围。至现在，世界之生产社会化，本已达到，或已可达到，天下之范围，但因历史底关系，人仍拟保守国之界限，各以其国为经济单位，如现所谓经济集团者。各国皆欲使其自己成为一经济集团，"自给自足"，如生产家庭化社会中之一家然。

所以在现在世界中，国是经济单位。由此方面看，可知现在一国之人对于其国之关系之密切。在生产家庭化之社会中，一替皇家做事之人，"食王的爵禄，报王的恩"，他已成为皇家的人，如一女人于嫁后成为其夫家之人然。但就一般底人民说，他与皇家之关系，是很疏远底。他对于皇家之义务是"完粮纳税"；他所得自皇家之利益，是"保境安民"。除了这些方面外，一般人民不管国，国亦不管人民，所谓"天高皇帝远"者。在"天高皇帝远"底地方，固有坏处，亦有好处。"天高皇帝远"，因而"无法无天"，是就其坏处说。"不识天工，安知帝力"，逍遥自在，是就其好处说。

但在生产社会化底社会中，人对于其社会之关系，是密切的。他的生活的一切都须靠社会。就一方面说，无论任何社会，其中底人的生活的一切，都须靠社会，离开社会，都不能生存。但在生产家庭化底社会里，人之依靠社会，是间接底。其所直接依靠以生存者是其家。但在生产社会化底社会里，社会化底生产方法打破了家的范围。人之所直接依靠以生存者，并不是家而是社会。小规模底家，所谓小家庭者，虽仍存在，但这种家，并不是一经济单位，并没有经济上底功用与意义。在生产社会化底社会中，人与其社会，在经济上成为一体。在生产社会化底社会中，如其社会是以国为范围，则其中之人即与国成为一体。

必须到如此地步，所谓爱国才不只是一个悬空底理想，而是一个有血有肉底，活底道德。所谓活底道德者，即是他真能鼓舞群伦，使人生死以之，而不只是一种格言，一种理论，在公民教科书上所讲者。一种活底道德是能使人感觉其是必要者。若只能使人"知"其是必要，而不能使人"感觉"其是必要者，则其道德即是死底，不是活底。

有些人常说："中国人只有家族观念，没有国家观念。"即道德上最好底人亦"只知忠君，不知爱国"。这话亦不能说是错。不过他们须知，中国人在旧日之所以是如此者，并不是因为中国人是中国人，而是因为在往日中国人是生产家庭化底社会中底人。从以上所说，我们可以了解，何以往日人只知忠君，不知爱国，何以有"谁当皇帝都纳粮"的观念。这并不是因为他们愚蠢无知，这是因为照着他们的社会的那一套办法，本来是如此。他们并不是愚蠢无知，而不了解他们的那一套办法，而只混骂其为愚蠢无知者，才真正是愚蠢无知。

果然到现在，中国虽尚未完全成为生产社会化底社会，而中国人对于国底观念，已经大变了。十四个月以来，我们可见，对于中国大众，爱国已不只是空洞底理想，而已是活底道德。所可憾底是：爱国对于中国大众，虽已成为活底道德，而对于骂中国人不爱国之中国人，仍是死底道德。

我们本篇只说到生产社会化底社会，而未说到生产社会化底社会亦有两类：一是生产社会化而支配家庭化者，一是生产社会化支配亦社会化者。前者是普通所谓资本主义底社会，后者是普通所谓社会主义底社会。在此后者中，所谓社会化之社会，亦可以国为范围，或以天下为范围。以国为范围者即所谓国家社会主义。以天下为范围者，即所谓共产主义。此非本篇讨论范围所及，故置不论。

再有一点，可附带说者，中国现在所经之时代，是生产家庭化底文化，转入生产社会化底文化之时代，是一个转变时代，是一个过渡时代。我们在这个时代底人，有特别吃亏的地方。在一个比较固定底社会中，如果它所行者是那一种文化，则它自有一套制度，在各方面都是一致底。但在一个过渡时代的社会中，在此方面，它已用这一套制度，在另一方面，它还用那一套制度，于是此社会中之人，学会了这一套制度者，在那一套制度里，即到处碰钉子。一个大学毕业底小姐在学校所学者，是某某专门底学问，但结婚以后，她所做底事，或者他的夫家所希望她做底事，是服侍翁姑，养育子女，主持家务，以及米面柴盐等等。除非有特别底原因，她于此必感到痛苦，她的夫家亦必感到痛苦。一辆汽车，必须在柏油路上走，坐车底人方觉得舒服；若一辆汽车在牛车路上走，坐车底人反不如坐牛车舒服。在这过渡时代，我们在许多地方，都如坐汽车走牛车路，人既受罪，车亦易坏。这是我们特别吃亏底地方。

但自另一方面说，在这个过渡时代中，我们可亲眼看见许多不同底制度，不同底行为标准，同时存在。如同看见许多不同底交通工具，如飞机汽车，牛车马车，五光十色，同时存在。因此，我们的行为，可得到很大底自由。例如现在有人结婚，他随意用什么方式都可。他可以叫他的新娘坐花轿，坐汽车，或坐马车；他可以请客，可以不请客；他可以行礼，可以不行礼；他可以登报，可以不登报。他无论用什么方式，没有人能说他不对。这些情形，现在人看来，似乎没有什么奇怪。其实，若不是在我们这个过渡时代，这是很奇怪底。由此方面说，在这个过渡时代，我们是有特别方便底地方。

有些"混水摸鱼"、"趁火打劫"底人，利用这个特别方便底方便之门行事，一时照着这一套社会制度，一时又照着那一套社会制度。而其所照着者，都是合乎他自己的利益底。这些人是最不道德底。因为他的这些行为，完全是自私底。在任何社会制度中，自私都是最大底不道德。老年人都说"世风不古，人心日下"，现在人特别地坏。这是不对底。就人性说，古今中外，都是一样，不过现在底人，在这个过渡时代，特别有一种做不道德底事的机会，如以上所说者，此则是事实。

第十二篇　赞中华

在旧时，大部分底中国人都好贵古贱今。凡今人做了什么好事，这些人总觉得无论这事如何好，或做得如何好，但比之古人，总要差一点。古人所做底事，一定更好，或做得更好。如果今人做了什么坏事，这些人便借题发挥，用"人心不古，世风日下"等滥套，将今人骂得"狗血淋头"。

在旧时，除了些庙堂颂圣底作品外，在私家著作里，很少看见称赞他自己的时代底文章。王充《论衡·齐世》篇说："古有无义之人，今有建节之士，善恶杂厕，何世无有？述事者好高古而下今，贵所闻而贱所见。辩士则谈其久者，文人则著其远者。近有奇而辩不称，今有异而笔不记。"王充看出了大部分人的错误，所以他在他自己的书里有《宣汉》篇。在这篇里，王充指出，汉朝的文治武功，都超越前古。王充感觉到他自己的时代的伟大。这在旧时是很少见底。

在旧时，大部分人所以都贵古贱今者，其原因有两点可说。就第一点说，大部分人本来都是"贵所闻而贱所见"。"今"是一个人之"所见世"，"古"是一个人之"所闻世"，或"所传闻世"。大部分人本来都是"贵所闻而贱所见"，所以他们亦是贵古而贱今。《抱朴子》说："俗世多云：今山不及古山之高，今海不及古海之广，今日不及古日之热，今月不及古月之朗。重所闻，轻所见，非一世之患矣。"正是说此。就第二点说，中国旧时底社会，是农业底社会，在农业底社会里，人所注意底事情，如四时之变化，五谷之种植收获等，大部分都是循环底。对于循环底事情，人靠经验即可以知之，治之。农业社会的人，特别"尊高年"。高年是有经验底人。青年人有什么不了解或不能应付底事，即请教于高年。高年，凭他的经验，可以教训青年，而这些教训，大致都是不错底，因为在农业社会里，新来底事与过去底事，大致都是一类底。在这种情形下，人对于"古"即不知不觉地起了一种尊敬之心。但在工业社会底人，新底事情，时常发生。而其新又不只是个体上底新，而是种类上底新。我们常听见有些高年人说"这种事我没有经过"这一类底话，在农业社会里，是很有意义底，但在工业社会里，则没有什么很大底意义。因为在工业社会里，人所没经过而新有底事，是太多了。对于人所没有经过底事，旧经验的教训即不可用，至少是不一定可用。所以在工业社会里高年不是一个傲人底性质，而青年反是一个傲人底性质了。青年所以成为一个傲人底性质者，因青年对于种类上的新底事物，可以学习，而高年则不能学习也。在农业社会里，人所以尊高年，一半是由于道德底理由，一半是由于实用底理由。在工业社会里，如果人亦尊高年，其所以尊高年完全是由于道德底理由。

近数十年来，中国自农业社会，渐变为工业社会，所以贵古贱今底人，在现在是很少底了。但有一部分人另外又犯一种毛病，即贵远贱近。凡中国人做了什么好事，这些人总觉得，无论这事如何好，或做得如何好，但比之外国人，总要差一点。他们总想着，外国人所做底事，一定更好，或一定做得更好。如中国人做了什么坏事，这些人一定要借题发挥，用"中国不亡，是无天理"等滥套，把中国人骂得"狗血淋头"。

现在所以有这一部分人，贵远贱近者，其原因亦有两点可说。就第一点说，近是人之所见，远是人之所闻或所传闻。人既易于"贵所闻而贱所见"，所以也易于贵远贱近。就第二点说，中国现在一部分人还有殖民地人的心理。在上篇《论抗建》里，我们说到所谓殖民地人的心理。中国人有这种心理，以在清末民初时候为最甚。相传有人以为美国的月亮比中国的月亮圆。这与上《抱朴子》所说，可谓"异曲同工"。实际上或不必真有人如此以为，但有此传说，也就是一个很有意义底事实。此事实使我们知道，当时有许多人盲目地崇拜西洋人。这种殖民地人的心理，在中国到现在还有残余。此即是说，到现在还有一部分中国人多少有殖民地人的心理。贵远贱近，虽亦是人之常情，但他们又并不是仅只贵远贱近，他们对于阿比西尼亚的英勇，总觉得"不过如此"，而对于捷克的懦怯，总觉得"没有什么"。在这些方面看，这一部分人的贵远贱近，是由于他们的心理，是殖民地人的心理。

就人之常情说，人贵所闻而贱所见。这并不是人的弱点，而正是人的优点。"人之所以异于禽兽者"，其一即是人有理想。我们可以说，人是有理想底动物。就客观方面说，理想是事物的完全底典型。就主观方面说，理想是人对于事物的完全底典型底知识。人有理想，而其所见底事物，都不尽合于他的理想。社会上或历史上底事，都是人做底。人都是人，不是神。此即是说，没有人是绝对完全底，没有人是完全合乎人的定义底。在实际底世界中，无论什么事物，都必多少合乎它的定义，但亦没有一个事物，能完全合乎它的定义。人既是实际底事物，他总有缺点，他所做底事亦总有缺点。在时间上或空间上离我们远底人，亦有他们的缺点，他们所做底事亦有缺点。不过这些缺点，异时异地底人，因为距离远底缘故，不容易看见，因为距离远底缘故，人看异时异地底人或事，都只看见其大体轮廓，其详细则看不清楚。如其大体轮廓无大缺点，人即以为其是完全底。人对于其同时同地底人或事，则是深知其详底。因深知其详底缘故，不但看不见其大体轮廓的无大缺点，如果其大体轮廓是无大缺点，而且简直看不见什么是其大体轮廓，如所谓见树不见林者。在这种情形下，一个人看其同时同地底事，自然只见其是不完全底了。

我们论历史上或社会上底事，必须先就其大体轮廓看。看见了它的大体轮廓，然后可以看见它的主要底趋势，及它的趋势所向底目的。用我们于以上所用底名词说，我们看见了它的大体轮廓，我们才可以于它的许多"情"中，看出它的"性"。

在我们的《新事论》里，我们的意思之一，即是想指出中国在近五十年来底活动的大体轮廓，以及这个活动的"性"。许多谈所谓文化问题者，大概都是想在这方面说一点。

近五十年来中国的活动，其主要底趋势，是从乡下变为城里，从半殖民地的地位，恢复以前东亚主人的地位。就恢复以前东亚主人的地位说，中国近五十年来底活动的"性"是"复兴"。就从乡下变为城里说，中国近五十年来底活动的"性"是"革命"。有些人的看法，注重中国近来底活动的复兴性，常用"民族复兴""自力更生"等语。有些人的看法，注重中国近来底活动的革命性，常用"民族革命""中国革命是世界革命的一部分"等语，这些看法都不错，这些说法都是可说底。

或可问：就大体轮廓上看，中国近来底活动是不是已有成就？中国人在复兴或革命的方面，是不是已有成绩？我们的回答：中国已有很大底成就，中国人已有很大底成绩。

我们于第七篇《阐教化》里说，一国可有一国的国风，中国自商周以来，有一贯底一种国风。此种国风是：在中国社会里，道德底价值，高于一切。在这种国风里，中国少出了许多大艺术家、大文学家，以及等等底大家。但靠这种国风，中国民族成为世界上最大底民族，而且除几个短时期外，永久是光荣地生存着。在这些方面，世界上没有一个民族，能望及中国的项背。在眼前这个不平等底战争中，我们还靠这种国风支持下去。我们可以说，在过去我们在这种国风里生存，在将来我们还要在这种国风里得救。

我们于《新理学》中说，一社会的分子之行动，其可以直接或间接维持其社会的存在者，是道德底行动；其可以直接或间接阻碍其社会的存在者，是不道德底行动；其亦不维持亦不阻碍其社会的存在者，是非道德底行动。这些话，亦可以反过来说。我们亦可以说，所谓道德底行动者，即人的行动之可以直接或间接维持其社会的存在者；所谓不道德底行动者，即人的行动之可以直接或间接阻碍其社会的存在者；所谓非道德底行动者，即人的行动之亦不维持亦不阻碍其社会的存在者。

道德是所以维持社会存在的规律。在一社会内，人愈遵守道德底规律，则其社会之组织必愈坚固，其存在亦必愈永久。由此我们可以看出，中国尊重道德的传统底国风，与中国社会的组织的坚固，与中国民族的存在的永久，是有密切底关系底。

《左传》说，古有三不朽：太上有立德；其次有功；其次有立言。这是中国的一个传统底看法。照这个传统底看法，有三种人可以得永久底荣誉。可以得最大底永久底荣誉者是有道德底人，其次是有功底人，其次是有学问底人。在中国历史中，秦皇汉武，功盖中国，但历史家的《春秋》之笔，对于他们，总是贬多褒少。照传统底看法，他们二位的令闻令誉，不及一个乡下底孝子节妇。在中国历史上，有学问底人的声价，也靠他的德维持。在中国历史上，有学问底人，大部分亦是有德底人，或人以为是有德底人。《宋元学案》、《明儒学案》中的人，百分之九十九是有德底人，或人以为是有德底人。只有学问而无道德底人，不能十分为人所重视。在文学艺术方面，亦有如此底情形。例如人称赞杜甫的诗，必说及其忠爱之忱。颜真卿的字，传统底说法以为比赵子昂的字有价值，因为颜真卿是忠臣，赵子昂是贰臣。有一传说谓，有二人好写字，其一写魏武帝字，其一写颜真卿字，写魏武帝字者以写颜真卿字者之字为不佳。写颜真卿字者说："我的字虽不佳，然是学忠臣的字。你的字虽佳，然是学奸臣的字。"写魏武帝字者无以对。从所谓为艺术而艺术的观点看，这些话都是"驴唇不对马嘴"。从这观点看，这些话荒谬的程度，不亚于现在德国的物理学家说：爱因斯坦的相对论不对，因为爱因斯坦是犹太人。但若从道德价值高于一切的观点看，则若一个人的"大节有亏，其余皆不足观"。从这观点看，这些话亦不是不可以说底。而在大家都如此说底社会里，其中人的道德底行为，可以得更大底鼓励。其中人的道德底行为，可以得更大底鼓励，则有道德底行为底人必更多，而此社会的组织，必更坚固，其存在亦必更永久。

我们并不以为，别底民族或国家，都不是讲道德底。所谓一个民族或国家不讲道德者，有两个意义。其一个意义是说：一个民族或国家于对外作一整个底行动时，不讲道德。这是有底，是可以有底，不过这些行动本来无所谓是道德底或是不道德底。因为所谓道德本是因一社会之有而有底，而自古迄今，国之上还没有真正底更高底社会组织。此点我们于第二篇《明层次》中，已经说明。所谓民族或国家不讲道德的另一意义是说：一个民族或国家的内部底分子，在其内部都不讲道德。在这一意义下，我们可以说，没有民族或国家，若其还能继续存在，是如此地不讲道德。一个民族或国家的内部底分子，可以于一个时候都不讲道德。如果有这个时候，这即是那个民族或国家土崩瓦解的时候。但若说有一个国家或民族的内部底分子，都从来不讲道德，这是没有底事。因为如果如此，那个国家根本上即不能成立，那个民族根本上即不能存在。

虽是如此，但西洋人对于人底评价，所用底标准，是与中国人的传统底标准，不尽相同。中国人所谓三不朽，西洋人是亦承认底，而且他们亦不能于此三者之外，再说有别种底不朽。不过对于这三种不朽底评价，西洋人与中国人，不尽相同。照中国人的说法，太上有立德，其次有立功，其次有立言。西洋人的说法，大概要是：太上有立功，其次有立言，其次有立德。照西洋人的办法，有大成就底政治家，军事家，以及诗人，戏子，都可以入一个民族或国家的"众神祠"；而照中国的办法，则只有有德底人，可以入圣庙。圣庙中固然亦有些可称为什么家者，但其入圣庙是靠他的德，而不是靠他的是什么家。

自清末以来，因受西洋人的影响，中国人虽仍尊重有德者，而对于有功有言者的崇拜，已比前增高。在清末即有人称赞秦皇汉武的伟大。我们现在以为秦皇汉武当然是伟大。不过这种说法，在清末是翻案文章。民初更有人称赞则天皇后的伟大，这更是翻案中之翻案了。在这些方面，我们虽已受了西洋人的影响，但对于西洋人在这一方面底观点，亦并未完全接受。我们可以了解，英国人为什么崇拜莎士比亚；但我们仍不能了解，美国人为什么崇拜某工业大王，或某电影明星。在这些地方，中国人还是中国人。

在清末民初，有些人以为中国人不知分别公德与私德。中国人所以不崇拜秦皇汉武，以及则天皇后者，因为中国人以他们的私德与他们的公德相混也。照我们的说法，凡可称为道德者，都是与社会有关底，即都是公底，纯粹只关系一个人的私底事，都是非道德底，即无所谓是道德底或是不道德底。一个人打死了另一个人，他这行为可以是道德底或是不道德底。但一个人多吃了两杯酒，以致头晕呕吐，我们不能说他这行为是道德底或是不道德底。

或可说：中国人原来所讲底道德是旧道德。中国人只知讲旧道德而不知讲新道德，所以中国几十年来要自强，而还没有强起来。照我们的看法，在有些地方，可以说新道德，旧道德；在有些地方，道德是无所谓新旧底。照我们的看法，有社会，有各种底社会。有些道德，是因某种社会之有而有底，如一民族或国家，自一种社会转入另一种社会，则因原一种社会之有而有底道德，对于此民族或国家，即是旧道德；因另一种社会之有而有底道德，对于此民族或国家，即是新道德。但大部分底道德是因社会之有而有。只要有社会，就需有这些道德，无论其社会，是哪一种底社会。这种道德中国人名之曰"常"，常者，不变也。照中国传统底说法，有五常，即仁，义，礼，智，信。此五者的意义及其所以为常，我们于《新理学》中已说过。此五常是无论什么种底社会都需要底。这是不变底道德，无所谓新旧，无所谓古今，无所谓中外。"天不变，道亦不变"，对于"常"仍是可说底。忠孝是因以家为本位底社会之有而有底道德。这一点昔人虽未看清楚，但昔人虽以忠孝为人之大节，但不名之曰常，这是很有意义底。关于忠孝，我们于第五篇《原忠孝》中，已说了很多。忠孝可以说是旧道德。我们现在虽亦仍说忠孝，如现在常有人说，我们要对于国家尽忠，对于民族尽孝，不过此所说忠孝与旧时所谓忠孝，意义不同。此所说忠孝是新道德。我们可以说，对于君尽忠，对于父尽孝，是旧道德；对于国家尽忠，对于民族尽孝，是新道德。在这些方面，道德虽有新旧的不同，但能行不变底道德底人，都自然能行这些道德。一个能行仁义礼智信底人，在以家为本位底社会里，自然能事君以忠，事父以孝，在以社会为本位底社会里，自然能为国家尽忠，为民族尽孝。

无论古今中外，都承认上所说三不朽之为不朽。这是各民族或国家之所同。但各民族或国家对于此三者之相对底重轻，则可有不同底看法，此是各民族或国家之所异，其所以有此异的原因，我们于此不论。我们于此只说，其有此异，是事实。这些异，从某种社会的共相的观点看，不是主要底；但从一民族或国家的殊相的观点看，则是重要底。此点我们于第八篇《评艺文》中已说过。

照中国的传统底评定人的价值底标准，有德为比有功更有价值。因此有许多好大喜功，好冒险进取底人，因得不到鼓励而不能尽其才。在中国历史中，有些好大喜功，冒险进取底人，如有所成就，其成就不是在社会鼓励之下成功底，而是冒社会的大不韪而成功底。在这一方面说，中国在进步方面，受了大影响。但中国重有德的影响，使人人向有德这一方面走，因此中国的社会组织得以坚固，中国民族的存在得以长久。中国民族，这样地稳扎稳打，才能有如上所说稀有底成就。

说到中国的社会组织坚固，或许有人听见即笑掉了大牙。因为近来骂中国或中国人者，都说中国是无组织底国家，中国是一盘散沙。这些人的话，我们亦不能说是全无根据。不过这些人都可以说是"只知其一，不知其二"。

我们于第四篇《说家国》中说，在生产家庭化底社会中，家是人的一切。中国旧日底社会是生产家庭化底社会。在旧日社会中，家的组织，极其坚固。旧日所以以孝为道德的中心者，即因孝是巩固家的组织底道德也。在旧日凡可以巩固家的组织底行为，或可以延续家的存在底行为，皆是孝的行为。例如旧日兄弟不和，或妯娌不睦，均可称为不孝底行为。因此等行为，足以招致家之分裂也。在旧日，兄弟分居，虽不是不道德底行为，而亦不是光荣底行为。"五世同居"虽不是人所必行底道德底行为，而却是很光荣底行为。娶妻生子，亦是孝的行为，因此等行为，乃所以延续家之存在也。"不孝有三，无后为大"。照旧日的看法，人人都有为其祖先传嗣续的责任。中国人民的众多，中国人的此等责任心不能不说是其一大原因。

在旧日，中国人的组织，虽注重在家，然亦并非只限于家。旧日所谓江湖上底各种组织，其严密坚固，比家的组织，更有过之。试举在欧美各国做卖货小贩底中国人以为例。我们所谓上等人者，如要到外国游历，总先要请教许多人，先看许多指南游记，先学些言语。即令如此，我们还时常感觉困难。在欧洲旅行，火车走不了几个钟点，就要过国境，查护照，验行李，换钱，换言语。这些情形，教我们感觉更大底困难。但是常有一个外国字不识，甚而至于一个中国字也不识底中国人，带一点零碎货物，可以传食于欧洲。这些人能周游列国，全靠他们的帮。他们的帮是一种严密坚固底组织。别底国家向外移民，靠兵船大炮，但中国向外移民，则靠这些民的本身的严密组织。河北山东底人，向东北西北迁移，远及苏联及欧洲各处。广东福建的人向东南西南迁移，远及南洋及美洲各处。他们的成功，没有靠政府的任何帮助，只靠他们自己的严密组织。中国人的组织的坚固，在这些地方是很容易看出底。

常有人说：中国人所有底严密坚固底组织，都是小组织。正因中国人有严密坚固底小组织，所以全国大一统底大组织，反而组织不起来。中国人是只知有家，不知有国底，一说到全国大一统底大组织，中国人不是闹党见，就是闹省见。各小组织的力量，互相摧毁，互相抵消。结果是：关于大组织底事，什么都不能做。这是实在情形。这些批评家所说底并不错误。不过他们没有想到，在旧日以家为本位底社会里，在旧日底交通状况下，所谓全国大一统，本只需要很松底组织，亦只能有很松底组织。在那种社会里，在那种交通状况下，严密底全国大一统底组织，是没有物质底必要，亦没有物质底基础。关于这一点，我们于第四篇《说家国》中已经说明。我们可以说，中国人旧时只有严密坚固底小组织，而没有严密坚固底全国大一统底大组织者，因为照旧时底一套社会制度，本来只需要严密坚固小组织，亦只需要松懈疏阔底全国大一统底大组织，而其物质基础亦只允许如此。到中国的社会制度一变，及其物质底基础允许的时候，中国的全国大一统底组织亦一天一天地严密坚固起来。二十四个月底伟大底战争，更证明了这一点。

我们看史书，常见上面写"某师与某师战，大破之，某师溃"等语句。我们在现在底实际底经验中，深明白了破字及溃字的意义。破者破其组织，溃者其组织崩坏。打仗并不是要把敌人赶尽杀绝，亦不能如此。打仗的胜利，不是靠敌人的绝灭，而是靠敌人的崩溃。战胜底兵可以用几个人，赶杀败兵几百人。其原因即是，胜兵虽只几个人，而是有组织底，败兵虽有几百人，而其组织是已被击破底。败兵虽有几百人，而此几百人只是几百个一个一个底人。几个人打一个人，当然是很容易底。这次中日战争，是个极不平等底战争，我们于上篇《论抗建》中已经说过。在这个极不平等底战争里，我们虽退而不溃，我们虽有时为敌人所败，而却永未为敌人所破。就军队说是如此，就人民说亦是如此。这样我们表现出很大底组织力，很大底道德力。

以上说了我们的国风的一方面。就这一方面说，这种国风的理论底根据是儒家墨家的学说。更确切地一点说，巩固家的组织底道德的理论根据是儒家的学说。巩固"帮"的组织底道德的理论根据是墨家的学说。此外中国的国风还有另一方面，这另一方面底国风养成中国人的"满不在乎"的态度。就这另一方面说，中国的国风的理论底根据是道家的学说。儒家墨家教人能负责，道家使人能外物。能负责则人严肃，能外物则人超脱。超脱而严肃，使人虽有"满不在乎"的态度，却并不是对于任何事都"满不在乎"。严肃而超脱，使人于尽道德底责任时，对于有些事，可以"满不在乎"。有儒家墨家的严肃，又有道家的超脱，才真正是从中国的国风养出来底人，才真正是"中国人"。

真正底中国人，并不必于"肉食"者中求，在非"肉食"中者，这些人实在多得很。近来有许多报告战地消息底文章，在这些文章里，有许多地方，我们看见真正底"中国人"。有一访员碰见一位军人，自动往河北组织游击队。谈话之间，这位军人表示，对于中国底最后胜利，他是有确信底。这位访员问："中国打胜以后，你打算做什么事情？"这位军人很冷静地说："那时候，我已经死了，在这次战事中，军人大概都要死底。"在徐州撤退的时候，有一部分军队突围而走，敌人发炮追击。在军队出了敌炮射程以外时，有位军人说："日本兵对于中国兵真客气极了。放了这许多礼炮送行。"有一个杭州的老板，于财产完全损失以后，跑到上海，有人问他怎么办，他说："没有什么，再来一回。"这些人都是平常底中国人。他们处大难能如此地严肃，如此地超脱，或如此地严肃又超脱。这都是数千年底国风养出来底真正"中国人"。中国的过去，靠这些真正底"中国人"。中国的将来，也靠这些真正底"中国人"。

我们是提倡所谓现代化底。但在基本道德这一方面是无所谓现代化底，或不现代化底。有些人常把某种社会制度，与基本道德混为一谈，这是很不对底。某种社会制度是可变底，而基本道德则是不可变底。可变者有现代化或不现代化的问题，不可变者则无此问题。有人说：现代化不只指生产技术，如"忠于职务，忠于纪律，忠于法律"，就是现代化的精神。这话是不对底。照这种说法，则只有现代人方始"忠于职务，忠于纪律，忠于法律"。如果如此，则古代的人凭什么能有社会组织？我敢说：如只有所谓现代化的精神者，方始"忠于职务，忠于纪律，忠于法律"，则人类灭绝久矣，哪里还会有所谓现代人？

说到此，我们感觉到，清末人所谓"中学为体，西学为用"者，就一面说，是很不通底；但就又一方面说，亦是可以说底。如所谓"中学为体，西学为用"者，是说：我们可以以五经四书为体，以枪炮为用。则这话诚然是不通底。读五经四书，是不会读出枪炮来底。民初人说这种说法是"体用两橛"，正是就此话的此方面说。如所谓中学为体，西学为用者，是说：组织社会的道德是中国人所本有底，现在所须添加者是西洋的知识，技术，工业。则此话是可说底。我们的《新事论》的意思，亦正如此。不过我们不说是西洋底知识，技术，工业，而说是某种文化底知识，技术，工业而已。我们所以必须如此说者，其理由已详于第一篇《别共殊》中。清末人没有这样清楚底见解。不过他们总觉得中国是有些不必改变底东西，不过这些东西确切是什么，他们不能明确地看出说出而已。

　　自清末至今，中国所缺底，是某种文化底知识，技术，工业；所有底，是组织社会的道德。若把中国近五十年底活动，作一整个看，则在道德方面是继往；在知识，技术，工业方面是开来。这本是一件很明显底事实。不过因其太明显了，有些人总想着，问题或别有所在。"道甚易而求诸难"，正这些人之谓了。

　　去年有一位牛津大学的教员，写信来说，英国人对于中国人的抵抗力之强，甚为惊异。不知道中国人有什么精神底力量，能有如此底行动。后来牛津大学全体教授与蒋委员长底新年贺电，亦说："英国人士，对于中国文化学术之真义与价值，在过去不无怀疑之处。但时在今日，一方鉴于狭义国家主义之横暴相仇，一方鉴于中国反日态度之庄严镇静，究竟谁为世界文化之领导者，吾人当无疑义矣。"若问：什么是中国人的精神力量，能使中国人以庄严静穆底态度抵御大难？我们说：此力量，普通一点说，是上所说底道德力；特别一点说，是墨家儒家的严肃，及道家的超脱；儒家墨家的"在乎"，及道家的"满不在乎"。

　　我们并不以为中国人专靠这种所谓精神力，即可度过大难。现代底知识，技术，工业，亦是我们所特别需要底。不过我们于第七篇《阐教化》中说，使人有知识靠教，使人有道德靠化。两者比较起来，教易而化难。教可以求速而化不可求速。中国所需要补充者是可教者，所以中国的进步，是可以加速进行底。

　　真正底"中国人"已造成过去底伟大底中国。这些"中国人"将要造成一个新中国，在任何方面，比世界上任何一国，都有过无不及。这是我们所深信，而没有丝毫怀疑底。

新世训（生活方法新论）（节选）
（1940 年）

自　序

　　承百代之流，而会乎当今之变。好学深思之士，心知其故，乌能已于言哉？事变以来，已写三书。曰《新理学》，讲纯粹哲学。曰《新事论》，谈文化社会问题。曰《新世训》，论生活方法，即此是也。书虽三分，义则一贯。所谓"天人之际"，"内圣外王之道"也。合名曰《贞元三书》。贞元者，纪时也。当我国家民族复兴之际，所谓贞下起元之时也。我国家民族方建震古铄今之大业，譬之筑室，此三书者，或能为其壁间之一砖一石欤？是所望也。民国二十九年 2 月，旧历元旦，冯友兰序于昆明。

绪　论

　　我们的这部书一名为：生活方法新论。人都生活，其生活必多少依照一种规律。犹之乎人都思想，其思想必多少依照一种规律。一种规律，为人的思想所必多少依照者，即是逻辑底规律。这规律并不是人所规定，以硬加于人的思想者，而是一种本然底规律，为人的思想所本须多少依照而不可逃者。所以在未有人讲逻辑学之先，人的思想，本来都多少依照逻辑底规律，人的正确底思想，本来都依照逻辑底规律。逻辑学并不能创造逻辑底规律，以使人必从。它不过发现了这些规律，而将其指示出来，叫人于明白了这些规律之后，可以有意地依照着思想，使其思想，本来多少依照这些规律者，现在或能完全依照之。如能完全依照之，则其思想即可完全正确。因此逻辑学可以教人如何思想。就其可以教人如何思想说，它所讲底一部分是所谓思想方法。因其所讲底一部分是所谓思想方法，所以它亦属于所谓方法论。

人的生活也有其本然底规律，任何人都必多少依照它，方能够生活。例如在人的生活的物质方面，无论古今中外，人都必须于每日相当时间内吃饭，相当时间内睡觉。在这一方面，有本然底规律，人必多少都依照这些规律。完全不依照之者，必准死无疑。完全依照之者，必有完全的健康身体。不过人的生活这方面，并不是我们讨论所及。我们于此所谓生活或人的生活，是就人的生活的精神底或社会底方面说。在这方面，亦有些本然底规律，为人所都多少依照者。例如"言而有信"，是人的社会底生活所多少必依照底规律。无论古今中外，固然很少人能完全依照此规律，但亦没有人能完全不依照此规律。骗子是最不讲信底了。但他不讲信，只限于他做他的骗子工作的时候。除此之外，他如应许他的房东每月付房租，他亦须付房租；他如应许他的听差每月付工资，他亦须付工资。他的骗子工作，只于某一时为之。如果他于任何时皆骗，他所说底任何话皆不算话，这个人便不能一刻在社会中生活。此即等于说，他不能一刻生活，因为没有人能离开社会生活。

这些本然底规律，是人所都多少依照底，但人不必皆明白这些规律，所以其依照之不必皆是有意底。我们亦须要有一门学问，发现这些规律，将其指示出来，叫人可以有意地依照着生活，使其生活本来多少依照这些规律者，或能完全依照之。这门学问，可以教人如何生活，所以它所讲者可以说是生活方法。我们的这部书即打算讲这门学问。

我们于以上所说关于生活方法底意思，《中庸》已大概说过。我们所说人的生活所依照底本然规律，《中庸》名之曰道。这个道是人本来即多少照着行，而且不得不多少照着行底。所以说："道也者，不可须臾离也，可离非道也。"凡人可以照着行，可以不照着行者，一定不是人的生活所依照底规律。不过人虽都多少照着道行，而却非个个人都知他是照着道行，而道的完全底意义，更非个个人所能皆知，所以《中庸》说："人莫不饮食也，鲜能知味也。"人虽多少照着道行，但完全照着道行，却不是容易底。人对于道虽多少都有点知识，但对于道底完全底知识，却不是容易得到底。所以说："君子之道，费而隐。夫妇之愚，可以与知焉，及其至也，虽圣人亦有所不知焉；夫妇之不肖，可以能行焉，及其至也，虽圣人亦有所不能焉。"

逻辑学所讲底思想方法，亦是如此。个个人都多少照着逻辑底规律思想，如其不然，他的思想即不能成为思想。但是完全照着逻辑底规律思想，却是很不容易底。个个人对于逻辑底规律，都多少有所知。我们常听人辩论，这个人说："你错了。"那个人说："你错了。"我如说"凡人都有死，我是人，我可以不死"，无论什么人，都知道我是胡说八道。这可见，无论什么人，对于逻辑底规律，都多少有所知。不过对于逻辑规律底完全底知识，却不是容易得到底。在现代哲学里，人对于逻辑规律底知识，进步最大，但我们还不能说，我们对于逻辑底规律，已有完全底知识。

关于生活方法，古人所讲已很多。宋明道学家所讲尤多。我们常说宋明道学家是哲学家，但是严格地说，宋明道学家所讲大部分不是哲学。他们讲得最多者，是所谓"为学之方"。在有些方面，"为学之方"即是生活方法。关于生活方法，古人所讲，虽已很多，但我们所讲，亦有与古人不尽同之处，因此我们称我们这部书为生活方法"新论"。

所谓新论之新，又在何处呢？这可以分几点说。就第一点说，生活方法，必须是不违反道德底规律底（其所以，我们于以下第一篇另有详说）。道德底规律，有些是随着社会之有而有者，有些是随着某种社会之有而有者。例如所谓五常，仁义礼智信，是随着社会之有而有底道德。这一点我们于《新理学》中已经说过。如忠孝，照其原来底意义，是随着以家为本位底社会之有而有底道德。这一点我们于《新事论》中已经说过。因在道德底规律上，有这些分别，所以一个社会内底人的生活方法，一部分可以随其社会所行底道德规律之变而变。一种社会内底人的生活方法与别种社会内底人的，可以不尽相同。不过这些分别，前人没有看出，所以他们所讲底生活方法，有些是在某种社会内生活底人的生活方法，而不是人的生活方法。现在我们打算讲人的生活方法，所以与他们所讲，有些不同。在这一点，新逻辑学与旧逻辑学的分别，亦可以作一个比喻。亚里士多德的逻辑学所讲底，有些固然是逻辑底规律，但有些只是随着希腊言语而有底命题形式。所以他所讲底，有些不是真正底逻辑底规律。新逻辑学则超出各种言语的范围而讲纯逻辑底规律。不过虽是如此，新逻辑学还是继承旧逻辑学。我们的"新论"，在一方面虽与宋明道学家的"旧论"不同，但一方面亦是继承宋明道学家的"旧论"。

就第二点说，宋明道学家所谓"为学之方"，完全是道德底，而我们所讲底生活方法，则虽不违反道德底规律，而可以是非道德底。在以前底人的许多"讲道德，说仁义"底话里，我们可以看出来，他们所讲所说者，大致可以分为三类。一类是：道德底规律，为任何社会所皆需要者，例如仁义礼智信等。一类是：道德底规律，为某种社会所需要者，如忠孝等。另外一类是：不违反道德底规律底生活方法，如勤俭等。说这些生活方法，是不违反道德底规律底，是说，它虽不必积极地合乎道德底规律，但亦消极地不违反道德底规律。积极地合乎道德底规律者，是道德底；积极地违反道德底规律者，是不道德底；虽不积极地合乎道德底规律，而亦不积极地违反道德底规律者，是非道德底。用这些话说，这些生活方法，虽不违反道德底规律，但不一定是道德底。说它不一定是道德底，并不是说它是不道德底，而是说它是非道德底。

宋明道学家以为人的一举一动，以及一思一念，都必须是道德底或不道德底。从前有些人用宋明道学家所谓工夫者，自立一"功过格"。一行动或是一思念，皆须判定其是道德底或不道德底。是道德底者是功，是不道德底者是过。有一功则于功过格上作一白圈，有一过则于功过格上作一黑点。人于初用此工夫时，每日所记，大概满纸都是黑点，到后来则白圈渐多，而黑点渐少。这亦是个使人迁善改过的法子，不过其弊使人多至于板滞迂阔，不近人情。朱子《小学》谓柳公绰妻韩氏，家法严肃俭约，归柳氏三年，无少长未尝见其启齿。韩氏固尚不知有宋明道学家所谓工夫，但朱子于《小学》"善行"中举此，则亦希望人有此"善行"也。朱子《小学》一书，自谓是个"做人的样子"。其中所举底"样子"，全是道德底样子。我们以为人的行为或思念，不一定都可分为是道德底或是不道德底。所以我们所讲底生活方法，在有些方面，亦可以是非道德底。

就第三点说，宋明道学家所讲，有些虽亦是人的生活所依照底规律，人的生活方法，但他们所讲，若不与我们眼前所见底生活中底事连接起来，则在我们的心目中，就成了些死底教训，没有活底意义。因之他们所讲底那些规律，那些方法，在我们心目中，就成了些似乎不能应用底公式。这种情形，可以说是向来即有底，不只现在如此。自宋明以来，当道学家中没有大师，而只有念语录，写功过格底人的时候，这些人即只讲些死底教训，只讲些似乎不能应用底公式。所以这些人常被人称为迂腐。这两个字底考语，加到这些人身上，实是最妥当不过底。他们只讲些死底教训，所以谓之腐；他们只讲些似乎不能应用底公式，所以谓之迂。我们现在底生活环境，与宋明道学家所有者又大不相同。在我们的生活中，新事甚多。所以有些生活方法，虽已是宋明道学家所已讲者，但我们必以眼前所见底事为例证，而予以新底说法。这种新底说法，即是所谓"新论"。

就第四点说，所谓生活方法，如其是生活方法，则必是每个人所本来即多少依照之者，这一点虽古人亦有见到者，但专念语录，写功过格底人，多板起面孔，以希圣希贤自居，好像他们是社会中特别底一种人，他们所做底事，是社会中特别底一种事。邵康节说："圣人，人之至者也。"一个最完全底人，即是圣人，我们可以说，能完全照着生活方法生活下去底人，即是圣人。所以希圣希贤，亦是我们所主张者。不过学圣人并不是社会中一种特别底职业，天下亦没有职业底圣人。这一点本亦是宋明道学家所主张者，不过他们的语录中，有时不免有与此相反底空气，而念语录底人，更于社会中造成这种空气。所以有些生活方法，虽为宋明道学家所已讲者，但为扫除这种空气起见，我们仍须予以新底说法。这新底说法，即是所谓"新论"。

就第五点说，佛家所谓圣人，是达到一种境界底人。此种底圣人，可以说是静底。如佛像皆是闭目冥想，静坐不动者。宋明道学家本来反对此种静底圣人。他们的圣人，是要于生活中，即所谓人伦日用中成就者。不过他们于说圣人时，亦太注重于圣人所达到底一种境界，所以他们的圣人，亦可以说是静底。他们注重所谓气象。朱子《〈论语〉注》引程子曰："凡看《论语》非但欲理会文字，须要识得圣贤气象。"朱子《近思录·观圣贤篇》引明道云："仲尼，元气也；颜子，春生也；孟子，并秋杀尽见。仲尼，天地也；颜子，和风庆云也；孟子，泰山岩岩之气象也。观其言皆可见之矣。"这都是注重圣人所到之境界。因为他们所注重者，是最后底一种境界，故他们认为，一人在到此境界以前底活动都是"学"，都似乎是一种手段。《论语》"如有所立卓尔"，朱子《集注》引程子曰："到此地位功夫尤难，直是峻绝，又大段著力不得。"宋明道学家所谓"学"，皆此所谓功夫也。所谓功夫者，即所以达某种地位之手段也。我们于此书说圣人时，我们所注意者，不是一种境界，而是一种生活。换句话说，凡是能完全照生活方法生活者，都是圣人。所以我们所谓圣人的意义是动底，不是静底。我们所注重底是此种生活，此种生活是生活，不是"学"。此种生活的方法是生活方法，不是"为学之方"。

或可说：《论语》"如有所立卓尔"，朱子《集注》引吴氏曰："所谓卓尔，亦在乎日用行事之间，非所谓窈冥昏默者。"对于程子所谓"大段著力不得"，朱子《语录》云："所以著力不得，像圣人不勉而中，不思而得了。贤者若著力要不勉不思，便是思勉了。此所以说大段著力不得。今日勉之，明日勉之，勉而至于不勉。今日思之，明日思之，思而至于不思。自生而至熟。正如写字一般，会写底固是会，初写底须学他写。今日写，明日写，自生而至熟，自然写得。"由此所说，则宋明道学家所谓圣人，正是能照生活方法生活者。所谓日用行事之间，正指日常生活说。照生活方法以生活，有生有熟，生者，须要相当底努力，始能照之生活。如此者谓之贤人。熟者不必用力而自然照之生活，如此者谓之圣人。我们如果常能照生活方法生活，自生至熟，熟则即到宋明道学家所谓圣人的地位矣。由此方面说，则宋明道学家所说为学之方，亦不见得与我们所谓生活方法有大不同处。

照我们的看法，照我们所谓生活方法生活下去，固亦可得到宋明道学家所说底某种熟生活，但我们生活下去是为生活而生活，并不是为某种底熟生活而生活。为某种熟生活而生活，则达到此目的以前底生活，皆成为"学"，皆成为手段。用我们的所谓生活方法而生活下去，虽亦可得到宋明道学家所谓某种底熟生活，但我们既为生活而生活，则在得到某种熟生活以前底生活，仍是生活，不是学，不是手段。以写字为例，我们写字，写得久了，自然由生而熟。但我们如为写熟字而写字，则能写熟字以前底写字，均是"学"，均是手段。我们如为写字而写字，则能写熟字以前底写字，亦是写字，不是"学"，不是手段。因此我们所讲底生活方法，又有与宋明道学家所讲不同之处，所以我们所讲，可谓为"新论"。

就上所述第一第二点说，我们的新论，如不够新，则必失之拘。就上所述第三第四点说，我们的新论，如不够新，则必失之迂，失之腐，或失之怪。拘，迂，腐，怪，是旧日讲道学者，或行道学家的工夫者，所最易犯底毛病。为去除这些毛病，所以我们于许多旧论之外，要有"新论"。

现在常流行底，还有所谓修养方法一名。关于所谓修养方法，还有许多时论，我们于以下附带论之。

我们常常听人说，现在底青年需要一种青年修养方法。说这话底人，或许心中有一种见解，以为青年需要一种特别底修养方法，与老年中年不同者；或以为只青年特别地需要修养，至于老年中年，则均可不必；或以为现在底青年需要一种现在底修养方法，与旧时底修养方法不同者。从逻辑方面说，"现在底青年需要一种青年修养方法"，这一句话，不必涵蕴这些"以为"，但说这一句话底人，或许有这些见解，听这一句话底人，也往往不免有这些误会。

这些"以为"，我们以为都是错误底。如果所谓修养方法即是我们于以上所说底生活方法，则从以上所说，即可知这些"以为"是错误底。因为我们于以上所说底生活方法是"生活"方法，凡生活底人都必须多少依照之，想求完全底生活底人，都必须完全依照之，不管他是个老年人或少年人，中国人或外国人，古人或今人。犹之逻辑学上所讲底思想方法，凡思想底人都必须多少依照之，想有正确底思想底人，都必须完全依照之，不管他是一个老年人或少年人，中国人或外国人，古人或今人。

或有以为修养方法是一种手段，用之者于达到目的之后，即可以不再要它。譬如说，人须有做事底能力。欲有做事底能力，必须有如何如何底准备。这准备的方法即是所谓修养方法。如所谓修养方法是如此底意义，上所说诸"以为"是不是可通呢？我们以为还是不可通。

一个人如欲成为一个有做事能力底人，他必须有如何如何底准备，这如何如何底准备，不因要准备如何如何者是青年或老年而异。如说青年可用一种特别方法，以求有做事底能力，而中年老年人，则需用另一种方法，这是不通底。这不通正如说，青年人可吃一种特别底食物，以求身体健康，而中年人老年人，则需吃另一种食物。这比喻还不确切，因为在有些情形下，老年人是需要一种食物，与青年人不同。一个人求健康的方法，需看他的生理状况而决定，但求做事底能力的方法，则不因人的生理或心理状况的不同而有异。假使一个人体弱，少做事是他的求健康的方法，但他如欲练习做事底能力，则少做事决不是一个准备的方法。练习做事底能力的方法，是不管一个人体弱体强底。这方法在基本上只有一个。无论用这方法底人是老是少，是强是弱，它总是它。

青年固然不见得都有做事底能力，但中年老年亦何尝不是如此？有许多中年老年，虽比青年多吃了许多年饭，但是他们的做事能力，却不见得比一般青年高多少。这些中年老年如果想要有做事底能力，当然亦需要用所谓修养方法。这个方法在基本上只有一个，如上所说。

还有一点我们要说者，所谓修养方法，虽可说是一种手段，但用之者即于达到目的后，仍须常要用它。我们所用以求得做事底能力的方法，是时常要用而不是只于一时用者。在这一方面，所谓修养方法与求健康底方法相同。我们可用一种方法，以求健康，于健康既得之后，这种方法仍然继续要用，以增进，至少是维持我们既得底健康。如其不然，既得底健康，便要失去。在历史上有很多底人，在少壮有为的时候，在道德或事业方面，很有成就，但后来偶一疏忽懈怠，便立时成为道德上底罪人，或事业上底失败者。例如唐玄宗在开元、天宝两个时代，几乎完全成为两个人。在开元时代，他的政治，比美贞观，但到天宝时代，他几乎成了个亡国之君。此正如一个人，先用一种方法，以求得健康，但既得健康之后，他抽大烟，吸白面，当然他的身体是马上就要糟糕底。

至于是否有一种现在修养方法，特别适合于现在底青年之用呢？我们以为这亦是没有的。以做事底能力为例说，有做事能力底人，其主要底性质，无论古今中外，都是一样底。求得这性质的方法，无论古今中外，亦都是一样底。现在底世界，虽然在物质方面与古代有很多底不同。但人的做事底能力，就其主要性质说，是不变底。例如现在打仗用枪炮，古代打仗用弓箭。就这方面说，古今有很大底不同。但就打仗底人说，古代底军人要眼明手快，现在底军人还是要眼明手快，或可说，更需要眼明手快。眼明手快是当军人的成功的一个主要性质，古今中外无不如此。又例如现代底商业，其组织复杂，范围广大，与从前底商业大不相同。但经营商业底人，如其成功，必是个有信用底人。有信用是商人成功的一个主要性质。这亦是古今中外，无不如此。

我们又常听见说：我们需要一种新人生观。所谓修养方法，是否因人的人生观的不同而有异？对于这个问题，我们说，如把修养方法当成一种手段看，则在不同底人生观中，人所要求得底目的不同，因此其修养方法自然亦异。例如一个信佛法底和尚，其人生观与我们不同，所以他们的修养方法，如出家吃斋、打坐参禅等，亦与我们的不同。不过这些方法，亦是不因青年、中年、老年而异。无论什么人当了和尚，他都须吃斋念佛，打坐参禅，不管他的岁数是二十或是八十。

所谓修养方法，可随人的人生观不同而异。但我们于此所讲底生活方法，则不随人的人生观的不同而异，因为我们所讲底生活方法是"生活"方法，凡是生活底人都须用之。各种人生观虽不同，而都是人"生"观，不是人"死"观。此即是说，无论人持何种人生观，在他未死的时候，他总是要生底。佛家虽以人生为苦而欲解脱，但在他未解脱之前，他还是要生底。既生即在生活中。既在生活中，还多少要用生活方法。所以我们所讲底生活方法，是不随人的人生观的不同而异底。

关于我们所讲底生活方法，现在人还有些别的误会。我们于以下诸篇中，随时论之。

第一篇 尊理性

我们于绪论中说，宋明道学家讲得最多者，是所谓"为学之方"。他们以学圣人为为学之目的。朱子《近思录》有"为学"一章，开始即引用濂溪说："圣希天，贤希圣，士希贤。""志伊尹之所志，学颜子之所学。"颜子之所学是什么？程伊川有《颜子所好何学论》，说：颜子所好，即"学以至圣人之道"。

为什么要为圣为贤呢？一个说法是：为圣为贤，可得到一种乐。宋明道学家以为孔子称颜渊为好学，又说："回也不改其乐。"程明道说："昔受学于周茂叔，每令寻颜子仲尼乐处，所乐何事。"有人说：颜子之乐，是乐其所学。"乐是乐此学，学是学此乐。不乐不是学，不学不是乐"。我们承认在宋明道学家所说底"学"中，是可得到一种乐。但我们不能以此为人所以必须为圣为贤底理由。因为我们如以此为人所以必须为圣为贤底理由，则我们须有理论证明为圣为贤底乐，比普通人在别方面所得底乐更是可乐。虽有许多人作此等底证明，但其理论总不十分地圆满。因为作此等证明须把两种，或几种不同底乐，作一比较，看其中哪一种是更可乐。这种比较若完全是量的比较，则须有一个公同底量的标准。例如此物是一斤重，彼物是二斤重，斤是在此方面底量的公同标准。但于比较乐之量时，则没有公同底标准可用。喝两杯酒所得底乐不见得一定比喝一杯酒所得底乐加倍，亦不见得一定不加倍，亦不见得一定不止加倍。若所谓乐的比较不是量底比较，而是质底比较，则即质底比较亦须有一公同底标准。若没有一个公同底标准，我们很难说，这一种乐比那一种更可乐。所谓更可乐或更不可乐，都是就一公同底标准说，而此标准是没有底，即使有亦是很不容易找到底。譬如读书是一种乐，喝酒亦是一种乐。究竟此二者中，哪一种更可乐，是不容易比较底。有些人可说，如果好喝酒底人深知"读书之乐乐无穷"，他一定以为读书的乐比饮酒的乐更可乐。但有些人亦可说，如果好读书底人深知

"饮酒之乐乐无穷"，他一定以为饮酒的乐比读书的乐是更可乐。这二种说法，我们很难确切地说，或充分地证明，哪一种一定是，哪一种一定非。因为在这个比较中，我们没有一个公同底标准。

宋明道学家虽说为圣贤及学圣贤是一种乐，但并不以此为人所以必为圣贤或必学圣贤的理由。这是很有理由底。究竟人为什么要学圣贤呢？孟子于此点，有一较为形式底辩论。宋明道学家亦常用之。照这个辩论的说法，人所以必要学圣贤，因为人必要"做人"。

我们现在常听见有许多人说："人要做人。"有许多人说，现在底教育，只教学生知识，不教学生"做人"。什么叫"做人"，这些人并没有说，至少是没有说清楚。"做人"亦是宋明道学中底名词。孟子有一句话说："人之所以异于禽兽者几希，庶民去之，君子存之。"人之所以异于禽兽者，即是人之所以为人者。一个人若照着人之所以为人，人之所以异于禽兽者去做，即是"做人"。若不照着人之所以异于禽兽者去做，而只照着人之所同于禽兽者去做，即不是"做人"，而是做禽兽了。此做字的意义，如"做父亲"、"做儿子"、"做官"之做。是父或子底人，做父或子所应该做底事，即是做父亲或做儿子。是人底人，做人所应该做底事，即是"做人"。是父或子底人，不做父或子所应该做底事，即是"父不父，子不子"。如是人底人，不做人所应该做底事，即是"人不人"。所谓"人不人"者，即是说一个人不是人。在中国话里，我们骂人，常用"不是人"一语。这一语是有思想上底背景底。在别底言语里，似乎没有与此相当底一句话。美国人常用骂人底一句话，有"天杀底"一语，此一语亦是以一种信仰为背景底。

自另一方面说，是父或子底人，照着父或子所应该底去做，即是父父子子。如人照着人所应该底去做，即是人人。人人之至者是圣人。圣有"完全"的意思。一个人对于某种技能，如可认为已至完全的程度，我们称之为某圣。例如有人称杜甫为诗圣。称之为"诗圣"者，言其对于"做诗"，已可认为达于完全的程度也。一个人如对于"做人"，已可认为至完全的程度，则可称为人圣，人圣即是圣人。邵康节说："圣人，人之至者也。"人人之至，即是人之至。照着人之至去做，即是"学"。

"人之所以异于禽兽者"是什么？我们常听见西洋哲学家关于此问题底各种说法。有些哲学家说：人是政治底动物。有些说：人是理性底动物。有些说：人是有手底动物。有些说：人是能用工具底动物。有些说：人是会笑底动物。孟子等所谓禽兽，即指人以外底别底动物。理性底，有手底等，都是人之所以异于人以外底别底动物者。动物的性质，加上人之所以异于人以外底别底动物的性质，即是人的定义。照着人的定义去做，即是"做人"。

不过照以上所说底，人之所以异于禽兽者，有些是人不必努力地照着做，而自然照着做底。人不必努力地有手而自然有手，人不必努力地会笑而自然会笑。但有些则需人努力地照着做而始照着做。例如对于是理性底及是政治底两方面，人必须努力，然后可以成为完全地或近乎完全地理性底或政治底动物。对于人不必有意地照着做而自然照着做者，不发生照着做或不照着做的问题。对于需人努力地照着做而始照着做者，则有照着做或不照着做的问题。因有这个问题，所以这方面成为要"做人"底人的努力的对象。

亚力士多德说：人是政治底动物。此话现在人常引用，不过亚力士多德此话的原意，比现在有些人所了解者多得多。亚力士多德说：人是政治底动物，意谓人必在国家的组织中，才能实现人的"形式"。我们现在所谓国家，只有政治底意义，但亚力士多德所谓国家，其伦理底意义，比其政治底意义多得多。他说人是政治底动物，意实说：人是伦理底动物。孟子说："圣人，人伦之至也。"他以为人之所以异于禽兽者，在于其有人伦。他说："人逸居而无教，则近于禽兽。"教是什么呢？即"父子有亲，君臣有义，长幼有序，夫妇有别，朋友有信"。在这些方面均能达到完全的程度者，是圣人。孟子这种说法，与亚力士多德的说法，其主要点是相同底。

在此点孟子及亚力士多德所说，我们可以同意。不过我们虽仍可以说，"圣人，人伦之至也"，但我们以为，人伦不限于是旧说中底五伦：君臣，父子，夫妇，兄弟，朋友。此五伦虽亦是人伦，但是某种社会的人伦，而不是社会的人伦。有社会必有人伦，但不必有某种人伦。苏联的人相称为"同志"，同志亦是一伦，此一伦虽非旧说底五伦中所有，然亦是人伦也。在某种社会内底人，尽某种底人伦，即是圣人。用亚力士多德的意思说，人的要素，即在其是伦理底，能尽乎此要素者，即能尽乎人的形式。能尽乎人的形式者，即是圣人。

所谓理性有二义：就其一义说，是理性底者是道德底，就其另一义说，是理性底者是理智底。西洋伦理学家所说与欲望相对的理性，及宋明道学家所谓理欲冲突的理，均是道德底理性。西洋普通所说与情感相对底理性，及道家所谓以理化情的理，均是理智底理性。

说人是理性底动物，此"是理性底"，可以兼此二义。人之所以异于禽兽者，在其有道德底理性，有理智底理性。有道德底理性，所以他能有道德底活动。有理智底理性，所以他能有理智底活动，及理智的活动。所以说人是理性底动物，可以包括人是政治底动物。所以我们于以下专就人是理性底动物说。

理智"底"活动，与理智"的"活动不同。理智底活动，是人的活动受理智的指导者。理智的活动，是理智本身自己的活动。例如人见天阴而出门带伞，是理智底活动。算算学题是理智的活动。理智底活动可以是与一个人的生活全体有关者，而理智的活动则只是人的各官能中底一官能的活动。

人之所以异于禽兽者，即在其是理性底，所以他能有文化，有了文化，人的生活才不只是天然界中底事实。《易传》说："有夫妇然后有父子，有父子然后有君臣，有君臣然后有上下，有上下然后礼义有所措。"禽兽，即人以外底别底动物。禽兽的生活，是天然界中底事实。它的生活，是本能的自然底活动，而不是理性的自觉底，有意底努力。它有天然界中底男女之交，而无文化界中底夫妇关系。它有天然界中底传代生育，而无文化界中底父子关系。有些动物，如蜂蚁等，亦有社会底生活，所以朱子说蜂蚁亦有君臣。但它的社会底生活，亦是本能的自然底活动。它虽有社会底生活，而不自知它有社会底生活。它虽如此如此地生活，而不自知如此如此底生活的意义是什么。所以它的君臣，亦不是文化界中底君臣关系。必有文化界中底夫妇等关系，"然后礼义有所措"。言必有此等关系，然后始有文化可说也。文化出于人的理性的活动。如社会底组织，道德底规律等，出于人的道德底理性。科学技术等出于人的理智底理性。人之有文化，证明人是理性底动物。

或说，无论就理性的哪一义说，人不见得完全是理性底。若人都完全是理性底，则世界上应没有不道德底人，亦没有不聪明底人，但事实上这两种人是很多底。于此，我们说：说人是理性底动物，并不是说人是完全地理性底动物。在实际底世界中，没有完全底东西。说这个东西是方底，并不是说它是完全地方底；说这个东西是圆底，并不是说它是完全地圆底。在实际底世界中，没有方底东西是完全地方，亦没有圆底东西是完全地圆。这都是以绝对地方或圆为标准说。说人的"是理性底"是不完全底，亦是以绝对地"理性底"为标准说。就此标准说，人的"是理性底"当然是不完全底。

并且，人不但是人，而且是动物，是生物。他固然是"理性底"动物，但亦是理性底"动物"。他有一切动物所同有底，生理底心理底要求。而这些要求，在有些时候，不见得不与理性相冲突。人有时为其理性所统治，有时为一切动物所同有底某要求所统治。人虽有理性，而就其本来说，其行为不见得常完全为理性所统治。由此方面看，我们亦可以见人何以不是完全地理性底动物。

但就另一方面说，人虽都不是完全地理性底动物，但亦没有人完全无理性，或完全是非理性底。没有人能离开社会生活。人的生活都多少必须是社会底生活。社会底生活都多少必须是道德底生活。没有完全不道德底人能有社会底生活者。这一点我们于上文绪论中已经证明，下文还要提及。无论我们赞成孟子的或荀子的对于人性底学说，我们都必须承认，个个人都能讲道德，行道德。这个"能"即证明个个人都多少有道德底理性。

就道德底理性说是如此，就理智底理性说亦是如此。人的活动，大部分都是理智底活动。我看见天阴，知道或者要下雨，若于此时出门，我即带伞。这是理智底活动。我上银行取钱，与银行算账，更是理智底活动。一个完全不能有理智底活动底人，若没有别人保护他，是不能生活底。理智的活动，对于人的生活，固然不必有如此密切底关系，亦或许有些人不能有理智的活动，但人皆有理智底活动，这一点即可证明人皆有理智底理性。

无论就理性底的哪一义说，人都是理性底，而不完全是理性底。但完全地是理性底却是人的最高底标准，所以人必自觉地，努力地，向此方面做。自觉地，努力地向此方面做，即是"做人"。

宋明道学家说人之所以异于禽兽者时，他们注重在人的道德方面。而我们说人之所以异于禽兽者时，我们不只注重在人的道德方面，而亦注重在人的理智方面。西洋人说人是理性动物时，他们注重人的理智底理性。我们说人是理性动物时，我们不只注重人的理智底理性，而亦注重人的道德底理性。宋明道学家所谓"人之至者"，是在道德方面完全底人，而我们所谓"人之至者"是在道德方面及理智方面完全底人。

我们所讲底生活方法，注重人的道德底活动，亦注重其理智底活动。或可问：如此二者有冲突时，则将如何解决？于此，我们说，专就人的道德底活动及其理智底活动说，此二者有无冲突，虽是问题，但即令其可有冲突，但在我们所讲底生活方法中，则不会有问题。因为我们所讲底生活方法是不与道德底规律冲突底。我们所讲底生活方法，虽可以是非道德底，而不会是不道德底。所以照我们所讲底生活方法而生活底生活，不能是不道德底。在我们所讲底生活方法内，不能有与道德活动冲突底活动。

我们所讲底生活方法为什么必是不与道德底规律冲突底？有没有一种生活方法，是与道德底规律冲突底？如果一种生活方法，是所有底人都用或都可用者，则此生活方法，必是不与道德底规律冲突底。因为道德底规律是社会组织所必需底。有了道德底规律，才能有社会。若果所有底人都打算不照着道德底规律生活，则即没有了道德底规律。没有了道德底规律，即没有社会。没有了社会，人即不能生活。不能所有底人，都不照着道德底规律生活，所以亦没有与道德底规律冲突底生活方法，为所有底人都用或都可用者。我们所讲底生活方法是所有底人都用或都可用者，所以必须是不与道德底规律冲突者。

或可问：盗贼的行为是不道德底，但事实上很少底地方没有盗贼。盗贼岂非是完全不照着道德底规律生活？盗贼岂非有其完全与道德规律冲突底生活方法？所谓盗亦有道者，其“道”正是其生活方法也。照我们的看法，盗贼亦是社会中底人，他亦须在社会内生活，因之他的盗贼底行为，虽与道德底规律冲突，而他的生活却并非完全与道德底规律冲突。盗贼，只其偷人或劫人的行为，是与道德底规律冲突底。除此之外，其余底生活，并不都是如此。例如，盗贼所偷来或劫来底东西，必要拿去当卖，得来底钱，必要拿去买米面酒肉，这些都是社会底行为，都是不与道德底规律冲突底行为。一个绑票底土匪，虏人勒赎，亦必“言而有信”。不然，以后即没有人去赎票了。所谓“盗亦有道”，都是此类。此类底“道”亦是道德底。再从另一方面说，盗贼们亦自有其团体，其团体亦自是一社会。在其社会内，他们的道德底规律，往往更严。他们的生活，更须是与道德底规律不冲突底。

我们所要讲底生活方法，虽其中有些不一定是道德底，但照我们所要讲底生活方法而生活底生活，就其整个说，却是道德底，至少不是不道德底。照我们所讲底生活方法而生活底生活是道德底，亦是理智底。照以上所说，实际上没有人的生活，不多少是道德底，亦是理智底。在道德方面，及理智方面均完全底人，即是圣人。照着圣人的标准“做”者，即是“做人”。

以上所说，是我们在此篇底主要底意思。还有一点，我们于此可附带说及。在现在底时论中，颇有一些人，反对理性。他们以为中国人太尊重理性，所以遇事缺乏一种热情。因为如此，所以中国人不能冒险，不能牺牲。因为做这些事，要靠一种冲动，用旧底说法，要靠一股气。《儿女英雄传》中说，十三妹要自杀，但一把没摸着刀，她的气即泄了，因为自杀，仗个干脆。于此我们说，中国人不能做冒险或牺牲底事，是不是事实，我们不论。我们于此只指出，有一种冲动或一股气者，虽能做冒险或牺牲底事，但做冒险或牺牲底事，不必皆需要一种冲动或一股气。此即是说，所谓冲动或一股气，虽是做冒险或牺牲底事的充足条件，而却不是其必要条件。人凭其道德底理性的命令，或理智底理性的判断，亦可做冒险或牺牲底事。而如此做冒险或牺牲底事，是更合乎人之所以为人者，是更可贵底。旧说："慷慨捐生易，从容就义难。"凭一种冲动或一股气以牺牲者，即所谓慷慨捐生也。凭道德底理性的命令，或理智底理性的判断以牺牲者，即所谓从容就义也。在中国过去及现在底历史中，从容就义底人实在多得很。即在西洋历史中说，如柏拉图所描写底苏格拉底的死，亦是从容就义的极则。这些行为都是理性底行为，而不是只靠所谓热情底冲动底行为。

或可说：这种行为，虽是可能而却是难能底，不是人人皆能行底。于此，我们说：我们所说底生活方法，是求完全底生活所用底方法。完全底生活本来是难能底，但虽是难能底，我们却必须以之为我们的生活的标准。

时论中还有举别底理由，以反对理性者。但我们若了解上述底一点，则这些时论的错误，是不难看出底。

第二篇　行忠恕

"子曰：'参乎，吾道一以贯之。'曾子曰：'唯。'子出，门人问曰：'何谓也？'曾子曰：'夫子之道，忠恕而已矣。'"（《论语·里仁》）朱子《集注》说："尽己之谓忠，推己之谓恕。……夫子之一理浑然而泛应曲当，譬则天地之至诚无息，而无物各得其所也。……盖至诚无息者，道之体也。万殊之所以一本也。万物各得其所者，道之用也。一本之所以万殊也。由此观之，一以贯之之实可见矣。"照朱子的讲法，有天地的忠恕，有圣人的忠恕，有学者的忠恕。《语录》说："天地是一个无心底忠恕，圣人是一个无为底忠恕，学者是一个着力底忠恕。学者之忠恕，方正定是忠恕。"

先就天地的忠恕说，照朱子的说法，天地之至诚无息，便是天地的忠；万物各得其所，便是天地的恕。忠是道之体，恕是道之用。朱子《集注》引程子说："维天之命，於穆不已，忠也；乾道变化，各正性命，恕也。"亦是就天地的忠恕说。朱子《集注》又引程子说："忠者无妄，恕者所以行乎忠也。忠者体，恕者用，大本达道也。"照宋明道学家的看法，宇宙是一个道德底宇宙。它本身是道德底，没有一点不道德底或非道德底成分在内。因此它是无妄。因其是无妄，所以是诚。《中庸》说："诚者，天之道也。"周濂溪《通书》亦说："'大哉乾元，万物资始'，诚之源也。'乾道变化，各正性命'，诚斯立焉。"此所谓诚亦是宇宙的诚，不是人的诚。程朱所说天地的忠，亦是无妄，亦是诚。从宇宙的忠，诚，无妄底"体"，发出来万事万物；这些万事万物的发出，即是天地的"恕"。恕是推己及人。万物各得其所，似乎是天地的推己及人，所以说是天地的恕。宋明道学家以为宇宙的主动者是道德底理性，所以他们的形上学中多用道德学中底名词。海格尔以为宇宙的主动者是理智底理性，所以他的形上学中多用逻辑学中底名词。宋明道学家的形上学与道德学混。海格尔的形上学与逻辑学混。

就圣人的忠恕说，照朱子的讲法，尽己之谓忠，推己之谓恕。朱子《语录》说："尽己只是尽自己之心，不要有一毫不尽。如为人谋一事，须直与他说，这事合做与否。若不合做，则直与说，这事决然不可为。不可说道，这事恐也不可做，或做也不妨，此便是不尽。"《语录》又说："圣人是因我这里有那意思，便去及人。因我之饥寒，便见得天下之饥寒，自然恁地去及他。贤人以下，知道我是要恁地想人亦要恁地，而今不可不教他恁地，便是推己及物，只是争个自然与不自然。"照朱子的说法，推己及人是恕，推己及人，须尽自己之心是忠。如自己愿吃饱，亦愿别人吃饱是恕。如自己愿吃十分饱，则亦愿别人吃十分饱是忠。圣人由己自然及人，更不必有意地"推"，此是无为底忠恕。学者则须有意地推，此是着力底忠恕。然说及忠恕时，我们所着重者，正是有意地推。所以说："学者之忠恕，才是正定底忠恕。"

我们于以下所讲底，是朱子所谓学者底忠恕一类底。照我们的讲法，忠恕一方面是实行道德的方法，一方面是一种普通"待人接物"的方法。

先说忠恕二字的意义。恕是"己所不欲，勿施于人"。这是《论语》

上有明文底。所以对于恕字的意义，不必再有争论。《论语》上虽常说忠，但究竟什么是忠，则并未说明。《论语》上常有人"问仁"，"问孝"，但没有人问忠。照朱子的讲法，"推己及人"是恕，竭尽自己的心去及人是忠。照这一方面说，恕是主，忠是所以行乎恕者。但照朱子所谓天地的忠恕类推，则又似乎是：尽己以诚实无妄是忠，推己及人是恕。人必须先有诚实无妄之忠，然后可有推己及人之恕。照这一方面说，忠是主，恕是所以行乎忠者。无论从哪一方面说，忠恕俱不是平等底。他这种说法，是否合乎孔门的忠恕的原意，我们现在不论。我们现在并不打算对于孔门所谓忠恕的原意，作历史底研究。朱子的说法，可以认为是他自己的一种说法。

照我们的看法，在朱子的这种说法里，推己为恕，固然无问题，但尽己为忠，似乎应该补充为："尽己为人"为忠。若只尽己而不为人，则不是普通所谓忠的意义。曾子说："为人谋而不忠乎？"尽自己的力量为人谋是忠，否则是不忠。但若为自己谋，则无论尽己与否，俱不发生忠不忠的问题。我们现在说：人必须忠于职守。一个人的职守，都是他为国家，为社会，或为他人，所做底事。对于这些事可有忠或不忠的问题。但一人为他自己所做底事，则不是职守，他对于做这些事，亦不发生忠或不忠的问题。譬如一个人替银行管钱。管钱是他的职守，管得好是忠于职守，管得不好是不忠于职守。但如一个人管他自己的钱，则管钱不是职守，管得好或不好，不发生忠或不忠的问题。所以照普通所谓忠的意义，我们必须说"尽己为人"谓忠。

忠孝之忠，专指尽己以事君说。尽己事君，尽己为君办事，是忠，因事君或为君办事，亦是为人办事。在旧日底社会中，为君办事，是为人办事中之最重要者，所以忠有时专指尽己以事君说。此忠即忠孝之忠。关于此点，我们于《新事论·原忠孝》篇中，有详细底讨论。

怎么样才算是尽己为人呢？为人做事，必须如为自己做事一样，方可算是尽己为人。人为他自己做事，没有不尽心竭力底。他若为别人做事，亦如为他自己做事一样地尽心竭力，他愿意把他自己的一种事，做到怎样，他为别人做一种事，亦做到怎样，这便是尽己为人。

所以忠有照己之所欲以待人的意思。我们可以说：己之所欲，亦施于人，是忠。己所不欲，勿施于人，是恕。忠恕都是推己及人，不过忠是就推己及人的积极方面说，恕是就推己及人的消极方面说。

我们于以下再就忠恕是实行道德的方法说。此所说道德，是指仁说。仁是所谓五常之首，是诸德中底最重要底一德。孔子说："夫仁者，己欲立而立人，己欲达而达人，能近取譬，可谓仁之方也已。"（《论语》）朱子《集注》说："譬，喻也；方，术也。近取诸身，以己所欲，譬之他人，知其所欲，亦犹是也。然后推其所欲，以及于人，则恕之事，而仁之术也。"或问仁恕之别。朱子说："凡己之欲，即以及人，不待推以譬彼而后施之者，仁也。以己之欲，譬之于人，知其亦必欲此，而后施之者，恕也。此其从容勉强，固有浅深之不同，然其实皆不出乎常人一念之间。"朱子此所说恕，兼忠恕说。仁即是上文所说，圣人无为底忠恕。忠恕即是上文所说，学者着力底忠恕。如欲有无为底忠恕，则需从着力底忠恕下手。所以忠恕是"仁之方"，言其为行仁的方法也。

行仁的方法，统言之，即是推己及人；分言之，即是己之所欲，亦施于人，己所不欲，勿施于人。而此所说欲或不欲，即是平常人之欲或不欲，所谓"不出乎常人一念之间"。

孟子对于孔门的这一番意思，有很深底了解。齐宣王说"寡人有疾，寡人好色"，所以不能行仁政。孟子说：如果因你自己好色，你知天下人亦皆好色，因而行一种政治，使天下"内无怨女，外无旷夫"，这就是仁政。齐宣王又说"寡人有疾，寡人好货"，所以不能行仁政。孟子说：如果因你自己好货，你知天下人亦皆好货，因而行一种政治，使天下之人，皆"居者有积仓，行者有裹粮"，这就是仁政。孟子这一番话，并不是敷衍齐宣王底话，所谓仁政，真正即是如此。孟子说："古之人所以大过人者无他焉，善推其所为而已矣。"推即是推己及人，即是行忠恕。不待推而自然及人，即是仁。不待推而自然及人，必须始自推己及人，所以忠恕是仁之方，是行仁的方法。

孔孟所讲忠恕之道，专就人与人底关系说。再进一步说，人不仅是人，而且是社会上某种底人，他是父，是子，是夫，是妇。一个父所希望于他的子者，与他所希望于别人者不同。一个子所希望于他的父者，与他所希望于别人者亦不同。《大学》，《中庸》，更就这些方面讲忠恕之道。《大学》说："所恶于上，毋以使下。所恶于下，毋以事上。所恶于前，毋以先后。所恶于后，毋以从前。所恶于右，毋以交于左。所恶于左，毋以交于右。此之谓絜矩之道。"一个人在社会中，有一个地位。这个地位，有它的上下左右。他所恶于他的上者，亦必为其下所恶。既知为其下所恶，则即毋以此施于其下。此即是"己所不欲，勿施于人"。此即是恕。从另一方面说，一个人所希望于其上者，亦必为其下所希望。既知为其下所希望，则以此施于其下，此即是己之所欲，亦施于人，此即是忠。

《中庸》说："《诗》云：'伐柯伐柯，其则不远。'执柯以伐柯，睨而视之，犹以为远。故君子以人治人，改而止，忠恕违道不远，施诸己而不愿，亦勿施于人。君子之道四，丘未能一焉。所求乎子，以事父，未能也。所求乎臣，以事君，未能也。所求乎弟，以事兄，未能也。所求乎朋友，先施之，未能也。"一个人若不知何以事父，则只需问，在事父方面，其自己所希望于其子者是什么。其所希望于其子者，即其父所希望于其自己者。他如以此已事其父，一定不错。此即是己之所欲，亦施于人。此即是忠。自另一方面说，在事父方面，一个人若不知他的父所不希望于他自己者是什么，则只需问其自己所不希望于其子者是什么。他如勿以此事其父，一定不错。此即是己所不欲，勿施于人，此即是恕。在各种社会制度内，父子兄弟等所互相希望者不必同。但如此所说底忠恕之道，则总是可行底。

忠恕之道，是以一个人自己的欲或不欲为待人的标准。一个人对于别底事可有不知者，但他自己的欲或不欲，他不能不知。《论语》说："能近取譬。"一个人的欲或不欲，对于他自己是最近底。譬者，是因此以知彼。我们说：地球的形状，如一鸡蛋。此即是一譬，此譬能使我们因鸡蛋的形状而知地球的形状。一个人因他的自己的欲或不欲，而推知别人的欲或不欲，即是"能近取譬"。

孟子说："权，然后知轻重；度，然后知长短。物皆然，心为甚。"对于物之轻重长短，必有权度以为标准。对于别人的心，一个人亦有权度。这权度即是一个人的欲或不欲。一个人有某欲，他因此可推知别人亦有某欲。如此，他自己的某欲，即是个权，是个度。他知别人亦有某欲，则于满足他自己的某欲时，他亦设法使别人亦满足某欲，至少亦不妨碍别人满足某欲。此即是推己及人，此即是"善推其所为"。

《大学》所谓"絜矩"，亦是这个意思。一个人的欲或不欲，譬如是个矩，"所恶于上，毋以使下"等，即是以自己的矩去度量别人。所以，"所恶于上，毋以使下"等，是絜矩之道。

《中庸》说执柯伐柯，其则不远。一个人以他自己的欲或不欲去度量别人时，他自己的欲或不欲，即是个标准，即是个"则"。朱子《语录》说："常人责子，必欲其孝于我，然不知我之所以事父者曾孝否。以我责子之心，而反推己之所以事父，此便是则也。常人责臣，必欲其忠于我，然不知我之事君者尽忠否。以我责臣之心而反之于我，则其则在此矣。"一个人若何待人的"则"，便在他自己的心中。所以执柯伐柯，虽其则不远，然犹须睨而视之，至于一个人若何待人之则，则更不必睨而视之。所以执柯伐柯之则，犹是远也。

忠恕之道的好处，即行忠恕之道者，其行为的标准，即在一个人的自己的心中，不必外求。猜枚是一种很方便底玩意，因为它所用底工具，即是人的五指。五指是人人有底，随时皆可用。我们下棋需要棋子棋盘，打球需要球场球拍，这都是需要另外找底。猜枚所需要底五指，则不必另外找，所以行之最方便。行忠恕之道者，其行为的标准，亦不必另外找，所以是最容易行底。然真能行忠恕者，即真能实行仁，若推其成就至极，虽圣人亦不能过。所以忠恕之道，是一个彻上彻下底"道"。

有些人要在古圣先贤的教训中求行为的标准。这些标准不如忠恕之道所说底切实合适。因为古圣先贤的教训，不是说及一类底事，即是说及某一件事，如他们的教训是说及某一类事者，则其所说，必是较宽泛底。一个人当前所遇见底事，虽亦可属于某一类，但它总有它的特殊方面，为某一类所不能概括者。关于某一类底事底教训，如适用于某一类中底某一事，则常使人感觉宽泛，不得要领。例如事亲是一类事。事亲须孝，这是尽人皆知底。但对于事亲一类中底每一事，如只以须尽孝为其标准，则行此事者仍觉得无所捉摸。他虽知尽孝是事亲一类底事的标准，但对于这一类事中底每一事，仍不一定能知若何行方合乎此标准。这种宽泛底标准，从实际行为的观点看，是没有大用处底，是不切实底。

如古圣先贤的教训是说及某一件事者，则其所说，必较切实，不宽泛。不过一个人如欲应用此教训于当前底一件事，此当前底一件事必须与原来所说底一件事是一类者。虽是一类，然亦必有许多不同。于此一个人又常觉得古圣先贤关于某一件事底教训，因说得太切实了，如适用之于当前底一件事，又不合适。

但如果一个人于事亲的时候，对于每一事，他只需想他所希望于他的儿子者是如何，则当下即可得一行为的标准，而此标准对于此行为是切实底而又合适底。一个人于待朋友的时候，对于每一事他只需想，他所希望于朋友者是若何，则当下即可得一行为的标准，而此标准对于此行为，亦是切实底而又合适底。

又有人以为人有良知，遇事自然知其应如何办。一个人的良知，自然能告他以任何行为的标准。此说亦以为，一个人如欲知任何行为的标准，不必外求。此说虽与忠恕之道之说同样简单，但不如其平易。因为良知说须有一种形上学为根据，而忠恕之道之说，则无须有此种根据也。己之所欲，亦施于人；己所不欲，勿施于人。此欲或不欲，正是一般人日常所有底欲或不欲，并无特别神秘之处。所以忠恕之道，又是极其平易底。

以上是把忠恕之道作为一种实行道德的方法说。以下我们再把忠恕之道作为一种普通"待人接物"的方法说。

在日常生活中，有许多事情，我们不知应该如何办。此所谓应该，并不是从道德方面说，而是从所谓人情方面说。普通常说人情世故，似乎人情与世故，意义是一样底。实则这两个中间，很有不同。《曲礼》说："来而不往，非礼也。"一个人来看我，在普通底情形中，我必须回看他。一个人送礼物与我，在普通底情形中，我必回礼与他。这是人情。"匿怨而友其人"，一个人与我有怨，但我因特别底原因，虽心中怨他，而仍在表面上与他为友。这是世故。我们说一个人"世故很深"，即是说此人是个虚伪底人。所以"世故很深"，是对于一个人底很坏底批评。我们说一个人"不通人情"，即是说此人对于人与人底关系，一无所知。所以"不通人情"，亦是对于一个人底很坏底批评。"不通人情"底人，我们亦常说他是"不通世故"。这是一种客气底说法。"不通世故"可以说是一个人的一种长处，而"不通人情"则是人的一种很大底短处。

"来而不往，非礼也"。若专把来往当成一种礼看，则可令人感觉这是虚伪底空洞底仪式。但如我去看一个人，而此人不来看我，或我与他送礼，而他不与我送礼，或我请他吃饭，而他不请我吃饭，此人又不是我的师长，我的上司，在普通底情形中，我心中必感觉一种不快。因此我们可知，如我们以此待人，人必亦感觉不快。根据己所不欲，勿施于人的原则，我们不必"读礼"而自然可知，"来而不往"，是不对底。

一个人对于别人做了某种事，而不知此事是否合乎人情，他只须问，如果别人对于他做了这种事，他心中感觉如何。如果他以为他心中将感觉快乐，则此种事即是合乎人情底；如果他以为他心中将感觉不快，则此种事即是不合乎人情底。

在某种情形下，一个人如不知对于别人做何种事方始合乎人情，他只须问他自己，在此种情形下，别人对于他做何种事，他心中方觉快乐。他以为可以使他心中感觉快乐者，即是合乎人情底；他以为可以使他心中感觉不快者，即是不合乎人情底。

在表面上，礼似乎是些武断底、虚伪底仪式。但若究其究竟，则它是根据于人情底。有些深通人情底人，根据于人情，定出些行为的规矩，使人照着这些规矩去行，免得遇事思索。这是礼之本义。就礼之本义说，礼是社会生活所必须有底。所以无论哪一个社会，或哪一种社会，都须有礼。

但行礼的流弊，可以使人专无意识，无目的底，照着这些规矩行，而完全不理会其所根据底人情。有些人把礼当成一套敷衍面子底虚套，而不把它当成一种行忠恕之道底工具。如此则礼即真成了空洞底虚伪底仪式。如此则通礼者即不是通人情而是通世故。民初人攻击礼及行礼底人，都完全由此方面立论。其实这是礼及行礼的流弊，并不是礼及行礼的本义。民初人所要打倒底孔家店的人，亦反对礼及行礼的这一种底流弊。《论语》说："子夏问曰：'巧笑倩兮，美目盼兮，素以为绚兮，何谓也？'子曰：'绘事后素。'曰：'礼后乎？'子曰：'起予者，商也。始可与言诗已矣。'"朱子《集注》说："礼必以忠信为质，犹绘事必以粉素为先。"朱子《集注》又引杨氏曰："甘受和，白受采，忠信之人，可以学礼。苟无其质，礼不虚行。"此即是说，必老实质朴底人，始能不以礼为空洞底虚套而行之。所以必老实质朴底人始可以行礼。老实质朴底人行礼，是以礼为行忠恕之道底工具而行之。如此底行礼是合乎人情。油滑虚伪底人行礼，是以礼为敷衍面子底虚套而行之。如此底行礼是"老于世故"。

一个主人请客，如某客没有特别底原因，而不去赴会，则为失礼。专把这种事当成一种失礼看，则又可令人感觉，礼是一种虚伪底空洞底套子。但如一个人自做主人，遇见这种情形，他必心感不快。根据己所不欲，勿施于人的原则，他亦不必"读礼"，即可知这种行为是不对底。

我住在一个地方，如有朋友来此，立刻来看我，我心里感觉快乐，他如不来看我，或过许多天才来，我心里即感觉不快。根据己之所欲，亦施于人的原则，我们如到一个地方，先看朋友，是礼，是合乎人情的行为。《孟子》说沈克到一个地方，过三天才去看孟子。孟子问他：何以不早来？沈克说："馆舍未定。"孟子说："馆舍定，而后始见长者乎？"沈克说："克有罪。"沈克对于孟子底行为是失礼。专从失礼看，又不免令人感觉，礼是一种虚伪底空洞底套子。但从忠恕之道看，礼不是套子，礼是有根据于人情底。

或可说：讲忠恕之道者，都以为人的欲恶是相同底。如人的欲恶是不相同底，则此人之所欲，或为别人之所恶。如此人推其所欲，施于别人，则别人适得其所恶，且不大糟？关于此点，我们说，凡关于人底学问，都是以人的大致相同为出发点。生理学及医学以为人的生理是大致相同底。心理学以为人的心理是大致相同底。若在这些方面，每人各绝不相同，则即不能有生理学，医学，及心理学。孟子说："口之于味也，有同嗜焉。""目之于色也，有同美焉。"如果人的口无同嗜，则即不能有易牙。如果人的目无同美，则即不能有子都，更不能有美术。《孟子》说："不知足而为屦，我知其不为蒉也。"鞋店里做鞋，虽不知将来穿鞋者之脚的确切底尺寸，但他决不将鞋做成筐子。因为人的脚的确切底尺寸，虽各不相同，然大致总差不多，所以鞋店里人，虽不必量将来穿鞋者的脚，而他所做底鞋，大致都可以有人穿。由此可见，人在许多方面，都是大致相同底。讲忠恕之道者以为人的欲恶大致相同，是不错底。有一故事说：某人做官，以长于恭维上司著称。一日有新总督到任，此人往接。新总督以不喜恭维著称。此人的同官谓此人：新总督以不喜恭维著称，你还能恭维他吗？此人说：有何不能？及总督到，见众官，即说：本人向不喜恭维，请大家勿以恭维之言进。此人即进曰："如大帅者，当今能有几人？"新总督亦为之色喜。此故事颇可说明，人的欲恶是大致相同底。

或可说：人既皆喜阿谀，则行忠恕之道者，亦必将因自己喜阿谀，而知人亦喜阿谀，因此见人无不阿谀。然阿谀何以有时又是不道德底行为，至少亦常是不高尚底行为？于此我们说：人都喜听好话，这是事实。在相当范围内，对于人说好话，使其听着顺耳，是行忠恕之道，是合乎人情底。我们于见人时所说底所谓"客气话"，如"你好哇"，"你忙哇"，都是这一类底好话。于人结婚时，我们说："百年好合。"于人庆寿时，我们说："寿比南山。"于贺年片上，我们所说底吉祥语，都是这一类的好话。这些话可以使受之者心中快乐，而又于他无害，所以说这些好话是行忠恕之道，是合乎人情底。但如说好话超过相当底范围，则听之者或将因此而受害。受害是己所不欲者。己所不欲，勿施于人。所以不说过分底好话，亦是行忠恕之道，亦是合乎人情底。且见人说过分底好话者，其用心往往是对人别有所图。所以有时是不道德底，至少亦常是不高尚底。所谓阿谀，正是指这种见人说过分底好话的行为而言，所以阿谀有时是不道德底，至少亦是不高尚底。

以上所说底忠恕之道，都是就在平常情形中人与人的关系说。若在特别底情形中，则忠恕之道有时似乎不可行，而实则仍是可行底。例如在平常情形中，我们对于朋友，须说相当底客气话，好听话，但有时对于朋友，须劝善规过，劝善规过底话，未必是朋友所爱听底。如此看，则对于朋友底劝善规过，似乎不合忠恕之道。但这不合不过是表面上底。我们向来说："良药苦口而利于病，忠言逆耳而顺于行。"忠言虽逆耳，而于受之者是有利底。有利是己之所欲。己之所欲，亦施于人，所以向人进忠言，亦是行忠恕之道，是合乎人情底。

又例如，如一人来约我做不道德底行为，我如拒绝，彼必不欲，如此则我亦将因行忠恕之道而从之乎？关于此点，我们说：如果一人所做底行为是不道德底，则其行为大概亦是不合忠恕之道者。他的行为不合忠恕之道，则我不从之，正是行忠恕之道也。例如一人做偷窃的行为，此行为是不合忠恕之道者，因此人虽偷人，而必不愿人偷他。如此人约我同去偷窃而我不从之，我的理由是：我不愿人偷我，所以我亦不偷人，这正是合乎忠恕之道。如此人是我的朋友，我不但不从之，且须设法使其亦不偷窃。此是"所求乎朋友，先施之"。此亦正是忠恕之道。

我们有时且须帮助别人捕盗。我们于此时不能设想：假如我是贼，我不愿别人来捕我，因此我亦不捕盗。我们不能如此设想，因为做贼根本上即是一种反乎忠恕之道底行为也。但我可想：我如被盗，我愿别人来帮我捕盗。己之所欲，亦施于人。所以帮人捕盗，是合乎忠恕之道底。

这些都是比较容易看见底道理。尚有不十分容易看见者，下略述之。

人的欲恶虽大致相同，但如有许多可欲底事不能俱得，或许多可恶底事不能俱免，则须作选择。此选择可以因人不同。如孟子说："鱼，我所欲也；熊掌，亦我所欲也。二者不可得兼，舍鱼而取熊掌者也。"孟子舍鱼而取熊掌，但亦未尝不可有人舍熊掌而取鱼。馆子里菜单里有许多菜，这些菜都是好吃底，但每个客人所点底，可以不同，或不尽同。在馆子里，主人有时请客人自己点菜，正是为此。主人可想：我好吃美味，客人亦好吃美味，所以请他下馆子，但我自己所好底美味，不必即是客人所好底美味，所以请他自己点菜，这是不错底。皆好美味，是人的大同；各有所好底美味，是人的小异。

然因有此种情形，则忠恕之道，有时行之，似有困难。例如"所求乎子以事父"，我所求于我的子者及我的父所求于我者，可大同而小异。如我希望我的子上进，我的父亦希望我上进，这是大同。但假如我所谓上进，是就道德学问方面说，我的父所谓上进，是就富贵利达方面说，则我所希望于我的子者及我的父所希望于我者，其间不免有小异。如此，则我如以我所求乎子者以事父，未必即能得我的父的欢心。

在这些情形中，有些时候，大同中底小异是不相冲突底。例如一个人希望他的子以美味养他，他如行忠恕之道，他自亦须以美味养他的父。但他所好底美味是鱼，而他的父所好底美味是鸡。此父子二人所好不同，但其所好并不互相冲突。这一个人可以希望他的子予他鱼，而他自己则予其父鸡。这是没有什么困难底。但如大同中底小异，有冲突的时候，则即有困难发生了。例如一个人希望他的儿子在学问道德方面上进，他如以其所希望于其子者事父，则他自己亦须在学问道德方面上进，然如他的父所希望于他者，是在富贵利达方面上进，则在道德学问与富贵利达不能兼顾的时候，此人即遇一问题：他或者为求得其父的欢心，而牺牲他自己的志愿，或遂行他的志愿，而不顾他的父的希望。于此情形中，忠恕之道，似乎是难行了。

对于这一类的情形，我们应该略其小异而观其大同。如果一个人想着：他希望他的子上进，所以他亦须上进，以期勿负他的父的希望，他即是对于他的父行忠恕之道，虽此人所以为上进者，与其父所以为上进者，不必尽同。向来有孝子而不得其父的欢心者，其原因多由于此。在传说中，舜是一最好底例。

本来以忠恕之道待人，在原则上人虽本可以得对方的满意，而事实上却不能必如此。因人之欲恶，有大同亦有小异。在有些时候，别人的欲恶，在其小异方面，我本不知之。所以"有不虞之誉，有求全之毁"。在有些时候，别人的欲恶，在其小异方面，我虽知之，而亦不必特意迎合之。在普通交际中，特意迎合一人的欲恶的小异，则即是，或近于，奉迎谄媚。在普通人与人的关系中，我只需以己度人，而知其好恶的大同，不必曲揣人意，而注意于其好恶的小异。我只行忠恕之道，推己及人，至于人之果满意与否，则不必问。此之谓"直道而事人"。

然若一人真行忠恕之道，使对方能知其所以待人者，实亦其所希望人之待己者，则事实上对方对于此人的行为，虽一时因欲恶的小异，或有不满，但久亦必能原谅之。《论语》说："晏平仲善与人交，久而敬之。"晏平仲何以能使人久而敬之，《论语》虽未说，不过人若真能以忠恕之道待人，虽一时或因不合乎别人的欲恶的小异，而致其不满，但久则终可因其合乎别人的欲恶的大同，而得其原谅。行忠恕之道者，确可谓"善与人交，久而敬之"。

各种社会的制度不同，所以在一种社会内，某种人之所希望于某另一种人者，与在另一种社会内，某种人之所希望于某另一种人者，可以不同。例如在一种社会内，有君臣。在另一种社会内，则可只有一般底上下而无君臣。君臣虽亦是上下，而是一种特别底上下。譬如说"君要臣死，臣不得不死"等，只可对于君臣说，而不可对一般底上下说。虽亦有人说，君臣一伦，即等于上下，然其实是不相等底。君之所希望于臣者，一般底上不能希望于其下。又如在以家为本位底社会中，兄之所希望于弟，或弟之所希望于兄者，比在以社会为本位底社会中，兄弟所互相希望者，要大得多。在以家为本位底社会中，父之所希望于子，及子之所希望于父者，比在以社会为本位底社会中，父子所互相希望者，亦要大得多。如使父子兄弟均在一种社会内，这些分别，固然不成问题。但如一社会在所谓过渡时代中，由一种社会转入另一种社会，一个父所处是一种社会，一个子所处是另一种社会。在现在中国，这些情形甚多，而且易见。有许多父是生长在以家为本位底社会之内，因之他所希望于其子者，可以甚多。而其子则生长于以社会为本位底社会之内，他所希望于他的子者，可以甚少。他如以他所求于子者事父，他的父必不满意。我们所看见底，有许多家庭问题，大部分都是从此起底。而老年人所以常有"人心不古，世风日下"的感叹者，大部分亦是从此起底。

虽在这些情形中，"所求乎子以事父"，还是可行底。一个人所以事父者，如确乎是他所希望于其子者，他的事父，总可以得到他的父的原谅，至少总可以得到一般人的原谅。一个人所希望于别人者，及其所以待人者，有些是随社会制度的变而变底。在这些方面，一个人所希望于别人者，及其所以待别人者，应该根据于同一种社会制度。这一点在普通底情形中，固不大成问题。但在一个所谓过渡时代中，往往有人，其所希望于人者，与其所以待别人者，不根据于同一种社会制度。他的行为，一时取这一种社会制度所规定底办法，一时取那一种社会制度所规定底办法，而其所取，都是合乎他自己的私利底。例如一个人，对于许多事，皆不遵奉他的父的意旨，他以为是照着以社会为本位底社会制度的办法办底，但是对于他父的财产，则丝毫不放松。如果他是长子的时候，他还可以引经据典地证明，他可以独得，或多得他父的财产。于是他的行为又是照着以家为本位底社会制度的办法办底。这种行为，是不合乎忠恕之道底。他如反躬自问，他自己决不愿有这种儿子。一个人对于他的上司，不愿行种种礼节，自以为是要废除阶级，实行平等。但他的下属，若对于他不行种种礼节，他又不答应了。此人是不讲忠恕之道底，他的行为是不合乎"所恶于下，毋以事上"的原则底。但一个人所希望于别人及其所以待别人者，皆一致地照着某社会制度所规定底办法办，则我们虽或不赞成某种社会制度所规定底办法，而对于此人在这些方面底行为，仍不能不说是合乎忠恕之道。

如一个人所希望于别人者，与其所以待别人者，一时取这一种社会制度所规定底办法，一时取那一种社会制度所规定底办法，而其所取，都是牺牲自己，而为别人的便利。这个人的这种行为，是合乎忠恕之道底。因为"为别人便利，而牺牲自己"，亦是我所希望于别人者。所求于人者，先施之，是合乎忠恕之道底。我若有个儿子，虽不在与我同一种底社会之内，而仍照我所在底一种社会制度所规定底办法以事我，我是更满意底。因此我知，我若如此事我的父，我的父亦是更满意底。

以上是就这种社会，那种社会说，以下再就这个社会，那个社会说。就某种社会说，与就某个社会说，有很大底分别。例如说资本主义底社会，社会主义底社会，是就这种社会，那种社会说，是就某种社会说。如说中国社会，西洋社会，是就这个社会，那个社会说，是就某个社会说。

这个社会与那个社会的礼，虽俱根据于人情，而可以不同。这是由于他们对于在某方面底人情的注重点不同。例如中国人宴客，如只一桌，主客坐在离主人最远底地方。西洋人宴客，则主客坐在离主人最近底地方。这差异并不是这种社会与那种社会的差异，而是这个社会与那个社会的差异。此差异虽是差异，但均合乎忠恕之道。中国宴客的坐法，使客人高高在上，乃所以尊之也。尊之是主客愿意受底。西洋宴客的坐法，使主客坐在主人旁边，乃所以亲之也。亲之亦是主客愿意受底。我们待人或尊之，或亲之，二者是不容易兼顾到底。所以说，父尊母亲。所以待人或尊之，或亲之，在不能兼顾的时候，二者必选其一。无论所选者为何，若使对方能了解其意，他都是要感觉快乐底。以为招待一社会的人必用其社会底一套礼，是错误底。

　　大概在西洋人的社会中，人待人是要亲之，而在中国社会中，人待人是要尊之。于上所说者外，在许多别底方面，亦可见此点。例如中国人写信，上款写某某仁兄大人阁下。称阁下者，不敢直斥其人也，此是尊之。西洋人写信，上款称亲爱底某先生，直斥其人而又称之为亲爱底，此是亲之。在中国旧日，一个皇帝的名是圣讳，此是尊之。而西洋人则直呼其君的名，此是亲之。清末人说，中国尚文，西洋尚质。尚文者对于人以尊之为贵，尚质者对于人以亲之为贵。虽有此不同，尊或亲均是人所愿受底。所以尊人或亲人，俱是合乎忠恕之道底。

　　由上所说，我们可以知道，忠恕之道，是在任何时代，任何地方，都可以行底。范纯仁说："吾平生所学，得之忠恕二字，一生用之不尽。"此话是经验之谈，极有道理底。

第四篇　道中庸

　　孔子曰："中庸之为德也，其至矣乎，民鲜久矣。"朱子《集注》说："中者，无过不及之名也。庸，平常也。"中庸两个字，以及孔子朱子这几句话，在现在有些人的心目中，是非常迂腐可厌底，不过这些人大概皆未了解所谓中庸的本义。固然旧日自号为行中庸之道者，亦未见得尽能了解中庸的本义，因之他们的行为，或有可批评之处，但这与中庸之道的本身之无可批评并没有关系。

　　有一部分误会"中"的本义底人以为，"中"即是不彻底。譬如一事有十成，用"中"底人，做这个事，大概只做五成，若做四成，即为不及；若做六成，即为太过。所以照这一部分人的看法，用"中"底人做事只做五成。所谓"适可而止"，"不为已甚"，都是表示不彻底的意思。这些人说，中国人做事不彻底，都是吃了儒家教人用"中"的亏。我们于此可以说，中国人是不是都做事不彻底，我们于此不论。不过即使中国人做事都不彻底，或有些中国人做事不彻底，他们至多亦是吃了误解儒家教人用"中"的亏，而不是吃了儒家教人用"中"的亏。因为照"中"的本义，"中"并没有不彻底的意思。

　　一部分误解"中"的本义底人，又以为"中"有模棱两可的意思。譬如对于某事有两种相反底意见，用"中"底人，一定以为这两种意见都对也都不对。他把两方面的意见，先都打个对折，然后参酌两方面的意见，而立一个第三意见。所谓"执两用中"，即是谓此。所谓"折中"，亦是谓此。这一部分人说，中国人好模棱两可，"两面讨好"，都是中了儒家教人用"中"的毒。我们于此还是说，中国人是不是都好模棱两可，"两面讨好"，我们不论。不过即使中国人都是如此，或有些中国人是如此，他们亦是中了误解儒家教人用"中"的毒，而不是中了儒家教人用"中"的毒。因为照"中"的本义，"中"并没有模棱两可的意思。

有一部分误解"庸"的本义底人，以为"庸"即是庸碌的意思。这一部分人以为儒家教人行庸道，是叫人都成为庸庸碌碌，不敢有所作为底人，凡事"不求有功，只求无过"。与其"画虎不成反类狗"，不如"刻鹄不成尚类鹜"。这一部分人以为中国人之所以缺乏进取冒险、敢作敢为的精神，都是吃了儒家教人行庸道的亏。中国人是否都缺乏进取冒险、敢作敢为的精神，我们不论。不过如果中国人都缺乏这种精神，或有些人缺乏这种精神，他们亦是吃了误解儒家教人行庸道的亏，而不是吃了儒家教人行庸道的亏，因为照"庸"的本义，"庸"并没有庸碌的意思。

有一部分误解"庸"的本义底人，以为"庸"即是庸俗的意思。关于艺术方面底创作或鉴赏，是所谓雅事。行庸道底人多以为这些雅事为"雕虫小技"，做这些雅事为"玩物丧志"。他们所做底事，或所认为应该做底事，往高处说，不过只是些"伦常日用"；往低处说，简直都是些"柴米油盐"。有些人说，中国人都俗，不如西洋人之每人都会唱几句歌，又不如西洋人之每家都有钢琴。中国人之所以都俗，都是中了儒家教人行庸道的毒。中国人是不是都俗，我们亦不论。不过即使中国人都俗，或有些中国人俗，他们亦是中了误解儒家教人行庸道的毒，而不是中了儒家教人行庸道的毒。因为照"庸"的本义，"庸"并没有俗的意思。

在误解中庸之道底人的心目中，所谓行中庸之道底人，都是些做事不彻底，遇事模棱两可，庸碌无能，俗而不堪底人物。他们以为这种人物正是儒家的理想人物，其实这以为是大错底。这种人物不但不是儒家的理想人物，而且是儒家所最痛恨底人物。这种人正是儒家所谓乡愿。孔子曰："过我门而不入我室，我不憾焉者，其惟乡愿乎？乡愿，德之贼也。"什么是乡愿呢？孟子说："非之无举也，刺之无刺也，同乎流俗，合乎污世，居之似忠信，行之似廉洁，众皆悦之，自以为是，而不可与入尧舜之道，故曰德之贼也。"古之所谓乡愿，即今之所谓好人或老好人。一个庸碌无能底人，既不敢为大恶，亦不能行大善。不敢为大恶，所以"居之似忠信，行之似廉洁"。不能行大善，所以"同乎流俗，合乎污世"。遇事人云亦云，模棱两可，所以"众皆悦之"。惟其众皆悦之，所以大家皆称之曰好人，或老好人。这种人正是儒家所称为德之贼者。为什么是德之贼呢？因为这种人的行为，与所谓中庸之道，有点相似，很能"鱼目混珠"，以伪乱真。所以孔子曰："恶似而非者。恶莠，恐其乱苗也；……恶紫，恐其乱朱也；恶乡愿，恐其乱德也。"我们以上所说误解中庸之道底人，以为做事不彻底，模棱两可，俗而不堪底人，即是行中庸之道底人，或以为人若行中庸之道，其结果必成为做事不彻底，模棱两可，俗而不堪底人。这正是"乡愿乱德"的一个好例。

儒家所说"中"的本义是什么呢？"中"是无过不及，即是恰好或恰到好处的意思。有过或不及，都不是恰到好处。例如炒菜，炒得过了则太老，炒得不及则太生。惟是不老不生，恰到好处，此菜方好吃。宋玉《登徒子好色赋》说："东家之子，增之一分则太长，减之一分则太短；著粉则太白，施朱则太赤。"这就是说，此人的高低颜色，均是恰到好处。恰到好处，即是"中"。做事亦有恰到好处的一点，此一点即是"中"。

或可问：我们说，做菜有恰到好处的一点，过此或不及此即不好吃。此所谓好，是就吃说。东家子之高低颜色亦有恰到好处之一点，过此即不好看。此所谓好，是就看说。做事亦有恰到好处的一点，此所谓好，是就什么说？

做事恰到好处之好，可就两方面说：一方面就道德说，一方面就利害说。就道德方面说，所谓做事恰到好处者，即谓某事必须如此做，做事者方可在道德方面得到最大底完全。就利害方面说，所谓做事恰到好处者，即谓某事必须如此做，做事者方能在事业方面得到最大底利益。所以就道德方面说，对于做某事有"中"。就利害方面说，对于做某事亦有"中"。儒家讲用中，做事不可过或不及，是就道德方面说"中"。道家讲守中，凡事都要"去甚，去奢，去泰"，是就利害方面说"中"。

无论就道德方面说"中"，或就利害方面说"中"，"中"均没有不彻底的意思。我们先问：什么叫做彻底？若所谓彻底者，就道德方面说，是说，我们做事，必须做到我们应该做到的地步，此应该做到的地步，正是讲中道者所谓恰到好处之点。我们不可过此点再求彻底。于彻底之外，再求彻底，即所谓"贤者过之"了。若所谓彻底者，就利害方面说，是说，我们做一事，须将其做到完全成功的地步，此完全成功的地步，亦正即是讲中道者所谓恰到好处之点。我们决不可过此点再求彻底。若过此点而再求彻底，则可致"前功尽弃"，不惟不能成功，而且还要失败。若所谓不彻底者，是说，我们做事，未做至恰好之点，而即停止。如此则所谓不彻底者，正是讲中道者所说之不及，亦正是讲中道者所反对者。例如我们做饭，以做熟为其恰好之点。饭未做熟而停止不做，诚为不彻底，然此正是不及也。若饭已熟而仍求彻底，则饭将糊不可食，恐无人需要此种彻底也。

"中"亦没有模棱两可的意思。譬如某人对于做某事有一意见，另外一人对于做此事，另有一意见。如某人之所见，正是做此事之恰好底办法，则此人之意见，即是合乎"中"，不必亦不可将其打对折，将其"折中"。其另一人之意见，不合乎"中"，即打对折，亦不可用。模棱两可者，多系乡愿敷衍人，以求两面讨好者之所为。无论从何方面讲"中"，皆不是如此。

讲中道者所说"贤者过之"之一点，最不易得人了解。我们于上文说，在道德方面，所谓做事恰到好处者，即谓某事必须如此做，做事者方可在道德方面，得到最大底完全。有些人多以为，如果某事如此做，是道德底，则于如此做更进一步，当然是更道德底。在历史或小说中，有圣贤及侠义两种人。有些人以为圣贤的行为，是道德底，而侠义的行为则是更道德底。《儿女英雄传》中，安水心说，侠义行事，"要比圣贤都高一层"。比圣贤都高一层者，即其行为是更道德底也。

如所谓道德底者，只是在道德方面，勉强及格，如学校中普通考绩之六十分然，则所谓更道德底者，即如学校中普通考绩之七十分或八十分。有些人持如此底看法。照他们的看法，圣贤所讲底中庸之道，都是些"卑之无甚高论"底话。圣贤的行中庸之道底行为，都是"比上不足，比下有余"。照他们的看法，圣贤所讲底中庸之道，都是仅为一般普通人而设，有特殊聪明才力底人，是不为此所限制底。

这一种看法，讲中庸之道者，当然不能赞成。我们亦不赞成这种看法。我们说，在道德方面，所谓做事恰到好处者，即谓某事必须如此做，做事者方可在道德方面，得到最大底完全。既是必须如此做方能得最大底完全，则不如此做，即不能得最大底完全。不但不及此者不能得最大底完全，即过此者亦不能得最大底完全。所谓"过犹不及"也。我们说，圣贤的行为是道德底，意思不是说，它是勉强及格，而是说它是最道德底。最道德底之上，不能有更道德底。

《后汉书·独行传叙》说：独行底人，"盖失于周全之道，而取诸偏至之端"。这两句话很可说明圣贤的行为，与侠义的行为的性质的不同。侠义的行为，在有些方面，是比中道又进一步。就此方面说，他的行为，可以说是比圣贤都高一层，不过这高一层，只是一方面底。就一方面看，他的行为比中道又进一步，但在别底方面，则必有不及中道者。他于此方面过之，于别方面必有不及。他只顾到此方面，而不顾到别底方面，所以他的行为不是"周全之道"，而只是"偏至之端"。圣贤所行底是中道，单在一方面看，其行为似乎是没有什么特别出众之处，但他却是各方面都顾到底。所以他的行为不是"偏至之端"，而是"周全之道"。所以圣贤的行为，可以成为社会上底公律，而侠义的行为，则不可成为社会上底公律。因此在道德方面侠义的行为，不能比圣贤高一层。

《吕氏春秋》说，有二侠士，相偕出游。至一处饮酒，有酒无肴。此二人说，吾二人身皆有肉，何必再求肴。遂各割其身之肉，烤熟请别一人吃，吃毕，两人皆死。此二人各割其身之肉，以奉其友。专就待朋友这一方面看，可以说是"仁至义尽"了。专就此方面说，他们的行为是"至"，但此二人各有其在别方面应做底事，应负底责任，他们均不顾及。兼就别方面说，他们的行为是"偏"。所以他们的行为，不是"周全之道"，而是"偏至之端"，不可成为社会上底公律，不可为法，不可为训。此所引固然是一极端底例。然在此极端底例中，我们可以看出侠义的行为，与圣贤的行为的性质的不同。一行为是不是超过中道，在大部分情形中，是不很容易决定底。所以我们必须在这些极端底例中，方可以看出侠义的行为，与圣贤的行为的性质的不同。

"言必信，行必果"，是侠义的信条。"言不必信，行不必果，惟义所在"，是圣贤的信条。此所谓义，即"义者，宜也"之义。所谓宜者即合适于某事及某情形之谓。做事必须做到恰好处。但所谓恰好者，可随事随情形而不同。就道德方面说，言固须信，但在有些情形中，对于某事，守信不是恰好底办法。此亦即说，在有些情形中，对于某事，守信是不合乎中道底。例如所谓"尾生之信"是。尾生与一女子约，期相遇于桥下。及期，尾生至，而女子不至。桥下水涨，尾生仍守桥下不去，遂至溺死。我们可以说，在此情形下，尾生未免太守信了。守信而可以说是"太"，即其守信不是在此情形下做此事的恰好底办法也。其不恰好是由于太过，而不是由于不及，所以说是"太"。一个人在社会里有许多责任，有许多应做底事。尾生因与一女子相期，专顾及守信，而不顾及他在别方面底责任。其行为，专就守信方面说，真算是彻底了。专就此方面说，他的行为是"至"。但就别底方面说，则他所顾不到底很多。就别底方面说，他的行为是"偏"。所以其行为不是"周全之道"，而是"偏至之端"，不可成为社会上底公律，不足为法，不可为训。

我们说，对于某事，在某情形下的恰好办法。因为所谓恰好办法是不能离开事及情形而空洞说底。例如尾生在桥下候其相期之人，若无桥下水至之情形，则在道德方面说，其守信是恰好底办法，是中道，其不守信则是不及。此是就情形说。若就事说，对于有些事虽死亦守信是恰好底办法，是中道，其不守信则是不及。例如一军人奉命于某时炸毁一桥，其开放炸药之机关，正在桥下，所以他非在桥下守候不可。桥下虽水至，但他总希望在他未溺死以前，能执行他的职务。如是为这种事，则他守信而死，是合乎中道底，如他不守信，则是不及。孟子说："言不必信，行不必果，惟义所在。"正是说，言之是否必信，要看事看情形而定。

尾生之信，不足为法，更可于其不合乎忠恕之道见之。我们对于朋友有约会，我们固希望他准时赴约，但在普通情形中，我们并不希望他死亦守约。例如我们与一朋友约在某茶馆喝茶，我们并不希望他，虽有了空袭紧急警报，仍坐在那里不动。若他这种情形下仍端坐不动，以至于有危险，则他的行为超过我们所希望于他底，照人同此心的说法，他所做亦超过他所希望于我们底。照如此看法，则他的行为，即不合乎忠，其不合是过之。如我们与朋友约，到时我们不到，朋友负气，无论如何，必在那里守候。但这种负气，亦不是我们所希望于朋友者。照人同此心的说法，这亦不是朋友所希望于我们者。他若照着他所不希望于我们者做去，则他的行为即是不合乎恕，其不合是不及。尾生的行为，不是过忠即是不及恕，总之是不合乎忠恕之道底，因此我们亦可知其不是恰好底办法。

假如一个军人奉命在一桥下守候，俟听见某种信号，则将桥炸毁，信号尚未到而水到。他不能断定他是不是能在被淹死以前接到信号。在这种情形下，他可以想，若是我派人在这里做这个事，我必希望他在死以前总守在桥下，而不希望他见水到即跑。因此他亦可知，他的长官，派他做这个事的时候，亦希望他在死以前总守在桥下而不希望他见水即跑。于是他就死守在桥下。就他死守在桥下说，他的行为是忠，就其不跑开说，他的行为是恕。他的行为是合乎忠恕之道底。因此我们亦可知他的行为是恰好底办法。

侠义的奇节异行，能引起我们的赞美，这亦是我们所承认底。不过我们以奇节异行的价值，在于其"奇"，"异"。这一种价值，也许是美学底而不是道德学底。

或可问：若一军人因预备炸桥而死于桥下，其身既死，则其对于别方面底责任，亦是不能顾到，所谓忠孝不能全者是也。何以此军人的行为，又不是"偏至之端"呢？于此我们说，事有重轻的不同。此军人所做炸桥的事，可以关系全军的胜败，而全军的胜败，可以关系国家的存亡，其事重。若尾生与一女子相期，则只与他个人的生活的一方面有关，其事轻。且此军人炸桥的事，是事机一失不可复得。而尾生与女子的相约，或是虽不遇而"后会有期"。有这些不同，所以此军人的死，是"取义成仁"；而尾生的死，则是"匹夫匹妇之为谅也"。一个是"死有重于泰山"，一个是"死有轻于鸿毛"。两个人虽俱不能顾到对于别方面底责任，但一个是应该底，一个是不应该底。

以上是就道德方面说"中"。若就别底方面说，则无论对于任何事，都有个"中"。例如上所说，炒菜不可太生，亦不可太熟。生熟恰到好处，菜才好吃。此恰到好处，即是其中。又如商人卖东西，要价太多，则人不买。要价太少，又不能赚钱。必须要价不多不少，恰到好处。此恰到好处，即是其中。

无论就道德方面，或就利害方面说"中"，所谓"中"都是相对于某事及某情形说底。例如我们说，人不可吃得太多，太多则胃不消化；亦不可太少，太少则营养不足。最好是吃得不多不少，但如何是不多不少，则须视一个人的身体情形而定。我们不能说，人吃十碗饭太多，一碗饭太少，无论什么人，都须吃五碗饭，这是不通底。对于有些人，吃五碗饭即为太多，对于有些人，吃五碗饭还是太少。

"中"是相对于事及情形说者，所以"中"是随时变易，不可执定底。"中"是随时变易底，所以儒家说"时中"。时中者，即随时变易之中也。孟子说："执中无权，犹执一也。"所谓执一者，即执定一办法以之应用于各情形中之各事也。

　　或可问：如果如此，则我们做事，岂非完全无一定底规律可循？我们说：所谓"中"者，虽是相对于事及情形说者，然就事说，不仅有事，而且有某类底事，就情形说，不仅有情形，而且有某类底情形。对于某事在某情形下之中，对于其同类底事，在其同类底情形下，亦是"中"。例如尾生的行为，是不合乎"中"底，则如有人对于与此同类底事，在与此同类底情形下，有与此同类底行为，其行为亦是不合乎"中"底。上所说军人的行为是合乎"中"底，则如有人对于与此同类底事，在与此同类底情形下，有与此同类底行为，其行为亦是合乎"中"底。对于某种事在某种情形下底"中"，与对于别种事在别种情形下底"中"不同。就此方面说，"中"是多底，是变底。但对于某种事在某种情形下底"中"，则是永远相同底。就此方面说，"中"是一底，是不变底。

　　我们于上文说，合乎中道底行为，是可以成为社会上底公律底。所谓社会上底公律者，是在原则上，人皆应该完全照着行，在事实上，人皆多少照着行者。社会上底公律，大概都是道德底规律。道德底规律，必都是社会上底公律。我们常说，某行为可以为法，可以为训，或不足为法，不足为训。可以为法，可以为训者，是可以成为社会上底公律者；不足为法，不足为训者，是不可以成为社会上底公律者。

　　于此我们可知，中道亦即是庸道。程子说："庸者，天下之定理。"定理者，即一定不可移之理也。所谓公式公律等，都是一定不可移之理，都是定理。康德说：凡是道德底行为，都是可以成为公律底行为。例如"己所不欲，勿施于人"的行为，是可以成为公律底。若果社会上个个人都如此行，则社会上自然没有冲突。好像在大路上走路，无论人向何方向走，但只要都靠左边走，或都靠右边走，自然都不会碰着。但己所不欲，亦施于人的行为，则不可成为公律，因为社会上如果人人如此，则立刻各处都是冲突，而社会亦即不成其为社会了。又如盗贼底行为，是不道德底行为，此于其不能成为公律可以见之。盗贼自己不生产，而专盗窃或抢夺别人的生产。如果社会上个个人都不生产而专盗窃或抢夺别人的生产，则即无人生产。如果人人皆不生产，则盗贼亦无以自存。社会上决不能人人皆为盗贼，所以盗贼的行为是不可以为公律底。就这一方面看，我们可知盗贼的行为是不道德底行为。

　　盗贼的行为是不道德底行为，是"不肖者不及也"。其不可以为公律，是显然底。若上所说底侠义的行为，所谓"贤者过之"者，亦是不可以为公律底。所谓可以为公律者，即人人皆可依之行也。侠义的行为不是人人皆可行者，所以亦不可以为公律。所谓人人皆不可行者，不是说，人不是皆努力向上，所以不可行，而是说，若人人如此行，则其间有矛盾。例如《吕氏春秋》所说二侠士的行为，就一方面说，是"至"。但如人人都如此行，于招待朋友的时候，都割自己底肉，请朋友吃，则恐怕社会上底人，不久都要死绝了。尾生的行为，如人人皆仿行，恐亦有同样底结果。所以这些行为，在一方面说，虽是高不可攀，但不是人人皆可行，所以亦是不可以为公律底，不足为法，不足为训。就此方面看，我们虽不能说，他们的行为是不道德底，但可以说，他们的行为不是完全地道德底。其价值大部分在于其是"奇"是"异"，如以上所说。

程子又说："不易之谓庸。"不易即是不可改易。所谓社会上底公律者，即原则上人人所皆应该完全照着行，事实上人人所皆多少照着行者，所以公律是不可改易底。事实上无论什么人都多少照着行，都多少须这样办，所以这样办即成为平常底了。旧说常以"菽粟布帛"作为庸之例。菽粟布帛，是人日用所不可缺者。因其是日用不可缺，所以即为人所习见，而成为所谓庸了。

从此观点看，所谓贤者过之的行为，都如些奇花异草，其本身亦有可爱之处。但其实用底价值，是不及菽粟布帛底。社会上可以无奇花异草，而不可以无菽粟布帛。社会上人人都种菽粟，不种奇花，是可以底。但社会上人人都种奇花，不种菽粟，是不可以底。菽粟是平常底，但是不可缺底；奇花是非常底，但是可缺底。中道底行为是平常底，但是可以为公律底；"贤者过之"底行为，是非常底，但是不可以为公律底。就其是平常说，所以谓之庸；就其为公律说，所以谓之不易，所以谓之定理。

程子又说："中者，天下之正道。"他所说底这个道字，或许有别底意义，不过我们可以把这个道字作路字解。对于任何事，都有一条合乎中道底路可走。这条路是人人都可走底，所以谓之正路，亦可谓之大路。不走这条大路，而好走小路者，《中庸》谓之"索隐行怪"，"行险徼幸"。小路虽亦有人走，走小路或亦有时有特别底方便，但走小路总亦有特别底不方便，而其不方便总较其方便为大，不然，即人人皆走小路，而此小路即不是小路，而是大路矣。大路似曲而实直。《老子》说："大直若屈。"可用以说此义。

以上是专从道德方面说庸。从功利方面说，凡是能使某种事最成功底办法，亦是最平常底办法。例如一个人如想发财，最平常底办法，是竭力去经营工业或商业。《大学》说："生财有大道，生之者众，食之者寡，则财恒足矣。"就一个社会说是如此，就一个人说亦是如此。这是大道，亦即上所说大路。这是人人所都知道底，亦是人人所都能行底。如有人嫌此大路太迂曲，嫌此办法太拙笨，而求另外直捷底路，巧妙底办法，则即是所谓"行险徼幸"。例如有人因急于发财而大买彩票，希望能得一头彩，可以一步登天。在几万或几十万买彩票底人中间，自然有一个人可得头彩。如果有一个人得了头彩，他的特别底幸运很可使人羡慕，但他的行为，则不足为法，不可成为公律。他得头彩的机会，只有几万分或几十万分之一，而他失败的机会，则比得头彩的机会要多几万或几十万倍。所以，他的行为是"行险"，而其得头彩是"徼幸"。辛苦经营工业或商业以求发财底人，固然亦有失败的机会，实际上亦常有失败者，但他的失败的机会与他的成功的机会，在普通底情形下，差不多是均等底。一个人照着这个平易底大路走，即使失败，而他的行为是可以为法底，可以成为公律底。一个人应该努力地照着这个大路走，至于成功失败，则"听天由命"，此之谓"君子居易以俟命"。如上所说买彩票的行为，则是所谓"小人行险以徼幸"。

又如人欲求学问，无论所求者是何种底学问，最平常底办法，是对于那一种底学问努力用功。大部分人于初学一种语言时，总觉其纯靠死记，毫无兴趣。有些人往往于此要寻捷径。有些卖书的人，迎合这种人的心理，印些"某种言语易通"等类底书，大登广告说，用他这书，可以于短时期内，不费力而学会某种言语，其实这都是欺人底。要想学某种言语，是要靠死记底。这是平常底办法，除此之外，没有别底办法。

又如用兵虽说是诡道，但取胜的平常底办法，还是努力充实自己的实力，使其胜过敌人，及努力消耗敌人的实力，使其劣于自己。所谓实力，军事方面底设备，经济方面底资源，政治方面底组织等，均包括在内。两个力争夺，力大者胜，这是人人所知底。这虽亦似乎是迂曲底路，拙笨底办法，但除此之外，没有别底办法，如有办法，亦是买彩票希望得头彩底办法。例如现在底战事，正在进行，日本或许有一大地震，将其工业区覆灭。如果如此，则战事不了自了。这当然不是不可能底事。但我们如希望以此为解决中日战事底办法，则其希望的达到，比得头彩还难得多。如有人只靠这种希望，以解决中日战事，他亦可以说是"行险以徼幸"。

我们可以说，凡是能使某种事最成功底办法，都是人人可行底办法，因为是人人可行底办法，所以是平常底办法。照所谓聪明人看起来，这些办法，都是迂曲拙笨底。他们都好求直捷巧妙底办法。但是所谓直捷巧妙底办法，大概多是"行险徼幸"底办法。其办法虽似巧而却不能成事。用不能成事底办法办事，必致弄巧反拙。而似乎是拙笨底平常办法，虽似拙而却能成事。《老子》说"大巧若拙"，可用以说此义。小聪明人好用巧办法，往往因此误事。所谓"聪明反被聪明误"者，正是说此。《老子》说"大智若愚"，大智不用小聪明，所以若愚。

科学似乎是予人以许多巧妙底方法，以统治天然，以处理人事。清末人说到科学，都似乎以为科学是魔术一类底东西。科学中底公式，好像是魔术中底咒语符箓，科学家把它用出来，即可以"役使万物"。即现在不深了解科学底人，亦以为科学是很神秘底东西，所谓"科学方法"者，亦是很巧妙底方法。这是完全错误底。科学是最平常底东西，科学方法是最平常底方法。科学中底公律等，都是以一般人日常所经验底平常底事实为根据，一步一步推出来底。就其所根据底平常底事实说，是"匹夫之愚，可以与知"。但"及其至也，虽圣人亦有所不知焉"。但此亦是从愚夫愚妇所知者推出来底，并不是另有何神妙。从平常底事实一步一步地推，并不是一种直捷巧妙底方法，而实是一种迂曲拙笨底方法。聪明人或许不耐烦一步一步地推，但如他不耐烦，他即不能用科学方法。

有一笑话，谓有一人卖治臭虫方者，方写于纸上，用信封封固，买者须交价后，方可开视。一人买此方，交价后开视，则纸上写二字曰："勤捉。"此虽是笑话，然此治臭虫方实亦代表一真理。此真理即是：凡做某种事最成功底办法，亦即是最平常底办法。

第七篇 致中和

"致中和"三个字出于《中庸》。《中庸》说："喜怒哀乐之未发，谓之中；发而皆中节，谓之和。致中和，天地位焉，万物育焉。"在宋明道学中，这几句《中庸》引起了很大底讨论。程明道说："天地之常，以其心普万物而无心；圣人之常，以其情顺万物而无情。故君子之学，莫若廓然而大公，物来而顺应。"圣人的心，如明镜，如止水，是廓然大公底。因为它是廓然大公底，所以亦无所偏倚，无所偏倚谓之中。因为它无所偏倚，所以遇到事物，当喜即喜，当怒即怒，当哀即哀，当乐即乐。此即所谓发而皆中节，此即谓之和。朱子说："喜怒哀乐，各有攸当，方其未发，浑然在中，无所偏倚，故谓之中。及其发而皆得其当，无所乖戾，故谓之和。"此所谓中的意义，是无所偏倚，不是无过不及。已发底喜怒哀乐，可有过或不及，而此所谓中，是"未发"，所以不但无过不及，且亦无无过不及可说。未发已发，后亦成为宋明道学家所常用底名词。他们又常引《易·系辞》"寂然不动，感而遂通"之语。圣人的心，未发时如明镜止水，是"寂然不动"；已发时，喜怒哀乐，各得其当，是"感而遂通"。

以上是宋明道学家对于《中庸》里"中和"二字底解释。我们于此篇所说底中和，与宋明道学家所说者不同，或与《中庸》所说者亦不尽同，不过我们于此篇所说底中和，确是中国思想中两个重要底观念。

和与同不同。《国语·郑语》引史伯云："夫和实生物，同则不继。以他平他谓之和，故能丰长而物归之。若以同裨同，尽乃弃矣。""以他平他谓之和"，如以咸味加酸味，即另得一味。酸为咸之"他"，咸为酸之"他"，以"他"平"他"，即能另得一味，此所谓"和实生物"。咸与咸是同，若以咸味加咸味，则所得仍是咸味。此所谓"以同裨同"，"同则不继"也。推之，若只一种声音，则无论如何重复之，亦不能成音乐。若只一种颜色，则无论如何重复之，亦不能成文采。必以其"他"济之，方能有成。

《左传》昭公二十年引齐侯问晏子云："和与同异乎？"晏子对曰："异。和如羹焉。水，火，醯，醢，盐，梅，以烹鱼肉，燀之以薪，宰夫和之，齐之以味，济其不及，以泄其过。……若以水济水，谁能食之？若琴瑟之专一，谁能听之？同之不可也如是。"此又提出过、不及二观念。不同底原素，合在一起，可以另成一物。但合成此物之不同底原素，必须各恰如其分量，不可太多，亦不可太少。若太多或太少，则即不能成为此物。不太多，不太少，即是无过不及。无过不及即是中。所以说和必须兼说中。此所说或不是晏子的本意，但说和必须兼说中，这是一定底。

以上所说，可以说是有现在所谓辩证法的意思。甲的"他"是非甲。甲与非甲合，能成为乙。此可以说是相反相成，由矛盾到统一。成为乙之甲与非甲，必各恰如其分量，不多不少。甲或非甲，若有一太少，则不成为乙，若有一太多，亦不能成为乙。甲及非甲的量变，可以造成其所成底物的质变。此可以说是由量变到质变。

一个人的生理底心理底要求，是多方面底。这各方面底要求，都要于相当程度内得到满足，然后一个人才能保持一个健全底身体，健全底人格。有许多生理底或心理底疾病，都是由于人的某方面底生理底或心理底要求，太被压抑所致。这是我们所都知道底。人的生理底或心理底要求，怎样算是"于相当程度内，得到满足"呢？怎样底满足，算是在相当程度内？又怎样底满足，算是超过相当程度呢？一种生理底或心理底要求的满足，若达到一种程度，以致与别种生理底或心理底要求发生冲突，此即是此种要求的满足，超过相当程度。超过相当程度，即是太过。若此种要求的满足，尚未达到此程度，而即受压抑，或此种要求，根本即未得任何满足，此即是此种要求的满足，未达到相当程度。未达到相当程度，即是不及。此种要求的满足，若到一恰好底程度，既不与别种要求冲突，亦不受不必要底压抑，无太过亦无不及，则其满足即是得中，即是中节。

例如，对于有些人，喝酒是一个很强烈底要求。在普通底情形中，一个人喝酒，若至一种程度，以致其身体的健康，大受妨碍，则其喝酒即为太过。若其喝酒，有一定底限度，并不妨碍其身体的健康，而却因别种关系（例如美国政府行禁酒律之类），而不喝酒，则其喝酒的要求，即受到不必要底压抑。如此则其喝酒的要求的满足，即是不及。此所谓不必要，是对于此人的本身说；此所谓不及，亦是对于此人的本身说。喝酒的过或不及，本都是因人而异的。若一个人喝酒，只喝到恰好底程度，既不妨碍他的身体的健康，亦不使其喝酒的要求，受不必要的压抑，则其满足即是得中，即是中节。

若一个人的各方面底生理底及心理底要求，都是这样中节，都各得到相当底满足，而又都各不相冲突，这种状态，即谓之和。一个人在生理方面，若得到和，则即可有一健康底身体；在心理方面，若得到和，则即可有一健全底人格。旧日谓人有病，为"身体违和"。这句话是很有道理底。

一个健康底身体，健全底人格，都可以说一个和。这和中有许多不同底原素。这些原素，在其适当底分量下，是"相成"底。但若一过了适当底分量，则即"相反"了。若其相反，则和即没有了。例如在普通情形下，一个人一顿吃三碗饭，是有益于他的健康底，但若他一顿吃十碗饭，则不但不能有益于他的健康，而且有害于他底健康了。饭的增加，对于他的健康说，是由量变到质变。各种要求的满足，在恰好处是中，不到恰好处，或超过恰好处，是过或不及。这其间亦有由量变到质变的情形。

或可问：本书第一篇说尊理性，岂非教人使理性压抑其他各方面底生理底，心理底要求？于此我们说：理性的功用，并不是压抑其他各方面底生理底，心理底要求，而是指导，或节制那些要求，使其满足，无过不及。我们说，有道德底理性，有理智底理性。先就理智底理性说，其功用是如上所说，是显而易见底。一个人要喝酒，到哪里去喝酒，用什么方法去买酒，这都是要靠理性的指导。喝多少不至于妨害身体，妨害事业，这亦要靠理性的节制。如果一个人喝十杯酒，可以得到快乐，而不至于妨害身体，妨害事业，理性对于这种满足，只有赞助，决不禁止。所以孔夫子亦说："惟酒无量，不及乱。"

我们于以上说人的生理底，心理底要求的冲突，只是就一个人的本身说。就社会方面说，一个人的生理底或心理底要求，亦可以与别人的生理底或心理底要求相冲突。道德底规律，对于人的要求，制定一个界限，使人与人不相冲突。就这一方面说，则人的生理底，心理底要求，合乎此界限者，是合乎中，是中节。其超乎此界限者，是太过，不及此界限者，是不及。《诗序》有几句话，说："发乎情，止乎礼义。发乎情，人之性也；止乎礼义，先王之泽也。""发乎情"是就人的各方面底生理底心理底要求说，"止乎礼义"是就道德底规律说。发乎情是人之性，止乎礼义是社会的制裁。社会中底人，每人都多少如此行，每人都应该完全如此行。所谓道德底理性的功用，即在于使人知道这些界限，使人的各方面底生理底心理底要求，都合乎这方面的中。

一个社会中底人的各方面底生理底，心理底要求，如皆合乎这方面底中，则这个社会，即是一个健全底社会。一个健全底社会，亦可以说是一个和。在这一方面，各人的各方面底生理底，心理底要求，亦有相反相成，由量变到质变的情形。

人的生理底，心理底要求的满足，在其本身看，是合乎中者，但在社会方面看，不一定是合乎中，而或者是太过，或者是不及。如其是太过，则社会必须制裁之，其个人的道德底理性，亦应制裁之。因此，常有些人的生理底或心理底要求，受到压抑。这压抑，就这些人的本身方面看，是不必要底。但在社会方面看，则是必要底。这一点常引起许多思想上底混乱。有些人常把这两方面的必要或不必要弄混，以为在一方面是必要或不必要者，在其他方面，亦是必要或不必要。这"以为"是完全错误底。

例如一个人的所谓领袖欲特别强，但他的才能，都很不配当领袖。就他本身方面看，他的这欲若得不到相当底满足，他或者要疯。在其个人方面看，他的领袖欲的相当满足是合乎中，但在社会方面看，他的领袖欲的相当满足是太过。在这种情形下，社会只能向他说：你的才能，不能当领袖，你若因不能当领袖而疯，我们只好把你送入疯人院。社会的这种办法，我们不能说它有什么错误。

在社会方面看，"发乎情"而不能"止乎礼义"底要求，是应该制裁底。这种要求，宋明道学家谓之欲，或私欲，或人欲。他们说欲是恶底。这是一定不错底，因为所谓欲者，照定义是超过道德底规律底要求，照定义它即是恶底。所以说欲是恶，实等于说，凡是不道德底是不道德底。但后来反道学底人，如戴东原等，常说：人的生理底，心理底要求是不可，亦不应该压抑底，而宋明道学家却专爱压抑之。所以宋明道学家是"以理杀人"，太不讲人道。这种辩论，不是误解了宋明道学家所谓欲的意义，即是陷入上所说思想上底混乱。

我们于以上说中和，是就一个人的本身说，或是就一个社会中底各个人对于社会及别个人底关系说。若就一个社会中底各种人对于社会及别种人底关系说，则亦有中和可说。此所说社会中底各种人，指社会中底操各种职业底人说。例如当学校教员底人，做生意底人，等等，皆此所谓各种人。旧说"七十二行，行行出状元"。各行底人，即此所谓各种人。此各种人中，每种人皆有他们对于社会底权利及职分，及对于别种人底权利及职分。在普通底情形中，人对于求权利，总易偏于太过，而对于尽职分，则总易偏于不及。社会中底各种人亦是如此。他们对于要权利总易偏于太过，对于尽职分，总易偏于不及。此所谓过或不及，又是以什么为标准呢？各种人要他们的权利，有一个界限，过了这界限即与社会中底别种人的权利，发生冲突或妨碍。这个限度，即是中，合乎这个限度底，即是得中，即是中节，超乎这个限度底，即是太过。每种人尽他们的职分，亦有一个界限，如不到这个界限，则即不能满足社会对于这一种事底需要。这个限度即是中，合乎这个限度底即是得中，即是中节，不及这个限度底，即是不及。如果一个社会中底各种人，要权利，尽职分，皆合乎中，则此社会，即得到和。一个社会，不是只一种人所能组织成底。它需要许多种不同底人。它需要"异"。这些异，就其是异说，是"相反"。但他们都合在一起，方能组织成社会。就其合在一起说，是"相成"。他们的相成，靠他们的要权利，尽职分，都合乎中，以构成一个和。

或可说，这一种说法，是社会上统治阶级所用以压制被压迫阶级者。照资本家底说法，资本阶级及劳工阶级，都是社会，至少是社会的经济方面所必需底。这两个阶级，应该互相帮助，而不应互相仇视。从前亚力士多德，对于希腊的奴隶制度，亦有类此底辩护。他说：有些人是天生只能做工具底，有些人是天生能用工具底。能用工具底做主人，只能做工具底做奴隶，这是最合乎天然底。在中国，孟子对于当时底贵族政治，亦有类此底辩论。孟子说："有大人之事，有小人之事。""或劳心，或劳力。劳心者治人，劳力者治于人。治于人者食人，治人者食于人。天下之通义也。"照这个"通义"推下去，则社会中有一类底人永远是"治于人"而"食人"者，有一类底人永远是"治人"而"食于人"者。前者是被统治阶级，后者是统治阶级。统治阶级，永远用这一套理论，麻醉被统治者，使他们于被统治外，还要心悦诚服地赞颂统治者的圣德神功。现在我们讲这一套理论，恐怕对于统治阶级，有"助桀为虐"的嫌疑。

于此我们说，我们所谓各种人，并不是指阶级说。在有阶级底社会制度里，其政治底或经济底制度，使有些人，子子孙孙都在某阶级里，使又有些人，子子孙孙都在另一阶级里。在奴隶社会中奴隶世代是奴隶，主人世代是主人。在贵族政治里，平民世代是平民，贵族世代是贵族。即在资本主义底社会里，在政治法律方面看，对于劳工之成为资本家，固然没有限制，但在经济方面看，则劳工之成为资本家，若不是完全地不可能，亦是仅次于不可能。一个人当了劳工，他子孙还是当劳工的机会，不是百分之百亦是百分之九十九。但我们于上文所说，社会上底各种人，则不是如此。一个人如已当了三十年底教员，大概他不大容易改行。但是他的儿子则是可以随便入别底什么行底。对于一个社会说，这些各种人必须有。一个社会必须这些各种人构成。这些各种人，要权利，尽职分，都必须合乎中，以得到和。任何社会都多少是如此，都应该完全如此，不管一个社会是什么种底社会。有阶级底社会是如此，无阶级底社会亦是如此。

因为中和的道理是通用于任何种底社会，所以有阶级底社会亦引用它以维持其阶级制度。但这引用是错误底。因照这个道理，社会所必需要底是各种人，而不是各阶级。一个社会之是有阶级底社会，是客观底"势"所决定。在此种势下，有些种人，固必须成为某阶级，但如此种势已去，一个社会可以成为无阶级底社会时，而为某阶级之某种人，仍欲维持其阶级，则此种人所要之权利，即是太过，不合乎中。他们要权利太过，超过了中，则不但不能得到和，而且有害于和。

例如执掌政权底人，本亦是社会上底一种人。但在某种"势"下，这种人成了世袭底，因此即成了一种阶级。在这种势下，这种制度，是一个社会所必需底。但如此种势已去，一个社会可以不需要世袭底政治上底统治阶级，而在此阶级里底人，仍要维持他们的权利，则他们的要权利即为太过。社会中底别种人，对于他们的太过底要求，当然可以，而且应该制裁。这种制裁，如果是以暴力出之，即所谓革命。

照以上所说，我们可知，我们于此篇所说底道理，不能为所谓统治阶级所引用，以麻醉被统治底阶级。事实上确有人如此地引用，但如此底引用是错误底。

"致中和"应用在政治社会哲学方面，即是民治主义。《中庸》说："万物并育而不相害，道并行而不相悖。小德川流，大德敦化，此天地之所以为大也。"在一个民治主义底社会里，人的生活，即有这种情形。我们可以说："此民治主义之所以为大也。"在民治主义底社会里，在不妨碍别人的自由的范围里，一个人的生活，可以完全地自由。这个范围的界限，即是我们于上文所说中的界限。不到这个界限者谓之不及，超过这个界限者谓之太过，合乎这个界限者谓之得中，谓之中节。就社会中底各种人说，亦是如此。社会中各个人，及各种人，行为俱中节，则社会即是一大和。大和即是旧说所谓太和。这种社会所宝贵底是异而不是同。合许多中节底异，以成一大和。这个大和，是社会的理想底境界，人类的社会，是向着这个理想改进底。

还有所谓国际主义与民族主义的问题。有些人以为，如果国际主义成功了，则各民族的特色，必定都不能存在。这"以为"是错误底。如果真正底国际主义成功了，在所谓大同世界中，各民族的异，不但依旧存在，而且大家还要特别尊重其存在。在所谓大同世界中，各个人的异，各民族的异，都存在，而且大家都还特别尊重其存在。不过这许多的异，都是中节底异。合这许多中节底异，以成一大和。这大和即所谓大同世界。大同并不是同，而是所谓太和。

这已是一很高底境界了。但于此境界之上，还有宋明道学家所谓

"万物各得其所"或"无一物不得其所"的境界。此境界亦是一太和。不过此太和不仅包括所有底人，而且包括所有底物。物得其所是幸福底。例如一人有快乐幸福，我们说他是"得其所哉"。这是"得其所"的确切意义。万物"各"得"其"所，"各"字"其"字表示出"万物并育而不相害，道并行而不相悖"，"和而不同"的意思。这种境界，是"致中和"的极则。所以说："致中和，天地位焉，万物育焉。"

新原道（一名中国哲学之精神）（节选）（1945 年）

自　序

此书所谓道，非《新理学》中所谓道。此书所谓道，乃讲《新理学》中所谓道者。《新理学》所谓道，即是哲学。此书讲《新理学》所谓道，所以此书非哲学底书，而乃讲哲学底书。此书之作，盖欲述中国哲学主流之进展，批评其得失，以见新理学在中国哲学中之地位。所以先论旧学，后标新统。异同之故明，斯继开之迹显。庶几世人可知新理学之称为新，非徒然也。近年以来，对于旧学，时有新解，亦藉此书，传之当世。故此书非惟为《新理学》之羽翼，亦旧作《中国哲学史》之补编也。书凡十章，新统居一，敝帚自珍，或贻讥焉。然孔子曰：“文王既没，文不在兹乎！”孟子曰：“圣人复起，必从吾言。”其自信若是。即老氏之徒，濡弱谦下，亦曰：“知我者希，则我者贵。”亦何其高自期许耶？盖学问之道，各崇所见。当仁不让，理固然也。写此书时，与沈公武（有鼎）先生，时相讨论。又承汤锡予（用彤）先生，贺自昭（麟）先生，先阅原稿，有所指正，谨此致谢。又英国友人休士先生，亦就原稿译为英文，期在伦敦出版。并附记，以志鸿爪。民国三十三年6 月，冯友兰。

绪　论

有各种底人。对于每一种人，都有那一种人所可能有底最高底成就。例如从事于政治工作底人，所可能有底最高底成就是成为大政治家。从事于艺术底人，所可能有底最高底成就是成为大艺术家。人虽有各种，但各种底人都是人。专就一个人是人说，他的最高底成就，是成为圣人。这就是说，他的最高底成就，是得到我们所谓天地境界（关于境界及人生中所可能有底四种境界，参看《新原人》第三章）。

人如欲得到天地境界，是不是必须离开社会中一般人所公共有底，所普通有底生活，或甚至必须离开"生"？这是一个问题。讲到天地境界底哲学，最容易有底倾向，是说：这是必须底。如佛家说：生就是人生的苦痛的根源。如柏拉图说：肉体是灵魂的监狱。如道家中的有些人，"以生为附赘悬疣，以死为决疣溃痈"。这都是以为，欲得到最高底境界，须脱离尘罗世网，须脱离社会中一般人所公有底，所普通有底生活，甚至脱离"生"，才可以得到最后底解脱。有这种主张底哲学，即普通所谓出世间底哲学。出世间底哲学，所讲到底境界极高，但其境界是与社会中的一般人所公共有底，所普通有底生活，不相容底。社会中一般人所公共有底，所普通有底生活，就是中国哲学传统中所谓人伦日用。照出世间底哲学底说法，最高境界，与人伦日用是不相容底。这一种哲学，我们说它是"极高明而不道中庸"。

有些哲学，注重人伦日用，讲政治，说道德，而不讲，或讲不到最高底境界。这种哲学，即普通所谓世间底哲学。这种哲学，或不真正值得称为哲学。这种哲学，我们说它是"道中庸而不极高明"。

从世间底哲学的观点看，出世间底哲学是太理想主义底，是无实用底，是消极底，是所谓"沦于空寂"底。从出世间底哲学的观点看，世间底哲学是太现实主义底，是肤浅底。其所自以为是积极者，是如走错了路底人的快跑，越跑得快，越错得很。

有许多人说，中国哲学是世间底哲学。这话我们不能说是错，也不能说是不错。

从表面看中国哲学，我们不能说这话是错。因为从表面上看中国哲学，无论哪一派，哪一家，都讲政治，说道德。在表面上看，中国哲学所注重底，是社会，不是宇宙；是人伦日用，不是地狱天堂；是人的今生，不是人的来世。孟子说："圣人，人伦之至也。"照字面讲，这句话是说，圣人是社会中的道德完全底人。在表面上看，中国哲学中的理想人格，也是世间底。中国哲学中所谓圣人与佛教中所谓佛，以及耶教中所谓圣人，是不在一个范畴中底。

不过这只是在表面上看而已，中国哲学不是可以如此简单地了解底。专就中国哲学中主要传统说，我们若了解它，我们不能说它是世间底，固然也不能说它是出世间底。我们可以另用一个新造底形容词以说中国哲学。我们可以说，中国哲学是超世间底。所谓超世间的意义是即世间而出世间。

中国哲学有一个主要底传统，有一个思想的主流。这个传统就是求一种最高底境界。这种境界是最高底，但又是不离乎人伦日用底。这种境界，就是即世间而出世间底。这种境界以及这种哲学，我们说它是"极高明而道中庸"。

"极高明而道中庸"，是我们借用《中庸》中底一句话。我们说"借用"，因为我们此所谓"极高明而道中庸"，不必与其在《中庸》中底意义相同。中国哲学所求底最高境界，是超越人伦日用而又即在人伦日用之中。它是"不离日用常行内，直到先天未画前"。这两句诗的前一句，是表示它是世间底。后一句是表示它是出世间底。这两句就表示即世间而出世间。即世间而出世间，就是所谓超世间。因其是世间底，所以说是"道中庸"；因其又是出世间底，所以说是"极高明"。即世间而出世间，就是所谓"极高明而道中庸"。有这种境界底人的生活，是最理想主义底，同时又是最现实主义底。它是最实用底，但是并不肤浅。它亦是积极底，但不是如走错了路而快跑底人的积极。

世间与出世间是对立底。理想主义底与现实主义底是对立底。这都是我们所谓高明与中庸的对立。在古代中国哲学中，有所谓内与外的对立，有所谓本与末的对立，有所谓精与粗的对立。汉以后哲学中，有所谓玄远与俗务的对立，有所谓出世与入世的对立，有所谓动与静的对立，有所谓体与用的对立。这些对立或即是我们所谓高明与中庸的对立，或与我们所谓高明与中庸的对立是一类底。在超世间底哲学及生活中，这些对立都已不复是对立。其不复是对立，并不是这些对立，都已简单地被取消，而是在超世间底哲学及生活中，这些对立虽仍是对立，而已被统一起来。"极高明而道中庸"，此"而"即表示高明与中庸，虽仍是对立，而已被统一起来。如何统一起来，这是中国哲学所求解决底一个问题。求解决这个问题，是中国哲学的精神。这个问题的解决，是中国哲学的贡献。

中国哲学家以为，哲学所求底最高底境界是即世间而出世间底。有此等境界底人，谓之圣人。圣人的境界是超世间底。就其是超世间底说，中国的圣人的精神底成就，与印度所谓佛的，及西洋所谓圣人的，精神底成就，是同类底成就。但超世间并不是离世间，所以中国的圣人，不是高高在上，不问世务底圣人。他的人格是所谓内圣外王底人格。内圣是就其修养的成就说，外王是就其在社会上底功用说。圣人不一定有机会为实际底政治底领袖。就实际底政治说，他大概一定是没有机会底。所谓内圣外王，只是说，有最高底精神成就底人，可以为王，而且最宜于为王。至于实际上他有机会为王与否，那是另外一回事，亦是无关宏旨底。

圣人的人格，是内圣外王的人格。照中国哲学的传统，哲学是使人有这种人格底学问。所以哲学所讲底就是中国哲学家所谓内圣外王之道。

在中国哲学中，无论哪一派哪一家，都自以为是讲"内圣外王之道"，但并不是每一家所讲底都能合乎"极高明而道中庸"的标准。在中国哲学中，有些家的哲学，偏于高明；有些家的哲学，偏于中庸。这就是说，有些家的哲学，近于只是出世间底。有些家的哲学，近于只是世间底。不过在中国哲学史的演变中，始终有势力底各家哲学，都求解决如何统一高明与中庸的问题。对于这个问题底解决，可以说是"后来居上"。我们于此可见中国哲学的进步。我们于以下十章，依历史的顺序，叙述中国哲学史中各重要学派的学说，并以"极高明而道中庸"的标准为标准，以评定各重要学派的价值。

我们的对于中国哲学底这种工作，很像《庄子·天下篇》的作者，对于先秦哲学所做底工作。我们不能断定，谁是《天下篇》的作者，我们不知道他是谁，但他的工作，是极可赞佩底。他是中国古代的一个极好底哲学史家，亦是一个极好底哲学鉴赏家及批评家。在《天下篇》里，他提出"内圣外王之道"这个名词。讲内圣外王之道底学问，他称为"道术"。道术是真理之全。他以为当时各家，都没有得到道术之全，他们所得到底只是道术的一部分或一方面，所谓"道术有在于是者"。他们所得到底，只是道术的一部分，或一方面，所以他们所讲底只是他们的"一家之言"，不是道术，而是"方术"。

道术所讲底是内圣外王之道，所以道术亦是"极高明而道中庸"的。这亦是《庄子·天下篇》所主张底。《天下篇》说："不离于宗，谓之天人。不离于精，谓之神人。不离于真，谓之至人。以天为宗，以德为本，以道为门，兆于变化，谓之圣人。"向秀、郭象注云："凡此四名，一人耳。所自言之异。"此四种都是在天地境界中底人。天人，神人，至人或是"一人耳。所自言之异"。但圣人是与天人，神人，至人，不同底。他尽有天人等之所有，但亦有天人等之所无。圣人"以天为宗"，就是"不离于宗"；他"以德为本"，就是"不离于精"（《天下篇》下文说："以本为精，以物为粗。"）；他"以道为门"，就是"不离于真"（《老子》说："道之为物"，"其中有精，其精甚真，其中有信"。《庄子》说：道"有情有信，无为无形"）。这是他尽有天人等之所有。但他又能"兆于变化"，应付事物。这是他有天人等之所无。他能"极高明而道中庸"。天人等则能"极高明"而未必能"道中庸"。《天下篇》下文说君子，"以仁为恩，以义为理，以礼为行，以乐为和，薰然慈仁"。这种人是在道德境界中底人。这种人能"道中庸"而不能"极高明"。

《天下篇》亦似以"极高明而道中庸"的标准为标准，批评当时各家的学说。至少我们可以说，照向秀、郭象的注，《天下篇》是如此的。《天下篇》说："古之人其备乎！配神明，醇天地，育万物，和天下。泽及百姓。明于本数，系于末度，六通四辟，小大精粗，其运无乎不在。"所谓古之人，就是圣人。他能统一本末，小大，精粗等的对立。他能"配神明，醇天地"，而又能"育万物，和天下"。前者是其内圣之德，后者是其外王之功。神明大概是说宇宙的精神方面。有内圣外王底人格底人，能"备天地之美，称神明之容"。《天下篇》上文说："神何由降？明何由出？圣有所生，王有所成，皆原于一。"圣王是与神明并称底。

关于"一"底真理，就是内圣外王之道。儒家本是以阐述"古之人"为业底。但可惜他们所阐述底，都是些数度典籍之类。《天下篇》说："其明而在数度者，旧法世传之史，尚多有之。其在于诗书礼乐者，邹鲁之士，缙绅先生，多能明之。"向秀、郭象注云："能明其迹耳，岂所以迹哉？"所以照《天下篇》的说法，儒家不合乎高明的标准。

其余各家，也都是"不该不遍，一曲之士"。他们所讲底都不是内圣外王之道的全体，都偏于一方面。不过这一方面也是"道术有在于是"。他们"闻其风而说之"。《天下篇》以下叙墨家的学说，结语谓："墨子真天下之好也，将求之不得也，虽枯槁不舍也，才士也夫。"只称为才士，向秀、郭象注云："非有德也。"言其不合乎高明的标准。《天下篇》又叙述宋钘、尹文的学说，说他们"以禁攻寝兵为外，以情欲寡浅为内，其小大精粗，其行适至是而止"。向秀、郭象注云："未能经虚涉旷。"他们知有内外小大精粗的分别，但亦"适至是而止"，亦不合乎高明的标准。

《天下篇》又叙述彭蒙、田骈、慎到的学说，结语谓："彭蒙、田骈、慎到不知道。虽然，概乎皆尝有闻者也。"向秀、郭象注云："但未至也。"他们能从道的观点以看事物，知"万物皆有所可，有所不可。故曰：选则不遍，教则不至，道则无遗者矣"。用我们于《新原人》中所说底话说，他们已知天。但他们以为圣人的修养的成就，"至于若无知之物而已。无用贤圣，夫块不失道"。他们希望去知识所作的分别，以至于我们于《新原人》中所谓同天的境界。但不知在同天境界中底人，是无知而有知底，并不是若土块无知之物，彭蒙等是高明，但不是"极高明"。

《天下篇》又叙述关尹、老聃的学说。他们的学说，"建之以常，无，有，主之以太一。以濡弱谦下为表，以空虚不毁万物为实"。他们"以本为精，以物为粗"，"澹然独与神明居"。他们是已达到"极高明"的程度，但他们又"常宽容于物，不削于人"。他们亦可以说是能"道中庸"。

《天下篇》又叙述庄子的学说，说庄子"上与造物者游，而下与外死生无终始者为友。其于本也，弘大而辟，深闳而肆。其于宗也，可谓稠适而上遂矣"。他达到"极高明"的程度。但他虽"独与天地精神往来，而不傲倪于万物，不谴是非，以与世俗处"。他亦可以说是能"道中庸"。

《天下篇》极推崇老庄。但于叙老庄的学说时，亦是说："古之道术有在于是者"，关尹、老聃、庄周"闻其风而悦之"。由此例说，则老庄亦是"不该不遍，一曲之士"。《天下篇》或以为老庄的学说，虽是道术的一重要部分或一重要方面，但亦只是其一部分或一方面。关于此点，我们尚无法断定。不过离开《天下篇》的作者，用我们自己的判断，我们可以说，老庄的学说尚不能全合乎"极高明而道中庸"的标准。所以我们只说老庄亦可以说是合乎"道中庸"的标准。关于此点，我们于以下讲老庄章中，另有详说。

我们于此分析《天下篇》对于当时各家底批评，以见我们于以下各章，对于各派各家所作底批评，以及批评所用底标准，并不是我们的偶然底私见，而是真正接着中国哲学的传统讲底。并以见我们所谓中国哲学的精神，真是中国哲学的精神。

第一章 孔 孟

《天下篇》说："邹鲁之士，缙绅先生"所能明者，只是诗书礼乐等数度典籍。对于一般底儒说，这话是不错底。儒本来是一种职业。所谓儒者，就是以相礼教书为职业底人。他们的专长就是演礼乐，教诗书。他们也就只能演礼乐，教诗书。他们真是如向秀、郭象所说：只能明"古之人"之迹，而不能明其"所以迹"。

但对于孔孟，这话是不能说底。孔孟虽亦是儒者，但他们又创立了儒家。儒家与儒者不同。儒者是社会中的教书匠，礼乐专家。这是孔子孟子以前，原来有底。儒家是孔子所创立底一个学派。他们亦讲诗书礼乐。他们亦讲"古之人"。但他们讲"古之人"，是"接着"古之人讲底。不是"照着"古之人讲底。孔子说，他"述而不作，信而好古"（《论语·述而》）。一般儒者本来都是如此。不过孔子虽如此说，他自己实在是"以述为作"。因其以述为作，所以他不只是儒者，他是儒家的创立人。

儒家是以"说仁义"见称于世底。在中国旧日言语中，仁义二字若分用，则各有其意义，若联用，则其意义，就是现在所谓道德。《老子》说"绝仁弃义"，并不是说，只不要仁及义，而是说：不要一切道德。后世说，某人大仁大义，就是说：某人很有道德。说某人不仁不义，就是说：某人没有道德。儒家以说仁义见称，也就是以讲道德见称。

儒家讲道德，并不是只宣传些道德底规律，或道德格言，叫人只死守死记。他们是真正了解道德之所以为道德，道德行为之所以为道德行为。用我们《新原人》中所用底名词说，他们是真正了解人的道德境界与功利境界的不同，以及道德境界与自然境界的不同。

我们于以下先说明儒家所讲仁、义、礼、智。后人以仁、义、礼、智、信，为五常。但孟子讲"四端"则只说到仁义礼智。此四者亦是孔子所常讲底，但将其整齐地并列为四，则始于孟子。

先从义说起。孟子说："仁，人心也。义，人路也。"（《孟子·告子上》）义是人所当行之路，是所谓"当然而然，无所为而然"者（陈淳语）。所谓当然的意义，就是应该。说到应该，我们又须分别：有功利方面底应该，有道德方面底应该。功利方面底应该是有条件底。因其是有条件底，所以亦是相对底。例如我们说，一个人应该讲究卫生，此应该是以人类愿求健康为条件。求健康是讲究卫生的目的。讲究卫生是求健康的手段。这种手段，只有要达到这种目的者，方"应该"用之。如一人愿求健康，他应该讲究卫生。如他不愿求健康，则讲究卫生，对于他即是不必是应该底了。这种应该，亦是"当然而然"，但不是"无所为而然"。义不是这种应该。

义是道德方面底应该。这种应该是无条件底。无条件底应该，就是所谓"当然而然，无所为而然"。因其是无条件底，所以也是绝对底。无条件底应该，就是所谓义。义是道德行为之所以为道德行为之要素。一个人的行为，若是道德行为，他必须是无条件地做他所应该做底事。这就是说，他不能以做此事为一种手段，以求达到其个人的某种目的。如他以做此事为一种达到其个人的某种目的底手段，则做此事，对于他，即不是无条件底。他若愿求达到这种目的，做此事，对于他，是应该底。但他若不愿求达到这种目的，做此事，对于他，即是不应该底了。他必须是无条件地做他所应该做底事。若是有条件地，他虽做了他所应该做底事，但其行为亦只是合乎义底行为，不是义底行为。

这并不是说，在道德境界中底人，做他所应该做底事，是漫无目的，随便做之。他做他所应该做底事，有确定底目的。他亦尽心竭力，以求达到此目的，但不以达到此目的为达到其自己的另一目的的手段。例如一个有某种职务底人，忠于他的职守。凡是他的职守内所应该做底事，他都尽心竭力去做，以求其成功。从这一方面说，他做事是有目的底。但他的行为，如果真是忠底行为，则他之所以如此做，必须是他应该如此做，并不是他欲以如此做得到上司的奖赏，或同僚的赞许。所谓无条件做应该做底事，其意如此。一个人必须无条件地做他所应该做底事，然后他的行为，才是道德行为。他的境界，才是道德境界。

一个人无条件地做他所应该做底事，其行为是"无所为而然"。一个人以做某种事为手段，以求达到其自己的某种目的，其行为是"有所为而然"。用儒家的话说，有所为而然底行为是求利，无所为而然底行为是行义。这种分别，就是儒家所谓"义利之辨"。这一点，是儒家所特别注重底。孔子说："君子喻于义，小人喻于利。"（《论语·里仁》）孟子说："鸡鸣而起，孳孳为善者，舜之徒也；鸡鸣而起，孳孳为利者，跖之徒也。欲知舜与跖之分，无他，利与善之间也。"（《孟子·尽心上》）求利与行义的分别，就是我们于《新原人》中所谓功利境界与道德境界的分别。一个人的行为若是有所为而然底，他的行为，尽可以合乎道德，但不是道德行为。他的境界也只是功利境界，不是道德境界。

后来董仲舒说："正其谊（义）不谋其利，明其道不计其功。"他的此话，也就是上述底意思。但是有些人对此不了解。例如颜习斋批评这话说："世有耕种而不谋收获者乎？有荷网持钩，而不计得鱼者乎？""这不谋不计两个字，便是老无释空之根。"（《言行录教及门》）此批评完全是无的放矢。既耕种当然谋收获，既荷网持钩当然谋得鱼。问题在于一个人为什么耕种，为什么谋得鱼。若是为他自己的利益，他的行为不能是道德行为。不过不是道德行为底行为，也不一定就是不道德底行为。它可以是非道德底行为。

儒家所谓义，有时亦指在某种情形下办某种事的在道德方面最好底办法。《中庸》说："义者，宜也。"我们说：一件事宜如何办理，宜如何办理底办法，就是办这一件事的最好底办法。某一种事，在某种情形下，亦有其宜如何办理底办法。这一种办法，就是，在某种情形下，办这一种事的最好底办法。所谓最好又有两种意思。一种意思，是就道德方面说。一种意思，是就功利方面说。就功利方面说，在某种情形下，一种事的最好底办法，是一种办法，能使办此种事底人，得到最大底个人利益。就道德方面说，一种事的最好底办法，是一种办法，能使办此种事底人，得到最大底道德成就。我们说"在某种情形下"，因为所谓"义者，宜也"的宜，又有"因时制宜"的意义。所以孟子说："大人者，言不必信，行不必果，惟义所在。"（《孟子·离娄下》）

照此所说，儒家所谓义有似乎儒家所谓中，办一件事，将其办到恰到好处，就是中。所以说中，亦是说办一件事的最好底办法。不过义与中亦有不同。中亦可就非道德底事说，义只专就道德底事说。非道德底事，并不是不道德底事，是无所谓道德或不道德底事。例如，在平常情形下，吃饭是非道德底事。一个人吃饭，不太多，亦不太少，无过亦无不及。这可以说是合乎中，但不可以说是合乎义。这里没有义不义的问题。

我们可以说，以上所说二点，都是对于义底一种形式底说法。因为以上所说二点，并没有说出，哪些种底事，是人所无条件地应该做底事。也没有说出，对于某种事，怎样做是此种事底在道德方面底，最好底做法。如果有人提出这个问题，我们可以说，儒家说：与社会有利或与别人有利底事，就是人所无条件地应该做底事，做某种事，怎样做，能与社会有利，能与别人有利，这样做就是做此种事底在道德方面底最好底做法。

我们说："我们可以说，儒家说。"因为儒家并没有清楚地如此说。虽没有清楚地如此说，但他们的意思是如此。必了解这个意思，然后才可以了解儒家所谓义利之辨。

有人说：儒家主张义利之辨，但他们也常自陷于矛盾。如《论语》云："子适卫，冉有仆。子曰：'庶矣乎！'冉有曰：'既庶矣，又何加焉？'曰：'富之。'曰：'既富矣，又何加焉？'曰：'教之。'"（《论语·子路》）孔子亦注意于人民的富庶。人民的富庶，岂不是人民的利？又如《孟子》云："孟子见梁惠王，王曰：'叟，不远千里而来，亦将有以利吾国乎？'孟子曰：'王何必曰利，亦有仁义而已矣。'"孟子不以梁惠王言利为然。但他自己却向梁惠王提出一现代人所谓经济计划，欲使人可以"衣帛食肉"，"养生送死无憾"。孟子岂不亦是言利？

发此问者之所以提出此问题，盖由于不知儒家所谓义利之辨之利，是指个人的私利。求个人的私利的行为，是求利的行为。若所求不是个人的私利，而是社会的公利，则其行为即不是求利，而是行义。社会的利，别人的利，就是社会中每一个人所无条件地应该求底。无条件地求社会的公利，别人的利，是义的行为的目的，义是这种行为的道德价值。凡有道德价值底行为，都是义底行为；凡有道德价值底行为，都涵蕴义。因为凡有道德价值底行为，都必以无条件地利他为目的。如孝子必无条件地求利其亲。慈父必无条件地求利其子。无条件地求利其亲或子，是其行为的目的。孝或慈是这种行为的道德价值。所以所谓利，如是个人的私利，则此利与义是冲突底。所谓利，如是社会的公利，他人的利，则此利与义不但不冲突，而且就是义的内容。儒家严义利之辨，而有时又以为义利有密切底关系，如《易传·乾·文言》云："利者，义之和也。"其理由即在于此。后来程伊川云："义与利，只是个公与私也。"（《遗书》卷十七）求私利，求自己的利，是求利；求公利，求别人的利，是行义。

孟子说："仁，人心也。"（《孟子·告子上》）《中庸》说："仁者，人也。"程伊川说："公而以人体之谓之仁。"（《遗书》卷十七）无条件地做与社会有利，与别人有利底事是行义。若如此做只是因为无条件地应该如此做，则其行为是义底行为。若一个人于求社会的利，求别人的利时，不但是因为无条件地应该如此做，而且对于社会，对于别人，有一种忠爱恻怛之心，如现在所谓同情心，则其行为即不只是义底行为，而且是仁底行为。此所谓"公而以人体之谓之仁"。体是体贴之体，人就是人的心，就是人的恻隐之心，同情心。以恻隐之心行义谓之仁。所以说"仁，人心也"，"仁者，人也"。孟子亦说："恻隐之心，仁之端也。"（《孟子·公孙丑上》）义可以包仁，是仁底行为，必亦是义的行为。仁涵蕴义，是义的行为，不必是仁的行为。儒家说无条件地应该，有似乎西洋哲学史中底康德。但康德只说到义，没有说到仁。

仁人必善于体贴别人。因己之所欲体贴别人，知别人之所欲；因己之所不欲体贴别人，知别人之所不欲。因己之所欲，知别人之所欲，所以"己欲立而立人，己欲达而达人"（《论语·雍也》），"老吾老以及人之老，幼吾幼以及人之幼"（《孟子·梁惠王上》）。此即所谓忠。因己之所不欲，知别人之所不欲，所以"己所不欲，勿施于人"（《论语·卫灵公》）。此即所谓恕。合忠与恕，谓之忠恕之道。朱子《论语注》说："尽己之谓忠，推己之谓恕。"其实应该说："尽己为人之谓忠。"忠恕皆是推己及人。忠是就推己及人的积极方面说，恕是就推己及人的消极方面说。忠恕皆是"能近取譬"（《论语·雍也》），"善推其所为"（《孟子·梁惠王上》）。朱子注云："譬，喻也。近取诸身，譬之他人，知其所欲，亦犹是也。"此正是所谓忠。人亦可以己之所不欲，譬之他人，知其所不欲亦犹是。此是所谓恕。如是"推其所为"，以及他人，就是为仁的下手处。所以孔子说："能近取譬，可谓仁之方也已。"（《论语·雍也》）仁是孔子哲学的中心。而忠恕又是"为仁"的下手处。所以孔子说："吾道一以贯之。"曾子解释之云："夫子之道，忠恕而已矣。"（《论语·里仁》）

礼是人所规定行为的规范，拟以代表义者，于上文我们说，义的内容是利他。礼的内容亦是利他。所以《礼记·曲礼》说："夫礼，自卑而尊人，先彼而后己。"于上文我们说：义有似乎中。我们可以说：义是道德方面底中。所以儒家常以中说礼。《礼记·仲尼燕居》说："子曰：'礼乎礼！夫礼所以制中也。'"我们于上文说："义者，宜也"的宜，有"因时制宜"的意思。儒家亦以为礼是随时"变"底。《礼记·礼器》说："礼，时为大。"《乐记》说："五帝殊时，不相沿乐。三王异世，不相袭礼。"

智是人对于仁义礼底了解。人必对于仁有了解，然后才可以有仁底行为。必对于义有了解，然后才可以有义底行为。必对于礼有了解，然后他的行为，才不是普通底"循规蹈矩"。如无了解，他的行为，虽可以合乎仁义，但严格地说，不是仁底行为，或义的行为。他的行为，虽可以合乎礼，但亦不过是普通底"循规蹈矩"而已。无了解底人，只顺性而行，或顺习而行，他的行为虽可合乎道德，但只是合乎道德底行为，不是道德行为。他的境界，亦不是道德境界，而是自然境界。人欲求高底境界，必须靠智。孔子说："智及之，仁不能守之，虽得之，必失之。"（《论语·卫灵公》）用我们于《新原人》中底话说，人的了解，可使人到一种高底境界，但不能使人常住于此种境界。虽是如此，但若没有了解，他必不能到高底境界。

照以上所说，则仁义礼智，表面上虽是并列，但实则仁义与礼智，不是在一个层次底。这一点，似乎孟子也觉到。孟子说："仁之实，事亲是也。义之实，从兄是也。智之实，知斯二者，弗去是也。礼之实，节文斯二者。"（《孟子·离娄上》）这话就表示仁义与礼智的层次不同。

儒家注重"义利之辨"。可见功利境界与道德境界的分别，他们认识甚清。求利底人的境界是功利境界。行义底人的境界是道德境界。他们注重智。可见自然境界与其余境界的分别，他们亦认识甚清。孔子曰："民可使由之，不可使知之。"（《论语·泰伯》）孟子曰："行之而不著焉，习矣而不察焉，终身由之而不知其道者，众也。"（《孟子·尽心上》）"由之而不知"底人的境界，正是自然境界。

不过道德境界与天地境界的分别，儒家认识，不甚清楚。因此儒家常受道家的批评。其批评是有理由底。不过道家以为儒家所讲，只限于仁义；儒家所说到的境界，最高亦不过是道德境界。这"以为"是错底。儒家虽常说仁义，但并非只限于仁义。儒家所说到底最高底境界，亦不只是道德境界。此可于孔子孟子自述其自己的境界之言中见之。我们于以下引《论语》"吾十有五，而志于学"章，及《孟子》"养浩然之气"章，并随文释其义，以见孔子孟子的境界。

孔子曰："吾十有五，而志于学；三十而立；四十而不惑；五十而知天命；六十而耳顺；七十而从心所欲不逾矩。"（《论语·为政》）这是孔子自叙其一生底境界的变化。所谓三十、四十等，不过就时间经过的大端说，不必是，也许必不是，他的境界，照例每十年必变一次。

"志于学"之学，并不是普通所谓学。孔子说："朝闻道，夕死可矣。"（《论语·里仁》）又说："士志于道，而耻恶衣恶食者，未足与议也。"（同上）又说："志于道。"（《论语·述而》）此所谓志于学，就是有志于学道。普通所谓学，乃所以增加人的知识者。道乃所以提高人的境界者。老子说："为学日益。为道日损。"其所谓学，是普通所谓学，是与道相对者。孔子及以后儒家所谓学，则即是学道之学。儒家所谓学道之学，虽不必是日损，但亦与普通所谓学不同。于《新原人》中，我们说：自然境界及功利境界，是自然的礼物。道德境界及天地境界是人的精神的创造。人欲得后二种境界，须先了解一种义理，即所谓道。人生于世，以闻道为最重要底事。所以说："朝闻道，夕死可矣。"（《论语·里仁》）孔子又说："后生可畏，焉知来者之不如今也。四十、五十而无闻焉，斯亦不足畏也已。"（《论语·子罕》）无闻即无闻于道，并非没有声名。

"三十而立"。孔子说："立于礼。"（《论语·泰伯》）又说："不知礼，无以立也。"（《论语·尧曰》）上文说：礼是一种行为的规范，拟以代表义，代表在道德方面底中者。能立即能循礼而行。能循礼而行，则可以"克己复礼"。"复礼"即"非礼勿视，非礼勿听，非礼勿言，非礼勿动"（《论语·颜渊》）。克己即克去己私。在功利境界中底人，其行为皆为他自己的利益。这种人，就是有己私底人。行道德必先克去己私，所以"颜渊问仁"，孔子答以"克己复礼为仁"。

"四十而不惑"。孔子说"智者不惑"（《论语·宪问》）。上文说，智是对于仁义礼底了解。孔子三十而立，是其行为皆已能循礼。礼是代表义者，能循礼即能合乎义。但合乎义底行为，不必是义底行为。必至智者的地步，才对于仁义礼有完全底了解。有完全底了解所以不惑。不惑底智者才可以有真正底仁底行为，及义底行为，其境界才可以是道德境界。孔子学道至此，始得到道德境界。

孔子说："可与共学，未可与适道。可与适道，未可与立。可与立，未可与权。"（《论语·子罕》）有人有志于学，但其所志之学，未必是学道之学。有人虽有志于学道，但未必能"克己复礼"。有人虽能"克己复礼"，但对于礼未必有完全底了解。对于礼无完全底了解，则不知"礼，时为大"。如此，则如孟子所谓"执中无权，犹执一也"（《孟子·尽心上》）。执一即执着一死底规范，一固定底办法，以应不同底事变。孟子说："言不必信，行不必果，惟义所在。"这就是所谓"可与权"。人到智者不惑的程度，始"可与权"。孔子此所说，亦是学道进步的程序，与我们现所解释底一章，可以互相发明。

"五十而知天命"。仁义礼都是社会方面底事。孔子至此又知于社会之上，尚有天，于是孔子的境界，又将超过道德境界。所谓天命，可解释为人所遭遇底宇宙间底事变，在人力极限之外，为人力所无可奈何者。这是以后儒家所谓命的意义。所谓天命亦可解释为上帝的命令。此似乎是孔子的意思。如果如此，则孔子所谓知天命，有似于我们于《新原人》中所谓知天。

"六十而耳顺"。此句前人皆望文生义，不得其解。"耳"即"而已"，犹"诸"即"之乎"或"之于"。徐言之曰而已，急言之曰耳。此句或原作"六十耳顺"，即"六十而已顺"。后人不知"耳"即"而已"。见上下诸句中间皆有"而"字，于此亦加一"而"字，遂成为"而耳顺"。后人解释者，皆以耳为耳目之耳，于是此句遂费解（此沈有鼎先生说）。六十而已顺。此句蒙上文而言，顺是顺天命，顺天命有似于我们于《新原人》中所谓事天。

"七十而从心所欲不逾矩"。于《新原人》中，我们说：在道德境界中底人，做道德底事，是出于有意底选择，其做之需要努力。在天地境界中底人做道德底事，不必是出于有意底选择，亦不必需要努力。这不是说，因为他已有好底习惯，而是说，因为他已有高底了解。孔子从心所欲不逾矩，亦是因有高底了解而"不思而得，不勉而中"。此有似于我们于《新原人》中所谓乐天。

于《新原人》中，我们说：宇宙大全，理及理世界，以及道体等观念都是哲学底观念。人能完全了解这些观念，他即可以知天。知天然后能事天，然后能乐天，最后至于同天。此所谓天即宇宙或大全。我们于上文说：知天命有似于知天；顺天命有似于事天；从心所欲不逾矩，有似于乐天。我们说"有似于"，因为孔子所谓天，似乎是"主宰之天"，不是宇宙大全。若果如此，孔子最后所得底境界，亦是"有似于"天地境界。

孟子自述他自己的境界，见于《孟子》论浩然之气章中。此章前人多不得其解，兹随文释之。

《孟子》云："（公孙丑问曰：）'敢问夫子恶乎长？'曰：'我知言，我善养吾浩然之气。''敢问何为浩然之气？'曰：'难言也。其为气也，至大至刚，以直养而无害，则塞于天地之间。其为气也。配义与道，无是，馁也。是集义所生者，非义袭而取之也。行有不慊于心，则馁矣。我故曰：'告子未尝知义'，以其外之也。必有事焉，而勿忘，勿助长也。'"（《孟子·公孙丑上》）

"浩然之气"是孟子所特用底一个名词。"何为浩然之气？"孟子亦说是"难言"，后人更多"望文生义"底解释。本章上文从北宫黝、孟施舍二勇士的养勇说起。又说孟施舍的养勇的方法是"守气"，由此我们可知本章中所谓气，是勇气之气，亦即所谓士气，如说"士气甚旺"之气。孟子说："我善养吾浩然之气。"浩然之气之气，与孟施舍等守气之气，在性质上是一类底。其不同在于其是浩然。浩然者大也。其所以大者何？孟施舍等所守之气，是关于人与人底关系者。而浩然之气，则是关于人与宇宙底关系者。有孟施舍等的气，则可以堂堂立于社会间而无惧。有浩然之气，则可以堂堂立于宇宙间而无惧。浩然之气，能使人如此，所以说："其为气也，至大至刚，以直养而无害，则塞于天地之间。"

孟施舍等的气，尚须养以得之，其养勇就是养气，浩然之气，更须养以得之。孟子说："其为气也。配义与道，无是，馁也。"配义与道，就是养浩然之气的方法。这个道，就是上文所说，孔子说"志于道"之道，也就是能使人有高底境界底义理。养浩然之气的方法有两方面。一方面是了解一种义理，此可称为明道。一方面是常做人在宇宙间所应该做底事，此可称为集义。合此两方面，就是配义与道。此两方面的工夫，缺一不可。若集义而不明道，则是所谓"不著不察"或"终身由之而不知其道"。若明道而不集义，则是所谓"智及之，仁不能守之，虽得之，必失之"。若无此二方面工夫，则其气即馁，所谓"无是，馁也"。

明道之后，集义既久，浩然之气，自然而然生出，一点勉强不得。所谓"是集义所生者，非义袭而取之也"。朱子说："袭如用兵之袭，有袭夺之意。"（《朱子语类》卷五十二）下文说："我故曰：'告子未尝知义'，以其外之也。"告子是从外面拿一个义来，强制其心，使之不动。孟子则以行义为心的自然底发展。行义既久，浩然之气，即自然由中而出。

"行有不慊于心，则馁矣。"《左传》说："师直为壮，曲为老。"壮是其气壮，老是其气衰。我们常说："理直气壮。"理直则气壮，理曲则气馁。平常所说勇气是如此。浩然之气，亦是如此。所以养浩然之气底人，须时时明道集义，不使一事于心不安。此所谓"必有事焉，而勿正，心勿忘"。"正之义通于止"（焦循《孟子正义》说）。"勿正"就是"勿止"，也就是"心勿忘"。养浩然之气底人所须用底工夫，也只是如此。他必须时时明道集义，久之则浩然之气，自然生出。他不可求速效，另用工夫。求速效，另用工夫，即所谓助长。忘了，不用功夫，不可。助长，亦不可。养浩然之气，须要"明道集义，勿忘勿助"。这八个字可以说是养浩然之气的要诀。

有浩然之气底人的境界，是天地境界。孟子于另一章中云："居天下之广居，立天下之正位，行天下之大道。得志与民由之。不得志独行其道。富贵不能淫，贫贱不能移，威武不能屈。此之谓大丈夫。"（《孟子·滕文公下》）我们如将此所谓大丈夫与有浩然之气者比，便可知此所谓大丈夫的境界，不如有浩然之气者高。此所谓大丈夫，"居天下之广居，立天下之正位，行天下之大道"，不能说是不大，但尚不能说是至大。他"富贵不能淫，贫贱不能移，威武不能屈"，不能说是不刚，但尚不能说是至刚。何以不能说是至大至刚？因为此所谓大丈夫的刚大，是就人与社会底关系说。有浩然之气者的刚大，则是就人与宇宙底关系说。此所谓大丈夫所居底，是"天下"的广居，所立底是"天下"的正位，所行底是"天下"底大道。有浩然之气者的浩然之气，则"以直养而无害，则塞于天地之间"。"天下"与"天地"这两个名词是有别底。我们可以说治国平天下，而不能说治国平天地。我们可以说天下太平，或天下大乱，不能说天地太平，或天地大乱。天下是说人类社会的大全，天地是说宇宙的大全。此所说大丈夫的境界是道德境界。有浩然之气者的境界是天地境界。此所说大丈夫的境界，尚属于有限。有浩然之气者，虽亦只是有限底七尺之躯，但他的境界已超过有限，而进于无限矣。

到此地位底人，自然"大行不加，穷居不损"，自然"富贵不能淫，贫贱不能移，威武不能屈"。但其不淫，不移，不屈的意义，又与在道德境界底人的不淫，不移，不屈不同。朱子说："浩然之气，清明不足以言之。才说浩然，便有个广大刚果意思，长江大河浩浩而来也。富贵，贫贱，威武，不能移屈之类皆低，不可以语此。"（《语类》卷五十二）朱子此言，正是我们以上所说底意思。到此地位者，可以说已到同天的境界。孟子所谓"塞于天地之间"，"上下与天地同流"（《孟子·尽心上》），可以说是表示同天的意思。

就以上所说，我们可以说：孟子所说到底境界，比孔子所说到底高。孔子所说的天是主宰底天，他似乎未能完全脱离宗教底色彩。他的意思，似乎还有点是图画式底。所以我们说：他所说到底最高境界，只是"有似于"事天乐天的境界。孟子所说到底境界，则可以说是同天的境界。我们说"可以说是"，因为我们还没有法子可以断定，孟子所谓"天地"的抽象的程度。

孔子是早期儒家的代表。儒家于实行道德中，求高底境界。这个方向，是后来道学的方向。不过他们所以未能分清道德境界与天地境界，其故亦由于此。以"极高明而道中庸"的标准说，他们于高明方面，尚未达到最高底标准。用向秀、郭象的话说，他们尚未能"经虚涉旷"。

第四章 老 庄

司马谈说："名家，专决于名，而失人情。"专就"失人情"说，凡哲学都是"失人情"底。因为一人所有底知识，都限于形象之内，而哲学的最高底目的，是要发现超乎形象者。哲学必讲到超乎形象者，然后才能符合"玄之又玄"的标准。一般人不能用抽象底思想，而哲学则专用抽象底思想。用我们于《新理学》中所用底名词，我们说，抽象底思想是思，非抽象底思想是想。一般人只能想而不能思。他们的思想，都是我们所谓图画式底思想。用图画式底思想以看哲学，哲学是"失人情"底。《老子》说："上士闻道，勤而行之。中士闻道，若存若亡。下士闻道，大笑之。不笑不足以为道。"（四十一章）对于哲学，我们亦可以如此说。

就"专决于名"说，我们虽不能附和一般人的常识，说，名家是"专决于名"。但名家的思想及其辩论，是从名出发底。公孙龙尤其是如此。一般人的知识，都限于形象之内。在形象之内底都是名家所谓"实"。一般人都只知有实。他们只注意于实，不注意于名。名家注意于名。他虽未必皆如公孙龙知有名之所指底共相，但他们总是注意于名。他们所讲底都是有名。在哲学史中，所谓唯名论者，以为只有实，名不过是些空洞底名字。这些唯名论者的思想，虽近于常识，但亦是比一般人的思想高一层次底。一般人见"实"则随口呼之，他们虽用名，而并不知有名。凡关于名底思想，都出于对于思想底思想，都出于思想的反省。所以凡关于名底思想，无论其是唯名论底，或如公孙龙所持底，都是比一般人的思想，高一层次底。

于上章，我们说：道家是经过名家的思想而又超过之底。他们的思想比名家的思想，又高一层次。名家讲有名。道家经过名家对于形象世界底批评，于有名之外，又说无名。无名是对着有名说底。他们对着有名说，可见他们是经过名家底。

《老子》说："道可道，非常道；名可名，非常名。无名，天地之始；有名，万物之母。"（一章）"道常无名，朴。""始制有名。"（三十二章）"道隐无名。"（四十一章）《庄子》说："泰初有无，无有无名。"（《天地》）在道家的系统中，有与无是对立底。有名与无名是对立底。这两个对立，实则就是一个对立。所谓有与无，实则就是有名与无名的简称。"无名，天地之始；有名，万物之母。"或读为："无，名天地之始；有，名天地之母。"这两个读法，并不使这两句话的意思，有什么不同。在道家的系统中，道可称为无，天地万物可称为有。说道可称为无，就是说：道是"无名之朴"（三十七章），"道隐无名"。说天地万物可称为有，就是说：天地万物都是有名底。天可名为天，地可名为地。某种事物可名为某种事物。有天即有天之名。有地即有地之名。有某种事物，即有某种事物之名。此所谓"始制有名"。道是无名，但是是有名之所由以生成者。所以说："无名，天地之始；有名，万物之母。"

"道常无名，朴。"所以，常道就是无名之道。常道既是无名，所以不可道。然而，既称之曰"道"，道就是个无名之名。"自古及今，其名不去，以阅众甫。"（二十一章）道是任何事物所由以生成者，所以，其名不去。不去之名，就是常名。常名实在是无名之名，实则是不可名底。所以说，"名可名，非常名"。

"无名，天地之始；有名，万物之母。"这两个命题，只是两个形式命题，不是两个积极命题。这两个命题，并不报告什么事实，对于实际也无所肯定。道家以为，有万物，必有万物所由以生存者。万物所由以生存者，无以名之，名之曰道。道的观念，亦是一个形式底观念，不是一个积极的观念。这个观念，只肯定一万物所由以生成者。至于此万物所由以生成者是什么，它并没有肯定。不过它肯定万物所由以生成者，必不是与万物一类底物。因为所谓万物，就是一切底事物，道若是与万物一类底物，它即不是一切底事物所由以生成者，因为所谓一切底事物已包括有它自己。《庄子·在宥篇》说："物物者非物。"道是物物者，必须是非物。《老子》中固然说"道之为物"，不过此物，并不是与万物一类底物，并不是任何底事物。任何事物，都是有名。每一种事物，总有一名。道不是任何事物，所以是"无名之朴"。"朴散，则为器。"（二十八章）器是有名，是有；道是无名，是无。

万物之生，必有其最先生者，此所谓最先，不是时间上底最先，是逻辑上底最先。例如我们说：先有某种事物（例如猿），然后有人。此所谓先，是时间上底先。若我们说：必先有动物，然后有人。此所谓先，是逻辑上底先，这就是说，有人涵蕴有动物。天地万物都是有，所以有天地万物涵蕴有有，有有为天地万物所涵蕴，所以有是最先生者。《老子》说："天地万物生于有，有生于无。"（四十章）这不一定是说，有一个时候只有无，没有有。然后于次一时，有从无生出。这不过是说，若分析天地万物之有，则见必须先有有，然后，可有天地万物。所以在逻辑上，有是最先生者，此所谓最先不是就时间方面说。此所谓有有，也不是就事实方面说。就事实方面说，所有底有，必是某事物底有，不能只是有。

有就是一个有。《老子》又说："道生一，一生二，二生三，三生万物。"（四十二章）道所生之一，就是有。有道，有有，其数是二。有一有二，其数是三。此所谓一二三，都是形式底观念。这些观念，并不肯定一是什么，二是什么，三是什么。

以上所讲的道家思想，也可以说是"专决于名，而失人情"。道家所受名家的影响，在这些地方是很显然底。

道、无、有、一，都不是任何种类底事物，所以都是超乎形象底。《庄子·天下篇》说：关尹老聃，"建之以常、无、有，主之以太一"。太一就是道。《庄子》说："泰初有无，无有无名，一之所起，有一而未形。"（《天地》）道是一之所起。这也就是说："道生一"，所以道是太一。此所谓"太"，如太上皇，皇太后，老太爷之太。言其比一更高，所以是太一。

常是与变相对底。事物是变底，道是不变底。所以道可称为常道。事物的变化所遵循底规律也是不变底。所以《老子》说到事物的变化所遵循底规律时，亦以常称之。如说："取天下常以无事。"（四十八章）"民之从事，常于几成而败之。"（六十四章）"常有司杀者杀。"（四十七章）"天道无亲，常与善人。"（七十九章）这些都是不变地如此，都是所谓自然的法律，所以都称之曰常。

在自然界的法律中，最根本底法律，是"反者，道之动"（四十章）。一事物的某性质，若发展至于极点，则必变为其反面，此名曰反。《老子》说："大曰逝。逝曰远。远曰反。"（二十五章）

这是《老子》哲学中的一个根本意思。《老子》书中许多话是不容易了解底。但若了解了《老子》这一个根本意思，则《老子》书中不容易了解底话，也易了解了。因为"反"为道之动。故"祸兮，福之所倚；福兮，祸之所伏"，"正复为奇，善复为妖"（五十八章）。惟其如此，故"曲则全，枉则直，洼则盈，敝则新，少则得，多则惑"（二十二章）。惟其如此，故"飘风不终朝，骤雨不终日"（二十三章）。惟其如此，故"以道佐人主者，不以兵强天下，其事好还"（三十章）。惟其如此，故"天之道其犹张弓欤？高者抑之，下者举之，有余者损之，不足者补之"（七十七章）。惟其如此，故"天下之至柔，驰骋天下之至坚"（四十三章）。"天下莫柔弱于水，而攻坚，强者莫之能胜。"（七十八章）惟其如此，故"物或损之而益，或益之而损"（四十二章）。凡此皆事物变化所遵循底通则。《老子》发现而叙述之，并非故为奇论异说。而一般人视之，则或以为非常可怪之论。故曰："正言若反。"（七十八章）故曰："玄德深矣远矣，与物反矣，然后乃至大顺。"（六十五章）故曰："下士闻道，大笑之，不笑不足以为道。"（四十一章）

这都是所谓常。"知常曰明，不知常，妄作，凶。"（《老子》十六章）《庄子·天下篇》说：关尹老聃"以濡弱谦下为表"，"知其雄，守其雌"，"知其荣，守其辱"。他们所以如此，因为照以上所说底常，守雌，正是所以求雄；守辱，正是所以避辱。这是《老子》所发现底全生避害的方法。

庄子所受名家的影响，是极其明显底。有许多地方，他是完全接着惠施讲底。我们于上文第三章中，对于惠施十事，作了一点解释。因为《天下篇》底报告，过于简略，我们不敢十分断定惠施的原来底意思，确是如此。但我们可以说，《庄子》的《齐物论》的第一层意思，确是类乎此。

《齐物论》的第一层意思，是指出，一般人对于形象世界所作底分别是相对的。人对于形象世界所作底分别，构成人对形象世界底见解。这些见解是万有不齐，如有风时之"万窍怒号"，如《齐物论》开端所说者。在这些见解中，当时最引人注意底，是儒墨二家的见解。当时思想界中最引人注意底争执，亦是儒墨二家中间底辩论。《齐物论》说："道恶乎隐而有真伪？言恶乎隐而有是非？道恶乎往而不存？言恶乎存而不可？道隐于小成，言隐于荣华。故有儒墨之是非，以是其所非，而非其所是。"《齐物论》下文云："道未始有封，言未始有常。"道不限于是一物，所以"未始有封"。真理之全，必须从多方面言之。所以言真理之言，必须从多方面说，所以"未始有常"。所以"道恶乎往而不存？

言恶乎存而不可？"知此则知各方面底言，都可以说是真理的一方面。各方面底言，都不必互相是非。是非之起，由于人各就其有限的观点，以看事物，而不知其观点是有限的观点，因此各有其偏见。有限是所谓小成。不知有限是有限，以为可以涵盖一切。如此则道为有限所蔽，此所谓"道隐于小成"。不知偏见是偏见，又加以文饰，以期"持之有故，言之成理"。如此则表示真理之言不可见。此所谓"言隐于荣华"。儒墨二家中的辩论，亦是如此之类。

儒墨二家相互是非。此之所是者，彼以为非；彼之所是者，此以为非。此种辩论，如环无端，没有止境。亦没有方法，可以决定，谁是真正是，谁是真正非。辩者认为辩可以定是非。但辩怎么能定是非？《齐物论》说："既使我与若辩矣。若胜我，我不若胜，若果是也，我果非也耶？我胜若，若不吾胜，我果是也，而果非也耶？其或是也，其或非也耶？其俱是也，其俱非也耶？我与若不能相知也。则人固受其黮暗。吾谁使正之？使同乎若者正之，既与若同矣，恶能正之？使同乎我者正之，既同乎我矣，恶能正之？使异乎我与若者正之，既异乎我与若矣，恶能正之？使同乎我与若者正之，既同乎我与若矣，恶能正之？然则我与若与人，俱不相知也，而待彼也耶？"《齐物论》的这一段话，颇有辩者的色彩。这一段话，也是"然不然，可不可"。不过辩者的"然不然，可不可"是与常识立异。《齐物论》的"然不然，可不可"是与辩者立异。

若知是非之起，起于人之各就其有限的观点，以看事物，则若能从一较高底观点，以看事物，则见形象世界中底事物，"方生方死，方死方生，方可方不可，方不可方可，因是因非，因非因是"（《齐物论》）。事物是变底，是多方面底。所以对于事物底各方面底说法，本来是都可以说底。如此看，则所有底是非之辩，均可以不解决而自解决。此所谓"是以圣人不由，而照之于天"（《齐物论》）。"不由"是不如一般人站在他自己的有限的观点，以看事物。"照之于天"是站在天的观点，以看事物。天的观点，是一种较高底观点。道的观点也是一种较高底观点。各站在有限的观点，以看事物，则"彼亦一是非，此亦一是非"。彼此相互对待，谓之有偶。站在一较高底观点，以看事物，则既不与彼相对待，亦不与此相对待。此所谓"彼是莫得其偶，谓之道枢。枢始得其环中，以应无穷。是亦一无穷，非亦一无穷也"（《齐物论》）。彼此互相是非，如环无端，是无穷底。得道枢者，从道的观点，以看事物，不与彼此相对待，此所谓"得其环中，以应无穷"。司空图《诗品》云："超以象外，得其环中。"惟能"超以象外"，然后能"得其环中"。

从道的观点以看事物，就是《秋水篇》所谓"以道观之"。"以道观之"则一切事物皆有所可，有所然。《齐物论》说："可乎可，不可乎不可。道行之而成，物谓之而然。恶乎然？然于然。恶乎不然？不然于不然。物固有所然，物固有所可。无物不然，无物不可。故为是举莛与楹，厉与西施，恢恑憰怪，道通为一。"事物虽不同，但同于皆有所可，有所然，同于皆出于道。所以不同的事物，"以道观之"皆"通为一"。

人对于事物所作底分别，亦是相对底。《齐物论》说："其分也，成也；其成也，毁也。凡物无成与毁，复通为一。"云变为雨，就雨说谓之成，就云说谓之毁。所谓成毁，都是就一方面说。从有限底观点看，有成与毁；从道的观点看，无成与毁，"复通为一"。

从道的观点看人对于事物所作底分别，是相对底，亦可说，一切事物所有底性质，亦是相对底。"我"与别底事物底分别亦是相对底。我与别底事物同出于道。所以"我"与万物，道亦"通为一"。《齐物论》说："天下莫大于秋毫之末，而泰山为小。莫寿于殇子，而彭祖为夭。天地与我并生，而万物与我为一。"这个结论，也就是惠施说"泛爱万物，天地一体也"的结论。

以上诸段所说，是《齐物论》的第一层底意思。我们说，这个意思是与惠施的意思是一类底。因为这个意思，亦是教人从一较高底观点，以看事物，以批评人对于事物底见解。不过我们不说，《齐物论》的这个意思，与惠施的意思，完全相同。因为惠施所批评底是一般人的常识。《齐物论》则并批评名家的批评。其批评名家也是从道的观点以作批评。所以其批评是比名家高一层次底。

例如《齐物论》批评公孙龙云："以指喻指之非指，不若以非指喻指之非指也；以马喻马之非马，不若以非马喻马之非马也。天地一指也。万物一马也。"公孙龙说："物莫非指，而指非指。"这就是"以指喻指之非指"。公孙龙又说："白马非马。"这就是"以马喻马之非马"。然"以道观之"，"道通为一"。则指与非指通为一，马与非马亦通为一。所以说："天地一指也。万物一马也。"

名家以"辩"批评了一般人的对于事物底见解。《齐物论》又以"道"批评了名家的辩。《齐物论》说："辩也者有不见也。""大辩不言。"不言之辩，是高一层次底辩，所以我们说：道家经过了辩者的批评而又超过了他们的批评。

《齐物论》于"万物与我为一"一句之下，又转语云："既已为一矣，且得有言乎？既已谓之一矣，且得无言乎？一与言为二，二与一为三，自此以往，巧历不能得，而况其凡乎？自无适有，以至于三，而况自有适有乎？无适焉，因是已。"此一转语，是庄子比惠施更进一步之处。这是《齐物论》的第二层意思。"万物与我为一"之一，是超乎形象底，亦是不可思议，不可言说底。因为如对一有言说有思议，则言说思议中底一，即是言说思议的对象，是与言说思议相对底，亦即是与"我"相对底。如此底一不是"万物与我为一"之一。庄子说，一不可说。他是真正了解一。惠施说："至大无外，谓之大一。"他只知说大一，不知大一是不可说底。道家知一是不可说底。这就是他们对于超乎形象底知识比名家更进了一步。

名家以为一般人的常识是错底。名家的这种见解，亦是错底。"道未始有封"，"言未始有常"。"道恶乎往而不存？言恶乎存而不可？"一般人对于事物底见解，亦是真理的一方面。他们可以批评之处，只是其不知其只是真理的一方面。他们不知，所以他们见解成为偏见。若知偏见是偏见，则它立时即不是偏见。再进一步说，人之互相是非，亦是一种自然底"化声"。凡物无不各以其自己为是，以异于己者为非。这亦是物性的自然。从道的观点看，这亦是应该是听其自尔底。所以"得其环中"底人，并不是要废除一般人的见解，亦不要废除是非，他只是"不由而照之于天"。这就是不废之而超过之。《齐物论》说："是以圣人和之以是非，而休乎天钧。此谓之两行。"天钧是自然的运行。是非是相对底。一般人对于事物底见解，其是真亦是相对底。一切事物所有底性质亦是相对底。但"万物与我为一"之一是绝对底。不废相对而得绝对，此亦是"两行"。

这又是庄子比惠施更进一步之处。惠施只知辩，而不知不辩之辩；只知言，而不知不言之言。惠施、公孙龙只知批评一般人对于事物底见解，以为他们是错底，而不知其亦无所谓错。所以名家"与众不适"（《天下篇》谓惠施语），而道家则"与天地精神往来而傲倪于万物"，"不谴是非以与世俗处"（《天下篇》谓庄子语）。所以我们说：道家经过名家而又超过之。

不过道家只知无名是超乎形象底，不知有名亦可以是超乎形象底。名之所指，若是事物，则是在形象之内底。名之所指，若是共相，则亦是超乎形象底。公孙龙所说，坚、白、马、白马等亦是有名，但亦是超乎形象底。由此方面说，道家虽对立于名家所说底有名，而说无名，但他们对于名家所说底有名，尚没有完全底了解。在他们的系统中，他们得到超乎形象底，但没有得到抽象底。

《齐物论》又云："是不是，然不然。是若果是也，则是之异乎不是也亦无辩。然若果然也，则然之异乎不然也亦无辩。化声之相待，若其不相待。和之以天倪，因之以曼衍，所以穷年也。忘年忘义，振于无竟，故寓诸无竟。"这是得道枢底人的境界。上文说到"道通为一"。又说到"天地与我并生，万物与我为一"。此尚是就得道枢底人的知识方面说。得道枢底人，不仅有此种知识，且有这种经验。他的经验中底此种境界，就是《新原人》中所谓同天的境界。有这种境界底人，忘了一切底分别。在他的经验中，只有浑然底"一"。"忘年忘义"，就是说，忘分别。"寓诸无竟"就是寓诸浑然底"一"。

因为要忘分别，所以要去知，去知是道家用以达到最高境界底方法。此所谓知，是指普通所谓知识底知，这种知的主要工作，是对于事物作分别。知某物是某种物，即是对于某物作分别，有分别即非浑然。所谓浑然，就是无分别的意思。去知就是要忘去分别。一切分别尽忘，则所余只是浑然底一。《老子》说："为学日益，为道日损。"为学要增加知识，所以日益；为道要减少知识，所以日损。

所谓道，有两意义：照其一意义，所谓道，是指一切事物所由以生成者。照其另一意义，所谓道，是指对于一切事物所由以生成者底知识。一切事物所由以生成者，是不可思议不可言说底。因为若思议言说之，则即加以一种性质，与之一名。但它是无名，不可以任何名名之。它既是如此，所以它是不可知底。所以对于道底知识，实则是无知之知。《齐物论》说："故知止其所不知，至矣。孰知不言之辩，不道之道？"不知之知，就是知之至。《庄子·天地篇》云："黄帝游乎赤水之北，登乎昆仑之丘，而南望，还归，遗其玄珠，使知索之而不得，使离朱索之而不得，使吃诟索之而不得也。乃使象罔，象罔得之。"知是普通所谓知识，离朱是感觉，吃诟是言辩。这些均不能得道，只有象罔能得之。象罔就是无象，无象是超乎形象。"超以象外"，然后可以"得其环中"。这种知识就是无知之知，无知之知就是最高底知识。

求最高底境界，须去知。去知然后得浑然底一。求最高底知识，亦须去知。去知然后能得无知之知。总之，为道的方法，就是去知。在

《庄子》书中，有数次讲"为道"的程序，亦即是"为道"的进步的阶段。《大宗师》云："南伯子葵问乎女偊曰：'子之年长矣，而色若孺子，何也？'曰：'吾闻道矣。'南伯子葵曰：'道可得学耶？'曰：'恶，恶可？子非其人也。夫卜梁倚有圣人之才，而无圣人之道；我有圣人之道，而无圣人之才。吾欲以教之，庶几其果为圣人乎？不然，以圣人之道，告圣人之才，亦易矣。吾犹守而告之，三日，而后能外天下。已外天下矣，吾又守之七日，而后能外物。已外物矣，吾又守之九日，而后能外生。已外生矣，而后能朝彻。朝彻而后能见独。见独而后能无古今。无古今而后能入于不死不生。杀生者不死，生生者不生。其于物也，无不将也，无不迎也，无不毁也，无不成也。其名为撄宁，撄宁也者，撄而后成者也。'"所谓"外天下""外物"之外，是不知或忘的意思。外天下即是不知有天下，或忘天下。天下亦是一某物。一某物比较易忘，物比较难忘。所以于外天下之后，又七日始能外物。外物即是不知有物或忘物。人的生最难忘，所以于外物之后，九日而后能不知有生或忘生。已外物，又外生，则所谓"我"与"物"的分别，"我"与"非我"之间底鸿沟，在知识上已不存在。如此则恍然于己与万物浑然为一。此恍然谓之朝彻。言其"恍然如朝阳初起，谓之朝彻"（成玄英疏语），如所谓豁然贯通者。此时所见，惟是浑然底一。此谓之见独。独就是一。一包括一切，亦即是大全。大全是无古今底。古今是时间上的衡量。大全亦包括时间，所以不能于大全之外，另有时间，以衡量其是古是今。大全是不死不生底，因为大全不能没有，所以无死。大全亦不是于某一时始有，所以无生。大全是如此，所以与大全为一底人，亦无古今，不死不生。在此种境界中底人，从大全的观点，以看事物，则见"凡物无成与毁"，亦可说是，凡物"无不成无不毁"。此之谓撄宁。撄是扰动，宁是宁静。撄宁是不废事物的扰动，而得宁静。

《大宗师》又一段说："颜回曰：'回益矣。'仲尼曰：'何谓也？'曰：'回忘仁义矣。'曰：'可矣，犹未也。'他日复见，曰：'回益矣。'曰：'何谓也？'曰：'回忘礼乐矣。'曰：'可矣，犹未也。'他日复见，曰：'回益矣。'曰：'何谓也？'曰：'回坐忘矣。'仲尼曰：'何谓坐忘？'颜回曰：'堕肢体，黜聪明，离形去知，同于大通，是谓坐忘。'仲尼曰：'同则无好也，化则无常也，而果其贤乎？丘也，请从而后也。'"忘仁义礼乐，相当前段所说"外物"。仁义是抽象底，故较易忘。礼乐是具体底，故较难忘。"堕肢体，黜聪明，离形去知"，相当于前一段所说的"外生"。"同于大通",相当于前一段所说"朝彻见独"。"同则无好",相当于前一段所说"其于物也,无不将也,无不迎也"。"化则无常",相当于前一段所说"无不成也,无不毁也"。"同于大通","朝彻见独",是坐忘底人所有底境界。"同则无好","化则无常",是坐忘底人所可能有底活动。

或可问:上文说,道家不废是非而超过之,此之谓两行。今又说"为道"须去知,忘分别。去之忘之,岂不是废之?于此我们说:说去知忘分别,是就圣人的境界说。这是属于"内圣"一方面底。不废是非,不废分别,这是就他应付事物说,这是属于"外王"一方面底。他不废应付事物,而仍能有他的境界。这就是所谓撄宁,也就是所谓两行。

圣人有最高底境界,也可有绝对底逍遥。庄子所谓逍遥,可以说是自由的快乐。《庄子·逍遥游》篇首说大鹏,小鸟;小知,大知;小年,大年。这些都是大小悬殊底。但它们如各顺其性,它们都是逍遥底。但它们的逍遥都是有所待底。《逍遥游》说:"列子御风而行,泠然善也","此虽免乎行,犹有所待者也。若夫乘天地之正,而御六气之辩,以游无穷者,彼且恶乎待哉?"列子御风而行,无风则不能行,所以其逍遥有待于风。大鹏一飞九万里,其逍遥有待于远飞。大椿以八千岁为春,八千岁为秋,其逍遥有待于久生。这都是有所待,其逍遥是有待底逍遥。圣人游于无穷。游于无穷,就是《齐物论》所说:"振于无竟,故寓诸无竟。""其于物也,无不将也,无不迎也,无不成也,无不毁也。"所以他无所待而逍遥,他的逍遥是无待底,所以亦是绝对底。

早期道家中底人原只求全生,避害。但人必须到这种最高底境界,始真为害所不能伤。《庄子·田子方》篇云:"夫天下也者,万物之所一也。得其所一而同焉,则四肢百体将为尘垢,而死生终始将为昼夜,而莫之能滑,而况得丧祸福之所介乎?"人又必到这种最高境界,而后可以真能全生。《大宗师》篇云:"夫藏舟于壑,藏山于泽,谓之固矣。然而夜半有力者负之而走,昧者不知也。藏小大有宜,犹有所遁。若夫藏天下于天下,而不得所遁,是恒物之大情也。""故圣人游于物之所不得遁而皆存。"这是真正底全生避害之道。这是庄子对于早期道家的问题的解决。从世俗的观点看,庄子并没有解决什么问题。他所说底并不能使人在事实上长生不死,亦不能使人在事实上得利免害。他没有解决问题,不过他能取消问题。照他所说底,所谓全生避害的问题,已不成问题。他对于这问题，可以说是以不解决解决之。

道家求最高知识及最高境界的方法是去知。去知的结果是无知。但这种无知，是经过知得来底，并不是未有知以前底原始底无知。为分别起见，我们称这种无知为后得底无知。有原始无知底人，其境界是自然境界。有后得无知底人，其境界是天地境界。

后得底无知有似乎原始底无知，天地境界有似乎自然境界。自然境界是一个浑沌。天地境界亦似乎是一个浑沌。在自然境界中底人，不知对于事物作许多分别；在天地境界中底人，忘其对于事物所作底分别。道家说忘，因为在天地境界中底人，不是不知，亦不是没有，对事物作分别。他是已作之又忘之。不知对于事物作分别，是其知不及此阶段。忘其对于事物所作底分别，是其知超过此阶段。王戎说："圣人忘情，最下不及情。"（《世说新语·伤逝篇》）就知识方面说，亦是如此。原始底无知是不及知。有原始无知底人，亦可说是在知识上与万物浑然一体，但他并不自觉其是如此。无此种自觉，所以其境界是自然境界。后得底无知是超过知。有后得底无知底人，不但在知识上与万物浑然一体，并且自觉其是如此。有此种自觉，所以其境界是天地境界。

此点道家往往不能认识清楚。他们论社会则常赞美原始社会。论个人修养，则常赞美赤子，婴儿，以及愚人。因为在原始社会中底人及婴儿，愚人等，浑沌无知，有似乎圣人。其实这种相似是表面底。其境界的差别，是两个人极端的差别。道家的圣人的境界，是天地境界。但他们有时所赞美底，却只是自然境界。

道家反对儒家讲仁义。他们并不是说，人应该不仁不义。他们是说，只行仁义是不够底。因为行仁义底人的境界，是道德境界。自天地境界的观点，以看道德境界，则见道德境界低，见行道德底人，是拘于社会之内底。道家作方内方外之分。拘于社会之内底人，是"游方之内"底人。超乎社会之外底人，是"游方之外"底人。"游方之外"底人，"与造物者为人（王引之曰：人，偶也；为人，犹为偶），而游乎天地之一气。以生为附赘悬疣，以死为决疣溃痈。假于异物，托于同体。忘其肝胆，遗其耳目。反覆终始，不知端倪。芒然彷徨乎尘垢之外，逍遥乎无为之业"。"游方之内"底人，"愦愦然为世俗之礼，以观众人之耳目"（《庄子·大宗师》）。道家以为孔孟是如此底"游方之内"底人。如果真是如此，则孔孟的境界是低底。

不过孔孟并不是如此底"游方之内"底人，孔孟亦求最高境界，不过其所用方法与道家不同。道家所用底方法是去知。由去知而忘我，以得与万物浑然一体的境界。孔孟的方法是集义。由集义而克己，以得与万物浑然一体的境界。孔孟用集义的方法，所得到底是在情感上与万物为一。道家用去知的方法，所得到底是在知识上与万物为一。所以儒家的圣人，常有所谓"民胞物与"之怀。道家的圣人，常有所谓"遗世独立"之概。儒家的圣人的心是热烈底。道家的圣人的心是冷静底。

用集义的方法，不致有方内方外之分。用去知的方法，则可以有方内方外之分。道家作方内方外之分。"游方之外"底人，他们称为"畸人"。"畸人者，畸于人而侔于天"，"天之小人，人之君子。人之君子，天之小人也"（《大宗师》）。道家的哲学中有这种对立，其哲学是极高明，但尚不合乎"极高明而道中庸"的标准。

固然道家亦主张所谓"两行"。"其一与天为徒，其不一与人为徒。天与人不相胜也，是之谓真人"（《大宗师》）。这是人与天的两行。"独与天地精神往来"，而又"不谴是非，以与世俗处"（《天下》篇）。这是方内与方外的两行。不过就"极高明而道中庸"的标准说，"两行"的可批评之处，就在于其是"两"行。在"极高明而道中庸"的标准下，高明与中庸，并不是两行，而是一行。

第七章 玄 学

魏晋人对于超乎形象底始更有清楚底认识。也可以说，他们对于超乎形象底有比《老》、《庄》及《易传》、《中庸》的作者更清楚底认识。于上数章中，我们屡次说到"玄之又玄"。魏晋人了解玄之又玄，他们也喜欢玄之又玄。他们称《老子》、《庄子》及《周易》为三玄，称谈玄之又玄底言论为玄谈，称谈玄之又玄底学问为玄学，称谈玄谈、谈玄学底风气为玄风。他们可以说是一玄而无不玄。

他们也深知讲到超乎形象底哲学能使人"经虚涉旷"。《世说新语》谓向秀《庄子注》"妙析奇致，大畅玄风"（《文学》）。《竹林七贤论》云："秀为此义，读之者无不超然若已出尘埃而窥绝冥。始了视听之表，有神德玄哲，能遗天下，外万物。"（刘孝标《世说新语》注引）向秀、郭象称赞庄子，亦说："虽复贪婪之人，进躁之士，暂而揽其余芳，味其溢流，仿佛其音影，犹足旷然有忘形自得之怀，况探其远情而玩永年者乎？遂绵邈清遽，去离尘埃而返冥极者也。"（《庄子注》序）此所说底境界是极高底。玄学的功用就是能使人有这种境界。

玄学是老庄哲学的继续。老庄的思想是经过名家，而又超过名家底。玄学家的思想也是如此。名家之学，在魏晋时亦盛行。《世说新语》云："谢安年少时，请阮光禄（阮裕）道《白马论》。为论以示谢，于时谢不即解阮语，重相咨尽。阮乃叹曰：'非但能言人不可得，正索解人亦不可得！'"（《文学》）又云："司马太傅（司马孚）问谢车骑（谢玄）：'惠子其书五车，何以无一言入玄？'谢曰：'故当是其妙处不传。'"（《文学》）说惠子"无一言入玄"，这是错底。不过于此两条可见魏晋人对于名家底注意，及他们对于公孙龙、惠施底推崇。

魏晋人底思想，也是从名家出发底。所以他们于谈玄时所谈之理，谓之名理（《世说新语·文学》篇谓："王（长史）叙致作数百语，自谓是名理奇藻。"又注引《谢玄别传》云："玄能清言，善名理"）。"善名理"，就是"能辩（通作辨）名析理"（向郭《庄子·天下篇》注）。于第三章中，我们见名家所做底工作，例如公孙龙辩"白马非白"，"离坚白"，都是辨名析理，就是专就名而分析理，不管实际，不管事实。此亦是所谓："专决于名，而失人情"。

《世说新语》谓："客问乐令（乐广）'旨不至'者，乐亦不复剖析文句，直以麈尾柄确几曰：'至不？'客曰：'至。'乐因又举麈尾曰：'若至者，那得去？'"（《文学》）"旨不至"就是《庄子·天下》篇所说"指不至"，是公孙龙一派的辩者之言。以麈柄确几上，普通以为麈尾至几。但其至若是真至，则至者不能去。今至者能去，则至非真至。此就至之名析至之理，就至之理批评某一至之事实。此即所谓辨名析理。

《世说新语》此段，刘孝标注云："夫藏舟潜往，交臂恒谢，一息不留，忽焉生灭。故飞鸟之影，莫见其移；驰车之轮，曾不掩地。是以去不去矣，庸有至乎？至不至矣，庸有去乎？然则前至不异后至，至名所以生；前去不异后去，去名所以立。今天下无去矣，而去者非假哉？既为假矣，而至者岂实哉？"此注不知是刘孝标自己的话或是引他人的话。"飞鸟之影，未尝动也"，"轮不辗地"，亦是《庄子·天下》篇所述辩者之言。此段的大意是说：事物时时刻刻在变，一息就是一个生灭。此一息间的飞鸟之影，并不是上一息间的飞鸟之影。上一息间的飞鸟之影，于上一息间已灭。此一息间的飞鸟之影，于此一息间新生。联合观之，则见其动。分别观之，则不见其移。轮不辗地，理亦如是。所谓去者，是许多一息间的去，所谓前去后去，联合起来底。所谓至者，亦是许多一息间的至，所谓前至后至，联合起来底。因为前至与后至相似，所以似乎是一至，所以至之名可以立。也正因为前去与后去只是相似，所谓一去，亦只是似乎一去，所以去之名不可以立。专就一息间的生灭说，实是无去。既无去亦无至。

这就是所谓辨名析理。《庄子·天下》篇末段向、郭注，以为辩者之言，"尺棰连环之意"，"无经国体致，真所谓无用之谈也。然膏粱之子，均之戏豫，或倦于典言，而能辨名析理，以宣其气，以系其思，流于后世，使性不邪淫，不犹贤于博奕者乎？"向、郭超过了名家，得鱼忘筌，所以他们似乎是反对辨名析理。其实向、郭并不是反对辨名析理，他们是反对只辨名析理。他们自己是最能辨名析理底，他们的《庄子注》是辨名析理的工作的最好底模范。

王弼、向秀、郭象都"善名理"，所以他们注《老》、《庄》，与《淮南》讲《老》、《庄》，大不相同。《老子》四十二章"道生一"，王弼注云："万物万形，其归一也。何由致一？由于无也。由无乃一，一可谓无。已谓之一，岂得无言乎？有言有一，非二如何？有一有二，遂生乎三。从无之有，数尽乎斯。过此以往，非道之流。"又说："一者数之始，而物之极也。"（三十九章注）这一段话的确切底意义，我们姑不必详说。但其所谓道，所谓无，所谓有，所谓一，确乎与《淮南》所解释不同，这是可以一望而知底。经王弼的解释，道、无、有、一等观念，又只是形式底观念，不是积极底观念。有道，有一，等命题，又只是形式命题，不是积极命题。

玄学虽说是老庄的继续，但多数底玄学家，都以孔子为最大底圣人，以为老庄不及孔子。例如《世说新语》云："王辅嗣（王弼）弱冠诣裴徽。徽问曰：'夫无者，诚万物之所资，圣人（孔子）莫肯致言，而老子申之无已，何耶？'弼曰：'圣人体无，无又不可以训，故言必及有。老庄未免于有，恒训其所不足。'"（《文学》）王弼的意思是说，在老子的思想中，尚有有无的对立。他从有希望无，所以常说无。在孔子的思想中，有无的对立，已统一起来，孔子已与无同体。从无说有，所以常说有。用"极高明而道中庸"的标准说，老子不"道中庸"，正因其尚未"极高明"；孔子已"极高明"，所以他"道中庸"。

向秀、郭象是庄子的最大底注释者，亦是庄子的最大底批评者。现在流传底郭象《庄子注》，大概有一部分是向秀的《庄子注》，我们于本书称为向郭注。向郭《庄子注·叙》说："夫庄子者，可谓知本矣。故未始藏其狂言，言虽无会，而独应者也。夫应而非会，则虽当无用；言非物事，则虽高不行。与夫寂然不动，不得已而后起者，固有间矣。斯可谓知无心者也。夫心无为，则随感而应，应随其时，言唯谨尔。故与化为体，流万代而冥物。岂曾设对独遘，而游谈乎方外哉。此其所以不经，而为百家之冠也。然庄生虽未体之，言则至矣。通天地之统，序万物之性，达死生之变，而明内圣外王之道。上知造物无物，下知有物之自造也。"向郭此段对于庄子底批评，可分两点说。就第一点说，向郭亦以为庄子的境界，不及孔子。向郭许庄子为"知本"，"知无心"，但虽"知"之，而"未体之"。所以"未始藏其狂言"。设为对话，独自谈天，所谓"设对独遘"。若圣人既已"与化为体"，不但"知无心"，而且是"心无为"。心无为则随感而应，这就是所谓"寂然不动，不得已而后起"。既是"不得已而后起"，所以只是随着实际底应对，随机指点，而不"设对独遘"。这就是所谓"应随其时，言唯谨尔"。向郭对于庄子底此种批评，若用我们于《新原人》中所用底名词说，庄子的境界，是所谓知天的境界；孔子的境界，是所谓同天的境界。所谓"与化为体"，所谓"体之"，正是我们所谓同天的意思。庄子仅知与化为体，而尚未能与化为体。故其境界虽亦是天地境界，但仅是天地境界中知天的境界，而不是同天的境界。

就向郭对于庄子底批评的第二点说，庄子的"狂言"，既只是设为对话独自谈天，所以其言是"无会而独应"。"应而非会，则虽当无用，言非物事，则虽高不行"。"会"是应付事物之意。庄子"设对独遘，而游谈乎方外"，他是离开日常事物而别求"玄冥之境"，"恍惚之庭"。所以其言是"虽当无用"，"虽高不行"。他所讲虽亦是内圣外王之道，但实在是内圣多而外王少。向郭对于庄子的批评的此点，正是说庄子的哲学，是"极高明"而不"道中庸"。

因此两点，所以向郭说：庄子与圣人"固有间矣"。其言亦不足为经，而只为诸子之冠。其境界比圣人低，其言的价值亦比圣人的言低。

老庄"知无"，孔子体无，虽有程度上底不同；老庄只能游于方之外，圣人亦能游于方之内，虽有内外的不同；但老庄与圣人俱"明内圣外王之道"。所以玄学家中，亦有谓老庄与孔子，在根本上没有不同者。《世说新语》说："阮宣子（阮修）有令闻。太尉王夷甫（王衍）见而问曰：'老庄与圣教同异？'对曰：'将无同？'"（《文学》）阮修的意思是

说，老庄与孔子不能说是完全相同，亦不能说是完全相异。所以说是
"将无同？"意谓他们在根本上是相同底。

王弼、向秀、郭象以为先秦道家，有其缺点。他们继续先秦道家，
实则是修正先秦道家。用我们的名词说，他们以为先秦道家不合乎"极
高明而道中庸"的标准，所以他们修正之，以使其合乎此标准。王弼对
于先秦道家底主要修正，是圣人喜怒哀乐之说。何晏有"圣人无喜怒哀
乐论"。论今不传，其大意，大概是先秦道家所持以理化情，或"以情
从理"之说。照庄子的说法，人的感情，如喜怒哀乐等，起于人对于事
物底不了解。圣人对于事物有完全底了解。所以"哀乐不能入"（《庄
子·养生主》）。哀乐不能入，就是无哀乐，也就是无情。圣人所以无
情，并不是冥顽不灵，如所谓槁木死灰，而是其情为其了解所融化。此
所谓以理化情。王弼以为这是不可能底。王弼底说法是："夫明足以寻
幽极微，而不能去自然之性。""圣人之所茂于人者神明也，同于人者五
情也。神明茂，故能体冲和以通无。五情同，故不能无哀乐以应物。然
则圣人之情，应物而无累于物者也。"（《三国志·钟会传》裴松之注引）
圣人不是无情，而是有情而不为情所累。先秦道家以有情为累，以无情
为无累。王弼以有情而为情所累为累，以有情而不为情所累为无累。这
是王弼对于先秦道家底一个修正。这个修正是将有情与无情的对立，统
一起来。这个对立，与高明与中庸的对立，是一类底。

向郭对于先秦道家哲学底修正，其要点在于取消"有"与"无"的
对立，取消"天"与"人"的对立，统一"方内"与"方外"的对立。

在先秦道家哲学中，有"有"与"无"的对立。"天下万物生于有，
有生于无"。所谓"无"是无名的简称，并不是等于零之无。向郭则以
为所谓"无"就是等于零之无。《庄子·庚桑楚》云："有乎生，有乎
死，有乎出，有乎入，出入而无见其形，是谓天门。天门者，无有也。
万物出乎无有。"向郭注云："生死出入，皆欻然自尔，未有为之者也。
然有聚散隐显，故有出入之名。徒有名耳，竟无出入，门其安在乎？故
以无为门。以无为门，则无门也。""非谓无能为有也。若无能为有，何
谓无乎？""一无有则遂无矣。无者遂无，则有自欻然生明矣。"照向郭
的说法，说"有生于无"，就是说没有生有者。也就是说，有是自生，
"未有为之者"。说有是自生，只是说没有生有者；不是说，有一时，没
有有，忽然从没有生有。《庄子·知北游》注云："非惟无不得化而为有
也，有亦不得化而为无矣。是以有之为物，虽千变万化，而不得一为无

也。不得一为无，故自古无未有之时而常存也。"

有是本来常存，不生于无。物是欻然自生，亦不需要一"先物者"以生之。《庄子·知北游》注云："谁得先物者乎哉？吾以阴阳为先物，而阴阳者即所谓物耳。谁又先阴阳者乎？吾以自然为先之，而自然即物之自尔耳。吾以至道为先之矣，而至道者，乃至无也。既以无矣，又奚为先？然则先物者谁乎哉？而犹有物无已，明物之自然，非有使然也。"

向郭的主要底意思，在于破有"造物者"之说。说有上帝是造物者，这是须破底。说有某种气是造物者，这亦是须破底。这些固然须破，但即说有"一切物所由以生成者"，这亦是须破底。俱破之后，则见"造物者无主，而物各自造。物各自造而无所待焉，此天地之正也"（《齐物论注》）。

没有"一切物所由以生成者"，则所谓道即是等于零之无。道既真是无，则说道生万物，即是说万物各自生；说万物皆有所得于道，也就是说万物皆各自得。《大宗师注》云："道无能也。此言得之于道，乃所以明其自得耳。""凡得之者，外不资于道，内不由于己，掘然自得而独化也。"照向郭的说法，只有先秦道家所谓有，没有先秦道家所谓无。"有生于无"，还是可以说底，不过其意义是：没有生有者，如此则即没有"有"与"无"的对立。晋人裴頠有《崇有论》。向郭的这种说法，才真正是崇有论。

在先秦道家哲学中，有"天"与"人"的对立。《庄子·秋水》篇云："天在内，人在外。""牛马四足，是谓天。落（络）马首，穿牛鼻，是谓人。"天是现在所谓天然。人是现在所谓人为。属于天底活动，活动者不知其所以然而然，所以其为是无为。属于人底活动，活动者是有意底，所以其为是有为。以属于人底活动，替代属于天底活动，是所谓"以人灭天"。先秦道家以为"以人灭天"是一切痛苦的根源，他们主张"勿以人灭天"。

向郭的《庄子注》，取消了这个对立。上所引《庄子》"落马首，穿牛鼻"，向郭注云："人之生也，可不服牛乘马乎？服牛乘马可不穿落之乎？牛马不辞穿落者，天命之固当也。苟当乎天命，则虽寄之人事，而本乎在天也。"向郭所谓天命，似亦是自然之义。《庄子·人间世》云："天下有大戒二。其一，命也；其一，义也。子之爱亲，命也。不可解于心。"向郭注云："自然结固，不可解也。"《大宗师》云："然而至此极者，命也夫。"向郭注云："言物皆自然，无为之者也。"据此，则向郭所谓天命，亦是自然之义。鸟筑巢，是出于自然；人盖房子，亦是出于自然。若人盖房子亦是出于自然，则纽约之摩天大厦，亦是出于自然。

从此方面看，则所谓人为，亦是自然。《庄子·大宗师》向郭注云："知天人之所为者，皆自然也。"《人间世》向郭注云："千人聚不以一人为主，不乱，则散。故多贤不可以多君，无贤不可以无君。此天人之道，必至之宜。"有国家的组织，是人道，亦是天道，此亦可见"天人之所为者，皆自然也"。天人之所为皆自然，则即没有天与人的对立。

由此方面看，则以前道家所认为是有为者，亦可以说是无为。《庄子·天道》注云："故对上下，则君静而臣动；比古今，则尧舜无为而汤武有事。然各用其性，而天机玄发，则古今上下无为，谁有为也？"照向郭的新义，无为并不是"拱默之谓"（《在宥注》）。"苟当乎天命"，则一个人的行为，无论如何繁多，一个社会的组织，无论如何复杂，都是"天机玄发"，都是无为，不是有为。

在向郭的系统中，所谓天，又是万物之总名。《齐物论注》云："天者，万物之总名也。"《逍遥游注》说："天地者，万物之总名也。"所谓天或天地，是新理学所谓大全。整个底天，是一"玄冥之境"。一切事物，皆"独化于玄冥之境"（《庄子注·叙》），各是"自己而然"（《齐物论注》）。它们彼此之间，虽互有作用，但彼不是为此而生，亦不待此而生；此亦不是为彼而生，亦不待彼而生。此所谓"虽复玄合，而非待也"。所以"万物虽聚而共成乎天，而皆历然莫不独见矣"（《齐物论注》）。万物共成为天，但每一物的存在，还是由于独化。这就是"天地之正"。

在先秦道家的系统中，道占重要底地位。在向郭的系统中，天占重要底地位。天是大全。圣人是自同于大全者。《大宗师注》说："夫圣人游于变化之涂，放于日新之流。万物万化，亦与之万化。化者无极，亦与之无极。""与物无不冥，与化无不一，故无外无内，无死无生。体天地而合变化，索所遁而不得矣。""体天地而合变化"，就是与天为一，与化为一。这个一是不可言说，不可思议底。《齐物论注》云："夫以言言一，而一非言也。则一言为二矣，一既一矣，言又二之。""故一之者与彼未殊。而忘一者无言而自一。"

大全是超乎形象底。自同于大全者，亦神游象外，但神游于象外，并不必是"拱默乎山林之中"。《庄子·逍遥游》极力推崇许由等隐士，轻视尧舜。《逍遥游》说：尧让天下于许由，许由说："归休乎君，余无所用天下为。"《逍遥游》又说："其尘垢秕糠，将犹陶铸尧舜者也。"又说："尧治天下之民，平海内之政，往见四子藐姑射之山，汾水之阳，窅然丧其天下焉。"许由诸隐士是游于方之外底人，尧舜是游于方之内底人。但向郭的新义，则极力推崇尧舜，轻视许由诸隐士。《逍遥游注》云："夫自任者对物，而顺物者与物无对，故尧无对于天下，而许由与稷契为匹矣。何以言其然耶？夫与物冥者，故群物之所不能离也。是以无心玄应，惟感之从。泛乎若不系之舟，东西之非己也。故无行而不与百姓共者，亦无往而不为天下之君矣。以此为君，若天之自高，实君之德也。若独兀然立乎高山之顶，非夫人有情于自守，守一家之偏尚，何得专此？此固俗中之一物，而为尧之外臣耳。"各物皆守一己的偏尚，所以每一物皆是与他物相对者。顺物者"得其环中"，不守一己的偏尚，而随顺万物。所谓随顺万物，实则是超越万物，超越万物者不与万物立于对待的地位。所以他不是"俗中之一物"而"无对于天下"。虽日有万几，而他亦应以无心。所以"应物而无累于物"。《逍遥游》向郭注又说："夫圣人虽在庙堂之上，然其心无异于山林之中，世岂识之哉？徒见其戴黄屋，佩玉玺，便谓足以缨绂其心矣。见其历山川，同民事，便谓足以憔悴其神矣。岂知至至者之不亏哉？"他不亏因为他应世而不为世所累，应物而无累于物。

圣人的境界虽至高；而其行为，则可以是至平凡。《逍遥游》向郭注云："至远之迹，顺者更近。而至高之所会者反下。"又云："若乃厉然以独高为至，而不夷乎俗累，斯山谷之士，非无待者也。"又云："若谓拱默乎山林之中，而后得称无为者，此庄老之谈，所以见弃于当涂。当涂者自必于有为之域而不反者，斯之由也。"

照向郭的新义，对于圣人，无所谓方内方外之分。《大宗师注》云："夫理有至极，外内相冥。未有极游外之至，而不冥于内者也。未有能冥于内而不游于外者也。故圣人常游外以宏内，无心以顺有。故虽终日见形，而神气无变；俯仰万机，而淡然自若。"真能游外者，必冥于内；真能冥于内者，必能游外。圣人无心以顺有。顺有就是所谓随顺万物。无心就是所谓冥于内。顺有就是游于外。向郭注以为这是庄子"述作之大意"。明此大意，"则夫游外冥内之道，坦然自明，而庄子之书，故是涉俗盖世之谈矣"（《大宗师注》）。向郭的努力，就是在于使原来道家的寂寥恍惚之说，成为涉俗盖世之谈。将方内与方外，统一起来。他们已有很大底成就。但其成就仍有可批评之处（说见下文）。

于魏晋时，佛法已入中国，在当时人的思想中，已有甚大底势力。在佛学中，有真如与生灭法的对立，常与无常的对立，涅槃与生死的对立。当时的思想家，以为真如与生灭法的对立，就是道家哲学中底无与有的对立；常与无常的对立，就是道家哲学中底静与动的对立；涅槃与生死的对立，就是道家哲学中底无为与有为的对立。当时底有一部分佛学家讲佛学，亦用有、无、动、静、有为、无为等观念。因此他们虽讲佛学，但其所讲底佛学，可以说是玄学中底一派。僧肇便是这一类底佛学家的杰出人才。僧肇的《物不迁论》、《不真空论》诸论，所讲底便是这一类底佛学的代表作品。王弼、向秀、郭象拟统一道家哲学中的对立。僧肇亦拟统一佛学中底对立，他的《物不迁论》，是拟统一动与静的对立。他的《不真空论》是拟统一有与无的对立，他的《般若无知论》是拟统一有知与无知的对立，及有为与无为的对立。

僧肇《物不迁论》云："夫人之所谓动者，以昔物不至今，故曰动而非静。我之所谓静者，亦以昔物不至今，故曰静而非动。动而非静，以其不来。静而非动，以其不去。""求向物于向，于向未尝无；责向物于今，于今未尝有。于今未尝有，以明物不来；于向未尝无，故知物不去。覆而求今，今亦不往。是谓昔物自在昔，不从今以至昔；今物自在今，不从昔以至今。""如此，则物不相往来，明矣。既无往返之微朕，有何物而可动乎？然则旋岚偃岳而常静，江河竞注而不流，野马飘鼓而不动，日月历天而不周，复何怪哉？"上文引刘孝标《世说新语》注，谓至有前至后至，去有前去后去。僧肇所说，亦有此意。前至前去，不从昔至今；后至后去，亦不从今至昔。则在某一息间的某事物，自只是在某一息间的某事物。普通所谓另一息间的某事物实另是一事物，并非前一息间底某事物，继续而来者。《物不迁论》云："是以梵志出家，白首而归，邻人见之曰：'昔人尚存乎？'梵志曰：'吾犹昔人，非昔人也。'"今日底梵志不过是似乎昔日底梵志。昔日底梵志自在昔日，不从昔来今。今日底梵志自在今日，不从今至昔。"言往不必往，古今常存，以其不动。称去不必去，谓不从今至古，以其不来。不来，故不驰骋于古今；不动，故各性住于一世。"昔日曾经有某事物的事实，不但常存而且有其功用。《物不迁论》云："是以如来，功流万世而常存，道通百劫而弥固。成山假就于始篑，修途托至于初步，果以功业不可朽故也。功业不可朽，故虽在昔而不化。不化故不迁，不迁故则湛然明矣。"

譬如人筑山，一筐土有一筐土的功业。又譬如人走路，一步有一步的功业。现在筑成一山，这山之筑成，靠最初的一筐土。现在走完一段路，这路之走完，靠最初底一举步。最初一筐土，最初一举步的功业，是在昔而不化。不化可见其不迁。

普通人以为，如说事物是静底，则须说今日底事物，就是昨日底事物。此所谓静，是与动对立底。普通人以为，如说事物是动底，则须说昨日底事物，变为今日底事物。此所谓动，是与静对立底。其实今日底事物，并不是昨日底事物，亦不是昨日底事物所变底。动是"似动而静"，去是"似去而留"。动只是似动，不是与静对立底。去只是似去，不是与留对立底。《物不迁论》云："寻夫不动之作，岂释动以求静？必求静于诸动。必求静于诸动，故虽动而常静。不释动以求静，故虽静而不离动。""虽静而常动"，"静而不离动"。所以动静不是对立底。如此说，即取消了普通所谓动静的对立，也可以说是，统一了普通所谓动静的对立。

僧肇《不真空论》云："万物果有其所以不有，有其所以不无。有其所以不有，故虽有而非有；有其所以不无，故虽无而非无。"一切事物都是众缘和会而生底，"夫有若真有，有自常有，岂待缘而后有哉？譬彼真无，无自常无，岂待缘而后无也？若有不能自有，待缘而后有者，故知有非真有。有非真有，虽有不可谓之有矣。不无者，夫无则湛然不动，可谓之无。万物若无，则不应起。起则非无。以明缘起，故不无也"。"然则万法果有其所以不有，不可得而有；有其所以不无，不可得而无。何则？欲言其有，有非真生；欲言其无，事象既形。象形不即无，非真非实有。然则不真空义，显于兹矣。故《放光》云：'诸法假号不真。譬如幻化人，非无幻化人，幻化人非真人也。'"一切诸法，缘会而生，缘离则灭，如幻化人。就此方面说，"万物有其所以不有"。但幻化人虽不是真人，而幻化人却是有底。万物虽都在生灭中，但生灭底万物，却是有底。由此方面说，所谓空是空而不空，"万物有其所以不无"。普通所谓无，是说没有事物；普通所谓有，是说真有事物。其实是有事物而事物非真有。若就普通所谓有无说，有事物而事物非真有，是不有不无，亦可说是亦有亦无。《不真空论》云："若有不即真，无不夷迹，然则有无称异，其致一也。"如此说即取消了普通所谓有无的对立，也可以说是统一了普通所谓有无的对立。

般若，僧肇称为圣智。就广义底知识说，圣智亦是一种知识。但这种知识，与普通知识不同。知必有所知。所知就是现在所谓知识的对象。圣智的对象，是所谓真谛，但真谛是不可为知的对象底。其所以不可为知的对象者，因知是知其对象是什么，真谛不是什么，所以不可为知的对象。《般若无知论》说："智以知所知，取相故名知。真谛自无相，真智何由知？"一事物的是什么，是其相。知知其是什么，是取其相。真谛不是什么，故无相。无相故不可知。从另一方面说，知与所知，是相对待底。有知则必有所知。有所知则必有知。《般若无知论》云："夫知与所知，相与而有，相有而无。""所知既生知，知亦生所知。所知既相生，相生即缘法。缘法故非真。非真故非真谛也。"知的对象，是由知之缘而生，知亦是因其对象而生。所以知的对象是缘生。缘生底不是真。不是真底不是真谛。所以真谛不可为知底对象。

但般若是对于真谛底知，此种知以不可为知的对象者为其对象。所以这种知与普通底知不同。《般若无知论》云："是以真智观真谛，未尝取所知。智不取所知，此智何由知？"所以般若之知，可以称为无知。"圣人以无知之般若，照彼无相之真谛。""寂怕无知，而无不知者矣。"（《般若无知论》）无知而无不知，就是无知之知。

然所谓真谛者，并非于事物之外，另有存在。真谛就是一切事物的真正底样子，就是所谓"诸法实相"。诸法都是众缘和会而生。"如幻化人"。其"是什么"是虚幻底。其相就是无相，无相就是诸法实相。知诸法实相之知，就是般若。无相不可为知的对象，所以般若无知。僧肇云："夫智之生也，极于相内。法本无相，圣智何知？"（《答刘遗民书》）圣智是"无相之知"。有"无相之知"，则有"不知之照"（《般若无知论》）。

"不知之照"，照于诸法实相。所以圣智也不离于诸法。不离于诸法，就是所谓应会，或抚会。应会或抚会就是应付事物。圣人有般若之无知，是谓"虚其心"。亦有"不知之照"，是谓"实其照"。"虚不失照，照不失虚。""然则智有穷幽之鉴，而无知焉。神有应会之用，而无虑焉。神无虑，故能独王于世表。智无知，故能玄照于事外。智虽事外，未始无事。神虽世表，终日域中。"（《般若无知论》）"是以照无相，不失抚会之功；睹变动，不乖无相之旨。""是以圣人空洞其怀，无识无知，然居动用之域，而止无为之境；处有名之内，而宅绝言之乡；寂寥虚旷，莫可以形名得，若斯而已矣。"（《答刘遗民书》）"居动用之域"，"处有名之内"，是就圣人的行为说。"止无为之境"，"宅绝言之乡"，是就圣人的境界说。

《般若无知论》云："故《宝积》曰：'以无心意而现行。'《放光》云：'不动等觉而建立诸法。'所以圣迹万端，其致一而已矣。是以般若可虚而照，真谛可亡而知，万动可即而静，圣应可无而为。斯则不知而自知，不为而自为矣。复何知哉？复何为哉？"圣人亦有知，亦无知；亦有为，亦无为。如此说，即取消了有为与无为的对立，也就是统一了有为与无为的对立。

僧肇及王弼、向秀、郭象所说底圣人，其境界是"经虚涉旷"，而其行事则可以是"和光同尘"。这是高明与中庸的统一。这是原来底道家、佛家所欠缺，而是玄学家所极欲弥补底。不过他们所得到底统一，还有可以批评之处。

《庄子·在宥》云："物者，莫足为也，而不可不为。"玄学家所谓"应务""应世"，似乎都有这种态度，他们说，圣人亦应务应世，不过是说，圣人亦能应务应世。王弼《老子》四章注："和光而不污其体，同尘而不渝其真。"此是说圣人虽应世随俗，但亦无碍于其是圣人。《庄子·大宗师》向郭注云："夫游外者依内，离人者合俗，故有天下者，无以天下为也。是以遗物而后能入群，坐忘而后能应务。愈遗之，愈得之。"此亦不过是说，惟有高底境界底人，最能应务。亦尚不是说，对于圣人，"依内"就是"游外"，"合俗"就是"离人"。

僧肇说：圣人"居动用之域，而止无为之境；处有名之内，而宅绝言之乡"。这也是说，圣人"居动用之域"，"处有名之内"，无碍于其"止无为之境"，"宅绝言之乡"。他尚不是说，对于圣人，"居动用之域"，就是"止无为之境"；"处有名之内"，就是"宅无为之乡"。

玄学家极欲统一高明与中庸的对立。但照他们所讲底，高明与中庸，还是两行，不是一行。对于他们所讲底，还需要再下一转语。禅宗的使命，就是再下此一转语。

第八章　禅　宗

禅宗的来源，可以推到道生。道生与僧肇同时同学。立有"善不受报义""顿悟成佛义"。又有"辩佛性义"。他的这些"义"是唐代的禅宗的理论底基础。

道生的著作，今多不存。其"善不受报义"的详细理论，今亦不可知。但与道生同时的慧远，有《明报应论》，亦主"善不受报义"。其说或受道生的影响。照慧远所说，所谓报应，就是心的感召。心有所贪爱，则即有所滞，有所著。有所滞者，则其作为即是有为。有为即在佛家所谓生死轮回中造因，有因即有果。果即是其所受底报应。慧远《明报应论》云："无用（当作明）掩其照，故情想凝滞于外物。贪爱流其性，故四大结而成形。形结则彼我有封，情滞则善恶有主。有封于彼我，则私其身而身不忘；有主于善恶，则恋其生而生不绝。于是甘寝大梦，昏于所迷。抱疑长夜，所存惟著。是故失得相推，祸福相袭。恶积而天殃自至，罪成则地狱斯罚。此乃必然之数，无所容疑矣。"（《弘明集》卷五）圣人应物，出于无心。所以虽应物而无所滞著。无所滞著则其应物，虽似有为，实是无为。所以虽有作为，而不于佛家所谓轮回中造因。无因亦无果。慧远《明报应论》云："（圣人）乘去来之自远，虽聚散而非我。寓群形于大梦，虽处有而同无。岂复有封于所受，有系于所恋哉？""若彼我同得，心无两对，游刃则泯一玄观，交兵则莫逆相遇。伤之岂唯无害于神，固亦无生可杀。""若然者"，"虽功被犹无赏，何罪罚之有耶？"圣人虽有作为而不于佛家所谓生死轮回中造因。无因即无果。所以虽杀人亦"无生可杀"。他"虽处有而同无"，所以虽有作为，而不受佛家所谓生死轮回中底因果律的支配。

道生的"顿悟成佛义"，见于谢灵运的《辩宗论》。圣人"虽处有而同无"，同无是圣人的境界。刘遗民与僧肇书云："夫圣心冥寂，理极同无。""虽处有名之中，而远与无名同。"（见《肇论》）谢灵运《辩宗论》亦说："体无鉴周，理归一极。"无就是无相。无相就是诸法实相。对于诸法实相的知识，谓之般若。然诸法实相，不可为知的对象。所以般若是无知之知。得般若者之知诸法实相，实是与诸法实相同为一体。此即所谓"理极同无"。亦即所谓"体无鉴周，理归一极"。鉴是鉴照。周是周遍。与无同体者，普照诸法。故体无则鉴周。体无同无的境界，就是涅槃。涅槃与般若，是一件事的两个方面。涅槃是得般若者的境界，般若是得涅槃者的智慧。得涅槃则得般若，得般若则得涅槃。

因为同无是一同即同，所以涅槃般若，亦是一得即得。修行者不能今日同一部分无，明日又同一部分无。无不能有部分。他同无即一下同无，不同无即不同无。涅槃般若，亦是得即一下得，不得即不得。一下同无即一下得涅槃般若。此所谓顿悟成佛。顿悟是得般若。成佛是得涅槃。《辩宗论》谓："有新论道士，以为寂鉴微妙，不容阶级。"又说：

"阶级教愚之谈，一悟得意之论矣。"新论道士，即谓道生。

所谓"无"究竟是什么，关于此问题，有两种说法。一种说法是：无不是什么，无就是"毕竟空"。空诸所有，又空其空。无是无相，无相故不能说是什么。圣人的心与无同体。所以说圣人心如虚空。另一种说法是：无是能生诸法底心。诸法都由心造。心生则种种法生，心灭则种种法灭。法的生灭，就是心的生灭。诸法实相，就是众生的本心，或称本性，或称佛性。见诸法实相，就是明心见性。道生称为"反迷归极，归极得本"（《涅槃经集解》卷一引）。僧肇持第一种说法。道生的佛性义，则似是持第二种说法。后来禅宗中亦有二种说法。有一派持第一种说法，常说：非心非佛。有一派持第二种说法，常说：即心即佛。用我们的标准说，第二种说法不如第一种说法之完全超乎形象。

禅宗中底人，无论持第一种说法或第二种说法，大概都主张下列五点：（一）第一义不可说，（二）道不可修，（三）究竟无得，（四）"佛法无多子"，（五）"担水砍柴，无非妙道"。

第一义不可说：因第一义所拟说者，都在"攀缘之外，绝心之域"（僧肇语）。禅宗相传，神秀所作偈云："身如菩提树，心如明镜台。时时勤拂拭，莫使染尘埃。"反对此偈，慧能作偈云："菩提本无树，明镜亦非台，本来无一物，何处染尘埃。"（《六祖坛经》）神秀的偈前二句，是对于第一义所拟说者，有所说。有所说，则即与无相者以相。神秀的偈的后两句是说，欲得到第一义所拟说者，须用修行的工夫。慧能的偈前二句，是说：对于第一义所拟说者，不能有所说。后二句是说：欲得到第一义所拟说者，不可修行。不可修行，不是不修行，而是以不修行为修行。禅宗的人，大都以不说第一义为表显第一义的方法，其方法是"不道之道"。他们以不修行为修行的方法，其方法是"无修之修"。

慧能的大弟子怀让《语录》云："马祖（道一）居南岳传法院，独处一庵，惟习坐禅，凡有来访者都不顾。""（师）一日将砖于庵前磨，马祖亦不顾。时既久，乃问曰：'作什么？'师云：'磨作镜。'马祖云：'磨砖岂能成镜？'师云：'磨砖既不成镜，坐禅岂能成佛？'"（《古尊宿语录》卷一）说坐禅不能成佛，是说，道不可修。马祖《语录》云："问：'如何是修道？'师云：'道不属修。若言修得，修成还坏，如同声闻。若言不修，即同凡夫。'"得道的方法，是非修非不修。非修非不修，就是无修之修。

有修之修，是有心底作为，就是所谓有为。有为是生灭法，是有生有灭底，所以修成还坏。黄檗（希运）云："设使恒沙劫数，行六度万行，得佛菩提，亦非究竟。何以故？为属因缘造作故。因缘若尽，还归无常。"又说："诸行尽归无常。势力皆有尽期。犹如箭射于空，力尽还坠。都归生死轮回。如斯修行，不解佛意，虚受辛苦，岂非大错？"（《古尊宿语录》卷三）有心底修行，是有为法，其所得，亦是万法中之一法，不是超乎万法者。超乎万法者，就是禅宗所谓不与万法为侣者。庞居士问马祖："不与万法为侣者是什么人？"马祖说："待汝一口吸尽西江水，即向汝道。"（《古尊宿语录》卷一）不与万物为侣者，是不可说底。因为说之所说，即是一法，即是与万法为侣者。马祖说，"待汝一口吸尽西江水，即向汝道"，即是说，不能向汝道。说不能向汝道，亦即是有所道。此即是"不道之道"。欲说不与万法为侣者，须以"不道之道"。欲得不与万物为侣者，须用"无修之修"。

有修之修的修行，亦是一种行。有行即是于佛法所谓生死轮回中造因。造因即须受报。黄檗云："若未会无心，著相皆属魔业。乃至作净土佛事，并皆成业。乃名佛障，障汝心故。被因果管束，立住无自由分。所以菩提等法，本不是有。如来所说，皆是化人。犹如黄叶为金钱，权止小儿啼。故实无法，名阿耨菩提。如今既会意，何用驱驱？但随缘消旧业，莫更造新殃。"（《古尊宿语录》卷三）不造新业，所以无修。然此无修，正是修。所以此修是无修之修。

不造新业，并不是不做任何事，而是做事以无心。马祖云："自性本来具足，但于善恶事上不滞，唤作修道人。取善舍恶，观空入定，即属造作。更若向外驰求，转疏转远。""经云：但以众法，合成此身。起时唯法起，灭时唯法灭。此法起时，不言我起；灭时，不言我灭。前念，后念，中念，念念不相待，念念寂灭，唤作海印三昧。"（《古尊宿语录》卷一）于善恶事上不滞，就是无心。不滞就是不著，也就是不住，也就是无情系。百丈怀海《语录》云："问：'如何是有情无佛性，无情有佛性？'师云：'从人至佛，是圣情执；从人至地狱，是凡情执。只如今但于凡圣二境，有染爱心，是名有情无佛性。只如今但于凡圣二境及一切有无诸法，都无取舍心，亦无取舍知解，是名无情有佛性。只是无其情系，故名无情。不同木石太虚，黄华翠竹之无情。'"又云："'若踏佛阶梯，无情有佛性。若未踏佛阶梯，有情无佛性。'"（《古尊宿语录》卷一）

无心也就是无念。《坛经》云："我此法门，从上以来，先立无念为宗，无相为体，无著为本。无相者，于相而无相。无念者，于念而无念。无住者"，"念念之中，不思前境"，"于诸法上念念不住，即无缚也"，"此是以无住为本"。所谓无念，不是"百物不思，念尽除却"。若"百物不思"，亦是"法缚"（《坛经》）。神会云："声闻修空，住空，被空缚；修定，住定，被定缚；修静，住静，被静缚；修寂、住寂，被寂缚。"（《神会遗集语录》卷一）"百物不思"，即"修空，住空"之类也。无念是"于诸境上心不染"，"常离诸境"（《坛经》）。"于诸境上心不染"，即是"于诸法上念念不住"，此即是无住，此亦即是"于相而离相"，亦即是"无相"。所以《坛经》所谓"无念为宗，无相为体，无住为本"，实只是"无念"。"前念著境即烦恼，后念离境即菩提。"（《坛经》）此即是"善不受报""顿悟成佛"之义。

临济（义玄）云："如今学者不得，病在甚处？病在不自信处。你若自信不及，便茫茫地徇一切境转，被它万境回换，不得自由。你若歇得念念驰求心，便与祖佛不别。你欲识得祖佛么？只你面前听法底是。"（《古尊宿语录》卷四）又说："道流佛法无用功处。只是平常无事，屙屎送尿，著衣吃饭，困来即卧。愚人笑我，智乃知焉。"（同上）学者要自信得及，一切放下。不必于日用平常行事外，别有用功，别有修行。只于日用平常行事中，于相而无相，于念而无念。这就是不用功的用功，也就是无修之修。

临济又云："有时夺人不夺境，有时夺境不夺人，有时人境俱夺，有时人境俱不夺。"人是能知底主体，境是所知底对象。禅宗传说："明上座向六祖（慧能）求法。六祖云：'汝其暂时敛欲念，善恶都莫思量。'明上座乃禀言。六祖云：'不思善，不思恶，正当与么时，还我明上座父母未生时面目来。'明上座于言下忽然默契，便礼拜云：'如人饮水，冷暖自知。'"（《六祖坛经》）父母未生明上座时，并无明上座。无明上座之人，亦无对此人之境。令明上座还其父母未生时面目，就是令其人境俱夺。人境俱夺，与"无"同体，谓之默契。契者契合，言其与无契合为一，并不是仅知有"无"。

忽然默契，就是所谓顿悟，所谓"一念相应，便成正觉"（《神会语录》）。悟与普通所谓知识不同。普通所谓知识，有能知与所知的对立。悟无能悟与所悟的对立。因其无对象，可以说是无知。但悟亦并不是普通所谓无知。悟是非有知非无知，是所谓无知之知。

赵州（从谂）《语录》云："师问南泉（普愿）：'如何是道？'泉云：

'平常心是道。'师云：'还可趣向不？'泉云：'拟即乖。'师云：'不拟
争知是道？'泉云：'道不属知不知。知是妄觉，不知是无记。若真达不
疑之道，犹如太虚廓然，岂可强是非也。'"（《古尊宿语录》卷十三）
舒州佛眼禅师（清远）云："先师（法演）三十五，方落发。便在成都，
听习唯识百法。因闻说：菩萨入见道时，智与理冥，境与神会，不分能
证所证。外道就难，不分能所证，却以何为证？时无能对者，不鸣钟
鼓，返披袈裟。后来唐三藏至彼，救此义云：'智与理冥，境与神会时，
如人饮水，冷暖自知。'遂自思惟，冷暖则可矣，作么生是自知底事？
无不深疑。因问讲师，不知自知之理如何。讲师不能对。……后来浮渡
山见圆鉴，看他升堂入室，所说者尽皆说着心下事。遂住一年，令看
'如来有密语，迦叶不覆藏'之语。一日云：'子何不早来，吾年老矣，
可往参白云端和尚。'先师到白云，一日上法堂，便大悟：'如来有密
语，迦叶不覆藏'，果然果然。智与理冥，境与神会，如人饮水，冷暖
自知，诚哉是言也。乃有投机颂云：'山前一片闲田地，叉手叮咛问祖
翁。几度卖来还自买，为怜松竹引青风。'端和尚觑了点头。"（《古尊宿
语录》卷三十二）理为智之对象，境为神之对象。智与神为能，理与境
为所。"智与理冥，境与神会"即是知对象之能，与对象之所，冥合不
分。不分而又自觉其是不分，此所谓"如人饮水，冷暖自知"。南泉云：
"道不属知不知。"普通所谓知识之知，有能知所知之分。知道之知不能
有此等分别。故曰："知是妄觉。"道不属知。然人于悟中所得底能所不
分，亦不是不自觉底。如其是不自觉底，则即是一个浑沌，一个原始底
无知，一个"顽空"。所以说："不知是无记。"道不属不知。

　　禅宗人常形容悟"如桶底子脱"。桶底子脱，则桶中所有之物，均
一时脱出。得道底人于悟时，以前所有底各种问题，均一时解决。其解
决并不是积极地解决，而是在悟中，了解此等问题，本来都不是问题。
所以悟后所得底道，为"不疑之道"。

　　悟之所得，并不是一种积极底知识，原来亦不是得到什么东西。舒
州云："如今明得了，向前明不得底，在什么处？所以道，向前迷底，
便是即今悟底。即今悟底，便是向前迷底。"（《古尊宿语录》卷三十二）
禅宗人常说：山是山，水是水。在你迷中，山是山，水是水。在你悟
中，山还是山，水还是水。"山前一片闲田地"，"几度卖来还自买"。田
地本来就只是那一片田地，而且本来就是你的。除此外另找田地，谓之
"骑驴觅驴"。既得驴之后，自以为真有所得，谓之"骑驴不肯下"。舒

州云："只有二种病，一是骑驴觅驴，二是骑驴不肯下。你道骑却驴了，
更觅驴，可杀，是大病。山僧向你道，不要觅，灵利人当下识得。除却
觅驴病，狂心遂息。既识得驴了，骑了不肯下，此一病最难医。山僧向
你道，不要骑。你便是驴，尽大地是个驴，你作么生骑？你若骑，管取
病不去。若不骑，十方世界廓落地。此二病一时去。心下无一事，名为
道人，复有什么事？"（《古尊宿语录》卷三十二）

于悟前无道可修。于悟后亦无佛可成。黄檗《语录》云："问：'今
正悟时，佛在何处？'师云：'语默动静，一切声色，尽是佛事。何处觅
佛？不可更头上安头，嘴上安嘴。'"（《古尊宿语录》卷三）不但无佛
可成，且亦无悟可得。"对迷说悟。本既无迷，悟亦不立。"（马祖语，
见《古尊宿语录》卷一）此所谓"得无所得"。亦谓为"究竟无得"。

所以圣人的生活，无异于平常人的生活。禅宗人常说："著衣吃饭，
屙屎送尿。"平常人所做底，是此等平常底事。圣人所做底，亦是此等
平常底事。《续传灯录》载灵隐慧远禅师与宋孝宗谈话：师云："昔时叶
县省禅师有一法嗣，住汉州什邡水禅院，曾作偈示众曰：'方水潭中鳖
鼻蛇，拟心相向便揶揄。何人拔得蛇头出？'"上曰："更有一句。"师
曰："只有三句。"上曰："如何只有三句？"师对："意有所待。"后大隋
元靖长老举前三句了，乃著语云："方水潭中鳖鼻蛇。"（《续传灯录》卷
二十八）拔得蛇头出以后，还是方水潭中鳖鼻蛇。此所谓"究竟无得"。

禅宗的主要意思，说穿点破，实是明白简单。舒州云："先师只道，
参禅唤作金屎法。未会一似金，会了一似屎。"（《古尊宿语录》卷三十
二）此主要意思，若说穿点破，亦毫无奇特秘密。所以禅宗人常说：
"如来有密语，迦叶不覆藏。"云居（道膺）云："汝若不会，世尊密语。
汝若会，迦叶不覆藏。"（《传灯录》卷十七）密语之所以是密，因众人
不会也。佛果云："迦叶不覆藏，乃如来真密语也。当不覆藏即密，当
密即不覆藏。"（《佛果禅师语录》卷十五）不覆藏底密，即所谓公开底
秘密。

原来佛法中底宇宙论、心理学等，都可以说是"戏论之粪"（百丈
语，见《古尊宿语录》卷二），亦可以说是"闲家具"（药山〔惟俨〕禅
师语，见《传灯录》卷十四）。戏论之粪是需要"运出"底。闲家具是
用不着底。把这些一扫而空之后，佛法所剩，就是这一点底公开底秘
密。临济云："在黄檗先师处，三度问佛法大意，三度被打。后于大愚
处大悟云：'元来黄檗佛法无多子。'"（《古尊宿语录》卷四）不只黄檗

佛法无多子。佛法本无多子。《传灯录》卷十一，记临济此言，正作佛法无多子。

自迷而悟，谓之从凡入圣。入圣之后，圣人的生活，也无异于平常人的生活。"平常心是道"，圣人的心也是平常心。此之谓从圣入凡。从圣入凡谓之堕。堕亦可说是堕落，亦可说是超圣（此皆曹山〔良价〕《语录》中语）。超圣是所谓"百尺竿头，更进一步"。南泉云："直向那边会了，却来这里行履。"（《古尊宿语录》卷十二。《曹洞语录》引作"先过那边知有，却来这里行履"。）"直向那边会了"，是从凡入圣。"却来这里行履"，是从圣入凡。

因为圣人做平常人所做底事，是从圣入凡，所以他所做底事虽只是平常人所做底事，而其做此等事，又与平常人所做此等事不同。百丈（怀海）云："未悟未解时名贪嗔，悟了唤作佛慧。故云：'不异旧时人，只异旧时行履处。'"（《古尊宿语录》卷一）黄檗云："但无一切心，即名无漏智。每日行住坐卧，一切言语，但莫著有为法，出言瞬目，尽同无漏。"（《古尊宿语录》卷二）庞居士偈云："神通并妙用，担水及砍柴。"担水砍柴，平常人做之，只是担水砍柴；圣人做之，即是神通妙用。

因有此不同，所以圣人虽做平常人所做底事，而不受所谓生死轮回中底果报。黄檗《语录》云："问：'斩草伐木，掘地垦土，为有罪相否？'师云：'不得定言有罪，亦不得定言无罪。有罪无罪，事在当人。若贪染一切有无等法，有取舍心在，透三句不过，此人定言有罪。若透三句外，心如虚空，亦莫作虚空想，此人定言无罪。''禅宗下相承，心如虚空，不停留一物，亦无虚空相，罪何处安著？'"（《古尊宿语录》卷一）圣人虽做平常人所做底事，但不沾滞于此等事，不为此等事所累。黄檗云："但终日吃饭，未曾咬著一粒米。终日行，未曾踏着一片地。与么时，无人无我相等。终日不离一切事，不被诸境惑，方名自在人。"（《古尊宿语录》卷三）云门（文偃）亦说："终日说事，未尝挂著唇齿，未曾道著一字。终日著衣吃饭，未曾触著一粒米，挂著一缕丝。"（《古尊宿语录》卷十六）《洞山语录》云："师与密师伯过水次，乃问曰：'过水事作么生？'伯曰：'不湿脚。'师曰：'老老大大，作这个话。'伯曰：'尔作么生道？'师曰：'脚不湿。'"过水而脚不湿，谓做事而不沾滞于事，不为事所累。圣人就是这一种底自在人，禅宗亦称为自由人。

这是"无修之修"所得底成就。于修时，也是要念念不著于相，于相而无相；于成就时，也是念念不著于相，于相而无相。不过于修行时如此，是出于努力；于成就时如此，则是不用努力，自能如此。这不是说，因为修行底人，养成了一种习惯，所以不必努力，自能如此。而是因为修行底人于成就时，顿悟"同无"，所以不必努力，自能如此。

圣人的境界，就是所谓"人境俱不夺"底境界。在此等境界中，山还是山，水还是水，但人已不是旧日底，从凡入圣底人了。百丈所引："不异旧时人，只异旧时行履处。"严格地说应该说："只异旧时人，不异旧时行履处。"人是从圣入凡，所以虽有人有境，而仍若无人无境。"人境俱夺"，是从凡入圣的工夫。"人境俱不夺"，是从圣入凡的境界。

于上章我们说，玄学家所说圣人亦应务应世，不过是说，圣人亦能应务应世。僧肇所谓："圣人居动用之域，而止无为之境。"不过是说："居动用之域"无碍于"止无为之境"。若此说，则圣人的玄远，与其应务应世，动用之域，与无为之境，仍是两行，不是一行。如照禅宗所说，则应务应世，对于圣人，就是妙道；"动用之域"，就是"无为之境"。如此说，则只有一行，没有两行。

禅宗更进一步，统一了高明与中庸的对立。但如果担水砍柴，就是妙道，何以修道底人，仍须出家？何以"事父事君"不是妙道？这又须下一转语。宋明道学的使命，就在再下这一转语。

第九章　道　学

张横渠的《西铭》，是道学家的一篇重要文章。《西铭》云："乾称父，坤称母。余兹藐焉，乃混然中处。故天地之塞吾其体，天地之帅吾其性。民吾同胞，物吾与也。""尊高年所以长其长，慈孤弱所以幼其幼，圣其合德，贤其秀也。""知化则善述其事，穷神则善继其志。""富贵福泽，将厚吾之生也。贫贱忧戚，庸玉女于成也。存吾顺事，殁吾宁也。"（《正蒙·乾称》）当时及以后底道学家，都很推崇这篇文章。程明道说："《西铭》某得此意，只是须得他子厚有此笔力。他人无缘做得。孟子后未有人及此。得此文字，省多少言语。"（《二程遗书》卷二上）

横渠以"气"为万物的根本。气之全体，他称之为太和或道。他说："太和所谓道。中涵浮沉升降动静相感之性，是生絪缊相荡胜负屈伸之始。"(《正蒙·太和》）气之中，涵有阴阳二性，气之涵有阴性者，是静底，是沉而下降底；气之涵有阳性者，是动底，是浮而上升底。气如是"升降飞扬，未尝止息"，"相荡"，"相感"，故有聚散。聚则为物，散复为气。"气之聚散于太虚，犹冰凝释于水。"(同上)

乾坤是天地的别名。人物俱生于天地间。天地可以说是人物的父母。《西铭》说："乾称父，坤称母。"人与物同以乾坤为父母。不过人与物有不同者，就是人于人的形体之外，还得有"天地之性"。我与天地万物，都是一气之聚，所以我与天地万物本是一体。所以说"天地之塞吾其体"。"天地之性"是天地的主宰。我的性就是我所得于"天地之性"者，所以说"天地之帅吾其性"。就我的七尺之躯说，我在天地之间，是非常渺小底；就我的形体及心性的本源说，我是与天地万物为一体底。了解至此，则知"民吾同胞，物吾与也"。横渠说："性者，万物之一源，非有我之得私也。惟大人为能尽其道，是故立必俱立，知必周知，爱必兼爱，成不独成。彼自蔽而不知顺吾理者，则亦未如之何矣。"(《正蒙·诚明》）不但性是万物之一源，非有我所得私。气亦是万物之一源，非有我所得私。

人之性发为知觉。"合性与知觉，有心之名。"(《正蒙·太和》）人有心所以能觉解，性与气都是万物之一源，圣人有此觉解，所以"立必俱立，知必周知，爱必兼爱，成必独成"。此即是所谓能尽心，能尽性。横渠说："大其心则能体天下之物。物有未体，则心为有外。世人之心，止于闻见之狭。圣人尽性，不以闻见梏其心。其视天下无一物非我。孟子谓尽心，则知性，知天，以此。天大无外，故有外之心，不足以合天心。"(《正蒙·大心》)

无外者是至大，是大全。天无外。"大其心"者"合天心"，故亦无外。合天心者，一举一动都是"赞天地之化育"。所以《西铭》说："尊高年所以长其长，慈孤弱所以幼其幼。"篇中诸"其"字，都指天言。尊高年，慈孤弱，若只是长社会的长，幼社会的幼，则其事是道德底事，做此等事底行为，是道德行为。但社会的长，亦是天的长。社会的幼，亦是天的幼。合天心者本其觉解，以尊高年，慈孤弱，虽其事仍是尊高年，慈孤弱，但其行为的意义则是长天之长，幼天之幼。其行为的意义，是超道德底。科学上所谓研究自然，利用自然，在合天心者的觉解中，都是穷神知化的工作。穷神是穷天的神，知化是知天的化。天有神化，而人穷之知之。人继天的未继之功。合天心者做此等事，亦如子继其父之志，述其父之事。所以亦有事天的意义。合天心者本其觉解，做其在社会中所应该做底事。富贵亦可，贫贱亦可，寿亦可，夭亦可。一日生存，一日继续做其在社会中应做底事。一日死亡，即作永久底休息。此所谓"存吾顺事，殁吾宁也"。

此所说底是一种生活态度，亦是一种修养方法。此种修养方法，亦是所谓"集义"的方法。道学家的"圣功"都是用这一种方法。所以他们以为他们是直接孟子之传。合天心者，所做底事，虽仍是道德底事，但因他所做底事对于他底意义，是超道德底，所以他的境界亦是超道德底。他并不是拘于社会之内，但对于他并没有方内方外之分。高明与中庸的对立，如是统一起来。横渠《西铭》讲明了这个义理。这就是这篇的价值之所在。

程明道说："《西铭》某得此意。"此意就是"万物一体"之意。明道的《识仁篇》亦说此意。他说："学者须先识仁。仁者浑然与物同体，义礼智信皆仁也。识得此理，以诚敬存之而已。""此道与物无对，大不足以明之。天地之用，皆我之用。孟子言万物皆备于我。须反身而诚，乃为大乐。若反身未诚，则犹是二物有对，以己合彼，终未有之，又安得乐？《订顽》（即《西铭》）意思，乃备言此体。以此意存之，更有何事？"（《遗书》卷二上）此所谓仁，是道学家所谓"万物一体之仁"。明道云："医书言手足痿痹为不仁，此言最善名状。仁者以天地万物为一体，莫非己也。认得为己，何所不至？若不有诸己，自与己不相干，如手足不仁，气已不贯，皆不属己。故博施济众，乃圣人之功用。"（《遗书》卷二上）于上第四章中，我们说：用道家的去知的方法，所得到底浑然底一，是知识上底浑然底一；用儒家底集义的方法，所得到底浑然底一，是情感上底浑然底一。明道所谓"浑然与物同体"之仁，正是情感上底浑然底一。仁者在情感上与万物浑然一体。此一体是包括一切底。此一体是一个大全。不过此大全不只是一个形式底全。在实际上，大全中的一切，在其生意上，是彼此息息相通底。明道说："天地之大德曰生。""万物之生意最可观。斯所谓仁也。仁与天地一物也，而人特自小之，何哉？"（《遗书》卷十一）万物的生意就是天地的仁。在情感上"浑然与万物同体"，就是仁者的仁，仁者的仁，与天地同其广大，所以说："仁与天地一物也。"

仁与天地同其广大，所以说："此道与物无对，大不足以名之。"就实际上说，任何事物，皆在天地的一团生意中，皆在天地的仁中，但不是任何事物皆觉解其是如此。大部分底人亦不觉解其是如此。此所谓"物自小之"。圣人在天地一团生意中，而又觉解其真是如此。此所谓"反身而诚"。反者如所谓"回光返照"，是人的觉解的自反。自反而真觉解"万物皆备于我"，是所谓反身而诚。若反身未诚，则仍有人我之分。我是我，天地是天地，"以己合彼"，终未能与之相合，此所谓"终未有之"。"识得此理"，即《新原人》所谓知天。又以实心实意，时时注意此理，即所谓"以诚敬存之"。如此久之，则可得到"浑然与物同体"的经验，是即《新原人》所谓同天。孟子养浩然之气的方法是集义。集义是孟子所谓"必有事焉"。时时集义，不可间断。此所谓无忘。集义既久，浩然之气，自然而生。不可求速效，助之长。此所谓无助。"必有事焉，勿忘无助"，是集义的方法。明道于此说："以诚敬存之而已，更有何事？""以诚敬存之"，是"必有事焉"，是"勿忘"。"更有何事"，是"勿助"。

真正底仁者，就是圣人。圣人与天地万物为一体，所以天地万物，对于他不是外，他亦不是内。他与天地万物，不是"二物有对"，所以中间没有内外之分。他于应物处世，亦无所谓内外之分。明道答张横渠书云："所谓定者，动亦定，静亦定，无将迎，无内外。苟以外物为外，牵己而从之，是以己性为有内外也。且以性为随物于外，则当其在外时，何者为在内？是有意于绝外诱，而不知性之无内外也。既以内外为二本，则又乌可遽语定哉？夫天地之常，以其心普万物而无心。圣人之常，以其情顺万事而无情。故君子之学，莫若廓然而大公，物来而顺应。""人之情各有所蔽，故不能适道。大率患在于自私而用智。自私则不能以有为为应迹；用智则不能以明觉为自然。……与其非外而是内，不若内外之两忘也。两忘则澄然无事矣。无事则定，定则明，明则尚何应物之为累哉？"（《明道文集》卷三）明道的这一封信，后人称为《定性书》，此书中所说底意思，有许多与禅宗相同。将禅宗的意思，推至其逻辑底结论，即有明道《定性书》的意思。

道学家所谓动静的对立，就是我们于上数章中所说入世出世，"游于方之内"及"游于方之外"的对立。出世底人，"游于方之外"，离俗玄远，是主于静。入世底人，"游于方之内"，应付世事，是主于动。老庄及原来底佛家，都是主于静。早期的道学家，亦注重静。周濂溪说："圣人定之以中正仁义而主静，立人极焉。"（《太极图说》）后来道学家，说境界，则不说静，而说定；说方法，则不说静而说敬。这是一个很大底改变。静是与动对立底。定与敬不是动的对立，而是静与动的统一。就境界说，"动亦定，静亦定"。就方法说，动亦敬，静亦敬。

圣人动亦定，静亦定，对于他无所谓内外之分。因为他已"浑然与物同体"。"万物皆备于我"，"天地之用，皆我之用"，故对于他无所谓"外物"。主静者以世间底事为"外物"，视之为一种引诱，可以扰乱他的静者。但对于圣人，既无所谓外物，故亦不"有意于绝外诱"。他的心与天地同其广大，亦与天地同其无私。其心是如"鉴空衡平"。有事来则顺心的明觉的自然反应以应之。此所谓"廓然而大公，物来而顺应"。

圣人不自私亦不用智。这就是玄学家及禅宗所谓无心。玄学家及禅宗都说圣人无心。道学家说：天地无心，圣人有心。明道说："天地之常，以其心普万物而无心。圣人之常，以其情顺万事而无情。"伊川说："天地无心而成化。圣人有心而无为。"不过玄学家及禅宗所谓圣人无心，亦是说圣人有心而无所沾滞系著。其意亦是如明道所说，"圣人之常，以其情顺万事而无情"；如伊川所说，"圣人有心而无为"。《定性书》说："自私则不能以有为为应迹。用智则不能以明觉为自然。"圣人廓然大公，物来顺应，应物以无心，这就是"以有为为应迹"，"以明觉为自然"。应物顺于明觉之自然，就是于念而无念；"以有为为应迹"，就是于相而无相。如此则有为即是无为。

说至此，可见明道《定性书》的意思，有许多与禅宗的意思相同。不过禅宗仍要出家出世，这就是他有"恶外物之心"，而"求照无物之地"。他们还不能"内外两忘"。他们有了一个意思，但还没有把那个意思，推到它的逻辑底结论。他们还不十分彻底。若真正内外两忘底人，则世间底事，与出世间事，对于他并无分别。不仅担水砍柴是妙道，即事父事君亦是妙道。就他的境界说，他是廓然大公，如天地"心普万物而无心"。就他的行为说，他是物来顺应，对于物无所选择，无可无不可。高明与中庸的对立，如此即统一起来。

伊川与明道，旧日称为二程，旧日并以为二程的思想，是相同底。其实明道近于道家与禅宗，是道学中底心学一派的鼻祖。伊川是注重于《易传》所说的"道"，他重新发现了理世界，为道学中底理学一派的领袖。

伊川云："天下物皆可以理照，有物必有则。一物须有一理。"（《遗书》卷十八）严格地说，他应该说，有一类物，须有一理。他的意思也是如此。在中国语言中，言物之多，则称为万物或百物；言理之多，亦曰万理或百理。伊川说："若论道则万理具备。"（《遗书》卷十五）又说："天理云者，万理具备，元无少欠。"（《遗书》卷十八）万理都是本来有底，它们不会先无后有，亦不会先有后无。伊川云："天理云者，这一个道理，更有甚穷已？不为尧存，不为桀亡。""这上头更怎生说得存亡加减？是它元无少欠，百理具备。"（《遗书》卷二上）又说："此个亦不少，亦不剩，只是人看它不见。"（《遗书》卷二上）"人看它不见"，言其是超乎形象底。

理是不变底。伊川说："理在天下，只是一个理，放诸四海而准。须是质诸天地，考诸三王，不易之理。"（《遗书》卷二上）理亦是不动底。伊川又说："天理具备，元无少欠。不为尧存，不为桀亡。父子君臣，常理不易，何曾动得？"（《遗书》卷二上）

实际底事物，是理的实例。理是本来如此底，人知之与否，对于其有，不发生影响。一理在实际上有实例与否，对于其有，亦不发生影响。伊川说："百理俱在平铺放著。几时道尧尽君道，添得些君道多，舜尽子道，添得些子道多？元来依旧。"（《遗书》卷二上）尧尽君道，为君道之理，立一实例。舜尽子道，为子道之理，立一实例。但君道之理，并不因有实例而有所增，亦不因无实例而有所减，它是"元来依旧"。此所谓："不为尧存，不为桀亡。"

理世界中，"万理具备"。虽"看它不见"，但它是不增不减，"元来依旧"。理世界是所谓"冲漠无朕，万象森然"。"冲漠无朕"，言其是超乎形象。"万象森然"，言"百理俱在平铺放著"。

《易·系辞》说："形而上者谓之道，形而下者谓之器。"照伊川的解释，理是形而上者，事物是形而下者。形而上者是本来如此底，不会先无后有，亦不会先有后无。这就是说，它是无生灭底，或可以说，它是无所谓生灭底。形而下者则是有生有灭底。其生由于气之聚，其灭由于气之散。形而下底事物之存在，以理为其形式，以气为其原质。用亚里士多德的话说，理是事物存在的式因，气是事物存在的质因。

理学的系统，至朱子始完全建立。形上形下，朱子分别更清。朱子说："形而上者，无形无影，是此理。形而下者，有情有状，是此器。"（《语类》卷九十五）在形上方面，必先有某理，然后在形下方面，始能有某种事物。朱子说："做出那事，便是这里有那理。凡天地生出那物，便是那里有那理。"（《语类》卷一百一）又说："阶砖便有阶砖之理。竹椅便有竹椅之理。"(《语类》卷四)有某理然后可有某种事物。有某种事物必有某理。但有某理,不必即有某种事物。朱子说:"若在理上看,则虽未有物而已有物之理。然亦但有其理而已,未尝实有是物也。"(《答刘叔文》,《文集》卷四十六)

一类事物的理,是一类事物的最完全底形式,亦是一类事物的最高底标准。标准亦称为极。《语录》云:"事物皆有个极,是道理极至。蒋元进曰:'如君之仁,臣之敬,便是极。'先生曰:'此是一事一物之极。总天地万物之理,便是太极。'"(《语类》卷九十四)太极是万理的总和,亦就是天地万物的最高标准。

太极是本来如此底。朱子云:"要之理之一字,不可以有无论。未有天地之时,便已如此了也。"(《答杨志仁》,《文集》卷五十八)我们亦不能问:太极在什么地方。朱子说:"太极无方所,无形体,无地位可顿放。"(《语类》卷九十四)太极亦无动静。"太极理也,理如何动静?有形则有动静。太极无形,不可以动静言。"(郑子上问语,朱子以为然。见《文集》卷五十六)太极亦不能造作。朱子云:"若理则只是个洁静空阔底世界,无形迹,它却不会造作。"(《语类》卷一)

这是一个超乎形象底世界,"人看它不见",但它却不是空底。朱子常称理为"实理",言其确是有底,其有是无妄底。朱子说:"太极是五行阴阳之理皆有,不是空底物事。若是空时,如释氏说性相似。"又曰:"释氏只见得皮壳,里面许多道理,他却不见,他皆以君臣父子为幻妄。"(《语类》卷九十四)又说:"释氏说空,不是便不是。但空里面须有道理始得。若只说道,我是个空,而不知有个实底道理,却做甚用?譬如一渊清水,清泠澈底,看来一如无水相似。他便道此渊只是空底,不曾将手去探,是冷是温,不知道有水在那里面。释氏之见正如此。"(《语类》卷一二六)

道家、佛家均未说及理世界。他们说到超乎形象底,但其所说超乎形象底,均是不可言说,不可思议底。所以他们只能说无,只能说空。理是超乎形象底,但却是可言说,可思议底。严格地说,只有理才是可言说,可思议底。理才真正是言说思议底对象。严格地说:具体底事物,亦是不可言说,不可思议底。它只是可感觉底。理真正是有名。具体底事物,亦不是有名,它是可以有名。它是个"这",不过"这"是可以有名底。我们可以说:有不可感觉,亦不可思议底。这是无名。有只可思议,不可感觉底。这是有名。有不可思议,只可感觉底。这是可以有名。

理世界的重新发现，使人得一个超乎形象底、洁净空阔底世界。它是不增不减，不生不灭，无动无静。有某种实际底事物，必有某理。但有某理，不一定有某种实际底事物。人"见"此世界，方知其以前所见，拘于形象之内者，是如所谓井蛙之见。这个新"见"，可以"开拓万古之心胸"。这是一个精神的极大底解放。

理不会造作，无动无静。其能动而"会造作"者是气。气是形下世界所以能构成底原质。朱子说："天地之间，有理有气。理也者，形而上之道也，生物之本也。气也者，形而下之器也，生物之具也。是以人物之生，必禀此理，然后有性；必禀此气，然后有形。"（《答黄道夫》，《文集》卷五十八）又说："疑此气，是依傍这理行。及此气之聚，则理亦在焉。盖气则能凝结造作，理却无情意，无计度，无造作。只此气凝聚处，理便在其中。"（《语类》卷一）在理学的系统中，气的地位有似于在道家系统中底道。不过在此方面，程朱是横渠的继续，其所谓气，有似于横渠所谓气。横渠所谓气，如"野马尘埃"（《正蒙·太和》），亦是一种物。朱子所谓气，虽未明说是如"野马尘埃"，但也有清浊正偏可说，所以仍是一种物，是可以有名，不是无名。他不是超乎形象底。在横渠及程朱的系统中，气之观念，不是一个形式底观念，是一个积极底观念。

气凝聚为某物，此某物必是某种物，是某种物，必是禀受某理。其所禀受底某理，即是其性。所以说："人物之生，必禀此理，然后有性。"某形则是气所凝聚。所以说："必禀此气，然后有形。"

人禀受有知觉灵明之性，有仁义礼智之性，所以人能有知觉灵明，有恻隐、善恶、是非、辞让之情。知觉灵明之性，仁义礼智之性是未发。实际底知觉灵明，及恻隐、善恶、是非、辞让之情，是已发。未发谓之性，已发谓之情。所谓心包括已发未发。此所谓"心统性情"。

人的心中，不仅有上述诸理，而且有万理的全体。这就是说：人的心中，有整个底太极。不仅人如此，每一物皆如此。朱子说："人人有一太极，物物有一太极。"（《语类》卷九十四）又说："统体是一太极。然又物物各具一太极。"（《语类》卷九十四）或问朱子："如此，则是太极有分裂乎？"朱子说："本只是一太极，而万物各有禀受，又自各全具一太极尔。如月在天，只一而已。及散在江湖，则随处而见，不可谓月已分也。"（《语类》卷九十四）

虽人人有一太极，物物有一太极，然因其所禀之气，有清浊偏正之不同，所以或知之，或不知之。人以外底物，所禀底气，是较浊而偏底，所以人以外底物，完全不知有理有太极。人所禀之气，较清而正，所以人可以知其禀受有理有太极。不过虽可以知，但仍须用一番工夫，然后能知。照朱子的说法，此工夫即是《大学》所说"格物致知"的工夫。

朱子《大学章句》格物章补传云："所谓致知在格物者，言欲致吾之知，在即物而穷其理也。盖人心之灵，莫不有知，而天下之物，莫不有理。惟于理有未穷，故其知有未尽也。是以大学始教，必使学者，即凡天下之物，莫不因其已知之理，而益穷之，以求至乎其极。至于用力之久，而一旦豁然贯通焉，则众物之表里精粗无不到，而吾心之全体大用无不明矣。"朱子此说，正如柏拉图的"回忆说"。照柏拉图的说法，人的灵魂，对于所有的"观念"，本已有完全底知识。但因为肉体所拘，所以灵魂不记忆其本有底知识。哲学家或诗人，以灵感或其研究算学或科学底工夫，能使其灵魂上升，离肉体之拘，而回复其原有底知识。在此时，哲学家或诗人，如出了洞穴而重见天日。他在洞穴中，所见者不过是些事物的影像，及灯火的光。既出洞穴，他始能见真实底事物，及日月的光明。这是柏拉图于《理想国》中所设底比喻，以比喻一种境界。这种境界，是朱子所谓"一旦豁然贯通"，"众物之表里精粗无不到"，"吾心之全体大用无不明"的境界，有此等境界底人，朱子谓之圣人，柏拉图谓之哲学家或诗人。

有这种境界底人所做底事，也就是君臣父子，人伦日用之事。不过这些事对于他都不只是事，而是永恒底理的实例。他的境界极高，而所做底仍就是一般人所做底事。高明与中庸的对立，亦如是统一起来。

继明道之后，心学的领袖是陆象山。象山可以说是直接为禅宗下转语者。象山的哲学及修养的方法，是禅宗的方法，至少可以说是，最近乎禅宗的方法底方法。

若用禅宗的方法，则见程朱理学一派，所求太多，所说亦太多。这就是象山所谓"支离"。象山幼时闻人诵伊川语，"自觉若伤我者"。"尝谓人曰：'伊川之言，奚为与孔子孟子不类？'""他日读古书，至宇宙二字，解者曰：'四方上下曰宇。往古来今曰宙。'忽大省曰：'宇宙内事，乃己分内事。己分内事，乃宇宙内事。'又尝曰：'宇宙便是吾心，吾心便是宇宙。'"（《全集》卷三十三）他的"大省"，就是禅宗所谓悟。有了此悟，以后只须自信得及，一切放下。明道《识仁篇》说："识得此理，以诚敬存之而已，不须防检，不须穷索。"亦有此意。

学者须先有此悟。这就是所谓"先立乎其大者"。象山云："近有议吾者云：'除了先立乎其大者一句，全无技俩。'吾闻之曰：'诚然。'"（《全集》卷三十四）先立乎其大者以后，可以自信得及。自信者，自信"万物森然于方寸之间，满心而发，充塞宇宙，无非是理"（《全集》卷三十四）。于此点自信得及，则知"道遍满天下，无些子空阙。四端万善，皆天之所予，不劳人妆点，但是人自有病，与他相隔了"（《全集》卷十五）。知不劳妆点则即无须妆点。知有病则只须去病。此谓一切放下。

象山云："此理在宇宙间，何尝有所碍？是你自沉埋，自蒙蔽，阴阴地在个陷阱中，更不知所谓高远底。要决裂破陷阱，窥测破罗网。"又说："激厉奋迅，决破罗网，焚烧荆棘，荡夷污泽。"又说："龁鸡终日营营，无超然之意。须是一刀二断。营营地讨个甚么？"这很有临济"逢著就杀"的意思。这也就是所谓"一切放下"。

象山自以为他的方法是减，朱子的方法是添。《语录》云："因说定夫旧习未易消。若一处消了，百处皆可消。予谓晦庵逐事为他消不得，先生曰：'不可将此相比。他是添。'"（《全集》卷三十五）又说："圣人之言自明白。且如'弟子入则孝，出则弟'，是分明说与你，入便孝，出便弟。何须得传注！学者疲精神于此，是以担子越重。到某这里，只是与他减担。"（《全集》卷三十五）

减的方法也是一切放下的方法。一切放下之后，只有我的一个心，我一个"人"。象山云："仰首攀北斗，翻身依北辰。举头天外望，无我这般人。"此所谓我一个"人"，正是"这般人"。这般人是所谓大人，大丈夫。象山云："大世界不享，却要占个小蹊小径子。大人不做，却要为小儿态。可惜。"至此境界，不仅所谓传注的担子不必要，即六经也不必要。此所谓"学苟知本，六经皆我注脚"（《全集》卷三十四）。

自信得及，一切放下。四端万善，皆吾性中所固有，只需顺之而行。象山云："人精神在外，至死也劳攘。须收拾作主宰。收得精神在内。当恻隐即恻隐，当羞恶即羞恶，谁欺得你？谁瞒得你？见得端的后，常涵养，是甚次第！"所谓收拾精神，就是注意于自己。这是所谓"反身"。亦是禅宗所谓"回光返照"。普通人都只注意于外界事物。此所谓"精神在外，至死也劳攘"。收拾精神，回光返照，能悟到宇宙即是吾心，吾心即是宇宙。则所谓外物，又不是外。即应付外物，亦不是劳攘。其所以不是劳攘，因其心已是"廓然而大公"，其应事亦是"物来而顺应"也。象山云："凡事莫如此滞滞泥泥。某平生于此有长，都不去著他事。凡事累自家一毫不得。每理会一事时，血脉骨髓，都在自家手中。然我此中都似个闲闲散散，全不理会事底人，不陷事中。"此正是禅宗所谓："终日吃饭，未曾咬著一粒米。终日穿衣，未曾挂著一缕丝。"

由上所说，我们可见，象山的哲学及修养方法，是最近于禅宗底。说他的哲学及修养方法是"易简"，是"直捷"，是不错底。程朱一派，说象山是近禅，也是不错底。不过象山自己不承认他是近禅，这也是不错底。因为他是说：事父事君，也是人的性分内事，也是妙道。他下了这个转语，他所讲底，便是道学，不是禅宗。

心学的最后底大师是王阳明。阳明的哲学及修养方法，也是注重在自信得及，一切放下。自信得及是自信自己有知善知恶的良知。一切放下，是不拟议计较，只顺良知而行。阳明的《大学问》解释大学的三纲领云："大人者，以天地万物为一体者也。其视天下犹一家，中国犹一人焉。若夫间形骸而分尔我者，小人矣。大人之能以天地万物为一体也，非意之也，其心之仁，本若是其与天地万物而为一也。岂惟大人，虽小人之心，亦莫不然，彼顾自小之耳。""是故苟无私欲之蔽，则虽小人之心，而其一体之仁，犹大人也。一有私欲之蔽，则虽大人之心，而其分隔隘陋，犹小人矣。故夫为大人之学者，亦惟去其私欲之蔽，以自明其明德，复其天地万物一体之本然而已耳。非能于本体之外，而有所增益之也。""明明德者，立其天地万物一体之体也。亲民者，达其天地万物一体之用也。故明明德必在于亲民，而亲民乃所以明其明德也。""至善者，明德亲民之极则也。天命之性，粹然至善，其灵昭不昧者，此其至善之发现，是乃明德之本体，而即所谓良知者也。至善之发现，是而是焉，非而非焉，轻重厚薄，随感随应，变动不居，而亦莫不有天然之中，是乃民彝物则之极，而不容少有拟议增损于其间也。少有拟议增损于其间，则是私意小智，而非至善之谓矣。"（《王文成公全书》卷二十六）人的良知，就是人的明德之发现。顺良知的命令而行，就是致良知。对于良知如有拟议增损，就是私意小智。私意小智就是明道《定性书》所谓自私用智。

良知是人的明德的发现。所以致良知乃所以回复人的明德的本体，人的"天地万物一体之仁"。阳明云:"人心是天渊,无所不赅。原是一个天,只为私欲障碍,则天之本体失了。""如此念念致良知,将此障碍窒塞,一齐去尽,则本体已复,便是天渊了。"(《全书》卷二)象山说:"宇宙不曾限隔人,人自限隔宇宙。"致良知就是所以去此限隔。

致良知就是明明德。明德是"天地万物一体之仁",所以明明德就在于实行仁。所以说:"明明德必在于亲民,而亲民乃所以明其明德也。"致良知也就是致良知于行事。顺良知的命令行事,然后良知之知,方为完成。这就是阳明所谓"知行合一"。《传习录》云:"爱曰:'如今人尽有知得父当孝,兄当弟者,却不能孝,不能弟。便是知与行分明是两件。'先生曰:'此已被私欲隔断,不是知行的本体了。未有知而不行者,知而不行,只是未知。圣贤教人知行,正是要复那本体,不是着你只恁地便罢。'""某尝说:知是行的主意,行是知的功夫。知是行之始,行是知之成。若会得时,只说一个知,已自有行在;只说一个行,已自有知在。'"(《王文成公全书》卷一)人的心之本体,在其不为私欲所蔽之时,知行只是一事。如人"乍见孺子将入于井,有怵惕恻隐之心"。顺此心之自然发展,则必奔走往救之。此奔走往救之行,只是怵惕恻隐之心之自然发展,不是另一事。此所谓"知是行之始,行是知之成"。此时若有转念,或因畏难而不往,或因恶其父母而不往,则有知而无行,这都是由于自私用智,非知行本体如此。又如人知当孝父,顺此知之自然发展,则必实行孝之事。其有不能行孝之事,则亦是其心为私欲所蔽。其心为私欲所蔽,则有良知而不能致之,其良知之知亦即不能完成。致良知就是去其私欲之蔽,以回复知行的本体,也就是回复明德的本体。

王阳明《传习录》云:"先生尝言,佛氏不著相,其实著了相。吾儒著相,其实不著相,请问。曰:'佛怕父子累,却逃了父子。怕君臣累,却逃了君臣。怕夫妇累,却逃了夫妇。都是为个君臣父子夫妇著了相,便须逃避。如吾儒有个父子,还他以仁。有个君臣,还他以义。有个夫妇,还他以别。何曾著父子君臣夫妇的相?'"这就是把禅宗的理论推至其逻辑底结论。禅宗说:于相而无相,于念而无念。如果如此,则何不于父子君臣夫妇之相,亦于相而无相;于事父事君之念,亦于念而无念?这是禅宗的一间未达之处,亦是其不彻底处。心学就在这些处批评禅宗,也就在这些处接著禅宗。

良知是知,致良知是行,一心一意专注于致良知,即是用敬。真觉解良知是万物一体底明德的发现，而又一心一意专注于在行事上致良知，如此，则高明与中庸的对立即统一起来。阳明的形上学，不如明道象山的空灵。用禅宗的话说，他的形上学是有点"拖泥带水"。用我们的话说，他的形上学对于实际，太多肯定。不过致良知三字，把心学的修养方法，说得更确切，更清楚。

照以上所说，道学已把所谓高明，中庸，内外，本末，精粗等对立，统一起来。明道说："居处恭，执事敬，与人忠。此是彻上彻下语。圣人元无二语。"（《遗书》卷二上）伊川说："后人便将性命别作一般事说了。性命孝弟，只是一统底事。至如洒扫应对，与尽性至命，亦是一统底事。无有本末，无有精粗。""然今时非无孝悌之人，而不能尽性至命者，由之而不知也。"（《遗书》卷十八）圣人所做底事，就是这些事。虽就是这些事，但这些事圣人做之，都成妙道。此所谓"迷则为凡"，"悟则为圣"。彻上彻下，都是一统底事，是一行不是两行。事父事君，亦是妙道，这是把禅宗所一间未达者，也为之戳穿点破。这可以说是"百尺竿头，更进一步"了。

所以用道学家的方法而成为圣人底人，"即其所居之位，乐其日用之常"，"而其胸次悠然，直与天地万物，上下同流"（《论语》曾点言志章朱子注）。程明道诗云："年来无事不从容，睡觉东窗日已红。万物静观皆自得，四时佳兴与人同。道通天地有形外，思入风云变态中。富贵不淫贫贱乐，男儿到此自豪雄。"（《明道文集》卷一）这就是道学家所谓孔颜乐处，也就是在天地境界底人的乐处。

第十章　新　统

宋明道学，没有直接受过名家的洗礼，所以他们所讲底，不免著于形象。于第六章中，我们说：阴阳家的宗教与科学，与道家混合，成为道教。早期的道学的宇宙论，出于道教。周濂溪的太极图，邵康节的先天易，出于道教是很显然底。张横渠的关于气底说法，似亦是起源于道教。他的《西铭》说"乾称父，坤称母"，免不了有一点图画式底思想。他所说底气，更是在形象之内底。他对于他所谓气的说法，都是对于实际底肯定。

程朱所说底气，虽比横渠所说底气，比较不著形象，然仍是在形象之内底。他们所谓理，应该是抽象底，但他们对于抽象，似乎尚没有完全底了解。例如朱子说："阴阳五行之不失其序，便是理。"这是以秩序为理，秩序虽亦可称为理，但抽象底理并不是具体事物间底秩序，而是秩序之所以为秩序者，或某种秩序之所以为某种秩序者。

有人说："朱子道，陆子禅。"这话是有根据底。道学中底理学一派，受道教底影响多。心学一派，受禅宗的影响多。心学虽受禅宗的影响，但他们亦只讲到禅宗的"是心是佛"，没有讲到禅宗的"非心非佛"。这就是说，他们所讲底，还有一点著于形象。阳明尤其是如此。

由此我们可以说，宋明道学家的哲学，尚有禅宗所谓"拖泥带水"的毛病。因此，由他们的哲学所得到底人生，尚不能完全地"经虚涉旷"。他们已统一了高明与中庸的对立。但他们所统一底高明，尚不是极高明。

清朝人很似汉朝人，他们也不喜作抽象底思想，也只想而不思。他们喜欢"汉学"，并不是偶然底。中国哲学的精神的进展，在汉朝受了一次逆转，在清朝又受了一次逆转。清朝人的思想，限于对道学作批评，或修正。他们的修正，都是使道学更不近于高明。他们的批评，是说道学过于玄虚。我们对于道学底批评，则是说它还不够玄虚。

中国哲学的精神的进展，在汉朝受了逆转，经过了三四百年，到玄学始入了正路。中国哲学的精神的进展，在清朝又受了逆转，又经过了二三百年，到现在始又入了正路。我们于本章以我们的新理学为例，以说明中国哲学的精神的最近底进展。

在西洋，近五十年来，逻辑学有极大底进步。但西洋的哲学家，很少能利用新逻辑学的进步，以建立新底形上学。而很有些逻辑学家利用新逻辑学的进步，以拟推翻形上学。他们以为他们已将形上学推翻了，实则他们所推翻底，是西洋的旧形上学，而不是形上学。形上学是不能推翻底。不过经过他们的批评以后，将来底新底形上学，必与西洋的旧形上学，不大相同。它须是"不著实际"底，它所讲底须是不著形象，超乎形象底。新底形上学，须是对于实际无所肯定底，须是对于实际，虽说了些话，而实是没有积极地说什么底。不过在西洋哲学史里，没有这一种底形上学的传统。西洋哲学家，不容易了解，虽说而没有积极地说什么底"废话"，怎样能构成形上学。在中国哲学史中，先秦的道家，魏晋的玄学，唐代的禅宗，恰好造成了这一种传统。新理学就是受这种传统的启示，利用现代新逻辑学对于形上学底批评，以成立一个完全"不著实际"底形上学。

但新理学又是"接著"宋明道学中底理学讲底,所以于它的应用方面,它同于儒家的"道中庸"。它说理有同于名家所谓"指"。它为中国哲学中所谓有名,找到了适当底地位。它说气有似于道家所谓道。它为中国哲学中所谓无名,找到了适当底地位。它说了些虽说而没有积极地说什么底"废话",有似于道家,玄学以及禅宗。所以它于"极高明"方面,超过先秦儒家及宋明道学。它是接著中国哲学的各方面的最好底传统,而又经过现代的新逻辑学对于形上学的批评,以成立底形上学。它不著实际,可以说是"空"底。但其空只是其形上学的内容空,并不是其形上学以为人生或世界是空底。所以其空又与道家,玄学,禅宗的"空"不同。它虽是"接著"宋明道学中底理学讲底,但它是一个全新底形上学。至少说,它为讲形上学底人,开了一个全新底路。

在新理学的形上学的系统中,有四个主要底观念,就是理,气,道体及大全。这四个都是我们所谓形式底观念。这四个观念,都是没有积极底内容底,是四个空底观念。在新理学的形上学的系统中,有四组主要底命题。这四组主要底命题,都是形式命题。四个形式底观念,就是从四组形式底命题推出来底。

在新理学的形上学的系统中,第一组主要命题是:凡事物必都是什么事物,是什么事物,必都是某种事物。有某种事物,必有某种事物之所以为某种事物者。借用旧日中国哲学家底话说:"有物必有则。"

凡事物都是可以说它是甚么底。例如山是山,水是水。山可以说它是山,水可以说它是水。既是甚么,则即属于甚么类。例如山属于山类。水属于水类。形上学不能说,实际中有些甚么类。但可以说,凡事物都必属于某些类。

山是山,水是水。山不是非山,水不是非水。山之所以是山而不是非山,必因山有山之所以为山。水之所以是水而不是非水,必因水有水之所以为水。这是对于山水的形式底解释。山之所以为山或水之所以为水,不是这座山或这条水所独有。因为别底山亦有山之所以为山,别底水亦有水之所以为水。别底山与这座山不同,但均有山之所以为山。别底水与这条水不同,但均有水之所以为水。一切山所共有之山之所以为山,或一切水所共有之水之所以为水,新理学中称之为山之理或水之理。有山则有山之理。有水则有水之理。有某种事物,则有某种事物之理。某种事物之理是有名,某种事物是可以有名。

有某种事物必有某种事物之所以为某种事物者。这就是说:"有某种事物，涵蕴有某种事物之所以为某种事物者。"在此命题中，其所涵蕴者所说，不能多于其涵蕴者所说。在此命题中，"有某种事物"是涵蕴者。"有某种事物之所以为某种事物者"是所涵蕴者。所以在此命题中"有某种事物之所以为某种事物者"之有，其意义不能多于"有某种事物"之有。有某种事物之有，新理学谓之实际底有，是于时空中存在者。"有某种事物之所以为某种事物者"之有，新理学谓之真际底有，是虽不存在于时空而又不能说是无者。前者之有，是现代西洋哲学所谓存在。后者之有，是现代西洋哲学所谓潜存。

"有某种事物，涵蕴有某种事物之所以为某种事物者。"从此命题，我们又可推出两命题。一是：某种事物之所以为某种事物者，可以无某种事物而有。一是：某种事物之所以为某种事物者，在逻辑上先某种事物而有。

例如："有山涵蕴山之所以为山者。"在此命题中，如"有山"是真底，则"有山之所以为山者"亦是真底。但如"有山之所以为山者"是真底，则"有山"不必是真底。这就是说，如有山，则必有山之所以为山者，但有山之所以为山者，不必有山。如有山之所以为山者不必有山，则山之所以为山者，可以无山而有。

又例如："有山涵蕴有山之所以为山者。"照此命题所说，如有山，必先有山之所以为山者。此犹如"甲是人涵蕴甲是动物"，则甲如是人，必先是动物。此所谓先，是就逻辑上说，并不是就时间上，或实际上说。山之所以为山者，本来并不在时间，本来不是实际底。

就知识方面说：若无某种事物，我们不能知有某种事物之所以为某种事物者。但就逻辑方面说：无某种事物之所以为某种事物者，不能有某种事物。我们可以从无某理推知无某种事物，不能从无某种事物推知无某理。因此我们可以说：理可以多于实际事物的种类。假如我们可以说：理是有数目底，则理的数目可以大于实际的事物的种类的数目。

总所有底理，新理学中，名之曰太极，亦曰理世界。理世界在逻辑上先于实际底世界。"冲漠无朕，万象森然"，如用图画式言语说，我们可以说，其中底花样可以多于实际底世界。于是从对于实际作形式底解释，我们发现一新世界，一"洁静空阔底世界"（朱子语）。

在新理学的形上学的系统中，第二组主要命题是：事物必都存在。存在底事物必都能存在。能存在底事物必都有其所有以能存在者。借用中国旧日哲学家的话说，有理必有气。

第一组主要命题，是就某种事物著思。此一组主要命题，是就一个一个底事物著思。就某种事物著思，有某种事物，必有某种事物之所以为某种事物者。但有某种事物之所以为某种事物者，不必有某种事物。我们不能从理推到事实，更不能从理推出事实。即存在的理，我们也不能从某中推出存在。存在的理，是存在之所以为存在者。有存在之所以为存在者，不必即有存在。但一个一个底事物是存在底。我们从一个一个底事物著思，对于一个一个事物的存在，作形式底解释，即得如上述诸命题。能存在底事物，都必有其所有以能存在者。事物所有以能存在者，新理学中谓之气。实际底事物，都是某种事物。这就是说，实际底事物，都实现某理。理不能自实现。必有存在底事物，理方能实现。事物必有其所有以能存在者，方能存在。所以说：有理必有气。我们借用这一句话所要说底意思是，有实现底理必有实现理底气。

所谓气，有相对底意义，有绝对底意义。就其相对底意义说，气亦可是一种事物。例如我们问：甚么是一个人之所有以能存在者？或可说：他的血肉筋骨，是他所有以能存在者。一个人的血肉筋骨，可以说是一个人的气。此所谓气是就其相对底意义说。血肉筋骨，还是一种事物。一个人的血肉筋骨，必仍有其所有以能存在者。或可说：某种有机底原质，是一个人的血肉筋骨所有以能存在者。某种有机底原质，还是一种事物。一个人的血肉筋骨所有的某种有机底原质，必仍有其所有以能存在者。如此推问，以至于一不能说什么者。此不能说是什么者，只是一切事物所有以能存在者，而其本身，则只是一可能底存在。因为它只是一可能底存在，所以我们不能问：什么是它所有以能存在者。这就是新理学中所谓真元之气。气曰真元，就是表示，此所谓气，是就其绝对意义说。我们说气，都是就其绝对底意义说。

我们不能说气是什么。其所以如此，有两点可说。就第一点说，说气是什么，即须说：存在底事物是此种什么所构成者。如此说，即是对于实际，有所肯定。此种什么，即在形象之内底。就第二点说，我们若说气是什么，则所谓气，亦即是一能存在底事物，不是一切事物所有以能存在者。气并不是什么。所以气是无名，亦称为无极。

在新理学的形上学的系统中，第三组主要命题是：存在是一流行。凡存在都是事物的存在。事物的存在，是其气实现某理或某某理的流行。实际的存在是无极实现太极的流行。总所有底流行，谓之道体。一切流行涵蕴动。一切流行所涵蕴底动，谓之乾元。借用中国旧日哲学家的话说："无极而太极。"又曰："乾道变化，各正性命。"

这一组命题，都是从对于实际底事物，作形式底解释得来者。所以我们可以断定其为实际底事物所不可逃。存在是一流行。因为存在是一动，是一建立。动必继续动，然后才不至于不动。存在必继续存在，然后才不至于不存在。继续就是流行。事实上没有仅只存在底存在。所以凡存在都是事物的存在。存在者是事物，是事物者必是某种事物，或某某种事物。是某种事物或某某种事物，即是实现某理或某某理。实现某理或某某理者是气。气实现某理或某某理，即成为属于某种或某某种底某事物。没有不存在底事物。亦没有存在而不是事物者，亦没有是事物而不是某种事物者。所以凡事物的存在都是其气实现某理或某某理的流行。

实际就是事物的全体。太极就是理的全体，所以实际的存在就是无极实现太极的流行。总一切底流行谓之道体。道体就是无极而太极的程序。

一切流行涵蕴动。因为流行就是动。就逻辑方面说，于实现其余底理之先，气必实现动之理；气必先实现动之理，然后方能有流行。但就事实方面说，只是流行底流行，事实上是没有底。事实上，所有底流行，总是实现某种事物的理的流行。犹之实际上所有底动物，都是某种动物。无论是何种动物，都涵蕴是动物。就逻辑方面说，一个某种动物，必先是动物，然后方能是某种动物。但就事实方面说，不是任何种动物，而只是动物底动物，事实上是没有底。只是动物底动物，虽为事实上所没有，而却为任何种动物所涵蕴。在逻辑上说，它是先于任何种动物。在图画式底思想中，所谓先后，都是时间底先后，如此看，则先于任何种动物底动物，即是动物之祖。但上所谓先后，不是时间底。所谓动物，不是动物之祖，而只是"动物"。事实上虽没有只是流行底流行，但只是流行底流行却为任何流行所涵蕴。在逻辑上说，它是先于任何流行。它是第一动者。在图画式底思想中"第一动者"创造一切，就是所谓上帝。但它不是上帝，亦不是创造者，只是一切流行所涵蕴底动。此动既已是动，则是气已实现动之理。在《新理学》中，我们称之为"气之动者"。后来又说："气之动者"可称为乾元（《新理学答问》）。可称为乾元者，言其有似于图画式底思想中，所谓创造者。我们所谓乾元，可以说是气的纯活动。所谓纯活动者，言其只实现动之理，而尚未实现别底理。我们说"尚未"，只是就逻辑说，不是就实际或时间说。说有乾元，亦只是对于实际，作形式底解释，不是作积极底解释。所以说有乾元，对于实际并无所肯定。说有上帝或创造者，则对于实际有所肯定。

在新理学的形上学的系统中，第四组主要命题是：总一切底有，谓之大全。大全就是一切底有。借用中国旧日哲学家的话说："一即一切，一切即一。"

大全就是一切底有的别名，所以说大全是一切底有，是一重复叙述底命题。一切事物均属于大全。但属于大全者不仅只一切事物。形上学的工作，是对于一切事实作形式底解释。既作此等解释，乃有理世界的发现。形上学的对象，就是一切。于其工作开始之时，形上学见所谓一切，是实际中底一切。于其工作将近完成之际，形上学见所谓一切，不只是实际中底一切，而且是真际中底一切（真际包括实际）。有有实际底有者。有只有真际底有者。总一切底有，谓之大全。因其是一切底有，故谓之全，此全非一部分底全，非如所谓全中国全人类之全，所以谓之大全。

大全亦称宇宙。此所谓宇宙，并不是物理学或天文学中所谓宇宙。物理学或天文学中所谓宇宙，是物质底宇宙。物质底宇宙，亦可以说是全，但只是部分底全，不是大全。此所谓宇宙不是物质底宇宙，是大全。

大全亦可名为一。中国先秦哲学家，佛家，及西洋哲学家，亦常说一。为表示其所说底一，不是普通所谓一，先秦哲学家说太一或大一。佛家常说妙一。西洋哲学家常将其所谓一的第一字母作大写。新理学亦借用佛家的话说："一即一切，一切即一。"

我们虽借用佛家的话，说我们的意思，但我们的意思与佛家不同。新理学虽说：一即一切，一切即一，但并不肯定，一切事物之间，有内部底关联或内在底关系。新理学所谓一，只肯定一形式底统一。一只是一切的总名。所以虽说"一即一切，一切即一"，但对于实际并无所肯定。

以上四组命题，都是分析命题，亦可说是形式命题。此四组形式命题，予人以四个形式底观念，即理之观念，气之观念，道体之观念，大全之观念。新理学以为，真正底形上学底任务，就在于提出这几个观念并说明这几个观念。

理及气是人对于事物作理智底分析，所得底观念。道体及大全是人对于事物作理智底总括，所得底观念。于上文第五章中，我们说：《易传》所谓道，是我们所谓理的不清楚底观念；道家所谓道，是我们所谓气的不清楚底观念。我们说它们是不清楚底，因为《易传》所谓道的观念，及道家所谓道的观念，都还是可以再分析底。《易传》所谓道，及道家所谓道，都是能生者。我们还可以说，有能生者，必有能生者之所以为能生者。这是能生之理。实际底能生者，是存在底。存在必有其所有以能存在者。这是能生者之气。《易传》所说底道，近乎是我们所谓理，而又不纯是理。道家所说底道，近乎是我们所谓气，而又不纯是气。所以我们说，这些观念是不纯粹底观念。它们所表示底，还不是"物之初"（《庄子》中底名辞）。此所谓"物之初"之"初"，不是就时间说，是就逻辑说。理与气是"物之初"。因为理与气都是将事物分析到最后所得底。我们不能对事物作再进一步底分析。所以它们就是"物之初"，不能有再"初"于它们者。

理之观念有似于希腊哲学（如柏拉图，亚力士多德的哲学）中及近代哲学（如海格尔的哲学）中底"有"之观念；气之观念，有似于其中底"无"之观念；道体之观念，有似于其中底"变"之观念；大全之观念，有似于其中底"绝对"之观念。照西洋传统形上学的说法，形上学的任务，也就是在于说明这一类底观念。我们说，新理学中所得到底四个观念，"有似于"西洋传统形上学中底四个观念。因为新理学中底四个观念，都是用形式主义底方法得来底。所以完全是形式底观念，其中并没有积极底成分。西洋传统形上学中底四个观念，则不必是用形式主义的方法得来底，其中有积极底成分。有积极底成分者，对于实际，有所肯定。无积极底成分者，对于实际，无所肯定。

严格底说，大全的观念，与其所拟代表者，并不完全相当。大全是一观念，观念在思中，而此观念所拟代表者，则不可为思之对象。大全既是一切底有，则不可有外。惠施说："至大无外，谓之大一。"大全是不能有外底大一，如有外于大全者，则所谓大全，即不是大全。如有外于大一者，则是有二，有二，则所谓大一，即不是一。如以大全为对象而思之，则此思所思之大全，不包括此思。不包括此思，则此思所思之大全为有外。有外即不是大全。所以大全是不可思议底。大全既不可思议，亦不可言说，因为言说中，所言说底大全，不包括此言说。不包括此言说，则此言说所言说之大全为有外，有外即不是大全。不可思议，不可言说者，亦不可了解。不可了解，不可说它是"漆黑一团"，只是说其不可为了解的对象。

由此方面说，道体亦是不可思议，不可言说底。因为道体是一切底流行。思议言说亦是一流行。思议言说中底道体，不包括此流行。不包括此流行，即不是一切底流行。不是一切底流行，即不是道体。

气亦是不可思议，不可言说底。不过其所以是如此，与大全或道体之所以是如此不同。大全或道体所以是如此，因为我们不可以大全或道为思议言说的对象。为思议言说底对象底大全或道体，不是大全或道体。气所以是不可思议，不可言说底，因为我们不能以名名之。如以一公名名之，则即是说它是一种什么事物，说它依照某理。但它不是任何事物，不依照任何理。所以于新理学中，我们说：我们名之曰气。我们说：此名应视为私名。但形上学并非历史，其中何以有私名，这也是一困难。所以名之以私名，亦是强为之名。

或人可说：清朝人所以批评道学者，就是因它是"空虚之学"（顾亭林语），没有实用。颜习斋说："圣人出，必为天地建承平之业。"南北两宋，道学最盛，"乃上不见一扶危济难之功，下不见一可相可将之材"，"多圣多贤之世，乃如此乎？"（《存学编·性理评》）道学已是空虚无用。若新理学中底几个观念，都是形式底观念，更不能使人有对于实际底知识。道学尚讳言其近玄学近禅宗，新理学则公开承认其近玄学近禅宗。新理学岂不是更无实用？

于此我们说：我们现在是讲哲学。我们只能就哲学讲哲学。哲学本来是空虚之学。哲学是可以使人得到最高境界底学问，不是使人增加对于实际底知识及才能底学问。《老子》作为道与为学的分别。讲哲学或学哲学，是属于为道，不是属于为学。

以前大部分中国哲学家的错误，不在于他们讲空虚之学，而在于他们不自知，或未明说，他们所讲底，是空虚之学。他们或误以为圣人，专凭其是圣人，即可有极大底对于实际底知识，及驾驭实际底才能。或虽无此种误解，但他们所用以描写圣人底话，可使人有此种误解。例如《易传》说："圣人与天地合其德，与日月合其明，与四时合其序，与鬼神合其吉凶。"《中庸》说："圣人可以赞天地之化育。"《庄子·逍遥游》向郭注说："夫圣人之心，极两仪之至会，穷万物之妙数。"僧肇《肇论》说：圣人"智有穷幽之鉴，神有应会之用"。又说："夫圣人功高二仪而不仁，明逾日月而弥昏。"朱子讲格物致知的工夫，说："至于用力之久，而一旦豁然贯通焉，则众物之表里精粗无不到，而吾心之全体大用无不明矣。"这些话可予人以印象，以为圣人，专凭其是圣人，即可无所不知，无所不能。学为圣人，亦如佛教道教中，所谓学为佛，学为仙。学到某种程度，自然有某种灵异。普通人以为圣人必有极大底知识才能，即道学中，亦有许多人以为是如此。于是有许多道学中底人，都自以为，他们已经用了"居敬存诚"的工夫，对于实际底知识，才能，都可以不学而自能。于是他们不另求知识，不另求才能。不另求当然无知识，无才能。这些人"徒以生民立极，天地立心，万世开太平之阔论，钤束天下，一旦有大夫之忧，当报国之日，则蒙然张口，如坐云雾"（黄梨洲语，《南雷文定》后集卷三）。这些人是无用之人。他们成为无用之人，因为他们不知他们所学底是无用之学。若使他们知他们所学底是无用之学，他们及早另外学一点有用之学，他们也不至成为无用之人。

新理学知道它所讲底是哲学，知道哲学本来只能提高人的境界，本来不能使人有对于实际事物底积极底知识，因此亦不能使人有驾驭实际事物底才能。哲学可能使人于洒扫应对中，尽性至命，亦可能使人于开飞机放大炮中，尽性至命。但不能使人知怎样洒扫应对，怎样开飞机放大炮。就此方面说，哲学是无用底。

在以上所讲底各家中，了解并明说上所说底意思者，只有禅宗与阳明。禅宗明白承认圣人，专凭其是圣人，不必有知识才能。他们说：圣人所能做底事，也就是穿衣吃饭，拉屎撒尿。他们说：禅是金屎法，不会一似金，会了一似屎。不过一般人都以为他们这种说法，是反说底。又因禅宗未完全脱去宗教的成分，一般人又传说禅宗的大师，有种种底灵异。因此禅宗虽有此说，而未为后来底人，所了解，所注意。

阳明有"拔本塞源之论"。他说："夫拔本塞源之论，不明于天下，则天下之学圣人者，将日繁日难。斯人沦于禽兽夷狄，而犹自以为圣人之学。""圣人之学，所以至简至易，易知易从，易学易能，而以成才者，正以大端惟在复心体之同然，而知识技能，非所与论也。"（《答顾东桥书》，《传习录（中）》）阳明又说："所以为精金，在足色，而不在分两。所以为圣者，在纯乎天理，而不在才力也。故虽凡人而可为学，使此心纯乎天理，则亦可为圣人。犹一两之金，比之万镒。虽分两悬绝，而其到足色处，可以无愧。故曰：人皆可以为尧舜，以此。"（《传习录（上）》）此说虽是而尚有一间未达。才力与境界，完全是两回事。两者不必有联带底关系。说有才力底圣人是万镒之金，无才力底圣人是一两之金，似乎才力与境界，尚多少有联带底关系。于此点我们可以说，阳明尚未尽脱流俗之见。

新理学中底几个主要观念，不能使人有积极底知识，亦不能使人有驾驭实际底能力。但理及气的观念，可使人游心于"物之初"。道体及大全的观念，可使人游心于"有之全"。这些观念，可使人知天，事天，乐天，以至于同天。这些观念，可以使人的境界不同于自然，功利，及道德诸境界（详见《新原人》）。

这些观念，又都是"空"底。他们所表示底都是超乎形象底。所以由这些观念所得到底境界，是虚旷底。在这种境界中底人，是"经虚涉旷"底。

在这种境界中底人，虽是"经虚涉旷"，但他所做底事，还可以就是人伦日用中底事。他是虽玄远而不离实用。在这种境界中底人，虽"经虚涉旷"，而还是"担水砍柴"，"事父事君"。这也不是"担水砍柴"，"事父事君"，无碍其"经虚涉旷"，而是"担水砍柴"，"事父事君"，对于他就是"经虚涉旷"。他的境界是极高明，但与道中庸是一行不是两行。

在这种境界中底人，谓之圣人。哲学能使人成为圣人。这是哲学的无用之用。如果成为圣人，是尽人之所以为人，则哲学的无用之用，也可称为大用。

圣人是"人之至者"（邵康节语），人之至者，也就是所谓至人。某种对于实际底知识才能，可以使人成为某种职业底人，例如医生、工程师等。但哲学不能使人成为某种职业底人，只能使人成为至人。至人是不限于职业底。任何有用于社会底职业中底人，都可成为至人，但人不可专以成至人为他底职业。如果他若如此，他即如和尚之专以成佛为职业，他即落于高明与中庸的对立。

圣人不能专凭其是圣人即能做事，但可以专凭其是圣人，即能做王。而且严格地说，只有圣人，最宜于做王。所谓王，指社会的最高底首领。最高底首领并不需要亲自做什么事，亦不可亲自做什么事。这就是道家所谓"无为"。"上必无为而用天下，下必有为为天下用"。当最高首领的"无为"，并不是无所作为，而是使用群才，令其自为。当最高首领者，无须自为，所以亦不需要什么专门底知识与才能。他即有专门底知识与才能，他亦不可自为。因为他若有为，则即有不为。他不为，而使用群才，令其自为，则无为而无不为。

当最高首领底人，所需要底是"廓然大公"底心，包举众流底量。只有在天地境界中底人，最能如此。他自同于大全。自大全的观点，以看事物，当然有"廓然大公"底心。在他的心中，"万物并育而不相害，道并行而不相背"，他当然有包举众流底量。在他的境界中，他"不与万法为侣"，真是"首出庶物"，所以他最宜于做社会的最高底首领。

所以圣人，专凭其是圣人，最宜于做王。如果圣人最宜于做王，而哲学所讲底又是使人成为圣人之道，所以哲学所讲底，就是所谓"内圣外王之道"。新理学是最玄虚底哲学，但它所讲底，还是"内圣外王之道"，而且是"内圣外王之道"的最精纯底要素。

新知言（节选）
（1946 年）

自　　序

前发表一文《论新理学在哲学中底地位及其方法》（见《哲学评论》八卷一期至二期），后加扩充修正，成为二书，一为《新原道》，一即此书。《新原道》述中国哲学之主流，以见新理学在中国哲学中之地位。此书论新理学之方法，由其方法，亦可见新理学在现代世界哲学中之地位。承百代之流，而会乎当今之变，新理学继开之迹，于兹显矣。将返北平，留滞重庆，因取已抄成之稿，校阅付印。新理学之纯哲学底系统，将以《新理学》、《新原人》、《新原道》及此书，为其骨干。《新理学》脱稿于南渡途中，此书付印于北返道上。亦可纪也已。写此书时，与沈公武先生（有鼎）时相讨论，原稿承金龙荪先生（岳霖）校阅一过，多所指正，并此致谢。民国三十五年 6 月，冯友兰序于重庆。

绪　　论

假使我们要只用一句话，说出哲学是甚么，我们就可以说：哲学是对于人生底，有系统底，反思底，思想。每一个人，只要他没有死，他都在人生中，但不是每一个人，都对于人生有有系统底，反思底，思想。这种思想，所以谓之反思，理由有二点。就第一点说，反思底思想，是以人生为对象底。以人生为对象底思想，仍是在人生中。在人生中思想人生底思想，是反思底思想。就第二点说，思想亦是人生中底一种主要底活动。以人生为对象而思之，不免也要以思想为对象而思之。

这就是思想思想。思想思想底思想是反思底思想。思想是人生中底光。反思底思想是人生中底光的回光返照（此所谓回光返照，是取其字面底意义。在禅宗中，这四个字，有这种用法）。

以人生为对象而思之，就是对于人生有觉解。于《新原人》中，我们说：人之所以异于禽兽者，其主要底一点，是人对于他的生活有觉解。如果禽兽亦对于它们的生活有觉解，我们可以说：人对于他的生活，有较高底觉解。此所谓觉是自觉，此所谓解是了解。人做某事，了解某事是怎样一回事，他于做某事时，并自觉他是在做某事，这就是他对于做某事有觉解。这也就是他对于他的生活的片断有觉解。不过一般人虽对于他们的生活的片断有觉解，但未必对于他的生活的整个有觉解。一般人虽都有觉解，但未必了解觉解是怎样一回事；于有觉解时，亦未必自觉他是有觉解。这就是说，他未必觉解其觉解。人的生活的整个，就是人生，对于人生底觉解，就是对于人生底反思底思想。对于觉解底觉解，就是对于思想底思想。这种思想，如成为系统，即是哲学。

这可以说是人的心的向内底发展。说到向内底发展，颇可引起误会。因为有些人说到心的向内底发展，有轻视或敌视中国哲学史中所谓外物的意思。他们作中国哲学史中所谓内外之分，有中国哲学史中所谓"是内而非外"的倾向。我们并没有这个意思。我们所谓心的向内底发展，不过是说，人注意到他自己的全部生活，他的全部生活，包括了中国哲学史中所谓内外。

在《新理学》中我们说：哲学乃自纯思之观点，对于经验，作理智底分析，总括，及解释，而又以名言说出之者。这是就哲学的方法及研究哲学底出发点，以说哲学。凡有关于实际底学问，都需以经验为其出发点。因为所谓实际，就是经验的对象，或可能底经验的对象，纯思是哲学的方法。理智底分析，总括及解释，是思的方法。此所谓理智底，亦可以说是逻辑底。我们用理智对于经验作分析，总括，及解释，所得底是逻辑底分析，总括，及解释。说理智底，是就我们的官能说。说逻辑底，是就所得底结果说。

在《新理学》中，我们说到思与想的不同。在中国旧日言语中，本来有此分别。《世说新语》说："卫玠总角时，问乐令梦。乐云：'是想。'卫曰：'形神所不接而梦，岂是想邪？'乐云：'因也。未尝梦乘车入鼠穴，捣齑啖铁杵，皆无想无因故也。'卫思'因'，经日不得，遂成病。"（《文学篇》）在这一段中，我们可以看出，在中国旧日言语中，思与想的分别。我们说"纯思"，我们是要表明，在哲学中不可有想的成分。近来底中国言语，以"思想"二字合文，表示思。我们上文所谓思想，意思就是思。

我们对于经验，可以注意于其内容，亦可只注意于其程序。所谓经验的内容，就是经验者对于经验的对象所有底知识。对于经验底理智底分析，总括，及解释，又可分为对于经验的程序者，及对于经验的内容者。前者就是哲学中底知识论，后者就是哲学中底形上学。

形上学是哲学中底最重要底一部分。因为它代表人对于人生底最后底觉解。这种觉解，是人有最高底境界所必需底。我们对于经验的内容，作逻辑底分析，总括及解释，其结果可以得到几个超越底观念。所谓超越就是超越于经验。用中国哲学史中底话说，就是超乎形象底。我们的理智，自经验出发而得到超越于经验者。对于超越于经验者底观念，我们称之为超越底观念。这几个超越底观念，就是形上学底观念，也就是形上学中底主要观念。

形上学中底主要观念，既都是从纯思来底，所以形上学并不能增加人对于实际底积极底知识。在这一方面，它有似于逻辑算学。逻辑算学虽亦不能增加人对于实际底积极底知识，但其中亦有一套原则公式，为科学所依靠，以求积极底知识。由此方面说，我们可以说，逻辑算学可以间接地增加人的积极底知识。它们虽不依靠科学，科学却要依靠它们。形上学既不依靠科学，科学亦不依靠它，它是真不能增加人的积极底知识。它也有一套命题，但这一套命题，都近乎是自语重复底。从求积极底知识的观点看，这一套命题，没有甚么用处，可以说是"废话"。

不过形上学的功用，本不在于增加人的对于实际底积极底知识。形上学的功用，本只在于提高人的境界。它不能使人有更多底积极底知识。它只可以使人有最高底境界。这就是《新原人》中所谓天地境界。人学形上学，未必即有天地境界。但人不学形上学，必不能有天地境界。

《老子》说："为学日益，为道日损。"为学与为道的工夫的分别，是否在于日益或日损，我们于此不必讨论。但为学与为道，是有分别底。用我们的话说，为学是求一种知识，为道是求一种境界。说求一种境界，所求一定是一种境界，高于普通人所有者。因为普通人所有底境界，是所谓自然的礼物，不是求而后得者。在《新原人》中，我们说：人所可能有底最高底境界，是天地境界。在天地境界中底人，就是中国所谓圣人。学为圣人的工夫，就是所谓圣功。学形上学可以说是圣功的一部分。王阳明说他早年信朱子之说，以为学为圣人，始于穷理。一日，他开始穷竹子之理。思之七日七夜，至于成疾，终不能得。他只得放弃这种工夫，以为圣人不是常人所可学底。他的这种办法，有两种错误。第一种错误是，以为学为圣人，必须知各种事物之理的内容。第二种错误是，以为纯靠思可以知事物之理的内容。纯靠思不能知事物之理的内容。学为圣人亦不需知各种事物之理的内容。不过人求天地境界，需要对于人生底高底觉解。形上学所能予人底，就是这种觉解。

本书所讲，不是哲学，而是哲学方法，更确切地说，是形上学的方法。于《新理学》中，我们说：有最哲学底哲学。于本书中，我们说：有最哲学底形上学。本书所讲形上学的方法，就是最哲学底形上学的方法，也就是新理学的方法。

第一章　论形上学的方法

"形上学"，是一个西洋哲学中底名词。有时也译为玄学。民国八九年间，在中国曾有所谓科学与玄学的论战，其所谓玄学，即是形上学。

就最哲学底形上学说，科学与形上学没有论战的必要。因为科学与形上学，本来没有冲突，亦永远不会有冲突。最哲学底形上学，并不是"先科学底"科学，亦不是"后科学底"科学，亦不是"太上科学"。它不必根据科学，但亦不违反科学，更不反对科学。所以它与科学，决不会发生冲突。既不发生冲突，当然亦没有论战的必要。

科学的目的是对于经验作积极底释义（释义就是解释其中所涵蕴底义理。这是一个新词。其意义相当于英文 interpretation 一词，作名词用则曰释义，作动词用则曰义释）。其方法是实验底，其结论的成立，靠经验的证实。在人类的知识的进步过程中，人的知识中底有些理论，其目的亦是对于经验作积极底释义，但其方法，却不是实验底。这就是说，持这些理论底人，虽持这些理论，但却不以，或不能以，实验底方法，从经验上证实之。此种理论，就其目的说，是科学；就其方法说，不是科学底。此种理论，可以说是"先科学底"科学。因为此种理论，就其目的说，是与科学一类底。但其方法，是人未知严格底科学方法以前所用底方法。所以我们说：此种理论是"先科学底"科学。

例如，就医学说，说传染病的病源是一种微生物，这是可以实验底方法从经验中证实底，这是科学的理论。说传染病的病源是"四时不正之气"，这是"想当然耳"，是不能以实验底方法，从经验中证实底。这是"先科学底"科学的理论。这种理论，虽是"想当然耳"，但亦是对于传染病的病源底一种比较合理底解释。比如说，传染病是上帝降罚，或鬼神作祟，这种理论，已经是进步得多。

说传染病的病源是上帝降罚或鬼神作祟，是宗教的说法。说传染病的病源是"四时不正之气"，是"先科学底"科学的说法。说传染病的病源是一种微生物，是科学的说法。从宗教的说法，到科学的说法，是一种进步，是人的知识在医学方面底进步。

"先科学底"科学，有些人称为形上学。孔德说：人类进步，有三阶段：一、神学阶段；二、形上学阶段；三、科学阶段。他所谓形上学，正是我们所谓"先科学底"科学。如所谓形上学是如此底性质，则形上学只可于"无佛处称尊"，于没有科学的时候，此所谓形上学，在人的知识中占现在科学在现在人的知识中所占底地位。换句话说，此所谓形上学，就是那个时候的人的科学。于既有现在底科学以后，此所谓形上学，即应功成身退，将其地位让与现在底科学。如既有现在底科学，此所谓形上学，仍不退位，则即与现在底科学冲突。此等冲突，严格地说，是现在底科学与以往底科学的冲突。是进步底，好底科学，与落伍底，坏底科学的冲突。

照另有一部分人底说法，形上学可以说是"后科学底"科学。照这一部分人的说法，科学以实验底方法，义释经验。但现在底科学，尚不能以实验底方法，义释所有底经验。现在底科学所尚不能义释底经验，形上学可暂以另一种方法义释之。等到科学进步，形上学所义释底经验，科学亦能以实验底方法义释之。至此时，科学的释义替代形上学的释义。用另一套话说，形上学专讨论科学尚未讨论，或尚未能解决底问题。形上学的问题与科学的问题，是一类底。在这一类底问题中，有些问题是科学所不能以实验底方法解决者。形上学随科学之后，取此等问题，以另一种方法，试为解决。不过这种解决是临时底。将来科学进步，即能以实验方法解决此等问题，这是真正底解决。真正底解决将来即替代临时底解决。形上学专在科学后面，检拾问题。科学愈进步，形上学即愈无问题可检拾。至全无问题可检拾之时，形上学即没有了。有人说：哲学亦没有了。

照这一部分人的说法，形上学是"后科学底"科学。它亦是科学，因为它的问题，与科学的问题是一类底，形上学与科学，都以积极底义释经验为目的。形上学随科学之后，试以另一种方法解决科学以实验底方法所不能解决底问题。由此方面说，它是"后科学底"科学。但它必为将来底科学所替代。由此方面说，所谓"后科学底"科学，仍是"先科学底"科学。对于现在底科学说，它是"后科学底"科学。对于将来底科学说，它是"先科学底"科学。

或可说，形上学的问题，虽与科学的问题，是一类底，但并不是科学所尚不能解决底问题，而是科学所永不能解决底问题。形上学于科学之后，专检拾科学所永不能解决底问题，以另一种方法解决之。所以它只是"后科学底"科学，不是"先科学底"科学。例如在西洋哲学史中，所谓上帝存在，灵魂不灭，意志自由等问题，都是关于宇宙人生底根本问题，亦都是科学所永不能解决底问题。这一类底问题，正是形上学的问题。形上学专讨论这一类底问题，所以是"后科学底"科学。

亦有人认为科学的问题是无穷尽底，解决一个问题之后，随之就有别底问题发生。科学的进步，永远是一波未平，一波又起的情形。所以"后科学底"科学，不会没有。它是随着科学发展而发展底，不过它的领域，时时移动。

照另有一部分人的说法，形上学可以说是"太上科学"。照这一部分人的说法，形上学的目的，是求所谓"第一原理"。从"第一原理"可以推出人的所有底知识，中国古代有些人以为，《周易》一书就包含有这一种底原理。现在虽有很少人持这种说法，但颇有些人以为，形上学的第一原理，可为科学中底原理之根据。它是一切科学原理的原理。例如海格尔所讲底辩证法，在他的形上学中，就是这一种底第一原理。在辩证唯物论的形上学中，马克思所讲底辩证法，也是这一种底第一原理。照此一部分人的说法，形上学是科学之母，也就是"太上科学"。

以上各部分人的各种说法，虽不尽相同，但有一相同之点，即均以为形上学的目的，与科学同是积极地义释经验。不过形上学的方法与科学不同。形上学不以实验底方法，从经验证实其结论，因此即可与科学冲突。因为积极地义释经验，而又不用实验底方法，从经验证实其结论，是为科学所不许底。

形上学不用实验底方法，不从经验证实其结论，如何可以解决有关于积极地义释经验底问题？这是很不容易回答底。在西洋现代哲学中，维也纳学派，即从此观点，以批评形上学。如所谓形上学是"先科学底"科学，或"后科学底"科学，或"太上科学"，则维也纳学派，对于形上学底批评，是很有理由底。他们说，形上学中命题是没有意义底，形上学是应该取消底。如所谓形上学是如上文所说者，形上学似乎没有方法，可以应付维也纳学派的批评。

不过最哲学底形上学，亦可说是真正底形上学，并不是"先科学底"科学，亦不是"后科学底"科学，亦不是"太上科学"。在哲学史中，有些哲学家的形上学，确不免有这些性质。但不能说"形上学"必需有这些性质。维也纳学派对于形上学底批评，可以说是对于西洋传统底形上学底批评。这些批评，对于真正底形上学，是无干底。

我们于以下，将要说明真正形上学的性质。本书主要底目的，是讲形上学的方法。一门学问的性质，与它的方法，有密切底关系。我们于以下希望，从讲形上学的方法，说明形上学的性质。

真正形上学的方法有两种：一种是正底方法；一种是负底方法。正底方法是以逻辑分析法讲形上学。负底方法是讲形上学不能讲，讲形上学不能讲，亦是一种讲形上学的方法。犹之乎不屑于教诲人，或不教诲人，亦是一种教诲人的方法。孟子说："不屑于教诲者，是亦教诲之而已矣。"《世说新语》说："谢公夫人教儿，问太傅：'那得初不见公教儿？'答曰：'我自常教儿。'"孟子，谢公此言，正可引以说明此义。讲形上学不能讲，即对于形上学的对象，有所表显。既有所表显，即是讲形上学。此种讲形上学的方法，可以说是"烘云托月"的方法。画家画月的一种方法，是只在纸上烘云，于所烘云中留一圆底或半圆底空白，其空白即是月。画家的意思，本在画月。但其所画之月，正在他所未画底地方。用正底方法讲形上学，则如以线条描一月，或以颜色涂一月。如此画月底画家，其意思亦在画月。其所画之月，在他画底地方。用负底方法讲形上学者，可以说是讲其所不讲。讲其所不讲亦是讲。此讲是其形上学。犹之乎以"烘云托月"的方法画月者，可以说是画其所不画。画其所不画亦是画。

正底方法，以逻辑分析法讲形上学，就是对于经验作逻辑底释义。其方法就是以理智对于经验作分析，综合及解释。这就是说以理智义释经验。这就是形上学与科学的不同。科学的目的，是对于经验，作积极底释义。形上学的目的，是对于经验作逻辑底释义。

我们所谓"逻辑底"，意思是说"形式底"。我们所谓"积极底"，意思是说"实质底"。在本书中，"积极底"是与"逻辑底"或"形式底"相对待底，并不是与"消极底"或"否定底"相对待底。所谓"形式底"，意思是说"没有内容底"，是"空底"。所谓"实质底"，意思是说"有内容底"。这种分别，我们于下文举例说明之。

《世说新语》谓："钟士季精有才理，先不识嵇康。钟要于时贤俊之士，俱往寻康。康方大树下锻。向子期为佐鼓排。康扬锤不辍，傍若无人，移时不交一言。钟起去。康曰：'何所闻而来？何所见而去？'钟曰：'闻所闻而来，见所见而去。'"（《简傲篇》）又传说：邵康节与程伊川闻雷声，康节"谓伊川曰：'子知雷起处乎？'伊川曰：'某知之，尧父不知也。'先生（康节）愕然曰：'何谓也？'曰：'既知之，安用数推之？以其不知，故待推而知。'先生曰：'子云知，以为何处起？'曰：'起于起处。'先生咥然。"（《宋元学案》引）在此二故事中，钟会及伊川的答案，都是形式底答案。这就是说，这种答案是空底，没有内容底。因为专凭程伊川的答案，我们并不能知道他所闻底雷果从何处起。专凭钟会的答案，我们并不能知道他果何所闻而来，何所见而去。若程伊川答说：雷从北邙山起。若钟会答说，他闻嵇康是个狂士，他见嵇康打铁。他们的答案，即不是形式底，而是有内容底。有内容底即是积极底。

钟会及伊川的答案，以前人却觉其颇有意思，这就是说都觉其有哲学底兴趣。为甚么如此？其原因约有三点：（一）这些答案几乎都是重复叙述命题。（二）就一方面说，这些答案可以说是对于实际都没有说甚么，至少是所说很少。（三）但就又一方面说，这些答案又都是包括甚广。形上学中底命题，就是有这种性质底命题。

为讨论方便起见，我们把钟会及伊川的答案，写成下列三个命题："我看见我所看见底。""我听见我所听见底。""我们所听见底雷起于它所起底地方。"这三个命题，都几乎是重复叙述底。为甚么说"几乎"？因为这三个命题，都是肯定其主辞的存在。钟会肯定他是听见些甚么，看见些甚么。伊川肯定他所听见底是雷声，而且雷有其起处。这些就是他们所从以说起底事物。他们肯定其存在。这就是肯定其主辞的存在。肯定其主辞的存在底命题，不是重复叙述命题。不过这三个命题的客辞，只是重复叙述它的主辞。所以我们说它们几乎是重复叙述命题。我们说：钟会、伊川的答案，可以说是对于实际没有说甚么，至少是所说甚少。所以要加上末一句，就是因为他们并非全无所说。

重复叙述命题，不能是肯定其主辞的存在底命题，因为肯定其主辞存在底命题，不能是必然地真底。例如我们说："现在底法兰西国王是现在底法兰西国王。""那个使圆为方底人，是那个使圆为方底人。"这两个命题都是重复叙述命题。但照罗素在《数学原理》中，对于这两个命题底解释，这两个命题，都不是真底。因为这两个命题的主辞，都是不存在底。现在底法兰西没有国王，亦没有能使圆为方底人。照这种解释，这两个命题固不是真底，但同时它们亦失去重复叙述命题所有底性质。以为它们不是真底，而同时又是重复叙述命题，这是错误底。这两个命题，应解释为："如果甲是现在底法兰西国王，甲是现在底法兰西国王。""如果甲是那个使圆为方底人，甲是那个使圆为方底人。"照如此解释，则虽现在底法兰西没有国王，虽没有人能使圆为方，而这两个命题永是真底，因为它们意义是"如果甲，则甲"，并不肯定主辞的存在。

"我听见我所听见底"，"我看见我所看见底"，"我们所听见底雷声，起于它所起底地方"。我们当然亦可将其解释为重复叙述命题。我们可以将其解释为"如果我有所听见，我所听见底是我所听见底"；"如果我有所看见，我所看见底是我所看见底"；"如果我们所听见底是雷声，又如果雷声有其起处，它的起处是它的起处"。照这样解释，这三个命题，对于实际，都没有说甚么。它们都是重复叙述底命题。不过这样解释，显然不是钟会、伊川的意思。而形上学中底命题，也不是这一种底命题。

重复叙述命题，不可能是假底。上面所述三个命题，只有在一个情形下才可能是假底。只有在钟会没有听见甚么，没有看见甚么的情形下，钟会所说，才会是假底；只有在伊川没有听见雷声，或雷声根本无起处的情形下，伊川所说，才会是假底。

这三个命题，都是从实际底事物说起，所以不是逻辑中底命题。逻辑中底命题，不从实际底事物说起。讲逻辑底书中，亦常有关于实际底事物底命题，但此不过是为学人举例，并不是逻辑中有这一类底命题。钟会、伊川所说底命题，虽都从实际底事物说起，而对于他们所说底事物，除其存在外，均无所肯定，无所建立。钟会并没有肯定，他所听到底是甚么，他所见到底是甚么。伊川并没有肯定，他所听底雷声，从甚么地方起。就这一方面说，他们对于实际，是没说甚么，至少是所说甚少。

钟会虽没有肯定他所闻底是甚么，他所见底是甚么，但无论他所闻底是甚么，他所见底是甚么，他的这种答案，都可以适用。只要他是有所闻，有所见，他所说底命题，都是真底。伊川的答案亦是如此。于此我们又可见，这一种命题，与逻辑中底命题不同。严格地说，有许多逻辑中底命题，只是命题套子。从套子中可以套出命题。例如"甲是甲"，并不是个命题，只是个命题套子。从这个套子中，我们可以套出山是山，水是水。虽是如此，但"甲是甲"并不包括山是山，水是水。这就是说，从"甲是甲"，我们虽可以套出山是山，水是水，但山或水都不是"甲"的外延。甲不能有外延。"我听见我所听见底"，"我看见我所看见底"，"我所听见底雷声，起于它所起底地方"。这些是命题，并不是命题套子，从这些命题中，我们不能套出，钟会所听见底是甚么，所看见底是甚么，伊川所听见底雷声，起于甚么地方。但无论钟会所听见底所看见底是甚么，他所实际听见底或看见底，都是"我所听见底"或"我所看见底"这两个辞的外延。伊川所听见底雷声，无论起于何处，但它的实际起处（如果它有起处），就是"我所听见底雷声的起处"这个辞的外延。由这一方面说，这三个命题，所包括甚广。

这三个命题，并不是形上学中底命题，不过有上所述底三种性质。这三种性质是形上学中底命题所有底。因此，人觉这三个命题有哲学底兴趣，我们也以它们作例，说明形上学中底命题的性质。

形上学的工作，是对于经验作逻辑底释义。科学的工作，是对于经验作积极底释义。所以形上学及科学，都从实际底事物说起。所谓实际底事物，就是经验中底事物。这是形上学与逻辑学、算学不同之处。在对于实际事物底释义中，形上学只作形式底肯定，科学则作积极底肯定，这是形上学与科学不同之处。

逻辑学中，及算学中底命题，都是分析命题，所以不可能是假底。科学中底命题，是综合命题，可能是假底。形上学中底命题，仅几乎是重复叙述命题，所以也是综合命题，也可能是假底。不过形上学中底命题，除肯定其主辞的存在外，对于实际底事物，不积极底说甚么，不作积极底肯定，不增加我们对于实际事物底知识。所以它是假的可能是很小底。只有在它所从说起底事物的存在不是真的情形下，它才能是假底。形上学是对于一切事物作形式底释义，只要有任何事物存在，它的命题都是真底。任何事物都不存在，如果是有这种可能，其可能是很小底。所以形上学中底命题，虽不如逻辑学、算学中底命题，是必然地真底，但亦近乎是必然地真底。

人的知识，可以分为四种。第一种是逻辑学、算学。这一种知识，是对于命题套子或对于概念分析底知识。第二种知识是形上学。这一种知识，是对于经验作形式底释义底知识。知识论及伦理学的一部分，亦属此种。伦理学的此部分，就是康德所谓道德形上学。第三种是科学。这一种知识，是对于经验作积极底释义底知识。第四种是历史。这一种知识，是对于经验底记述底知识。

真正形上学底命题，可以说是"一片空灵"。空是空虚，灵是灵活。与空相对者是实，与灵相对者是死。历史底命题，是实而且死的。因为一个历史底命题，所说者是一件已定底事实，亦止于此一件事实。科学底命题，是灵而不空底。科学底命题，对于经验作积极底释义，积极则有内容，所以不是空。但一科学命题，可以适用于一类事实，不为一件事实所限，不沾滞于一件事实，所以是灵底。逻辑学、算学中底命题，是空而不灵底。因为逻辑学中底命题，其只是命题套子者，因其是套子，所以是空底。从套子中虽可以套出许多命题，但一个套子，只是一个套子，所以是死底。其是分析概念，以及算学中底命题，都只分析概念，不管事实，所以是空底。分析一个概念底命题，只是一个分析概念底命题，所以是死底。形上学底命题，是空而且灵底。形上学底命题，对于实际，无所肯定，至少是甚少肯定，所以是空底。其命题对于一切事实，无不适用，所以是灵底。

真正底形上学，必须是一片空灵。哲学史中底哲学家底形上学，其合乎真正底形上学的标准的多少，视其空灵的程度。其不空灵者，即是坏底形上学。坏底形上学即所谓坏底科学。此种形上学，用禅宗的话说，是"拖泥带水"底。沾滞于"拖泥带水"底形上学底人，禅宗谓为"披枷带锁"。

第五章　维也纳学派对于形上学底看法

在现代哲学中，持经验主义以批评形上学底哲学家，有维也纳学派。照他们所作底正式宣言，维也纳学派的主要工作，是：（一）为科学取得稳固底基础；（二）证明形上学中底命题是无意义底，以取消形上学。他们所用底方法，是对于概念及命题，作逻辑底分析。此等分析，可以使科学中底概念清楚，可以使科学中底命题确定。因此可以使科学得到稳固底基础。他们以为科学中底概念及命题，是经得起分析底。经过分析以后，科学中底概念即更清楚，科学中底命题即更确定。形上学中底概念及命题，则是经不起分析底。形上学中底概念及命题，一经分析，即见其是似是而非底概念，无意义底命题。严格地说，似是而非底概念，不是概念；无意义底命题，不是命题。所以所谓形上学者，不过是一堆字堆在一起，其没有意义正如我们说"砚台是道德"，"桌子是爱情"。形上学要不得，正如这一类底话说不得。说这一类底话底人，不是低能，便是疯癫。讲形上学底人，亦不是低能，便是疯癫。

照传统底说法，形上学是哲学中最重要底一部分。照维也纳学派的说法，形上学既被取消，则所谓哲学者，即不是一种知识的系统，而是一种思想的活动，一种替科学作廓清运动的活动。照维也纳学派的说法，也就是休谟的说法，学问不外两种，一种是关于概念底或言语底，这就是逻辑算学，一种是关于事实底，这就是科学。于概念及事实之外，没有甚么，可以作为哲学的对象。幸而在事实中，有一种事物，不能为科学的对象，那就是科学。科学不能研究它自己。所以科学就成为哲学的对象。分析科学中底概念及命题，使之清楚确定，就成为哲学的主要任务。

维也纳学派分命题为二种，一种是分析命题，一种是综合命题。命题有此二种，亦只有此二种。一命题不属于此种，必属于彼种。分析命题是无关于事实底，我们只从形式上即可以断定其是真底。例如"白马是白底"，"一马必是白底或非白底"。这一类底命题，我们不必待事实的证实，即可断定其是真底。综合命题是有关于事实底，例如"太阳每天出来"，这一类命题必待事实的证明，我们才可以认它是真底。

我们说"以为"它是真底，因为事实只能证实一个命题或是真底，不能证明其必是真底。事实证实在过去"太阳每天出来"。但在将来太阳每天是否出来，过去底事实，不能保证之。所以综合命题即有事实的证实，其是真仍是或然底。所以这种命题，亦称为或然命题，科学中底命题，都是这一种命题。

至于分析命题，我们只在形式上即可断定其是真底。这种命题，不能与我们积极底知识。"白马是白底"，从实用的观点看，这个命题可以说是废话。但我们不能不承认它是真底，而且是必然地真底。我们可以设想太阳不是每天出来，但我们不能设想，白马不是白底。说太阳不是每天出来，虽未必合乎事实，但在逻辑上并没有甚么矛盾。太阳每天出来，并不是由于逻辑底必然。但说白马不是白底，则在逻辑上是一个矛盾。无论事实上有没有白马，白马必然地是白底。如其不是白底，它必然地不是白马。这是我们不待事实的证实，而即可以断定底。这种命题，必然地是真底，所以这种命题，亦称为必然命题，逻辑算学中底命题，都是这一种命题。

康德以为尚有第三种命题。他以为算学及纯粹科学中底命题，是综合底，但又是必然底。这种命题，他称为先验综合命题。他先以为有这种命题，然后问：这种命题，如何可能？他的《纯粹理性批判》，即从此问出发。但照维也纳学派的说法，命题只有上述二种。算学中底命题，是必然底，但不是综合底；科学中底命题，是综合底，但不是必然底。

照维也纳学派的说法，一个综合命题的意义，在于它的证实的方法。这就是说，一个综合命题，必有可证实性，然后才有意义；一个无可证实底综合命题，只是一个似是而非底命题，严格地说，不是命题。此所谓可证实性，是说一个命题可以事实证实其是真或是假。一个命题有可证实性，并不必现在即可以事实证实，只需要在原则上有此种可能。例如我们说："火星上有人。"此命题可以是假底，但是一个有意义的命题。因为假使我们能飞到火星上，我们即可以事实证实这个命题是真底或是假底。我们现在不能飞到火星上，也许将来永远不能飞到火星上，因此这个命题是真底或是假底，永远不能证实。但这是事实问题，我们不能说，这个命题在原则上没有可证实性。它有可证实性，它即是一个有意义底命题。但如我们说："一个针尖上可站三个天使。"这是在原则上不能以事实证实底。这个命题没有可证实性，因此是无意义底，是个似是而非底命题，严格地说，不是命题。

维也纳学派，以为形上学中底命题，都是综合命题，又都无可证实性，所以形上学中底命题，都是无意义底。从知识的观点看，形上学中底命题，都是如"砚台是道德"，"桌子是爱情"之类，只是一堆好看好听底名词而已。其中底命题既是如此，所以形上学可以取消。这是维也纳学派对于形上学底最有力底批评，也是他们主张取消形上学的主要理由。

于上两章中，我们说：在近代西洋哲学史中，形上学所讨论底主要问题，是上帝存在，灵魂不灭，意志自由。对于这三个问题，无论作肯定底命题或否定底命题，其命题都是没有意义底。我们说：上帝是存在底，灵魂是不灭底，意志是自由底。这固然无可证实性。我们说：上帝是不存在底，灵魂不是不灭底，意志不是自由底。这也同样地无可证实性。这正如，在某一论域，我们说：砚台是道德，桌子是爱情，固是无意义底；但在同一论域，我们说：砚台不是道德，桌子不是爱情，也同样底是无意义底。关于这三大问题底讨论，既都是无意义底，所以都是可以取消底。

传统底形上学中，还有些别底永不能解决底争论，也可以用维也纳学派的方法，将其取消。例如在中国近来特别流行底所谓心物之争，照维也纳学派的标准，也都是没有意义底。普通所谓唯心论或唯物论的主要命题，都是综合命题，但无可证实性。普通所谓唯心论的主要命题是：一切事物，都从心生；或一切事物，都有心的性质。普通所谓唯物论的主要命题是：一切事物，都由物生；或：一切事物，都有物的性质。这些命题，都是在原则上不能以事实证实底。照维也纳学派的说法，凡有意义底命题，其是真或假，必使事实有点不同。例如说：疟疾是人被疟蚊咬而得底。如果此命题是真底，如人不被疟蚊咬，即必不得疟疾。如果此命题是假底，则人即不被疟蚊咬，亦可得疟疾。但是唯心论或唯物论的主要命题，无论其中哪一个是真或是假，都不能使事实有甚么不同。无论哪一个命题是真或是假，我们都须承认"桌子"及"我想桌子"中间，有根本底不同。由此方面说，我们也可以说，普通所谓唯心论或唯物论的主要命题，都是没有意义底，严格地说，都不是命题。

普通所谓唯心论或唯物论的主要命题，是无意义底，又可从另一方面说。说一切事物都有心的性质，或说一切事物都有物的性质。此所谓心或物，如是普通所谓心或物，则说一切事物都有心的性质，即等于说，一切事物，都是有感觉，有情意底。说一切事物，都有物的性质，即等于说，一切事物，都是在空间底，有硬度底。这都是与经验冲突底。如此所谓心或物，不是普通所谓心或物，则此所谓心或物，究竟是什么意义，亦是很难说底。一名词的外延愈大，则其内涵愈少。一名词的外延，如广至无所不包，则其内涵必少至不能有任何意义。普通所谓唯心论或唯物论所谓心或物的外延，如广至无所不包，则其内涵必少至不足以分别普通所谓心及物的分别。

如上所举底诸命题，维也纳学派说它们是无意义底，是有理由底。西洋传统底形上学中底命题，大部分都是这一类底命题，所以维也纳学派说形上学是应该取消底，亦是有理由底。但真正底形上学并没有这一类的命题。这一类的命题，都是综合命题，对于实际有积极底肯定，但是其肯定是无可证实性底。照我们于第一章所说，真正底形上学中底命题，虽亦是综合命题，但对于实际极少肯定。其所肯定底那一点，不但是有可证实性，而且是随时随地，都可以事实证实底。所以真正形上学中底命题，不在维也纳学派的批评的范围之内；而真正底形上学，也不是维也纳学派的批评所可以取消底。这还是就用正底方法底形上学说。至于用负底方法底形上学，更不在维也纳学派的批评的范围之内，而且照我们的看法，维也纳学派中底有些人，实在是以负底方法讲形上学。此点于下文第九章可见。

又有批评形上学者，以为形上学常拟自概念推出存在或事实。例如以本体论底证明证明上帝的存在者，以为我们只需分析上帝一概念，我们即可见上帝是存在底。又有批评形上学者，以为形上学常拟自内容少底概念，推出内容多底概念。例如斯宾诺莎拟自本体一概念，推出心、物等概念。本体一概念是内容少底概念，心、物等概念是内容多底概念。就逻辑说，我们只能从分析内容多底概念，推出内容少底概念；不能从分析内容少底概念，推出内容多底概念。我们分析人的概念，可以推出动物的概念。但我们分析动物的概念，不能推出人的概念。形上学拟自内容少底概念，推出内容多底概念，这是逻辑所不许底。

哲学史中底形上学，有些是应该受此等批评底。但此等批评亦与真正底形上学无干。真正底形上学并不拟从概念推出存在或事实。有存在底事物，这是事实。形上学并不拟从甚么推出事实，或创造事实。形上学只拟义释事实。自义释事实出发——这是形上学与科学之所同。但一种科学只拟义释一种事实，其释义是积极底。形上学则拟义释一切事实，其释义又是形式底。这是形上学与科学之所异。

就知识方面说，自内容少底概念，不能推出内容多底概念。就逻辑方面说，内容少的概念，先于内容多底概念。就知识方面说，知有动物，不能使我们知有人、狗等。但就逻辑方面说，有动物先于有人、狗等。因为有人、狗等涵蕴有动物，但有动物不能涵蕴有人、狗等。形上学常先讲内容少底概念，因为在逻辑上它先于内容多底概念。形上学所讲内容少底概念，亦是从分析内容多底概念而得者，形上学先讲内容少底概念，乃所以义释内容多底概念，并不是从内容少底概念，推出内容多底概念，至少就真正底形上学说是如此。

维也纳学派所批评底形上学，严格地说，实在是坏底科学。照我们所谓科学的意义，坏底科学是应该取消底。取消坏底科学，这是维也纳学派的贡献：不知道他们所取消底只是坏底科学，这是维也纳学派的错误。不过这也不专是维也纳学派的错误。因为向来大部分哲学家所讲底形上学，确是坏底科学。对于形上学之所以为形上学，向来哲学家也不是人人都有清楚底认识。所以维也纳学派，以为形上学不过是坏底科学，原也是不足为异底。

我们是讲形上学底。但是维也纳学派对于形上学的批评的大部分，我们却是赞同底。他们的取消形上学的运动，在某一意义下，我们也是欢迎底。因为他们的批评确能取消坏底形上学。坏底形上学既被取消，真正底形上学的本质即更显露。所以维也纳学派对于形上学底批评，不但与真正底形上学无干，而且对于真正底形上学，有"显正摧邪"的功用。由此方面说，维也纳学派虽批评形上学，而实在是形上学的功臣。

维也纳学派所用底方法，是逻辑分析法，是分析法的很高底发展。不过他们没有应用这个方法到形上学，而只应用这个方法，到历史中底形上学。这就是说，他们没有应用这个方法以研究形上学，而只应用这个方法以批评已有底哲学家的形上学。他们以逻辑分析法，批评已有底哲学家的形上学及科学。他们所讲底，是比形上学及科学高一层次底。他们所讨论底，大半是属于知识论及逻辑中间底问题。自一种意义说，知识论，也是比其余学问高一层次底。因为其余底学问都是知识，知识论是讨论知识底。

对于知识的来源，维也纳学派的见解是经验主义底。关于取得知识的方法，维也纳学派所提倡底方法是经验法。就此方面说，维也纳学派是休谟的继续。休谟的经验主义及怀疑主义使康德自"武断的迷睡中惊醒"。维也纳学派的经验主义及怀疑主义也应该使现代哲学家自"武断的迷睡中惊醒"。

第六章　新理学的方法

康德的批评底哲学的工作，是要经过休谟的经验主义而重新建立形上学。它"于武断主义及怀疑主义中间，得一中道"。新理学的工作，是要经过维也纳学派的经验主义而重新建立形上学。它也于武断主义及怀疑主义中间，得一中道。这中道也不是只于两极端各机械地取一部分，而是"照原理确切地决定底"。

于本书第一章，我们说明了真正形上学的性质，及真正形上学的方法。新理学的形上学，是用这种方法建立底，所以也是合乎真正底形上学的标准底。它的主要底观念，可以四组主要命题表示之。这四组主要命题，或是，或几乎是，重复叙述底。就一方面说，这些命题都是包括甚广；就又一方面说，又都是对于实际没有，或甚少，肯定。

于第一章中，我们说：形上学的工作，是对于经验，作形式底释义。在我们的经验或可能底经验中，有如是如是底事物。禅宗中有禅师问僧云：《金刚经》的头一句的头两个字是甚么？僧云：如是（"如是我闻"）。师云：如是如是。如是二字，应该是真正形上学的开端，也应该是真正形上学的收尾。所谓如是者，"山是山，水是水"（亦禅宗中用语）。山如山的是，水如水的是。这座山如这座山的是，这条水如这条水的是。一切事物，各如其是，是谓如是。一切底如是，就是实际。形上学就是从如是如是底实际出发，对之作形式底释义。

从如是如是底实际出发，形上学对于实际所作底第一肯定，也是惟一底肯定，就是：事物存在。这可以说是对于实际有所肯定底肯定。但这一个肯定，与普通对于实际有所肯定底肯定不同，因为说事物存在，就等于说有实际。从如是如是底实际出发，而说有实际，这一说并没有增加我们对于实际底知识。所以这一肯定，虽可以说是对于实际有所肯定，但仍是形式底肯定，不是积极底肯定。

这一肯定与普通对于实际有所肯定底肯定，还有一点不同。普通对于实际有所肯定底肯定，其是真都是或然底。但这一肯定，其是真，如果不能说是确实底，亦近乎是确实底。某些事物不存在，是可能底。但任何事物不存在，至少在我们作了这个肯定以后，是不可能底。我们可以说，所谓外界事物，不过都是些感觉，或感觉"堆它"。但照我们所谓事物的意义，感觉及感觉"堆它"也是某种事物。肯定有事物存在底这个肯定，也是某种事物。你如否认这个肯定，你的否认，也是一种事物。从这一方面着思（这也是一个事物），我们可见，任何事物不存在，至少在我们作了这个肯定以后，是不可能底。这一段推论，有似于笛卡尔的"我思故我在"的推论，但在这一段推论中，我们并不肯定有"我"。笛卡尔的推论，对于实际有所肯定。我们的推论，除了肯定有实际之外，对于实际，并无肯定。

事物存在。我们对于事物及存在，作形式底分析，即得到理及气的观念。我们对于事物及存在作形式底总括，即得到大全及道体的观念。

此种分析及总括，都是对于实际作形式底释义，也就是对于经验作形式底释义。

新理学的形上学的第一组主要命题是：凡事物必都是什么事物。是甚么事物，必都是某种事物。某种事物是某种事物，必有某种事物之所以为某种事物者。借用中国旧日哲学家的话说："有物必有则。"

某种事物之所以为某种事物者，新理学谓之理。此组命题，肯定有理。有人批评新理学，谓《新理学》中说，有方底东西，则必有方之所以为方者，有圆底东西，则必有圆之所以为圆者。如此说，不过是将一句话重说一遍，于科学、哲学俱无帮助。这种批评，正是亚力士多德对于柏拉图底批评（见上第二章）。这些命题，本来是对于实际无所肯定底。因其是如此，所以与科学，本来不能有所帮助。但不能说这些命题与哲学无所帮助。因为这些命题，对于实际虽无所肯定；对于真际，却有所表显。这正是形上学所需要底。

对于这一组命题，我们于《新原道》中，已有说明（见《新原道》第十章）。在《新原道》中，在这一组命题中，有一命题是："有某种事物，必有某种事物之所以为某种事物者。"现在我们将此命题改为："某种事物为某种事物，必有某种事物之所以为某种事物者。"这就是说：山是山，必有山之所以为山者，水是水，必有水之所以为水者（这一点是沈有鼎先生的提示）。照原来底说法，我们固然可以说从"有某种事物必有某种事物之所以为某种事物者"这个命题，我们可以推出两命题。一是：某种事物之所以为某种事物者，可以无某种事物而有。一是：某种事物之所以为某种事物者，可以先某种事物而有（参看《新原道》第十章）。不过这个推论，很可受批评。批评者可以说，在"有某种事物必有某种事物之所以为某种事物者"一命题中，"有"的意义，非常含混。例如你说：有山必有山之所以为山者。这个命题中底两个"有"，若都是存在的意思，则这个命题，只能是说：如果山存在，山的性质必也存在，山的性质就存在于存在底山中。如果山不存在，山的性质也不存在。如果这个命题中底第一个"有"，是存在的意思，第二个"有"不是存在的意思，则这个命题的真与否，尚待讨论。至于你从"有某种事物必有某种事物之所以为某种事物者"所推出底两个命题，更似乎只是玩弄一种言语上底把戏，至少说，你亦是为文字所迷惑了。为免除这个批评，我们改用现在底说法。现在我们说：山是山，必有山之所以为山者。这个命题，并不肯定某些山的存在。只要"山是山"是有意义底一句话，有山存在，固然必有山之所以为山者，没有山存在，也必有山之所以为山者。因为如果"山是山"是有意义底一句话，所谓山者，必不只是一个空名，它必有其所指。其所指就是其对象。其对象就是山之所以为山者。所以从"山是山必有山之所以为山者"，确可推出二命题，一是："山之所以为山者，可以无存在底山而有。"一是："山之所以为山者，先存在底山而有。"专就山之所以为山者说，它不是存在底，而又不能说是无。它是不存在底有。不存在底有，我们称为真际底有。

我们还可从另一点证明有理。这就是，我们可以离开某种事物而专讨论，某种事物之所以为某种事物者。例如我们可以离开方底东西，而说方有四隅。这是一个分析命题。分析命题是必然地真底。从这一点，我们也可以证明有理。关于这一点，我们于以下另有专章论之。

在新理学的形上学的系统中，第二组主要命题是：事物必都存在。存在底事物必都能存在。能存在底事物必都有其所有以能存在者。借用中国旧日哲学家的话说："有理必有气。"

对于这一组命题，我们于《新原道》中已有说明。现在我们专就方法方面说。我们虽亦说存在底事物，但存在并不是一事物的性质。这就是所谓"存在不是一个客词"。关于这一点，我们于上文第四章中，已引康德的说法，详为说明。第一组命题，是就事物的性质着思得来底。第二组命题是就事物的存在着思得来底。就事物"存在"这个事实加以形式底分析，我们即得到这一组命题及气之观念。

新理学所谓气，并不是有些中国哲学家所谓"体"，亦不是有些西洋哲学家所谓"本体"。维也纳学派以为哲学家说有"本体"是由于受言语的迷惑。在言语中（尤其是欧洲言语中），一句话有主词客词。例如我们说：这个狗是白底，这个狗是长毛底。哲学家见我们的话如此说，他们即以为除了是白底，是长毛底之外，还有一个甚么东西，是这些现象的支持者。这个支持者，就是所谓本体。其实这个狗就是如此等等现象底全体。我们说这个狗时，我们所说底话，有主词客词，其实不过是话如此说而已。其实除了现象，更无本体，我们不可为文法所欺。维也纳学派的此种说法，是否不错，我们不论。我们只说，新理学中所谓气，并不是所谓本体，如维也纳学派所批评者。即令这个狗就是"是白底"，"是长毛底"，等等现象的全体，这些等等现象总存在。既存在总能存在，总有其所有以能存在者。这就是新理学所谓气。

或可以说：从"能存在"说到"有其所有以能存在者"，这中间还是有言语上底迷惑。"能存在"之"能"是一个助动词。"其所有以能存在者"是一个名词。将这一个助动词变成名词，便以为此名词代表一种实体。此若不是言语上底迷惑，亦是利用言语上底变换，以掩饰一句话的无意义。对于这种批评，我们说：我们说"其所有以能存在者"时，我们是将"能存在"之"能"，由助动词变为名词。但虽如此变，我们并没有变"能存在"的意义，不过是将其意义说得更清楚。犹如我们说：人能生活，就是说，他有其所有以能生活者。我们并没有变更"能生活"的意义，不过是将其意义说得更清楚。将"能存在"的意义说得更清楚以后，如果"其所有以能存在者"代表一种实体，那亦是因为本来有一种实体，为"能存在"所拟说，但隐而未显。我们说"如果"，因为新理学所谓气，并不是一种实体。此于下文所说可见。

气并不是一种实体，因为我们不能说气是甚么。其所以如此，有两点可说。就第一点说，说气是甚么，即须说存在底事物是此种甚么所构成底。如此说，即是对于实际有所肯定。此是一综合命题，但是无可证实性，照维也纳学派的标准，此命题是无意义底，不是命题。就第二点说，我们若说气是甚么，则所谓气即是一种能存在底事物，不是一切事物所有以能存在者。新理学所谓气，是"一切事物"所有以能存在者，所以决不是一种事物。我们不可以此与科学所谓"能"相混，更不可以此与"空气""电气"等气相混。空气等气，固是存在底事物，科学中所谓能，亦是存在底事物，它们既能存在，都需有其所有以能存在者。所以它并不是新理学所谓气。新理学所谓气，并不是甚么。

哲学家多拟说一种事物，是其余事物所以构成者，是其余事物的根源。有说此种事物是心者。有说此种事物是物者。有说此种事物是非心非物底"事"者。有诸如此类的说法中，说是心是物者，对于实际所肯定者多。说是"事"者，对于实际所肯定者少。然总之，对于实际皆有所肯定。新理学中所谓气，不能说它是甚么。不但不能说它是心是物，亦不能说是"事"。新理学如此说，完全是只拟对于经验作形式底释义，除肯定有实际之外，对于实际，不作肯定。

柏拉图及亚力士多德哲学中所说"质料"，与新理学所说气相似。旧理学中亦说气。但其所谓气，是从横渠哲学中得来。横渠所谓气，"升降飞扬，未尝止息"，是一种事物。旧理学中说，气有清浊正偏，可见其所谓气，是可以说是甚么者。既可以说是甚么，则即是一种事物。

既是一种事物，则说"人物之生，必禀此气，然后有形"（朱子语），即是对于实际，有所肯定。

新理学亦可以借用朱子这两句话。新理学亦可以说："人物之生，必禀此理，然后有性；必禀此气，然后有形。"新理学若如此说，亦不过是说：事物既是事物，必是某种事物。既是某种事物，必有依照于某种事物之所以为某种事物者。事物既存在，必能存在。能存在必有其所有以能存在者。

在新理学的形上学的系统中，第三组主要命题是：存在是一流行。凡存在都是事物的存在。事物的存在都是其气实现某理或某某理的流行。总所有底流行，谓之道体。一切流行涵蕴动。一切流行所涵蕴底动，谓之乾元。借用中国旧日哲学家的话说："无极而太极。"又曰："乾道变化，各正性命。"

对于这一组命题，在《新原道》中，亦有说明，专就方法方面说，此一组命题可分为两部分。第一部分是我们对于存在作形式底分析而得者。上述第二组命题，亦是我们对于存在作形式底分析而得者。不过我们于彼所分析，是存在的事实，如"存在"一名词所表示者。我们于此所分析，是存在的动作，如"存在"一动词所表示者。第二部分是我们对于一切底存在的动作，如"存在"一动词所表示者，作形式底总括而得者。

或可说，如此所说，似乎只是与"存在"以定义。照你的定义，存在是流行，存在当然是流行。不过这是一个分析命题。分析命题只代表一种言语上底约定。照言语上习惯底用法，"存在"是一动词，因此你就说：存在是流行，流行涵蕴动。你未免太为言语所迷惑了。对于此批评，我们说，我们承认，存在是流行，流行涵蕴动，是分析命题。但我们以为分析命题不是，或不只是代表言语上底约定。照我们的说法，并不是因为"存在"是一动词，所以存在是流行，流行涵蕴动。而是因为存在是流行，流行涵蕴动，所以"存在"是动词。关于这一点，我们于下文另有专章讨论。

存在是一种底有。其另外一种底有，是不需要"所有以能存在者"底。这就是我们所谓真际底有。属于这一种底有者，无所谓流行不流行，无所谓动或不动，不过它也不存在。它就是所谓永恒底。

在新理学的形上学的系统中，第四组主要命题是：总一切底有，谓之大全，大全就是一切底有。借用中国旧日哲学家的话说："一即一切，一切即一。"

总一切底有而得到大全的观念，是我们对于一切底有作形式底总括所得底结果。对于事物作形式底总括所得底结果，我们都用"凡"或"一切"等词表示之。"凡"或"一切"是真正的哲学底词。因为它们所表示底，都是超乎经验底。无论甚么事物，只要我们一说到凡或一切甚么，这凡或一切甚么，都是超乎经验底。例如这个马、那个马是可经验底，但凡马、一切马，却不是可经验底。这一点是经验主义者所遇见底最大底困难。因为他们虽不承认我们可以有对于超乎经验底知识，但他们也常说凡或一切。例如他们说，凡知识都是经验底，他们虽如此说，但一说到凡知识，他们已超乎经验了。在我们的经验中，只有知识，没有凡知识。

"一即一切，一切即一"，本是佛家哲学中所常用底一句话。新理学说"一即一切，一切即一"，与佛家所说，意义不同。华严宗说"一即一切，一切即一"，其所谓一是个体。"一一毛中，皆有无边师子"，此是所谓"一即一切"。又复"一一毛皆带此无边师子，还入一毛中"。此是所谓"一切即一"。新理学所谓"一"，则是大全，不是个体。又佛家及有些西洋哲学家说"一"，以"一"为事物的本源或本体。他们以为事物间本有内部底关联。一切事物，本来在实质上是"一"。事物的万殊是表面底，是现象。此"一"或是心或是物。或有些西洋哲学家，以为事物之间，有内在底关系。每一事物，皆与其余底事物，有内在底关系。一事物若离开其余底事物，则即不是其事物。所以一切事物，皆依其间底内在关系，联合为不可分底"一"。若所谓"一"有如此类底意义，则说"一即一切，一切即一"，即是综合命题，即是对于实际，有所肯定。新理学所谓"一"，不过是一切的总名。新理学虽说"一即一切，一切即一"，但对于实际，并无所肯定。普通所谓唯心论，唯物论，一元论，二元论等名称，对于新理学均用不上。

新理学中的四组命题，提出四个观念。在其所提出底四个观念中，有三个与其所拟代表者，不完全相当，其中有三个所拟代表者，是不可思议，不可言说底。这就是说，是不可以观念代表底。气是不可思议，不可言说底。因为气不是甚么，如思议言说它，就要当它是甚么。是甚么者就不是气。道体是一切底流行，大全是一切底有。思议言说中底道体或大全，不包括这个思议言说，所以在思议言说中底道体或大全，不是道体或大全。气，道体，大全，是"拟议即乖"。

由此方面说，则形上学不能讲。从形上学不能讲讲起，就是以负底方法讲形上学。形上学的正底方法，从讲形上学讲起，到结尾亦需承认，形上学可以说是不能讲。负底方法，从讲形上学不能讲讲起，到结尾也讲了一些形上学。

第九章　禅宗的方法

以上所讲底，都是形上学的正底方法。本章以唐宋时代的禅宗为例，以说明形上学的负底方法。禅宗虽出于佛家的空宗，但其所用底方法，与空宗中有些著作所用底方法不同。空宗中有些著作，如《中论》、《百论》，其工作在于破别宗的，对于实际有所肯定底，理论。它们虽破这些理论，但并不是从一较高底观点，或用一种中立底方法，以指出这些理论的错误。它们的办法，是以乙宗的说法破甲宗，又以甲宗的说法破乙宗，所以它们的辩论，往往使人觉其是强词夺理底。它们虽说是破一切底别宗，但它们还是与别宗在一层次之内。

维也纳学派是用一中立底方法，以证明传统底形上学中底命题是无意义底。他们所用底中立底方法，是逻辑分析法。他们用逻辑分析法以证明普通所谓唯心论，或唯物论，一元论，或多元论等等所谓形上学底命题，是无意义底。他们并不用乙宗的说法，以破甲宗，又用甲宗的说法，以破乙宗。

道家的哲学，是从一较高底观点以破儒墨。《庄子·齐物论》说："故有儒墨之是非，以是其所非，而非其所是。欲是其所非，而非其所是，则莫若以明。"郭象以为"以明"是"还以儒墨反复相明"。"反复相明"正是上文所说以乙破甲，以甲破乙的办法。实则《齐物论》的方法，是"圣人不由而照之于天"。儒墨的是非，是起于他们各从其人的观点说。圣人不从人的观点说，而从天的观点说。"不由"是不如一般人站在他自己的有限的观点，以看事物。"照之于天"是站在天的观点，以看事物。天的观点，是一较高底观点。各站在有限的观点，以看事物，则"彼亦一是非，此亦一是非"。彼此互相对待，谓之有偶。站在一较高底观点，以看事物，则既不与彼相对待，亦不与此相对待。此所谓"彼是莫得其偶，谓之道枢。枢始得其环中，以应无穷：是亦一无穷，非亦一无穷也"。郭象所谓"反覆相明"，正是在环上以儒墨互相辩论。这种辩论，是不能有穷尽底。站在环中，以应无穷，既不随儒墨以互相是非，亦不妨碍儒墨各是其所是，非其所非。站在这个较高底观点看，儒墨所争执底问题，都是不解决而自解决。

道家也是以负底方法讲形上学，他们的方法，我们于别处已经讨论（参看《新原道》第四章）。维也纳学派以一种中立底方法破传统底形上学中底各宗。破各宗的结果，可以是"取消"形上学，也可以是以负底方法讲形上学。前者是一切维也纳学派中底人所特意地建立底，后者是其中有一部分人或许于无意中得到底。前者我们于上数章中已有讨论，后者我们于本章亦将提及。

禅宗自以为他们所讲底佛法，是"超佛越祖之谈"。其所谓超越二字，甚有意思。他们以佛家中所有底各宗为"教"，而以其自己为"教外别传"。他们亦是从一较高底观点，以看佛家各宗的，对于实际有所肯定底，理论。他们所讲底佛法，严格地说，不是教"外"别传，而是教"上"别传。所谓上，就是超越的意思。由此方面看，禅宗虽是继承佛家的空宗，亦是继承中国的道家。

所谓"超佛越祖之谈"，禅宗中人，称之为第一义或第一句。临济（义玄）云："若第一句中得，与祖佛为师；若第二句中得，与人天为师；若第三句中得，自救不了。"（《古尊宿语录》卷四）但超佛越祖之谈，是不可谈底；第一句或第一义，是不可说底。《文益禅师语录》云："问：'如何是第一义？'师云：'我向尔道，是第二义。'"《佛果禅师语录》云："师升座。焦山和尚白槌云：'法筵龙象众当观第一义。'师乃云：'适来未升此座，第一义已自现成。如今槌下分疏，知他是第几义也。'"道家常说"不言之辨"、"不道之道"及"不言之教"。禅宗的第一义，正可以说是"不言之辨"、"不道之道"。以第一义教人，正可以说是"不言之教"。

第一义不可说，因为第一义所拟说者不可说。《怀让禅师语录》云："师白祖（慧能）云：'某甲有个会处。'祖云：'作么生？'师云：'说似一物即不中。'"（《古尊宿语录》卷一）南泉（普愿）云："江西马祖说：'即心即佛。'王老师不恁么道，不是心，不是佛，不是物。"（《传灯录》卷八）《洞山（良价）语录》云："云岩（昙成）问一尼：'汝爷在？'曰'在。'岩曰：'年多少？'云：'年八十。'岩曰：'汝有个爷，不年八十，还知否？'云：'莫是恁么来者？'岩曰：'犹是儿孙在。'师曰：'直是不恁么来者亦是儿孙。'"（又见《传灯录》卷十四）此是说，第一义所拟说者不能说是心，亦不能说是物，称为怎么即不是，即称为不怎么亦不是。如拟说第一义所拟说者,其说必与其所拟说者不合。所以禅宗说:"有拟义即乖。"所以第一义不可说。

如拟说第一义所拟说者,其说必不是第一义,至多也不过是第二义,也许不知是第几义。这些说都是戏论,僧问马祖(道一):"和尚为什么说即心即佛?"曰:"为止小儿啼。"曰:"啼止时将如何?"曰:"非心非佛。"(《古尊宿语录》卷一)百丈(怀海)说:"说道修行得佛,有修有证,是心是佛,即心即佛","是死语"。"不说修行得佛,无修无证,非心非佛","是生语"(同上)。所谓生是活的意思。这些语是生语或活语,因为这些语并不对于第一义所拟说者有所决定。说非心非佛,并不是肯定第一义所拟说者是非心非佛。说非心非佛,只是说,不能说第一义所拟说者是心是佛。

凡对于第一义所拟说者有所肯定底话,皆名为"戏论之粪,亦名粗言,亦名死语"。执着这种"戏论之粪",名为"运粪入"。取消这种"戏论之粪",名为"运粪出"(俱百丈语,见《古尊宿语录》卷二)。黄檗(希运)说:"佛出世来,执除粪器,蠲除戏论之粪。只教你除却从来学心见心,除得尽即不堕戏论,亦云搬粪出。"(《古尊宿语录》卷三)所以临济云:"你如欲得如法见解,但莫受人惑。向里向外,逢着便杀,逢佛杀佛,逢祖杀祖,逢罗汉杀罗汉,逢父母杀父母,逢亲眷杀亲眷,始得解脱。"(《古尊宿语录》卷四)

凡对于第一义所拟说者作肯定,以为其决定是如此者,都是所谓死语。作死语底人,用禅宗的话说,都是该打底。《宗杲语录》云:"乌龙长老访凭济川说话次云:'昔有官人问泗州大圣:师何姓?圣曰:姓何。官云:住何国?圣云:住何国。'龙云:'大圣本不姓何,亦不住何国,乃随缘化度耳。'凭笑曰:'大圣决定姓何,住何国。'如是往返数次。遂致书于师(宗杲),乞断此公案。师云:'有六十棒:将三十棒打大圣,不合道姓何;三十棒打济川,不合道大圣决定姓何。'"(《大慧普光禅师·宗门武库》)普通所谓唯心论者或唯物论者肯定所谓宇宙的本体或万物的根原是心或物,并以为决定是如此。这些种说法,都是所谓死语。持这些种论者,都应受六十棒。他们作如此底肯定,应受三十棒。他们又以为决定是如此,应更受三十棒。

禅宗亦喜说重复叙述底命题,因为这种命题,并没有说甚么。《文益禅师语录》云:"师一日上堂,僧问:'如何是曹源一滴水?'师云:'是曹源一点水。'"又云:"上堂。尽十方世界皎皎地无一丝头。若有一丝头，即是一丝头。"又云："举昔有老僧住庵，于门上书心字，于窗上书心字，于壁上书心字。师云：'门上但书门字，窗上但书窗字，壁上但书壁字。'"

第一义虽不可说，"超佛越祖之谈"虽不可谈，但总须有方法以表显之。不然则即等于没有第一义，没有"超佛越祖之谈"。"不言之教"亦是教。既是教，总有使受教底人可以受教底方法。禅宗中底人，对于这种方法，有很多底讨论。这些方法都可以说是以负底方法讲形上学底方法。

禅宗中临济宗所用底方法有所谓"四料简""四宾主"者，临济云："有时夺人不夺境。有时夺境不夺人。有时人境俱夺。有时人境俱夺。"（《古尊宿语录》卷四）又说："我有时先照后用。有时先用后照。有时照用同时。有时照用不同时。先照后用有人在。先用后照有法在。照用同时，驱耕夫之牛，夺饥人之食，敲骨取髓，痛下针砭。照用不同时，有问有答，立宾立主，合水和泥，应机接物。"（同上卷五）照临济所解释，则"先用后照"就是"夺人不夺境"，"先照后用"就是"夺境不夺人"，"照用同时"就是"人境俱夺"，"照用不同时"就是"人境俱不夺"。这就是所谓"四料简"。

所谓"四宾主"者，即主中主，宾中主，主中宾，宾中宾。师家与学人辩论之时，"师家有鼻孔，名主中主。学人有鼻孔，名宾中主。师家无鼻孔，名主中宾。学人无鼻孔，名宾中宾"（《人天眼目》卷二）。所谓鼻孔，大概是要旨之义。如一牛，穿其鼻孔，则可牵其全体。故一事物可以把握之处，名曰把鼻。一人所见之要旨，名曰鼻孔。此二名词，均禅宗语中所常用者。临济云："参学之人，大须仔细。如主客相见，便有言论往来。如有真正学人，便喝，先拈出一胶盆子。善知识不辨是境，便上他境上作模作样。学人便喝，前人不肯放。此是膏肓之疾，不堪医，唤做客看主（一本作宾看主）。或是善知识不拈出物，只随学人问处即夺。学人被夺，抵死不放。此是主看客（一本作主看宾）。或有学人，应一个清净境，出善知识前。善知识辨得是境，把得抛向坑里。学人言大好。善知识云：咄哉，不识好恶。学人便礼拜。此唤做主看主。或有学人，被枷带锁，出善知识前。善知识更与安一重枷锁。学人欢喜。彼此不辨。呼为客看客（一本作宾看宾）。"（《古尊宿语录》卷四）在此诸例中，第一例是学人有鼻孔，师家无鼻孔，名宾中主。第二例是师家有鼻孔，学人无鼻孔，名主中宾。第三例是师家学人均有鼻孔，名主中主。第四例是师家学人均无鼻孔，名宾中宾。

所谓境，有对象之义。思议言说的对象，皆名为境。境是对象，人是知对象者。第一义所拟说者，不可为思议言说的对象，故不能是境。凡可以是境者，必不是第一义所拟说者。欲得第一义，则须知有境之思议言说皆是"枷锁"，皆须"抛向坑里"。"抛向坑里"即是"夺"之。将思议言说之对象"抛向坑里"，谓之"夺境"。将思议言说"抛向坑里"，谓之"夺人"。或夺人，或夺境，皆至于"人境两俱夺"。既已"人境两俱夺"，则又可以"人境俱不夺"（观下文可知）。所怕者是被夺之人，"抵死不放"，此是"膏肓之疾，不堪医"。

就"夺境""夺人"说，禅宗有似于空宗。但空宗，如所谓三论所代表者，是以乙的辩论破甲，又以甲的辩论破乙，以见甲乙俱不能成立。禅宗则是从一较高底观点，说，凡有言说者，俱不是第一义。所以我们说，禅宗是从一较高底观点，以看佛家各宗的，对于实际有所肯定底，理论。禅宗并不以乙的辩论破甲，又以甲的辩论破乙。禅宗直接把甲乙一齐"抛向坑里"。所以他们所说底话，是比甲乙高一层次底。

禅宗中的曹洞宗，有所谓"五位君臣旨诀"。所谓五位者，即偏中正，正中偏，正中来，偏中至（或作兼中至），兼中到。照一解释，此五位亦表示义理。曹山说："正位即空界，本来无物。偏位即色界，有万象形。正中偏者，背理就事。偏中正者，舍事入理。兼带者，冥应象缘，不堕诸有。非染非净，非正非偏。故曰：虚玄大道，无著真宗。从上先德，推此一位，最妙最玄，当详审辨明。君为正位。臣为偏位。臣面君是偏中正，君视臣是正中偏，君臣道合是兼带语。"（《抚州曹山元证禅师语录》）临济宗所谓四料简亦可作如此一类底解释。若如此解释，则主中宾，即正中偏；偏中正，即宾中主；正中来，即主中主；偏中至，即宾中宾。

照另一解释，此五位所表示，乃表显第一义的方法。曹山解释洞山五位显诀云："正位都偏，是圆两意。偏位虽偏，亦圆两意。缘中辨得，是有语中无语。或有正位中来者，是无语中有语。或有偏位中来者，是有语中无语。或有相兼带来者，这里不说有语无语，这里直须正面而去，这里不得不圆转，事须圆转。"（《抚州曹山元证禅师语录》）照此所说，五位是表示五种表显第一义的方法。但原文意有不甚可晓者。原文于每条下，并各举数公案为例。此诸公案，意亦多不明。照禅宗例，有语无语相配，应尚有有语中有语，及无语中无语，而此无之；偏中正与偏中至均是有语中无语，亦难分别。此点我们不需深考。我们可以用曹山所说有语无语之例，并借用五位之名，将禅宗中人所常用以表显第一义底方法，分为五种。

（一）正中偏：此种表显第一义的方法，可以说是无语中有语。禅宗中常说："世尊登座，拈花示众，人天百万，悉皆罔措，独有金色头陀，破颜微笑。"又说："俱胝和尚，凡有诘问，惟举一指。后有童子，因外人问：'和尚说何法要？'童子亦竖起一指。胝闻，遂以刀断其指，童子号哭而去。胝复招之，童子回首。胝却竖其指。童子忽然领悟。"（《曹山语录》）马祖"问百丈：'汝以何法示人？'百丈竖起拂子。师云：'只这个为当别有？'百丈抛下拂子。"（《古尊宿语录》卷一）临济云："有时一喝如金刚玉宝剑。有时一喝如踞地师子。有时一喝如探竿影草（《人天眼目》云：'探竿者，探尔有师承无师承，有鼻孔无鼻孔。影草者，欺瞒做贼，看尔见也不见'）。有时一喝不作一喝用。"（《古尊宿语录》卷五）

禅宗中人常用此等动作，及扬眉瞬目之类，以表显第一义。此等动作，并无言说，但均有所表显。所以以此等方法表显第一义，谓之无语中有语。

（二）偏中正：此种表显第一义的方法，可以说是有语中无语。禅宗中底大师，如有以佛法中底基本问题相问者，则多与一无头无脑不相干底答案。例如僧问首山省念和尚："'如何是佛心？'曰：'镇州萝葡重三斤。'问：'万法归于一体时如何？'曰：'三斗吃不足。'僧云：'毕竟归于何处？'曰：'二斗却有余。'"（《古尊宿语录》卷八）僧问赵州和尚（从谂）："'万法归一，一归何所？'师云：'我在青州作一领布衫重七斤。'"（同上卷十三）僧问云门（文偃）："'如何是释伽身？'曰：'干屎橛。'问：'如何是超佛越祖之谈？'曰：'蒲州麻黄，益州附子。'"（同上卷十五）此诸答案，在表面上看，是顺口胡说，其实也真是顺口胡说。这种答案，如有甚么深意，其深意只是在表示，这一类的问题，是不应该问底。《传灯录》径山道钦传云："僧问：'如何是祖师西来意？'师曰：'汝问不当。'曰：'如何得当？'师曰：'待我灭后，即向汝说。'"（同上卷四）又马祖传云："问：'如何是西来意？'师便打，乃云：'我若不打汝，诸方笑我也。'"（《古尊宿语录》卷一）对于这一类的问题，无论怎样答，其答总是胡说，故直以胡说答之。这些答案，都是虽有说，而并未说甚么，所以都可以说是有语中无语。

（三）正中来：此种表显第一义的方法，可以说是无语中无语。《传灯录》谓：慧忠国师"与紫璘供奉论议。既升座，供奉曰：'请师立义，某甲破。'师曰：'立义竟。'供奉曰：'是什么义？'曰：'果然不见，非公境界。'便下座。"（《传灯录》卷五）慧忠无言说，无表示，而立义。其所立正是第一义。《传灯录》又谓："有婆子令人送钱去请老宿开藏经。老宿受施利，便下禅床转一匝，乃云：'传语婆子送藏经了也。'其人回举似婆子。婆子云：'比来请阅全藏，只为开半藏。'"（卷二十七）宗杲以为此系赵州（从谂）事（见《大慧普觉禅师语录》卷九）。宗杲又云："如何是那半藏？或云：再绕一匝，或弹指一下，或咳嗽一声，或喝一喝，或拍一拍，恁么见解，只是不识羞。若是那半藏，莫道赵州再绕一匝，直绕百千万亿匝，于婆子分上，只得半藏。"或谓须婆子自证，方得全藏。众人之意，固是可笑。宗杲之意，亦未必是。婆子之意，应是以不转为转全藏。有所作为动作，即已不是全藏。《洞山语录》云："因有官人设斋施净财，请师看转大藏经。师下禅床，向官人揖。官人揖师，师引官人俱绕禅床一匝，向官人揖，良久曰：'会么？'曰：'不会。'师曰：'我与汝看转大藏经，如何不会？'"此以绕禅床一匝为转全藏。以绕禅床一匝为转全藏是正中偏。以绕禅床一匝为反而不能转全藏，是正中来。

（四）偏中至：此种方法可以说是有语中有语。禅宗语录中，有所谓普说者，其性质如一种公开讲演。禅宗语录中亦间有不是所谓机锋底问答。这都是有语中有语。有语亦是一种表显第一义的方法，临济云："十二分教，皆是表现之说，学者不会，便向表显名句上生解。"（《古尊宿语录》卷四）因此，禅宗认为这种方法，是最下底方法。临济云："有一般不识好恶，向教中取义度商量，成于句义。如把屎块子向口里含过，吐与别人。"（同上）这是用这一种方法的流弊。

（五）兼中到："这里不说有语无语"，这就是说，用这一种方法表显第一义，也可以说是有语，也可以说是无语。"庞居士问：'不与万法为侣者是什么人？'师云：'待汝一口吸尽西江水，即向汝道。'"（《古尊宿语录》卷一）《传灯录》又谓："药山（惟俨）夜参不点灯。药山垂语云：'我有一句子，待特牛生儿，即向尔道。'时有僧曰：'特牛生儿也。何以和尚不道。'（《洞山语录》引作：'特牛生儿，也只是和尚不道。'）"（卷十四）一口吸尽西江水，特牛生儿，皆不可能底事。待一口吸尽西江水，待特牛生儿，再道，即是永不道。然如此说，即是说，此一句不可道。说此一句不可道，也就是对于此一句有所说。《传灯录》云："药山上堂云：'我有一句子，未曾说与人。'僧问药山曰：'一句子如何说？'药山曰：'非言说。'师（圆智）曰：'早言说了也。'"（卷十四）说第一义不可说，也可以说是说第一义，也可以说是未说第一义。《传灯录》云："有僧入冥，见地藏菩萨。地藏问：'你平生修何业？'僧曰：'念《法华经》。'曰：'"止止不须说，我法妙难思。"为是说是不说？'无对。"（卷二十七）《曹山语录》云："师行脚时，问乌石观禅师：'如何是毗卢师法身主？'乌石曰：'我若向尔道，即别有也。'师举似洞山。洞山曰：'好个话头，只欠进语。何不问，为什么不道？'师却归进前语。乌石曰：'若言我不道，即哑却我口。若言我道，即謇却我舌。'师归，举似洞山，洞山深肯之。"（又见《传灯录》卷十三"福州乌石山灵观禅师"条下）乌石此意，即说，也可说他道，也可说他未道。

在上述诸方法中，无论用何种表示，以表显第一义，其表示皆如以指指月，以筌得鱼。以指指月，既已见月，则需忘指。以筌得鱼，既已得鱼，则需忘筌。指与筌并非月与鱼。所以禅宗中底人常说：善说者终日道如不道，善闻者终日闻如不闻。宗杲说："上士闻道，如印印空。中士闻道，如印印水。下士闻道，如印印泥。"（《大慧普觉禅师语录》卷二十）印印空无迹，如所谓"羚羊挂角，无迹可寻"。印印水似有迹。印印泥有迹。如印印泥者，见指不见月，得筌不得鱼。此等人是如禅宗所说："咬人屎橛，不是好狗。"如印印空者"无一切有无等见，亦无无见，名正见。无一切闻，亦无无闻，名正闻"（百丈语，《古尊宿语录》卷二）。无见无闻，并不是如槁木死灰，而是虽见而无见，虽闻而无闻，这就是"人境俱不夺"。这是得到第一义底人的境界。

如何为得到第一义？知第一义所拟说为得到第一义。此知不是普通所谓知识之知。普通所谓知识之知，是有对象底。能知底知者，是禅宗所谓"人"。所知底对象是禅宗所谓"境"。有"境"与"人"的对立，方有普通所谓知识。第一义所拟说者，"拟议即乖"，所以不能是知的对象，不能是境。所以知第一义所拟说者之知，不是普通所谓知识之知，而是禅宗所谓悟。普通所谓知识之知，有能知所知的分别，有人与境的对立。悟无能悟所悟的分别，无人与境的对立，所以知第一义所拟说者，即是与之同体。此种境界玄学家谓之"体无"。"体无"者，言其与无同体也；佛家谓之为"入法界"；《新原人》中，谓之为"同天"。

这是用负底方法讲形上学所能予人底无知之知。在西洋现代哲学家中，维替根斯坦虽是维也纳学派的宗师，但他与其他底维也纳学派中底人大有不同。他虽也要"取消"形上学，但照我们的看法，他实则是以我们所谓形上学的负底方法讲形上学。他所讲底，虽不称为形上学，但似乎也能予人以无知之知。

在维替根斯坦的《逻辑哲学论》的最后一段中，他说："哲学的正确方法是：除了可以说者外，不说。可以说者，是自然科学的命题，与哲学无干。如有人欲讨论形上学底问题，则向他证明：在他的命题中，有些符号，他没有予以意义。这个方法，别人必以为不满意，他必不觉得，我们是教他哲学。但这是唯一底严格底正确方法。"（六五三）"我所说底命题，在这个方面说，是启发底。了解我底人，在他已经爬穿这些命题，爬上这些命题，爬过这些命题的时候，最后他见这些命题是无意义底（比如说，他已经从梯子爬上去，他必须把梯子扔掉）。他必须超过这些命题，他才对于世界有正见。"（六五四）"对于人所不能说者，人必须静默。"（七）

照我们的看法，这种静默，是如上所引慧忠国师的静默。他们都是于静默中，"立义境"。

第十章 论 诗

维也纳学派以为形上学可以与诗比。石立克说："形上学是概念的诗歌。"诗中所说底话，亦是不可以逻辑上底真假论，亦是无意义底。但其无意义底话，可以使人得到一种感情上底满足。形上学亦说无意义底话，其无意义底话，亦可以使人得到一种感情上底满足。例如：上帝存在，灵魂不灭，意志自由，都是些没有意义底话。这些话虽没有意义，但人听了这些话，可以得到一种感情上底安慰。由此方面说，对于人，形上学有与诗相同底功用。照维也纳学派的说法，这是形上学的真正底性质。形上学如在人的文化中，有其地位，亦是由于它有这种性质。

欲讨论维也纳学派的这种说法，我们须先分别，有止于技底诗，有进于道底诗。有有些哲学家的形上学，有真正底形上学。维也纳学派的这种说法，对于止于技底诗，及有些哲学家的形上学，我们亦以为是可以说底。

有只可感觉，不可思议者。有不可感觉，只可思议者。有不可感觉，亦不可思议者。只可感觉不可思议者，是具体底事物。不可感觉，只可思议者，是抽象底理。不可感觉亦不可思议者，是道或大全。一诗，若只能以可感觉者表示可感觉者，则其诗是止于技底诗。一诗，若能以可感觉者表显不可感觉只可思议者，以及不可感觉亦不可思议者，则其诗是进于道底诗。

例如温飞卿诗云："溪水无情似有情，入山三日得同行。岭头便是分手处，惜别潺湲一夜声。"此是一首止于技底诗。因为此诗想象一溪水为一同伴。一溪水是一可感觉底事物，一同伴亦是一可感觉的事物。此诗说溪水有情，说溪水惜别，都是没有意义底话。亦都是些自欺欺人底话。不但读诗者知其是如此，作诗者亦知其是如此。不过虽都知其是如此，作诗者与读诗者，都可于想象中得到一种感情上底满足。这种满足，是从一种假话得来底。

维也纳学派说，形上学应该自比于诗。或说，形上学是一种诗。其所谓诗，大概是这种止于技底诗。他们的这种说法，对于有些哲学家的形上学，是可以说底。有些哲学家，在其形上学中，所说底话，是假底，亦可说是无意义底。这些哲学家应该都如詹姆士明白宣布，其如此说，是出于其"信仰的意志"。詹姆士明知上帝的存在，是不可证明底。但他愿意信仰上帝存在。他信仰而又明知其信仰只是信仰。对于上帝存在之说，持如此态度则即是比此说于诗。有些哲学家的形上学，是应该自比于诗，或我们应该将其比于诗。

但维也纳学派的这种说法，对于真正底形上学，不可以说。因为真正底形上学，并不说维也纳学派所谓没有意义底话。此于我们于以上所讨论中可见。维也纳学派的此种说法，对于进于道底诗，亦不可以说。因为进于道底诗，并不是只说无意义底话，自欺欺人，使人得到一种感情上底满足。它也是以可感觉者表显不可感觉者。我们可以说，就止于技底诗及有些哲学家的形上学说，形上学可比于诗。就进于道底诗及真正底形上学说，诗可比于形上学。

进于道底诗亦可以说是用负底方法讲形上学。我们说"亦可以说是"，因为用负底方法底形上学其是"学"的部分，在于其讲形上学不能讲。诗并不讲形上学不能讲，所以它并没有"学"的成分。它不讲形上学不能讲，而直接以可感觉者，表显不可感觉，只可思议者，以及不可感觉，亦不可思议者。这些都是形上学的对象。所以我们说，进于道底诗"亦可以说是"用负底方法讲形上学。

李后主词云："独自莫凭栏，无限江山，别时容易见时难。"就此诸句所说者说，它是说江山，说别离。就其所未说者说，它是说作者个人的亡国之痛。不但如此，它还表显亡国之痛之所以为亡国之痛。此诸句所说，及所未说者，虽是作者于写此诸句时，其自己所有底情感。而其所表显则不仅只此，而是此种情感的要素。所以此诸句能使任何时读者，离开作者于某一时有此种情感的事，而灼然有"见"此种情感之所以为此种情感。此其所以能使任何时读者，"同声一哭"。江山是具体底物，别离是具体底事。这些都是可感觉底。此种情感的要素则是不可感觉，只可思议底。但作者可以只可感觉不可思议者表显之。

陶渊明诗云："采菊东篱下，悠然见南山。山气日夕佳，飞鸟相与还。此中有真意，欲辨已忘言。"渊明见南山、飞鸟，而"欲辨已忘言"。他的感官所见者，虽是可以感觉底南山、飞鸟，而其心灵所"见"，则是不可感觉底大全。其诗以只可感觉不可思议底南山、飞鸟，表显不可感觉亦不可思议底浑然大全。"欲辨已忘言"，显示大全之浑然。

陈子昂诗："前不见古人，后不见来者。念天地之悠悠，独怆然而涕下。""前不见古人"，是古人不我待；"后不见来者"，是我不待后人。古人不我待，我不待后人，藉此诸事实，显示"天地之悠悠"。"念天地之悠悠"，是将宇宙作一无穷之变而观之。"独怆然而涕下"，是观无穷之变者所受底感动。李白诗："登高壮观天地间，大江茫茫去不还。"此茫茫正如卫玠过江时所说："见此茫茫，不觉百端交集。"苏东坡《赤壁赋》："哀吾生之须臾，念天地之无穷。挟飞仙以遨游，抱明月而长终。"大江、明月是可感觉底。但藉大江、明月所表显者，则是不可感觉底无穷底道体。

我们说：进于道底诗可以自比于形上学。这并不是说，进于道底诗，是如普通所谓哲学诗或说理底诗。这一种的所谓诗，是将一哲学底义理用韵文写出之。严格地说，这并不是诗。进于道底诗，所表显者，虽是形上学的对象；但其所用以表显者，须是可感觉者。所以诗不讲义理，亦不可讲义理。若讲义理，则成为以正底方法讲形上学底哲学论文，不成为诗。旧说："诗不涉理路。"（《沧浪诗话》）所谓说理之诗，若说它是诗，它说理嫌太多；若说它是哲学论文，它说理又嫌太少。此种所谓诗，其功用实如方技书中底歌诀之类。其表面虽合乎诗的格律，但其实并不是诗。进于道底诗，并不讲道。讲道底诗，不是进于道底诗。

进于道底诗，必有所表显。它的意思，不止于其所说者。其所欲使人得到者，并不是其所说者，而是其所未说者。此所谓"超以象外"（《诗品》）。就其所未说者说，它是"不著一字，尽得风流"（《诗品》）。就其所说者说，它是"言有尽而意无穷"（《沧浪诗话》）。进于道底诗，不但能使人得到其所表显者，并且能使人于得其所表显之后，知其所说者，不过是所谓筌蹄之类，鱼获而筌弃，意得而言冥。此所谓"如羚羊挂角，无迹可寻"，"不落言诠"，"一片空灵"（《沧浪诗话》）。

禅宗中底人常藉可感觉者，以表显不可感觉，不可思议者。例如竖起指头，举拂子之类，都是如此。他们所用底方法，有与诗相同之处，所以他们多喜引用诗句。《圆悟佛果禅师语录》云："忽一日，官员问道次，先师云：官人，尔不见小艳诗道：'频呼小玉元无事，只要檀郎认得声。'官人都不晓，老僧听得，忽然打破漆桶，向脚根下亲见得了。"（卷十三）禅宗中底人，用这些诗句，都是欲以可感觉者表显不可感觉，不可思议者。佛果"打破漆桶"，是藉诗句之所说者，得到其所未说者。

以上是将诗作为一种讲形上学的方法看。我们还可以将诗作为一种表达意思的方式看。诗表达意思的方式，是以其所说者暗示其所未说者。好底诗必富于暗示。因其富于暗示，所以读者读之，能引起许多意思，其中有些可能是诗人所初未料及者。沈德潜云："阮公《咏怀》，反覆零乱，兴寄无端，和愉哀怨，俶诡不羁，读者莫求归趣。"（《说诗晬语》）此所谓"若有意，若无意，若可解，若不可解"。若有这种情形，我们不能问，亦不可问，某一诗的固定底意思是甚么。此所谓"诗无达诂"。

无论用正底方法，或用负底方法，讲形上学，哲学家都可用长篇大论的方式，或用名言隽语的方式以表达其意思。这是两种表达意思的方式。前者可称为散文底方式，后者可称为诗底方式。用散文底方式表达意思，凡所应该说底话，都已说了，读者不能于所说者外另得到甚么意思。用诗的方式表达意思，意思不止于其所说者。读者因其暗示，可以得到其所说者以外底意思，其中有些可能是说者所初未料及者。

例如在中国哲学史中，庄子可以说是以诗底方式表达意思。郭象的庄子注，如与庄子比较言之，则可以说是以散文底方式表达意思。庄子的书与郭象的注代表两种表达意思的方式，即使它们的意思完全相同，也不能互相替代。宗杲引其弟子无著云："曾见郭象注庄子。识者云：

却是庄子注郭象。"（《大慧普觉禅师语录》卷二十二）正可借用以说此意。

但若将中国哲学史与西洋哲学史比较，则郭象所用底方式，还是名言隽语的方式。这是中国以前底大多数底哲学家所用底方式。他们的名言隽语，是不能以长篇大论替代底。例如《老子》一书只五千言，但我们不能说它没完全地表达它的意思。假使有一人，写五万字或五十万字底书，将《老子》书中底意思重说一遍，但它只是另外一部书，并不能替代《老子》的五千言。这两部书中底话是用两种方式说底。它们可以是"合则双美"，但并不是"离则两伤"。

维替根斯坦的《逻辑哲学论》，也是用名言隽语的方式写出底。它是用诗底方式表达意思，我们并不是说，他所说底，并不是他的推理所得底结论。不过他的结论，以这种方式表达出来，就不仅只是一个推理的结论。他所说底是富于暗示底。读者可于其所说者得到许多意思，其中有些可能是他所初未预料者。我们于第九章，说他实则是以负底方法讲形上学。这也许不是他的意思。但却是他所说底所暗示底意思。

即在文学方面，所谓名言隽语与长篇大论，也并不是可以互相替代底。例如《世说新语》谓："阮宣子有令闻。太尉王夷甫见而问曰：'老庄与圣教同异？'对曰：'将无同？'太尉善其言，辟之为掾。世谓三语掾。"（《文学》）老庄与儒家，不能说是尽同，亦不能说是完全不同，所以说"将无同"。假使有人作一长篇大论底"儒道异同论"，将儒道异同，说得非常详细清楚，但也不能替代"将无同"三字。《世说新语》又谓："桓公北征，经金城，见前为琅琊时种柳，皆已十围，慨然曰：'木犹如此，人何以堪？'攀枝执条，泫然流泪。"（《言语》）后来庾信《枯树赋》说："桓大司马……叹曰：'昔年种柳，依依汉南。今日看落，凄怆江潭。树犹如此，人何以堪？'"庾信的二十四个字，并不能替代桓温的八个字。即有人再作千言万语的文章，也只是另外一篇文章，并不能替代桓温的八个字。

这就是所谓晋人风流。风流底言语，是诗底言语。禅宗中底人喜欢用诗底言语，所以他们也常说："不风流处也风流。"

冯友兰年谱简编

1895 年

12 月 4 日（农历乙未十月十六日），生于河南省唐河县祁仪镇。

1901 年

始入家塾读书。

1910 年

考入唐河县立高等小学预科。

1911 年

考入开封中州公学。

1912 年

夏，转入武昌中华学校。冬，考入上海中国公学预科。

1915 年

夏，上海中国公学预科毕业，考入北京大学法科。入学后转入文科哲学门。

1918 年

夏，毕业于北京大学。在开封与任载坤结婚。秋，任教于河南第一工业学校。

1919 年

秋，考取公费留学，12 月抵纽约。

1920 年

1 月，入美国哥伦比亚大学研究院攻读哲学博士学位。

1921 年

在《新潮》杂志发表《柏格森的哲学方法》、《与印度泰谷尔谈话（东西文明之比较观）》等文。

1922 年

发表《评柏格森的〈心力〉》、《为什么中国没有科学——对中国哲学的历史及其后果的一种解释》、《论"比较中西"（为谈中西文化及民族论者进一解）》、《梁漱溟的〈东西文化及其哲学〉》等文章。

1923 年

夏，通过博士论文答辩，毕业，返国，任河南中州大学教授兼哲学系主任、文科主任。

1924 年

毕业论文英文本《天人损益论》改名《人生理想之比较研究》由商务印书馆在上海出版。10 月，《一种人生观》由商务印书馆出版。获哥伦比亚大学研究院哲学博士学位。

1925 年

9 月，任广州中山大学哲学系教授兼主任。

1926 年

任燕京大学哲学系教授、燕大研究所导师兼北京大学讲师，讲授中国哲学史。《人生理想之比较研究》与《一种人生观》合并为《人生哲学》一书，由商务印书馆出版。

1927 年

发表《名教的分析》、《中国之社会伦理》、《泛论中国哲学》、《孔子在中国历史中之地位》等文章。

1928 年

任清华大学哲学系教授兼校秘书长，同时在燕京大学、北京大学兼课。

1929 年

辞清华大学校秘书长职，任清华大学哲学系主任。

1930 年

6 月起，代理清华大学文学院院长职。7 月起，代理清华大学校务会议主席，主持学校日常工作。

1931 年

《中国哲学史》上卷由上海神州国光社出版。辞去代理清华大学校务委员会主席及代理文学院院长职。7 月起正式任清华大学文学院院长。

1933 年

10 月，启程赴英国讲学。

1934 年

6 月，离开英国，游历法国、瑞士、德国、奥地利、苏联等国，再赴捷克参加第八届国际哲学会议。10 月，归国。《中国哲学史》上下卷由商务印书馆在上海出版。

1935 年

发表《中国近代研究史学之新趋势》、《秦汉历史哲学》等二十余篇文章。

1937 年

随清华大学南迁长沙，任长沙临时大学教授兼哲学心理教育学系教授会主席。发表《哲学与逻辑》、《论民族哲学》等文章。

1938 年

由长沙往昆明，任西南联合大学文学院院长。

1939 年

《新理学》由商务印书馆在长沙出版。拟西南联大校歌歌辞。

1940 年

《新事论》由商务印书馆出版。《新世训》由上海开明书店出版。

1942 年

应聘为部聘教授。发表《论人生的意义》、《论人生境界》等二十余篇文章。

1943 年

《新原人》由商务印书馆在重庆出版。

1945 年

《新原道》由商务印书馆在重庆出版。

1946 年

5 月初，西南联合大学结束，撰写《国立西南联合大学纪念碑碑文》。夏，返北平。9 月，赴美，任宾夕法尼亚大学客座教授，讲中国哲学史。《新知言》由商务印书馆在上海出版。

1947 年

4 月，获普林斯顿大学名誉文学博士学位。秋、冬任夏威夷大学客座教授，讲授中国哲学史。英文《中国哲学简史》（A Short History of Chinese Philosophy）由美国麦克米伦公司出版。

1948 年

2 月，回国抵北平。9 月，当选为中央研究院院士。12 月，任清华大学校务会议临时主席。《南渡集》编成。

1949 年

解放军接管清华大学后，任清华校务委员会委员。9 月，辞去哲学系主任、文学院院长、校委会委员等职。冬，参加北京郊区土改。

1950 年

8 月，哲学界开始批判新理学。10 月，冯友兰开始自我批判。

1951 年

9 月起，参加中国文化代表团访问印度、缅甸。获德里大学名誉文学博士学位。

1952 年

1 月，访印归国。参加"三反"运动。全国高校院系调整，调任北京大学哲学系教授兼中国哲学史教研室主任。

1955 年

6 月，中国科学院成立，被聘为哲学社会科学部委员。11 月，社会科学院哲学所成立，受聘为兼职研究员、中国哲学史组组长。

1956 年

9 月，赴日内瓦出席"国际会晤"第 11 次大会，以观察员身份往威尼斯列席欧洲文化协会会员大会。11 月，参加中国佛教代表团访印度。12 月归国。

1957 年

在《光明日报》发表《关于中国哲学遗产的继承问题》。7 月，出席国际哲学研究所华沙会议。

1958 年

《中国哲学史论文集》由上海人民出版社出版。

1959 年

《四十年的回顾》由科学出版社出版。

1962 年

《中国哲学史论文二集》由上海人民出版社出版。《中国哲学史史料学初稿》由上海人民出版社出版。《中国哲学史新编》第一册由人民出版社出版。

1964 年

《中国哲学史新编》第二册由人民出版社出版。

1975 年

《论孔丘》由人民出版社出版。

1982 年

7 月，赴夏威夷参加国际朱熹学术会议。9 月，赴纽约，接受哥伦比亚大学名誉文学博士学位。《中国哲学史新编》修订本第一册由人民出版社出版。

1984 年

《中国哲学史新编》修订本第二册由人民出版社出版。《三松堂学术文集》由北京大学出版社出版。《三松堂自序》由三联书店出版。

1985 年

《中国哲学简史》（涂又光中译）由北京大学出版社出版。《中国哲学史新编》第三册由人民出版社出版。《三松堂全集》第一卷由河南人民出版社出版。

1986 年

《三松堂全集》第四、五卷由河南人民出版社出版。《中国哲学史新编》第四册由人民出版社出版。

1988 年

《三松堂全集》第二卷由河南人民出版社出版。《中国哲学史新编》第五册由人民出版社出版。《冯友兰学术精华录》由北京师范学院出版社出版。

1989 年

《中国哲学史新编》第六册由人民出版社出版。《三松堂全集》第三、六、七卷由河南人民出版社出版。

1990 年

《中国哲学史新编》第七册交人民出版社（后由台湾蓝灯出版公司出版），至此《新编》全书告成。11 月 26 日与世长辞，享年 95 岁。

中国近代思想家文库

图书在版编目（CIP）数据

中国近代思想家文库．冯友兰卷/李中华编. —北京：中国人民大学出版社，2014.12
ISBN 978-7-300-20455-0

Ⅰ.①中… Ⅱ.①李… Ⅲ.①思想史-研究-中国-近代②冯友兰（1895～1990）-思想评论Ⅳ.①B250.5

中国版本图书馆 CIP 数据核字（2014）第 302298 号

中国近代思想家文库
冯友兰卷
李中华 编
Feng Youlan Juan

出版发行	中国人民大学出版社			
社　　址	北京中关村大街 31 号		**邮政编码**	100080
电　　话	010 - 62511242（总编室）		010 - 62511770（质管部）	
	010 - 82501766（邮购部）		010 - 62514148（门市部）	
	010 - 62515195（发行公司）		010 - 62515275（盗版举报）	
网　　址	http://www.crup.com.cn			
经　　销	新华书店			
印　　刷	涿州市星河印刷有限公司			
开　　本	720 mm×1000 mm　1/16		**版　　次**	2015 年 6 月第 1 版
印　　张	40.5 插页 1		**印　　次**	2025 年 1 月第 2 次印刷
字　　数	652 000		**定　　价**	143.00 元